教育部高等学校道路运输与工程教学指导分委员会
“十三五”规划教材

Bridge Maintenance and Rehabilitation

桥梁养护与加固

（第 2 版）

黄平明　陈万春　许汉铮　主编
叶见曙　杨炳成　主审

人民交通出版社股份有限公司
北京

内 容 提 要

本教材是根据普通高等教育“十三五”国家级规划教材申请书内容和审定的大纲编写的，共12章，主要内容包括公路桥梁养护基本概念，公路桥梁检查检测、评定、维修、加固设计和构件更换，公路桥梁的应急和桥梁的健康监测等，主要内容配有工程实例，便于读者理解相关内容。

本教材可作为高等学校土木工程、道路桥梁与渡河工程专业用教材，也可供公路、铁路和城市建设部门从事桥梁检测、养护、设计与施工的专业技术人员参考。

图书在版编目(CIP)数据

桥梁养护与加固 / 黄平明，陈万春，许汉铮主编．—2版．—北京：人民交通出版社股份有限公司，2021.8

ISBN 978-7-114-17478-0

Ⅰ. ①桥… Ⅱ. ①黄… ②陈… ③许… Ⅲ. ①公路桥—维护—高等学校—教材②公路桥—加固—高等学校—教材 Ⅳ. ①U448.145.7

中国版本图书馆CIP数据核字(2021)第171023号

教育部高等学校道路运输与工程教学指导分委员会“十三五”规划教材

Qiaoliang Yanghu yu Jiagu

书　　名： 桥梁养护与加固(第2版)
著 作 者： 黄平明　陈万春　许汉铮
责任编辑： 卢俊丽
责任校对： 刘　芹
责任印制： 张　凯
出版发行： 人民交通出版社股份有限公司
地　　址： (100011)北京市朝阳区安定门外外馆斜街3号
网　　址： http://www.ccpcl.com.cn
销售电话： (010)59757973
总 经 销： 人民交通出版社股份有限公司发行部
经　　销： 各地新华书店
印　　刷： 中国电影出版社印刷厂
开　　本： 787×1092　1/16
印　　张： 26.25
字　　数： 574千
版　　次： 2009年1月　第1版
2021年8月　第2版
印　　次： 2021年10月　第2版　第2次印刷　总第9次印刷
书　　号： ISBN 978-7-114-17478-0
定　　价： 70.00元

前言

《桥梁养护与加固》第1版教材基于《公路桥涵养护规范》(JTG H11—2004)编写,自2009年出版以来,被多所高校采用,同时得到了广大工程技术人员的认可。之后,交通运输部先后发布了《公路桥梁加固设计规范》(JTG/T J22—2008)、《公路桥梁加固施工技术规范》(JTG/T J23—2008)、《公路桥梁技术状况评定标准》(JTG/T H21—2011)、《公路桥梁承载能力检测评定规程》(JTG/T J21—2011)和《公路桥梁荷载试验规程》(JTG/T J21-01—2015)等行业推荐标准,2021年8月发布了《公路桥涵养护规范》(JTG 5120—2021),并于2021年11月实施。为适应这些规范标准和规程,我们结合长安大学这几年的教学实践和科研生产方面的成果,重新编写了这部教材。

本教材是根据《普通高等教育"十三五"国家级规划教材申请书》规划内容编写的。教材以《公路桥涵养护规范》(JTG 5120—2021)为主轴,内容包括桥梁检查、评定、养护、维修与加固等。第1章由长安大学黄平明编写,介绍了桥梁养护加固的基本概念和方针政策。第2章至第5章由长安大学陈万春编写,内容包括公路桥梁检查与检测、桥梁评定;第6章、第7章由陈万春、孙胜江编写,是关于桥梁养护维修方面的内容;第8章、第9章由陈万春编写,主要是桥梁加固理论与方法;第10章、第11章由长安大学许汉铮编写,主要是桥梁构件更换和桥梁抢修;第12章由长安大学梁鹏编写,主要是有关桥梁健康监测的内容。参加编写的还有长安大学的王蒂、王涛、牛艳伟等。全书由黄平明、陈万春、许汉铮主编,东南大学叶见曙教授和长安大学杨炳成教授主审。

由于内容繁杂,为学习方便,本课程建有课程网站。教学安排时,可根据课时选择教授内容,除第 1 章至第 9 章外,余下部分可作为选修内容。

由于编者水平有限,教材中难免存在不足之处,敬请读者提出批评、建议,并将意见发送至电子邮箱:hpming@ chd. edu. cn。

编　者

2020 年 8 月

目录
CONTENTS

第 1 章

概述

1.1　桥梁养护的必要性

桥梁自竣工起便开始了其损伤过程,缺损的发生、发展与桥梁规划、设计、材料、施工、自然环境、运营荷载和养护管理等诸多因素有关。对在役桥梁进行检查、检测、评定、维修、加固和改造等养护管理是保证桥梁安全、公路畅通的必要环节之一。

我国建桥历史悠久,1949 年以前建成的桥梁,现存的已经不多,部分跨径较大的桥梁,经过修缮成为文物景观,是桥梁建设历史的见证。自 1949 年以来,经过 70 余年的发展,当前我国公路桥梁具有以下主要特征:

(1)桥梁数量急剧增加,桥型也越来越丰富。

1951 年 9 月,《公路工程设计准则(草案)》颁布。为适应公路抢修与恢复经济的迫切需求,交通部在五年内先后三次修订公路工程技术标准,其中 1956 年颁布的《公路工程设计准则(修订草案)》一直沿用至 1967 年。在此期间,钢筋混凝土和预应力混凝土梁式桥发展很快。1953 年,我国从苏联引进一批标准图,中小跨径的梁式桥已广泛采用预制装配式简支梁的系列标准设计。山区公路桥梁,本着就地取材的原则,继承和发扬了传统石拱桥的技术优势,建成大量经济美观的石拱桥,这些桥梁部分仍在役。1957 年,武汉长江大桥建成,使长江南北两岸连接起来,结束了我国万里长江无桥的历史。

20 世纪 60 年代我国进入经济困难时期,建筑材料的匮乏、资金不足,导致公路建设陷入困境,圬工结构拱桥成为当时公路桥梁的主要桥型。其间虽有跨径大于 100m 的圬工拱桥建成,但受施工装备的制约和地形条件的限制,数量较少。在当时的经济条件下,少筋结构的双曲拱桥兴起。双曲拱桥用材省,施工安装简便,在全国范围内迅速推广应用。同时期,钻孔灌注桩技术被引入桥梁基础工程,降低了基础工程费用,使在软弱地基条件下建桥成为可能。

其间,桥梁工作者从国外图书文献中了解到欧洲现代桥梁的新理论、新桥型和新工法,如薄壁箱梁扭转理论、预应力T形刚构桥型以及挂篮悬臂浇筑施工法等,将这些现代桥梁技术引入我国,并建成一些试验桥。

1968年12月南京长江大桥建成通车,其是我国自行设计、制造、施工并使用国产高强钢材的公、铁两用桥梁。南京长江大桥的建成开创了自力更生建设大型桥梁的新纪元。

20世纪70年代,为了克服双曲拱桥在构造上的弱点,适合软土地基的桁架拱桥出现,其受力性能优于双曲拱桥,自重轻,施工简便。20世纪70年代后期在桁架拱桥的基础上创造出了刚架拱桥这一新桥型,其结构和施工方法和桁架拱桥相似,但避免了桁架拱中的受拉斜杆,不需施加预应力,施工更简单。20世纪80年代,刚架拱桥得到了推广应用。

20世纪80年代,我国迎来了改革开放的新时期,随着预应力技术的应用和发展,大跨径的连续梁、连续刚构桥和斜拉桥相继建成。80年代末开始高速公路建设,1988年底,我国高速公路通车里程仅147km,但到1999年底通车里程就达到11605km。随着高速公路通车里程的增加,桥梁数量同步增加。杨浦大桥、南浦大桥的建成,确立了我国在桥梁界的世界地位。

21世纪以来,随着普通干线公路网的调整、高速公路和城镇化建设的迅猛发展,截至2020年我国公路总里程为519.81万km,公路密度为54.15km/百km^2;公路养护里程为514.40万km,占公路总里程99.0%。2020年末,全国公路桥梁达91.28万座、6628.55万延米,其中特大桥梁6444座、1162.97万延米,大桥119935座、3277.77万延米。随着新时代的来临,中国桥梁快速发展的脚步还在继续,在可预测的未来10年,每年仍将新建2万座以上桥梁。

(2)桥梁规模扩大、技术难度提高。

随着结构计算分析软件、计算机辅助设计、高性能材料和先进的施工技术装备在公路桥梁建设领域的广泛应用,跨江海桥梁建设全面展开,公路桥梁规模显著扩大,建成了一大批跨河、跨江、跨海长大桥,这些桥梁结构新颖、技术复杂、设计施工难度大、科技含量高。例如,2008年5月通车的杭州湾跨海大桥,全长35.7km;2008年6月建成通车的苏通长江公路大桥,全长32.4km,主跨为跨径1088m,是双塔双索面钢箱梁斜拉桥;2018年10月开通运营的港珠澳大桥,横跨南海伶仃洋水域,接珠海和澳门人工岛,桥隧全长55km,桥梁全长29.6km。这些桥梁投资大,建造技术难度大,桥梁运营的技术状况社会关注度高。

依据桥梁现状主要特征,桥梁养护的必要性体现在以下几个方面:

(1)根据我国经济发展对交通运输的需求和当前所处的阶段性特征,桥梁工程领域必须坚持"创新引领、建养并重"的发展战略。

(2)桥梁是暴露在大自然中的人工构造物,其耐久性和安全度受环境因素和人为因素影响明显。大气中二氧化碳和低温冻融使混凝土性能下降,氯离子、潮湿使金属构件处于易腐蚀的环境;突发的地震、洪水使桥梁受损;交通量增加、车辆增重,导致桥梁疲劳问题日益突出;河道冲刷或滥采砂石,致使河床下切,桥梁基础承载能力、稳定性降低。近年来,桥梁的垮塌、倾覆等安全事故时有发生,桥梁安全形势日益严峻。

(3)桥梁作为交通基础设施,是社会资产的重要组成部分,随着基础设施"年龄"的增加,对社会资产的维护管理、有效利用成为社会经济活动的重要内容之一。作为发展中国家,资源的短缺将是一种长期的经济现象,对基础设施的管理需求促成了“社会基础设施管理工程”的产生。

(4)适时掌握桥梁工作状态,预防病害发生和发展;及时处置缺陷,保证桥梁持续安全运营;在满足适用、安全、经济的基础上利用桥梁维修新技术、新材料、先进设备,在恰当的时机采取恰当方式进行维修、加固,使桥梁在寿命期内正常、安全使用,并使养护经费效能最大。

(5)提升桥梁养护管理水平,是由桥梁大国走向桥梁强国的必要条件。

1.2　公路桥梁养护内容与目标

1.2.1　基本流程

公路桥梁养护基本流程由五个环节构成:

(1)桥梁检查:对桥梁外观状况和工作性能等进行的一般检查。检查从桥梁交工验收开始,根据桥梁病害发生、发展的规律和桥梁的重要性,按照不同深度和频次进行检查,检查是桥梁技术状况评定的基础。

(2)桥梁检测:对桥梁材料性能、几何状态和工作性能等进行的检测、试验,掌握结构的关键技术参数,为桥梁适应性评定提供依据。

(3)桥梁评定:对桥梁的技术状况、适应性进行综合评价,评价结果是桥梁养护对策的决策依据。

(4)桥梁维修:对影响桥梁外观、耐久性、使用功能的缺陷进行的修复工作。

(5)桥梁加固或改建:通过加强(更换)构件的局部或全部,对影响桥梁使用安全的缺陷进行处置,提高桥梁适应性和可靠度的技术措施。

1.2.2　桥涵养护原则

依据《公路桥涵养护规范》(JTG 5120—2021)的要求,公路桥涵养护应遵循“防治结合、科学养护、安全运行、保障畅通”的原则,并应符合下列要求:

(1)保障结构完好、外观整洁和附属设施齐全完好。

(2)配备必要的检测和养护设备、设施。

(3)积极稳妥地采用先进的检查设备、养护技术和科学的管理方法。

(4)及时掌握桥涵技术状况的变化,并采取相应的养护对策。

(5)有效开展预防养护,保障结构耐久性。

(6)确保养护作业安全,降低对交通的影响。

(7)重视资源节约和环境保护。

1.2.3　桥涵养护主要内容

公路桥涵养护应包括下列主要内容:

(1)桥涵检查、监测和评定。

(2)桥涵日常养护、预防养护。
(3)桥涵修复养护。
(4)建立桥涵养护技术档案、桥涵管理系统和数据库并及时更新。
(5)桥涵构造物安全运行管理。
(6)制订桥涵构造物灾害防治与抢修的应急预案,灾害发生后,及时开展应急养护。
(7)设置必要的检修设施。

1.3 公路桥梁养护行业制度与技术标准

1.3.1 公路桥梁养护行业制度

公路桥梁养护的行业制度经历了以下发展阶段:

1991 年,交通部颁发了《公路桥梁养护管理工作制度》,明确了桥梁养护的相关规定。

2001 年,交通部印发了《公路养护与管理发展纲要(2001—2010 年)》,纲要中首次提到了“建养并重、加强管理”的方针和“以人为本”的思想。

2001 年 6 月,交通部发布了《关于进一步加强桥梁养护管理工作的通知》,通知要求:第一,要切实纠正“养路不养桥”的错误倾向;第二,根据 CBMS(桥梁管理系统)的评价结果,结合路网改造项目,合理安排桥梁养护生产计划,加快危桥和险桥的加固、改造步伐;第三,建立桥梁安全责任制,将责任落实到具体人员,做到制度严明、职责明确。

针对 1991 年颁布的《公路桥梁养护管理工作制度》已经不能满足桥梁养护管理的现实需要的情况,2004 年交通部组织实施了《公路桥梁养护管理工作制度》的修订工作。此次修订,以适应桥梁养护形势需要为目的,以明确责任主体,强化监管责任,完善管理制度为重点,以《中华人民共和国公路法》《收费公路管理条例》《公路桥涵养护规范》《公路养护工程管理办法》等法律法规、技术规范为依据。修订后的《公路桥梁养护管理工作制度》由原 4 章 30 条增加至 9 章 50 条,其中对总则、桥梁养护工程师制度、桥梁检查与评定及技术档案管理等内容做了修改和完善,增加了管理责任划分、桥梁养护工程管理、应急处置、监督检查等章节。2007 年 6 月交通部颁布了《公路桥梁养护管理工作制度》修订版。

1.3.2 公路桥涵养护规范

1996 年为了适应当时公路桥涵养护形势的需要,根据公路工程标准规范体系的要求,启动编制《公路桥涵养护规范》的工作。《公路桥涵养护规范》将原《公路养护技术规范》中第四章的桥涵养护进行修改,单独成册。按交公路发〔1996〕1085 号文下达的任务,于 1998 年 2 月形成初稿,至 2002 年完成编写任务,形成标准号为 JTG H11—2004 的《公路桥涵养护规范》,实施日期为 2004 年 10 月 1 日。

随着我国公路建设事业的发展,公路建设的规模越来越大,桥涵数量和技术复杂程度不断增加,桥涵养护问题越来越受到重视。现行的《公路桥涵养护规范》(JTG H11—2004)已不能涵盖国内已建的所有公路桥涵,特别是对近年来修建的特大型深水、大跨、跨海桥梁更是如此。在新的国家标准和行业标准陆续修订和颁布实施以后，现行的《公路桥涵养护规范》与其他规范存在协调上的矛盾，也难以完全适应公路桥涵养护的需要。为此，根据交通运输部《关于下达2010年度公路工程标准制修订项目计划的通知》（厅公路字〔2010〕132号）的要求，对2004版《公路桥涵养护规范》进行了修订，修订的重点内容有：提出了桥涵养护检查等级；检查类别中增加了初始检查和日常巡查，并将水下检测纳入特殊检查。新版《公路桥涵养护规范》（JTG 5120—2021）的实施日期为2021年11月1日。

1.3.3 公路桥梁加固设计和施工规范

2008年交通运输部制定颁布了《公路桥梁加固设计规范》（JTG/T J22—2008）和《公路桥梁加固施工技术规范》（JTG/T J23—2008）。《公路桥梁加固设计规范》明确了桥梁加固设计计算基本假定，加固基本原则和设计程序，对加固用材料、常用加固方法的计算和构造做出了规定和要求。《公路桥梁加固施工技术规范》基本涵盖了公路桥梁加固施工的各种技术、工艺及施工要求，主要内容包括：桥梁混凝土构件裂缝及表层缺陷的处理；各类桥型上部结构、下部结构与基础加固的施工工艺、方法、质量检验与验收标准；桥梁抗震及防撞加固的施工工艺方法、质量检验与验收标准；桥梁支座、伸缩缝更换的施工工艺及方法等。

1.3.4 公路桥梁检查评定与试验检测标准和规程

交通运输部2011年修订颁布了《公路桥梁技术状况评定标准》（JTG/T H21—2011）和《公路桥梁承载能力检测评定规程》（JTG/T J21—2011），补充完善了桥梁技术状况的评定标准，明确了桥梁承载能力检测评定程序和方法，规定了桥梁结构检算要点和材质状况与状态参数检测评定方法。

交通运输部2015年颁布了《公路桥梁荷载试验规程》（JTG/T J21-01—2015），对荷载试验程序、试验环境、计算原则进行了规定，对静、动力参数测试及测试要求进行了规定，对桥梁静、动载试验的试验工况及测试截面、测试内容、试验荷载、测点布置、试验过程控制及记录、试验数据分析进行了规定，对荷载试验中的测试支架、操作平台、现场布设及安全措施进行了规定。

1.4 我国公路桥梁技术现状及存在的主要问题

1.4.1 技术现状

我国公路桥梁技术现状的特点表现为：

（1）配筋混凝土桥梁为主体。配筋混凝土桥约占85%，圬工桥约占13%，钢桥占比不到1%，其他桥梁约占1%。

（2）梁式桥量大面广，约占74%。

（3）永久性桥梁为绝对主体，约占97.5%；半永久性桥梁约占1.65%；临时性桥梁约占0.85%。

(4)绝大多数为中小跨径桥梁。特大桥2341座/404.28万延米,大桥55229座/1330.05万延米,中小桥63.19万座/1615.11万延米。中小跨径桥梁数量占桥梁总数的92%,占桥梁总长度的48.2%。

(5)国省道上桥龄超过30年的约占15%;国省县道桥梁总数317544座;国省县道上75%的桥龄低于20年,58%的桥龄低于10年。

1.4.2 存在的主要问题

我国公路桥梁存在的主要问题有:

(1)公路路网中还有为数不少的半永久性桥梁与临时性桥梁,它们的承载能力普遍偏低,难以适应当前的交通运输需求;其抵抗自然灾害的能力较差,安全隐患突出,急需进行"永久化"改造。

(2)1950—1980年期间,按1981年以前颁布的不同版本的技术标准设计建造的桥梁,设计荷载标准偏低。虽然,在"六五""七五"期间对它们进行了技术改造,但由于当时资金有限,技术改造主要以加固补强和加宽为主。这些桥梁经过20余年的重载交通频繁运行,普遍老化、衰退严重,绝大多数桥梁处于"带病"工作状态。

(3)20世纪80年代以前修建的少筋混凝土桥梁,拱式桥如壳体桥、二铰板拱、双曲拱桥、桁架拱桥、刚架拱桥等,梁式桥如少筋微弯板组合梁桥、带挂孔的钢筋混凝土悬臂梁桥和T形刚构桥等,由于它们构造与施工的特点,结构体系先天存在弱点,使它们无法适应当前的频繁重载交通,存在冲剪与压溃破坏甚至构件掉落的危险。使用中的辽宁盘锦田庄台辽河大桥挂梁脱落就是一个典型例证。

(4)20世纪80年代修建的预应力混凝土斜拉桥、中承式和下承式吊杆拱桥,受当时人们认知水平的限制,部分桥梁结构存在先天缺陷;受当时桥梁建设材料水平的限制,拉索和吊杆的防腐层普遍出现过早的老化损坏,钢束和锚头锈蚀严重;加上当时对锚固区的构造以及抗风、雨振措施考虑欠合理,安全系数取值又偏小,致使拉索和吊杆易出现疲劳破坏。构造的设计限制了缺陷的检查、检测,导致拉索和吊杆的破坏存在极大的突然性。广州海印大桥斜拉索和四川宜宾小南门桥吊杆断裂破坏就是典型示例。

(5)公路建设高速发展初期注重桥梁建设速度,忽视了桥梁的长期性能和耐久性方面的问题。例如,从20世纪90年代开始,我国在大江大河上、深沟峡谷间修建了为数众多的预应力混凝土连续梁和连续刚构桥,由于在设计和施工上存在一定的缺陷或不足,这些桥梁在投入使用1~6年后,普遍暴露出预应力管道压浆不饱满或漏压浆、后期预应力损失偏大,主梁跨中下挠过大、梁体斜向和纵横向开裂等危及桥梁正常使用与耐久性的缺陷与病害;再如,我国近些年修建的高速公路上,采用预制装配式施工方法修建了大量的钢筋混凝土和预应力混凝土空心板梁与小箱梁桥,这些桥梁在投入使用以后普遍出现了梁端支承受力不匀、支座滑脱造成梁体受力不均,横向连接薄弱、铰缝纵向开裂,单板或单梁受力特征显著等问题,在当前频繁重载交通下,存在极大的安全隐患。

(6)我国地域辽阔,区域经济发展水平和自然环境差异较大,造成不同地区的桥梁病害和损伤表现出较强的区域分布特点。例如,沿海地区的钢筋混凝土和预应力混凝土桥梁普遍存在钢筋锈蚀、混凝土保护层剥落等耐久性问题;西北、华北地区由于季节性河流较多、温差较大,下部结构的磨蚀与侵蚀问题较突出;东北等寒冷地区,混凝土桥梁结构的冻融损伤问题较典型;河道的挖沙取石导致河床下切,基础冲刷和水毁问题较严重。

(7)近些年来,公路交通流量持续迅速增长,加之在我国的货物运输车辆中普遍存在屡禁不止的超载现象,极大地增加了路网中桥梁结构的负担,低等级公路上的桥梁压垮现象时有发生,公路桥梁也普遍暴露出过早损坏的不正常现象。

(8)历年桥梁调查结果显示,我国部分桥梁处于"带病"工作甚至是"危险"状态。虽然我国每年都安排大量资金用于国省道危旧桥梁的改造和技术提升,但随着我国经济的快速发展,近些年我国公路交通的通行量和单车荷载重量均呈快速增长趋势,加之我国目前公路桥梁中低荷载等级(汽—20 级以下)的桥梁总数大,尤其是农村公路的桥梁技术状况相对较差,致使公路桥梁中的危桥比例不降反升。

1.5 公路桥梁养护发展趋势和创新

1.5.1 养护发展趋势

1)养护专业化

桥梁养护工程的特点是专业性强、技术性强、维修工期紧、安全措施要求严,养护队伍只有做到技术全面、训练有素、机械配套、安全措施完备,才能完成各种常规养护工作和应付各种突发事件的抢修工作。因此,桥梁养护发展趋向于养护人员专业化、养护设备专业化、养护队伍专业化。

2)养护管理智能化

桥梁养护管理的智能化一方面体现为对桥梁病害检查、描述和记录的标准化和智能化,能够定量地反映桥梁病害,真实可靠地记录桥梁病害的产生和发展历程;另一方面体现为对桥梁检查、检测结果的整合及分析处理,避免依据经验评定桥梁技术等级,使桥梁技术等级的评定更加科学,评定更加准确和高效。

3)养护管理社会化

桥梁养护水准和要求的提高对人员、设备要求更加专业化、规模化、系统化。相应的人员、设备一次性投入成本大、回收期长,只有通过企业行为,通过市场需求优化设备、人员构成,实现现代化和规模化,才能获得规模效益、降低成本,促使养护产业走向社会化。

1.5.2 养护创新与改进

我国桥梁从"以建为主"向"建养并重"发展,需要在以下几方面进行创新与改进:

(1)养护装备:面对我国桥梁工程材质、损伤、缺陷和受力状态的检测需求,需要研发桥梁永久荷载下桥梁受力状态非破损检测技术及装备,发展桥梁损伤和缺陷的可视化检测诊断方法及装备体系,构建服役桥梁材质状况高精度量化无损检测技术体系,以支撑我国桥梁养护和安全保障水平的提升。

(2)桥梁技术状况监测:面对我国桥梁长期性能研究和长大桥梁运营管理的技术需求,需要研发高精度、长寿命、智能化传感器,发展桥梁关键状态参数和性能指标长期跟踪监测技术,构建桥梁健康诊断以及性能和抗力衰变监测技术体系与标准,以推动我国公路桥梁养护管理技术的发展。

(3)桥梁技术状况评定:面对服役桥梁养护科学决策的技术需求,需要进一步完善和发展桥梁技术状况评定、承载能力和减灾防灾能力鉴定方法,构建桥梁安全可靠性评估和使用寿命预测等理论体系及技术方法,以推动我国桥梁服役可靠性的提升和使用寿命的延长。

(4)桥梁养护理念:面对我国服役桥梁养护管理和桥梁资产保全增效的技术需求,需要转变桥梁养护理念,发展桥梁预防性养护技术,提升桥梁机械化养护能力,构建符合我国国情的桥梁养护技术及装备体系,以促进我国桥梁技术向“建养并重”转型发展。

第 2 章

公路桥梁检查

2.1 公路桥梁检查目的与分级

桥梁的病害、缺损的产生是必然的，但产生的时间具有随机性。按照不同深度、不同频次进行检查，获取病害或损伤类别、部位、范围、程度、出现时间等信息，为判定病害的产生原因、发展趋势和病害对桥梁耐久性、安全性的影响提供依据。检查是桥梁养护的先导工作，是桥梁养护工作的基础。

1)桥梁检查的主要目的

(1)通过检查掌握桥梁结构是否出现损伤、变位及桥位所处环境条件的变化情况，判定对构件、部件的功能是否产生影响。及时发现问题，采取正确的养护对策，可控制病害的发生或发展，提高桥梁的运营安全和服务水平，降低养护成本，使养护效能最大化。

(2)通过检查可以系统地积累桥梁技术状况资料，建立动态数据库，以此作为结构状态发展预测的基本依据，为桥梁构件或部件的退化分析提供数据支持。桥梁检查和评估数据信息的积累，是顺应规范化、现代化信息管理的需要，是桥梁信息管理系统的关键步骤。

(3)发展和完善桥梁设计、养护及管理理论。通过检查，掌握病害产生、发展的规律，给桥梁设计与管理等部门提供反馈信息，推动和发展桥梁养护理论及新建桥梁的设计计算理论。

2)桥梁养护检查的分级

因桥梁规模、技术状况、运营环境及所处公路等级的不同，各级公路桥梁的养护需求和养护资源亦有所不同。对桥梁检查等级进行分级，细化桥梁的养护要求，适应不同的养护需求，实行差异化的养护检查频率，起到合理配置养护资源的作用。

《公路桥涵养护规范》(JTG 5120—2021)对桥梁的养护分级规定如下：

(1)公路桥梁养护检查等级应分为Ⅰ级、Ⅱ级、Ⅲ级，分级标准应符合下列规定：

①单孔跨径大于150m的特大桥、特别重要桥梁的养护检查等级为Ⅰ级。

②单孔跨径小于或等于150m的特大桥、大桥,以及高速公路或一、二级公路上的中桥、小桥的养护检查等级为Ⅱ级。

③三、四级公路上的中桥、小桥的养护检查等级为Ⅲ级。

④技术状况评定为3类的大、中、小桥应提高一级进行检查。

⑤技术状况评定为4类的桥梁在加固维修前应按Ⅰ级进行检查。

(2)桥梁检查应分为初始检查、日常巡查、经常检查、定期检查和特殊检查。

(3)养护检查等级为Ⅰ级的桥梁宜安装结构监测系统对结构状态和各类外荷载作用下的响应情况进行监测。

2.2 初始检查

初始检查是桥梁建成或改造后的首次检查,反映桥梁的初始技术状态。

2.2.1 检查目的与基本要求

1)初始检查目的

初始检查的目的是采集桥梁的基础状态数据,建立桥梁技术档案,作为后期经常检查、定期检查、特殊检查及桥梁评定的基准。通过初始检查,可以确定桥梁各构件的基础技术状况,便于对后期发现的桥梁缺陷和病害作对比分析,确定病害或缺陷成因及发展程度,为进一步开展桥梁养护工作提供依据。

2)基本要求

新建或改建桥梁应进行初始检查。初始检查宜与交工验收同时进行,最迟不得超过交付使用后1年。

初始检查宜与交工验收同时进行,是为了避免一些参数重复检查或漏检。交工验收是以抽检的形式按《公路工程质量检验评定标准　第一册　土建工程》(JTG F80/1—2017)对桥梁工程质量进行检测评定;初始检查是全面检查,检查深度同定期检查要求;交工验收检测不能替代初始检查,初始检查可以沿用交工验收检测报告里已经包含的参数数据。

2.2.2 检查内容及评定报告

1)检查内容

初始检查应包括下列内容:

(1)定期检查需测定的所有项目,并按永久观测点的设置要求设置观测点。

(2)测量桥梁长度、宽度、净空、跨径等;测量主要承重构件尺寸,包括构件的长度与截面尺寸等;测定桥面铺装层厚度及拱上填料厚度等。

(3)测定桥梁材质强度、混凝土结构的钢筋保护层厚度。

(4)养护检查等级为Ⅰ级的桥梁,通过静载试验测试桥梁结构控制截面的应力、应变、挠度等静力参数,计算结构校验系数;通过动载试验测定桥梁结构的自振频率、冲击系数、振型、阻尼比等动力参数。

(5)有水中基础，养护检查等级为Ⅰ级、Ⅱ级的桥梁，应进行水下检测。

(6)量测缆索结构的拉索索力及吊杆索力，测试索夹螺栓紧固力等。

(7)检测钢管混凝土拱桥钢管内混凝土密实度。

(8)当交、竣工验收资料中已经包含上述检查项目或参数的实测数据时，可直接引用。

2)评定报告

初始检查后应提交技术状况评定报告。技术状况评定报告应包括下列内容：

(1)桥梁基本状况卡片(附录A)、桥梁初始检查记录表(附录B)、桥梁定期检查记录表(附录C)、桥梁技术状况评定表。

(2)典型缺损和病害的照片、文字说明及缺损分布图，缺损状况的描述应采用专业标准术语，说明缺损的部位、类型、性质、范围、数量和程度等。

(3)三张总体照片。包括桥面正面照片一张，桥梁两侧立面照片各一张。

(4)上述检查内容的成果。

(5)养护建议。

2.3 日常巡查

日常巡查的目的是及时获知桥梁结构运营是否正常，使桥梁结构在病害初期或突发情况下能得到及时的养护或紧急处治。日常巡查虽相对粗略，但频次较高，尤其适用于桥梁偶发病害的发现。

2.3.1 必要性与基本要求

1)日常巡查的必要性

日常巡查为《公路桥涵养护规范》(JTG 5120—2021)新增检查项目，在《公路养护技术规范》(JTG H10—2009)第5.1.3条已明确规定："应加强桥涵的日常巡查。桥涵日常巡查是桥涵日常养护工作的重要内容之一，应予以充分重视，发现隐患或病害应及时处治。"目前很多公路桥梁管养单位已将日常巡查纳入长大桥梁、重要桥梁的养护工作中，取得了良好的效果；同时近年来桥梁因遭受自然灾害、车船撞击等突发情况而破坏的事件时有发生，增加桥梁日常巡查是必要的。增加日常巡查使桥涵养护技术要求与公路养护技术要求相匹配。

2)基本要求

(1)养护检查等级为Ⅰ、Ⅱ级的桥梁，日常巡查每天不应少于1次；对有特殊照明需求(功能性及装饰性照明、航空航道指示灯等)的桥梁，应适当开展夜间巡查。养护检查等级为Ⅲ级的桥梁，日常巡查每周不应少于1次。遇地震、地质灾害或极端气象时应增加检查频率。

(2)日常巡查可以乘车目测为主，并应做巡检记录，发现明显缺损和异常情况应及时上报。

2.3.2 检查内容

日常巡查应包括下列内容:

(1)桥路连接处是否异常。

(2)桥面铺装、伸缩缝是否有明显破损;伸缩缝位置的桥面系是否存在异常。

(3)栏杆或护栏等有无明显缺损。

(4)标志标牌是否完好。

(5)桥梁线形是否存在明显异常。

(6)桥梁是否存在异常的振动、摆动和声响。

(7)桥梁安全保护区是否存在侵害桥梁安全的情况。

日常巡查可采用桥梁信息管理系统或人工制定当日巡查桥梁名录及巡查路线,对巡检过程发现的明显缺损和异常,应立即向主管部门报告,必要时采取交通管制措施。每次巡查结束后将巡检记录及时归档。日常巡查的记录表格可以根据桥梁结构形式、桥位处环境、交通特点等因素,由桥梁管养单位的信息管理系统或人工制定。

2.4 经常检查

经常检查指对桥梁结构及附属构造物进行的依靠目测可判断的病害或异常现象的检查,检查内容、范围大于日常巡查。

2.4.1 基本要求与检查成果

经常检查旨在发现结构明显病害,存在严重缺损、危及运营安全时,进行必要的交通管制,并立即上报。

1)基本要求

(1)范围:目测所及的所有桥梁构件。

(2)方式:宜抵近桥梁结构,以直接目测为主,配合简单设备、量测工具。

(3)频度:应符合下列规定:

①养护检查等级为Ⅰ级的桥梁,每月不应少于1次。

②养护检查等级为Ⅱ级的桥梁,每两个月不应少于1次。

③养护检查等级为Ⅲ级的桥梁,每季度不应少于1次。

④在汛期、台风、冰冻等自然灾害频发期,应提高经常检查频率。

⑤养护检查等级为Ⅱ、Ⅲ级的桥梁,在定期检查中发现存在4类构件时,加固处治前应提高经常检查频率。

⑥对支座的经常检查每季度不应少于1次。

2)检查成果

经常检查应现场填写"桥梁经常检查记录表",经常检查记录表见表2-1,现场填写所检查的项目的缺损类型、缺损范围和处置建议,为编制养护计划提供依据。

桥梁经常检查记录表 表2-1

公路管理机构名称：					
1 路线编号		2 路线名称		3 桥位桩号	
4 桥梁编号		5 桥梁名称		6 养护单位	
7 检查项目	缺损类型		缺损范围	处治建议	
8 主梁					
9 主拱圈					
10 拱上建筑					
11 桥(索)塔(含索鞍)					
12 主缆					
13 斜拉索					
14 吊杆					
15 系杆					
16 桥面铺装					
17 伸缩缝					
18 人行道、路缘					
19 栏杆、护栏					
20 标志、标线					
21 排水系统					
22 照明系统					
23 桥台及基础(含冲刷)					
24 桥墩及基础(含冲刷)					
25 锚碇(含散索鞍、锚杆)					
26 支座					
27 翼墙(耳墙、侧墙)					
28 锥坡、护坡					
29 桥路连接处(桥头搭板)					
30 航标、防撞设施					
31 调治构造物					
32 减振装置					
33 其他					

2.4.2 检查人员及设备

经常检查应由经过培训的专职桥梁管理人员或有一定经验的工程技术人员负责。桥梁养护管理单位应设置专职桥梁管理人员,负责所管辖桥梁的经常性检查工作。

经常检查携带的工具设备见表2-2。

经常检查携带工具设备表 表2-2

携带工具设备	数量	已准备	备注
扫帚、钢刷、刮刀、平头起子、铲子			
手电			
工作套装(防雨,带胶靴)			
钢卷尺(5~30m)			
经常检查记录表			
照相机			
粉笔、记号笔			

2.4.3 经常检查的主要内容

经常检查应包括下列内容:

(1)桥梁结构有无异常的变形和振动及其他异常状况。

(2)外观是否整洁,构件表面是否完好,有无损坏、开裂、剥落、起皮、锈迹等。

(3)混凝土主梁裂缝是否有发展,箱梁内是否有积水。钢结构主梁抽查焊缝有无开裂,螺栓有无松动或缺失。

(4)斜拉索、吊杆(索)、系杆等索结构锚固区的密封设施是否完好,有无积水或渗水痕迹,密封材料等有无老化和开裂;主缆最低点是否渗水;索鞍是否有异常的位移、卡死、辊轴歪斜以及构件锈蚀、破损;鞍座混凝土是否开裂;鞍室是否渗水、积水。

(5)支座是否有明显缺陷,使用功能是否正常。

(6)桥面铺装是否存在病害。

(7)伸缩缝是否堵塞、卡死,连接部件有无松动、脱落、局部破损。

(8)人行道、缘石有无破损、剥落、裂缝、缺损和松动。

(9)栏杆、护栏有无破损、缺失、锈蚀、移动或错位。

(10)排水设施有无堵塞和破损。

(11)墩台有无明显的倾斜、损伤、开裂及是否受到车、船或漂流物撞击而受损;基础有无冲刷、损坏、悬空;墩台与基础是否受到生物腐蚀。

(12)翼墙(侧墙、耳墙)、锥坡、护坡、调治构造物有无缺损、开裂、沉降和塌陷。

(13)悬索桥锚碇是否存在渗水、积水。

(14)交通信号、标志、标线、照明设施以及桥梁其他附属设施是否完好、正常工作。

(15)永久观测点及标志点是否完好。

经常检查频度高,有可能在不同环境温度、天气情况下对桥梁进行检查,因此检查时还应注意下列问题:

(1)降雨时,在桥下检查上部结构是否存在渗漏水情况。

(2)降雨后,桥面是否有积水。

(3)伸缩缝在不同温度下缝宽的变化情况。

(4)不同季节主河槽变迁、水位涨落等情况。

2.5 定期检查

定期检查是对桥梁结构的每个构件、部件及其附属构造物按照一定周期进行的检查,检查成果是桥梁技术状况等级评定的依据。

2.5.1 基本要求

1)检查频度要求

养护检查等级为Ⅰ级的桥梁,定期检查周期不得超过1年;养护检查等级为Ⅱ、Ⅲ级的桥梁,定期检查周期不得超过3年。

2)检查方法

(1)除基础外,接近桥梁结构的各构件、部件。

(2)外观缺损、大变位或构件缺失等以目测为主,目测不易辨识,无法准确量化缺陷程度时,采用相应的仪器设备进行检测。

(3)现场校核桥梁基本数据,填写或补充完善“桥梁基本状况卡片”(附录A)。

(4)现场填写“桥梁定期检查记录表”(附录C),记录各部件缺损状况并绘制主要病害分布图。

(5)对桥梁永久观测点进行复核,对桥面高程及线形、变位等检测指标进行量测。

3)检查目的

(1)依据检查成果,判断病害产生原因及对结构的影响程度。

(2)病害成因或影响程度难以判明时,提出特殊检查建议。

(3)进行技术状况等级评定,提出养护建议

另外,根据桥梁年龄、交通状况、环境条件、缺损发展状况及养护条件等因素,确定是否有加密定期检查次数的需求。

2.5.2 定期检查计划与准备

负责检查的工程师应根据管辖区内登记的桥梁基本数据表(桥梁卡片),依据历次检测报告和定期检查报告中提出的桥梁病害、评定等级和相关建议,制订出年度桥梁检查实施计划,其内容包括:按检查路线列出需要检查的桥梁清单、实施进度,需临时租用的检查用车、船或工作架等辅助设备和预算费用等。

检查人员必须事先准备和携带下列文件:桥梁检查清单,见表2-3。新建桥梁应根据技术档案事前登记好基本数据表,最近经过专门检验或维修(大、中修)、加固改善的桥梁,其内容必须事先登记在基本数据表内。包括本次用的和上次(最近的)记录的检查数据表。本次用的表,应事先将表头的基本数据填好。

桥梁检查清单　　表 2-3

桥梁名称	路线编号	桥梁编号	桥梁桩号	下穿通道名称	养护单位编号	上次□　本次□			
						定期检查日期	状况评定	补充检验日期	维修日期

2.5.3 检查人员及设备

由桥梁养护工程师进行检查,检查人员应配备的基本设备和器材见表 2-4。除附加设备可根据需要就地就近临时租用外,其余是检查组应常备的基本设备和器材。检查组应配备一辆厢式小货车(车顶能装载伸缩梯),作为检查人员专用车。

桥梁定期检查用设备和器材　　表 2-4

安全、保护用品	检 测 仪 具	工具、器材	附 加 设 备
警告标志	照相机(长焦镜头、闪光灯)	电筒(强光)	软梯
警告信号灯	望远镜	扁刮刀	伸缩梯
反光背心	裂缝测宽仪	地质锤	充气皮艇
安全帽	倾角仪	铁锹	工作船
安全带	100m 钢卷尺	钢丝刷	拼装式悬挂作业架
工作服	2～3m 钢卷尺	毛刷	桥梁专用检查作业架
防滑鞋	游标卡尺	喷雾筒漆	专用检查作业车
雨靴	垂球测绳	彩色粉笔	
水裤	测量花杆	工具袋	
救生衣	水准仪及塔尺	文件包	
救生索	不平尺	测量记录本	
防护眼镜	量角器(大号)	其他文具	
其他劳保用品			

2.5.4 定期检查流程

桥梁定期检查工作的一般流程可以根据实际情况参照图 2-1 进行。

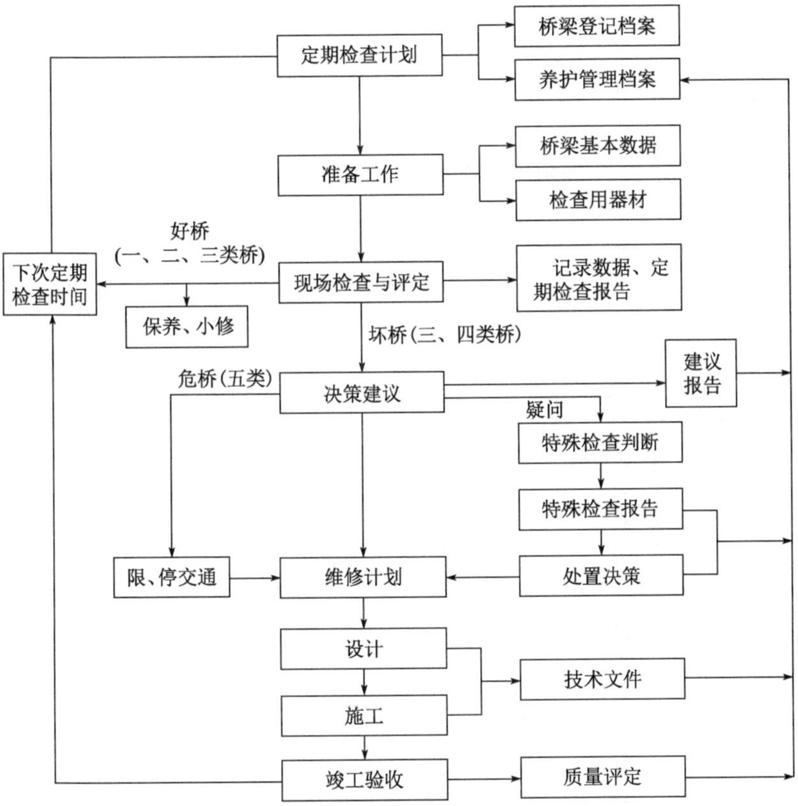

图 2-1 定期检查工作流程图

2.5.5 定期检查的主要内容

(1)桥面系的检查应包括下列内容:

①桥面铺装层纵、横坡是否顺适,有无严重的龟裂、纵横裂缝,有无坑槽、拥包、拱起、剥落、错台、磨光、泛油、变形、脱皮、露骨、接缝料损坏、桥头跳车等现象。

②伸缩缝是否有异常变形、破损、脱落、漏水、失效,锚固区有无缺陷,是否存在明显的跳车。

③人行道有无缺失、破损等。

④栏杆、护栏有无缺失、破损等。

⑤防、排水系统是否顺畅,泄水管、引水槽有无明显缺陷,桥头排水沟功能是否完好。

⑥桥上交通信号、标志、标线、照明设施是否损坏、失效。

(2)混凝土梁桥上部结构检查应包括下列内容:

①混凝土构件有无开裂及裂缝是否超限,有无渗水、蜂窝、麻面、剥落、掉角、空洞、孔洞、露筋及钢筋锈蚀。

②主梁跨中、支点及变截面处,悬臂端牛腿或中间铰部位,刚构的固结处和桁架的节点部位,混凝土是否开裂、缺损,钢筋有无锈蚀。

③预应力钢束锚固区段混凝土有无开裂,沿预应力筋的混凝土表面有无纵向裂缝。

④桥面线形及结构变位情况。

⑤混凝土碳化深度、钢筋锈蚀检测。

⑥主梁有无积水、渗水,箱梁通风是否良好。

⑦组合梁的桥面板与梁的结合部位及预制桥面板之间的接头处混凝土有无开裂、渗水。

⑧装配式梁桥的横向连接构件是否开裂,连接钢板的焊缝有无锈蚀、断裂。

(3)钢桥上部结构检查应包括下列内容:

①构件涂层劣化情况。

②构件锈蚀、裂缝、变形、局部损伤。

③焊缝开裂或脱开。

④铆钉和螺栓松动、脱落或断裂。

⑤结构的跨中挠度、结构变位情况。

⑥钢箱梁内部湿度是否符合要求,除湿设施是否工作正常。

⑦钢-混凝土组合梁桥和混合梁桥,重点应检查下列内容:

a. 桥面板与梁的结合部位有无纵向滑移、开裂。

b. 预制桥面板之间的接头处混凝土有无开裂、压溃、渗水、错位。

c. 混凝土梁段与钢梁段结合处构造功能是否正常,接合面有无脱开、渗漏、错位、承压钢板变形等。

(4)拱桥上部结构检查应符合下列规定:

①主拱圈是否变形、开裂、渗水,拱脚是否发生位移。

②圬工拱桥拱圈的灰缝有无松散、剥离或脱落,砌块有无风化、断裂、压碎、局部掉块、脱落;钢筋混凝土拱桥的拱圈(片)表观及材质状况检测应按混凝土梁桥上部结构执行;钢-混凝土组合拱桥及钢拱桥的钢结构检测应按钢桥上部结构执行。

③行车道板、横梁、纵梁及拱上立柱(墙)、盖梁、垫梁的混凝土有无开裂、剥落、露筋和锈蚀。空腹拱的腹拱圈有无较大的变形、开裂、错位,立墙或立柱有无倾斜、开裂。

④拱的侧墙与主拱圈间有无脱落,侧墙有无鼓凸变形、开裂,实腹拱拱上填料有无沉陷,排水是否正常。

⑤拱桥的横向联结有无变位、开裂、松动、脱落、断裂、钢筋外露、锈蚀等,连接部位钢板有无锈蚀、断裂。

⑥双曲拱桥拱波与拱肋结合处是否开裂、脱开,拱波之间砂浆有无松散、脱落,拱波是否开裂、渗水等。

⑦劲性骨架的拱桥,混凝土是否沿骨架出现纵向或横向裂缝。

⑧吊杆索力有无异常变化。吊杆防护套有无开裂、鼓包、破损,必要时可打开防护套,检查吊杆钢丝涂膜有无劣化,钢丝有无锈蚀、断丝。钢套管有无锈蚀、损坏,内部有无积水;吊杆导管端密封减振设施和其他减振装置有无病害及异常等。

⑨逐个检查吊杆锚头及周围锚固区的情况,锚具是否渗水、锈蚀,是否有锈水流出的痕迹,锚固区是否开裂。必要时可打开锚具后盖抽查锚杯内是否积水、潮湿,防锈油是否结块、乳化失效,锚杯是否锈蚀。锚头是否锈蚀,镦头或夹片是否异常,锚头螺母位置有无异常。

⑩拱桥系杆外部涂层是否劣化,系杆有无松动,锚头、防护罩、钢箱有无锈蚀、损坏。

⑪钢管混凝土拱桥钢管内混凝土密实度检测。

(5)斜拉桥上部结构及索塔的检查应包括下列内容:

①桥塔有无异常变位,锚固区是否有开裂、水渍,有无渗水现象。混凝土结构有无缺损、裂缝、剥落、露筋、钢筋锈蚀。钢结构涂装是否粉化、脱落、起泡、开裂,钢结构是否锈蚀、变形、开裂;螺栓是否缺失、损坏、松动;钢与混凝土连接是否完好。

②拉索索力有无异常变化,观测斜拉索线形有无异常。

③斜拉索防护套有无开裂、鼓包、破损、老化变质,必要时可以打开防护套,检查斜拉索的钢丝涂层劣化、破损、锈蚀及断丝情况。

④逐个检查锚具及周围锚固区的情况,锚具是否渗水、锈蚀,是否有锈水流出的痕迹,锚固区是否开裂。必要时可打开锚具后盖抽查锚杯内是否积水、潮湿,防锈油是否结块、乳化失效,锚杯是否锈蚀。锚头是否锈蚀、开裂,镦头或夹片是否异常,锚头螺母位置有无异常。

⑤主梁的检测,除应按混凝土结构或钢结构进行检查外,还应检查梁体拉索锚固区域的混凝土结构是否开裂、渗水,钢结构是否有裂纹、锈蚀、渗水。

⑥钢护筒是否脱漆、锈蚀,钢护筒内有无积水,钢护筒与斜拉索密封是否可靠,橡胶圈是否老化或严重磨损,橡胶圈固定装置有无损坏,阻尼器有无异常变形、松动、漏油、螺栓缺失、结构脱漆、锈蚀、裂缝。

⑦桥梁构件气动外形是否发生改变;气动措施和风障是否完好;钢主梁检修车轨道、桥面风障、护栏、栏杆的形状及位置是否发生改变。

(6)悬索桥主要构件的检查应包括下列内容:

①桥塔有无异常变位,混凝土结构有无缺损、裂缝、剥落、露筋、钢筋锈蚀。钢结构涂装是否粉化、脱落、起泡、开裂,钢结构是否锈蚀、变形、裂缝;螺栓是否缺失、损坏、松动;钢与混凝土连接是否完好。

②主缆线形是否有变化。主缆防护有无老化、开裂、脱落、刮伤、磨损;主缆是否渗水,缠丝有无损伤、锈蚀,必要时可以打开涂层和缠丝,检查索股钢丝涂膜有无劣化,钢丝有无锈蚀、断丝。锚头防锈漆是否粉化、脱落、开裂,抽查锚头防锈油是否干硬、失效,锚头是否锈蚀、开裂,镦头或夹片是否异常,锚头螺母位置有无异常。

③吊索索力有无异常变化;吊索防护套有无裂缝、鼓包、破损,必要时可以打开防护套,检查吊索钢丝涂膜有无劣化,钢丝有无锈蚀、断丝。钢套管有无锈蚀、损坏,内部有无积水;吊索导管端密封减振设施和其他减振装置有无病害及异常等。

④逐个检查吊索锚头及周围锚固区的情况,锚具是否渗水、锈蚀,是否有锈水流出的痕迹,锚固区是否开裂。必要时可打开锚具后盖抽查锚杯内是否积水、潮湿,防锈油是否结块、乳化失效,锚杯是否锈蚀。锚头是否锈蚀、开裂,镦头或夹片是否异常,锚头螺母位置有无异常。

⑤索夹螺栓有无缺失、损伤、松动;索夹有无错位、滑移;索夹面漆有无起皮脱落,密封填料有无老化、开裂;索夹外观有无裂缝及锈蚀;测试索夹螺栓紧固力。

⑥加劲梁的检测,应按混凝土结构或钢结构的检查要求。

⑦主索鞍、散索鞍上座板与下座板有无相对位移、卡死、辊轴歪斜,鞍座螺杆、锚栓有无松动现象。鞍座内密封状况是否良好。索鞍有无锈蚀、裂缝,索鞍涂装有无粉化、裂缝、

起泡、脱落,主缆和索鞍有无相对滑移。

⑧锚碇外观有无明显病害,如裂缝、空洞等;锚碇有无沉降、扭转及水平位移。锚室顶板、侧墙表面状况是否完好。锚室内有无渗漏水,是否积水,温湿度是否符合要求;除湿设备运行是否正常。

⑨索股锚杆涂层是否完好,有无锈蚀、裂纹病害。

⑩桥梁构件气动外形是否发生改变;气动措施和风障是否完好;钢主梁检修车轨道、桥面风障、护栏、栏杆的形状及位置是否发生改变。

(7)支座的检查应包括下列内容:

①支座是否缺失。组件是否完整、清洁,有无断裂、错位、脱空。

②活动支座实际位移量、转角量是否正常,固定支座的锚销是否完好。

③橡胶支座是否老化、开裂,有无位置串动、脱空,有无过大的剪切变形或压缩变形,各夹层钢板之间的橡胶层外凸是否均匀。

④四氟滑板支座是否脏污、老化,聚四氟乙烯板是否磨损、是否与支座脱离、是否倒置。

⑤盆式橡胶支座的固定螺栓是否剪断,螺母是否松动,钢盆外露部分是否锈蚀,防尘罩是否完好,抗震装置是否完好。

⑥组合式钢支座是否干涩、锈蚀,固定支座的锚栓是否紧固,销板或销钉是否完好。钢支座部件是否出现磨损、开裂。

⑦摆柱支座各组件相对位置是否准确。混凝土摆柱的柱体有无破损、开裂、露筋。钢筋及钢板有无锈蚀。活动支座滑动面是否平整。

⑧辊轴支座的辊轴是否出现爬动、歪斜。摇轴支座是否倾斜。轴承是否有裂纹、切口或偏移。

⑨球型支座地脚螺栓有无剪断、螺纹有无锈死,支座防尘密封裙有无破损,支座相对位移是否均匀,支座钢组件有无锈蚀。

⑩支承垫石是否开裂、破损。

⑪简易支座的油毡是否老化、破裂或失效。

⑫支座螺纹、螺帽是否松动,锚螺杆有无剪切变形,上下座板(盆)的锈蚀状况。

⑬支座封闭材料是否老化、开裂、脱落。

(8)桥梁墩台及基础的检查应包括下列内容:

①墩身、台身及基础变位情况。

②混凝土墩身、台身、盖梁、台帽及系梁有无开裂、蜂窝、麻面、剥落、露筋、空洞、孔洞、钢筋锈蚀等。

③墩台顶面是否清洁,有无杂物堆积,伸缩缝处是否漏水。

④圬工砌体墩身、台身有无砌块破损、剥落、松动、变形、灰缝脱落,砌体泄水孔是否堵塞。

⑤桥台翼墙、侧墙、耳墙有无破损、裂缝、位移、鼓肚、砌体松动。台背填土有无沉降或挤压隆起,排水是否畅通。

⑥基础是否发生冲刷或淘空现象,地基有无侵蚀。水位涨落、干湿交替变化处基础有无冲刷磨损、颈缩、露筋,有无开裂,是否受到腐蚀。

⑦锥坡、护坡有无缺陷、冲刷。

(9)附属设施检查应包括下列内容:

①养护检修设施是否完好。

②减振、阻尼装置是否完好。

③墩台防撞设施是否完备。

④桥上避雷装置是否完好。

⑤桥上航空灯、航道灯是否完好,能否保证正常照明。桥面照明及结构物内供养护检修的照明系统是否完好。

⑥防抛网、声屏障是否完好。

⑦结构监测系统仪器设备工作是否正常。

⑧除湿设备工作是否正常。

(10)河床及调治构造物的检查应包括下列内容:

①桥位段河床有无明显冲淤或漂流物堵塞现象,有无冲刷及变迁状况。河底铺砌是否完好。

②调治构造物是否完好,功能是否适用。

2.5.6 定期检查要点

配筋混凝土结构的裂缝状态是定期检查的要点。上部结构的开裂病害与上部结构的受力特征相关,结构强度不足时,开裂最先出现在最不利截面区域,因此定期检查应关注结构的受力最不利截面。桥梁上部结构检查的重点部位见表2-5,桥梁下部结构检查的重点部位见表2-6。

桥梁上部结构检查的重点部位 表2-5

构造形式	示意简图	重点检查部位
简支梁	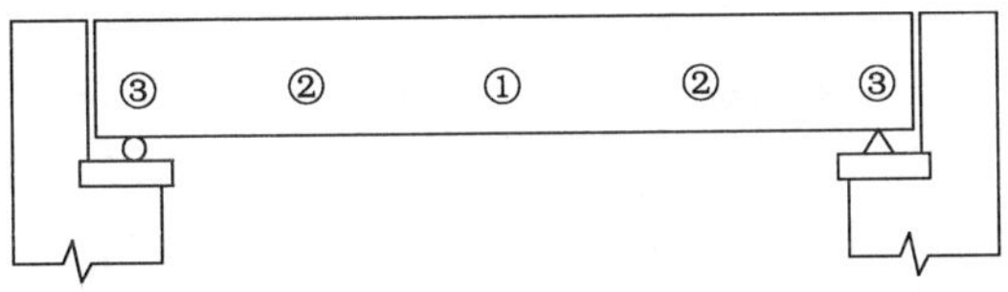	①跨中区段 ②$L/4$ 区段(L 为简支梁的标准跨径) ③支点区段
连续梁	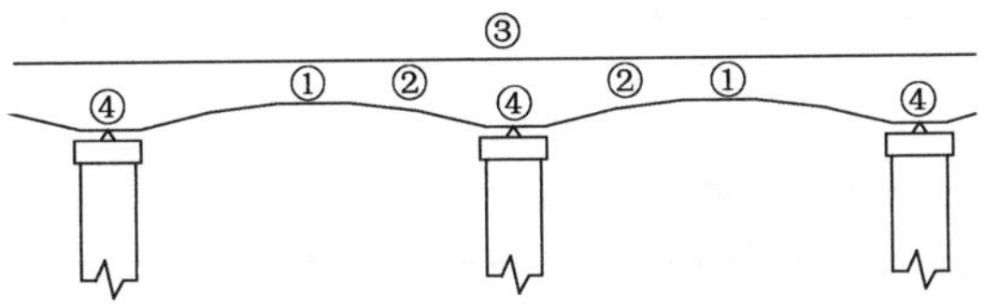	①跨中区段 ②反弯区段 ③墩顶区段 ④支点区段
悬臂梁	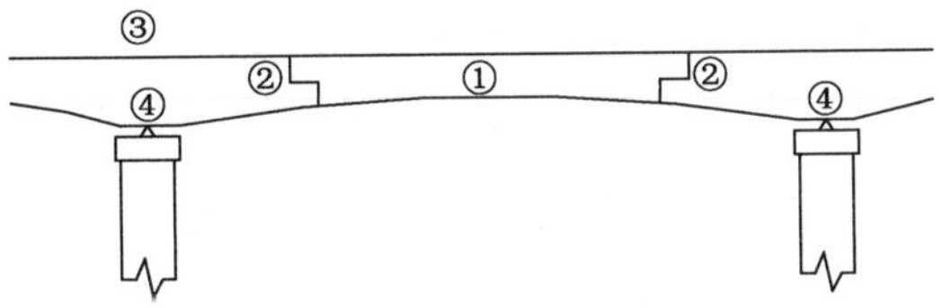	①跨中区段 ②牛腿处 ③墩顶区段 ④支点区段

续上表

构造形式	示意简图	重点检查部位
连续刚构	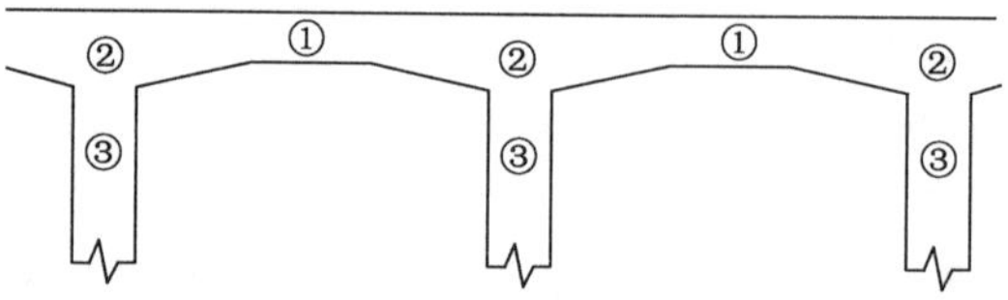	①跨中区段 ②墩顶区段 ③墩身
斜腿刚构	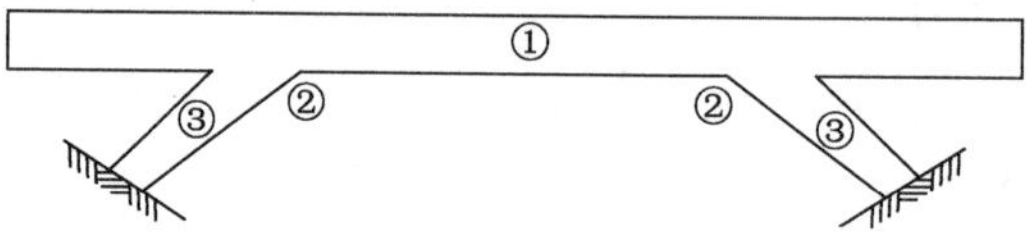	①跨中区段 ②角隅处 ③斜腿处
拱式桥上部结构	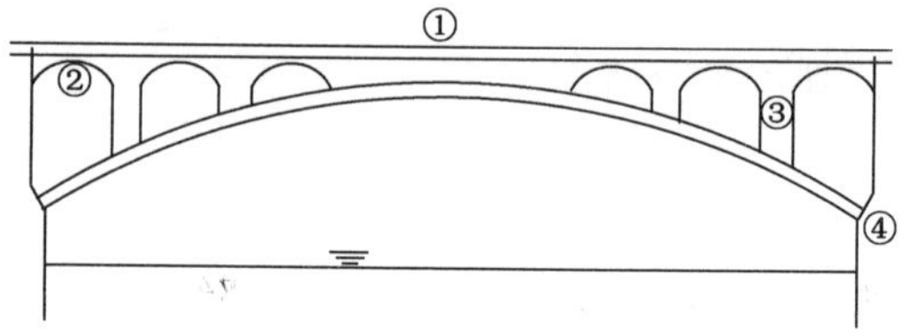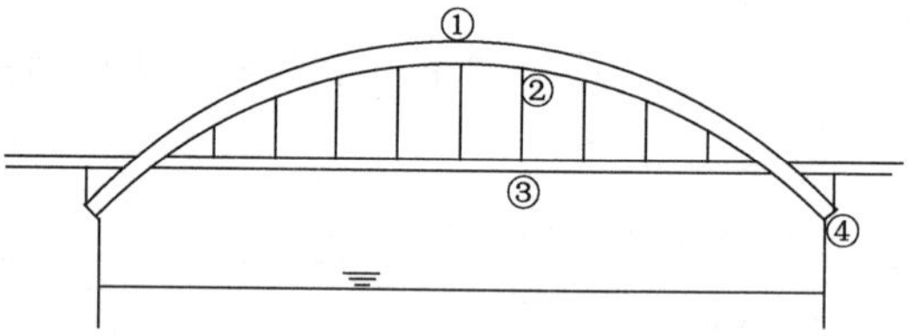	上承式拱: ①主拱圈跨中区段 ②腹孔 ③腹孔墩 ④拱脚区段 中承式拱: ①主拱圈跨中区段 ②吊杆上锚头 ③吊杆下锚头 ④拱脚区段

桥梁下部结构检查的重点部位 表 2-6

墩台形式	示意简图	重点检查部位
重力式桥墩	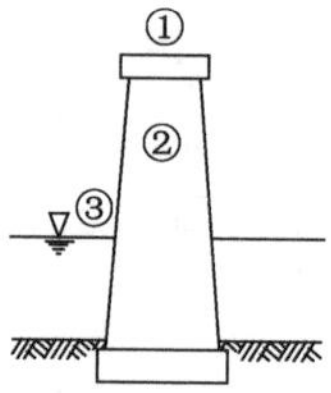	①支座区域 ②墩身 ③干湿交接处
单柱式桥墩	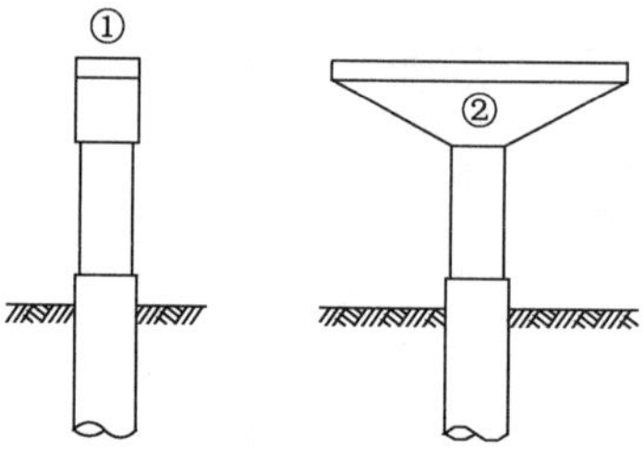	①支座区域 ②柱顶截面由上向下扩展的裂缝

续上表

墩台形式	示意简图	重点检查部位
钻孔桩 柱式桥墩	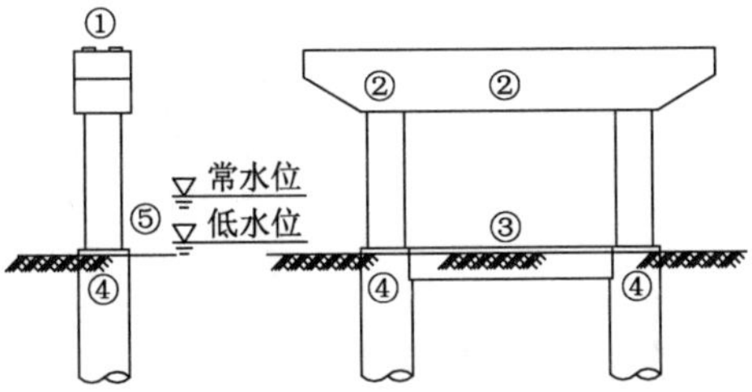	①支座区域 ②盖梁柱顶、跨中 ③横系梁 ④横系梁与桩顶连接处 ⑤墩柱干湿交接处
T形、 Π形桥墩	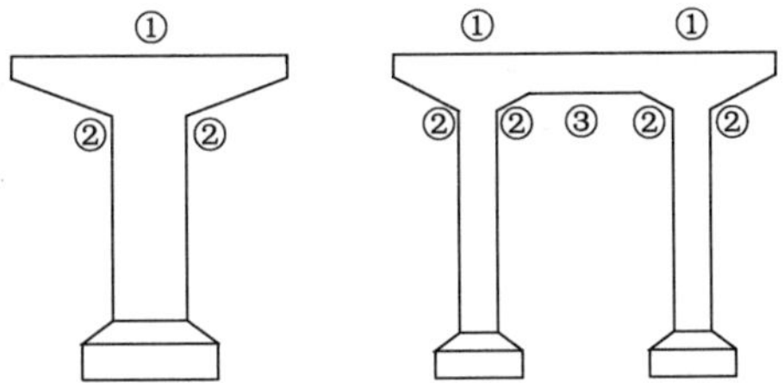	①支座区域 ②悬臂根部 ③盖梁跨中
Y 形桥墩	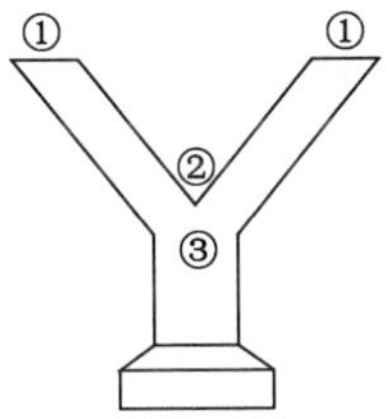	①支座区域 ②Y 形交接处 ③混凝土接缝处
轻型桥台	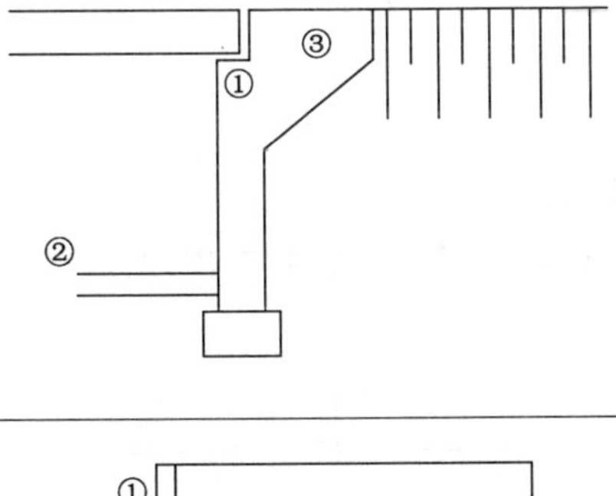	①支座区域 ②支撑梁 ③耳墙
扶壁式桥台	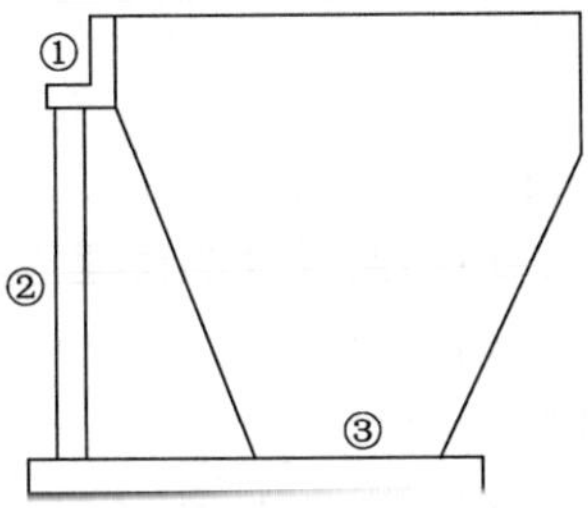	①台帽及支座区域 ②台身 ③基顶

续上表

墩台形式	示意简图	重点检查部位
重力式桥台	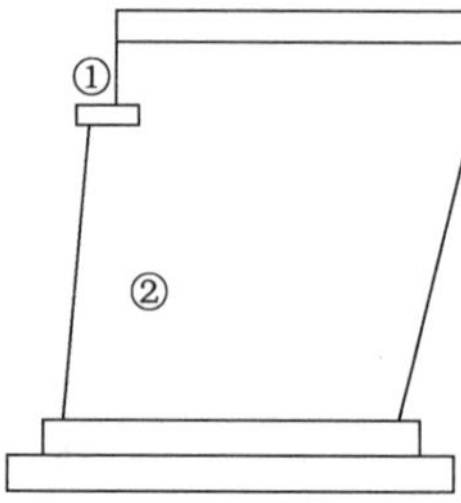	①支座区域 ②侧墙与前墙交接处
肋板式桥台	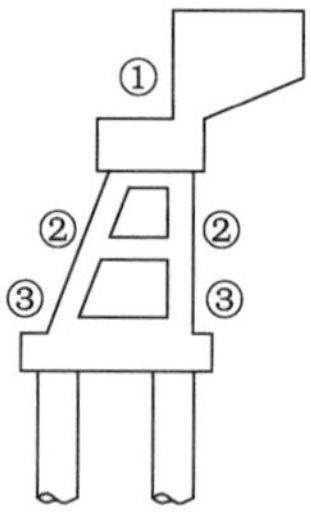	①支座区域 ②台身 $h/2$ 处(h 为台身高) ③承台与台身交接处

2.5.7 定期检查报告

定期检查后提交检查报告,报告应包括下列内容:

(1)桥梁基本状况卡片(附录 A)、桥梁定期检查记录表(附录 C)、桥梁技术状况评定表。

(2)典型缺损和病害的照片、文字说明及缺损分布图,缺损状况的描述应采用专业标准术语,说明缺损的部位、类型、性质、范围、数量和程度等。

(3)三张总体照片。包括桥面正面照片一张,桥梁两侧立面照片各一张。

(4)判断病害原因及影响范围,并与历次检查报告进行对比分析,说明病害发展情况。

(5)桥梁的技术状况评定等级。

(6)提出养护建议及下次检查时间。

(7)对需限制交通或关闭的桥梁应及时报告并提出建议。

2.6 特殊检查

公路桥梁特殊检查的实施条件为:

(1)定期检查中难以判明构件损伤原因及程度的桥梁。

(2)拟通过加固手段提高荷载等级的桥梁。

(3)需要判明水中基础技术状况的桥梁。

(4)遭受洪水、流冰、滑坡、地震、风灾、火灾、撞击,因超重车辆通过或其他异常情况影响造成损伤的桥梁。

桥梁特殊检查可分为应急检查和专门检查。

1)应急检查

桥梁遭受洪水、流冰、滑坡、地震、风灾、火灾、撞击,因超重车辆通过或其他因素造成损伤的检测鉴定。

2)专项检查

专项检查包括下列一项或多项内容:

(1)材料的物理、化学性能及其退化程度的测试鉴定;结构或构件开裂状态的检测及评定。

(2)结构的强度、刚度和稳定性的检算、试验和鉴定。桥梁承载能力评定宜按现行《公路桥梁承载能力检测评定规程》(JTG/T J21)执行。

(3)桥梁抵抗洪水、流冰、风、地震及其他灾害能力的检测鉴定。

(4)水中墩台身、基础的缺损情况的检测评定。

(5)定期检查中发现的较严重的开裂、变形等病害,应进行跟踪观测,预测其发展趋势。

2.6.1 特殊检查的实施

1)特殊检查的主要内容

特殊检查一般由现场检查和试验室测试分析两大部分构成。现场检查可分为一般检查和详细检查两个阶段:一般检查深度同定期检查的要求。一般检查的结果是详细检查的依据,详细检查主要是对一些重点部位或典型桥孔采用微破损或无破损的定量检测。

2)特殊检查的流程

桥梁特殊检查的一般程序如图 2-2 所示。

3)特殊检查的信息收集

结构历史与现状调查阶段,通过对桥梁快速扫视检查以及向设计、施工、监理和养护等部门或有关人员进行的基本数据资料收集和动态调查,需了解和收集表 2-7 的信息资料。

信息资料收集表 表 2-7

快速扫视检查	桥梁目前主要存在的问题,限重、限速的大小
基本数据和相关资料	1. 桥梁设计、施工、监理以及历次检查与试验资料; 2. 历年养护、维修与加固或改善资料
动态调查	1. 桥梁病害历史演变过程,即病害史; 2. 使用中的特别事件和限重、限速的原因; 3. 交通状况,包括日平均交通量、高峰时的交通量、交通量的季节性变化,交通类型等; 4. 其他相关事项,如今后的扩展、改线计划、水文、气候环境等

4)特殊检查方法

常用的桥梁特殊检查方法大体上有三类:

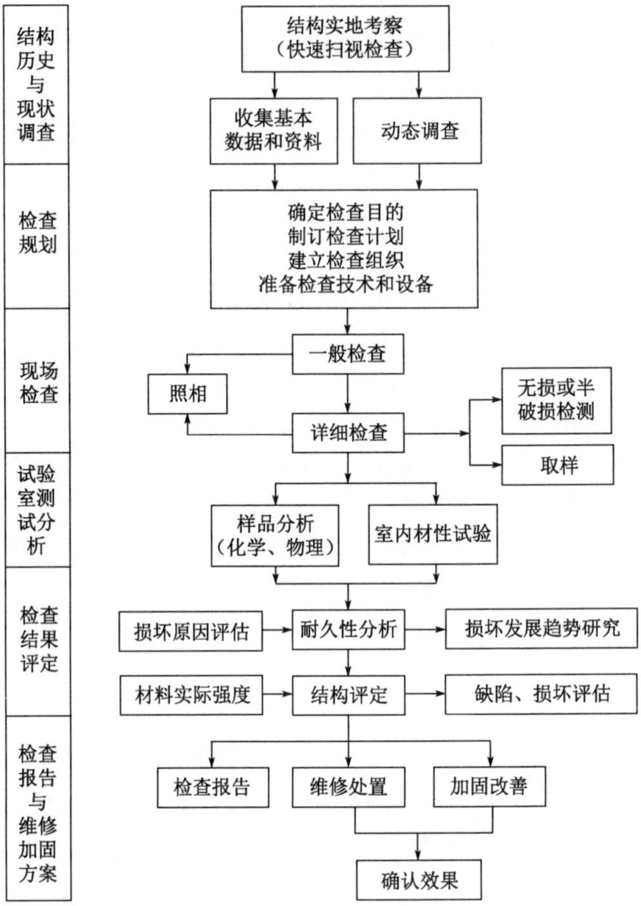

图2-2　桥梁特殊检查的一般程序

(1)目视检查和简单仪器测量。大多用来检查桥梁的外观病害,如结构的变形、位移以及混凝土表面剥落、开裂等,应急检查通常采用此方法。

(2)无破损或半破损检查。其中有些是用来查明结构材料力学性能的,有些则是用来确定缺损的性质和范围的。

(3)桥梁的静、动载试验,确定桥梁的整体工作性能。

5)检查结果的评定分析

特殊检查结果的评定分析一般包括:

(1)缺损原因分析、缺损对质量衰退影响的评定。

(2)缺损对结构耐久性的影响程度。

(3)桥梁维修、加固方案建议。

2.6.2　桥梁震后应急检查

1)一般检查内容

(1)外观检测。

构造物地震后结构表观性损伤、移位、变形等应详细记录,并在结构物表面进行标示。

(2)裂缝检查。

结构物因地震产生开裂,应对该类裂缝的宽度、长度、走向以及裂缝深度进行检测。

(3)几何线形检查。

地震发生后,桥面线形、梁体线形、桥面高程可能发生变化,墩台、基础可能倾斜、偏移、沉降或隆起,主拱轴线可能发生变化,应根据变形情况进行实测。

(4)次生灾害调查。

震后桥梁病害主要表现为被塌方推移、巨石砸毁、堰塞湖淹没、泥石流堵塞、基础滑塌等次生灾害造成的间接损坏,这些病害可能在地震时产生,也可能在地震后一段时间内产生,因此可根据桥梁周围地形、地质、水文情况,对桥梁的岸坡、边坡的稳定性进行检查或调查。

2)钢筋混凝土和预应力混凝土梁式桥

(1)桥面系构造的检查。

①桥面有无土石砸坏或掩埋,铺装有无开裂、隆起、沉降、波浪等。

②伸缩缝是否有异常变位、破损、脱落、漏水,是否造成明显跳车。

③人行道构件、栏杆、护栏有无撞坏、断裂、错位等。

④桥头搭板是否破损、隆起或沉陷。

⑤锥坡有无开裂、塌陷等。

(2)主要承重构件的检查。

①梁体扭曲、移位情况,有无落梁或潜在落梁风险等。

②梁端头有无撞击损伤。

③梁体、横隔梁、连接缝等有无开裂、破坏等。

④预应力锚固区有无损坏及开裂,预应力钢筋位置有无混凝土开裂或局部损伤等。

(3)支座、垫石、挡块检查。

①支座组件是否完好、清洁,有无断裂、错位、脱空、滑落。

②支撑垫石是否有裂缝、破损。

③抗震锚栓是否失效。

④挡块是否开裂、破碎。

(4)盖梁、墩、台检查。

①盖梁有无开裂、破损。

②墩柱及系梁有无开裂、砸伤、剪切、压溃、偏位。

③桥台有无扭转、倾斜、开裂、损伤、垮塌。

(5)基础检查。

①扩大基础有无滑动、倾斜、下沉或隆起。

②桩基有无倾斜、移动、下沉或开裂。必要时可挖验检查。

③基础有无冲刷或掏空。必要时对大桥、特大桥的深水基础应派潜水员潜水检查。

(6)几何尺寸检查。

①对明显有变化的桥梁跨径进行量测。

②对明显有滑动或偏位的墩柱进行量测。

③对缺损原始设计或竣工资料的桥梁主要构件进行几何尺寸量测。

3)拱式桥

(1)桥面系。

①桥面铺装厚度、平整度状况,是否有铺装开裂、破损现象。

②防撞护栏(人行道系)状况。

③伸缩缝完好程度,是否因地震力引起挤压破坏。

④桥面系是否有横向偏移、局部沉降现象。

⑤桥头搭板是否破损、隆起或沉陷。

⑥锥坡有无开裂、塌陷等。

(2)上部结构和拱上建筑。

①主拱圈混凝土、圬工砌体开裂情况检测,拱上侧墙外倾、开裂检测。

②主拱拱轴线测量,主拱净跨径和净矢高复测。

③由落石等引起的碰撞,主拱圈钢筋外露情况。

④采用预制装配无支架施工的拱肋纵横向连接情况检测。

⑤空腹式拱桥,拱上立柱上下端部开裂状况,立柱变形状况。

⑥梁式腹孔,板(梁)支承支座是否脱空、移位和破坏情况检测。

⑦拱式腹孔桥面平整度,拱上填料是否存在不均匀沉降,侧墙是否外倾。

(3)下部结构。

拱式桥一般检查内容同梁式桥,重点检查基础的变位情况。

2.6.3 超重车辆通过和通过后的应急检查

超重车辆过桥应按有关规定办理相关手续。事先必须经过有关部门的检算、批准,应单独过桥,按指定的路线行进,并禁止其他车辆同时通行。在超重车辆行进过程中和通过以后都须进行必要的检查。

1)行进过程中的检查

在行进过程中,主要应当对主桥挠度、桥面线形变化和裂缝开展情况进行跟踪测量。测量方法:在桥跨跨中及1/4跨、3/4跨处分别设置挠度测点,当超重车通过时,适时记录挠度与车辆位置的关系,当超重车驶出桥梁后,将得到位移-时间曲线,从曲线中可查出最大挠度。

2)超重车辆驶离桥后的检查

超重车辆驶离主桥半小时后,首先应当对桥面线形变化进行测量,检查是否留下残余挠度。组织桥梁养护管理人员察看桥面及主梁有无可见的裂缝,伸缩缝有无损坏。如有,应组织有关专家判断重载车过桥有无对其产生不利影响,讨论修补或其他处理方案。

2.6.4 船只或大型漂浮物撞击后的应急检查

发生失控船只和大型漂浮物撞击主塔、桥墩或承台后,应立即安排人员进行应急检查。

1)检查内容

(1)调查肇事船只和大型漂浮物的吨位、撞击速度、方向和高度,估算撞击力的大小。

根据估算的撞击力对整体结构进行空间分析，判断结构有无功能降低的迹象。

(2)调查碰撞时的详细情况：发生碰撞时船只或大型漂浮物航行速度，碰撞方向，船只损坏情况，船只或大型漂浮物总重，船上工作人员曾采取的措施，当时的风力、水流方向、流速、水位，碰撞时桥上有无车通过，墩台被撞时的振动等。

(3)检查墩台身损坏情况：受伤面积及范围，所在部位，形状及深度，碰伤处高程。根据检查资料绘制墩台身损伤展开图。

(4)检查受碰墩台上支座情况：支座位置，支座有无不正常的位移偏斜，锚固螺栓情况，支座其他部分有无异状等。

(5)检查桥面等，特别要注意桥面有无较明显的变化，以帮助判明墩台有无倾斜。

(6)对墩台水下部分，特别是墩台变截面处应进行激光检查或潜水检查。

2)检查方法

(1)用肉眼观察受撞部位的损伤状况。混凝土表层有无破碎和开裂，是否有构造钢筋或受力钢筋暴露出来。如有破碎，应对破碎范围大小、程度及所在位置做出描述。如有开裂，应对裂纹的数量、分布情况及所在位置做出描述。

(2)用无损探伤仪器对被撞区域进行超声波无损探伤，判断混凝土内部是在产生损伤。

(3)用脉动方法测定主塔墩动力特性的变化，所测频率的阶次尽可能高，结合相应振型来判断主塔墩受撞后的损伤程度。此项检查技术复杂，需要有较多经验，应由专门机构承担并给出报告。

3)撞击力估算

(1)船舶的撞击作用可进行专题研究确定。

(2)当缺乏实际调查资料时，四至七级内河航道船舶撞击作用可按表 2-8 确定取值。顺桥向撞击作用可按表 2-8 所列数值的 50% 取值。

内河船舶撞击力估算 表 2-8

内河航道等级	船舶吨级 DWT(t)	横桥向撞击力(kN)	顺桥向撞击力(kN)
四	500	550	450
五	300	400	350
六	100	250	200
七	50	150	125

(3)对于有漂浮物的水域中的桥梁墩台，漂浮物横桥向的撞击力可按式(2-1)计算，撞击作用点通过实测确定或假定在计算通航水位线上桥墩宽度的中点。

$$F = \frac{Wv}{gT} \tag{2-1}$$

式中：W——漂流物重力，kN，应根据河流中漂流物情况，按实际调查确定；

v——水流速度，m/s；

T——撞击时间，s，应根据实际资料估计，在无实际资料时，可用 1s；

g——重力加速度，$g = 9.81\text{m/s}^2$。

2.6.5 火灾后的应急检查

行驶在桥上运载易燃物品的车辆发生意外等引起火灾,灾后必须安排人员进行应急检查。

桥梁火灾后,结构物受损程度因火场情况不同差异较大,为准确评估火灾后混凝土桥梁损伤情况,应制定科学有效的检测评估体系。

从桥梁火场结构损伤的实际状况出发,按照火场踏勘、详细调查、详细检测、结构损伤的综合性评估等进行分阶段、逐层深入的火灾后桥梁应急检查、检测评估。

1)火场踏勘

了解的情况包括:桥梁结构设计的基本资料;受火的部位;燃烧情况,包括开始燃烧的部位、燃烧的顺序、各燃烧点燃烧的情况(猛火、烈火、中火或焖烧)、发烟等;燃烧物的种类、数量、堆积方式,以及其他影响火场温度的资料;各部位燃烧残留物的调查,由残留物与原来物料数量的比较,以及该物料发热量,可大致推算火灾时该部位的温度。

分析方法:基于经典升温曲线推定分析法、燃烧物当量计算分析法。

2)详细调查

详细调查结构损伤范围和损伤位置、深度等,并初步判断结构火灾温度及损伤程度,判定标准可参照表2-9。对于损伤程度判断为Ⅱ_a、Ⅱ_b的桥梁结构,可不做进一步的深入检测分析;而对影响结构安全,评定为Ⅲ级以上的桥梁结构,须进入下一阶段,损伤深度的详细检测分析。

分析方法:混凝土结构损伤状况表观检测推定分析。

火灾后混凝土桥梁损伤初步鉴定评级 表2-9

序号	烧伤等级	烧伤状况描述
1	严重(Ⅳ)	火灾中结构或构件倒塌,结构严重烧损变形,结构承载能力丧失或大部分丧失,必须采取安全支护措施
2	较严重(Ⅲ_b)	对结构材料和性能有较严重影响,对结构安全或正常使用影响较严重,应采取维修加固或构件更换措施
3	中度(Ⅲ_a)	对结构材料和性能有影响,对结构安全或正常使用有不利影响,应采取相应的维修加固措施
4	轻度(Ⅱ_b)	未对结构材料和性能产生明显影响,不影响结构安全,应采取提高耐久性和外观修复措施
5	轻微(Ⅱ_a)	基本完好,可不采取措施或仅采取提高耐久性措施

3)详细检测

在详细调查的基础上,通过对不同损伤状态的混凝土材料力学性能、钢筋材料力学性能、钢筋与混凝土黏结强度等的检测分析,进一步确定结构的损伤深度和程度,必要时通过荷载试验做进一步的分析论证。该阶段为检测评估的核心阶段,对结构的安全性评估有着重要的影响。

检测方法:芯样法、钢筋拉伸拉拔试验、结构荷载试验等方法。

2.6.6 灾后的结构检算

1)结构检算方法和目的

在地震、超重车辆过桥、船只或漂浮物撞击桥墩以及桥上行驶的车辆撞击主梁后,除进行相应的检查外,还应对结构进行检算。检算的方法是将外力(地震力、撞击力等)作用在桥梁结构相应位置,用有限元法对结构进行整体分析,确定结构在这些意外荷载作用下的内力状态,并把这些附加内力同结构恒载内力组合,与材料的设计强度或结构刚度对比,确定结构的承载能力极限状态和正常使用极限状态是否仍能满足要求。

2)用动力特性变化进行缺陷诊断

在发生各种事故后,对相应状态下结构的动力特性及响应进行计算,以评判这些意外事故是否会引发缺陷,对可能发生缺陷的部位进行仔细测量,用动力特性的变化来进行缺陷诊断。

2.6.7 特殊检查报告

特殊检查后应提交检查报告。检查报告应包括下列内容:

(1)桥梁基本状况信息。

(2)特殊检查的总体情况概述。包括桥梁的基本情况、检测的组织、时间、背景、目的和工作过程等。

(3)现场调查、检测与试验项目及方法的说明。

(4)详细描述检测部位的损坏程度并分析原因。

(5)桥梁结构特殊检查评定结果。

(6)填写“桥梁特殊检查记录表”(表2-10)。

(7)提出结构部件和总体的维修、加固或改建的建议。

桥梁特殊检查记录表 表2-10

<table>
<tr><td>1 路线编号</td><td colspan="2"></td><td>2 路线名称</td><td colspan="2"></td><td>3 桥位桩号</td><td></td></tr>
<tr><td>4 桥梁编号</td><td colspan="2"></td><td>5 桥梁名称</td><td colspan="2"></td><td>6 被跨越道路(通道)名称</td><td></td></tr>
<tr><td>7 桥梁全长(m)</td><td colspan="2"></td><td>8 上部结构形式</td><td colspan="2"></td><td>9 最大跨径(m)</td><td></td></tr>
<tr><td>10 管养单位</td><td colspan="2"></td><td>11 建成时间</td><td colspan="2"></td><td>12 上次检测时间</td><td></td></tr>
<tr><td>13 上次特殊检查项目</td><td colspan="7"></td></tr>
<tr><td>14 本次特殊检查时间</td><td colspan="3">年 月 日</td><td colspan="3">15 检查时的气候及环境温度</td><td></td></tr>
<tr><td>16 本次特殊检查类型</td><td colspan="7">(承载力检测、水下检测、抗灾能力检测、灾后检测、耐久性检测等)</td></tr>
<tr><td>检测项目</td><td colspan="7">检测结果</td></tr>
<tr><td>项目1</td><td colspan="7"></td></tr>
<tr><td>项目2</td><td colspan="7"></td></tr>
<tr><td>项目 n
(可根据需要自行增加行数)</td><td colspan="7"></td></tr>
<tr><td>评定结论</td><td colspan="7"></td></tr>
</table>

第 3 章

公路桥梁技术状况评定

3.1 桥梁技术状况评定概述

桥梁技术状况评定是通过桥梁现场检查,掌握构件缺损形式、范围,分析缺损性质和发展变化情况,按各构件的权重,对桥梁整体的技术状况进行等级划分。桥梁结构状况评定是桥梁养护管理的核心内容,根据桥梁状况评定结果确定需维修或加固桥梁的优先次序,以使结构(或构件)维持正常的工作状态,将养护资源最优分配。

公路桥梁技术状况评定是对桥梁的使用功能(宏观)、使用价值(微观)、承载能力(微观)进行的综合评价。技术状况评定可鉴定其是否仍具有预定的功能,进而为桥梁的维修、改造、加固提供决策依据。

3.1.1 国外桥梁技术状况评定方法概况

1)美国标准

美国主要采用《公路桥梁技术状况评价与承载能力评定手册》(AASHTOLRFR)作为桥梁检测与评价的主要依据,其次还有《桥梁技术状况评价手册》(MCE)、《桥梁检查维护手册》(AASHTOMMIB)和《国家桥梁检查标准》(NBIS)等。

美国桥梁检测分为初始检查、常规检查、损害检查、深入检查、断裂危险构件检查、水下检查和特殊检查。其中常规检查一般不超过 2 年,断裂危险构件检查一般不超过 2 年,水下检查一般不超过 5 年,而深入检查一般根据桥梁状况具体制定检测频率和检测范围。以上检查内容根据外观状况对桥梁进行分级,分 0 ~ 9 共 10 个级别,见表 3-1。

美国桥梁检测分级　　表 3-1

等级	状　态	描　述
9	极好	优越状态
8	非常好	甚好状态——未发现问题

续上表

等级	状　态	描　述
7	好	良好状态——有一些小问题
6	满足要求	满意状态——结构构件存在某些次要缺陷
5	一般	尚好状态——所有主要结构构件完好但可能有次要截面存在损失(如缺损、剥落或冲刷)
4	差	不良状态——截面损失(如缺损、剥落或冲刷)扩大
3	严重	严重状态——截面损失(如缺损、剥落或冲刷)已经严重地影响到结构的主要部件;可能有局部破坏;钢构件中可能有疲劳裂缝;混凝土构件可能有剪切裂缝
2	危险	临界状态——主要结构构件缺损扩大,钢构件中存在疲劳裂缝,混凝土构件存在剪切裂缝。冲刷已淘空下部结构的支承,除非密切监测,否则可能必须封闭桥梁,直到采取纠正措施
1	即将失效	急迫的破坏状态——在关键结构部件上有重大破坏或截面损失,或者明显的垂直或水平位移,影响结构的稳定。桥梁须封闭交通,但经修整可恢复轻型交通服务
0	失效	破坏状态——不能使用,无法修复

2)德国标准

德国养护、检测规范主要是德国工业标准 DIN1076,DIN1076 规定桥梁检查包括一般检查和常规监测。一般检查主要检查明显的损伤和缺陷,常规监测每年 2 次,主要针对严重损伤和缺陷进行监测。

1994 年版 RI-EBWPRÜF 是德国 1994 年到 1998 年的桥梁状况评价的基础。桥梁结构的评价考虑了交通安全性、稳定性和耐久性。根据 RI-EBWPRÜF,结构检查技术的特点是对单个病害和缺陷的详细记录和评价,但对病害的评价和对状况等级的评价并没有联系,状况评价仅针对整个结构,没有与对病害的评价直接联系起来。

该评价方法缺乏统一的评定模型,该方法最终的分析结果是基于检查者的经验得到的,对于桥梁检测工程师的专业水平要求相当高,技术状况评定花费也相对较高,需要发展新的技术状况评价方法。

德国桥梁评价的新技术基于对单独病害细节评价。在结构检查中检测到的病害均应根据交通安全性、稳定性和耐久性的准则单独进行评价。另外,每个病害发生的范围必须用定性的文字如"少量、中等、大量"来表示。根据病害对结构稳定性、安全性和耐久性的影响,新技术定义了新的状况等级分类,共有 6 个等级,值域依次为 1.0 ~ 1.4,1.5 ~ 1.9,2.0 ~ 2.4,2.5 ~ 2.9,3.0 ~ 3.4,3.5 ~ 4.0,其中 1.0 代表最佳的结构状况。

在德国新技术状况等级评价方法中,把结构物划分为 13 个构件组,每个构件组可再分为更细的结构构件。对每个构件组病害的评价均有标准的病害评价等级分类,并有对病害的简单描述和对一些特征病害的再细分。

3)英国标准

英国公路桥梁评价标准 BD21/01 主要用于干线公路桥梁的评价,而用于评价非干线公路桥梁时,则需参阅运输部标准 BD34、BA34、BD46、BD50 和 BA79。BD21/01 标准可用于评价钢桥、混凝土桥以及圬工拱桥,但不适合木桥和石板桥。

标准 BD21/01 对桥梁的评价采用的是排序法,主要步骤是按照英国运输部 BS5400、BD15、BA16、BA55 标准所提供的计算方法,并考虑结构自身缺损状况进行承载能力评价,对于计算结果满足承载力要求的进行正常养护;将承载能力不满足规定的桥梁定为次等级桥梁,次等级桥梁的评价依据英国运输部技术规程 BA79/90。BA79/90 将次等级桥梁评价划分为 5 个等级,见表 3-2。

次等级桥梁评价等级　　表 3-2

等　级	特点描述
1	保守评估桥梁承载能力
2	采用精确的包括有限元等在内的分析方法,甚至考虑非线性和塑性分析
3	进行材料试验,以评价强度;大于 50m 的桥梁应进行特殊车辆荷载评价
4	对可靠度和安全系数进行评价,以正确评价承载能力
5	采用荷载和强度值的概率数据进行可靠性分析

英国规范除了规定对次等级桥梁进行评价外,还规定了次等级桥梁的监测周期与内容以及监测所遵循的原则,监测分为三类:基本检查、详细检查、深入调查。其主要内容见表 3-3。

次等级桥梁监测分类　　表 3-3

分　类	特点描述
基本检查	目测检查和照片记录等,一般不进行详细的测量检查的周期一般为几个星期至 2 个月,主要取决于桥梁的状况
详细检查	检查和记录病害的程度和性质;测量关键部位和病害区域的变形或应变;交通荷载调查。 详细检查的频率一般是数个月,必要时可能需连续观测,主要取决于病害可能导致的破坏形式,病害进一步发展的可能性和结果等
深入调查	如果病害在短期内有可能进一步发展并导致结构破坏,则必须进行深入的调查

4)丹麦标准

丹麦的桥梁状况等级评价,首先评价桥梁结构的 15 个标准构件的状况。对每个构件均必须确定它们的病害类型。病害的范围一般在现场确定,若有可能,应根据调查得到的几何数据辅助确定。状况等级是个数值,值域为 0 ~ 5,它描述了被检查桥梁构件的状况。当完成对所有桥梁构件的状况评价之后,根据这些得到的数据进行整座桥梁的状况评价。构件中的最高(最不利)的状况等级并不一定是全桥的状况等级,最终的结构评价应能反映有病害的构件、类型、病害的范围、病害的预期发展和病害对交通安全性的影响等。总体原则是全桥的状况等级不能高于构件中最高的状况等级,也不能低于如桥台、桥墩、支座、桥面板、主梁等主要构件中任何一个的状况。

3.1.2　中国台湾地区评定方法

中国台湾地区在检测时使用最多的规范有《公路桥梁一般目视检测手册》和《公路养护手册》[交技(92)字第 0920010402 号]。台湾共有三种检测评估方法:D. E. R 法、ABCDN法和九级评估法。D. E. R 法是根据构件的损伤情况评价其劣化的严重程度

(Degree)、劣化范围(Extent)、此种劣化现象对桥梁结构安全性和服务性的影响(Relevancy),最终判断其维修的急迫性。按照 D. E. R 评价方法,桥梁构件可分为五个级别,见表3-4。

D. E. R 法桥梁检测分级 表3-4

等级	D	E	R	U
0	无此项目	无法检测	无法判定重要性	无法判定急迫性
1	良好	<10%	微	例行维护
2	尚可	10% ~30%	小	3 年内
3	差	30% ~60%	中	1 年内
4	严重损坏	>60%	大	紧急处理维修

在台湾使用最多的为 D. E. R 法,相对 D. E. R 法来说,ABCDN 法和九级评估法均比较简单,表3-5 和表3-6 分别为 ABCDN 法和九级评估法标准表。

ABCDN 评估方法判定标准 表3-5

判定标准	状况说明
A	损伤轻微,须做重点检查
B	有损伤,须进行监视,必要时视状况维修
C	损伤显著,变形持续进行,功能可能降低必须加以补强
D	损伤显著,有重大变形及结构物功能降低,为确保交通安全顺畅,或避免第三者造成障碍,必须采取紧急补修
N	无此项目或无法判断结构物的损伤状况
OK	上述情况以外的情形

九级评估方法判定标准 表3-6

判定标准	状况说明
1	严重损坏,潜伏危险
2	大量破坏,危及结构安全
3	广泛破坏或丧失原设计功能
4	中度损坏或劣化,需要维护保养
5	轻度破坏,维持原设计功能
6	轻微破坏,状况正常
7	状况良好
8	不适用,表示该桥梁没有该项检测项目
9	表示该项检测项目无法检测评估

3.1.3 中国除台湾地区以外的桥梁技术状况评定方法概况

1)《公路桥涵养护规范》(JTG H11—2004)评定方法

(1)全桥总体技术状况等级评定宜采用考虑桥梁各部件权重的综合评定方法。

将一座桥梁划分为17个部件,根据各部件缺损程度(大小、多少或轻重)、缺损对结构使用功能的影响程度(无、小、大)和缺损发展变化状况(趋向稳定、发展缓慢、发展较快)三个方面,以累加评分法确定评定标度。各部件的标度和部件权重之积求和,确定桥梁的整体技术状况等级。规范给出各部件权重推荐值,各地区可根据实际的环境条件和养护要求修订各部件的权重。

(2)按重要部件最差的缺损状况评定。

重要部件(如墩台与基础、上部承重构件、支座)以其中缺损严重的部件评分,部件的等级为桥梁的整体技术状况等级。

(3)对照桥梁技术状况评定标准表[《公路桥涵养护规范》(JTG H11—2004)的表3.5.2-3]进行评定。

(4)评定方法的优缺点。

《公路桥涵养护规范》(JTG H11—2004)给出了对桥梁技术状况综合评定计算式和推荐的桥梁17个部件权重。规范中的评定方法简单实用,给现场检测工程师留下较大余地,使监测工程师可以借助个人经验对桥梁进行评定。

该规范自颁布执行以来,在指导我国公路养护管理工作中发挥了很大的作用,但是从确定各部件评定标度过程和综合评定结果来看,有以下不足之处:

①没有按不同桥型划分部件,对于同一部件,所有桥型均采用一种方法、一种权重进行评定,缺乏对复杂桥型的考虑。

②实际定期检查评定工作中,大部分的4类、5类桥梁都是采用差部件评定法及专家评定法进行评定,很少采用综合评定法,分数很难扣下去。

③实际工作中当存在某座桥梁没有设置部件时,如单跨桥梁无桥墩,部分桥梁无人行道等类似情况,没有相应的方法处置该类情况。

《公路桥涵养护规范》(G5120—2021)明确了桥梁技术状况评定应按现行《公路桥梁技术状况评定标准》(TTG/T H21)执行。

2)《城市桥梁养护技术标准》(CJJ 99—2017)评定方法

(1)城市桥梁养护类别。

根据城市桥梁在道路系统中的地位,城市桥梁养护类别宜分为以下五类:

Ⅰ类养护的城市桥梁——单孔跨径大于100m的桥梁及特殊结构桥梁。

Ⅱ类养护的城市桥梁——城市快速路上的桥梁。

Ⅲ类养护的城市桥梁——城市主干路上的桥梁。

Ⅳ类养护的城市桥梁——城市次干路上的桥梁。

Ⅴ类养护的城市桥梁——城市支路和街坊路上的桥梁。

(2)评定等级。

①Ⅰ类养护桥梁评估。对于Ⅰ类养护桥梁,桥梁完好状态分为两个等级:

合格级:桥梁结构完好或结构构件有损伤,但不影响桥梁安全,应进行保养小修。

不合格级:桥梁结构构件损伤,影响结构安全,应立即修复。

②Ⅱ~Ⅴ类养护桥梁评估。

A级——完好状态,BCI(Bridge Condition Index,城市桥梁状况指数,用以表征桥梁结构的完好状态)为90~100,应进行日常保养。

B级——良好状态,BCI为80~89,应进行保养小修。

C级——合格状态,BCI为66~79,应针对性进行小修或中修。

D 级——不合格状态，BCI 为 50～65，应检测评估后进行中修、大修或加固工程。

E 级——危险状态，BCI 小于 50，应检测评估后进行大修、加固或改扩建工程。

桥梁技术状况评估包括桥面系、上部结构、下部结构和全桥评估，采用先分部分再综合的办法评估。

(3)评定方法优缺点。

该评定方法按照桥梁在城市中所处地位的重要性，将桥梁分为五类养护桥梁，采用不同的评定方法。该方法对各种损坏类型都有定性、定量描述，根据部件损坏类型的扣分值采用评定模型进行计算，实现了病害定量描述，评定的标准化、规范化，减少了人为干预因素。但评定模型存在一些缺陷，当部件病害增多时，部件的分值反而会升高，其逻辑与我们先天认识经验相矛盾，不能以正当、合理的方式发生。

3)《公路桥梁技术状况评定标准》(JTG/T H21—2011)评定方法

《公路桥梁技术状况评定标准》(JTG/T H21—2011)，遵循"全面、实用"的指导原则，消化吸收了国内外公路桥梁评定的实践经验，并继承了《公路桥涵养护规范》(JTG/T H11—2004)的优秀成果。相比 JTG/T H11—2004，JTG/T H21—2011 有以下特点：

(1)分类评级：按不同桥型进行桥梁评定分类，并细化不同桥型的部件分类。

(2)指标细化量化：根据不同桥型的部件类型制定评定细则，将评定指标进行细分并提出量化标准。

(3)单项控制指标：提出 5 类桥梁技术状况单项控制指标，桥梁符合 5 类桥梁单项控制指标则桥梁总体技术状况直接评定为 5 类。

(4)评定模型细化：改进桥梁技术状况的评定模型，先对桥梁各构件进行评定，然后对桥梁各部件进行评定，再对桥面系、上部结构和下部结构分别进行评定，最后进行桥梁总体技术状况的评定。

《公路桥梁技术状况评定标准》(JTG/T H21—2011)评定基本思路如下：

(1)评定的内容包括构件、部件、桥面系、上部结构、下部结构和全桥评定。公路桥梁技术状况评定应采用分层综合评定与 5 类桥梁单项控制指标相结合的方法。

5 类桥梁单项控制指标具有高优先级别，若桥梁满足 5 类桥梁单项控制指标中的任意一项，那么全桥直接评定为 5 类危桥。若不满足 5 类桥梁单项控制指标则采用分层综合评定法进行评定。

评定顺序：首先需要依据《公路桥梁技术状况评定标准》(JTG/T H21—2011)各章节中各检测指标的技术状况评定表对指标进行评定，确定各构件指标的类别(1～5 类)。对各构件检测指标的评定是整个技术状况评定工作的关键和基础。然后依次计算部件、上部结构(下部结构、桥面系)的技术状况，最后根据上部结构、下部结构、桥面系的技术状况计算全桥技术状况。

(2)当单个桥梁存在不同结构形式时，可根据结构形式的分布情况划分评定单元，分别对各评定单元进行桥梁技术状况的等级评定。

由于实际当中桥梁可能由两种或者多种不同结构形式组成，当单个桥梁存在既有梁桥又有拱桥或其他桥型，或者主桥和引桥结构形式不同等情况时，可根据结构形式的分布情况采用划分评定单元的方式，各单元中不存在的部件权重可以根据其隶属关系划分给其他部件，逐一对各评定单元进行桥梁技术状况的等级评定，然后以技术状况等级评定结果最差的一个评定单元作为全桥的评定结果。

(3)根据桥梁各部件在桥梁结构中重要性的不同,将桥梁结构分为主要部件和次要部件。主要部件中的构件分数在[0,40)区间时,部件的分数为构件分数的最小值。当主要部件评分达到4类或5类且影响桥梁安全时,桥梁整体评定分数为主要部件评分最小值。主要部件的构件评分影响到桥梁整体技术状况评定结果,对桥梁评定起着重要作用。

(4)《公路桥梁技术状况评定标准》(JTG/T H21—2011)分别对桥梁总体、主要部件、次要部件的等级及标度进行了描述,桥梁总体技术状况评定等级和主要部件技术状况评定等级分为5个等级,次要部件技术状况评定等级分为4个等级。

3.1.4 桥梁评定的分类

公路桥梁评定分为一般评定和适应性评定。

1)一般评定

基于桥梁定期检查获取的技术资料,通过桥梁桥面系、上部结构、下部结构的各构件缺损标度,按构件权重计算部件、结构分值,加权得出整桥的评分,依据评分结果确定桥梁的技术状况等级。一般评定由负责定期检查者进行,计算评定依据《公路桥梁技术状况评定标准》(JTG/TH21—2011)。

2)适应性评定

桥梁适应性评定可根据需要进行。评定工作可与定期检查、特殊检查结合进行,可采用下列方法:

(1)承载能力评定,可采用分析检算或荷载试验方法。

(2)通行能力评定,可将设计通行能力与实际交通量进行比较,也可和使用期预测交通量进行比较,评价桥梁能否满足现行或预期交通量的要求。

(3)抗灾害能力评定,可采用现场测试与分析检算方法,重要桥梁可进行模拟试验。

(4)耐久性评定,可采用外观耐久状态评定与剩余耐久年限评定相结合的方法。

3.2 一般评定

3.2.1 评定方法及流程

1)评定方法

《公路桥梁技术状况评定标准》(JTG/T H21—2011)采用的评定方法为:分层综合评定与5类桥梁单项控制指标相结合。

在不满足5类桥梁单项控制指标时,将一座桥梁分解成上部结构(P)、下部结构(B)和桥面系(D)三大部分,这三部分结构又由多类部件(i)组成,每类部件包括一到多个构件(j),每个构件可能是完好的或存在一到多种缺陷(k),评定由各构件层评定开始至部件层至结构层,如图3-1所示。

5类桥梁单项控制指标具有最高优先级别,满足5类桥梁单项控制指标中的任意一项,那么全桥直接评定为5类桥梁。

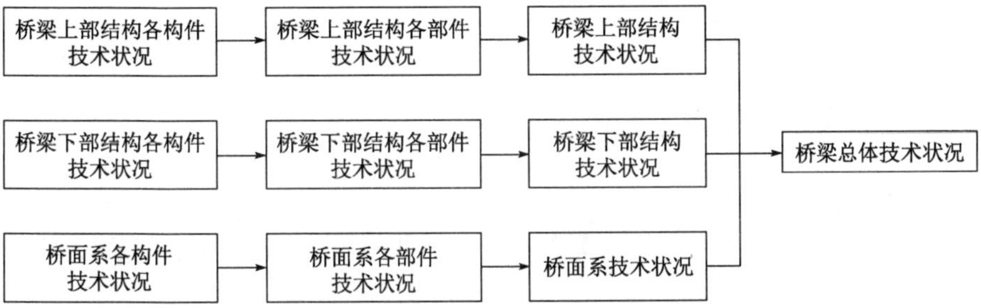

图 3-1 技术状况评定分层评定模型

桥梁构件:组成桥梁结构的最小单元,如一片梁、一个墩柱等。

桥梁部件:桥梁结构中同类构件的统称,如主梁、桥墩等。

2)评定单元划分

一座桥梁可能由两种或两种以上的结构形式组成,如既有梁式桥又有拱式桥,或者主桥和引桥结构形式不同等,可根据结构形式的分布情况采用划分评定单元的方式,逐一对各评定单元进行桥梁技术状况的等级评定,然后以技术状况等级评定结果最差的一个评定单元作为全桥的评定结果。

例如,某桥桥跨组合为 6×20m(预应力混凝土空心板梁)+3×80m(钢筋混凝土系杆拱桥)+6×20m(预应力混凝土空心板梁),共 15 跨。下部结构:桥墩为双柱式墩,桥台为肋板式桥台。桥梁总长 487.0m。

该桥由梁式桥和拱式桥两种结构组成,第 7 跨至第 9 跨为钢筋混凝土系杆拱结构,其他部分为预应力混凝土空心板梁。将 7~9 跨主桥划为主桥单元,1~6 跨及 10~15 跨结构形式相同,合并起来为引桥单元。

对于结合墩建议划分给跨径大的单元,即划分给主桥系杆拱部分。

3)评定流程

桥梁技术状况评定流程如图 3-2 所示。

3.2.2 检测指标与评定标度

《公路桥梁技术状况评定标准》(JTG/T H21—2011)检测指标扣分值见表 3-7。

构件各检测指标扣分值 表 3-7

检测指标所能达到的最高等级类别	标度类别				
	1 类	2 类	3 类	4 类	5 类
3 类	0	20	35	—	—
4 类	0	25	40	50	—
5 类	0	35	45	60	100

表中第一列数据表示检测指标所能达到的最高等级类别,由于发生在不同构件上的各病害对桥梁影响程度不同,每种病害的最严重等级类别也不同。病害最严重等级类别分为 3 类、4 类、5 类(如蜂窝麻面最严重等级类别为 3 类,主梁的裂缝最严重等级类别为 5 类)。

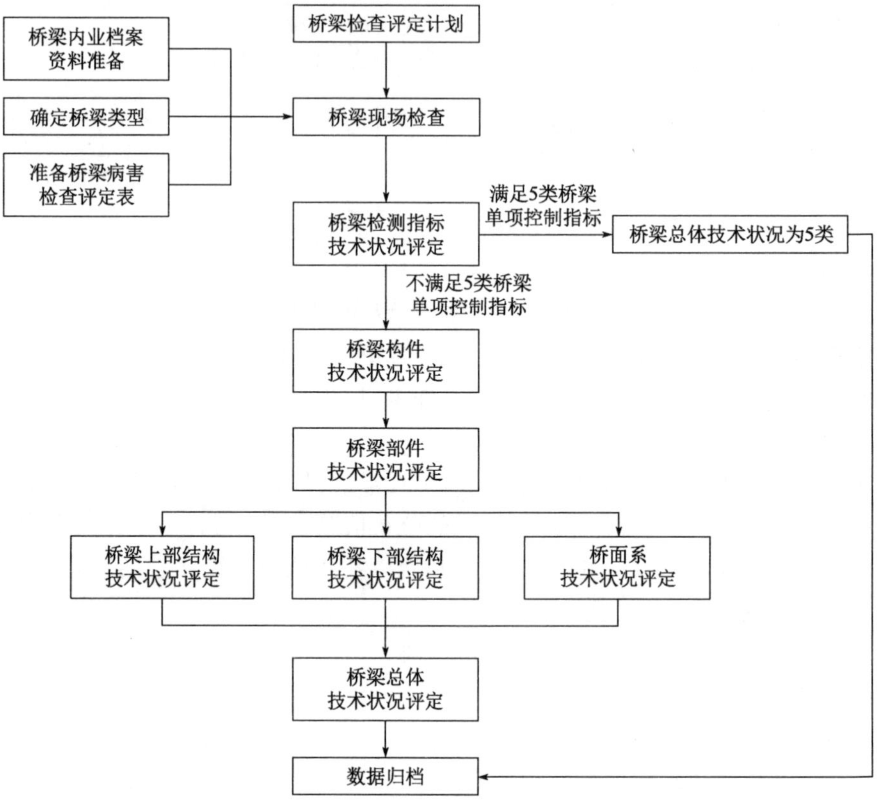

图 3-2　技术状况评定流程图

通过表 3-7(构件各检测指标扣分值表)将不同病害进行分级扣分。某些病害达到最严重也仅能评为 3 类,此病害扣分为 35 分;某些病害达到最严重评为 4 类,此病害扣分为 50 分;某些病害达到最严重能评为 5 类,此病害扣分为 100 分。按照这种扣分方法能体现出不同病害对桥梁影响程度的不同。

3.3　构件技术状况评分

3.3.1　构件评分计算方法

桥梁构件的技术状况评分按式(3-1)计算:

$$\mathrm{PMCI}_l\ (\mathrm{BMCI}_l\ 或\mathrm{DMCI}_l) = 100 - \sum_{x=1}^{k} U_x \tag{3-1}$$

当 $x = 1$ 时

$$U_1 = \mathrm{DP}_{i1}$$

当 $x \geqslant 2$ 时

$$U_x = \frac{\mathrm{DP}_{ij}}{100 \times \sqrt{x}} \times \left(100 - \sum_{y=1}^{x-1} U_y\right)(其中\ j = x, x\ 取\ 2,3,4,5\cdots)$$

当 $DP_{ij}=100$ 时

$$PMCI_l\ (BMCI_l\ 或\ DMCI_l)=0$$

式中：$PMCI_l$——上部结构第 i 类部件的 l 构件的得分，值域为 0～100 分；

$BMCI_l$——下部结构第 i 类部件的 l 构件的得分，值域为 0～100 分；

$DMCI_l$——桥面系第 i 类部件的 l 构件的得分，值域为 0～100 分；

k——第 i 类部件 l 构件出现扣分的检测指标的种类数；

U、x、y——引入的变量；

i——部件类别，如 i 表示上部承重构件、支座、桥墩等；

j——第 i 类部件 l 构件的第 j 类检测指标；

DP_{ij}——第 i 类部件 l 构件的第 j 类检测指标的扣分值，根据构件各种检测指标扣分值进行计算，扣分值按表 3-7 规定取值。

当 $k\geqslant 2$，即出现扣分的检测指标不止一种时，可将所有检测指标的扣分值从大到小排列，DP_{ij} 按 $j=1,2,3,\cdots$ 依次对应，即 DP_{i1} 取最大扣分值，DP_{i2} 取次大扣分值……

构件技术状况评分方法的特点：

(1)单个构件病害种类多，构件分数降低。

(2)无论构件病害程度与病害数量如何增加，构件得分数始终大于或等于 0 分。

(3)构件评分均四舍五入保留一位小数。构件只有技术状况评分，无技术状况等级。

3.3.2 构件评分计算算例

1)单一构件仅出现一种缺损的技术状况评分算例

例 1：某桥一侧栏杆出现撞坏现象，表现为“多处出现交通车辆引起的损坏，不影响功能，或构件脱落、缺失”，并满足“损坏长度 >3% 且≤10%”的定量描述条件。

按照《公路桥梁技术状况评定标准》(JTG/T H21—2011)表 10.4.1-1，病害最严重等级标度为“4”，该病害评定指标标度为“3”。对应扣分值表 3-7，该病害扣分值 $DP_{ij}=40$ 分。

$$DMCI_l=100-\sum_{x=1}^{1}U_x=100-U_1=100-40=60$$

例 2：某桥桥台前墙出现竖向贯通超限裂缝，表现为“翼墙和前墙断裂的裂缝：出现开裂，缝宽超限”，并满足“翼墙和前墙断裂的裂缝：缝长 > 截面尺寸的 1/3 且≤2/3”的定量描述条件。

按照《公路桥梁技术状况评定标准》(JTG/T H21—2011)表 9.2.1-9，病害最严重等级标度为“5”，该病害评定指标标度为“4”。对应扣分值表 3-7，该病害扣分值 $DP_{ij}=60$ 分。

$$PMCI_l=100-\sum_{x=1}^{1}U_x=100-U_1=100-60=40$$

2)单一构件出现多种缺损的技术状况评分算例

例 1：某桥某一片梁梁底有混凝土裂缝和剥落两种病害的存在。

按照《公路桥梁技术状况评定标准》(JTG/T H21—2011)表 5.1.1-12，裂缝病害最严重等级标度为“5”，混凝土裂缝因其特征，评定指标标度为“3”，该病害扣分值 $DP_{ij}=45$ 分；

按照《公路桥梁技术状况评定标准》(JTG/T H21—2011)表 5.1.1-2，剥落病害最严重等级标度为“4”,混凝土剥落病害评定指标标度为“3”,该病害扣分值 $DP_{ij}=40$ 分。

$$U_1=45$$

$$U_2=\frac{DP_{i2}}{100\times\sqrt{2}}\times(100-\sum_{y=1}^{1}U_1)=\frac{40}{100\times\sqrt{2}}\times(100-45)=15.6$$

$$PMCI_l=100-\sum_{x=1}^{2}U_x=100-U_1-U_2=100-45-15.6=39.4$$

当构件存在两种病害时,依据计算,该片梁构件评分为 39.4 分。

例 2:某桥某一片梁梁底有裂缝、空洞、麻面三种病害,根据《公路桥梁技术状况评定标准》(JTG/T H21—2011)表 5.1.1,空洞标度为“2”, $DP_{ij}=25$;麻面标度为“2”, $DP_{ij}=20$;裂缝标度为“2”, $DP_{ij}=35$。

DP_{ij} 按从大到小的顺序排列,即 $DP_{i1}>DP_{i2}>DP_{i3}$,得 $DP_{i1}=35$,$DP_{i2}=25$,$DP_{i3}=20$。

$$U_1=DP_{i1}=35$$

$$U_2=\frac{DP_{i2}}{100\times\sqrt{2}}\times(100-\sum_{y=1}^{1}U_y)=\frac{25}{100\times\sqrt{2}}\times(100-35)=11.49$$

$$U_3=\frac{DP_{i3}}{100\times\sqrt{3}}\times(100-\sum_{y=1}^{2}U_y)=\frac{20}{100\times\sqrt{3}}\times(100-U_1-U_2)=6.18$$

$$PMCI_l=100-\sum_{x=1}^{3}U_x=100-U_1-U_2-U_3=100-35-11.49-6.18=47.33$$

当构件存在三种病害时,依据计算,该片梁构件评分为 47.33 分。

3.4 部件技术状况评分

3.4.1 部件技术状况评分

桥梁部件的技术状况评分,按式(3-2)计算:

$$PCCI_i=\overline{PMCI}-\frac{100-PMCI_{min}}{t}$$

或

$$BCCI_i=\overline{BMCI}-\frac{100-BMCI_{min}}{t} \tag{3-2}$$

或

$$DCCI_i=\overline{DMCI}-\frac{100-DMCI_{min}}{t}$$

式中:$PCCI_i$——上部结构第 i 类部件的得分,值域为 0 ~ 100 分;当上部结构中的主要部件某一构件评分值 $PMCI_l$ 在[0,40)区间时,其相应的部件评分值 $PCCI_i=PMCI_l$。

$\overline{PMCI}$——上部结构第 i 类部件各构件的得分平均值,值域为 0 ~ 100 分。

$BCCI_i$——下部结构第 i 类部件的得分,值域为 0 ~ 100 分;当下部结构中的主要部件某一构件评分值 $BMCI_l$ 在[0,40)区间时,其相应的部件评分值 $BCCI_i=BMCI_l$。

$\overline{BMCI}$——下部结构第 i 类部件各构件的得分平均值,值域为 0 ~ 100 分。

$DCCI_i$——桥面系第 i 类部件的得分,值域为 0 ~ 100 分。

$\overline{DMCI}$——桥面系第 i 类部件各构件的得分平均值,值域为 0 ~ 100 分。

$PMCI_{min}$——上部结构第 i 类部件中分值最低的构件得分值。

$BMCI_{min}$——下部结构第 i 类部件中分值最低的构件得分值。

$DMCI_{min}$——桥面系第 i 类部件分值最低的构件得分值。

t——随构件的数量而变的系数(表 3-8)。

t 值 表 3-8

n(构件数)	t	n(构件数)	t
1	∞	20	6.6
2	10	21	6.48
3	9.7	22	6.36
4	9.5	23	6.24
5	9.2	24	6.12
6	8.9	25	6.00
7	8.7	26	5.88
8	8.5	27	5.76
9	8.3	28	5.64
10	8.1	29	5.52
11	7.9	30	5.4
12	7.7	40	4.9
13	7.5	50	4.4
14	7.3	60	4.0
15	7.2	70	3.6
16	7.08	80	3.2
17	6.96	90	2.8
18	6.84	100	2.5
19	6.72	≥200	2.3

表中,n 表示第 i 类部件的构件总数;表中未列出的 t 值采用内插法计算。

部件技术状况评分方法特点:

(1)组成部件的单个构件分数越低,部件分数降低。

(2)部件的评分计算以构件评分的算术平均值为主,同时考虑较差构件对桥梁整体安全的影响,通过较差构件得分和构件的数量对构件算术平均值进行修正。

(3)主要部件中缺损状况严重的构件对桥梁安全影响非常大,当主要部件中的构件评分值在[0,40)时,主要部件的评分值不再按公式(3-2)进行计算,部件直接取此构件的评分值,若多个构件均低于 40 分,则选取最低构件得分值为部件得分值。

3.4.2 部件技术状况评分计算算例

例 1:某桥梁上部结构部件共有4 片主梁,构件评分分别为80、65、80、75。4 个构件的平均值 $\overline{\text{PMCI}}=75$,当 $n=4$ 时,查表3-8,得 $t=9.5$。

$$\text{PCCI}_{\text{主梁}}=\overline{\text{PMCI}}-(100-\text{PMCI}_{\min})/t=75-(100-65)/9.5=71.3$$

经计算,部件评分为71.3 分。

例 2:某桥梁上部结构部件共有10 片梁,按照《公路桥梁技术状况评定标准》(JTG/T H21—2011)对10 片梁进行逐一评定,构件得分分别为:80、65、100、38.5、66、75、80、72、65、82

当上部结构中的主要部件某一构件评分值在[0,40)区间时,其相应的部件评分值等于该构件评分值。

$$\text{PCCI}_{\text{主梁}}=\text{PMCI}_{\min}=38.5$$

例 3:t 值计算。

在表3-8 中,当构件数量 n 大于30 时,部分 t 值未列出,未列出的 t 值采用直线内插法计算,如梁板构件数为35,需要采用直线内插法进行计算。

(1)查表3-8 得构件数为30 时对应 t 值为5.4,构件数为40 时对应 t 值为4.9。

(2)采用直线内插法计算,得

$$t=5.4+\left(\frac{35-30}{40-30}\right)\times(4.9-5.4)=5.4-0.25=5.15$$

3.5 结构技术状况评分

3.5.1 结构技术状况评分

桥梁上部结构、下部结构、桥面系的技术状况评分按式(3-3)计算。部件技术状况评分方法:加权求和法。

$$\text{SPCI}(\text{SBCI 或 BDCI})=\sum_{i=1}^{m}\text{PCCI}_i(\text{BCCI}_i\text{ 或 DCCI}_i)\times w_i \tag{3-3}$$

式中:SPCI——桥梁上部结构技术状况评分,值域为0~100;

SBCI——桥梁下部结构技术状况评分,值域为0~100;

BDCI——桥面系技术状况评分,值域为0~100;

m——上部结构(下部结构或桥面系)的部件种类数;

w_i——第 i 类部件的权重,根据桥梁结构类型,按《公路桥梁技术状况评定标准》(JTG/T H21—2011)表4.2.1、表4.2.2-1、表4.2.2-2、表4.2.2-3、表4.2.3、表4.2.4 规定取值;对于桥梁中未设置的部件,应根据此部件的隶属关系,将其权重值分配给各既有部件,分配原则按照各既有部件权重在全部既有部件权重中所占比例进行分配。

3.5.2 结构技术状况评分算例

例:某单跨钢筋混凝土梁式桥无须设置桥墩,根据此构件隶属于上部结构、下部结构和桥面系关系,将此未设置构件的权重值进行重新分配。分配方法采用将缺失部件权重值按照既有部件权重值在全部既有部件权重中所占比例进行分配,重新分配后权重计算见表3-9,各结构分配后权重之和等于1.0。

某单跨钢筋混凝土梁式桥部件权重分配计算 表3-9

部位	类别	部件名称	部件权重	重新分配后权重	计算式
上部结构	1	主要承重构件	0.70	0.70	—
	2	一般构件	0.18	0.18	—
	3	支座	0.12	0.12	—
下部结构	4	翼墙、耳墙	0.02	0.03	$0.02+\frac{0.02}{0.02+0.01+0.3+0.28+0.07+0.02}\times 0.3$
	5	锥坡、护坡	0.01	0.01	$0.01+\frac{0.01}{0.02+0.01+0.3+0.28+0.07+0.02}\times 0.3$
	6	桥墩	0.30	0.00	无须设置桥墩
	7	桥台	0.30	0.43	$0.30+\frac{0.30}{0.02+0.01+0.3+0.28+0.07+0.02}\times 0.3$
	8	墩台基础	0.28	0.40	$0.28+\frac{0.28}{0.02+0.01+0.3+0.28+0.07+0.02}\times 0.3$
	9	河床	0.07	0.10	$0.07+\frac{0.07}{0.02+0.01+0.3+0.28+0.07+0.02}\times 0.3$
	10	调治构造物	0.02	0.03	$0.02+\frac{0.02}{0.02+0.01+0.3+0.28+0.07+0.02}\times 0.3$
桥面系	11	桥面铺装	0.40	0.40	—
	12	伸缩缝装置	0.25	0.25	—
	13	人行道	0.10	0.10	—
	14	栏杆、护栏	0.10	0.10	—
	15	排水系统	0.10	0.10	—
	16	照明、标志	0.05	0.05	—

3.6 桥梁总体技术状况评分

3.6.1 桥梁总体技术状况评分方法

桥梁总体的技术状况评分按式(3-4)计算:

$$D_r = DCI \times W_D + SPCI \times W_{SP} + SBCI \times W_{SB} \tag{3-4}$$

式中：D_r——桥梁总体技术状况评分，值域为 0 ~ 100；

W_D——桥面系在全桥中的权重，按表 3-10 取值；

W_{SP}——上部结构在全桥中的权重，按表 3-10 取值；

W_{SB}——下部结构在全桥中的权重，按表 3-10 取值。

桥梁结构组成权重表 表 3-10

桥梁部位	权重	桥梁部位	权重
上部结构	0.40	桥面系	0.20
下部结构	0.40		

依据 D_r 的计算结果，桥梁技术状况分类界限见表 3-11。

桥梁技术状况分类界限表 表 3-11

技术状况评分	技术状况等级(D_j)				
	1 类	2 类	3 类	4 类	5 类
D_r (SPCI、SBCI、BDCI)	[95,100]	[80,95)	[60,80)	[40,60)	[0,40)

例：某钢筋混凝土梁式桥经计算，上部结构 SPCI = 82(2 类)，下部结构 SBCI = 75(3 类)，桥面系 DCI = 83(2 类)。

$D_r = DCI \times W_D + SPCI \times W_{SP} + SBCI \times W_{SB} = 83 \times 0.2 + 82 \times 0.4 + 75 \times 0.4 = 79.4$

桥梁总体技术状况评分为 $60 \leq D_r < 80$，该桥桥梁总体技术状况等级评定为 4 类。

全桥总体技术状况评定依据上部结构、下部结构、桥面系重要程度的不同，分别给予了不同的权重。由于各地环境条件不同，除了采用推荐值外，还允许依据实际情况进行调整。调整权重可采用专家评估法，调整值应经过批准认可，对主要构件的权重则不宜减少。

3.6.2 总体评定特殊问题

桥梁总体评定时，除满足表 3-11 桥梁技术状况分类界限表的要求，还应注意弱化次要结构和突出主要结构对评价结构的影响。

(1)当上部结构和下部结构技术状况等级为 3 类，桥面系技术状况等级为 4 类，且桥梁总体技术状况评分为 $40 \leq D_r < 60$ 时，桥梁总体技术状况等级应评定为 3 类。

例 1：某预应力空心板梁桥经计算，上部结构 SPCI = 62(3 类)，下部结构 SBCI = 62(3 类)，桥面系 DCI = 40(4 类)。

$D_r = DCI \times W_D + SPCI \times W_{SP} + SBCI \times W_{SB} = 40 \times 0.2 + 62 \times 0.4 + 62 \times 0.4 = 58.6$

桥梁总体技术状况评分虽为 $40 \leq D_r < 60$，但该桥桥梁总体技术状况等级评定为 3 类，而不是 4 类。

(2)全桥总体技术状况等级评定时，如果主要部件评分达到 4 类或 5 类且影响桥梁安全，可按照桥梁主要部件差的缺损状况评定。

例 2：某部分预应力（A 类）混凝土空心板梁桥，梁底出现多道横向裂缝，其中部分板梁跨中处出现横向裂缝，长 0.35～0.76m，裂缝宽 0.15mm。经计算，上部结构 SPCI = 58.5（包括上部承重构件、上部一般构件、支座），下部结构 SBCI = 65，桥面系 DCI = 85。

$$D_r = DCI \times W_D + SPCI \times W_{SP} + SBCI \times W_{SB} = 85 \times 0.2 + 58.5 \times 0.4 + 65 \times 0.4 = 66.4$$

桥梁总体技术状况评分为 $60 \leqslant D_r < 80$，按照表 3-11，该桥桥梁总体技术状况等级评定为 3 类，但是考虑到该桥预应力混凝土梁跨中裂缝达到 0.15mm，上部承重评定为 4 类，全桥总体技术状况也可以根据差部件评定为 4 类。

因此，只要上部结构或下部结构的主要部件里有一个构件的评分小于 60 分（4 类或 5 类）并影响桥梁安全，桥梁总体技术状况评分即可以等于该构件的评分（判定为 4 类或 5 类）。

3.7　5 类桥梁单项控制指标

在桥梁技术状况评定时，如果满足下列条件中规定的任一情况，桥梁总体技术状况应评为 5 类桥梁。

（1）上部结构有落梁或梁、板断裂现象。

（2）梁式桥上部承重构件控制截面出现全截面开裂；或组合结构上部承重构件结合面开裂贯通，造成截面组合作用严重降低。

（3）梁式桥上部承重构件有严重的异常位移，存在失稳现象。

（4）结构出现明显的永久变形，变形大于规范值。

（5）关键部位混凝土出现压碎或杆件失稳倾向，桥面板出现严重塌陷。

（6）拱式桥拱脚严重错台、位移，造成拱顶挠度大于限值；或拱圈严重变形。

（7）圬工拱桥拱圈大范围砌体断裂，脱落现象严重。

（8）腹拱、侧墙、立墙或立柱破坏，造成桥面板严重塌落。

（9）系杆或吊杆出现严重锈蚀或断裂现象。

（10）悬索桥主缆或多根吊索出现严重锈蚀、断丝。

（11）斜拉桥拉索钢丝出现严重锈蚀、断丝，主梁出现严重变形。

（12）扩大基础冲刷深度大于设计值，冲空面积达 20% 以上。

（13）桥墩（桥台或基础）不稳定，出现严重滑动、下沉、位移、倾斜等现象。

（14）悬索桥、斜拉桥索塔基础出现严重沉降或位移，或悬索桥锚碇有水平位移或沉降。

例：某单跨桁梁式悬索桥，跨径 144m，桁高 3.5m，两主桁中心距为 9.5m。主缆为单链，每根缆由 27 根 ϕ42 钢芯钢丝绳组成，主缆垂跨比为 1/9。

桥梁检查中发现主缆防护层鼓包，根据鼓包现象推断部分索股退出工作，进一步检查发现，出现破断的索股均在东侧，断点位于主缆入锚段与锚碇钢护筒相交处，破断的索股有上游侧主缆背索的 4 号索股，下游侧主缆背索的 1 号和 4 号索股。上游侧主缆背索的 1 号索股上游侧有 4 根断丝，索股破断位置如图 3-3 所示，现场状态如图 3-4 所示。

悬索桥主缆缺陷状况满足第 10 条所示条件，桥梁总体技术状况应评为 5 类。

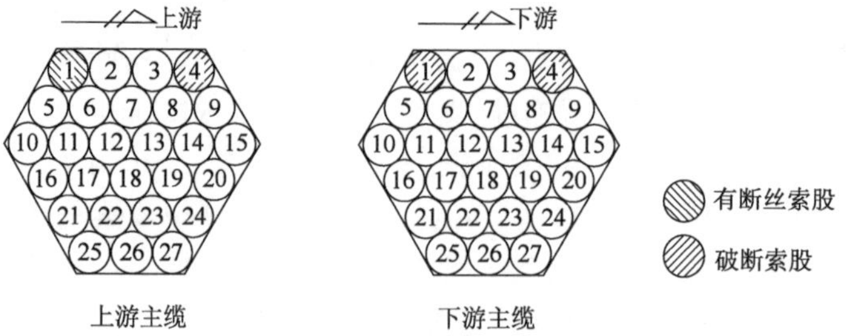

图 3-3　破断或断丝的索股位置示意

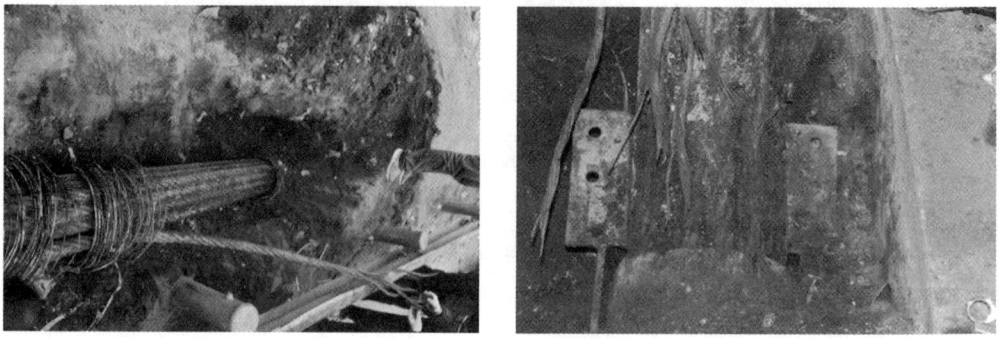

图 3-4　破断或断丝的索股现场照片

3.8　技术状况评定等级与养护对策

桥梁技术状况评定等级应分为 1 类、2 类、3 类、4 类、5 类。桥梁技术状况等级及状态描述见表 3-12。

桥梁技术状况评定等级及状态描述　　表 3-12

技术状况等级	状　态	技术状况描述
1 类	完好、良好	1. 主要部件功能与材料均良好； 2. 次要部件功能良好，材料有少量(3% 以内)轻度缺损； 3. 承载能力和桥面行车条件符合设计标准
2 类	较好	1. 主要部件功能良好，材料有少量(3% 以内)轻度缺损，结构受力裂缝宽度小于设计限值； 2. 次要部件有较多(10% 以内)中等缺损； 3. 承载能力和桥面行车条件达到设计指标
3 类	较差	1. 主要部件材料有较多(10% 以内)中等缺损，结构受力裂缝宽度超过设计限值，或出现轻度功能性病害，发展缓慢，尚能维持正常使用功能； 2. 次要部件有大量(10% ~20%)严重缺损，功能降低，进一步恶化将不利于主要部件和影响正常交通； 3. 承载能力比设计降低 10% 以内，桥面行车不舒适

续上表

技术状况等级	状态	技术状况描述
4类	差	1. 主要部件材料有大量(10% ~20%)严重缺损,结构受力裂缝宽度超过设计限值,锈蚀严重,或出现轻度功能性病害,且发展较快。结构变形小于或等于设计限值,功能明显降低。 2. 次要部件有20%以上的严重缺损,失去应有功能,严重影响正常交通。 3. 承载能力比设计降低10% ~25%
5类	危险	1. 主要部件出现严重的功能性病害,且有继续扩张现象,关键部位的部分材料强度达到极限,出现部分钢丝或钢筋断裂、混凝土压碎或杆件失稳变形、破损现象,变形大于设计限值,结构的强度、刚度、稳定性和动力响应不能达到交通安全通行的要求。 2. 承载能力比设计降低25%以上

桥梁主要部件技术状况评定标度分为1类、2类、3类、4类、5类,见表3-13。

桥梁主要部件技术状况评定标度 表3-13

技术状况评定标度	桥梁技术状况描述
1类	全新状态、功能完好
2类	功能良好,材料有局部轻度缺损或污染
3类	材料有中等缺损;或出现轻度功能性病害,但发展缓慢,尚能维持正常使用功能
4类	材料有严重缺损,或出现中等功能性病害,且发展较快;结构变形小于或等于规范值,功能明显降低
5类	材料严重缺损,出现严重的功能性病害,且有继续扩展现象;关键部位的部分材料强度达到极限,变形大于规范值,结构的强度、刚度、稳定性不能达到安全通行的要求

桥梁次要部件技术状况评定标度分为1类、2类、3类、4类,见表3-14。

桥梁次要部件技术状况评定标度 表3-14

技术状况评定标度	桥梁技术状况描述
1类	全新状态,功能完好;或功能良好,材料有轻度缺损、污染等
2类	有中等缺损或污染
3类	材料有严重缺损,出现功能降低,进一步恶化将不利于主要部件,影响正常交通
4类	材料有严重缺损,失去应有功能,严重影响正常交通;或原无设置,而调查需要补设

公路桥涵养护工程按照养护目的,分为预防养护、修复养护、专项养护和应急养护。根据桥梁技术状况评定结果,对各类桥梁按表3-15采取相应的养护对策。

桥梁技术状况等级与养护对策 表3-15

技术状况等级	养护对策
1类	正常保养或预防养护
2类	修复养护、预防养护
3类	修复养护、加固或更换较大缺陷构件;必要时可进行交通管制
4类	修复养护、加固或改造;及时进行交通管制,必要时封闭交通
5类	及时封闭交通,改建或重建

第 4 章

公路桥梁承载能力检测评定

桥梁结构承载能力检测评定是桥梁适应性评定的主要工作内容之一。

4.1 承载能力检测评定基本要求及流程

4.1.1 基本要求

在用桥梁有下列情况之一时,应进行承载能力检测评定:

(1)技术状况等级为4类、5类的桥梁。

(2)拟提高荷载等级的桥梁。

(3)需通过特殊重型车辆荷载的桥梁。

(4)遭受重大自然灾害或意外事件的桥梁。

在用桥梁承载能力检测评定应包含以下工作内容:

(1)桥梁缺损状况检查评定。

(2)桥梁材质状况与状态参数检测评定。

(3)桥梁承载能力检算评定。

(4)必要时应进行荷载试验评定。

桥梁承载能力检测评定所需技术参数宜依据竣工资料或设计文件按相关标准规范取用。对缺失技术资料的桥梁,可根据桥梁检测资料,参考同年代类似桥梁设计文件或标准定型图取用。

4.1.2 检测评定流程

在用桥梁承载能力检测评定按以下几个阶段进行:

(1)桥梁历史情况和现状现场调查,设计、竣工或维修加固资料的收集。

(2)现场检测方案的编制和组织实施,明确检测目的、方法和内容。

(3)现场检测包括:桥梁缺损状况的检查;构件的几何线形和材质状况检测,部分检测项目需现场采集样品。

(4)现场无法完成的检测,需对采集的样品进行室内试验。

(5)依据现场检查和检测成果,分析缺陷产生原因,预估病害发展趋势。依据实测材质参数和缺陷状况进行检算评定。

(6)编制检算报告,主要包括检算结论、病害处置等。

检测评定流程如图4-1所示。

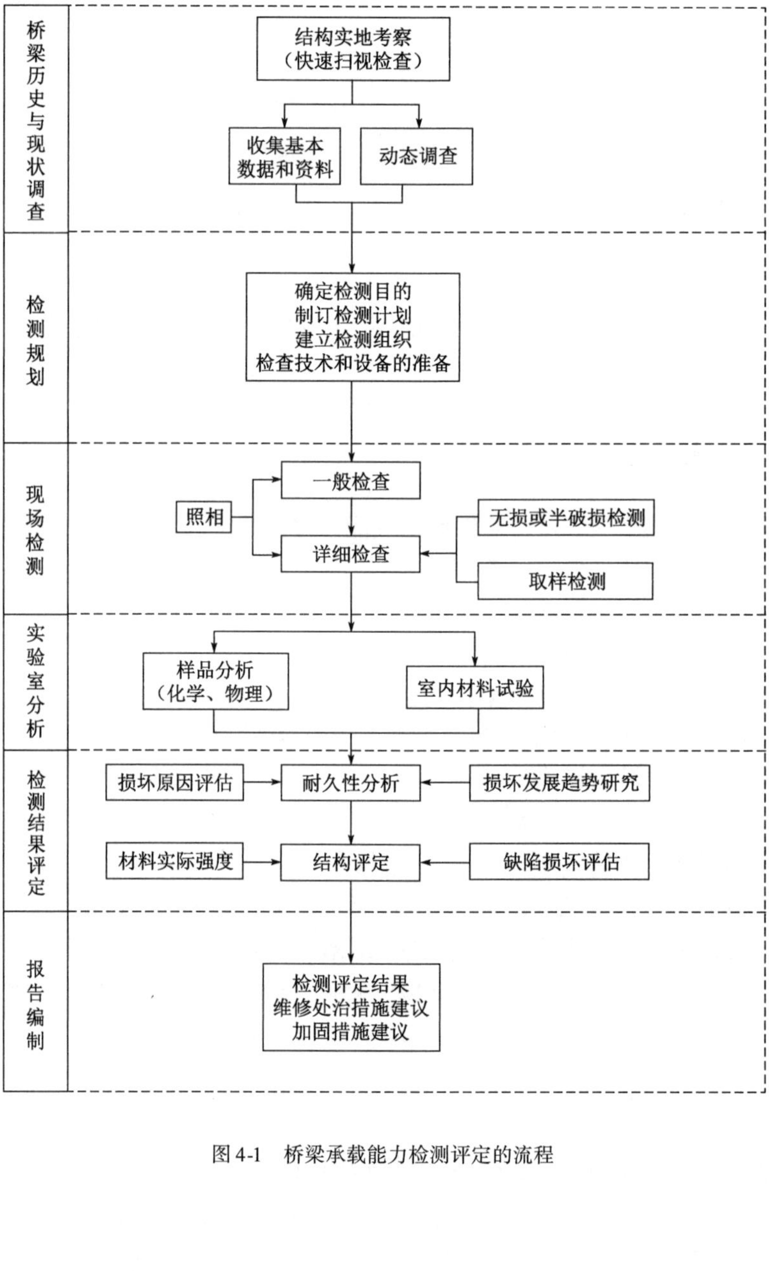

图4-1　桥梁承载能力检测评定的流程

4.2 承载能力检测内容及评定指标体系

在进行在用桥梁承载能力评定时，为掌握桥梁的基本技术状况、材料状况等技术资料，需进行大量的检查、检测或试验工作，以便于切合实际地进行结构检算分析和承载能力评定。检查、检测的主要内容如图4-2所示。

- 桥梁检测基本内容
  - 结构外观质量状况检查
  - 结构构件材质状况
    - 钢筋自然电位
    - 混凝土电阻率
    - 混凝土碳化深度
    - 混凝土保护层厚度
    - 混凝土氯离子含量
    - 混凝土强度
  - 结构自振特性测试（模态参数测定）
  - 结构几何尺寸变异状况的调查
  - 结构变异状况的调查

图4-2 桥梁检查、检测的主要内容

根据桥梁的现场检查、检测和试验内容，桥梁承载能力检测评定的指标体系如图4-3所示。

- 承载能力评定指标体系
  - 桥梁总体技术状况
    - 构件混凝土表观缺损
    - 材质强度状态
    - 结构模态特征状态
  - 构件耐久性恶化状况
    - 构件混凝土表观缺损
    - 钢筋自然电位
    - 混凝土电阻率
    - 混凝土碳化深度
    - 混凝土保护层厚度
    - 氯离子含量
    - 混凝土强度推定值
  - 构件截面损失
    - 混凝土截面损伤
      - 砖石结构
        - 材料风化
        - 物理与化学损伤
      - 混凝土结构
        - 材料风化
        - 碳化
        - 物理与化学损伤
    - 钢筋折减
      - 有效截面折减
      - 黏结性能退化
      - 钢筋坑蚀不均匀性
  - 活载变异
    - 交通量的活载修正系统
    - 大吨位车辆混入率的活载影响修正系数
    - 轴荷分布的活载影响修正系数

图4-3 承载能力检测评定指标体系

当桥梁的检算系数确定困难或作用效应与抗力效应的比值为1.0～1.2时，应通过荷载试验评定承载能力。荷载试验的指标体系如图4-4所示。

- 荷载试验
  - 静力荷载试验
    - 荷载效率
    - 校验系数
    - 相对残余变形
  - 动力荷载试验
    - 行车试验
      - 动力增大系数
      - 冲击系数
    - 跳车试验
      - 冲击系数
      - 阻尼比
    - 制动试验
    - 其他激振试验

图4-4　荷载试验评定指标体系

4.3　桥梁材料性能参数检测

4.3.1　混凝土强度的现场检测

进行桥梁技术状况或承载能力评定时,若缺乏技术资料,需直接测定结构材料的力学性能。即使技术资料较为完整,为了检验结构材料的实际状况是否与设计相符,也需测定桥梁材料的力学性能。

混凝土强度是配筋混凝土桥梁检算的重要参数之一,因此,现场强度检测很有必要。

混凝土强度的现场检测方法目前主要有非破损检测法和半(微)破损检测法。非破损检测法主要有回弹法、超声波法、超声-回弹综合法等。半(微)破损检测法主要有拔出法、钻芯法、拔脱法、射击法等。其中常用的方法有回弹法、超声-回弹综合法、钻芯法、拔出法等。

1)回弹法检测混凝土强度

混凝土的抗压强度与其表面硬度之间存在一定的关系,回弹仪的弹击锤被一定的弹力打击在混凝土表面上,回弹高度(回弹值)与混凝土表面硬度有一定的比例关系。混凝土表面受到弹击后会产生塑性变形和弹性变形,弹性变形可恢复,而塑性变形不可恢复。回弹值是剩余能量与初始能量比值的平方根。在一定冲击能量的作用下,弹性变形接近常数,因此弹回距离主要取决于混凝土的塑性变形。混凝土的强度越低,则塑性变形越大,消耗于产生塑性变形的功越大,弹击锤所获得的回弹功就越小,从而回弹值就越小,反之亦然。据此,可以由试验方法建立混凝土抗压强度-回弹值的关系曲线,根据回弹仪对混凝土表面弹击后的回弹值来推算混凝土的强度值。

回弹法在我国应用相当广泛,其主要技术特点为:

(1)对结构没有损伤。

(2)仪器轻巧,使用方便,测试速度快,测试费用相对较低。

(3)可以基本反映结构混凝土抗压强度规律。

回弹法检测混凝土强度存在的不足有:

(1)精度相对较低。

(2)不适合表层与内部质量有明显差异或内部存在缺陷(表面遭受火灾、冻伤、受化学物质侵蚀或内部有缺陷等)的混凝土结构或构件的检测。

(3)混凝土的水泥品种、集料粗细、集料粒径、配合比、混凝土碳化,龄期、模板、泵送、高强度等级等对回弹值均有影响。

(4)回弹仪使用不当(操作方法、仪器性能、气候条件等)会产生较大的误差。

2)超声-回弹综合法检测混凝土强度

应用超声-回弹综合法检测结构混凝土抗压强度是指应用两种或两种以上单一无损检测法,分别获取相应的多种参变量,并建立混凝土抗压强度与多项参变量的综合相关关系,从不同角度综合评价混凝土强度的方法。

单独采用回弹法和超声法均有其缺陷。对回弹法来说,如果检测条件与测强曲线的适用条件差异较大,且又未能以钻芯取样法修正,此时精度就不高。采用超声法时,其精度也在很大程度上取决于检测条件与测强曲线所适用条件之间的差异。所以工程中很少单独采用超声法来测混凝土强度。由此可见,超声-回弹综合法利用超声波声速值与回弹值两个参数检测混凝土强度,弥补了单一方法在较高强度区或在较低强度区各自的不足。

3)钻芯法检测混凝土强度

钻芯法检测混凝土强度是指利用特定设备,从混凝土结构中钻取芯样,以测定混凝土强度的方法。这是一种直观准确的方法,使用原则是:

(1)对试块抗压强度的测试法有怀疑时。

(2)因故发生混凝土质量问题。

(3)混凝土受到损害。

(4)需经检测多年使用的结构物。

钻芯取样检测混凝土强度应注意以下几个问题:

(1)不宜采用回弹、超声等非破损方法检测混凝土强度时,可采用钻芯取样法,如混凝土内外质量不一致,混凝土腐蚀或火灾,混凝土在硬化过程中冻伤等。

(2)结合非破损检测技术,通过钻取少量芯样,以提高非破损检测的测试精度,如非破损测强曲线技术条件差异较大,又如旧混凝土结构等。

(3)对于强度等级小于C10的混凝土,钻芯过程易破坏砂浆与集料的黏结力,测试结果不准,不宜采用钻芯法。

(4)对于正在工作中的结构,特别是使用多年的旧结构,应尽量采用非破损检测技术,必须采用钻芯法时,对取样位置、取样数量等应严格控制。

(5)钻取芯样后的构件应及时对孔洞进行修补,修补可采用树脂或微膨胀细集料混凝土。

4)拔出法检测混凝土强度

拔出法属于微破损检测法,具有精度高、破损程度小、使用方便、适用范围广等特点。这一方法是在硬化混凝土表面钻孔、磨槽、嵌入锚固件,使用拔出仪进行拔出试验,测定极限拔出力,并根据预先建立的拔出力与混凝土强度之间的相关关系检测混凝土强度。拔出法有两种:其一是在浇筑混凝土时预先埋入锚固件,待混凝土硬化后进行拔出试验,称为预埋拔出法;其二是在硬化的混凝土构件上嵌入锚固件后进行拔出试验。

5)混凝土强度换算及推定

混凝土强度换算值根据汇总后的回归方程式按(4-1)计算:

$$f_{cu}^{c}=AF+B \tag{4-1}$$

式中:f_{cu}^{c}——混凝土强度换算值,MPa,精确至0.1MPa;

F——拔出力,kN,精确至0.1kN;

A、B——测强公式回归系数。

当被测结构所用混凝土的材料与制定测强曲线所用材料有较大差异时,可在被测结构上钻取混凝土芯样,根据芯样强度对混凝土强度换算值进行修正。芯样数量应不少于3个,在每个钻取芯样附近3个测点的拔出试验,取3个拔出力的平均值代入式(4-1),计算每个芯样对应的混凝土强度换算值。修正系数如下:

$$\eta=\frac{1}{n}\sum_{i=1}^{n}\frac{f_{cor,i}}{f_{cu,i}^{c}} \tag{4-2}$$

式中:η——修正系数,精确至小数点后两位;

$f_{cor,i}$——第i个混凝土芯样试件抗压强度值,MPa,精确至0.1MPa;

$f_{cu,i}^{c}$——对应于第i个混凝土试件的3个拔出力平均值的混凝土强度换算值,MPa,精确至0.1MPa;

n——芯样试件数。

将单个构件拔出力计算值代入式(4-1),计算强度换算值[或用式(4-2)得到的修正系数η乘以强度换算值]作为单个构件混凝土强度推定值,即

$$f_{cu,e}=f_{cu}^{c} \tag{4-3}$$

将同批构件抽样检测的每个拔出力按式(4-1)计算强度换算值[或用式(4-2)得到的修正系数η乘以强度换算值]。

混凝土强度的推定值$f_{cu,e}$按下列公式计算:

$$f_{cu,e1}=m_{f_{cu}^{c}}-1.645s_{f_{cu}^{c}} \tag{4-4}$$

$$f_{cu,e2}=m_{f_{cu,min}^{c}}=\frac{1}{m}\sum_{j=1}^{m}f_{cu,min,j}^{e} \tag{4-5}$$

$$m_{f_{cu}^{c}}=\frac{1}{n}\sum_{i=1}^{n}f_{cu,i}^{c} \tag{4-6}$$

$$s_{f_{cu}^{c}}=\sqrt{\frac{\sum_{i=1}^{n}(f_{cu,i}^{c})^{2}-n\,(m_{f_{cu}^{c}})^{2}}{n-1}} \tag{4-7}$$

式中:$m_{f_{cu}^{c}}$——批抽检构件混凝土强度换算值的平均值,MPa,精确至0.1MPa;

$m_{f_{cu,min}^{c}}$——该批构件中最小的测区混凝土强度换算值的平均值,MPa,精确至0.1MPa;

$f_{cu,min,j}^{c}$——第j个构件中最小的测区混凝土强度换算值,MPa,精确至0.1MPa;

$f_{cu,i}^{c}$——对应于第i个测点的混凝土强度换算值,MPa;

$s_{f_{cu}^{c}}$——批抽检构件混凝土强度换算值的标准差,MPa,精确至0.1MPa;

m ——批抽检的构件数；

n ——批抽检构件的测点总数。

取式(4-4)、式(4-5)中的较大值作为该批构件混凝土强度的推定值。

对于按批量检测的构件，当全部测点的强度标准差出现下列之一的情况时，则该批构件全部按单个构件检测：

该批构件混凝土强度平均值小于25MPa时，$s_{f_{cu}^{c}} > 4.5\text{MPa}$；

该批构件混凝土强度平均值不小于25MPa时，$s_{f_{cu}^{c}} > 5.5\text{MPa}$。

6)混凝土现场检测强度的评定标准

对混凝土桥梁结构，应根据每一承重构件或其主要受力部位的实测强度推定值和测区平均换算强度值，按以下各式计算其推定强度匀质系数 K_{bt} 和平均强度匀质系数 K_{bm}，并可按表4-1的规定确定混凝土强度评定标度。

结构混凝土现场检测强度的评定标准 表4-1

K_{bt}	K_{bm}	强度状态	评定标度值
≥0.95	≥1.00	良好	1
$0.95 > K_{bt} \geq 0.90$	≥0.95	较好	2
$0.90 > K_{bt} \geq 0.80$	≥0.90	较差	3
$0.80 > K_{bt} \geq 0.70$	≥0.85	差	4
<0.70	<0.85	危险	5

(1)推定强度匀质系数。

$$K_{bt} = \frac{R_{it}}{R} \tag{4-8}$$

式中：R_{it}——混凝土的实测强度推定值；

R ——混凝土设计强度等级。

(2)平均强度匀质系数。

$$K_{bm} = \frac{R_{im}}{R} \tag{4-9}$$

式中：R_{im} ——承重构件或其主要受力部位测区平均换算强度值。

4.3.2 混凝土缺陷、损伤检测

桥梁在施工、使用过程中，构件会产生一些缺陷和损伤。这些缺陷和损伤会影响结构物的承载能力和耐久性。准确掌握缺损程度是桥梁承载能力评定的重要依据。

形成混凝土构件缺陷和损伤的主要原因有：

(1)施工不当造成内部孔洞、不密实区、蜂窝和保护层不足、钢筋外露等。

(2)非荷载作用产生的裂缝。

(3)荷载作用形成的裂缝。

(4)长期腐蚀或冻融造成构件由表及里的层状疏松等。

对于表观可见的结构构件破损及缺陷，直接通过目测、敲击、卡尺及放大镜等进行检测。对于裂缝深度、内部不密实、空洞、混凝土结合面和表层损伤，必须借助超声波法、冲击反射法等无破损检测方法。

混凝土探伤是用无损检测的手段,可以确定混凝土内部缺陷的存在、大小、位置和性质。可用于探伤的无损检测手段有超声脉冲法、射线法、声波检测法、射线照相法、红外线检测法、雷达检测法等。其中超声法是目前使用最多、最有效的探伤方法。

因低频超声在混凝土中遇到缺陷时发生绕射,故可按声时、声程的变化,判别和计算缺陷的大小;因超声波在缺陷界面上产生反射,故可按到达接收探头时能量显著衰减的现象判断缺陷的存在及大小;因超声脉冲各频率成分在遇到缺陷时衰减程度不同,故可按接收频率明显降低,或接收波频谱产生差异来判别内部缺陷;因超声波在缺陷处会产生波形转换和叠加,故可按其造成的接收波形畸变现象判别缺陷。

超声法混凝土缺陷检测主要有以下几方面的内容:混凝土均匀性检测;混凝土结合面质量检测;混凝土表面损伤层检测;混凝土不密实区和空洞检测;裂缝深度检测等。

1)混凝土均匀性检测

混凝土的不均匀性可引起脉冲速度的差别,这种差别和混凝土质量差别相关,脉冲速度的测量可以用来检测混凝土的相对均匀性。

被检测构件应当具有相对平行的检测面,在检测面均匀地布置若干测点,测点间距一般为 200 ~ 500mm。测点布置时应避开与声波传播方向一致的钢筋(这种平行方向的钢筋对探测结果影响很大)。

各测点的声速值按式(4-10)计算:

$$v_i = \frac{L_i}{t_i} \tag{4-10}$$

式中:v_i ——第 i 点混凝土声速值,km/s;

L_i ——第 i 点声径长度或称测距值,mm;

t_i ——第 i 点混凝土的声时值,μs。

各测点混凝土的声速平均值 $\bar{v}$ 和标准差 S_v 及离差系数 C_v 按式(4-11) ~ 式(4-13)计算:

$$\bar{v} = \frac{1}{n}\sum_{i=1}^{n} v_i \tag{4-11}$$

$$S_v = \sqrt{\frac{\sum_{i=1}^{n} v_i^{\ 2} - n\bar{v}^2}{n-1}} \tag{4-12}$$

$$C_v = \frac{S_v}{\bar{v}} \tag{4-13}$$

式中:$\bar{v}$ ——声速平均值,km/s;

n——测点数;

v_i ——第 i 点的声速值,km/s;

S_v ——声速标准差;

C_v ——声速离差系数。

根据 S_v 、C_v 可以比较相同测距的同类结构或各部位混凝土均匀性的优劣。

2)混凝土结合面质量检测

混凝土结合面指前后两次浇筑混凝土的时间间隔大于 3h 所形成的接触面,如施工缝,修补加固后新旧混凝土的接触面。

混凝土结合面检测时,被测部位及测点的确定应满足以下要求:

(1)测试前应确定结合面的位置及走向,以正确确定需测部位及布置测点。

(2)结构的被测部位应具有使声波垂直或斜穿结合面的一对平行测试面。

(3)布置测点应避开平行声波传播方向的主钢筋或预埋铁件。

测点可采用斜测法布置测点(图4-5),检测时测点布置应注意以下问题。

(1)测点应使测试范围覆盖全部结合面或有怀疑的部位。

(2)各对T、R换能器连线的倾斜角及测距应相等。

(3)测点的间距视结构尺寸和结合面外观质量情况而定,可控制在100~300mm。

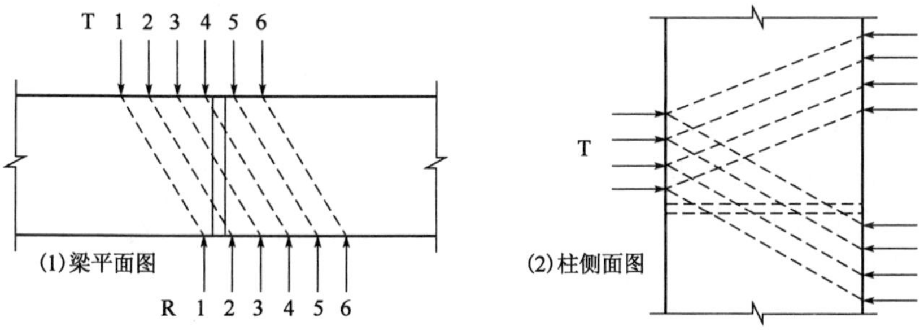

图4-5 检测结合面的换能器布置

在测出各测点的声时、波幅和频率值后,对某一测区各测点声时、波幅和频率值分别进行统计和异常值判断。当通过结合面的某些测点的数据异常,并可排除其他因素影响时,可判定混凝土结合面在该处结合不良。

3)混凝土表面损伤层检测

根据结构的损伤情况和外观质量选取有代表性的部位布置测区;结构被测表面应平整并处于自然干燥状态,且无接缝和饰面层;测点布置时应避免R、T换能器的连线方向与附近主钢筋的轴线平行。

表面损伤层检测应选用低频的厚度振动式换能器。测试时T换能器应耦合保持不动,然后将R换能器依次耦合在测点1,2,3,…,位置上,如图4-6所示,读取相应的声时值t_1,t_2,t_3,…,并测量每次R、T换能器之间的距离L_1,L_2,L_3,…。R换能器每次移动的距离不宜大于100mm,每一测区的测点数不得少于5个。当结构的损伤层厚度不均匀时,应适当增加测区数。

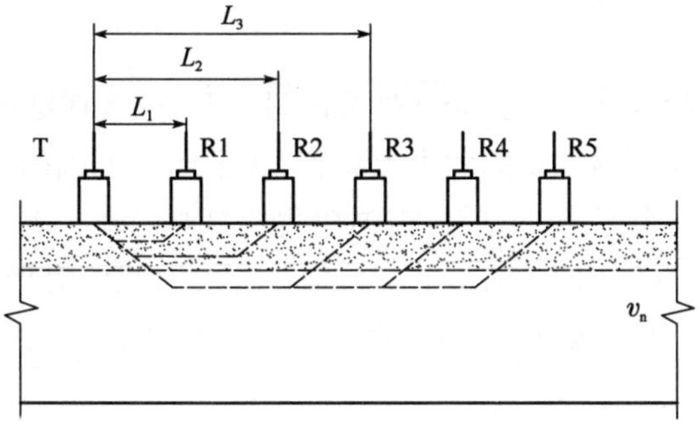

图4-6 换能器布置示意

以各测点的声时值 t_i 与相应测距值 L_i ,绘制“声时-测距”坐标图,如图4-7所示,可得到声速改变所形成的拐点,并按式(4-14)和式(4-15)算出损伤混凝土的声速 v_d 和未损伤混凝土的声速 v_n 。

$$v_d = \cot\alpha = \frac{L_2 - L_1}{t_2 - t_1} \tag{4-14a}$$

$$v_n = \cot\beta = \frac{L_4 - L_3}{t_4 - t_3} \tag{4-14b}$$

从而计算得到混凝土表层损伤厚度:

$$d = \frac{l_0}{2}\sqrt{\frac{v_n - v_d}{v_n + v_d}} \tag{4-15}$$

式中:d——混凝土表层损伤厚度,mm;

l_0——声速突变时的测距,mm;

v_d——损伤混凝土的声速,km/s;

v_n——未损伤混凝土的声速,km/s。

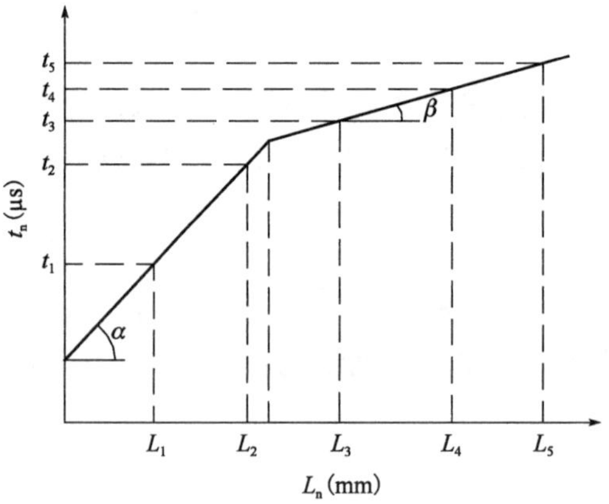

图4-7　声时-测距坐标图

4)混凝土不密实区和空洞的检测

混凝土结构在施工过程中,因漏振、漏浆或因碎石架空在钢筋骨架上,会导致混凝土内部形成蜂窝状不密实或空洞等隐蔽缺陷。

(1)检测方法

在检测时,宜先根据现场施工记录和外观质量情况,或者在结构的使用过程中出现的质量问题,初步判定混凝土内部缺陷的大致位置,或采用大范围的粗测定位方法(大面积扫测)确定隐蔽缺陷的大致位置,然后再根据粗测情况对可疑区域进行细测。

检测不密实区和空洞时,构件的被测部位应具有一对或两对相互平行的测试面,测试范围原则上应大于有怀疑的区域,同时应在相同条件的正常混凝土区域进行对比测试。一般地,对比测点数不宜少于20个。

当结构被测部位具有两对平行表面时,可采用一对换能器,分别在两对互相平行的表面上进行对测。如图 4-8 所示，先在测区的两对平行表面上，分别画出间距为 200 ~ 300mm 的网格，并逐点编号，定出对应测点的位置，然后将 T、R 换能器用耦合剂分别置于对应测点上，逐点读取相应的声时(t_i)、波幅(A_i)和频率(f_i)，并量取测试距离(l_i)。

当结构物的被测部位只有一对平行表面可供测试，或被测部位处于结构的特殊位置时，可采用对测和斜测相结合的方法，换能器在对测的基础上进行交叉斜测。测点布置如图 4-9 所示。

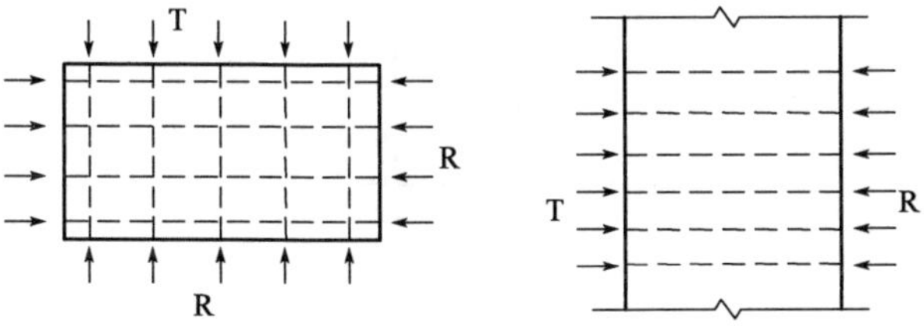

(a)平面图　(b)立面图

图 4-8　对测法换能器布置

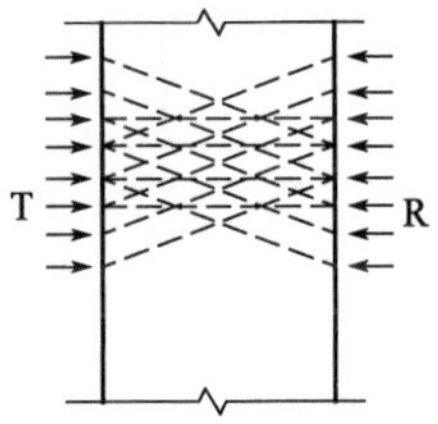

图 4-9　斜测法测缺陷

(2)数据处理

由于混凝土本身的不均匀性，以及混凝土的原材料品种、用量及混凝土的湿度和测距等因素对声学参数值的影响，一般宜采用统计方法进行不密实区和空洞的测定。

测位混凝土声时(或声速)、波幅及频率等声学参数的平均值 m_x 和标准差 S_x 可按式(4-16)、式(4-17)计算：

$$m_x = \frac{1}{n}\sum_{i=1}^{n} x_i \tag{4-16}$$

$$S_x = \sqrt{\frac{\sum_{i=1}^{n} x_i^2 - n \cdot m_x^2}{n-1}} \tag{4-17}$$

式中：x_i——第 i 点某一声学参数的测量值；

n——参与统计的测点数。

(3)不密实区或空洞大小的确定

测位混凝土中某些测点的声学系数被判为异常值时，可结合异常测点的分布及波形状况，确定混凝土内部不密实区和空洞的位置和范围。

当不密实区或空洞位于发射和接收探头连线的中央时，如图 4-10 所示，探测时首先在无缺陷处测出无缺陷混凝土的声速。然后移动探头确定缺陷区及缺陷中心，声时最长点即为缺陷在垂直于两探头连线平面的中心位置。再在缺陷中心位置处测读声时，此声时即为声波绕过缺陷所需的时间。缺陷在声波传播方向的横向最小尺寸 d 可按下式计算：

$$d = D + \sqrt{t_1^2 v_a^2 - L^2} \tag{4-18}$$

式中:D——探头直径,mm;

t_1 ——在缺陷中心所测读的声时,μs;

v_a ——无缺陷处混凝土声速,m/s;

L——探头连线方向构件尺寸,mm。

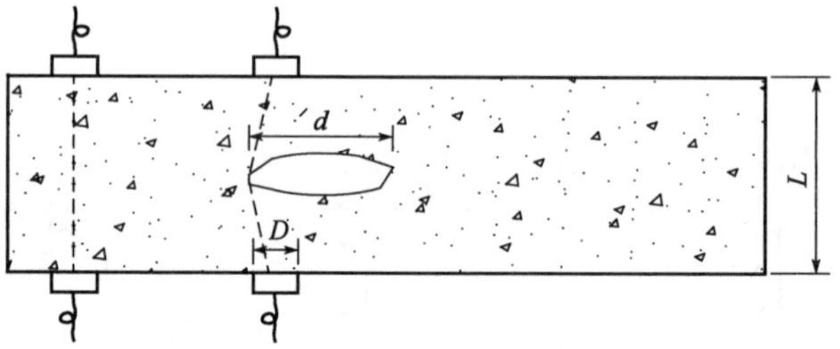

图4-10　居中缺陷不密实或空洞的超声法检测

当判定为片状缺陷时可将探头移至斜角处进行测量,如图4-11所示。此时,片状缺陷在其平面内的最小尺寸 d 可按式(4-19)进行计算:

$$d = \frac{1}{\sin\alpha}\sqrt{t_e^2 v_a^2 - l_e^2} \tag{4-19}$$

式中:α——斜角处两探头连线与片状缺陷平面的夹角,(°);

t_e ——斜角处所测读的声时值,μs;

v_a ——无缺陷处混凝土声速,m/s;

l_e ——斜角处两探头间最小距离,mm。

当混凝土内部的不密实区或空洞位于发射和接收换能器连线的任意位置时,如图4-12所示,设检测距离为 l ,空洞中心(在另一对测试面上声时最长的测点位置)距某一测试面的垂直距离为 l_h ,声波在空洞附近无缺陷混凝土中传播的时间平均值为 t_m ,绕过空洞传播的时间(空洞处的最大声时值)为 t_h ,空洞半径为 r。

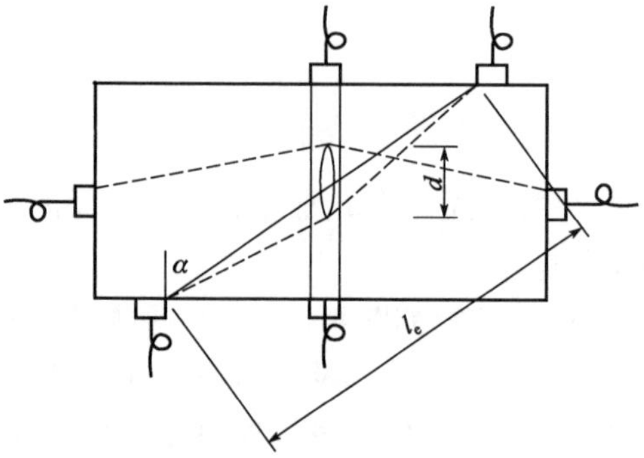

图4-11　居中片状缺陷的超声法检测

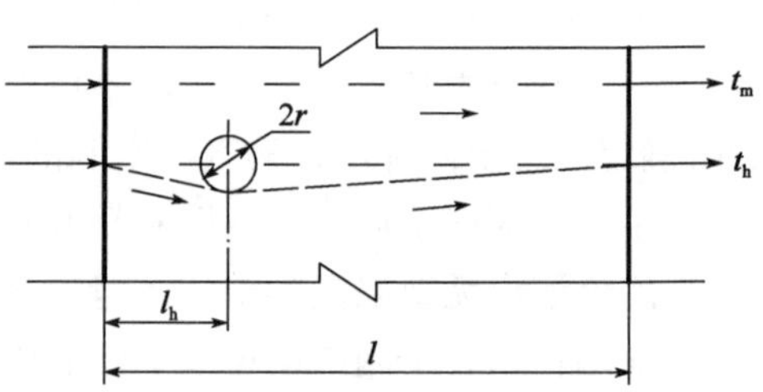

图4-12　任意位置缺陷(不密实区或空洞)的超声法检测

设 $x = (t_h - t_m)/t_m \times 100\%$,$y = l_h/l$,$z = r/l$,根据 x、y 的值,可由表4-2查得空洞半径 r 与测距 l 的比值 z,再计算空洞的大致半径 r。

空洞半径 r 与测距 l 的比值 z 表4-2

y	z												
	0.05	0.08	0.10	0.12	0.14	0.16	0.18	0.20	0.22	0.24	0.26	0.28	0.30
0.10(0.9)	1.42	3.77	6.26	—	—	—	—	—	—	—	—	—	—
0.15(0.85)	1.00	2.56	4.06	5.96	8.39	—	—	—	—	—	—	—	—
0.2(0.8)	0.78	2.02	3.17	4.62	6.36	8.44	10.9	13.9	—	—	—	—	—
0.25(0.75)	0.67	1.72	2.69	3.90	5.34	7.03	8.98	11.2	13.8	16.8	—	—	—
0.3(0.7)	0.60	1.53	2.40	3.46	4.73	6.21	7.91	9.38	12.0	14.4	17.1	20.1	23.6
0.35(0.65)	0.55	1.41	2.21	3.19	4.35	5.70	7.25	9.00	10.9	13.1	15.5	18.1	21.0
0.4(0.6)	0.52	1.34	2.09	3.02	4.12	5.39	6.84	8.48	10.3	12.3	14.5	16.9	19.8
0.45(0.55)	0.50	1.30	2.03	2.92	3.99	5.22	6.62	8.20	9.95	11.9	14.0	16.3	18.8
0.5	0.50	1.28	2.00	2.89	3.94	5.16	6.55	8.11	9.84	11.8	13.8	16.1	18.6

当被测部位只有一对可供测试的表面时，只能按缺陷位于测距中心考虑，此时缺陷的尺寸可按式(4-20)计算：

$$r = \frac{l}{2}\sqrt{\left(\frac{t_h}{t_m}\right)^2 - 1} \tag{4-20}$$

式中：r——空洞半径，mm；

l——发射和接收换能器之间的距离，mm；

t_h——缺陷处的最大声时值，μs；

t_m——无缺陷区的声时值，μs。

4.3.3 钢筋锈蚀检测

钢筋混凝土构件中钢筋的锈蚀与混凝土的病害相互关联。一方面，混凝土的密实度、渗水性、含水率、含氯盐量、碳化深度、保护层厚度和裂缝等诸多因素与钢筋锈蚀有关；另一方面，钢筋的锈蚀又促进了混凝土病害的扩展。通过检验混凝土质量状况来检测评定钢筋锈蚀状况，是钢筋锈蚀评定技术的间接法，其他为直接法。

1）直接检测钢筋锈蚀技术

（1）半电池电位检测法

半电池电位检测法是利用与一已知的并保持常量的基准电极的极电位相比较，测量混凝土中钢筋的极电位，从而判定钢筋是否锈蚀。该法虽然不能得到锈蚀速率的具体数据，但它是目前唯一可用于桥梁直接检测钢筋锈蚀程度的非破损技术。该检测技术设备简单，便于现场实施，在桥梁结构的耐久性评定中广泛应用。

（2）重量损失法与截面损失法

这两种方法都需要在钢筋混凝土构件上截取已锈蚀钢筋的试件进行检测，试验前称重（用酸清洗并用纱布打磨至光亮，然后在干燥器里烘干）并计算钢筋的表面积，将试验钢筋放在模拟混凝土孔隙液中一定时间后，取出钢筋测量锈蚀率和失重率。

钢筋的重量损失法与截面损失法原理简单，操作直观，是一种测量钢筋腐蚀的基本方法，但是只适用于钢筋全面腐蚀的情况，对于仅产生局部腐蚀的钢筋不适用。而且这种测量方法受环境、样品制备以及操作过程等影响很大，在计算锈蚀面积和失重重量时，由于锈蚀点的深度不同,结果存在较大误差,检测时需对构件局部进行破坏。

2)间接评定钢筋锈蚀技术

(1)混凝土碳化深度的检测

若碳化深度到达钢筋部位,对钢筋失去保护作用,则钢筋锈蚀概率增加。

(2)混凝土保护层厚度检测

利用保护层测定仪检测钢筋的混凝土保护层厚度是否足够,混凝土保护层厚度不足,则钢筋锈蚀概率增加。

(3)混凝土电阻率检测

混凝土的电阻率与含水率有关,是控制钢筋锈蚀的因素之一。电阻率越高,锈蚀电流越弱,当电阻率超过 12000Ω · cm 时,钢筋不大可能锈蚀;当电阻率低于 500Ω · cm 时,钢筋锈蚀。

(4)混凝土中氯离子含量检测。

3)钢筋锈蚀测试仪的原理

钢筋锈蚀是一个电化学过程,钢筋因锈蚀而在表面存在腐蚀电流,使电位发生变化。钢筋锈蚀电位的测量是把钢筋与混凝土看作一个半电池,通过检测与参比电极的电位差,将钢筋锈蚀发生的概率与电位之间建立一定的关系,来作为钢筋锈蚀电位的量度。其原理如图 4-13 所示。

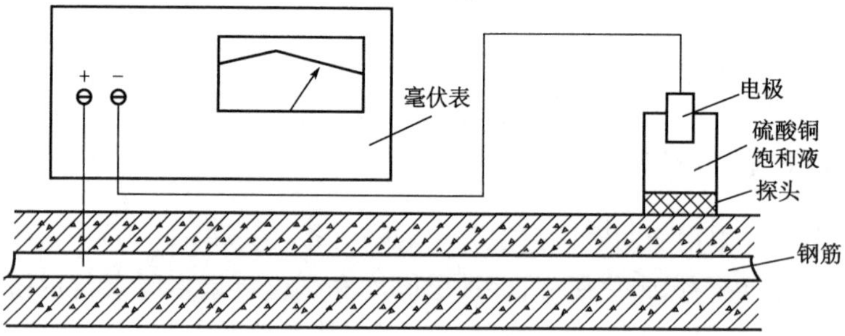

图 4-13　钢筋锈蚀检测原理

该方法适用于混凝土构件使用期的任何期间,不受构件尺寸,钢筋保护层厚度的限制。

4)钢筋锈蚀电位检测评定

根据表 4-3 评定混凝土中钢筋发生锈蚀的概率或钢筋正在发生锈蚀的锈蚀活动性。按照测区锈蚀电位水平最低值,根据锈蚀电位评定标度。

混凝土中钢筋锈蚀电位的判定标准　　表 4-3

序号	电位水平(mV)	钢 筋 状 态	评定标度值
1	≥ -200	无锈蚀活动性或锈蚀活动性不确定	1
2	-300 ~ -200	有锈蚀活动性,但锈蚀状态不确定,可能发生坑蚀	2
3	-400 ~ -300	锈蚀活动性较强,发生锈蚀概率大于 90%	3
4	-500 ~ -400	锈蚀活动性强,严重锈蚀可能性极大	4
5	< -500	构件存在锈蚀开裂区域	5

注:1. 表中电位水平为采用铜-硫酸铜电极时的量测值。

2. 混凝土湿度对量测值有明显影响,量测时构件应为自然状态。

4.3.4 混凝土碳化深度检测

混凝土的碳化是空气中二氧化碳气体渗透到混凝土内，与其碱性物质起化学反应后生成碳酸盐和水，使混凝土碱度降低的过程，又称作中性化，其化学反应为 $Ca(OH)_2 + CO_2 = CaCO_3 + H_2O$。水泥在水化过程中生成的氢氧化钙使混凝土空隙中充满了饱和氢氧化钙溶液，其碱性介质对钢筋有良好的保护作用，使钢筋表面生成难溶的三氧化二铁和四氧化三铁，称为钝化膜（碱性氧化膜）。碳化后使混凝土的碱度降低，当碳化超过混凝土的保护层时，在水与空气存在的条件下，就会使混凝土失去对钢筋的保护作用，钢筋开始生锈。可见，混凝土碳化作用一般不会直接引起其性能的劣化，对于素混凝土，碳化还有提高混凝土耐久性的作用；但对于钢筋混凝土来说，碳化会使混凝土的碱度降低，同时，增加混凝土孔溶液中氯离子的数量，因而会使混凝土对钢筋的保护作用减弱。

钢筋混凝土结构物中，钢筋处于混凝土的碱性保护之中，混凝土碳化深度一旦到达钢筋，钢筋就会失去保护。当外部条件成熟时，就会发生锈蚀，因此检测混凝土碳化深度是判断钢筋状态的间接方法。

1）测区及测孔布置

测区位置的选择原则可参照钢筋锈蚀自然电位测试的要求，若在同一测区，应先进行保护层和锈蚀电位、电阻率的测量，再进行碳化深度的测量。

（1）测区应包括锈蚀电位测量结果有代表性的区域，也能反映不同条件及不同混凝土质量的部位。

（2）测区数不应小于 3 个，测区应均匀布置。

（3）每一测区应布置 3 个测孔，3 个测孔应呈“品”字排列，孔距根据构件尺寸大小确定，但应大于 2 倍孔径。

（4）测孔距构件边角的距离应大于 2.5 倍保护层厚度。

2）碳化深度检测

使用酸碱指示剂喷在混凝土的新鲜破损面，根据指示剂颜色的变化，测量混凝土的碳化深度，量测值准确至毫米。

（1）配制指示剂（酚酞试剂）：75% 的酒精溶液与白色酚酞粉末配置成酚酞浓度为 1% ~2% 的酚酞溶液，装入喷雾器备用。溶剂应为无色透明的液体。

（2）用装有直径 20mm 钻头的冲击钻在测点位置钻孔，其深度应大于混凝土的碳化深度。

（3）成孔后清除孔中碎屑、粉末，且不得用水擦洗。

（4）采用浓度为 1% ~2% 的酚酞酒精溶液滴在孔洞内壁的边缘处。酚酞指示剂从无色变为紫色时混凝土未碳化，酚酞指示剂未改变颜色处的混凝土已经碳化。

（5）当已碳化区与未碳化区界线清楚时，用测深卡尺测量混凝土表面至酚酞变色交界处的深度，测量 3 次，每次读数准确至 0.25mm。

（6）将测区、测孔统一编号，并画出示意图，标上测量结果。

（7）测量值的整理应列出最大值、最小值和平均值。

在测区中选取 n 个碳化深度测点，得到相应碳化深度测量值，平均碳化深度值按式(4-21)计算：

$$d_{m}=\frac{\sum_{i=1}^{n}d_{i}}{n} \tag{4-21}$$

式中：d_m ——测区混凝土的平均碳化深度值，mm，计算至0.5mm；

d_i ——第 i 个测点的混凝土碳化深度测量值，mm；

n——测区的碳化深度测点数。

3)混凝土碳化状况的检测评定

取构件的碳化深度平均值与该类构件保护层厚度平均值之比 K_c，并考虑其离散情况，按表4-4对混凝土构件碳化进行评定。若混凝土碳化深度已达到钢筋保护层的厚度，则钢筋失去保护已有锈蚀的危险。

混凝土碳化评定标准 表4-4

K_c	评定标度	K_c	评定标度
<0.5	1	[1.5,2.0)	4
[0.5,1.0)	2	≥2.0	5
[1.0,1.5)	3		

4.3.5 混凝土中氯离子含量测定

混凝土中氯离子可引起并加速钢筋的锈蚀，硫酸盐的侵入可使混凝土成为易碎松散状态，强度下降；碱的侵入(K^+、Na^+)在集料具有碱活性时，可能引起碱-集料反应破坏。因此在进行结构耐久性评定时，根据需要应对混凝土中 Cl^-、SO_4^{2-}、Na^+、K^+ 含量进行测定。

氯离子含量的测定方法主要有两种：一是滴定条法，测试方法比较简便，可在现场完成；二是实验室化学分析法，测试结果较准确，但测试方法复杂，要求较高。

1)滴定条法

(1)测区、测点确定

混凝土粉末分析样品的取样部位可参照碳化深度测试法的测量原则确定。测区的数量应根据结构的工作环境条件及构件本身的质量状况来定，即在工作环境条件、质量状况有明显差异的部位布置测区。每一测区取粉的钻孔数量不宜少于3个，取粉孔可与碳化深度测量孔合并使用。测区、测孔应统一编号。

(2)混凝土取样

①使用直径20mm以上的冲击钻在混凝土上钻孔取样，钻孔前应先确定钢筋位置。

②钻孔取粉应分层收集，一般深度间隔可取3mm，5mm，10mm，15mm，20mm，25mm，50mm，…若需测量指定深度处的钢筋周围氯离子含量，取粉间隔可进行调整。钻孔深度使用附在钻头侧面的标尺杆控制。

③用硬塑料管和塑料袋收集粉末，对每一深度应使用一个新的塑料袋收集粉末。每次收集后，钻头、硬塑料管及钻孔内都应用毛刷将残留粉末清理干净，以免不同深度粉末混杂。

④同一测区不同孔相同深度的粉末可收集在一个塑料袋内，质量不应少于25g，若不够可增加同一测区测孔数量。不同测区测孔相同深度的粉末不应混合在一起。

⑤采集粉末样品后，塑料袋应立即封口保存，注明测区、测孔编号及深度。

(3)样品处理及测试

①将采集到的样品过筛，去掉其中较大的颗粒。将样品置于105℃ ±5℃ 烘箱内烘2h后，冷却至室温。

②称取5g样品粉末(准确度优于±0.1g)放入烧杯。缓慢加入50mL硝酸(1.0moL，HNO_3)并彻底搅拌直至嘶嘶声停止。

③先用石蕊试纸检查溶液是否呈酸性(石蕊试纸变红)，如果不呈酸性，再加入适量硝酸。最后加入约5g无水碳酸钠(Na_2CO_3)，用石蕊试纸检查溶液是否呈中性，否则再加入少量无水碳酸钠直至溶液呈中性。

④用过滤纸制作锥斗压入液体。当纯净的溶液渗入锥头后，把滴定条插入液体中。待滴定条顶端水平黄色细条变成蓝色，取出滴定条并沿由上至下的方向将其擦干。读取滴定条颜色变化处的最高值，在该批滴定条表中查出所对应的氯离子含量值，此值是以百万分之几（ppm)表示的。分析过程取样5g，加硝酸50mL，则将查表所得的值除以1000即为百分比含量。

2)化学分析法

(1)游离氯离子含量的测定方法

试验目的是测定硬化混凝土中的游离氯离子含量。

试验设备和试剂：

①托盘天平(称量100g，感量10mg)，分析天平(称量200g，感量1mg，称量200g，感量0.1mg各一台)；

②棕色滴定管(25mL或50mL)，三角烧瓶(250mL)，容量瓶(100mL、1000mL)，移液管(20mL)，标准筛(孔径0.63mm)等。

③化学试剂包括硫酸(比重1.84)、酒精(95%)、硝酸银、铬酸钾、酚酞、氯化钠等。

试剂配制：

①称取5g铬酸钾溶于少量蒸馏水中，配制浓度约5%的铬酸钾指示剂。

②称取0.5g酚酞，溶于7mL酒精和25mL蒸馏水中，配置浓度约0.5%的酚酞溶液。

③以1:20(体积比)的比例配置稀硫酸溶液。

④把纯氯化钠置于瓷坩埚中加热，以玻璃棒搅拌，至不再有盐的爆裂声为止。冷却后称取1.2g左右(精确至0.1mg)，用蒸馏水溶解后移入1000mL容量瓶，并稀释至刻度，以配置0.02N氯化钠标准溶液。氯化钠当量浓度N按式(4-22)计算：

$$N = \frac{W}{58.45} \tag{4-22}$$

式中：N——氯化钠溶液的当量浓度；

W——氯化钠重，g；

58.45——氯化钠的克当量。

0.02N硝酸银溶液视所测的氯离子含量，也可配成浓度略高的硝酸银溶液，配制可采用的方法为：称取硝酸银3.4g左右溶于蒸馏水中并稀释至1000mL，置于棕色瓶中保存。用移液管吸取氯化钠标准溶液20mL(V_1)于烧瓶中，加入10～20滴铬酸钾指示剂，将配制的硝酸银溶液滴定至溶液刚呈砖红色。记录所消耗的硝酸银毫升数(V_2)。

$$N_2 = \frac{N_1 \times V_1}{V_2} \tag{4-23}$$

式中:N_2——硝酸银溶液的当量浓度;

N_1——氯化钠标准溶液的当量浓度;

V_1——氯化钠标准溶液的毫升数,mL;

V_2——消耗硝酸银溶液的毫升数,mL。

试验步骤:

①取混凝土样品粉末约30g,研磨至全部通过0.63mm筛,然后置于烘箱中加热(105℃ ±5℃)2h,取出后放入干燥器冷却至室温。

②称取20g(精确至0.01g),置于烧瓶中并加入200mL(V_3)蒸馏水,塞紧瓶塞,剧烈振荡1~2min,浸泡24h。

③将试样过滤。用移液管分别吸取滤液20mL(V_4),置于两个烧瓶中,各加2滴酚酞,使溶液呈微红色,再用稀硫酸中和至无色后,加铬酸钾指示剂10~20滴,立即用硝酸银溶液滴定至呈砖红色。记录所消耗的硝酸银毫升数(V_5)。

④游离氯离子含量按式(4-24)计算:

$$P = \frac{N_2 V_5 \times 0.03545}{G \cdot V_4 / V_3} \times 100\% \tag{4-24}$$

式中: P——砂浆样品中游离氯离子的含量,%;

N_2——硝酸银标准溶液的当量浓度;

G——砂浆样品重,g;

V_3——浸样品的水重,mL;

V_4——每次滴定时吸取的滤液量,mL;

V_5——每次滴定时消耗的硝酸银溶液,mL;

0.03545——氯离子的毫克当量。

(2)氯离子总含量测定方法

混凝土中氯离子总含量(包括已和水泥结合的氯离子量)的测定方法如下:

试验设备和试剂:

①恒温烘箱、分析天平(称量100g,感量0.1mg)、天平(感量0.01g)。

②酸式滴定管(10mL)两支、容量瓶(100mL和1000mL)、三角锥瓶(250mL)、试剂瓶(1000mL)、移液管(20mL)、玻璃干燥器、研钵、表面皿等。

③化学试剂包括氯化钠、硝酸银、硫氰酸钾、硝酸、铁矾、铬酸钾、氯化钠等。

试剂配置:

①0.02N氯化钠标准溶液的配制。

②0.02N硝酸银溶液的配制与标定。

③6N硝酸溶液的配制。取190mL纯浓硝酸(比重1.42),置容量瓶中,用蒸馏水稀释至500mL。

④10%铁矾溶液,用10g化学纯铁矾溶于90g蒸馏水配成。

⑤0.02N硫氰酸钾标准溶液,用天平称取化学纯硫氰酸钾晶体约1.95g,溶于100mL蒸馏水,充分摇匀,装在瓶内配成硫氰酸钾溶液并用硝酸银标准溶液进行标定。将硝酸银标准溶液装入滴定管,从滴定管放出硝酸银标准溶液约25mL,加6N硝酸5mL和10%铁矾溶液4mL,然后用硫氰酸钾标准溶液滴定。滴定时,激烈摇动溶液,当滴至红色维持5~10s不褪时即为终点。硫氰酸钾标准溶液的当量浓度按式(4-25)计算:

$$N_1 = \frac{N_2 V_2}{V_1} \tag{4-25}$$

式中:N_1——硫氰酸钾标准溶液的当量浓度;

V_1——滴定时消耗的硫氰酸钾标准溶液,mL;

N_2——硝酸银标准溶液的当量浓度;

V_2——硝酸银标准溶液,mL。

混凝土试样处理和氯离子测定步骤:

①取适量的混凝土试样(约40g),用小锤仔细除去混凝土试样中石子部分,保存砂浆,把砂浆研碎成粉状,置于105℃±5℃烘箱中烘干2h。取出放入干燥器内冷却至室温,用感量为0.01g的天平称取10~20g砂浆试样倒入锥瓶。

②用容量瓶盛100mL稀硝酸(体积比为浓硝酸:蒸馏水=15:85)倒入盛有砂浆试样的三角锥瓶,盖上瓶塞,防止蒸发。

③砂浆试样浸泡一昼夜左右(以水泥全部溶解为度),其间应摇动三角锥瓶,然后用滤纸过滤,除去沉淀。

④用移液管准确量取滤液20mL两份,置于三角锥瓶内,每份由滴定管加入硝酸银溶液约20mL(可估算氯离子含量的多少而酌量增减),分别用硫氰酸钾溶液滴定。滴定时激烈摇动溶液,当滴至红色能维持5~10s不褪时即为终点。必要时加入3~5滴10%铁矾溶液以增加水泥含有的Fe^{3+}。

⑤氯离子总含量按式(4-26)计算:

$$P = \frac{k(NV - N_1 V_1)}{\dfrac{GV_2}{V_3}} \times 100\% \tag{4-26}$$

式中:P——砂浆样品中氯离子总含量,%;

k——取0.03545,氯离子的毫克当量;

N——硝酸银标准溶液的当量浓度;

V——加入滤液试样中的硝酸银标准溶液,mL;

N_1——硫氰酸钾标准溶液的当量深度;

V_2——每次滴定时吸取的滤液量,mL;

V_3——浸样品的水量,mL;

G——砂浆样品重,g。

3)混凝土氯离子含量检测评定

氯化物浸入混凝土可能引起钢筋的锈蚀,其锈蚀危险性受到多种因素的影响,如碳化深度、混凝土含水率、混凝土质量等,因此应进行综合分析。

按照混凝土测区最高氯离子含量值确定氯离子含量评定标度,见表4-5。

混凝土氯离子含量评定标度　表4-5

氯离子总含量(占水泥含量的百分比)	钢筋锈蚀可能性	评定标度
<0.15	很小	1
[0.15,0.40)	不确定	2
[0.40,0.70)	有可能诱发钢筋锈蚀	3
[0.70,1.00)	会诱发钢筋锈蚀	4
≥1.00	钢筋锈蚀活化	5

根据每一取样层氯离子含量的测定值,作出氯离子含量深度的分布线,从而判断氯化物是混凝土生成时已有的,还是结构使用过程中由外界渗入的以及浸入的深度。

4.3.6　混凝土电阻率检测

混凝土是电的不良导体,混凝土的电阻率反映其导电性。混凝土中钢筋的腐蚀是一个电化学过程,它产生电流使金属离解,混凝土电阻率大,若钢筋发生锈蚀,则发展速度慢,扩散能力弱;混凝土电阻率小,则锈蚀发展速度快,扩散能力强。因此,测量混凝土的电阻率可以有效评价其抗腐蚀能力和评估现有钢筋的腐蚀程度。

混凝土电阻率测试简单、快捷。测量电阻率不仅可以评估钢筋的锈蚀情况,而且可以与混凝土其他性能建立联系,进而反映混凝土的质量状况。

1)混凝土电阻率测量方法

混凝土电阻率测量方法有多种,一般按测量方式可分为接触式和非接触式两类。接触式可以分为二电极法和四电极法,是目前使用较多的混凝土电阻率测量方法之一;非接触式是一种比较测量方法,最初主要用于研究水泥凝结时间。此外,交流阻抗谱法也逐渐应用于水泥基材料有关电阻性能的研究。

(1)二电极法

二电极法包括外贴式和埋入式两种。该方法是在混凝土表面外贴或是在混凝土内部预埋两平行电极,通过测量电压和电流值,根据欧姆定律计算电阻值。

(2)四电极法

四电极法是在混凝土内部预埋4块等间距的平行电极,内侧两电极间连接测电压V,外侧两电极间连接测电流I,由欧姆定律得,内段电阻值为$R=V/I$,通过检测两电压电极间的混凝土阻抗,按式(4-27)获得混凝土电阻率ρ:

$$\rho = \frac{2\pi dV}{I} \tag{4-27}$$

式中:d——电极间距,cm;

V——电压电极间所测电压,V;

I——电流电极通过的电流,A。

其检测原理如图4-14所示。混凝土电阻率测定仪也叫电位检测仪(锈蚀分析仪),所测的电阻率是以欧姆为单位的。

二电极与四电极测量方法相比较为简单，但无论是用伏安法还是数字万用表进行测量，二电极法都无法消除接触电阻对测量结果的影响，测得的电阻值不仅包括混凝土材料本身的电阻值，还包括导线与测量仪器、导线与电极、电极与混凝土的接触电阻。接触电阻与电极的材料、尺寸有关，接触电阻对测量值影响较大，因而不能较为真实地反映混凝土材料本身的电阻情况。四电极法可以较好地降低接触电阻的影响，在混凝土电阻率的检测中通常采用四电极法。

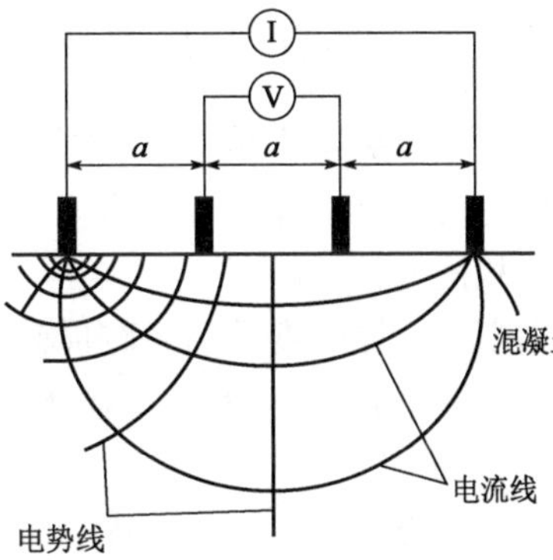

图4-14 温纳(Wenner)四电极电阻率测试法

2)四电极法检测步骤

在混凝土结构电阻率检测中，四电极混凝土电阻率测试仪的4个传感器探头呈“一”字形排列，每两个探头间距为50mm。试验之前，将海绵充分湿润可消除接触电阻对测量结果的影响。电极间距采用50mm，因此，所测混凝土电阻率值受集料尺寸影响较小，测量更加准确。电流从外侧两个探头流入，内侧两个探头则用来测量电位差，这样可以消除表面接触电阻对测量结果的影响。

电阻率测试仪由四电极探头与电阻率仪表组成，采用交流电测量系统。

检测具体步骤为：

(1)连接传感器与测试仪表，确保连接无误。

(2)开机，传感器检测电阻率标准块，以检验仪器数据采集的准确性。

(3)测区与测位布置参照钢筋锈蚀自然电位测量的要求，在电位测量网格间进行，并做好编号。

(4)混凝土表面清洁、除尘、除油脂。为提高量测的准确性，测点局部去掉表面碳化层。

(5)调节好电极的间距，精度控制在±1.0mm。

(6)为了保证电极与混凝土表面有良好、连续的电接触，应在电极前端涂上耦合剂。

(7)测量时探头垂直置于混凝土表面，并施加适当的压力。

3)混凝土电阻率的检测评定

依据混凝土电阻率评定钢筋锈蚀速率，按照测区电阻率最小值确定混凝土电阻率评定标度，见表4-6。

混凝土电阻率评定标准 表4-6

电阻率(Ω·cm)	可能的锈蚀速率	评定标度
≥20000	很慢	1
[15000,20000)	慢	2
[10000,15000)	一般	3
[5000,10000)	快	4
<5000	很快	5

4.3.7 钢筋保护层厚度检测

钢筋保护层厚度是最外层钢筋外边缘至混凝土表面的距离,保护层厚度影响钢筋混凝土构件的耐久性和受力钢筋的锚固效果。

1)检测方法

钢筋保护层厚度采用非破损或局部破损的方法进行检测,非破损检测效率高,对结构无损伤,是常用方法。非破损检测方法有电磁感应法和雷达法两种。

(1)电磁感应法

电磁感应法是利用电磁感应原理检测混凝土结构及构件中钢筋间距、混凝土保护层厚度及钢筋直径的方法。

电磁感应法的原理是在构件混凝土表面向内部发射电磁波,形成电磁场,混凝土内部的钢筋切割磁感线产生感应电磁场,由于感应电磁场的强度及空间梯度变化与钢筋位置、直径、保护层厚度有关,通过测量感应电磁场的梯度变化,分析处理后确定钢筋位置和保护层厚度。

电磁感应法属于原位无损检测,操作简单、工作效率高。

(2)雷达法

雷达法探测主要是根据混凝土内部介质之间电磁性质的差异来工作的,差异越大,反射波信号越强。利用高频电磁波(主要为数十至数百乃至数千兆赫的电磁波)从混凝土表面向内部发射,当遇到电磁性质不同的缺陷或钢筋时,将产生反射电磁波,接收被测物体反射的电磁波可得到一波形图。通过对雷达成像图的解析和处理,可以准确确定混凝土结构及构件中钢筋的位置、保护层的厚度以及孔洞、酥松层、裂缝等缺陷的位置。

雷达法的特点是探测效率高,对探测场地和目标无破坏性,有较高的分辨率和抗干扰性。雷达法和电磁法一样,其控制精度受钢筋相互间的干扰,保护层越厚,间距越小,影响越大。

电磁感应法的保护层厚度检测仪造价低、便携,测量快速,能够实时显示测量信息,网格扫描模式和剖面扫描模式可直观地显示钢筋的分布图,因此,在检测中应用较普遍。

2)电磁感应法检测程序

(1)仪器的标定

钢筋保护层测试仪使用期间的标定校准应使用专用的标定块。当测量标定块所给定的保护层厚度时,测读值应在仪器说明书所给定的准确度范围之内。

标定块由一根 $\phi16$ 的普通碳素钢筋垂直浇铸在长方体无磁性的塑料块内,使钢筋距 4 个侧面分别为 15mm、30mm、60mm、90mm。

标定应在无外界磁场干扰的环境中进行。每次试验检测前均应对仪器进行标定,若达不到应有准确度,应送专业机构维修检验。

混凝土结构钢筋分布状况调查的范围应为主要承重构件或承重构件的主要受力部位,或钢筋锈蚀电位测试结果表明钢筋可能锈蚀活化的部位,以及根据结构检算及其他检测需要确定的部位。

(2)测区布置原则

①按单个构件检测时,应根据尺寸大小,在构件上均匀布置测区,每个构件上的测区

数不应少于3个。

②测区应均匀分布,相邻两测区的间距不宜小于2m。

③测区表面应清洁、平整,避开接缝、蜂窝、麻面、预埋件等部位。

④测区应注明编号,并记录测区位置和外观情况。

⑤测点数量及要求:对构件上每一测区应检测不少于10个测点,测点间距应小于保护层测试仪传感器长度。

⑥对某一类构件的检测,可采取抽样的方法。抽样数不少于同类构件数的30%,且不少于3件,每个构件测区布置按单个构件要求进行。

(3)测量步骤

①测试前应了解有关图纸资料,以确定钢筋的种类和直径。

②将保护层测试仪传感器在构件表面平行移动,当仪器显示值最小时,传感器正下方即所测钢筋的位置。

③找到钢筋位置后,将传感器在原处左右转动一定角度,仪器显示最小值时传感器长轴线的方向即为钢筋的走向。

④在构件测区表面画出钢筋位置与走向。

(4)保护层厚度的测读

①将传感器置于钢筋所在位置正上方,并左右稍稍移动,仪器显示最小值即为该处保护层厚度。

②每一测点值宜读取2~3次稳定读数,取其平均值,准确至1mm。

③应避免在钢筋交叉位置进行测量。

(5)对于缺少资料,无法确定钢筋直径的构件,应首先测量钢筋直径。对钢筋直径的测量宜采用5~10次测读,剔除异常数据,求其平均值的测量方法。

3)钢筋保护层厚度的检测评定

(1)根据某一测量部位各测点混凝土厚度实测值,按照式(4-28)求出混凝土保护层厚度平均值$\overline{D}_n$(精确至0.1mm)。

$$\overline{D}_n=\frac{\sum_{i=1}^{n}D_{ni}}{n} \tag{4-28}$$

式中:D_{ni}——结构或构件测量部位保护层厚度实测值,mm,精确至0.1mm;

n——检测构件或部位测点数。

(2)按照式(4-29)计算确定测量部位混凝土保护层厚度特征值D_{ne}:

$$D_{ne}=\overline{D}-K_pS_D \tag{4-29}$$

式中:S_D——测量部位测点保护层厚度的标准差,mm,精确至0.1mm;

$$S_D=\sqrt{\frac{\sum_{i=1}^{n}(D_{ni})^2-n(\overline{D}_n)^2}{n-1}}$$

K_p——判定系数值,按表4-7取用。

钢筋保护层厚度判定系数值　　表 4-7

n	10~15	16~24	≥25
K_p	1.695	1.645	1.595

根据测量部位实测保护层厚度特征值 D_{ne} 与其设计值 D_{nd} 的比值。钢筋保护层厚度按表 4-8 评定。

钢筋保护层厚度的评定标准　　表 4-8

D_{ne}/D_{nd}	对结构钢筋耐久性的影响	评定标度值
>0.95	影响不显著	1
(0.85~0.95]	有轻度影响	2
(0.70~0.85]	有影响	3
(0.55~0.70]	有较大影响	4
≤0.55	钢筋易失去碱性保护,发生锈蚀	5

4.4　混凝土裂缝检测与评定

混凝土构件产生裂缝几乎是不可避免的,有些裂缝对结构承载力有影响,有些裂缝对结构的耐久性有影响,故裂缝检查、检测就显得特别重要。裂缝检测首先应依据裂缝位置、走向和分布特点判断裂缝的类型,其次测量裂缝宽度、深度及发展变化。

4.4.1　混凝土裂缝宽度限值

依据《公路钢筋混凝土及预应力混凝土桥涵设计规范》(JTG 3362—2018)6.4 条,配筋混凝土构件在各类环境中受力裂缝宽度限值见表 4-9。满足限值要求的裂缝为正常的工作裂缝,超出限值范围的裂缝为非正常裂缝。

受力裂缝最大宽度限值　　表 4-9

<table>
<tr><th rowspan="2">环境类别</th><th colspan="3">最大裂缝宽度限值(mm)</th></tr>
<tr><th>钢筋混凝土构件、采用预应力螺纹钢筋的 B 类预应力混凝土构件</th><th>采用钢丝或钢绞线的 B 类预应力混凝土构件</th><th>全预应力或 A 类预应力混凝土构件</th></tr>
<tr><td>Ⅰ类-一般环境</td><td>0.20</td><td>0.10</td><td rowspan="7">不允许</td></tr>
<tr><td>Ⅱ类-冻融环境</td><td>0.20</td><td>0.10</td></tr>
<tr><td>Ⅲ类-近海或海洋氯化物环境</td><td>0.15</td><td>0.10</td></tr>
<tr><td>Ⅳ类-除冰盐等其他氯化物环境</td><td>0.15</td><td>0.10</td></tr>
<tr><td>Ⅴ类-盐结晶环境</td><td>0.10</td><td>/</td></tr>
<tr><td>Ⅵ类-化学腐蚀环境</td><td>0.15</td><td>0.10</td></tr>
<tr><td>Ⅶ类-磨蚀环境</td><td>0.20</td><td>0.10</td></tr>
</table>

对于非受力裂缝，各类构件的裂缝宽度限值应满足钢筋混凝土构件的受力裂缝宽度限值要求。

4.4.2 混凝土裂缝检测及监测

裂缝检测及监测的内容包括裂缝发生的部位、走向、宽度、分布状况、长度以及裂缝的变化发展情况等。

1）混凝土裂缝静态宽度测量

裂缝宽度检测采用的仪器有塞尺、裂缝宽度对比卡、手持式读数显微镜（刻度放大镜）、裂缝宽度测试仪和非接触式（远距离）裂缝宽度检测仪等。裂缝宽度测试要求裂缝宽度测试仪器的读数精度优于0.02mm。一条连续裂缝上宜布置2个以上裂缝宽度测点，在裂缝展开分布图中标注检测部位和最大裂缝宽度部位。

被检裂缝处混凝土表面应清洁、平整，裂缝内部不应有灰尘或泥浆，量测裂缝宽度时必须记录环境温度。

（1）塞尺或裂缝宽度对比卡

塞尺是由一组具有不同厚度级差的薄钢片组成的量规，将塞尺某一厚度钢片插入被测裂缝，来回拉动，感到稍有阻力，说明该裂缝宽度值接近塞尺上所标出的数值。

裂缝宽度对比卡是印刷有不同标准宽度线条的卡片，测试时将卡片放置在裂缝表面，裂缝与卡片上不同标准宽度线对比，用比对的方法进行裂缝宽度的测量。

塞尺或裂缝宽度对比卡操作方便，使用简单，测试精度低，可用于粗测。

（2）读数显微镜

读数显微镜是用具有一定放大倍数的显微镜直接观测裂缝宽度，它是利用显微镜光学系统对分划板的分度进行放大、细分后再进行读数的测量量具，主要由目镜、放大镜、刻度板、测微旋钮、游丝等组成，通过测微旋钮可以调节游丝的水平位置，并显示调节距离，自带冷光源，确保在无光线的情况下也能看到清晰的裂缝宽度。常见的放大倍数为10～20倍，量程为0～6mm，分辨率为0.01mm。读数显微镜价格低廉，是目前裂缝宽度测试的主要方法，具体操作步骤为：

①将读数显微镜对准待测区域，并保持稳定。

②调节显微镜的目镜，以便清楚地看到裂缝、游丝和刻度。

③调节显微镜的聚集情况或移动整个仪器，使待测物成像清楚，并消除视差，即眼睛上下移动时，看到游丝与被测裂缝成像之间无相对移动。

④先将游丝移动到裂缝一侧，与裂缝边缘相切，记下测微旋钮的初始刻度值；调节测微旋钮，将游丝移动到裂缝另一侧，与裂缝边缘相切，再记下末读数。两次读数之差即为裂缝宽度。注意两次读数时测微旋钮只能向一个方向移动，以避免产生螺距差。

（3）裂缝宽度测试仪

裂缝宽度测试仪由图像显示、数字信号连接电缆、摄像测头和光源组成，采用摄像头获取裂缝图像，依据裂缝宽度的判读方式分为人工判读和自动判读两类。

①人工判读的裂缝宽度测试仪器。人工判读的裂缝宽度测试仪器通过摄像头拍摄裂缝图像并放大显示在显示屏上，然后依据屏幕上的刻度尺与裂缝宽度的比对，人工读取裂缝宽度。这种测试仪避免了裂缝显微镜必须近距离调节焦距的要求，降低了裂缝测试的

劳动强度,但仍需人工估测和记录宽度,因此存在人工读数时的误差。

②自动判读的裂缝宽度测试仪器。该类仪器的最大特点是对裂缝宽度自动判读,即通过摄像头拍摄裂缝图像并放大显示在显示屏上,然后利用 DSP 系统实现裂缝图像处理和边缘识别,执行特定的算法程序,自动判读出裂缝宽度。仪器具备裂缝图像自动判读以及显示、记录和存储功能,测试实时快速,代表了裂缝宽度测量仪器的发展方向。

(4)非接触式(远距离)裂缝宽度测试仪

非接触式(远距离)裂缝宽度测试仪用望远镜和数码相机远距离对裂缝拍照成像,然后输入计算机中进行显示和判读,适用于检测远距离的裂缝宽度。

远距离裂缝观测系统采用高精密光学系统及工业 CCD 成像技术,通过远距离非接触图像采集,直接从原始图像中抽取背景子集,利用插值技术得到裂缝背景图像,将原始图像减去背景图像,得到校正后的结果,经过灰度修正和图像的平滑处理,通过二值形态学腐蚀算法流程进行裂缝最大宽度的计算。

2)混凝土裂缝深度静态检测

裂缝是混凝土构件的常见病害,检测裂缝宽度相对较易,而裂缝深度检测较为困难,借助超声法就可以解决裂缝深度检测问题。

(1)浅裂缝检测

对于结构混凝土开裂深度小于或等于 500mm 的裂缝,可用平测法或斜测法进行检测。

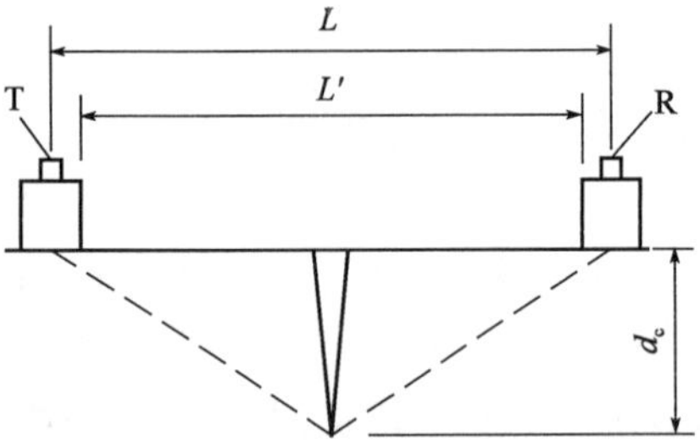

图 4-15　平测法检测裂缝宽度

①平测法。平测法适用于结构的裂缝部位只有一个可测表面的情况。如图 4-15 所示,将仪器的发射换能器和接收换能器对称布置在裂缝两侧,其距离为 L,超声波传播所需时间为 t_c。再将换能器以相同距离 L 平置在完好的混凝土表面,测得传播时间为 t,则裂缝的深度 d_c 可按下式进行计算:

$$d_c = \frac{L}{2}\sqrt{\left(\frac{t_c}{t}\right)^2 - 1} \tag{4-30}$$

式中:d_c ——裂缝深度,mm;

t、t_c ——测距为 L 时不跨缝、跨缝平测的声时值,μs;

L——平测时的超声波传播距离,mm。

实际检测时,应根据规范按不同距离(L 取 100mm,150mm,200mm 等)进行多次测量,取均值作为该裂缝的深度值。

深度检测时,裂缝中不得有水或泥浆,因为以声时推算浅裂缝深度,是假定裂缝中充满空气,声波绕过裂缝末端传播。若裂缝中有水或泥浆,则声波经水介质耦合穿过裂缝,不能反映裂缝的真实深度。当有钢筋穿过裂缝且与 T、R 换能器的连线大致平行靠近时,则沿钢筋传播的超声波首先到达接收换能器,测试结果也不能准确反映裂缝的深度。因此布置测点时应注意使 T、R 换能器的连线至少与钢筋的轴线相距 1.5 倍的裂缝预计深度，以减少测量误差。

②斜测法。当结构的裂缝部位有两个相互平行的测试面时，可采用斜测法检测。如图4-16所示，将T换能器和R换能器分别置于对应点1，2，3，…的位置，读取响应的声时值t_i、波幅A_i和频率值f_i。

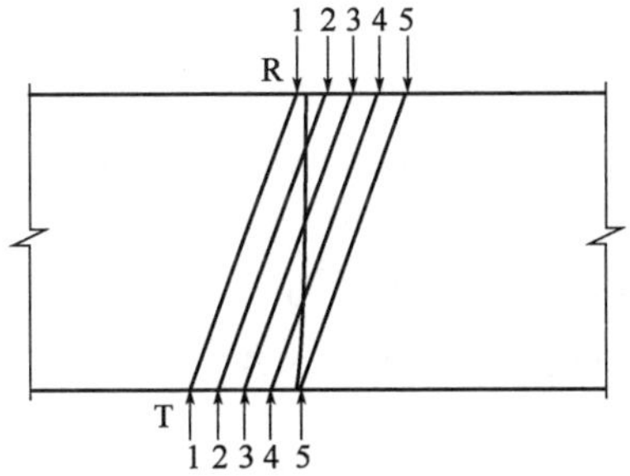

图4-16 斜测法检测裂缝深度

当T、R换能器的连线通过裂缝时，由于混凝土的不连续性，超声波在裂缝界面上产生很大衰减，接收到的首波信号微弱，其波幅和频率与不过缝的测点值有很大差异。对比各测点信号，根据波幅和频率的突变，可以判定裂缝的深度是否在平面方向贯通。斜测法检测裂缝深度具有直观、可靠的特点，若条件允许宜优先选用。

(2)深裂缝检测

预计深度在500mm以上的裂缝检测，平测法和斜测法检测有困难时，采用钻孔对测法(图4-17)检测裂缝深度，适用于大体积混凝土。

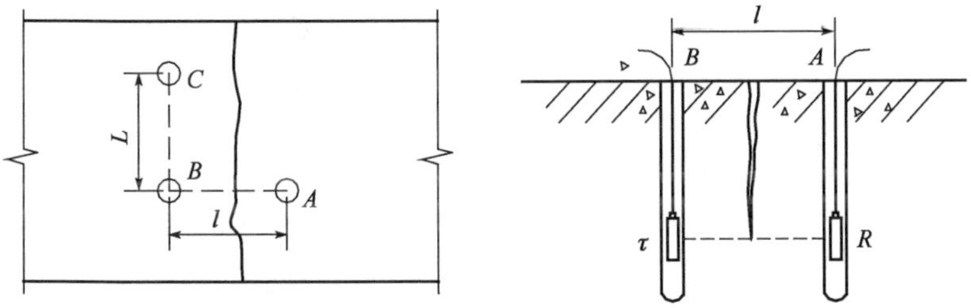

图4-17 深裂缝钻孔检测示意

在裂缝两侧钻两个孔，测试前向测孔中灌注清水作为耦合介质，将发射和接收换能器分别置于裂缝两侧的对应孔中，自上向下以相同高程等距同步移动，在不同的深度上进行对测，逐点读取声时值和波幅值。

被测结构上钻取的测试孔应满足下列要求：

①孔深应至少比裂缝预计深度深700mm，经测试如浅于裂缝深度，则应加深钻孔。

②对应的两个测试孔必须始终位于裂缝两侧，其轴线应保持平行。

③两个对应测试孔的间距宜为2000mm，同一结构的各对应测孔间距应相同。

④若条件允许，最好在裂缝一侧多钻一个较浅的辅测孔，测试无缝混凝土的声学参数，供对比判别之用(图4-17)。

⑤裂缝中不应有水或泥浆。裂缝检测应选用频率为20～60kHz的径向振动式换能器，并在其接线上作出等距离标志(一般间隔100～400mm)。测试前先向测试孔中注满清水，然后将R、T换能器分别置于裂缝两侧的对应孔中，以相同高程等间距从上至下同步移动，逐点读取声时值、波幅值和以换能器所处深度d与对应的波幅A绘制d-A

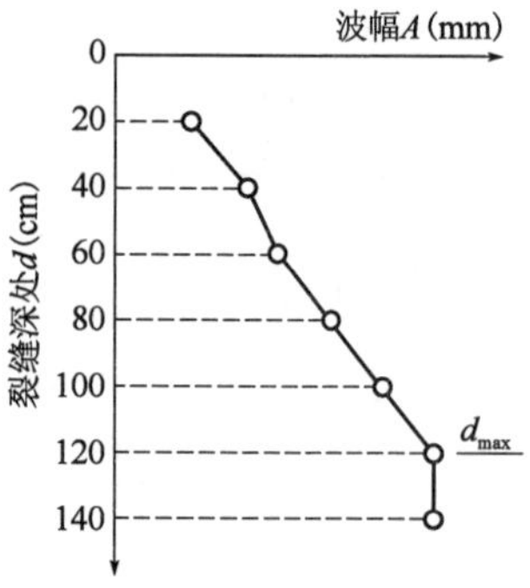

图 4-18　裂缝深度和波幅关系图

坐标图,如图 4-18 所示。从图中可看出,随着换能器的下移,波幅逐渐增大,当换能器下移至某一位置后,波幅达到最大值继而稳定,该位置所对应的深度 d_{max} 即为裂缝深度 h_c。

3)混凝土裂缝宽度动态监测

(1)裂缝宽度动态监测的简单方法

①在裂缝两边设置小标杆,两杆间的距离用卡尺测量(图 4-19),或用读数放大镜直接测量裂缝的宽度。

②设置两块金属板来量测:一块金属板盖过裂缝并与另一块刻有尺寸的金属板相接触(图 4-20),量测并记下裂缝变化的尺寸。

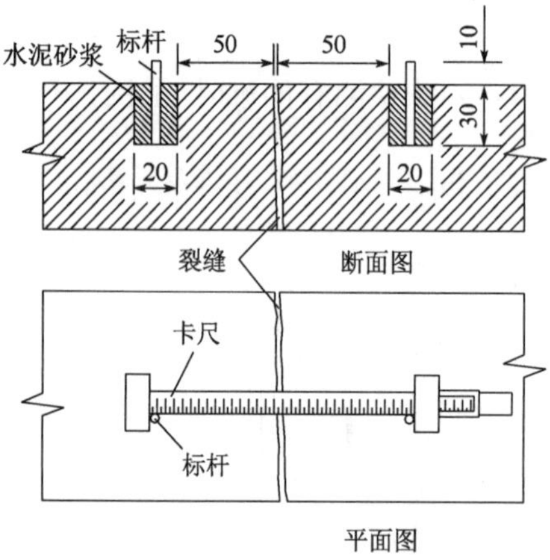

图 4-19　设标杆观测裂缝法(尺寸单位:mm)

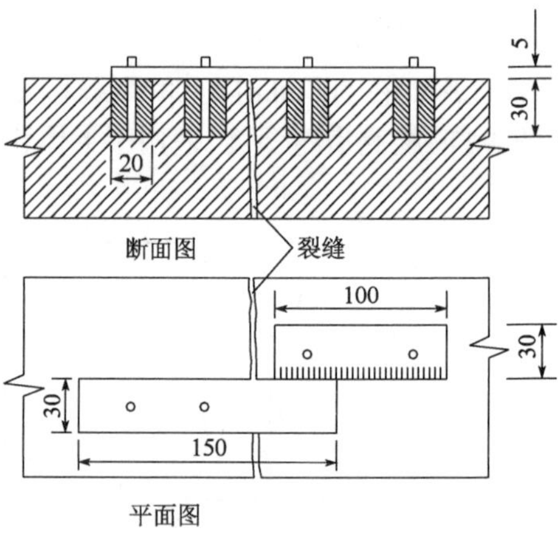

图 4-20　设金属板观测裂缝法(尺寸单位:mm)

③利用水泥浆或石膏做成薄片状的标记贴在裂缝处,或用玻璃片、较牢固的纸糊在裂缝上,观察其是否继续开裂。具体做法是:在裂缝的起点和终点画上与裂缝走向垂直的红油漆线记号,并把裂缝登记编号。观测并记下裂缝的部位、走向、宽度、分布状况和长度等。如有必要知道裂缝深度时,可用注射器在裂缝中注入有色溶液,然后开凿至显色为止,开凿深度即为裂缝的深度。

观测裂缝的变化情况,对裂缝长度可观察裂缝两端是否超出前一次油漆画线。对裂缝是否沿宽度方向继续扩展,可做灰块或玻璃测标(图 4-21)进行观测。其方法是:先将安设测标部位的结构表面凿毛用 1:2 的水泥砂浆或石膏在裂缝上抹成厚 10 ~ 15mm 的方形或圆形灰块,也可用石膏将细条状玻璃固定在裂缝两侧结构表面上,在裂缝处玻璃截面很小,对测标编号并注明安设日期,当裂缝继续扩展时,测标就会断裂。

在观测裂缝时,要记录气温的情况,因为气温降低时,结构的外层比内层冷却得更快,因而表面收缩较快,这时裂缝显得较大,当气温增高时则相反。

(2)位移计(应变计)裂缝宽度增量监测

采用位移计(图 4-22)横跨裂缝布置可测量裂缝宽度的扩展情况,其测试分辨率取决于所选用的位移计的性能。如采用高分辨的千分表,其测试分辨率可达 0.001mm;若采用电子位移计,则可方便地对裂缝宽度的扩展情况进行实时远距离监测。

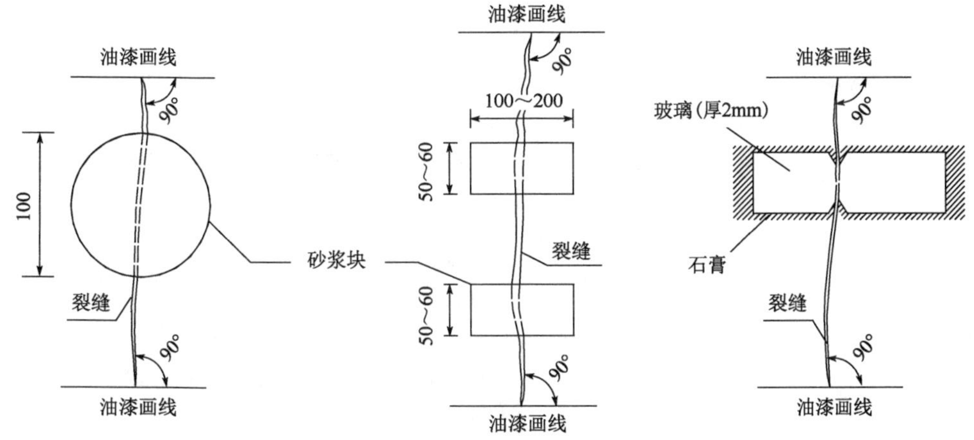

图4-21 设砂浆块、石膏块、玻璃片划油漆观测裂缝法(尺寸单位:mm)

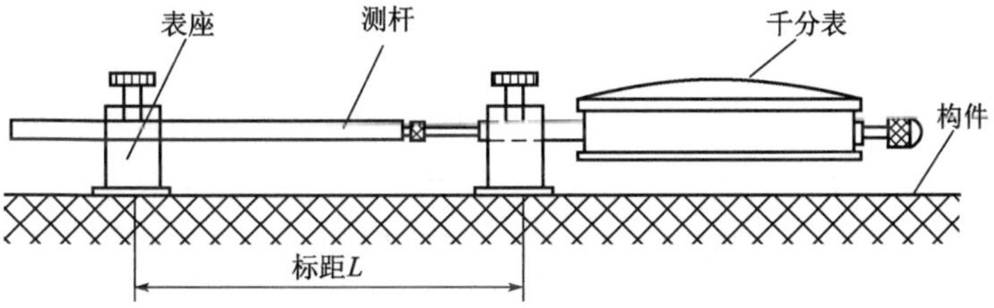

图4-22 位移计测量裂缝宽度增量

当对裂缝扩展监测要求较高时,采用工具式应变计也可以准确地测量裂缝宽度的变化情况,裂缝宽度量测分辨率取决工具式应变计的分辨率,但量程相对较小。

(3)其他方法

目前,对混凝土结构裂缝监测方法的研究不断深入和完善,除传统方法外,监测方法还有光纤光栅裂缝监测方法、图像监测方法、SMA裂缝监测方法、涂膜监测方法、结构动态响应裂缝监测方法和机敏网裂缝监测方法等。

4)混凝土构件裂缝的分级评定标准

(1)普通钢筋混凝土构件

钢筋混凝土构件非结构受力裂缝按表4-10分级标准进行评定。钢筋混凝土构件结构受力裂缝按表4-11分级标准进行评定。

钢筋混凝土构件非结构受力裂缝分级评定标准 表4-10

评定标度值	分级标准		
	裂缝最大宽度(mm)	裂缝部位	裂缝形态与分布
1	≤0.25	次要受力部位	少量短细裂缝
	≤0.20	主要受力部位	少量短细裂缝

续上表

评定标度值	分级标准		
	裂缝最大宽度(mm)	裂缝部位	裂缝形态与分布
2	≤0.30	次要受力部位	出现短细裂缝,开裂区域面积占其所在构件表面积的3%以下
	≤0.25	主要受力部位	出现短细裂缝,开裂区域面积占其所在构件表面积的2%以下
3	≤0.35	次要受力部位	出现较多的短细裂缝,开裂区域面积占其所在构件表面积的6%以下
	≤0.30	主要受力部位	出现较多的短细裂缝,开裂区域面积占其所在构件表面积的4%以下
4	≤0.40	次要受力部位	出现网状裂缝,开裂区域面积占其所在构件表面积的10%以下;或出现沿受力钢筋方向的裂缝
	≤0.35	主要受力部位	出现网状裂缝,开裂区域面积占其所在构件表面积的7%以下;或出现沿受力钢筋方向的裂缝
5	>0.40	次要受力部位	出现网状裂缝,开裂区域面积占其所在构件表面积的10%以上;或出现沿受力钢筋方向的裂缝,缝口有锈迹
	>0.35	主要受力部位	出现网状裂缝,开裂区域面积占其所在构件表面积的7%以上;或出现沿受力钢筋方向的裂缝,缝口有锈迹

注:当结构所处环境条件影响系数大于等于1.1时,表观裂缝宽度限值减去0.05mm后取用。

钢筋混凝土构件结构受力裂缝分级评定标准 表4-11

评定标度值	分级标准			
	裂缝部位	裂缝长度或高度	受力钢筋处裂缝宽度(mm)	裂缝的最小与平均间距
1	次要受力部位	纵向长度小于构件长度的1/6,或高度不足截面尺寸的1/3	≤0.10	≥50cm
	主要受力部位		≤0.05	
2	次要受力部位	纵向长度介于构件长度的1/6~1/4,或高度介于截面尺寸的1/3~1/2	≤0.15	≥30cm
	主要受力部位		≤0.10	
3	次要受力部位	纵向长度介于构件长度的1/4~1/3,或高度介于截面尺寸的1/2~2/3	≤0.20	≥20cm
	主要受力部位		≤0.15	

续上表

评定标度值	分级标准			
	裂缝部位	裂缝长度或高度	受力钢筋处裂缝宽度(mm)	裂缝的最小与平均间距
4	次要受力部位	纵向长度介于构件长度的1/3～1/2，或高度大于截面尺寸的2/3	≤0.25	<20cm
4	主要受力部位	纵向长度介于构件长度的1/3～1/2，或高度大于截面尺寸的2/3	≤0.20	<20cm
5	次要受力部位	纵向长度大于构件长度的1/2，或裂缝基本贯穿	>0.30	开裂严重，裂缝与受力钢筋方向、间距重合，缝口有锈迹
5	主要受力部位	纵向长度大于构件长度的1/2，或裂缝基本贯穿	>0.25	开裂严重，裂缝与受力钢筋方向、间距重合，缝口有锈迹

注：当结构所处环境条件影响系数大于等于1.1时，表观裂缝宽度限值减去0.05mm后取用。

(2)预应力混凝土构件

预应力钢筋混凝土构件非结构受力裂缝按表4-12分级标准进行评定，预应力钢筋混凝土构件结构受力裂缝按表4-13分级标准进行评定。

预应力混凝土构件非结构受力裂缝分级评定标准 表4-12

评定标度值	分级标准		
	裂缝最大宽度(mm)	裂缝部位	裂缝形态与分布
1	≤0.10	次要受力部位	少量短细裂缝
1	无	主要受力部位或预应力筋部位	无裂缝
2	≤0.15	次要受力部位	出现短细裂缝，开裂区域面积占其所在构件表面积的3%以下
2	≤0.05	主要受力部位或预应力筋部位	少量短细裂缝
3	≤0.20	次要受力部位	出现较多的短细裂缝，开裂区域面积占其所在构件表面积的6%以下
3	≤0.10	主要受力部位或预应力筋部位	出现短细裂缝，开裂区域面积占其所在构件表面积的3%以下
4	≤0.25	次要受力部位	出现网状裂缝，开裂区域面积占其所在构件表面积的10%以下；或出现沿受力钢筋方向的裂缝
4	≤0.15	主要受力部位或预应力筋部位	出现网状裂缝，开裂区域面积占其所在构件表面积的6%以下
5	>0.25	次要受力部位	出现网状裂缝，开裂区域面积占其所在构件表面积的10%以上；或出现沿受力钢筋方向的裂缝
5	>0.15	主要受力部位或预应力筋部位	出现网状裂缝或出现沿预应力筋方向的裂缝，开裂区域面积占其所在构件表面积的6%以上

注：当结构所处环境条件影响系数大于等于1.1时，表观裂缝宽度限值减去0.05mm后取用。

预应力混凝土构件结构受力裂缝分级评定标准　　表4-13

评定标度值	分级标准			
	裂缝部位	裂缝长度或高度	受力钢筋处裂缝宽度(mm)	裂缝的最小与平均间距
1	次要受力部位	纵向长度小于构件长度的1/6,或高度不足截面尺寸的1/4	≤0.05	≥50cm
	主要受力部位		无	
2	次要受力部位	纵向长度介于构件长度的1/6~1/4,或高度介于截面尺寸的1/4~1/3	≤0.10	≥30cm
	主要受力部位		无	
3	次要受力部位	纵向长度介于构件长度的1/4~1/3,或高度介于截面尺寸的1/3~1/2	≤0.15	≥20cm
	主要受力部位		无	
4	次要受力部位	纵向长度介于构件长度的1/3~1/2,或高度介于截面尺寸的1/2~2/3	≤0.20	<20cm
	主要受力部位		≤0.10	
5	次要受力部位	纵向长度大于构件长度的1/2,或高度大于截面尺寸的2/3,裂缝基本贯穿	>0.20	开裂严重,裂缝与受力钢筋方向、间距重合
	主要受力部位		>0.10	

注:当结构所处环境条件影响系数大于等于1.1时,表观裂缝宽度限值减去0.05mm后取用。

5)圬工构件

圬工混凝土构件非结构受力裂缝按表4-14分级标准进行评定。圬工构件结构受力裂缝按表4-15分级标准进行评定。

圬工构件非结构受力裂缝分级评定标准　　表4-14

评定标度值	分级标准	
	裂缝最大宽度(mm)	裂缝形态与分布
1	≤0.30	少量短裂缝
2	≤0.40	出现短裂缝,开裂区域面积占其所在构件表面积的3%以下
3	≤0.50	出现较多的短裂缝,开裂区域面积占其所在构件表面积的6%以下
4	≤0.60	出现网状裂缝,开裂区域面积占其所在构件表面积的10%以下;或出现沿受力钢筋方向的裂缝
5	>0.60	出现网状裂缝,开裂区域面积占其所在构件表面积的10%以上;或出现沿受力钢筋方向的裂缝,缝口有锈迹

注:当结构所处环境条件影响系数大于等于1.1时,表观裂缝宽度限值减去0.05mm后取用。

圬工构件结构受力裂缝分级评定标准　　表 4-15

评定标度值	分级标准		
	裂缝最大宽度(mm)	裂缝类型	裂缝形态与分布
1	≤0.25	拱圈径向	少量短细裂缝
	≤0.40	拱圈环向	少量短细裂缝
2	≤0.30	拱圈径向	出现短细裂缝,开裂区域面积占其所在构件表面积的3%以下
	≤0.50	拱圈环向	出现短细裂缝,开裂区域面积占其所在构件表面积的2%以下
3	≤0.35	拱圈径向	出现较多的短细裂缝,开裂区域面积占其所在构件表面积的6%以下
	≤0.60	拱圈环向	出现较多的短细裂缝,开裂区域面积占其所在构件表面积的4%以下
4	≤0.40	拱圈径向	出现网状裂缝,开裂区域面积占其所在构件表面积的10%以下;或出现沿受力钢筋方向的裂缝
	≤0.70	拱圈环向	出现网状裂缝,开裂区域面积占其所在构件表面积的7%以下;或出现沿受力钢筋方向的裂缝
5	>0.40	拱圈径向	出现网状裂缝,开裂区域面积占其所在构件表面积的10%以上;或出现沿受力钢筋方向的裂缝,缝口有锈迹
	>0.70	拱圈环向	出现网状裂缝,开裂区域面积占其所在构件表面积的7%以上;或出现沿受力钢筋方向的裂缝,缝口有锈迹

注:当结构所处环境条件影响系数大于等于1.1时,表观裂缝宽度限值减去0.05mm后取用。

4.5　桥梁的几何形态参数检测

通过对桥梁结构几何形态的检测,可反演出结构的内力变化情况,并为分析结构形态变化的原因提供可靠依据。因此桥梁结构线形是评定桥梁安全状况的重要的参量之一。

4.5.1　几何形态参数检测要点

根据桥梁的变形特征,将桥梁变形检测分为三部分:

(1)桥梁墩台基础检测。墩台在地基环境和水流冲刷的影响下会发生沉降变形及水平位移和转角,以沉降检测为主。

①桥梁墩台与基础的竖向沉降、水平变位和转角。

②相邻墩台与基础的沉降差。

③墩台与基础的不均匀沉陷、滑移、倾斜和冻拔等。

(2)桥梁主体结构检测。桥梁主体结构检测包括桥面竖向位移检测,桥面纵、横向水平位移检测,伸缩量检测;主梁或主拱圈变形检测;桥墩墩身及斜拉桥、悬索桥索塔的变位检测、整体倾斜检测等。

(3)为完成上述检测,需建立相应的基础控制网,保证桥梁变形检测的精度。

4.5.2 几何形态参数检测内容

(1)对梁式结构,主要测定桥跨结构纵向线形和墩(台)顶的水平变位;对拱结构,主要测定拱轴线、桥面结构纵向线形和墩(台)顶的水平变位;对索塔结构主要测定塔顶水平变位、桥面结构纵向线形和主缆线形。

(2)桥梁结构的桥面纵向几何线形,宜沿纵桥向特征截面布设测量断面,横桥向对测量断面的轴线、车行道左和右侧边缘线按二等工程水准测量要求进行闭合水准测量。

(3)墩(台)顶的水平变位或塔顶水平位移,可采用悬挂垂球的方法进行量测或采用极坐标法进行平面坐标测量。

(4)拱轴线和主缆线形,宜在拱背和拱腹、主缆顶面布设测点,采用极坐标法进行平面坐标和三角高程测量。

(5)桥梁结构几何形态参数的实测数据可用于确定桥梁结构持久荷载状态的变化或推求判定结构基础变位情况。对超静定结构,宜依据实测的结构几何参数,用结构模拟计算分析确定当前桥梁结构在持久荷载下的内力和变位状况。

(6)实测的拱轴线若在拱顶发生下沉,其主要原因是拱脚发生水平位移,则可依据下述公式计算拱脚的相对水平位移:

$$\Delta = \frac{\delta_{\frac{l}{4}}}{\eta_{\frac{l}{4}}} + \frac{\delta_{\frac{l}{2}}}{\eta_{\frac{l}{2}}} \tag{4-31}$$

式中:$\eta_{\frac{l}{4}}$、$\eta_{\frac{l}{2}}$——分别为推力影响线在 $l/4$ 和 $l/2$ 截面的坐标值;

$\delta_{\frac{l}{4}}$、$\delta_{\frac{l}{2}}$——分别为实测拱轴线在 $l/4$ 和 $l/2$ 截面的挠度值。

4.5.3 大跨径桥梁几何形态检测方法

与其他工程建筑物相比,桥梁构造较复杂且微小的变形可能造成较大的应力变化,因此对桥梁检测精度要求较高。桥梁几何形态的检测方法有多种,常规光学测量法和物理传感器法是获取变形数据的主要手段,因其具有简单、易行、成本低等优点,较适合桥梁养护化检测。

(1)单孔跨径不小于60m的桥梁,应设立永久观测点,定期进行控制检测。桥梁检测项目与永久观测点布置要求见表4-16。单孔跨径小于60m的桥梁,检测中若发现结构存在异常变形,应进行相应的控制检测。

特殊结构桥梁,宜根据养护、管理的需要,增加相应的控制检测项目。

桥梁检测项目与永久观测点　　表4-16

检测项目		永久观测点
1	桥面高程	每孔不宜少于10个点,沿行车道两边(靠缘石处)布设,跨中、L/4、支点等控制截面必须布设
2	墩、台身、锚碇变位	布置于墩、台身底部(距地面或常水位0.5~2m)、桥台侧墙尾部顶面和锚碇的上、下游两侧各1~2点
3	墩、台身、索塔倾斜度	墩、台身底部(距地面或常水位0.5~2m)的上、下游两侧各1~2点
4	索塔变位	每个索塔不宜少于2个点,索塔顶面、塔梁交接处各1~2点
5	主缆线形	每孔不宜少于10个点,沿索夹位置布设,主缆最低点和最高点必须布设
6	拱轴线	每孔不宜少于18个点,沿拱圈上、下游两侧拱肋中心处在拱顶、L/8、L/4、3L/8、拱脚等控制截面布设
7	拱座变位	不宜少于2个点,布设于拱座上、下游两侧
8	悬索桥索夹滑移	桥塔侧第一对吊杆索夹处各设1点
9	索鞍与主塔相对变位	索鞍处各设1点

(2)桥梁永久观测点的设置应牢固可靠。当测点与国家大地测量网联络有困难时,应建立相对独立的基准测量系统。永久观测点有变动时,应及时检测、校准及换算,保持数据的有效和连续。

(3)设置永久观测点后,应绘制永久观测点平面布置图,并在图中明确基准点位置。

(4)桥梁主体结构维修、加固改造前后,应进行控制检测,保持观测资料的连续性。

(5)应设而没有设置永久观测点的桥梁,应在定期检查时按规定补设。测点的布设和首次检测的时间及检测数据等,应按要求归档。

(6)特大桥、大桥、中桥的墩台旁,必要时可设置水尺或标志,以观测水位和冲刷情况。

4.6　桥梁结构固有模态参数的测定

桥梁结构固有模态参数的测定主要是获取桥梁结构各部件的自振频率、阻尼和振型。桥梁固有模态参数能反映桥梁结构的整体性能和技术状况。

仅通过频率的改变来识别损伤,一般在结构损伤较小时效果不明显,但是在损伤较大时,此方法是可行的。

频率法识别的优点在于测试简单,分析方法成熟,精度高。如果测试的时间足够长,其分析精度可以达到万分之一甚至更高,可以将损伤带来的频率变化反映出来。频率法只需要测试一个或少数几个点就可以很方便地得到所需的数据。

根据实测的桥梁结构各部件自振频率 f_{mi} 与设计理论计算值 f_{di} 比值可对桥梁结构各部件的整体性能和技术状况做出评定,其评定标度见表4-17。

自振频率评定标准　　表4-17

桥梁部件	桥梁上部结构		桥梁下部结构	
评定标度	f_{mi}/f_{di}	技术状况	f_{mi}/f_{di}	技术状况
1	≥1.1	良好状态	≥1.2	良好状态
2	[1.0,1.1)	较好状态	[1.0,1.2)	较好状态
3	[0.9,1.0)	较差状态	[0.95,1.0)	较差状态
4	[0.75,0.90)	坏的状态	[0.80,0.95)	坏的状态
5	<0.75	危险状态	<0.80	危险状态

注:对缺少资料的中小跨径钢筋混凝土或预应力混凝土桥梁,可按下式计算上部结构一阶竖弯自振频率 $f_d = 90.6L^{-0.923}$(标准差:$\sigma_f = \pm 0.61\text{Hz}$),式中,$L$ 为上部结构的计算跨径。

4.7 拉、吊索索力检测评定

索结构桥梁的索力直接反映结构持久状态下的内力状态,是评价具有拉、吊索体系桥梁安全性和承载能力的主要参数。

索结构的索力可以通过振动频率测量方法进行测量,或通过在索股锚下预先安装测力传感器进行直接测量。

振动频率法测量索力的原理是:在一定条件下索股拉力与索的振动频率存在对应关系,在已知索的长度与分布质量时,可通过索股的振动频率计算索的拉力。该法要求索两端的约束条件比较明确,否则要通过现场试验确定换算索长。

4.7.1 测量系统及技术要求

测量系统由传感器、放大器、信号采集与分析装置组成,配置时要注意以下几点:

(1)传感器、放大器系统要有足够的灵敏度,以便测量索在自然环境下随机振动的微弱信号。

(2)测量系统要满足不同索长自振频率对仪器频率响应特性的要求,一般需要有0.3~100Hz的带宽。

(3)信号采集与分析装置应有频率分析功能,以便获得索的前3~5阶自振频率。测量时应能同时监测记录信号的质量。

4.7.2 测量与记录

(1)索的自振频率测量,可采用随机环境振动的测量方法,测量索在风等环境激励下的振动信号。若由于测试系统灵敏度不够,可采用人工激振。

(2)测量时应临时解除索的阻尼器。

(3)将传感器用专门的夹具或绑带固定在索股上,测量索的水平横向振动。

(4)由信号采集装置记录索股环境随机振动或人工激振的振动信号,同时注意观察信号质量。

(5)用分析装置对信号进行频谱分析,获得索的前5～8阶自振频率。对信号进行分析时分析参数的选择按随机信号处理的规定,合理选择采样频率、频率分辨力和滤波器的截断频率等以减少信号处理误差。分析得到的自振频率值应具有不大于0.01Hz的分辨率。

4.7.3 索力的计算

(1)当拉、吊索的抗弯刚度可忽略,索两端约束条件为铰接时,则:

$$T = \frac{4\overline{W}L^2}{n^2 g} \cdot f_n^2 \tag{4-32}$$

(2)当考虑拉、吊索的抗弯刚度,索两端约束条件为铰接时,则:

$$T = \frac{4\overline{W}L^2}{n^2 g} \cdot f_n^2 - \frac{n^2 EI\pi^2}{L^2} \tag{4-33}$$

式中:T——索的拉力,N;

$\overline{W}$——索单位长质量,kg/m;

f_n——索的第n阶自振频率,Hz;

g——重力加速度,m/s^2;

L——索的计算长度,m;

n——振动阶数;

EI——索的抗弯刚度。

4.7.4 影响因素及结果的修正

1)影响测量准确性的因素

振动频率法测量索股张力,影响测量结果的主要因素有两点:①索两端约束条件以及索长的取值与理论假设的差异;②索抗弯刚度的影响。

2)减小误差的措施及结构的修正

(1)尽量采取低阶频率,并用前5阶频率计算结果的均值作为索力的实测值。

(2)将索按长度分成若干组,对不同长度组,选取1～2根索在其锚下或索股上安装传感器,通过振动频率法和传感器直接测量法进行对比测量修正。

(3)在试验索上设置一定标距的两个基准点,安装引伸仪,通过在一定荷载增量下测量的索伸长量,求得索受荷载后的索力增量,并与加载前后振动频率法测得的索力增量进行对比分析,确定索力修正系数。

采用振动频率测量方法测量索力时,系统配置应满足不同索长自振频率对仪器频率响应特性的要求,且宜量测索由于自然环境随机激振产生的横向振动响应信号,通过信号处理分析获得索的前5阶自振频率值,对两端铰接的索,索力T值为:

$$T = \frac{1}{5}\sum_{n=1}^{5} T_n \tag{4-34}$$

式中:T_n——对应于n阶自振频率的索的张力(索力),N,按式(4-33)计算。

4.7.5 索力评定

对索结构索力测量结果,可以从索力分布的匀质性及其与设计要求值的比较加以评定。对实测索力偏差率超过 ±10% 时应分析原因,检定其安全系数是否满足规范要求,并在结构检算中加以考虑。

索力偏差率 K_t 可按式(4-35)计算:

$$K_t = \frac{T - T_d}{T_d} \times 100\% \tag{4-35}$$

式中:T——实测索力值;

T_d——设计索力值。

4.8 承载能力检测评定计算

4.8.1 承载能力检测评定方法

承载能力适应性评定基于《公路桥梁承载力检测评定规程》(JTG/T J21—2011)的要求,评定方法为多系数修正的承载能力检评法。

对在用桥梁,应从结构或构件的强度、刚度、抗裂性和稳定性四个方面进行承载能力检测评定。在用桥梁承载能力评定包括持久状况下承载能力极限状态和正常使用极限状态。承载能力极限状态针对的是结构或构件的强度和稳定性,正常使用极限状态主要针对结构或构件的刚度和抗裂性。

1)圬工桥梁承载能力评定

圬工结构桥梁在计算承载能力极限状态的抗力效应时,应根据试验检测结果,采用引入检算系数 Z_1 或 Z_2、截面折减系数 ξ_c 的方法按式(4-36)进行修正计算:

$$\gamma_0 S \leqslant R(f_d, \xi_c \alpha_d) Z_1 \tag{4-36}$$

式中:γ_0——结构的重要性系数;

S——荷载效应函数;

$R(\cdot)$——抗力效应函数;

f_d——材料强度设计值;

ξ_c——截面折减系数;

α_d——结构的几何尺寸;

Z_1——基于桥梁检测结果的承载能力检算系数。

2)配筋混凝土桥梁承载能力评定

配筋混凝土桥梁在计算承载能力极限状态的抗力效应时,应根据试验检测结果,采用引入检算系数 Z_1 或 Z_2、承载能力恶化系数 ξ_e、截面折减系数 ξ_s 和 ξ_c 的方法按式(4-37)进行修正计算:

$$\gamma_0 S \leqslant R(f_d, \xi_c \alpha_{dc}, \xi_s \alpha_{ds}) Z_1 (1 - \xi_e) \tag{4-37}$$

式中：γ_0 ——结构的重要性系数；

S ——荷载效应函数；

$R(\cdot)$ ——抗力效应函数；

f_d ——材料强度设计值；

α_{dc} ——构件混凝土几何参数值；

α_{ds} ——构件钢筋几何参数值；

Z_1 ——承载能力检算系数；

ξ_e ——承载能力恶化系数；

ξ_c ——配筋混凝土结构的截面折减系数；

ξ_s ——钢筋的截面折减系数。

3）钢结构桥梁承载能力评定

钢结构桥梁在计算构件强度、整体稳定性和疲劳强度时，应按《公路钢结构桥梁设计规范》（JTG D64—2015）执行，其应力限制取值为 $Z_1[\sigma]$。

4）拉、吊索承载能力评定

对于斜拉桥、悬索桥和中、下承式拱桥，拉、吊索强度按式（4-38）计算评定：

$$\frac{T_i}{A} \leqslant Z_1[\sigma] \tag{4-38}$$

式中：T_i ——计入活载影响修正系数的计算索力，N；

A ——索的计算面积，mm^2；

Z_1 ——承载能力检算系数；

$[\sigma]$ ——容许应力限值，MPa。

4.8.2 承载能力检算系数 Z_1 的确定

承载能力检算系数是根据结构或构件的实际状况，对结构或构件的抗力进行折减或提高。检算系数 Z_1 对于圬工及配筋混凝土桥梁，应采用综合考虑桥梁结构或构件表观缺损状况、材质强度和桥梁结构自振频率等的检测评定结果加权评估的方法确定。

通过以上 3 个指标，结构或构件承载能力检算系数评定标度 D 按式（4-39）计算确定：

$$D = \sum \alpha_j D_j \tag{4-39}$$

式中：α_j——某项检测指标的权重值，$\sum_{j=1}^{3} \alpha_j = 1$，按表 4-18 取值；

D_j ——结构或构件某项检测指标的评定标度值。

承载能力检算系数的检测指标权重值 表 4-18

检测指标名称	缺损状况	混凝土强度	自振频率
权重 α_j	0.4	0.3	0.3

（1）对于砖石、混凝土及配筋混凝土结构，根据构件的受力特征和检算内容，将其分为受弯构件、轴心受压、轴心受拉、偏心受压、偏心受拉、受扭构件、局部承压七类构件。不同类型的构件对应各评定标度 D 的检算系数 Z_1 值见表 4-19。

特殊情况下可采用专家调查法进行确定。

圬工及配筋混凝土结构桥梁的承载能力检算系数 Z_1 值　　表4-19

承载能力检算系数评定标度 D	受弯构件	轴心受压	轴心受拉	偏心受压	偏心受拉	受扭构件	局部承压
1(良好)	1.15	1.20	1.05	1.15	1.15	1.10	1.15
2(较好)	1.10	1.15	1.00	1.10	1.10	1.05	1.10
3(较差)	1.00	1.05	0.95	1.00	1.00	0.95	1.00
4(差的)	0.90	0.95	0.85	0.90	0.90	0.85	0.90
5(危险)	0.80	0.85	0.75	0.80	0.80	0.75	0.80

注:1. 小偏心受压可参照轴心受压取用承载能力检算系数 Z_1 值。
2. 检算系数 Z_1 值可按技术状况评定值 D 线性内插。

(2)钢结构和拉、吊索结构桥梁的承载能力检算系数 Z_1。针对钢结构和拉、吊索结构的特征,对其病害特征归纳总结,将其分为五个等级。根据钢构件检测要点,如焊缝、锈蚀、连接件和防护等方面的情况,对每一等级的技术状态做出相应的特征描述,然后通过对其表观质量的检查,对其所属的等级做出判断。

构件缺陷调查的方法和数据的处理与配筋混凝土结构的检算系数基本一致,不同的是检算系数是以取值范围的形式给出。依据调查结果,钢结构和拉、吊索结构相应的检算系数 Z_1 值取值范围见表4-20和表4-21。

钢结构桥梁的承载能力检算系数 Z_1 系数值　　表4-20

缺损状况评定标度	性状描述	Z_1 值
1	焊缝完好,各节点铆钉、螺栓无松动;构件表面完好,无明显损伤,防护涂层略有老化、污垢	(0.95,1.05]
2	焊缝完好,少数节点有个别铆钉、螺栓松动变形;构件表面有少量锈迹,防护涂层油漆变色、起泡剥落,面积在10%以内	(0.90,0.95]
3	少数焊缝开裂,部分节点有铆钉、螺栓松动变形;构件表面完好,有少量锈迹,防护涂层油漆明显老化变色并伴有大量起泡剥落,面积在10%~20%以内。个别次要构件有异常变形,行车稍感振动或摇晃	(0.85,0.90]
4	焊缝开裂,并造成截面削弱。连接部位铆钉、螺栓松动变形,10%~30%已损坏;构件表面锈迹严重,截面损失在3%~10%以内,防护涂层油漆明显老化变色并普遍起泡剥落,面积在50%以上。个别主要构件有异常变形,行车有明显振动或摇晃并伴有异常声音	(0.80,0.85]
5	焊缝开裂严重,造成截面削弱在10%以上。连接部位30%以上铆钉、螺栓已损坏;构件表面锈迹严重,截面损失在10%以上,材质特性明显退化;防护涂层油漆完全失效。主要构件有异常变形,行车振动或摇晃显著并伴有不正常移动	≤0.80以下

拉、吊索承载能力检算系数 Z_1 值 表 4-21

缺损状况评定标度	桥梁状况	Z_1 值
1	表面防护完好，锚头无积水，锚下混凝土无裂缝	(1.00,1.10]
2	表面防护基本完好，有细微裂缝，锚头无锈蚀，锚固区无裂缝	(0.95,1.00]
3	表面防护有少量裂缝，伴有少量锈迹，锚头有轻微锈蚀，锚固区有细小裂缝	(0.90,0.95]
4	表面防护普遍开裂，并有部分脱落，锚头锈蚀，锚固区有明显的受力裂缝	(0.85,0.90]
5	表面防护普遍开裂，并有大量脱落，钢索裸露，钢索锈蚀严重，锚头积水锈蚀，锚固区有明显的受力裂缝，裂缝宽度大于 0.2mm	≤0.85

(3)对有荷载试验结果的桥梁，则需根据荷载试验结果(应变或变位校验系数 ζ)重新确定检算系数 Z_2，代替检算系数 Z_1，再进行结构强度和稳定性的检算。Z_2 取值详见表 4-22。

校验系数与检算系数 Z_2 取值 表 4-22

ζ	Z_2	ζ	Z_2
0.4 及以下	1.30	0.8	1.05
0.5	1.20	0.9	1.00
0.6	1.15	1.0	0.95
0.7	1.10		

注：1. 对主要挠度测点和主要应力测点和校验系数，两者中取较大值。
2. Z_2 值可按 ζ 值线性内插。

4.8.3 承载能力恶化系数 ξ_e 的确定

对配筋混凝土桥梁进行承载能力评定时，考虑一定时期内桥梁结构质量状况进一步衰退恶化产生的不利影响，为此在承载能力评定分析(主要是结构强度和稳定性验算)时引入承载能力恶化系数 ξ_e。引入承载能力恶化系数的基本目的是使结构在质量状况进一步衰退到某一阶段时，评价结果仍能够维持在一定的可靠性水平之上。

承载能力恶化系数主要考虑了非结构作用对桥梁的材质状况和使用功能的劣化作用。非结构性作用可以归结为七个方面：缺损状况、钢筋锈蚀电位、混凝土电阻率、混凝土碳化状况、混凝土保护层厚度、氯离子含量、混凝土强度。

配筋混凝土桥梁承载能力恶化系数 ξ_e 按下列规定计算确定。

(1)依据检测结果，按表 4-23 的规定确定构件恶化状况评定标度 E。

配筋混凝土结构或构件恶化状况评定标度　表4-23

序号	检测指标名称	权重 α_j	综合评定方法
1	缺损状况	0.32	恶化状况评定值 E 按下式计算： $E=\sum_{j=1}^{7}E_j\alpha_j$ 式中：E_j ——结构或构件某一检测评定指标的评定标度； α_j ——某一检测评定指标的影响权重，$\sum_{j=1}^{7}\alpha_j=1$
2	钢筋锈蚀电位	0.11	
3	混凝土电阻率	0.05	
4	混凝土碳化状况	0.20	
5	保护层厚度	0.12	
6	氯离子含量	0.15	
7	混凝土强度	0.05	

(2)桥梁结构或构件的功能与材质状况的退化与其所处的环境是密切相关的，在评价桥梁的病害及现状对承载能力的影响时，必须考虑其所处环境的影响。根据环境作用对桥梁结构或构件的侵蚀程度以及对相关病害的加速作用的不同，根据恶化状况评定标度 E 及桥梁所处的环境条件，按表4-24确定配筋混凝土桥梁的承载能力恶化系数 ξ_e。

配筋混凝土桥梁的承载能力恶化系数 ξ_e 值　表4-24

恶化状况评定值 E	环境条件			
	干燥 不冻 无侵蚀性介质	干、湿交替 不冻 无侵蚀性介质	干、湿交替 冻 无侵蚀性介质	干、湿交替 冻 有侵蚀性介质
1	0.00	0.02	0.05	0.06
2	0.02	0.04	0.07	0.08
3	0.05	0.07	0.10	0.12
4	0.10	0.12	0.14	0.18
5	0.15	0.17	0.20	0.25

注：恶化系数 ξ_e 按结构或构件恶化状况评定值线性内插。

4.8.4　截面折减系数 ξ_c 的确定

折减系数主要反映桥梁构件截面在使用过程中被削弱的程度。桥梁结构构件在桥梁的运营过程中会由于外力作用，材料腐蚀、风化等原因而受到截面损伤和材质强度损失或削弱，这些原则上都可以折合成截面的削弱。对砖石、混凝土及配筋混凝土构件而言，因外力作用而导致的构件外观缺损或开裂，以及砖石、混凝土的风化、粉化和钢筋的锈蚀等，是其有效截面折减的主要因素。

1)圬工、混凝土截面的折减系数 ξ_c

(1)截面折减系数评价指标影响因素

桥梁结构构件由于外力作用受到截面损伤，材质强度降低，截面折减系数则反映桥梁构件截面的削弱程度。通过对桥梁进行检测，用材料风化、混凝土碳化和物理与化学损伤三项指标来确定评定标度。

材料风化的评定标度见表4-25，依据测区混凝土碳化深度平均值与保护层厚度平均值的比值 K_c 确定混凝土碳化评定标度，评定标度见表4-26，物理与化学损伤的评定标度见表4-27。

圬工与配筋混凝土结构材料风化评定标度 表 4-25

评定标度	材料风化状况	性状描述
1	微风化	手搓构件表面无砂粒滚动摩擦感，手掌上粘有构件材料粉末，无砂粒。构件表面直观较光洁
2	弱风化	手搓构件表面有砂粒滚动摩擦感，手掌上附着物大多为构件粉末，砂粒较少。构件表面砂粒附着不明显
3	中度风化	手搓构件表面有较强的砂粒滚动摩擦感，手掌上附着物大多为砂粒，粉末较少。构件表面砂粒附着明显
4	较强风化	手搓构件表面有强烈的砂粒滚动摩擦感，手掌上附着物基本为砂粒，粉末很少。构件表面可以看见大量砂粒附着
5	严重风化	构件表面可见大量砂粒附着，且构件部分表层剥离或混凝土已露出集料

混凝土结构与配筋混凝土结构碳化深度评定标度 表 4-26

评定标度	1	2	3	4	5
K_c	<0.5	[0.5,1.0)	[1.0,1.5)	[1.5,2.0)	≥2.0

混凝土结构与配筋混凝土结构物理与化学损伤评定标度 表 4-27

评定标度	性状描述
1	构件表面较好，局部表面有轻微剥落
2	构件表面剥落面积在5%以内。损伤比较均匀，深度较浅，与截面损伤发生部位构件最小尺寸之比小于0.02
3	构件表面剥落面积在10%以内。剥落一般仅发生在表层，局部最大深度在1cm以内或损伤最大深度与截面损伤发生部位构件最小尺寸之比小于0.04
4	构件表面剥落面积在15%以内。剥落深度较大，局部最大深度在2cm以内或损伤最大深度与截面损伤发生部位构件最小尺寸之比小于0.04
5	构件表面剥落面积在20%以内。局部混凝土保护层剥落，最大深度在2cm以上或损伤最大深度与截面损伤发生部位构件最小尺寸之比小于0.10

（2）截面损伤综合评定方法

构件截面损伤依据材料风化、混凝土碳化和物理与化学损伤三项检测指标的评定标度，按式（4-40）采用加权平均的方法确定结构或构件截面损伤综合评定标度 R。

$$R = \sum_{j=1}^{N} R_j \alpha_j \tag{4-40}$$

式中：R_j ——某项检测指标的评定标度值；

α_j ——某项检测指标的权重值，$\sum_{j=1}^{N} \alpha_j = 1$，按表 4-28 确定；

N ——对砖、石结构，$N = 2$；对混凝土及配筋混凝土结构，$N = 3$。

材料风化、碳化及物理与化学损伤权重值　　表4-28

结构类型	检测指标名称	权重值 α_j
砖、石结构	材料风化	0.2
	物理与化学损伤	0.8
混凝土及配筋混凝土结构	材料风化	0.10
	碳化	0.35
	物理与化学损伤	0.55

(3)截面折减系数的确定

截面损失难以定量判断,所以可以根据截面损伤综合评定值的大小给出各个状态等级区间的截面折减系数的范围,截面折减系数的专家调查结果见表4-29。

圬工与配筋混凝土桥梁的截面折减系数 ξ_c 值　　表4-29

截面损伤综合评定值	截面折减系数 ξ_c	截面损伤综合评定值	截面折减系数 ξ_c
$1 \leqslant R < 2$	(0.98,1.00]	$3 \leqslant R < 4$	(0.85,0.93]
$2 \leqslant R < 3$	(0.93,0.98]	$4 \leqslant R < 5$	≤0.85

2)钢筋截面的折减系数 ξ_s

钢筋锈蚀对结构的危害是很大的,通常钢筋锈蚀都伴有体积膨胀,使混凝土沿钢筋出现爆裂,造成钢筋与混凝土之间的黏结力破坏,钢筋截面减少,结构构件承载力降低,变形和裂缝增大等一系列不良后果。随着时间的推移,锈蚀会逐渐恶化,最终可导致钢筋混凝土梁的破坏。

钢筋的截面折减系数主要是考虑钢筋锈蚀造成的截面损失,因此要对桥梁钢筋锈蚀状态做出整体评价应通过锈蚀的总体特征,如锈蚀裂缝、保护层胀鼓等情况来判断钢筋锈蚀活化程度以及定性地判断钢筋的锈蚀程度。

配筋混凝土结构中,发生腐蚀的钢筋截面折减系数 ξ_s 按表4-30确定。

配筋混凝土钢筋截面折减系数 ξ_s 值　　表4-30

评定标度	性状描述	截面折减系数 ξ_s
1	沿钢筋出现裂缝,宽度小于限值	(0.98,1.00]
2	沿钢筋出现裂缝,宽度大于限值,或钢筋锈蚀引起混凝土发生层离	(0.95,0.98]
3	钢筋锈蚀引起混凝土剥落,钢筋外露,表面有膨胀薄锈层或坑蚀	(0.90,0.95]
4	钢筋锈蚀引起混凝土剥落,钢筋外露、表面膨胀性锈层显著,钢筋断面损失在10%以内	(0.8,0.90]
5	钢筋锈蚀引起混凝土剥落,钢筋外露、出现锈蚀剥落,钢筋断面损失在10%以上	≤0.8

4.8.5 活载影响修正系数 ξ_q 的确定

活载影响系数考虑了实际桥梁所承受的汽车荷载与标准汽车荷载之间的差异,在桥梁的运营过程中，特别是在一些有特殊意义的路线上的桥梁，如在矿区以及港口地区，经常有一些大吨位的车辆通过，而且超载现象也较严重。因此，在评定桥梁承载能力时，有必要对其荷载特征进行分析，找出与标准荷载的差异，研究这种差异对桥梁承载能力的影响。汽车荷载分布的特征主要表现在三个方面：交通量、大吨位车辆混入率、轴载分布情况。

通过调查便能表征出实际汽车荷载与设计荷载分布模式之间的差别。荷载分布模式的变化导致出现相同等级荷载的发生概率有所改变。

1）交通量调查

实际调查的典型代表交通量 Q_m 与设计交通量 Q_d 之比对应于交通量的活载影响修正系数 ξ_{q1} 值，见表 4-31。

对应于交通量的活载影响修正系数 ξ_{q1} 表 4-31

Q_m/Q_d	活载影响修正系数 ξ_{q1}	Q_m/Q_d	活载影响修正系数 ξ_{q1}
$1 < Q_m/Q_d \leq 1.3$	[1.00,105)	$1.7 < Q_m/Q_d \leq 2.0$	[1.10,1.20)
$1.3 < Q_m/Q_d \leq 1.7$	[1.05,1.10)	$2.0 < Q_m/Q_d$	[1.20,1.35]

2）车重调查

实际调查的质量超过汽车设计荷载主车的大吨位车辆的交通量与设计交通量之比，即大吨位车辆混入率 α，对应于大吨位车辆混入率的活载影响修正系数 ξ_{q2} 值按表 4-32 取用。

大吨位车辆混入影响修正系数 ξ_{q2} 表 4-32

α	活载影响修正系数 ξ_{q2}	α	活载影响修正系数 ξ_{q2}
$\alpha < 0.3$	[1.00,1.05)	$0.5 \leq \alpha < 0.8$	[1.10,1.20)
$0.3 \leq \alpha < 0.5$	[1.05,1.10)	$0.8 \leq \alpha < 1.0$	[1.20,1.35]

注：修正系数 ξ_{q2} 可按 α 值线性内插。

3）轴荷分布

根据实际调查的轴荷分布，确定后轴重超过 14t 所占的百分数 β，对应于轴荷分布的活载影响修正系数 ξ_{q3} 值按表 4-33 取用。

轴荷分布的影响修正系数 ξ_{q3} 表 4-33

β	活载影响修正系数 ξ_{q3}	β	活载影响修正系数 ξ_{q3}
$\beta < 5\%$	1.00	$15\% \leq \beta < 30\%$	1.30
$5\% \leq \beta < 15\%$	1.15	$\beta \geq 30\%$	1.40

4）活载影响修正系数的确定

依据实际调查的典型代表交通量、大吨位车辆混入率和轴荷分布情况，按式(4-41)确定活载影响修正系数 ξ_q 的值：

$$\xi_q = \sqrt[3]{\xi_{q1}\xi_{q2}\xi_{q3}} \tag{4-41}$$

式中：ξ_{q1} ——典型代表交通量影响修正系数；

ξ_{q2} ——大吨位车辆混入影响修正系数；

ξ_{q3} ——轴荷分布的影响修正系数。

4.9 桥梁承载能力检测评定工程实例

4.9.1 工程概况

某渭河大桥于1988年12月建成通车,桥梁全长1745.38m。

1)主要设计标准

(1)公路等级:二级公路。

(2)设计荷载等级:汽—20级,挂—100。

(3)桥面净空为0.5m(护栏)+9.0m(行车道)+0.5m(护栏)。

(4)桥面设双向纵坡0.3%,竖曲线几何指标为$R=290000$m,$T=870$m,$E=1.305$m。桥面设双向横坡1.5%。

2)桥梁结构

原桥上部采用87孔20m装配式钢筋混凝土宽翼缘简支T梁。每跨横向布置5片梁,梁中心间距为200cm,梁高150cm。原桥跨中及端部共设置3道横隔板。混凝土标号为25号。桥面连续采用5~6孔一联,桥面铺装为钢筋混凝土。下部为双柱式墩,钻孔灌注桩基础,混凝土标号为20号。

4.9.2 承载能力检测内容与评定

依据《公路桥梁承载能力检测评定规程》(JTH/T J21—2011)的相关规定,对于多跨或多孔桥梁,应根据桥梁技术状况检查评定情况,选择具有代表性的或最不利的桥跨进行承载能力检算、检测评定。

桥梁主要承重构件混凝土氯离子含量和钢筋锈蚀电位均可用以评价钢筋锈蚀可能性,本次仅实施混凝土氯离子含量的检测,钢筋锈蚀可目测。

以下就T梁桥混凝土结构的强度、钢筋保护层厚度、碳化深度、混凝土氯离子含量的检测结果予以简述。

1)混凝土强度检测

本次T梁桥部分的梁肋、横隔板、墩柱等混凝土的强度采用回弹法进行检测。其中,T梁的检测部位为跨中区段梁肋腹板。

T梁桥结构混凝土构件回弹法检测结果见表4-34。

T梁桥混凝土强度回弹法检测结果 表4-34

检测部位	混凝土抗压强度换算值(MPa)			评定结果		
	最小值	平均值	强度推定值	K_{bt}	K_{bm}	标度值
T梁腹板	23.25	25.12	22.84	0.91	1.00	2
T梁原横隔板	24.16	26.97	23.05	0.92	1.08	2
T梁新增板	39.15	45.24	41.52	1.04	1.13	1
墩台柱	24.64	28.47	26.53	1.06	1.14	1

T 梁桥混凝土构件测区混凝土抗压强度换算值的平均值、强度推定值见表 4-34。依据设计及竣工文件，T 梁、原横隔板、墩柱混凝土设计强度按 25MPa 考虑、新增横隔板混凝土设计强度为 40MPa，则可以得出推定强度匀质系数和平均强度匀质系数。根据上述评定依据，得出混凝土强度的评定标度值。T 梁和原横隔板混凝土的强度不满足要求，其评定标度值为 2。新增横隔板、墩柱混凝土的强度满足要求，其评定标度值为 1。

2）混凝土桥梁氯离子含量检测评定

在抽检的 12 处混凝土表面及遭受渗水侵蚀的部位，均未发现氯离子含量较高和氯离子有向混凝土内部扩展的现象，反映了混凝土中氯离子含量很低。

混凝土中氯离子含量很低，不具有诱发钢筋锈蚀的可能性，因此混凝土桥梁氯离子含量诱发钢筋锈蚀的评定标度值应为 1。

3）碳化深度检测

碳化深度采用凿槽、钻孔法，利用酒精酚酞溶液的显色原理，采用游标卡尺量测混凝土的碳化深度。

检测部位碳化深度及保护层厚度的检测结果见表 4-35。

混凝土碳化深度检测结果 表 4-35

检测部位	碳化深度（mm）				评定结果	
	最小值	最大值	测点数 n	平均值	碳化层深度/保护层厚度	标度值
边 T 梁外侧腹板及底面	16	45	12	27	>1	4
边 T 梁外侧腹板及底面有渗水侵蚀部位	22	55	8	31	>1	4
边 T 梁内侧腹板	10	37	8	18	<1	2
边 T 梁腹板及底面	9	36	11	17	<1	2
盖梁无渗水侵蚀部位	3	13	8	9	<1 *	1
盖梁渗水侵蚀部位	8	25	8	18	<1	2

T 梁混凝土的碳化深度检测结果显示，边 T 梁外侧腹板及底面、渗水侵蚀部位，其混凝土的碳化深度均有大于保护层厚度者，特别是有渗水侵蚀叠加的部位，混凝土碳化深度较大。依据《公路桥梁承载能力检测评定规程》（JTG/T J21—2011）的表 5.7.3 的评定标准，边 T 梁标度值分别为 4。

边 T 梁混凝土的碳化深度多小于钢筋保护层厚度。依据《公路桥梁承载能力检测评定规程》（JTG/T J21—2011）的表 5.7.3 的评定标准，边 T 梁标度值分别为 2。

盖梁的碳化深度较小，但是有渗水侵蚀叠加处，碳化深度较大。依据《公路桥梁承载能力检测评定规程》（JTG/T J21—2011）的表 5.7.3 的评定标准，盖梁的标度值分别为 2。

上述结果显示，混凝土因渗水侵蚀、开裂剥落导致碳化深度超过钢筋保护层厚度，是边 T 梁碳化深度增大的主要原因之一；但是局部钢筋保护层厚度偏小、混凝土密实性差，也是 T 梁混凝土碳化深度超标的原因。

4)混凝土桥梁钢筋分布状况检测评定

混凝土桥梁钢筋分布状况检测包括钢筋位置和混凝土保护层厚度测量,对缺失资料的桥梁还应包括钢筋直径估测。混凝土桥梁钢筋分布状况检测的范围为:

(1)主要承重构件或承重构件的主要受力部位。

(2)钢筋可能锈蚀活化的部位。

(3)发生钢筋锈蚀胀裂的部位。

测量部位实测保护层厚度的检测结果见表4-36,包括平均值、标准差和特征值。其中,T梁底面测区为跨中部位。

混凝土保护层厚度检测结果 表4-36

检测部位	检测钢筋	检测结果,厚度(mm)				评定结果	
		平均值	标准差	测点数 n	特征值	D_{ne}/D_{nd}	标度值
T梁底面	纵向钢筋	42.5	2.45	27	38.59	0.96	1
T梁底面	箍筋	19.4	4.16	32	12.76	0.64	4
T梁腹板	纵向钢筋	42.3	3.14	29	37.29	0.93	2
T梁腹板	竖向箍筋	21.8	2.75	36	17.41	0.87	2

T梁跨中底面预应力钢筋、腹板纵向钢筋、腹板竖向箍筋的保护层厚度设计值分别按40mm、40mm和20mm考虑。依据《公路桥梁承载能力检测评定规程》(JTG/T J21—2011)的表5.8.6的评判标准,T梁底面纵向钢筋的保护层厚度满足要求,对结构的影响不显著,标度值为1;腹板纵向钢筋和箍筋的保护层厚度局部偏小,对结构钢筋耐久性有轻度影响,标度值为2;底板箍筋的保护层厚度严重不足,标度值为4。

4.9.3 原桥跨中弯矩横向分布系数计算

1)原始桥梁横断面几何参数

该桥横断面由5片T梁组成,T梁梁高150cm,梁肋中心距为200cm,翼缘板全宽198cm,翼缘板端部厚度为8cm,根部厚度为16cm,梁肋厚度为20cm。5片梁截面均相同,沿桥跨为等截面形式。原桥在跨中及两端支承处共设置3道横隔板,横隔板高125cm,厚15cm。

2004年对该桥进行维修、加固,设计分别在跨中、$L/4$及$3L/4$处设置一道横隔板进行横向联系的加强。设计横隔板高60cm,厚20cm,下缘距梁底25cm。现场调查仅增设了$L/4$及$3L/4$处的横隔板,未增设加跨中横隔板。采用40号混凝土重做桥面铺装,铺装厚度由桥梁中心线处的14.75cm到防撞护栏内侧的8cm,桥面横坡为1.5%,防撞护栏为2004年加固时新做结构(图4-23)。

T梁为普通钢筋混凝土结构,主梁混凝土采用符合《公路钢筋混凝土及预应力混凝土桥涵设计规范》(JTJ 023—1985)的25号混凝土,弹性模量$E = 2.7\times10^4$MPa,抗压强度设计值$f_{cd} = 10.58$MPa。

2)按刚性横梁法计算各梁的横向分布系数

由于该桥于2004年进行过加固,新增加2道横隔板进行了横向联系的加强,现假定原始桥梁横向联系刚度较好,同时该桥符合$B/L\leqslant0.5$,即窄桥的特征,因此先按照刚性横梁法进行跨中荷载横向分布系数的计算。

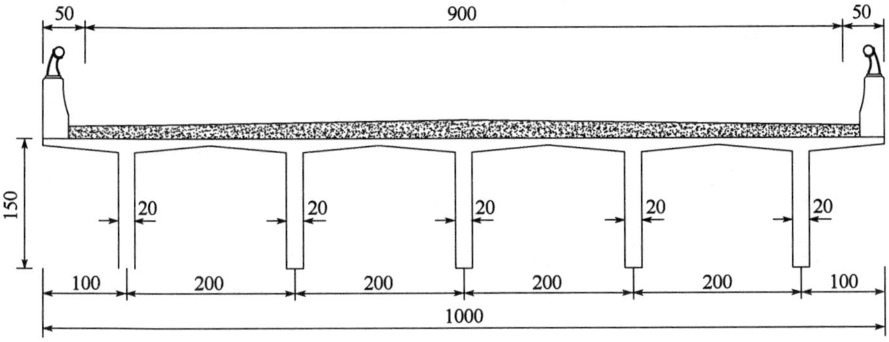

图 4-23 2004 年加固后标准横断面图(尺寸单位:cm)

由于各梁截面均为等截面,且 5 片梁截面完全相同。从左向右对其依次编号为 1 ~ 5 号,主梁中心距为 $b_1 = 200\text{cm}$,各片梁体中心到截面中心的距离如图 4-24 所示。

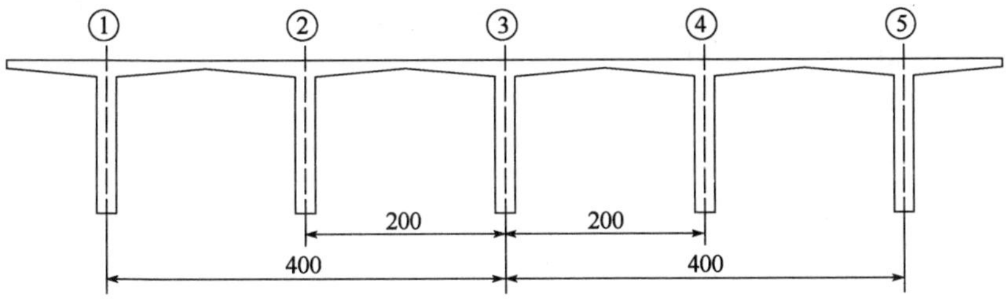

图 4-24 刚性横梁法计算模型桥梁横断面梁体编号图(尺寸单位:cm)

对于等截面,等刚度刚性横梁法反力公式为:

$$R_i = \frac{P}{n} + \frac{Pe}{\sum_{i=1}^{n} a_i^2} a_i$$

式中:$n = 5$,$\sum_{1}^{5} a_i^2 = 2 \times (2^2 + 1^2) \times {b_1}^2 = 10b_1$

所以 1 号边梁的荷载横向分布影响线如图 4-25 所示。

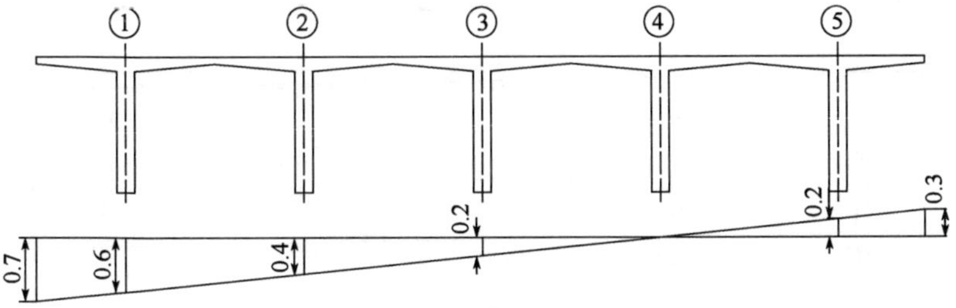

图 4-25 1 号梁荷载横向分布影响线

同理可得 $\eta_{21} = \eta_{12} = 0.4$,$\eta_{52} = \eta_{25} = 0$,得到 2 号梁荷载横向分布影响线,如图 4-26 所示。

同理可得 $\eta_{31} = \eta_{13} = 0.2$,$\eta_{35} = \eta_{53} = 0.2$,得到 3 号梁荷载横向分布影响线,如图 4-27所示。

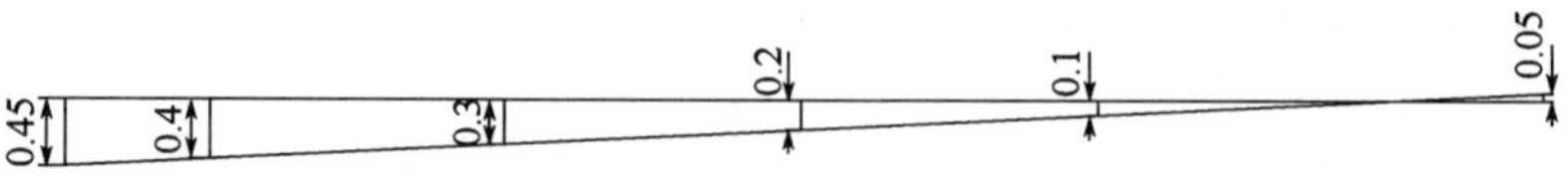

图 4-26　2 号梁荷载横向分布影响线

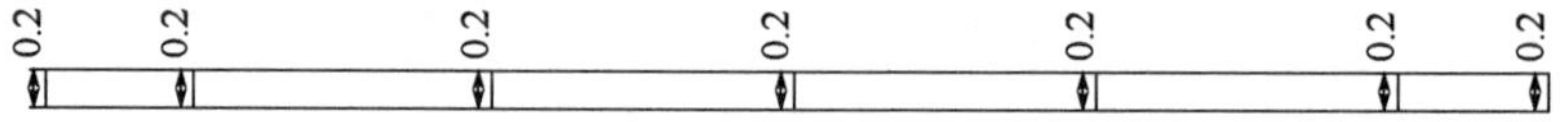

图 4-27　3 号梁荷载横向分布影响线

根据《公路桥涵设计通用规范》(JTG D60—2015)的规定,对各片梁进行横向荷载最不利效应加载,考虑两车道效应,车辆轴距 180cm,车辆横向间距 130cm,车辆与防撞护栏或人行道间距为 50cm。

对应的 1 号梁荷载横向最不利效应布置如图 4-28 所示。

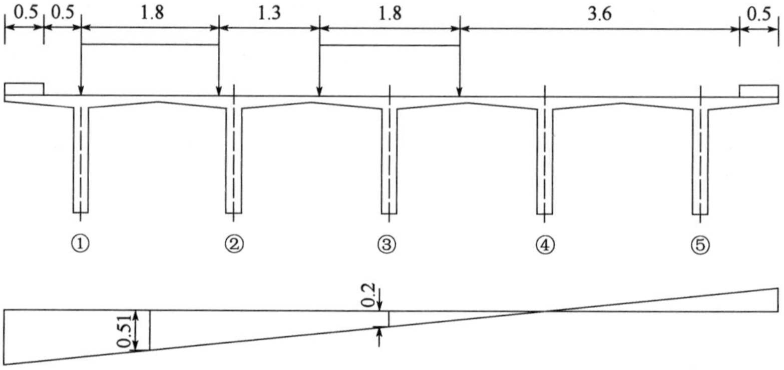

图 4-28　1 号梁荷载横向最不利效应加载示意图(尺寸单位:m)

按照《公路桥涵设计通用规范》(JTG D60—2015)的规定,使用公路—Ⅱ级荷载进行横向最不利荷载位置加载,可得到 1 号梁跨中荷载横向分布系数:

$$m_1 = 0.51 + 0.2 = 0.71$$

2 号梁跨中荷载横向最不利效应布置如图 4-29 所示。

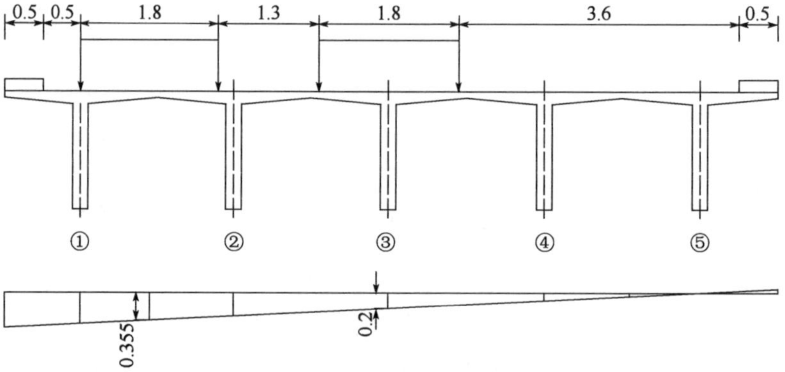

图 4-29　2 号梁荷载横向最不利效应加载示意图(尺寸单位:m)

可得到 2 号梁跨中荷载横向分布系数为:

$$m_2 = 0.355 + 0.2 = 0.555$$

对应的3号梁跨中荷载横向最不利效应布置如图4-30所示。

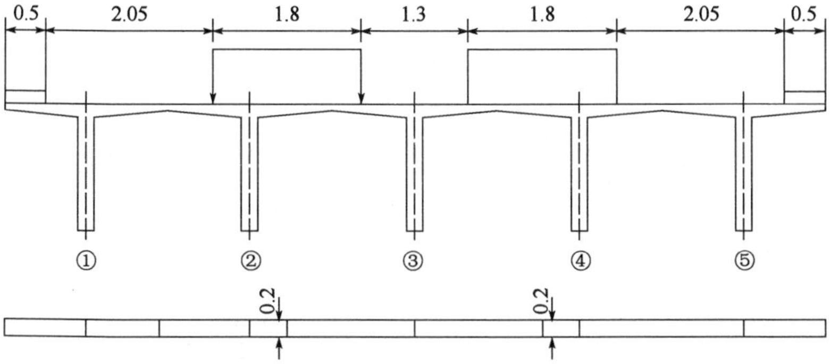

图4-30 3号梁荷载横向最不利效应加载示意图(尺寸单位:m)

可得到3号梁跨中荷载横向分布系数为:

$$m_3 = 0.2 + 0.2 = 0.4$$

采用刚性横梁法计算得到的3片梁跨中截面的荷载横向分布系数见表4-37。

中梁跨中横向分布系数 表4-37

梁号	1号	2号	3号
横向分布系数 m	0.71	0.55	0.40

3)按铰接梁法计算跨中荷载横向分布系数

铰接梁法计算跨中荷载横向分布系数的基本原理是:各梁横向铰接,铰缝仅传递剪力,不传递弯矩。主要计算参数为:车道数=2,主梁计算跨径 $L_0 = 19.5\text{m}$,翼缘板厚度 $H_1 = 0.12\text{m}$(平均厚度);主梁纵向抗弯惯性矩 $I = 0.11597053\text{m}^4$,主梁横向抗扭惯性矩 $I_T = 0.06903999\text{m}^4$。

计算的各梁荷载横向分布影响线见表4-38。

横向分布影响线坐标 表4-38

主梁编号	Z_1	Z_2	Z_3	Z_4	Z_5
1号梁	0.4269	0.281	0.1491	0.0846	0.0583
2号梁	0.281	0.295	0.2165	0.1228	0.0846
3号梁	0.1491	0.2165	0.2687	0.2165	0.1491

按照《公路桥涵设计通用规范》(JTG D60—2015)中使用,公路—Ⅱ级荷载进行横向最不利荷载位置加载,考虑两车道效应,车辆轴距180cm,车辆横向间距130cm,车辆与防撞护栏或人行道间距为50cm,计算得到1~3号梁荷载横向分布系数计算结果,见表4-39。

1~3号梁荷载横向分布系数 表4-39

主梁编号	1号	2号	3号
$m_{汽\_max}$	0.52557	0.50042	0.45308
车辆位置距离最左侧距离(m)	1	1	2.55
车辆列数	2	2	2

采用铰接板梁法计算横向分布系数,边梁的分布系数小于按刚性横梁法计算的分布系数。

4)采用 Midas civil 空间杆系模型计算荷载横向分布系数

按照实际尺寸建立一跨桥梁的模型(图 4-31)。为了使荷载产生的影响面更加平滑,横向联系较密,5 片主梁单元长度按照 1m 进行划分,并根据《某渭河大桥加固方案设计图》(西安公路研究院,2003.8)相关图纸在对应位置设置横隔板,保证横向联系与实际一致。模型边界条件为简支梁边界条件。

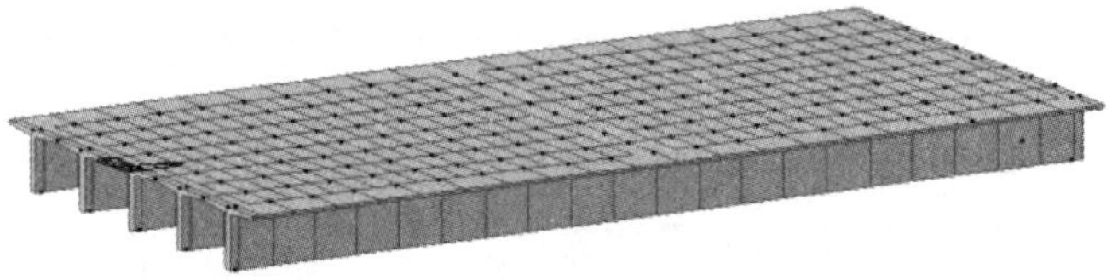

图 4-31　一跨桥梁 Midas 计算模型

计算思路:采用单位力分别在 1 ~ 3 号主梁跨中位置加载,并查看该荷载作用下 1 ~ 3 号主梁跨中的位移数值,绘制出横向影响线。再根据桥面宽度进行横向加载,求出对应主梁的荷载横向分布系数。

按照横梁铰接模式计算荷载横向分布系数,即采用释放横梁端部约束来模拟横梁铰接,其计算结果如图 4-32 ~ 图 4-37 所示。

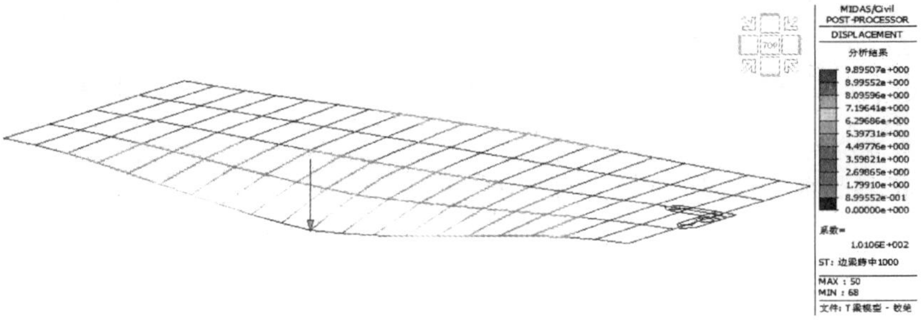

图 4-32　1 号主梁荷载横向分布影响面

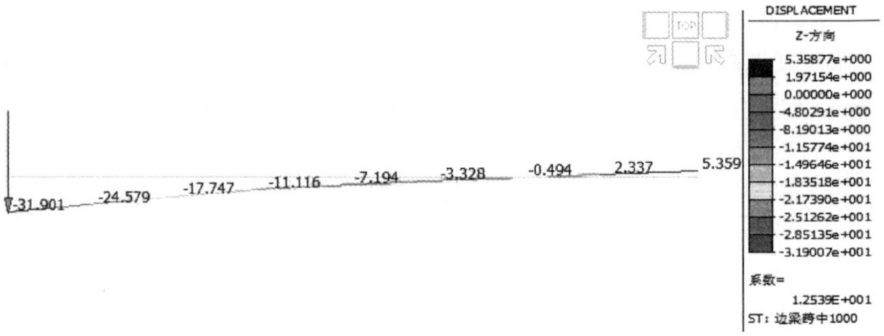

图 4-33　1 号主梁跨中荷载横向分布影响线

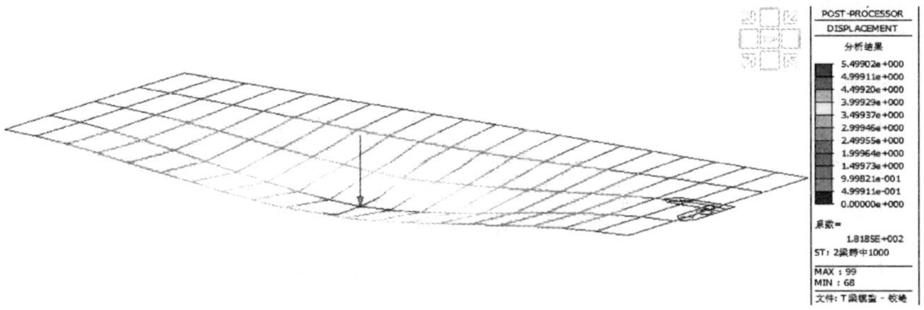

图 4-34　2 号主梁荷载横向分布影响面

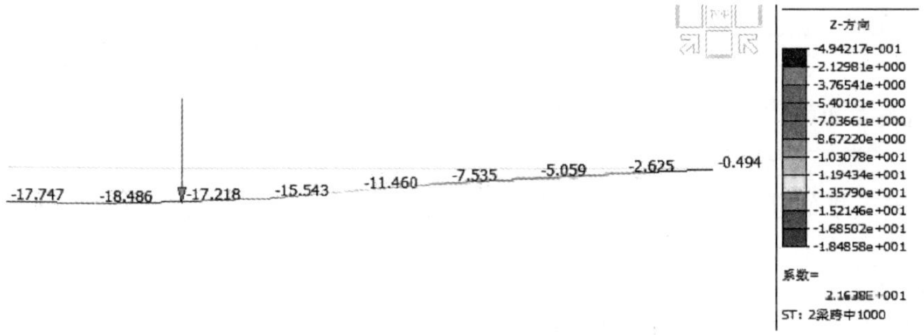

图 4-35　2 号主梁跨中荷载横向分布影响线

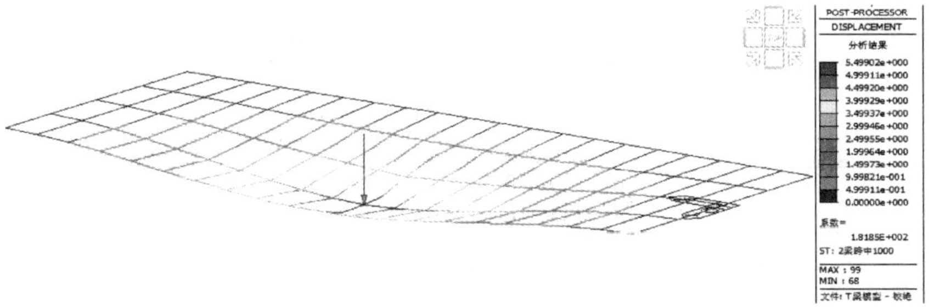

图 4-36　3 号主梁荷载横向分布影响面

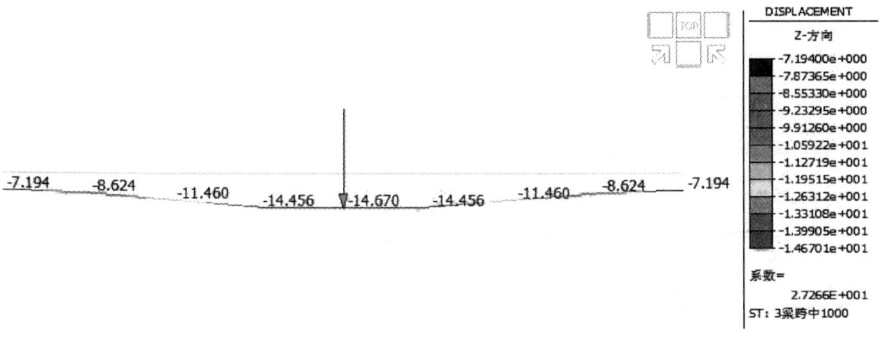

图 4-37　3 号主梁跨中荷载横向分布影响线

横梁铰接法计算所得跨中荷载横向分布影响线坐标值见表4-40。

横梁铰接法计算所得跨中荷载横向分布影响线坐标值　　表4-40

梁编号	1号		2号		3号	
梁位置	$f_{ij}\times1000$	η_{ij}	$f_{ij}\times1000$	η_{ij}	$f_{ij}\times1000$	η_{ij}
1号	31901	0.6138	17747	0.3414	7194	0.1384
2号	17747	0.3414	17218	0.3313	11460	0.2205
3号	7194	0.1384	11460	0.2205	14670	0.2822
4号	494	0.0095	5059	0.0973	11460	0.2205
5号	-5359	-0.1031	494	0.0095	7194	0.1384
合计	51977	1.0000	51978	1.0000	51978	1.0000

根据表4-40和图4-38～图4-43所示的1～3号梁跨中横向分布系数计算过程，得到：

1号梁在两车道荷载作用下跨中的横向分布系数为：

$$m=0.4912+0.1384=0.6296$$

2号梁在两车道荷载作用下跨中的横向分布系数为：

$$m=0.323+0.2205=0.5435$$

3号梁在两车道荷载作用下跨中的横向分布系数为：

$$m=0.2344+0.2344=0.4688$$

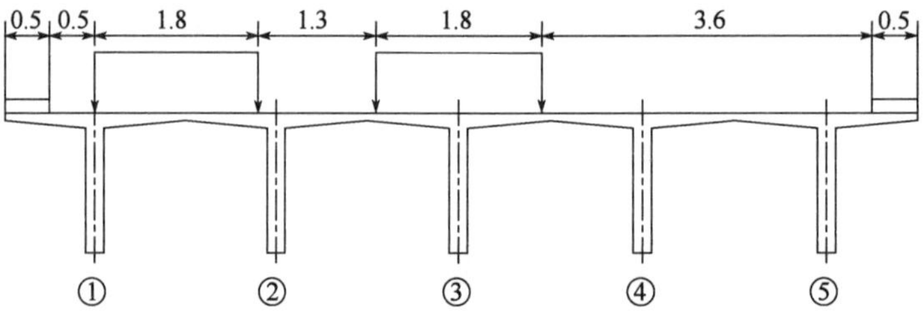

图4-38　1号主梁荷载横向分布最不利加载位置(尺寸单位:m)

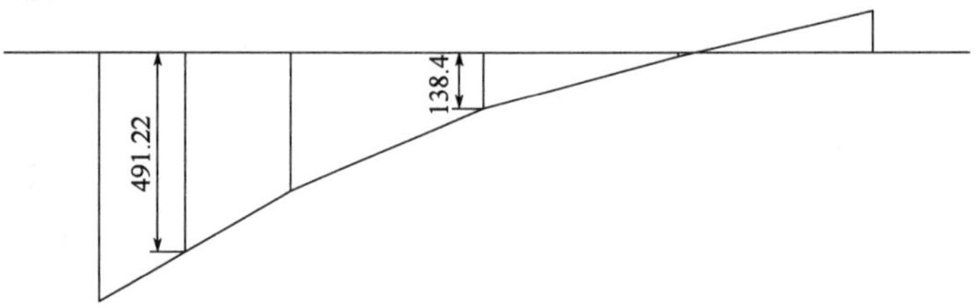

图4-39　1号主梁跨中横向分布影响线

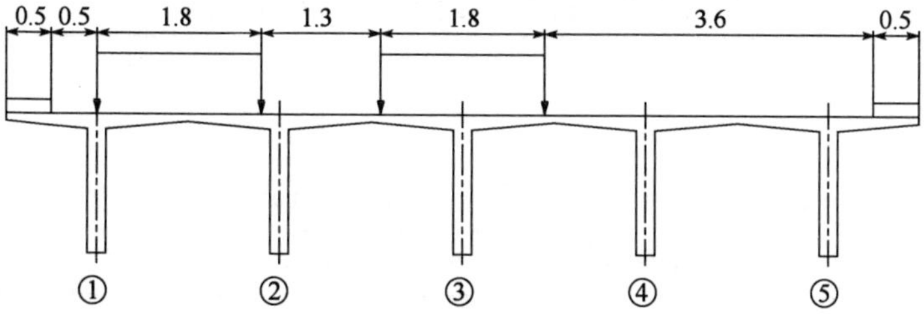

图4-40 2号主梁荷载横向分布最不利加载位置(尺寸单位:m)

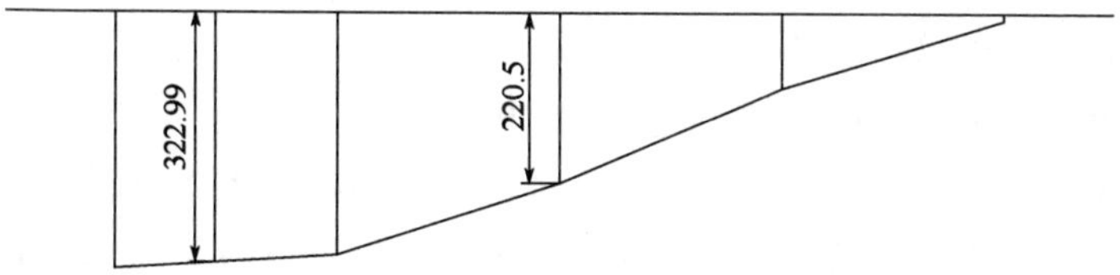

图4-41 2号主梁跨中横向分布影响线

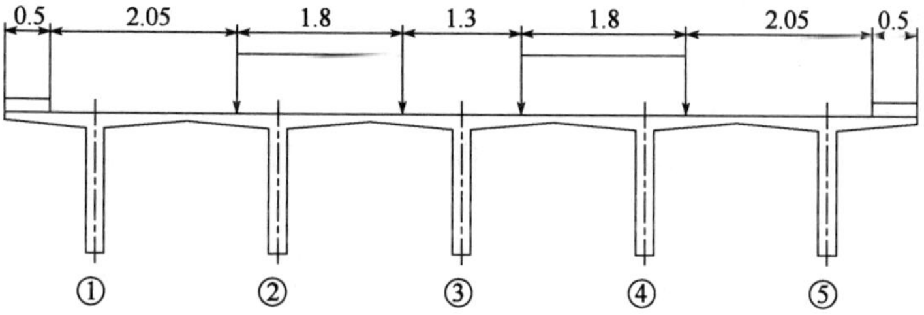

图4-42 3号主梁荷载横向分布最不利加载位置(尺寸单位:m)

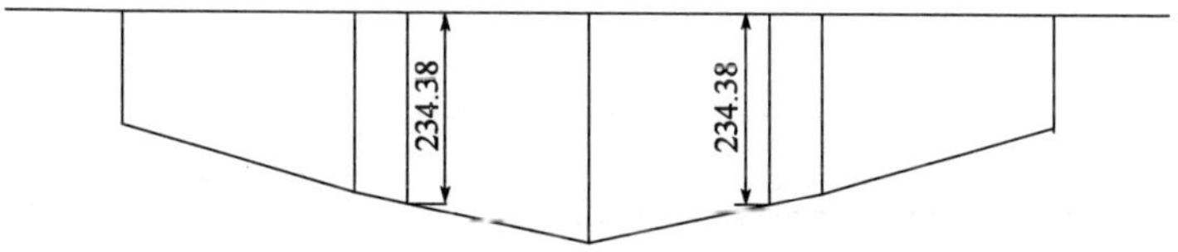

图4-43 3号主梁跨中横向分布影响线

综上所述,按照横梁铰接法计算的荷载横向分布见表4-41。

数值分析荷载横向分布系数计算结果 表4-41

梁号	1号	2号	3号
横向分布系数 m	0.6296	0.5435	0.4688

5)不同计算模型荷载横向分布系数比较

采用不同的计算模型得出的荷载横向分布系数不同(表4-42),各计算方法均假设桥梁处于完好状态,但对于本桥横向联系已不同程度产生破坏,根据现场调查,各梁铰接更符合桥梁现状情况。因此,单梁受力分析,采用铰接板梁法计算的横向分布系数。

不同计算方法所得荷载横向分布系数比较 表4-42

主梁编号	1号梁	2号梁	3号梁
刚性横梁法	0.71	0.55	0.40
铰接板梁法	0.5258	0.5004	0.4531
Midas civil 空间杆系模型	0.6296	0.5435	0.4688

4.9.4 支点剪力横向分布系数计算

支点剪力横向分布系数计算采用杠杆法,跨中剪力横向分布系数计算采用跨中弯矩横向分布计算中刚性横梁法的计算结果。

根据加固设计相关图纸可知,该桥于2004年加固时,在$L/4$、$3L/4$处分别增加一道横隔板,因此1~3号梁跨中横向分布系数计算过程如图4-44~图4-49所示。

由杠杆法可以得到1号梁支点剪力横向分布影响线坐标为0.55,结合刚性横梁法得到跨中横向分布影响线坐标为0.71,得到1号梁剪力沿跨径分布图,如图4-44和图4-45所示。

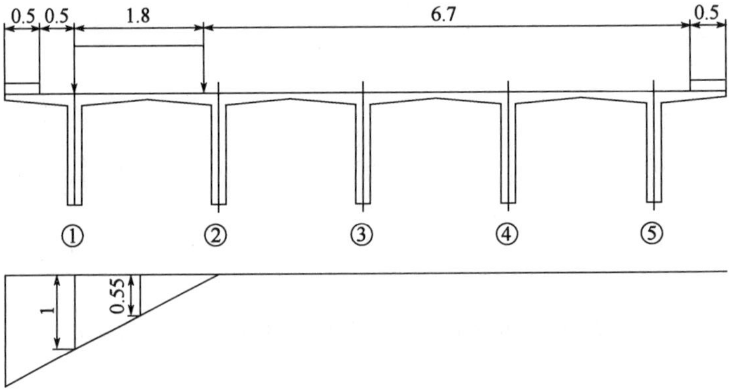

图4-44 1号主梁支点剪力横向分布影响线(尺寸单位:m)

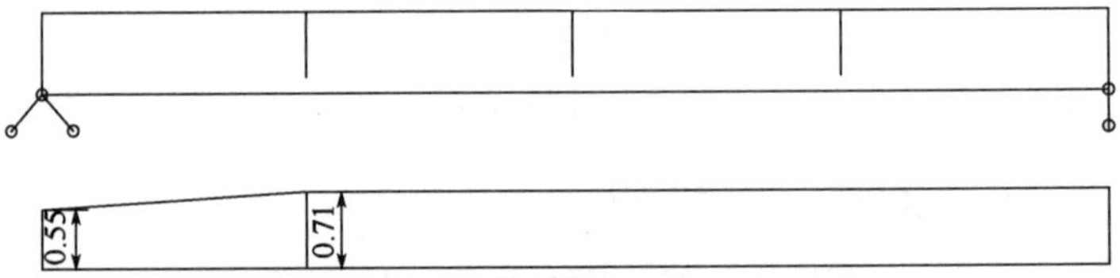

图4-45 1号主梁剪力横向分布影响线沿跨径分布图

由杠杆法可以得到2号梁支点剪力横向分布影响线坐标为1,结合刚性横梁法得到跨中横向分布影响线坐标为0.555,得到2号梁剪力沿跨径分布图,如图4-46和图4-47所示。

由杠杆法可以得到3号梁支点剪力横向分布影响线坐标为1,结合刚性横梁法得到跨中横向分布影响线坐标为0.4,得到3号梁剪力沿跨径分布图,如图4-48和图4-49所示。

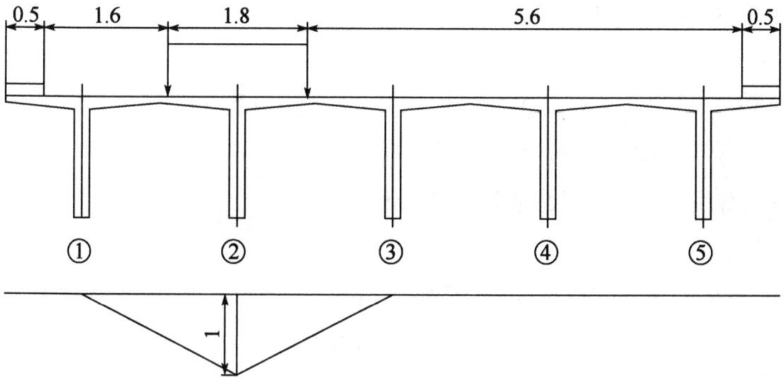

图 4-46 2 号主梁支点剪力横向分布影响线(尺寸单位:m)

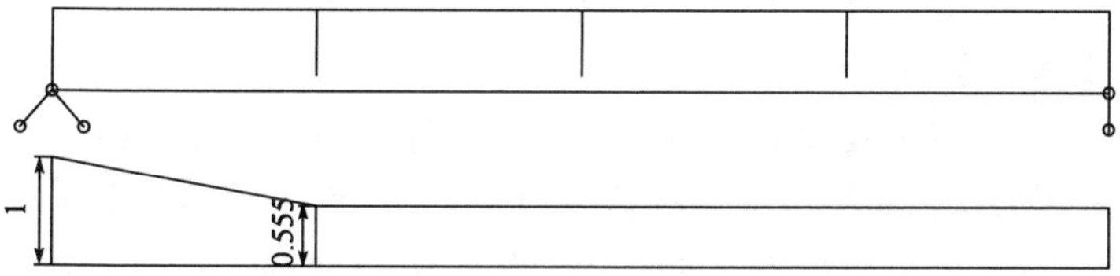

图 4-47 2 号主梁剪力横向分布影响线沿跨径分布图

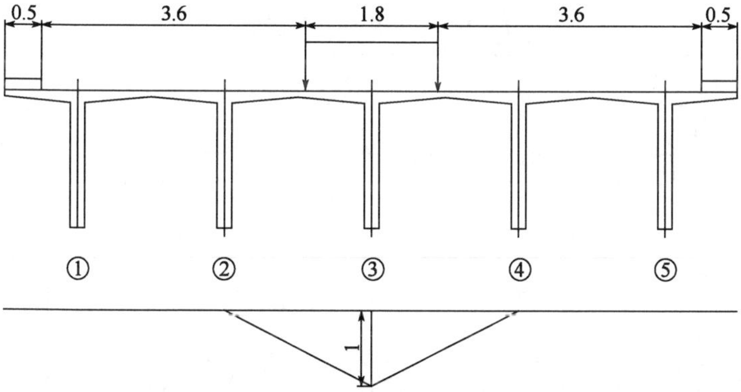

图 4-48 3 号主梁支点剪力横向分布影响线(尺寸单位:m)

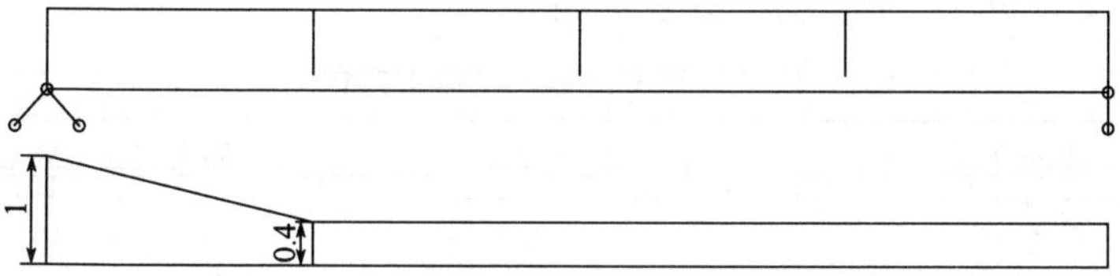

图 4-49 3 号主梁剪力横向分布影响线沿跨径分布图

4.9.5 单梁内力计算

1)主梁自重集度

T 梁为等截面,可将自重等效为线荷载,梁截面面积为 0.516m^2,则对应的线荷载的

集度为 $0.516\times25\times1=12.9(kN/m)$。

2)二期荷载

1 号梁体荷载集度为7.0875kN/m(护栏) +3.4125kN/m(铺装) =10.5kN/m

2 号梁体仅为铺装,荷载集度为5.87kN/m。

3 号梁体仅为铺装,荷载集度为7.0kN/m。

3)车道荷载

荷载等级取公路—Ⅱ级,对应的车道荷载为:

均布力 $Q_k=7.875kN/m$

集中力 $P_k=260$ kN(由内插得到)

4)冲击系数计算

根据计算,桥梁冲击系数为 $\mu=1.19049$。

5)1 ~3 号梁跨中的弯矩计算

根据《公路钢筋混凝土及预应力混凝土设计规范》(JTG 3362—2018) 第五章持久状况承载能力极限状态计算相关规定,分别计算 1 ~3 号梁跨中截面的弯矩组合值。

对于静定简支梁,均布荷载作用下的弯矩跨中 $M=1/8\ ql^2$;

对于集中荷载作用下的简支梁,跨中截面弯矩 $M=1/4pl$;

1 ~3 号梁跨中弯矩值计算见表 4-43。

1 ~3 号梁跨中弯矩值计算 表 4-43

荷载类型		荷载	单位	跨中 M(kN·m)
恒载		12.9	kN/m	613.2
二期恒载	1 号梁	10.5	kN/m	499.1
	2 号梁	5.87	kN/m	279.0
	3 号梁	7	kN/m	332.7
车道荷载	均布力	7.875	kN/m	374.3
	集中力	260	kN	1267.5

6)支点剪力计算

1 ~3 号梁支点截面恒载剪力值见表 4-44。

1 ~3 号梁支点截面恒载剪力值 表 4-44

荷载类型		集度(kN/m)	距离支点 $0.5h$ 截面 Q(kN)
自重		12.9	116.1
二期	1 号梁	10.5	94.5
	2 号梁	5.87	52.8
	3 号梁	7	63.0

支点活载剪力的计算采用图示法,计算如下。

对于 1 号梁,计算如图 4-50 所示。

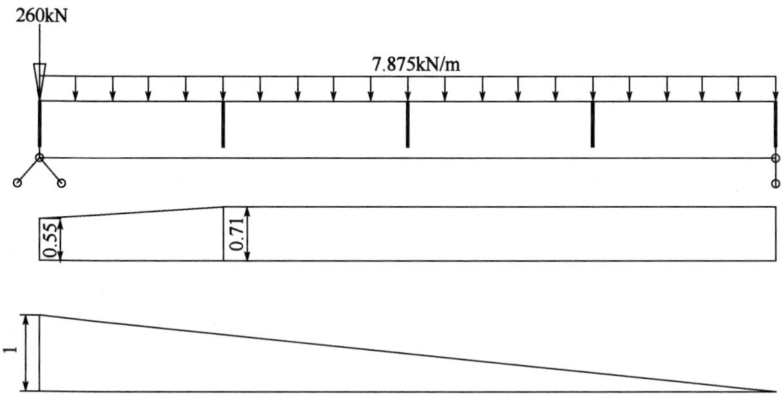

图 4-50 1 号主梁支点剪力计算图示

集中力产生的支点剪力值为：

$$Q_{P}=260\times1\times0.55=143(\mathrm{kN})$$

均布力产生的支点剪力值为：

$$Q_{q}=7.875\times(19.5\times1\times0.5\times0.71-0.25\times19.5\times1\times0.5\times0.16)=51.5(\mathrm{kN})$$

对于 2 号梁，计算如图 4-51 所示。

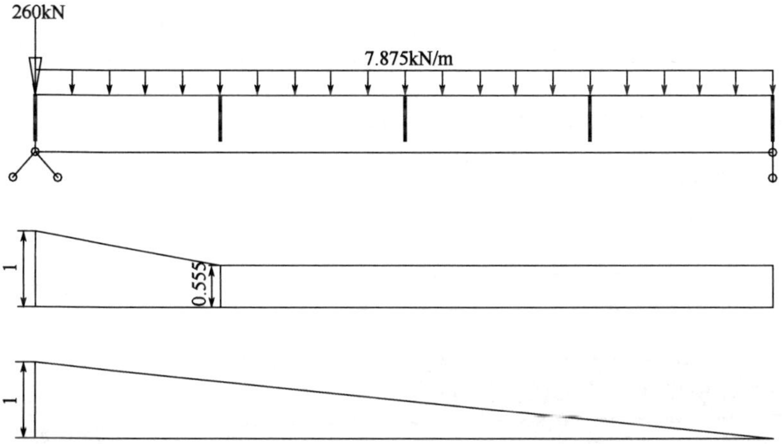

图 4-51 2 号主梁支点剪力计算图示

集中力产生的支点剪力值为：

$$Q_{P}=260\times1\times1=260(\mathrm{kN})$$

均布力产生的支点剪力值为：

$$Q_{q}=7.875\times(19.5\times1\times0.5\times0.55+0.25\times19.5\times1\times0.5\times0.45)=50.8(\mathrm{kN})$$

对于 3 号梁，计算如图 4-52 所示。

集中力产生的支点剪力值为：

$$Q_{P}=260\times1\times1=260(\mathrm{kN})$$

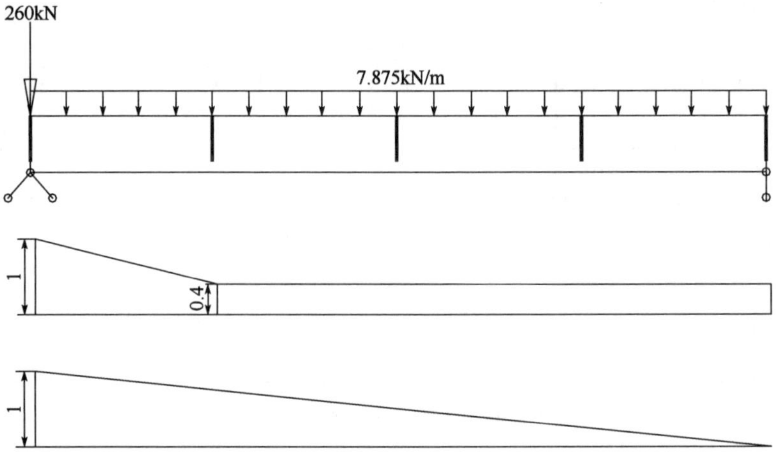

图 4-52 3 号主梁支点剪力计算图示

均布力产生的支点剪力值为：

$$Q_q = 7.875\times(19.5\times1\times0.5\times0.4+0.25\times19.5\times1\times0.5\times0.6)=42.2(kN)$$

所以 1 ~3 号梁支点活载剪力值见表 4-45。

1 ~3 号梁支点活载剪力值 表 4-45

梁号	1 号梁	2 号梁	3 号梁
活载剪力(kN)	194.5	310.8	302.2

4.9.6 活载影响修正系数 ξ_q 的确定

1)现状交通状况

现场调查结果表明，桥上通过的大型车辆主要以运送砂石料、煤、水泥罐车等为主(图 4-53)。

(a) (b)

图 4-53 通过桥梁的车辆

2)活载影响修正系数 ξ_q 的确定

根据《公路桥梁承载能力检测评定规程》(JTG/T J21—2011)第 7.7.7 条，ξ_q 计算公式如下：

$$\xi_q = \sqrt[3]{\xi_{q1}\xi_{q2}\xi_{q3}}$$

对于交通量影响的修正,取 $1 < Q_m/Q_d \leq 1.3$ 范围中的上限,根据表4-31 查得 $\xi_{q1} = 1.05$;对于大吨位车混入影响的修正,取 $\alpha < 0.3$ 范围中的上限,根据表4-32 查得 $\xi_{q2} = 1.05$;对于轴荷分布影响的修正,取 $\beta < 5\%$ 范围中的上限,根据表4-33 查得 $\xi_{q3} = 1.0$。综上所述,活载影响的修正系数为 $\xi_q = 1.033$。

4.9.7 荷载组合

承载能力极限状态荷载组合计算公式为:

$$\gamma_0 S_d = \gamma_0 \left(\sum_{i=1}^{m} \gamma_{Gi} S_{Gik} + \xi_q \gamma_{Q1} S_{Q1k} \cdot m \right)$$

其中考虑汽车荷载冲击力 $\mu = 1.19049$,活载影响修正系数 $\xi_q = 1.033$,恒载分项系数为1.2,活载分项系数为1.4,m 为横向分布系数。

1)1 号梁承载能力极限状态荷载组合

跨中弯矩:

$$M = 1.2 \times (613.2 + 499.1) + 1.4 \times 1.19049 \times (374.3 + 1267.5) \times 0.52557 \times 1.033 = 2820.4(\text{kN} \cdot \text{m})$$

距离支点 0.5h 截面剪力:

$$Q = 1.2 \times (116.1 + 94.5) + 1.4 \times 1.19049 \times 194.5 \times 1.033 = 587.6(\text{kN})$$

2)2 号梁承载能力极限状态荷载组合

跨中弯矩:

$$M = 1.2 \times (613.2 + 279.0) + 1.4 \times 1.19049 \times (374.3 + 1267.5) \times 0.50042 \times 1.033 = 2485.1(\text{kN} \cdot \text{m})$$

距离支点 0.5h 截面剪力:

$$Q = 1.2 \times (116.1 + 52.8) + 1.4 \times 1.19049 \times 310.8 \times 1.033 = 737.8(\text{kN})$$

3)3 号梁承载能力极限状态荷载组合

跨中弯矩:

$$M = 1.2 \times (619.5 + 332.7) + 1.4 \times 1.19049 \times (374.3 + 1267.5) \times 0.45308 \times 1.033 = 2423.3(\text{kN} \cdot \text{m})$$

距离支点 0.5h 截面剪力:

$$Q = 1.2 \times (116.1 + 63) + 1.4 \times 1.19049 \times 302.2 \times 1.033 = 735.2(\text{kN})$$

4)1 ~3 号梁承载能力极限状态荷载组合汇总表

1 ~3 号梁跨中弯矩荷载组合值见表 4-46。

1 ~3 号梁跨中弯矩荷载组合值 表 4-46

梁号	1 号	2 号	3 号
跨中弯矩(kN · m)	2820.4	2485.1	2423.3

1 ~3 号梁距离支点 0.5h 截面剪力荷载组合值见表 4-47。

1 ~3 号梁距离支点 0.5h 截面剪力荷载组合值 表 4-47

梁号	1 号	2 号	3 号
支点剪力(kN)	587.6	737.8	735.2

4.9.8 桥梁承载力检算系数的确定

据现场调查可知,现有桥梁出现不同程度的损伤。根据《公路桥梁承载能力检测评定规程》(JTG/T J21—2011)的规定,应对既有桥梁进行承载能力评定。

《公路桥梁承载能力检测评定规程》(JTG/T J21—2011)规定,配筋混凝土桥梁承载能力极限状态应根据桥梁检测结果按照下式进行计算:

$$\gamma_0 S = R(f_d, \xi_c a_{dc}, \xi_s a_{ds}) Z_1 (1 - \xi_e)$$

式中:γ_0 ——结构重要性系数;

S ——荷载效应函数;

$R(\cdot)$ ——抗力效应函数;

f_d ——材料强度设计值;

a_{dc}——构件混凝土几何参数;

a_{ds}——构件钢筋几何参数;

Z_1——承载能力检算系数;

ξ_e——承载能力恶化系数;

ξ_c——配筋混凝土结构的截面折减系数;

ξ_s——钢筋的截面折减系数。

《公路桥梁承载能力检测评定规程》(JTG/T J21—2011)规定,抗力的效应值按现行设计规范,即《公路钢筋混凝土及预应力混凝土桥涵设计规范》(JTG 3362—2018)进行计算,Z_1、ξ_e、ξ_c 和 ξ_s 按《公路桥梁承载力检测评定规程》(JTG/T J21—2011)有关规定取值。

1)承载能力检算系数 Z_1 的确定

按照《公路桥梁承载能力检测评定规程》(JTG/T J21—2011)式(7.7.1)计算构件承载能力检算系数评定标度 D,即:

$$D = \sum \alpha_j D_j$$

承载能力检算系数检测指标权重 d_j 见表 4-48。

承载能力检算系数检测指标权重 表 4-48

检测指标名称	缺损状况	材质强度	自振频率
权重 α_j	0.4	0.3	0.3

《公路桥梁承载能力检测评定规程》(JTG/T J21—2011)规定,桥面系、上部和下部结构技术状况等级为 1、2、3、4 和 5,对应的缺损状况评定标度值为 1、2、3、4 和 5,根据检测结果 1 号、2 号和 3 号梁缺损状况标度确定见表 4-49。

梁缺损状况标度 表 4-49

梁号	1 号	2 号	3 号
缺损状况标度	4	3	3

《公路桥梁承载能力检测评定规程》(JTG/T J21—2011)的有关规定,1 号、2 号和 3 号梁混凝土强度标度确定见表 4-50。

梁混凝土强度标度 表 4-50

梁号	1 号	2 号	3 号
强度标度	4	3	3

根据《公路桥梁承载能力检测评定规程》(JTG/T J21—2011)的有关规定,1 号、2 号和 3 号梁混凝土自振频率标度确定见表 4-51。

梁自振频率标度 表 4-51

梁号	1 号	2 号	3 号
自振频率	3	3	3

从而得到 1 ~ 3 号梁承载能力检算系数评定标度 D 见表 4-52。

梁承载能力检算系数评定标度 表 4-52

梁号	1 号	2 号	3 号
综合标度 $D = \sum \alpha_j D_j$	3.7	3	3

再根据求得的检算系数 D 查《公路桥梁承载能力检测评定规程》(JTG/T J21—2011)表 7.7.1.2 得到 1 ~ 3 号梁的承载能力检算系数 Z_1。查表 7.7.1-2 中对应的受弯构件一栏可得到表 4-53。

梁检算系数 表 4-53

梁号	1 号	2 号	3 号
检算系数 Z_1	0.93	1.00	1.00

2)承载能力恶化系数 ξ_e 的确定

根据《公路桥梁承载能力检测评定规程》(JTG/T J21—2011)第 7.7.4 条的规定,应根据检测结果确定构件恶化评定标度 E,即

$$E = \sum E_j \alpha_j$$

根据检测结果分别计算 1 ~ 3 号梁构件恶化评定标度 E,见表 4-54 ~ 表 4-56。

1 号边梁构件恶化评定标度 E 计算表 表 4-54

	序号	指标名称	权重	标度
1 号梁	1	缺损状况	0.32	4
	2	钢筋锈蚀电位	0.11	4
	3	混凝土电阻率	0.05	4
	4	混凝土碳化状况	0.2	4
	5	钢筋保护层厚度	0.12	4
	6	氯离子含量	0.15	1
	7	混凝土强度	0.05	4
	合计 $E = \sum E_j \alpha_j$		1	3.55

2 号次边梁构件恶化评定标度 E 计算表 表 4-55

	序 号	指标名称	权 重	标 度
2 号梁	1	缺损状况	0.32	3
	2	钢筋锈蚀电位	0.11	2
	3	混凝土电阻率	0.05	2
	4	混凝土碳化状况	0.2	3
	5	钢筋保护层厚度	0.12	3
	6	氯离子含量	0.15	1
	7	混凝土强度	0.05	3
	合计 $E=\sum E_j\alpha_j$		1	2.54

3 号中梁构件恶化评定标度 E 计算表 表 4-56

	序 号	指标名称	权 重	标 度
3 号梁	1	缺损状况	0.32	3
	2	钢筋锈蚀电位	0.11	2
	3	混凝土电阻率	0.05	2
	4	混凝土碳化状况	0.2	3
	5	钢筋保护层厚度	0.12	3
	6	氯离子含量	0.15	1
	7	混凝土强度等级	0.05	3
	合计 $E=\sum E_j\alpha_j$		1	2.54

根据《公路桥梁承载能力检测评定规程》(JTG/T J21—2011)表 4-24 确定承载能力恶化系数 (ξ_e) ,桥位所处环境为干湿交替不冻地区,查表 4-24,计算结果见表 4-57。

各梁承载能力恶化系数 表 4-57

梁号	1 号	2 号	3 号
恶化系数 ξ_e	0.0975	0.0562	0.0562

3)构件截面折减系数 ξ_c 的确定

根据《公路桥梁承载能力检测评定规程》(JTG/T J21—2011)第 7.7.5 条的规定,应根据检测结果首先确定构件截面损伤综合标度 R,即

$$R=\sum R_j\alpha_j$$

根据检测结果分别计算 1 ~ 3 号梁构件截面折减系数标度 R,见表 4-58 ~ 表 4-60 所示。

1 号边梁构件截面折减系数标度 *R* 计算表 表 4-58

	序号	指标名称	权重	标度
1 号梁	1	材料风化	0.1	3
	2	混凝土碳化	0.35	4
	3	物理或化学损伤	0.55	4
合计			1	3.9

2 号次边梁构件截面折减系数标度 *R* 计算表 表 4-59

	序号	指标名称	权重	标度
2 号梁	1	材料风化	0.1	1
	2	混凝土碳化	0.35	3
	3	物理或化学损伤	0.55	2
合计			1	2.25

3 号中梁构件截面折减系数标度 *R* 计算表 表 4-60

	序号	指标名称	权重	标度
3 号梁	1	材料风化	0.1	1
	2	混凝土碳化	0.35	3
	3	物理或化学损伤	0.55	2
合计			1	2.25

再根据《公路桥梁承载能力检测评定规程》(JTG/T J21—2011)表 4-29 确定承载能力截面折减系数 ξ_c，结果见表 4-61。

承载能力截面折减系数 表 4-61

梁号	1 号	2 号	3 号
截面折减系数	0.922	0.9675	0.9675

4) 钢筋截面折减系数 ξ_s 的确定

根据《公路桥梁承载能力检测评定规程》(JTG/T J21—2011)第 7.7.6 条的规定，结合现场外观检测结果得到 1 ~ 3 号梁钢筋截面折减系数，见表 4-62。

钢筋截面折减系数 表 4-62

梁号	1 号	2 号	3 号
钢筋截面折减系数	0.93	0.980	0.980

4.9.9 单梁承载力检算

1) 截面及钢筋布置信息

根据《某渭河特大桥竣工图》,主梁断面尺寸及截面钢筋信息如图4-54所示。

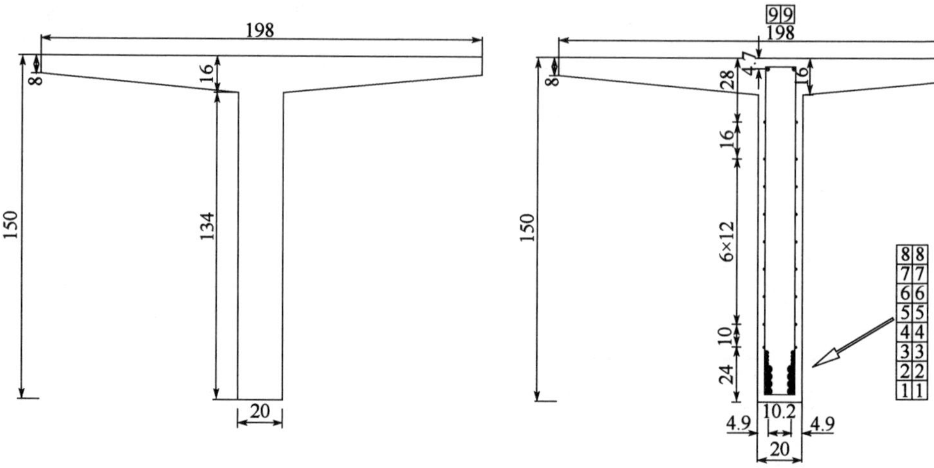

图4-54　跨中截面尺寸及钢筋信息(尺寸单位:cm)

主梁跨中下缘配置受力主筋为Ⅱ级钢筋,8根$\phi32$+8根$\phi16$螺纹钢筋,架立钢筋为2根$\phi16$螺纹钢筋。箍筋及分布钢筋均为$\phi8$光圆普通钢筋。

主梁在支点处受力主筋弯起,仅剩最底层2根$\phi32$螺纹钢筋,其箍筋间距为20cm,支点钢筋及抗剪承载力计算截面位置如图4-55所示。

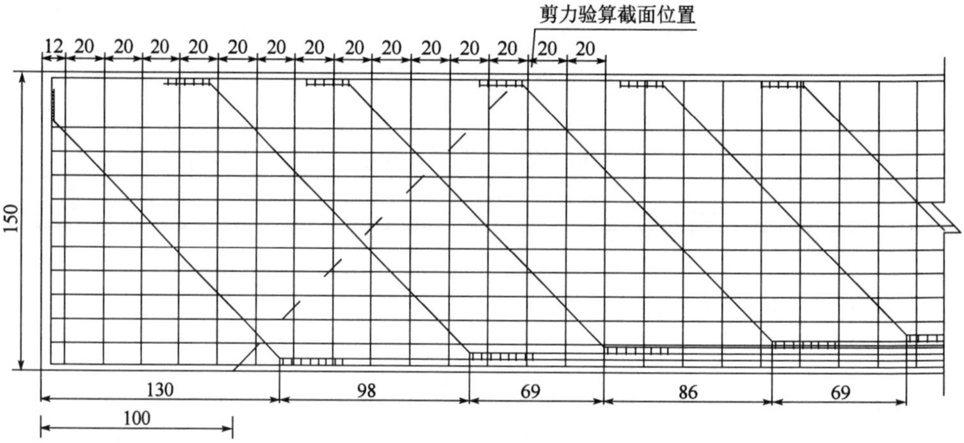

图4-55　支点钢筋及剪力验算截面位置信息(尺寸单位:cm)

主梁混凝土为《公路钢筋混凝土及预应力混凝土桥涵设计规范》(JTG 023—1985)规定的25号混凝土,弹性模量$E=2.7\times10^4$MPa。

2)梁有效分布宽度的确定

(1)中梁翼缘的有效分布宽度(2号梁和3号梁)

根据《公路钢筋混凝土及预应力混凝土桥涵设计规范》(JTG 3362—2018)的规定,对于中梁,有效分布宽度为计算跨径的1/3、相邻两梁的平均间距、$(b+2b_h+12h_f)$中的最小值。

①计算跨径的1/3,即19.5/3=6.5(m)。

②相邻两梁的平均间距$d=2.0$m。

③$b+2b_h+12h_f=0.2+2\times0+12\times0.12=1.64(m)$。

因此中梁翼缘的有效分布宽度为 1.64m。

(2)边梁翼缘的有效分布宽度

根据《公路钢筋混凝土及预应力混凝土桥涵设计规范》(JTG 3362—2018)的规定,边梁翼缘有效分布宽度为相邻内梁翼缘有效分布宽度的一半加上 1/2 腹板厚度再加上 6 倍的翼缘平均厚度或边梁实际宽度两者中的最小值。

所以边梁翼缘的有效分布宽度为$0.5\times1.64+0.5\times0.2+6\times0.12=1.64(m)$,而边梁的实际宽度为 1.98m,因此边梁翼缘板的有效宽度为 1.64m。

3)截面抗弯承载力计算

首先将截面进行等效,等效后的翼缘板厚度 $h_f=120mm$,宽度为 1640mm,截面内钢筋面积为 $402.2mm^2$,考虑桥面铺装部分参与工作,计入高度为 30mm,如图 4-56 所示。

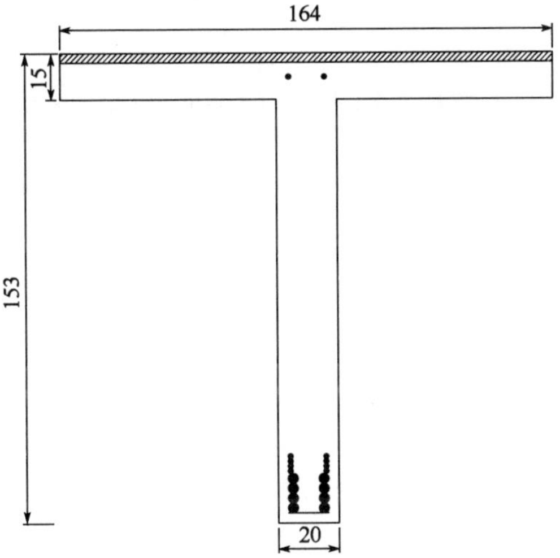

图 4-56 计算等效截面图(尺寸单位:m)

根据《公路钢筋混凝土及预应力混凝土桥涵设计规范》(JTG 3362—2018)中的相关计算公式,计算过程如下:

翼缘$f_{cd}b_fh_f+f'_{sd}\cdot A'_s=10.58\times1640\times150+280\times402=2715.24(kN)$

受拉钢筋$f_{sd}\cdot A_s=280\times(8\times804.2+8\times201.1)=2251.87(kN)$

2715.244kN > 2251.827kN,因此截面属于第 1 类 T 形截面。

求解受压区高度 x 如下:

令$f_{sd}\cdot A_s=f_{cd}\cdot b_f\cdot x+f_{sd}\cdot A'_s$

得 $x=123.3mm$

受拉区钢筋合力作用点与下边缘的距离为:

$$\bar{h}=\frac{\sum_i A_{si}\cdot h_i}{\sum_i h_i}$$

经计算为 123.5mm,所以截面的有效高度为 $h_0=1530-123.5-1406.5(mm)$。

原设计截面承载力为$M=10.58\times123.3\times1640\times(1406.5-123.3/2)+280\times402\times$

(1406.5 − 47) = 3030.2(kN·m)。

代入 ξ_e、ξ_c、ξ_s、z_1 折减系数,按照评定标准计算折减后的承载力。

1 号梁跨中抗弯承载力为

$M_1 = [0.922 \times 10.58 \times 123.3 \times 1640 \times (1406.5 - 123.3/2) + 0.93 \times 280 \times 402 \times (1406.5 - 47)] \times 0.93 \times (1 - 0.0975) = 2346.0(\text{kN} \cdot \text{m})$

2 号梁跨中抗弯承载力为

$M_2 = [0.9675 \times 10.58 \times 123.3 \times 1640 \times (1406.5 - 123.3/2) + 0.98 \times 280 \times 402 \times (1406.5 - 47)] \times 1 \times (1 - 0.0562) = 2768.8(\text{kN} \cdot \text{m})$

3 号梁跨中抗弯承载力为

$M_2 = [0.9675 \times 10.58 \times 123.3 \times 1640 \times (1406.5 - 123.3/2) + 0.98 \times 280 \times 402 \times (1406.5 - 47)] \times 1 \times (1 - 0.0562) = 2768.8(\text{kN} \cdot \text{m})$

4)截面抗剪承载力计算

首先将截面进行等效,横截面等效于《公路钢筋混凝土及预应力混凝土桥涵设计规范》(JTG 3362—2018)7.5.3 节中的截面,此处不再赘述。根据《公路钢筋混凝土及预应力混凝土桥涵设计规范》(JTG 3362—2018)中第 5.2.9 条的相关计算公式,计算过程如下:

截面抗剪承载力为

$$V_u = V_{cs} + V_{sb}$$

式中:V_{cs}——截面内混凝土和箍筋共同承担剪力,其计算公式如下:

$$V_{cs} = \alpha_1 \alpha_2 \alpha_3 0.45 \times 10^{-3} b h_0 \sqrt{(2 + 0.6p)\sqrt{f_{cu,k}}\rho_{sv} f_{sv}}$$

V_{sb}——与截面相交的普通弯起钢筋承担的剪力,其计算公式如下:

$$V_{sb} = 0.75 \times 10^{-3} f_{sd} \sum A_{sb} \sin\theta_s$$

详细参数见《公路钢筋混凝土及预应力混凝土桥涵设计规范》(JTG 3362—2018)第 5.2.7 条。

对于 1 号梁:

$$V_{cs} = 1 \times 1 \times 1.1 \times 0.45 \times 0.001 \times 0.922 \times 200 \times 1406.5 \times [(2 + 0.93 \times 0.6 \times 1608/281300 \times 100) \times 4.7958 \times 0.93 \times 0.002525 \times 195]^{0.5} \times 0.93 \times (1 - 0.0975) = 243.2(\text{kN})$$

$$V_{sb} = 0.75 \times 0.001 \times 195 \times 0.93 \times 4826 \times \sin 45° = 0.75 \times 0.001 \times 195 \times 0.93 \times 4826 \times 0.707 = 464(\text{kN})$$

所以 1 号梁距离支点 0.5h 处截面抗剪承载力为 $V_u = 707.2\text{kN}$。

对于 2 号梁:

$$V_{cs} = 1 \times 1 \times 1.1 \times 0.45 \times 0.001 \times 0.9675 \times 200 \times 1406.5 \times [(2 + 0.98 \times 0.6 \times 1608/281300 \times 100) \times 4.7958 \times 0.98 \times 0.002525 \times 195]^{0.5} \times 1 \times (1 - 0.0562) = 295.6(\text{kN})$$

$V_{sb}=0.75\times0.001\times195\times0.98\times4826\times\sin45°$

$=0.75\times0.001\times195\times0.98\times4826\times0.707=489(kN)$

所以2号梁距离支点0.5h处截面抗剪承载力为$V_u=784.6kN$。

对于3号梁：

$V_{cs}=1\times1\times1.1\times0.45\times0.001\times0.9675\times200\times1406.5\times[(2+0.98\times0.6\times1608/281300\times100)\times4.7958\times0.98\times0.002525\times195]^{0.5}\times1\times(1-0.0562)=295.6(kN)$

$V_{sb}=0.75\times0.001\times195\times0.98\times4826\times\sin45°$

$=0.75\times0.001\times195\times0.98\times4826\times0.707=489(kN)$

所以3号梁距离支点0.5h处截面抗剪承载力为$V_u=784.6kN$。

4.9.10 检算结论

荷载效应为$\gamma_0 S$,其中考虑了活载增量的影响。

结构抗力为$R(f_d,\xi_c a_{dc},\xi_s a_{ds})Z_1(1-\xi_e)$。

根据《公路桥梁承载能力检测评定规程》(JTG/T J21—2011)第7.3.1条,若满足

$$\gamma_0 S\leqslant R(f_d,\xi_c a_{dc},\xi_s a_{ds})Z_1(1-\xi_e)$$

则结构承载力满足要求,否则应采取某些措施,保证荷载效应小于结构抗力。

1~3号梁计算结果中,跨中正截面抗弯承载力见表4-63,支点斜截面抗剪承载力见表4-64。

1~3号梁跨中正截面抗弯承载力计算结果对比表 表4-63

梁号	1号	2号	3号
荷载效应(kN·m)①	2820.4	2485.1	2423.3
结构抗力(kN·m)②	2346.0	2768.8	2768.8
③=(②-①)/②	-20.22%	10.25%	12.48%
承载力是否满足	不满足	满足	满足

由对比结果可知,1号梁跨中截面抗弯承载力不满足要求,而2号梁、3号梁承载力尚可。

1~3号梁支点斜截面抗剪承载力计算结果表 表4-64

梁号	1号	2号	3号
荷载效应(kN)①	587.6	737.8	735.2
结构抗力(kN)②	707.2	784.6	784.6
③=(②-①)/②	16.91%	5.96%	6.30%
承载力是否满足	满足	满足	满足

由对比结果可知,1~3距离支点0.5h处截面抗剪承载力满足要求。

第5章

公路桥梁荷载试验

5.1 概　　述

桥梁荷载试验就是对桥梁结构进行直接加载测试的一项试验工作，在桥梁上施加预定的试验荷载，了解桥梁结构控制截面的应力、变形响应，从而评判桥梁结构的承载能力及实际工作状态，是桥梁承载能力鉴定的途径之一。对于因基础参数获取不易，难以准确计算的桥梁构件，通过荷载试验，掌握其实际承载能力，为制订桥梁加固或改建技术方案提供依据。此外，荷载试验以及针对性强的研究性试验可为发展桥梁设计理论和提高施工技术水平提供指导。

对在用桥梁，依据《公路桥梁承载能力检测评定规程》(JTG/T J21—2011)第3.2.4条规定，作用效应与抗力效应的比值为1.0～1.2时，通过荷载试验评定桥梁承载能力。除此之外，依据《公路桥梁荷载试验规程》(JTG/TJ 21-01—2015)第3.1.1条规定，存在下列情况之一时，可进行荷载试验：

(1)技术状况等级为4、5类。

(2)拟提高荷载等级。

(3)需要通过特殊重型车辆荷载。

(4)遭受重大自然灾害或意外事件。

(5)当采用其他方法难以准确判断其能否承受预定的荷载时。

桥梁荷载试验的结果是公路桥梁养护技术档案和桥梁管理系统的重要组成内容。桥梁荷载试验包括静力荷载试验与动力荷载试验两部分。

5.2 试验程序

荷载试验按试验准备、现场实施和试验结果分析三个阶段进行。

5.2.1 试验准备阶段工作内容

1)资料准备

应收集下列资料:

(1)设计资料:设计图纸、变更设计图纸和作为设计依据的其他原始资料。

(2)施工和监理资料:材料性能试验报告、各分项或分部工程验收报告等。

(3)施工监控资料:施工监控报告、成桥线形、内力(应力)、索力(杆力)等。

(4)竣工资料:竣工图纸、工程验收报告等。

2)现场调查

主要调查桥梁结构的总体尺寸,主要构件截面尺寸,主要部位的高程,桥面平整度,支座工作状况,材料的物理力学性能,结构物的裂缝、缺陷、损伤和钢筋锈蚀状况等。

3)测试孔选择

对拟试验桥联(座)进行现场踏勘和外观检查,选择具有代表性的桥孔作为测试孔。选择时宜考虑便于支架搭设或检测车操作,加载方便,仪器设备连接容易实现等。

4)试验方案编制

根据试验控制荷载作用下的结构内力、变位及结构基频等的理论计算结果,结合测试内容,按等效原则拟定试验荷载大小、试验工况、加载位置及方法,制订试验加载、测点布设及测试方案等。

5.2.2 现场实施阶段工作内容

1)现场准备

现场准备包括试验测点放样、布置,荷载组织,现场交通组织及试验测试系统安装调试等。

2)预加载试验

在正式实施加载试验前,应先进行预加载试验,检验整个试验测试系统的工作状况,并进行调试。

3)正式加载试验

按照预定的荷载试验方案进行加载试验,并记录各测点测值和相关信息。

4)过程监控

监测主要控制截面最大效应实测值,并与相应的理论计算值进行分析比较,关注结构薄弱部位的力学指标变化、既有病害的发展变化情况,判断桥梁结构受力是否正常,再加载是否安全,确定可否进行下一级加载。

5.2.3 试验结果分析阶段工作内容

(1)理论计算:按照实际施加荷载情况对桥梁结构内力、应力(应变)和变形进行理论计算。必要时应对裂缝宽度、动力响应等进行分析。

(2)数据分析:对原始测试记录进行分析处理,提取有价值的信息。

(3)报告编制:根据理论计算和测试数据对比分析,对试验结果做出判断与评价,形成荷载试验报告。

5.3 静力荷载试验

桥梁的静力荷载试验(简称"静载试验")是将特定的静力荷载作用于桥梁指定的位置,以测试结构的静应变、静位移以及裂缝变化等力学响应,从而推断桥梁结构在荷载作用下的工作状态和承载能力。试验时,设定载重级别的车辆荷载作为静力荷载,在某些情况下施加荷重(堆置铁块、水泥、预制块件、水箱等)或者以液压千斤顶装置施力等方式来模拟等效荷载。

5.3.1 静载试验目的和主要内容

静载试验研究结构或构件在静力荷载作用下的强度、刚度、抗裂性能等基本性能及破坏机制,通过分析结构及构件在各种静力荷载作用下应力、应变、挠度与所施加荷载的关系,为判断结构工作性能提供可靠的数据。桥梁静载试验的主要目的包括:

(1)检验结构的施工质量,验证其是否满足设计要求。在桥梁施工过程中难免会出现与设计状态不符的情况,因此,竣工后的桥梁需通过试验来检验结构承载能力是否达到设计文件和规范的要求,并将试验结果作为评定工程质量是否合格的主要依据之一。

(2)验证结构的设计理论与计算方法,充实并完善桥梁的结构设计、计算理论与施工技术,积累科学技术资料。

(3)对在用桥梁,由于各种自然原因而产生不同程度的损伤与破坏,可以通过静载试验掌握桥梁结构的工作性能,判断桥梁结构的实际承载能力,并由此确定交通管制措施或加固改建方案。

桥梁结构体系不同,静载试验项目内容也有所不同,应在分析结构受力特点的基础上进行合理的试验方案设计。通常主要试验内容包括:

(1)控制部位的应变(应力)。

(2)控制截面的应力分布。

(3)控制截面的最大变位。

(4)结构的纵、横向变形分布规律。

(5)支点沉降和支点转角。

(6)加载时混凝土的开裂状态,包括最大裂缝宽度、裂缝扩张、裂缝形态及分布。

(7)主体结构和桥面线形变化。

(8)斜拉索、吊杆的恒载索力及活载索力。

(9)其他必要的测试项目。

5.3.2 静载试验的准备

桥梁现场静载试验是一项复杂的系统工程,试验准备充分是保证试验顺利实施的关键。

试验前,在桥梁调查、理论计算的基础上制订桥梁静载试验方案。

试验方案一般包括测试截面、试验工况、测试内容、试验荷载、测点布置、试验过程控制和试验数据分析等内容。

桥梁现场需准备的工作包括以下几项。

1)试验孔(墩)的选择

多孔桥若结构相同,跨径相等,可选择1~2个具有代表性的孔(墩)做加载试验。选择时应综合考虑该孔(墩)受力是否最不利,该孔(墩)施工是否质量较差,缺陷较多或病害较严重,该孔(或墩)是否便于搭设脚手架与设置测点,是否在试验时便于加载等。

2)搭设试验支架

试验支架应根据测试断面、测试内容进行搭设。支架搭设要因地制宜,需方便观测仪表的设置,要保证安全。当桥下净空较高不便设置固定脚步手架时,可采用轻便活动吊架。目前,桥梁检测车的应用越来越广泛,条件允许的前提下,推荐优先采用桥梁检测车。

3)试验位置放样

静载试验前应在桥面上对加载位置和测点位置进行放样。

4)其他

其他工作包括准备试验的安全设施、照明设施、通信联络设施。若检测时需要交通管制,应根据需要提前申报、准备。旧桥试验必须有完善的安全保障措施,确保在桥梁发生意外前终止试验。

5.3.3 静载试验的仪器设备

桥梁静载试验时需量测结构的反力、应变、位移、倾角、裂缝等物理量。静载试验前应首先对测试值进行理论分析计算,选择合适精度、分辨率与量程的仪器。测试仪器按其工作原理可分为机械测试仪器、电测仪器、光测仪器等。常用仪器有百分表、千分表、位移计、应变仪、应变计(应变片)、精密水准仪、倾角仪、刻度放大镜等,测试设备的技术要求见表5-1~表5-4。

静载试验力学性能参数测试设备技术要求(一) 表5-1

量测内容	仪表名称	最小分划值(με)	常用量测范围(με)	数据采集分析系统		备注
				仪器名称	技术参数	
应变	千分表	2	±(5~2000)	—	—	配附件
	杠杆引伸仪	2	±(50~200)	—	—	配附件
	手持应变仪	5	±(100~20000)	—	—	配表脚
	电阻应变仪	1	±20000	应变测试分析系统	①测量范围:±20000με; ②分辨率:1με	贴电阻片

续上表

量测内容	仪表名称	最小分划值(με)	常用量测范围(με)	数据采集分析系统		备注
				仪器名称	技术参数	
应变	振弦式应变计	1	±3000	振弦式传感器、频率测量仪或综合测试仪	①测量范围:振弦频率400~6000Hz; ②测量精度:频率精度0.05Hz	表面粘贴
	光纤光栅式应变计	2	±6000	光纤光栅式解调仪	可接入传感单元>64; 扫描频率>60Hz; 波长分辨率不大于1pm	表面粘贴、埋设

静载试验力学性能参数测试设备技术要求(二) 表5-2

量测内容	仪表名称	最小分划值(mm)	常用量测范围(mm)	备注
变形	千分表	0.001	0~10	配置安装配件
	百分表	0.01	1~50	
	精密水准仪	0.3	—	
	全站仪	测角:精度为0.5″; 测距:标准测量精度 $1.0mm+10^{-6}L$	—	监测使用时,大气环境必要时进行修正
	位移计	0.01~0.03	20~100	配置安装配件
	经纬仪	0.5	—	
	连通管	0.1	<300	配备测读仪器
	卫星定位系统	坐标测量 水平:$5mm+10^{-6}L$; 垂直:$10mm+2\times10^{-6}L$	—	满足大跨度桥梁形变测量需要

静载试验力学性能参数测试设备技术要求(三) 表5-3

量测内容	仪表名称	最小分划值(mm)	常用量测范围(mm)	备注
裂缝	刻度放大镜	0.01	—	配置安装配件
	裂缝计	0.01	<200	
	千分表	0.001	0~10	

静载试验力学性能参数测试设备技术要求(四) 表5-4

量测内容	仪表名称	最小分划值(mm)	常用量测范围(mm)	备注
倾角	水准式倾角仪	2.5′	20′~1°	配置安装配件
	光纤光栅式倾角仪	5′	±10°	
	数显倾角仪	1′	±1°~±18°	

测试设备的基本要求：

(1)试验用测试设备的技术性能应符合相关标准的规定。试验用测试设备应定期进行检定、校准。

(2)荷载试验前应对测试设备进行核查。

(3)测试设备精度应不大于预计测量值的5%。

(4)测试设备的量程和动态范围应满足试验要求。通常预计实测值处于测试设备量程的15%～85%范围内。

(5)为了减少测试环节，提高测试工作的可靠性和可操作性，同一次试验宜选用同种类型或规格的测试设备。

(6)测试设备安装完毕后，应进行系统调试，并进行不少于15min的稳定观测。

(7)应采取必要的措施对试验现场的测试设备进行安全保护。

5.3.4 静载试验的加载方案

加载宜选用装载重物的汽车或平板车，采用车辆加载便于调运和加载布置，加卸载迅速。采用车载既能做静载试验又能做动载试验。加载也可采用重物，按控制荷载的效应确定重物的质量和布置方式。重物加载准备工作量大，加载、卸载所需周期较长，交通中断时间亦较长。

试验加载时，一般按最大控制截面内力平均分为3～4级。当桥梁状况较差时，应尽量增加加载分级。如限于条件而加载分级较少，应在每级加载时，使车辆逐辆缓缓驶入预定的加载位置，以确保试验安全。分级加载，每级加载后卸载，也可逐级加载达最大荷载后再逐级卸载，但应保证桥梁的安全。

加载车辆或重物应进行称重，称重误差最大不得超过5%。

加载方案最重要的工作是根据桥梁现有的状况进行结构分析计算。这部分工作量较大，试验前，应尽可能收集现有桥梁的技术资料，现场进行桥梁技术状况调查，查找桥梁病害，分析病害原因，据此进行详细的分析计算，确定加载程序、加载位置、加载量和加载分级。加载的总量与加载位置既要保证桥梁的绝对安全，又要测试出桥梁的实际受力和变形状况。

对于新建桥梁交(竣)工验收荷载试验，荷载效率 η_q 宜为0.8～1.05，否则，荷载效率 η_q 宜为0.95～1.05。荷载效率 η_q 按式(5-1)计算确定：

$$\eta_q = \frac{S_s}{S(1+\mu)} \tag{5-1}$$

式中：S_s——静载试验荷载作用下，某一加载试验项目对应的加载控制截面内力或位移的最大计算效应值；

S——控制荷载产生的同一加载控制截面内力或位移的最不利效应计算值；

μ——按规范取用的冲击系数值。

5.3.5 试验工况及测试截面

公路桥梁静载试验主测点包括应变测点和位移(挠度)测点。测试截面选择时，通常根据桥梁结构的内力包络图，并考虑应力分布，按最不利受力原则选定截面，然后拟定相应的试验工况。试验工况和测试截面见表5-5。

常见桥梁静载试验工况和测试截面　　表5-5

桥　型	试验工况		测试截面
简支梁桥	主要工况	跨中截面主梁最大正弯矩工况	跨中截面
	附加工况	①$L/4$截面主梁最大正弯矩工况； ②支点附近主梁最大剪力工况	①$L/4$截面； ②距支点$h/2$截面，由梁底向上45°斜线与截面形心线相交位置
连续梁桥	主要工况	①主跨支点位置最大负弯矩工况； ②主跨跨中截面最大正弯矩工况； ③边跨主梁最大正弯矩工况	①主跨(中)支点截面； ②主跨最大弯矩截面； ③边跨最大弯矩截面
	附加工况	主跨(中)支点附近主梁最大剪力工况	计算确定具体截面位置
无铰拱桥	主要工况	①拱顶最大正弯矩及挠度工况； ②拱脚最大负弯矩工况； ③系杆拱跨中附近吊杆(索)最大拉力工况	①拱顶截面； ②拱脚截面； ③典型吊杆(索)
	附加工况	①拱脚最大水平推力工况； ②$L/4$截面最大正弯矩和最大负弯矩工况； ③$L/4$截面正负挠度绝对值之和最大工况	①拱脚截面； ②主拱$L/4$截面； ③主拱$L/4$截面及$3L/4$截面
连续刚构桥	主要工况	①主跨墩顶截面主梁最大负弯矩工况； ②主跨跨中截面主梁最大正弯矩及挠度工况； ③边跨主梁最大正弯矩工况	①主跨墩顶截面； ②主跨最大弯矩截面； ③边跨最大弯矩截面
	附加工况	①主跨墩顶截面最大剪力工况； ②墩顶纵桥向最大水平位移工况	①计算确定具体截面位置； ②墩顶截面

对已存在缺陷的在用桥梁进行静载试验时，除表5-5的规定外，应根据结构损伤的程度、部位及特征，结合计算分析成果，增加测试截面和试验工况。

5.3.6　测试内容

静载试验的测试内容应反映桥梁结构内力、应力(应变)、位移及裂缝最不利控制截面的力学特征。应力(应变)观测主要是针对测试截面的受拉和受压区。通常沿截面高度或横向位置分布测点，以测试结构的应力分布特征。位移测试包括主梁控制截面的挠度、纵向或横向位移、主塔三维坐标等的测试，反映了桥梁结构整体或局部的刚度特性。当难以直接测试结构的位移时，也可通过测试其倾角来计算位移，并反映桥塔等结构的竖直度。试验荷载下的索(杆)力增量及其分布反映了结构的受力特点。观测结构裂缝变化、异常振动及响声等试验现象，可以帮助相关人员了解结构或构件在试验过程中的表观状况。常见桥梁静载试验测试内容见表5-6。

常见桥梁静载试验测试内容 表5-6

桥型	测试内容	
简支梁桥	主要内容	①跨中截面挠度和应力(应变); ②支点沉降; ③混凝土梁体裂缝
	附加内容	①$L/4$截面挠度; ②支点斜截面应力(应变)
连续梁桥	主要内容	①主跨支点斜截面应力(应变); ②主跨最大正弯矩截面应力(应变)及挠度; ③边跨最大正弯矩截面应力(应变)及挠度; ④支点沉降; ⑤混凝土梁体裂缝
	附加内容	主跨(中)支点附近斜截面应力(应变)
无铰拱桥	主要内容	①拱顶截面应力(应变)和挠度; ②拱脚截面应力(应变); ③混凝土梁体裂缝
	附加内容	①$L/4$截面挠度和应力(应变); ②墩台顶水平位移; ③拱上建筑控制截面的变形和应力(应变)
连续刚构桥	主要内容	①主跨墩顶截面主梁应力(应变); ②主跨最大正弯矩截面应力(应变)及挠度; ③边跨最大正弯矩截面应力(应变)及挠度; ④混凝土梁体裂缝
	附加内容	①墩顶支点截面附近斜截面应力(应变); ②墩身控制截面应力(应变); ③墩顶纵桥向水平位移

加固后的桥梁除表5-6规定的测试内容外,依据加固方式,增加相应测试内容。

例如,采用粘贴钢板(碳纤维板或布)、增大截面、新增构件或置换构件对桥梁结构进行加固后,新旧结构间的可靠黏结是保证二者共同受力的关键,因此需测试原结构的应力及新增材料的最大拉应力。新增结构与旧结构间由于龄期、材料特性等差异,会产生裂缝或发生剥离,其程度往往会随着外荷载的变化有所发展,通过静载试验手段测试新旧构件在同一位置的应力(应变)可以判断二者的协调变形和共同受力情况。

通过体外预应力加固改造后的桥梁,体外预应力的偏心距对结构本身的应力及其极限承载能力影响较大,合理控制体外预应力钢束在运营过程中的偏心距大小及其变化范围是保证改造措施合理的因素之一。

5.3.7 测点布置

在确定试验桥跨和检测项目后,还需明确各控制截面或部位的测点布置。测点布置应遵循必要、适量、方便观测的原则,并使观测数据尽可能准确、可靠。具体要求如下。

1)挠度测点

(1)位移测点的测值应能反映结构的最大变位及其变化规律,对于大跨桥梁应沿纵向布置一定数量的测试截面(四分点、八分点等),以分析结构受载后的挠曲变形规律。

(2)主梁竖向位移的纵桥向测点宜布置在各工况荷载作用下挠度曲线的峰值位置。

(3)竖向位移测点的横向布置应充分反映桥梁横向挠度分布特征,整体式截面不宜少于3个,多梁式(分离式)截面宜逐片梁布置,以考察结构的整体工作性能。

(4)还应结合结构受力特点以及评价的需要,进行侧向位移、扭转变形、塔顶变位、纵向漂移、支点沉降等的测量。

2)应变测点

(1)应变测点应根据测试截面及测试内容合理布置,并应反映桥梁结构的受力特征。应变测点应优先布置在结构最大受力处。

(2)单向应变测点布置应左右对称、上下兼顾、重点突出,并应充分反映截面高度方向的应变分布特征,以验证平截面假定。

(3)考虑到结构材料(特别是混凝土)的离散性,应变测点应是足够的,重要测点可布置多个传感器。

(4)需测试结构的主应力时,可在主应力较大部位布置应变花,如简支梁布置在近支点处。测点布置如图5-1所示,单测点不宜少于三个应变花,其余主应力测试位置应根据计算确定。

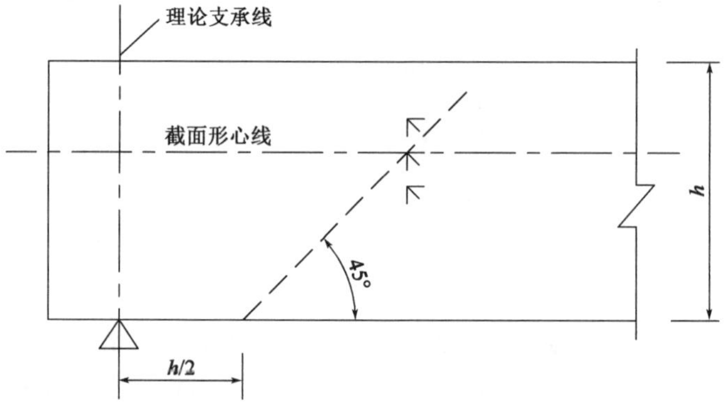

图5-1 简支梁近支点主应力测点布置图

(5)预应力混凝土结构,应变测点设在混凝土表面即可;普通钢筋混凝土结构,采用凿开混凝土保护层(试验结束后应及时修复)直接在钢筋上布设测点的方法;圬工砌体可采用大标距应变计测量结构的平均应变。

(6)测点布置完毕,应测量其实际位置,并记录。

3)转角或倾角

倾角测点宜根据需要布置在转动或倾斜明显,角度较大的部位。

4)裂缝观测

重点测量结构关键部位受力裂缝的宽度以及受载后裂缝的扩展(宽度、长度)情况,宜根据实际情况布置测点。每个加载工况在加载前、受载时、卸载后均应对控制截面或部位进行裂缝观测。

5)温度测点的布设

选择与测点接近的部位,设置1~2处气温观测点,此外可根据需要在桥梁主要构件表面布置温度观测点。温度测试结果可用于结构计算修正。

桥梁结构形式复杂多样,测点布置的方法也有较大差异,应遵循以下基本原则:

(1)测点布置应具有代表性,满足结构分析和判断的需要,同时要便于计算。

(2)测点布置在力学响应最大挠度或应变处,降低测试误差的干扰。

(3)为保证测试数据的可靠性,测点数量应是足够的,且需布置一定数量的校核测点。在现场试验过程中,由于偶然因素和外界干扰,可能会有部分测点不能正常工作,因此在关键控制部位要布置多个测点。

(4)测点布置要有针对性,要以满足试验要求为目的,避免盲目布置及片面追求测点数量,以突出试验工作重点,提高效率,以保证质量为目标。

(5)利用结构的对称互等原理,可适当减少测点布置数量,并尽可能使控制截面相对集中。

5.3.8 测试仪器安装

试验需用的所有仪器、传感器均应在测试前进行检查,并按仪器本身的要求进行标定和调试,满足测试精度要求。仪器安装应注意下列问题:

(1)测点放样后,实施打磨找平,清洗干净,安装应变传感器,并做防潮处理。焊接电线与接线,将所有测点编号接入数据采集仪的接线箱。

(2)当采用1/4桥路测试时,为了排除测试过程中大气温度变化带来的影响,每一断面设置处于同一温度场而不受加荷影响的补偿应变片,一并接入接线箱。

(3)仪器安装应在加载试验前完成,安装完毕应进行检查和确认。接线联机后,进行试调工作,检查各传感器电路是否通畅。

(4)加载试验期间为减少温度变化对静载试验的影响,加载试验时间段环境温度应基本恒定。在加载试验之前应对各测点进行一段时间的温度稳定观测,隔5~10min读数一次。

(5)仪表、设备容易受到碰撞、扰动的部位应布置防护设施,设置醒目的标志,以保证仪表正常工作。

(6)在正式加载前,先进行预加载(一般采用分级加载的第一级荷载或单辆试验车作为预加载),以检验设备是否正常,消除结构的非弹性变形。一切反应良好后卸载,15min后进行正式加载。

5.3.9 加载试验

1)桥面加载线放样

试验前在桥面上对加载位置进行放样,宜采用不同颜色的标志区分各加载工况的车辆位置。

加载前及卸载后的加载车辆的安排应注意两个问题:一是对试验桥跨(部位)的受力无影响;二是不能使停放位置的桥跨出现超载现象,车辆停放位置应做明显标记。

2)加载试验操作流程

(1)加载前对各传感器进行平衡并初读数。

(2)试验荷载应分级施加,加载级数应根据试验荷载总量和荷载分级增量确定,可分成3~5级。当桥梁的技术资料不全时,应增加分级。以测试桥梁在荷载作用下的响应规律为目的时,可加密加载分级。

(3)加卸载过程中,应保证非控制截面内力或位移不超过控制荷载作用下的最不利值。

(4)当试验条件受限时,附加工况的控制截面可只进行最不利加载。

(5)试验加载过程中,应记录结构出现的异常响动、扭曲、晃动等现象,并采取相应的处理措施。

(6)试验过程中,为尽可能减少混凝土流变特性的影响,加载到位后,关闭汽车发动机。

(7)加载或卸载持荷时间可采用两种方式控制:一种是按预定程序持荷规定时间;另一种是按结构变形是否达到稳定来确定,如5min的变形增量小于量测仪器最小分辨值,或结构最后5min的变形增量小于前一个5min变形增量的15%,均认为结构变形达到相对稳定状态。

(8)卸载10min后,再进行一次重复加载,以便使结构恢复弹性变形,消除塑性残余变形。

(9)待数据完全稳定之后再进行记录;记录每个加载工况初始值、加载值、卸载值,并尽量采用多次平均方式,以清除随机误差。

(10)每次记录仪表读数时,应该同时记下周围的气象资料,如温度、湿度等。

3)安全控制及异常情况处理

(1)加载过程观察

加载过程中随时观测结构各部位可能产生的新裂缝,注意观察构件薄弱部位是否开裂、破损,组合构件的结合面是否开裂错位,支座附近混凝土是否开裂,横隔板的接头是否拉裂,结构是否产生不正常的响声,加载时墩台是否发生摇晃现象等,并应及时采取相应的措施。

(2)裂缝观测

加载试验中裂缝观测重点应放在结构承受拉力较大部位及原有裂缝较长、较宽的部位。加载过程中观测裂缝长度及宽度的变化情况,可直接在混凝土表面进行描绘记录,也可采用专门表格记录。加载至最不利荷载及卸载后应对结构裂缝进行全面检查,尤其应仔细检查是否产生新的裂缝,裂缝存在时绘制裂缝分布图。

4)终止加载条件

应根据各工况的加载分级,对各加卸载过程结构控制点的应变(或变形)、薄弱部位的破损情况等进行观测与分析,并与理论值对比。试验过程中发生下列情况之一时,应停止加载,查清原因,采取措施后再确定是否进行试验。

(1)控制部位测点应变实测值已达到或超过理论值。

(2)控制部位测点变形(或挠度)实测值超过理论值。

(3)加载过程中,结构裂缝的长度、宽度或数量明显增加。

(4)实测变形分布规律异常。

(5)桥体发出异常响声或发生其他异常情况。

(6)斜拉索或吊索(杆)索力增量实测值超过理论值。

5.3.10 试验数据处理

静载试验数据的整理分析是消除原始数据的干扰因素,使数据系统化、条理化、图表化的过程,便于对桥梁结构状况进行评价,分析荷载作用下力学响应规律。

1)测试数据修正

原始试验数据分析时,应根据温度变化、支点沉降及仪表标定结果的影响对测试数据进行修正。当影响小于1%时,可不予修正。否则,应对下列内容进行修正:

(1)温度影响修正:温度变化对测试结果的影响较明显,且是多方面的,试验时减小温度影响是关键。对温度变化及温度影响进行准确量化修正,是基于温度观测系统的监测结果,可对测试结果进行有依据的修正。温度影响修正可按式(5-2)进行计算:

$$\Delta S_t = \Delta S - \Delta t K_t \tag{5-2}$$

式中:ΔS_t——温度修正后的测点加载测值变化量;

ΔS——温度修正前的测点加载测值变化量;

Δt——对应于 ΔS 观测时间段内的温度变化量,℃,对应变宜采用构件表面温度,对挠度宜采用气温;

K_t——空载时温度上升1℃时测点测值变化量,如测值变化与温度变化关系较明显,可采用多次观测的平均值,$K_t = \Delta S_1/\Delta t_1$;

ΔS_1——空载时间区段内测点测值变化量;

Δt_1——对应于 ΔS_1 同一时间区段内温度变化量。

(2)支点沉降影响的修正:当支点沉降较大,特别是在临时墩台上进行构件试验时,应对挠度测量值进行插值修正。支点有沉降发生时,支点沉降量修正量可按式(5-3)计算:

$$C = \frac{l-x}{l} \cdot a + \frac{x}{l} \cdot b \tag{5-3}$$

式中:C——测点的支点沉降修正量,mm;

l——A 支点到 B 支点的距离,mm;

x——挠度测点到 A 支点的距离,mm;

a——A 支点沉降量,mm;

b——B 支点沉降量,mm。

(3)测值仪器修正:根据各类仪表的参数或标定结果进行测试结果偏差修正,这类偏差多属系统误差。

2)测试值计算

根据结构性能评定的需要,进行总变位(应变)、弹性变位(应变)和残余变位(应变)的计算。

测点位移或应变可按式(5-4)~式(5-6)计算:

$$S_t = S_l - S_i \tag{5-4}$$

$$S_e = S_l - S_u \tag{5-5}$$

$$S_p = S_t - S_e = S_u - S_i \tag{5-6}$$

式中：S_t——试验荷载作用下测量的结构总位移(或总应变)值；

S_e——试验荷载作用下测量的结构弹性位移(或应变)值；

S_p——试验荷载作用下测量的结构残余位移(或应变)值；

S_l——加载达到稳定时的测值；

S_i——加载前的测值；

S_u——卸载后达到稳定时的测值。

3)相对残余计算

相对残余变位(应变)可反映结构弹性工作性能。测点的相对残余位移(或应变)可按式(5-7)计算：

$$\Delta S_p = \frac{S_p}{S_t} \times 100\% \tag{5-7}$$

式中：ΔS_p——相对残余位移(或应变)；

其余变量意义同前。

4)校验系数计算

校验系数是控制测点的实测值与理论值的比值。测点校验系数应按式(5-8)计算：

$$\eta = \frac{S_e}{S_s} \times 100\% \tag{5-8}$$

式中：η——校验系数；

S_s——理论计算的结构弹性位移(或应变)值；

其余变量意义同前。

5)试验曲线的绘制

试验曲线能直观地反映试验结果。一般通过试验曲线来表示实测应变和理论计算值的比较情况、主要控制点的变形(应变)与荷载的历程曲线、挠度及应变分布情况。通过曲线能够对试验结果进行评价,判断异常点、结构工作状态、应变(变形)分布是否符合一般规律等。

试验曲线的绘制应包括下列主要内容：

(1)列出各加载工况下主要测点实测位移(或应变)与相应的理论计算值的对照表,并绘制出其关系曲线。

(2)绘制各加载工况下主要控制点的位移(或应变等)与荷载或荷载效率的关系曲线。

(3)绘制各加载工况下控制截面位移(或应变)分布、沿纵(横)桥向挠度图、截面应变沿高度(宽度)分布图等。

5.3.11 静载试验性能评价

1)校验系数

校验系数 η 是评价桥梁承载能力状况的一个重要指标。不同结构形式的桥梁的 η 值不同。η 值应在表5-7的常值范围内。

常见桥梁结构校验系数 η 常值表　　　　表 5-7

桥梁类型	应变(或应力)校验系数	挠度校验系数
钢筋混凝土板桥	0.20～0.40	0.20～0.50
钢筋混凝土梁桥	0.40～0.8	0.50～0.90
预应力混凝土桥	0.60～0.90	0.70～1.00
圬工拱桥	0.70～1.00	0.80～1.00
钢筋混凝土拱桥	0.50～0.90	0.50～1.00
钢桥	0.75～1.00	0.75～1.00

基于桥梁可靠度的要求，一般要求校验系数小于1.0，同类桥型校验系数值越小，结构的安全储备越大，校验系数值过大或过小都应该从多方面分析原因。校验系数过大，可能是组成结构的材料强度较低或是结构各部分连接性能较差，刚度较低。校验系数值过小的原因可能是材料的实际强度及弹性模量较高，混凝土桥面铺装及人行道等与梁共同受力，拱桥拱上建筑与拱圈共同作用，计算理论或简化的计算图式偏于安全等。此外，试验时加载物的称量误差、仪表的观测误差等对校验系数也有一定影响。

在正常工作极限状态下，理论的变位(或应变)与荷载呈线性关系，故若测点实测弹性变位(或应变)与理论计算值成正比(其关系曲线接近于直线)，说明结构处于良好的弹性工作状况。

2)相对残余

测点在控制加载程序时的相对残余变位(或应变)ΔS_{p} 越小，说明结构越接近弹性工作状况。一般要求 ΔS_{p} 值不大于20%，当其大于20%时，应查明原因。若确系桥梁强度不足，应在评定时酌情降低承载能力。

3)裂缝

试验荷载作用下，在用桥梁的裂缝宽度不宜超过《公路桥梁承载能力检测评定规程》(JTG/T J21—2011)的规定。

在桥梁荷载试验中，有时会遇到少量裂缝宽度超限，但结构主要控制截面的应变和挠度较小的情况，仅凭裂缝宽度单一指标认定一座桥梁的承载力不足，依据不足。规范对裂缝宽度的限制，更多的是从耐久性角度考虑，加上影响裂缝宽度测试结果的因素较多，因此对裂缝的评定应根据裂缝形态、分布、数量、长度、宽度、荷载作用下的扩展以及卸载闭合等因素进行综合评价。

5.4 动力荷载试验

桥梁结构在使用阶段承受动荷载，如汽车冲击和制动力、风荷载、地震荷载等，这些荷载形成结构振动的振源。振源是指作用在结构上的各类动荷载输入，振源使结构系统特性产生响应。响应是指结构在振动激励作用下的各参数，如动挠度、动应力、冲击系数、加速度等。不同的振源特性和激励强度对于相同的结构，其响应输出也不同；反之对于相同的激励，结构特性不同，其响应可能有很大差异。小阻尼结构，出现频率耦合的频带较窄，但一旦耦合，则动力增大效应比大阻尼结构显著。对于混凝土拱桥、梁式桥,重点关注的是结构行车动力性能,而柔性的索结构桥梁,抗风就成为主要的研究对象。

桥梁结构动力荷载试验(简称“动载试验”)主要解决以下问题。

1)结构系统动力特性分析

通过各种激励,测定结构的自振频率、阻尼比、振型等模态参数,进行结构刚度及整体运行性能等的分析评价,也是研究结构抗震、抗风的基础。

2)结构动力响应分析

通过测定结构在各类实际动力荷载作用下的振动响应,如动位移、动应力、振动加速度、冲击系数等,判定受振动作用的结构是否安全可靠。

5.4.1 动载试验基本要求

(1)桥梁动载试验应测试桥跨结构的自振频率和冲击系数。

(2)存在下列情形之一时,动载试验应增加测试桥跨结构的振型和阻尼比;必要时,还应测试桥梁结构的动挠度和动应变,并掌握车辆振源特性。

①单跨跨径超过80m的梁桥、T形刚构桥、连续刚构桥和单跨跨径超过60m的拱桥、斜拉桥、悬索桥及其他组合结构桥梁。

②存在异常振动的桥梁。

③仅依据静载试验不能系统评价结构性能的桥梁。

(3)对多联(孔)桥梁,同时开展静、动载试验时,动载试验桥联(孔)应选择与静载试验相同的桥联(孔);其他情况下应根据结构评价需要,选择具有代表性的桥联(孔)。

5.4.2 试验工况、测试截面及测试内容

1)桥梁激振方法

桥梁动载试验工况应根据具体的测试参数和采用的激振方法确定。

激振方法可根据结构特点、测试的精度要求、方便性及现场实际情况确定,一般采用环境随机激振法、行车激振法和跳车激振法,也可采用起振机激振法或其他激振方法。

(1)环境随机激振法(脉动法):指在桥面无任何交通荷载以及桥址附近无规则振源的情况下,通过测定桥梁由风荷载、地脉动、水流等随机激励引起的微幅振动来识别结构自振特性参数的方法。该方法需对采集的长样本信号进行能量平均,以便消除随机因素的影响。对悬索桥、斜拉桥等自振频率较低的桥型,为保证频率、分辨率和提高信噪比,采集时间一般不小于30min。对小跨径桥梁,采集时间可以酌情减少。环境随机激振法更适合大跨柔性桥梁。

(2)行车激振法:利用车辆驶离桥面后引起的桥梁结构余振信号来识别结构自振特性参数,对小阻尼桥梁效果较好。为提高信噪比,获取尽可能大的余振信号,可采用不同的车速进行多次试验,或在桥跨特征截面设置弓形障碍物进行激振(有障碍行车激振)。通常结合行车动力响应试验统筹考虑获取余振信号。

(3)跳车激振法:通过让单辆载重汽车的后轮在指定位置从三角形垫块上突然下落对桥梁产生冲击作用,激起桥梁的振动。该方法更适用于其他方法不易激振的、刚度较大的桥梁,如石拱桥、小跨径梁式桥等。梁式桥采用跳车激振法时,一般进行车辆自重附加

质量影响的修正。研究表明,对跨径小于 20m 的简支梁桥,车辆自重的影响是不可忽略的。

(4)起振机激振法:指利用起振机采用可控的定点正弦激励或正弦扫描激励使结构产生稳态振动。该方法测试精度高,但需要较为庞大的起振机设备,运输不方便,同时安装起振机对桥面将产生一定的损伤。在需要高精度识别桥梁结构动力特性时,可以采用此方法。

2)测试截面

测试截面及测点布置应符合下列规定:

(1)桥梁动载试验的测试截面应根据桥梁结构振型特征和行车动力响应最大的原则确定。一般可根据桥梁结构规模按跨径 8 等分或 16 等分简化布置。桥塔或高墩,宜按高度分 3 ~4 个节段分段布置。

(2)对常见的简支梁桥及连续梁桥,根据具体情况可参照表 5-8 和表 5-9 选择测试截面。

简支梁桥前 5 阶模态的传感器布置方案 表 5-8

模态阶数	至少需要传感器数	测点布设位置
1	1	$L/2$
2	2	$L/4,3L/4$
3	3	$L/6,L/2,5L/6$
4	4	$L/8,3L/8,5L/8,7L/8$
5	5	$L/10,3L/10,L/2,7L/10,9L/10$

三等跨连续梁前 3 阶模态的传感器布置方案 表 5-9

模态阶数	至少需要传感器数	测点布设位置
1	3	$L/6,L/2,5L/6$
2	6	$L/12,L/4,5L/12,7L/12,3L/4,11L/12$
3	9	$L/18,L/6,5L/18,7L/18,L/2,11L/18,13L/18,5L/6,17L/18$

(3)大型桥梁振型测试可将结构分成几个单元分别测试。整个试验布置一个固定参考点(应避开振型节点),每次测试都应包括固定参考点。将几个单元的测试数据通过参考点关联,拟合得到全桥结构振型图。

(4)在测试桥梁结构行车响应时,应选择桥梁结构振动响应幅值最大部位作为测试截面。简单结构宜选择跨中 1 个测试截面,复杂结构应增加测试截面。

(5)用于冲击效应分析的动挠度测点每个截面应至少 1 个。采用动应变评价冲击效应时,每个截面在结构最大活载效应部位的测点数不宜少于 2 个。

3)试验工况

(1)无障碍行车试验:宜在 5 ~80km/h 范围内取多个大致均匀分布的车速进行行车试验。冲击系数是与桥面平整度、车-桥耦合振动等相关的随机变量,单次试验的随机性较大,影响评价的客观性,每车速工况应进行 2 ~3 次重复试验。

(2)有障碍行车试验:在桥梁冲击效应显著部位布置障碍物,采用 1 或 2 台加载车并排匀速越过障碍物,对结构进行激励,以模拟桥面不平整时汽车动荷载对结构的冲击作用,车速一般取 5~20km/h。障碍物通常采用弓形木板,如图 5-2 所示。

(3)制动试验:制动试验主要为了解桥梁承受活载水平力作用的性能。试验要求以一定数量的加载车辆并排匀速行驶,在桥梁特征部位紧急制动,以测定结构的动态响应,车速一般采用 30~50km/h。制动部位一般选择能激起桥梁较大竖向和纵向振动的位置,如梁式桥的跨中、拱桥的拱顶以及 $L/4$ 截面。对漂浮体系桥梁,应测试主梁纵向位移等项目。

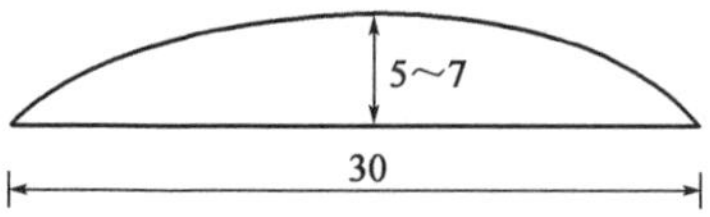

图 5-2 弓形障碍物横断面示意图(尺寸单位:cm)

4)测试内容

桥梁自振特性试验应包括竖平面内弯曲自振特性、横向弯曲自振特性以及扭转自振特性的测试。应根据试验目的和需要测试纵桥向竖平面内弯曲自振特性。桥梁的测试阶次应不少于表 5-10 的规定。

桥梁的测试阶次表 表 5-10

桥型	简支梁桥	非简支梁桥、拱桥	斜拉桥、悬索桥
测试阶次	1 阶	3 阶	9 阶

动力响应测试内容:动挠度、动应变、振动加速度、速度及冲击系数。

5.4.3 试验荷载

无障碍行车试验可采用与静载试验相同的加载车辆,车辆轴重产生的局部效应不应超过车辆荷载效应,避免对横系梁、桥面板等局部构件造成损伤。

无障碍行车试验荷载效率可按式(5-9)计算,宜取高值,但不应超过 1。

$$\eta_d = \frac{S_d}{S_{l\max}} \tag{5-9}$$

式中:η_d——动载试验荷载效率,%;

S_d——动载试验荷载作用下控制截面的最大内力或变形;

$S_{l\max}$——控制荷载作用下控制截面的最大内力或变形(不计冲击)。

对于大型桥梁,单辆车的荷载效率可能偏低,通常采用多辆车横向并列一排同步行驶进行行车试验,在行驶过程中宜保持车辆的横向间距不变。为保证试验的安全,在纵桥向一般不安排车队。在实际操作中,为保证试验安全,荷载效率可酌情降低。

对于装配式结构,在保证试验安全的情况下,动挠度测试通常按照车辆行驶的轨迹线进行,必要时在桥面绘制行车线路标志。

有障碍行车试验和制动试验可采用与无障碍行车试验相同的单辆或多辆载重车。

5.4.4 动载试验注意事项

(1)正式试验前应进行预加载试验,对测试系统进行稳定性检查。桥梁空载状态下,动应变、动挠度信号在预定采集时间内的零点漂移不宜超过预计最大值的 5%。

(2)宜根据预加载试验具体情况对试验方案或测试设备参数设置做调整。按照调整确定的试验方案与试验程序进行加载试验，观测并记录各测试参数，并采取措施避免电磁场以及对讲机、手机等对测试结果的影响。

(3)正式试验过程中，应根据观测和测试结果，实时判断结构状态是否正常，测试数据是否异常，是否需要终止试验，确保试验安全。各工况试验完成后，应对测试数据进行检查和确认。如发现幅值异常或突变、零点严重偏离、异常电磁干扰、噪声过大等，应在排除故障后重新进行试验。

(4)应保证记录的试验荷载参数，传感器规格、灵敏度、编号、连接通道号，适配器、采集器采样频率、滤波频率、换算系数等信息的完整。

(5)试验完成后，应在现场对主要的测试数据进行检查和初步分析，确保测试数据的准确和完整。

5.4.5 试验数据分析

测试数据分析前，应对测试信号进行检查和评判，并进行剔除异常数据、去趋势项、数字滤波等必要的预处理。

1)结构自振特性分析

振动系统包含众多模态振型，每个振型均有对应的自振频率和阻尼比，具有工程实际意义的往往是前几阶低阶模态参数，如简支结构的1阶竖向自振参数、拱桥的前3阶竖向自振参数。

(1)结构自振频率可采用频谱分析法、波形分析法或模态分析法得到。自振频率宜取用多次试验、不同分析方法的结果相互验证。单次试验的实测值与均值的偏差不应超过±3%。

(2)桥梁结构阻尼可采用波形分析法、半功率带宽法或模态分析法得到。结构阻尼参数宜取用多次试验结果的均值，单次试验的实测结果与均值的偏差不应超过±20%。

(3)振型参数宜采用环境激振等方法进行模态参数识别。振型参数宜采用专用软件进行分析，可同时得到振型、固有频率及阻尼比等参数。振型参数识别可采用的计算方法较多，也较复杂。研究表明，当采用环境激振法进行模态参数识别时，随机子空间法精度和效果较好，所以优先采用。

2)结构动力响应分析

结构动力响应参数包括动应变、动位移、振动加速度以及冲击系数等，其中冲击系数通过动挠度时程曲线计算得到。动挠度一般利用接触式动位移计或光电式挠度检测仪测试，动应变利用应变片或工具式应变计和动态应变仪测试。振动加速度测试仪器种类较多，可灵活选择。

计算冲击系数时应优先采用桥面无障碍行车下的动挠度时程曲线计算。对小跨径桥梁的高速行车试验，当判断直接求取法误差较大时，应根据实际情况采用数字低通滤波法求取最大静挠度或应变。对特大跨径桥梁，受现场条件限制无法测定动挠度时，可采用动应变时程曲线计算冲击系数：

$$\mu = \frac{f_{\mathrm{dmax}}}{f_{\mathrm{jmax}}} - 1 = \frac{f_{\mathrm{dmax}}}{\dfrac{f_{\mathrm{dmax}} + f_{\mathrm{dmin}}}{2}} - 1 = \frac{f_{\mathrm{dmax}}}{f_{\mathrm{dmax}} - \dfrac{f_{\mathrm{p\text{-}p}}}{2}} - 1 \tag{5-10}$$

式中:f_{dmax}——最大动挠度幅值;

f_{jmax}——取波形振幅中心轨迹的顶点值,或通过低通滤波求取;

f_{dmin}——与f_{dmax}对应的动挠度波谷值;

$f_{p\text{-}p}$——挠度动态分量的峰-峰值。

冲击系数宜取同截面(或部位)多个测点的均值,进行多次试验时可取该车速下的最大值。

5.4.6 资料整理及分析评价

(1)分析计算和资料整理应包括下列内容:

①动载试验荷载效率。

②各试验工况下动挠度、动应变、加速度等的时域统计特性,包括最大值、最小值、均值和方差等。

③典型工况下主要测点的实测时程曲线。

④典型的自振频率谱图。

⑤实测自振频率与计算频率列表比较。

⑥冲击系数-车速相关曲线图或列表。

⑦其他必要图表、曲线、照片等数据或资料。

(2)桥梁结构性能分析应通过下列方法进行:

①比较实测自振频率与计算频率,实测频率大于计算频率时,可认为结构实际刚度大于理论刚度,反之则实际刚度偏小。

②比较自振频率、振型及阻尼比的实测值与计算数据或历史数据,可根据其变化规律初步判断桥梁技术状况是否发生变化。

③比较实测冲击系数与设计所用的冲击系数,实测值大于设计值时应分析原因。

自振频率与结构刚度有着明确的关系。自振频率容易精确测量,利用自振频率评价桥梁的刚度也具有较高的可靠性。结构部件出现缺损时,一般自振频率会降低,振型出现变异,一般来讲,变异区段即为缺损所在区段。

阻尼比参数可以通过和同一座桥的历史数据对比,或与同类桥梁历史经验数据对比,粗略判断桥梁结构的技术状况是否出现劣化。例如,若阻尼比明显偏大,则桥梁结构技术状况可能存在缺损或出现劣化。

5.5 桥梁荷载试验报告编制

试验报告是荷载试验的重要成果。在试验资料整理、分析的基础上,提交桥梁静、动载试验报告,内容如下。

(1)工程概况。介绍试验桥的所属工程、名称、建设或服役龄期、起止点或中心桩号等基本信息;桥梁结构形式、构造特点、跨径组合、桥跨结构横断面形式及施工概况等结构信息,桥梁设计荷载、运营车道数等主要技术指标。对于鉴定性试验,应说明在施工或设计中存在的技术问题,以及其对承载能力的影响等;对于科研性试验,应说明研究中需解决的问题。

给出至少一张结构主体外貌照片，以及包括主要尺寸的试验桥跨立面图、平面图及横断面图。

(2)试验目的和依据。按桥梁结构类型和控制荷载的性质说明试验应达到的要求与应完成的任务。

列出试验依据的标准规范、规程、设计文件、竣工文件及桥梁维修、加固相关资料。

(3)试验仪器设备。试验仪器设备应包括试验仪器设备的名称(型号)、设备编号、主要技术参数等，一般以列表给出。

(4)静载试验内容。

①静载试验报告内容应包括支座、墩台、防护工程、桥面结构和行车条件检查及评述，结构内力分析结果，测试截面选择，应变及挠度等测点布置，试验加载车辆或加载物选择，试验工况及加载位置说明，试验测试过程，试验结果及分析和静载试验结论。

②应简要说明桥梁结构内力分析选用的程序、材料主要参数、内力分析主要结果，并给出有关计算图式。

③应依据计算结果选定测试截面，说明荷载试验截面的测试项目。

④应按测试截面说明应变、挠度等测点数量、布置，并给出图示。

⑤应说明试验加载车辆的型号、轴重分配，若采用加载物加载则需说明加载物的密度、体积，给出试验荷载效率。

⑥应依据测试截面次序分工况依次列出纵、横桥向加载位置，并辅以图示说明。

⑦应简要说明试验准备、预加载、试验加载、卸载等主要试验过程。

⑧应以列表形式给出各工况下应变、挠度等测试截面实测值、平均值、残余值、理论计算值及校验系数。应将具有代表性测点的实测值与理论值绘制成图，便于观测试验荷载下的分布状况或结构响应。

⑨应给出包括试验测试截面几何、力学参数，并依据实测数据判断结构工作状态是否满足设计要求或是否达到控制荷载要求等的静载试验结论。

(5)动载试验内容。

①试验内容包括结构动力分析、测试项目、测试方法、测试截面的选择以及传感器测点布置、试验荷载、试验工况、试验结果及分析、动载试验结论。

②结构动力分析应包括结构自振频率理论计算值及振型描述。

③图示说明测试截面位置及传感器在纵、横断面上的布置情况。

④说明车辆数、车重等试验荷载信息，加载方法、激励方法以及所采用车辆荷载的技术参数。

⑤分工况依次说明试验车辆荷载无障碍行车速度及跳车等状况。

⑥试验结果及分析应包括动力信号处理方法、结构自振频率、阻尼比、冲击系数测试结构及图示，并与理论计算值比较。

(6)试验过程。试验过程包括桥梁静载试验的起止日期，试验各阶段详细情况描述，试验日志等。

(7)试验记录。将有代表性的实测数据以表格或曲线的形式表达出来。

(8)试验结论。

①试验结论应包括静、动载试验结论，试验过程裂缝状况等。

②静载试验结论应根据中载及偏载试验的结果对静载试验进行分析，给出试验测试截面的几何、力学参数，应变、挠度等的校验系数，依据实测数据判断结构工作状态是否满足设计要求或目标荷载的要求。

③动载试验应以主要的动力测试参数说明结构的动力性能和结构响应，在理论值与实测值对比的基础上对结构做出评价。

④试验过程裂缝状况等应说明结构在加载期间有无可视裂缝产生有无裂缝变化或其他情况出现，给出主要裂缝照片图示，分析裂缝对结构的影响。

(9)桥梁承载能力评价与养护管理建议。根据综合分析的结果，得出最后的技术结论，对桥梁承载能力做出评价。技术建议应根据荷载试验的结论对结构提出有针对性的建议，如限速、限载、封闭交通、养护、维修加固或改扩建等。

(10)经验及教训。对试验中的成功经验及不足之处做出客观总结。

(11)试验报告格式应符合《公路桥梁荷载试验规程》(JTG/T J21-01—2015)附录E的要求。

第 6 章

桥梁构件缺陷维修

6.1 圬工构件表层缺陷维修

表层缺陷维修是指桥梁结构强度和稳定性尚能满足安全要求,根据预防性养护要求和耐久性要求而进行的维修工作。圬工砌体结构表层缺陷表现为抹灰层、砌缝脱落,砌体表面风化、起皮、起鼓、剥落等。常用的维修方法有勾缝修补、抹面修补、喷浆修补、局部修补等。

6.1.1 勾缝修补

(1)勾缝修补适用于砌体砌缝砂浆的松散、脱落等缺陷。

(2)勾缝前,可用手凿或风动凿子凿去已破损的灰缝,用压力水彻底冲洗干净,然后采用 M10 水泥砂浆重新勾缝。

(3)勾缝前用抹子把砂浆填入缝内,再用勾缝器压紧,切去飞边使其密实。

(4)桥台和锥、护坡接触处一般常会出现离缝。砂浆勾缝不久又会裂开,故可用浸过沥青的麻筋填嵌,以防止雨水浸入。

6.1.2 抹面或喷浆修补

(1)抹面或喷浆修补适用于圬工砌体表面风化、剥落、蜂窝、麻面等缺陷。

(2)手工抹面适合小面积缺陷修复,压力喷浆适合大面积缺陷修复。

(3)手工抹面或压力喷浆前,应进行结合面处理。

(4)当喷射层较厚时,需分层喷浆。

6.1.3 局部修补

当砌石砌体表层局部损伤,脱落不太严重时,可以将破损部分消除,凿毛洗净,然后用

M10 水泥砂浆分层填补至需要厚度,并将表面抹平。

当损坏深度和范围较大时,可在新旧结构结合处设置牵钉,必要时挂钢筋网,立好模板浇筑混凝土,其做法是:

(1)清除已破损部分,并洗净灰尘。边缘也应修凿整齐。

(2)结合面处理。

(3)锚栓埋设,其直径根据破损深度选用。锚栓间距在纵、横方向均不得大于 50cm。

(4)布置钢丝网,钢丝网的丝径、网孔依据修补面积、厚度确定。

(5)按构件缺损轮廓线立模,并进行支撑固定,留设进料口。

(6)浇筑混凝土。

6.2 配筋混凝土构件表层缺陷维修

配筋混凝土桥梁构件表层缺陷形式多种多样,常见的有麻面、蜂窝、空洞、剥落、磨损、露筋、开裂等。

(1)麻面是混凝土表面局部缺浆、粗糙,或有许多小凹坑,但无钢筋外露的一种缺损,主要是施工模板表面不光滑,湿润不够,致使构件表面混凝土内水分被吸去造成的。

(2)蜂窝是混凝土的局部酥松,混凝土中的砂多砂浆少,石子间出现空隙,呈蜂窝状孔洞。这有施工方面的原因,如混凝土浇筑中缺乏应有的振捣,分层浇筑时违反操作规程,运输时混凝土产生离析,模板缝隙不严,水泥砂浆流失等;也有设计方面的原因,如配筋太密,混凝土粗集料粒径太大,坍落度过小等。

(3)空洞是混凝土内部有空隙,局部没有混凝土,或蜂窝面积特别大。钢筋布置过密,施工时混凝土被卡住且未充分振捣就继续浇筑了上层混凝土可引起这一缺损,严重漏浆也可能产生空洞。

(4)剥落是混凝土表面的砂、水泥浆脱落,粗集料外露(严重时会形成集料及包裹集料的砂浆一起脱落,或混凝土表面灰浆成片状脱落)的一种缺损。这有多方面的原因,如保护层太薄,因结构裂缝导致雨水浸入,钢筋锈蚀膨胀等。严寒地区冰冻、干湿交替循环作用和侵蚀性水的化学侵蚀作用也会引起混凝土剥落。

(5)磨损是混凝土在外界的作用下,集料和砂浆磨损、脱落的一种缺损现象。其成因多为混凝土强度不足,表层细集料太多;桥面受到车轮磨耗;墩、桩受到高速水流冲刷,水流中又有大量砂石或冰凌等。

(6)露筋是钢筋混凝土内的主筋、箍筋等未被混凝土包裹住而外露的一种缺损。这主要是混凝土浇筑时钢筋保护层垫块移位,钢筋紧贴模板,以及保护层处混凝土漏振或振捣不实造成的。

(7)混凝土开裂是混凝土结构由于内外因素的作用而产生的物理结构变化。开裂是混凝土结构物承载能力、耐久性降低的主要原因。导致混凝土产生开裂的因素很多,但根本原因是结构的拉应力超过了混凝土的抗拉强度,主要可归结为混凝土材料的自身特性、温度和湿度变化、外荷载产生过大的变形和施工方法不当这四方面原因。

6.2.1 混凝土表层缺陷维修

1)前期工作

不管采用何种材料、何种方法对缺陷进行修补,首先必须清除已损坏的混凝土,直到露出完好混凝土并扩展到钢筋除锈所需范围。清除方法有:

(1)人工凿除法:对于浅层或小面积的损坏,用榔头、凿子等手工工具进行凿除。

(2)气动凿除法:适应于大面积缺损,通过气动工具完成。

(3)高速射水法:对于浅层且大面积的缺陷,可用高速水流除去混凝土损坏部分,也可使用高压泵冲水清除破损混凝土。在经过清除的钢筋上很快会形成一层极薄的氧化铁薄膜,这有助于保护钢筋。该法可以冲去有缺陷的混凝土与钢筋上的锈蚀及表面上微量的侵蚀性化学物质。与人工凿除法、气动凿除法相比,高速射水法无振动、噪声和灰尘,清除工作完成后,混凝土表面干净湿润。

2)常用材料

为使混凝土结构在修补后能够坚固耐用,应慎重选择修补材料。常用的材料有混凝土、水泥砂浆、聚合物砂浆、混凝土黏结剂和环氧树脂高分子黏结材料。混凝土材料、水泥砂浆材料与原结构相同,应用最多。

普通水泥砂浆因拉压比低,干缩变形大,抗渗性、抗裂性、耐腐蚀性差,已经不能满足桥梁表层缺陷修复需要。为了使砂浆具有特殊的性能从而满足特殊环境与场所的需要,宜在水泥砂浆中加入聚合物进行改性。聚合物改性水泥砂浆的抗弯强度、抗压强度、黏结强度和耐磨性能超过普通水泥砂浆,尤其是抗弯强度和黏结强度的提高更加显著。

聚合物改性砂浆与普通水泥砂浆相比具有较小的弹性模量,表明聚合物改性砂浆具有相对较好的塑性,因此聚合物改性砂浆作为修补材料可以减少由于干缩而产生的裂缝。

混凝土结构修补时,可采用与原强度等级相同的混凝土,也可采用比原混凝土强度等级高一级的细石混凝土。修补用混凝土的技术指标不得低于原混凝土,水泥强度不得低于原混凝土的水泥,水灰比应严格控制,必要时可加入适量减水剂以提高修补混凝土的和易性。

3)常用方法

(1)混凝土修补法

混凝土修补法主要应用于混凝土结构中出现的蜂窝、空洞及深度和范围有较大破损的缺陷。修补前,按前述方法进行凿毛处理,并使混凝土表面保持湿润、清洁、不沾尘土。在新、旧混凝土接缝表面各15cm宽的范围内,涂抹两层封闭浆液,如环氧树脂浆液。第二层的涂抹方向应与第一层垂直,这样可在钢筋周围造成强碱性环境,增强新、老混凝土间的黏结。在浆液涂抹尚未凝固时,立即浇筑新的混凝土,并按普通混凝土要求进行养护。

混凝土修补法主要有直接浇筑法、喷射法和压浆法等。

(2)水泥砂浆或聚合物砂浆修补法

水泥砂浆修补法有人工抹面法和喷浆修补法。

人工抹面法主要应用于小面积的缺陷,特别是损伤深度较浅的表层修补。修补前,应进行凿毛处理,并使混凝土表面保持湿润、清洁。在钢筋和其周围的混凝土上涂抹一层水泥浆液或其他胶结剂,浆液应均匀地刷到钢筋上。在浆液涂抹未凝固时,将拌和好的砂浆用铁抹抹到修补部位,反复加强压实,并按普通混凝土要求进行养护。

砂浆强度形成后,常会发现在新补砂浆四周产生细丝状的收缩裂缝,需视具体情况采取封闭措施。

喷浆修补法主要应用于混凝土表面大面积缺损的修补及重要混凝土结构的修补。该方法将水泥、砂和水的混合料经高压通过喷嘴喷射到修补部位。其主要特点是:用较小的水灰比,较多的水泥,获得了较高的强度和密实度;喷射的砂浆层与受喷面之间具有较高的黏结强度和耐久性;与人工抹面法相比,工效较高。喷浆修补法材料消耗较大,当喷浆层较薄或不均匀时,干缩率大,易发生裂缝。

当要求挂网时,在喷浆施工前还应进行钢筋网的制作、安装、固定。

喷浆工艺一般采用干喷法,其工艺流程如图6-1所示。

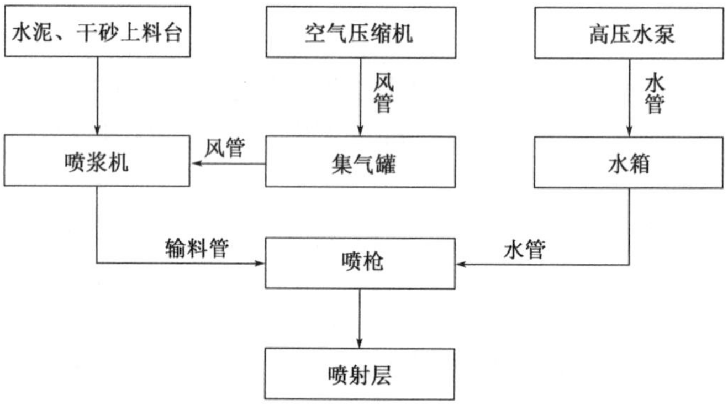

图6-1　干喷法喷浆工艺流程

喷浆前应准备好足够的砂子与水泥,将其均匀拌和,为避免砂中的水分和水泥因水化作用结成硬块,应及时使用。输料管应采用软管,管长不宜短于15m(一般为25~70m),升高不宜超过10m。喷浆工作压力应在0.25~0.40MPa的范围内,随管长、升高调整。喷枪头与受喷面间应保持一定距离(一般为800~1200mm)喷射方向以垂直为宜。喷射层厚度有着严格的要求,当喷射层较厚时,需分层喷射,每层应控制厚度如下:仰喷20~30mm,侧喷30~40mm,俯喷50~60mm。下一层的喷射应在前一层尚未完全凝固时开始,两层间隔时间一般为2~3h,并应在前一层洒水润湿。当前一层已凝固时,应保证在砂浆表面不被破坏的前提下,用钢丝刷轻轻将层间松砂刷除,以使层间结合良好。

喷射后一般需养护1~2周。养护期间,为了避免产生收缩裂缝,一定要使砂浆喷射层处于通风干燥的条件下。

6.2.2　钢筋锈蚀处理

1)钢筋锈蚀处理原则

对钢筋锈蚀的处理和预防钢筋锈蚀的方法有很多,但应满足以下原则:

(1)混凝土缺陷修复要彻底,钢筋锈蚀的诱发条件应予以根除。

(2)修补材料在满足钢筋锈蚀修补或防护的条件下,不得对混凝土性能产生影响。

(3)必须分析、评估钢筋锈蚀对承载能力的影响,无影响时采用维修方案,有影响时考虑加固方案。

(4)使用钢筋防锈新产品前,必须客观、全面了解其性能。

2)钢筋锈蚀处理技术

混凝土破损、开裂是钢筋锈蚀的主因。保护层不足、混凝土碳化和氯离子含量增加是钢筋锈蚀的潜在原因。钢筋锈蚀情况不同,修补技术不同。

(1)混凝土中含有氯离子,但无明显锈蚀

混凝土有一定的氯离子含量,但暂无钢筋锈蚀,须采取措施限制氯离子进一步增加。以下是几种控制氯离子侵入的方式:

①混凝土表面涂装。在混凝土表面进行涂装,能有效阻止水的侵入(也阻止环境氯离子的侵入),而允许混凝土中水汽逸出。

②混凝土外包。对于干、湿交替的混凝土区域,外包混凝土层,增加保护层厚度,阻止氯离子的侵入。

③阴极保护。可以应用各种类型的外加电流系统阻止锈蚀,但需要相应的专业技术和经验来实施。

(2)碳化深度较大,但无明显锈蚀

检测混凝土碳化深度,确定碳化深度。一旦碳化深度接近钢筋,钢筋锈蚀风险较高,以下几种方法可用于阻止钢筋锈蚀:

①粉底和涂料。目前广泛应用的是在受影响的混凝土表面涂上一层良好水泥粉底,再涂刷一层丙烯酸涂料,可以有效阻止二氧化碳的侵入。粉底用来阻止表面缺陷引起涂料膜产生大量气孔,从而保证涂料膜的表面连续性。

②重新碱化。采用适当的电解液,在钢筋区域恢复碱性水平,pH 值从 9 ~ 10 提高到 12。pH 值水平回升后,应再对混凝土表面涂装粉底和涂料,防止二氧化碳的再次侵入。

③阴极防护。同前。

(3)混凝土局部缺陷,钢筋局部锈蚀

①应进行混凝土产生缺陷原因分析,确定维修时是否需要加强。

②沿钢筋凿除混凝土保护层直到钢筋。若有补强必要,在原钢筋侧补焊钢筋。

③在钢筋锈蚀的地方、钢筋表面进行除锈处理,可采用喷砂除锈及化学阻锈剂两种方法进行除锈。

④混凝土表面已经进行了局部凿除,按混凝土表面缺损修复的方法进行修补。

(4)混凝土表层大面积缺损,钢筋锈蚀风险高

维修前,必须考虑病害对结构承载能力的影响。在检算之后,若承载能力降低,考虑桥梁加固方案时一并考虑维修方案。若承载能力不受影响,按下列方法进行维修:

①混凝土表面出现大面积非受力网裂,可采用粘贴纤维材料隔绝潮湿空气或氯离子的侵入。

②混凝土表面出现风化、磨损、表层剥落,可采用聚合物改性砂浆抹面处理。修补厚度小于 30mm 时,可分两次抹面:第一次压抹至表面平整,覆盖混凝土凹凸不平,初凝后再抹第二次至设计厚度,第二次要求表面与原结构表面平齐。当修补厚度大于 30mm 时,应设置钢丝网片,依据修补厚度,多次抹面:第一次抹面,聚合物改性砂浆将钢丝网全部覆盖,初凝后再抹第二次,每次涂抹厚度不宜超过总厚度的一半,直至设计厚度。尽量避免

反复压抹,同时要避免复合砂浆与原构件表面产生空洞。

在聚合物改性砂浆抹面完成后应及时盖上塑料布,24h 以内对复合砂浆终凝后保湿养护,及时浇水,湿养护 7 天,自然养护 28 天。在复合砂浆养护期间,避免对梁的扰动;可用小木槌轻轻敲击加固梁表面或采用超声波检查加固层与原混凝土梁之间的黏结效果。

③混凝土表面剥落严重,缺损深度大,钢筋完全出露,采用模筑混凝土或喷射混凝土进行外包,需要时设置新的钢筋进行补强。

(5)预应力钢筋锈蚀

预应力钢筋锈蚀检测难度较大。当确认预应力钢筋产生锈蚀,有必要对交通进行管制时,应对结构承载能力进行分析与评估。

预应力钢筋产生锈蚀时,沿预应力管道凿除混凝土保护层,清除管道内的水和其他疏松物,采用高压水清洗、除锈、混凝土修复等工序进行处理。

6.2.3 混凝土裂缝修补

修补裂缝的目的在于避免有害物质侵蚀钢筋,提高结构的耐久性。按照《公路桥梁承载能力检测评定规程》(JTG/T J21—2011)第 7.3.4 条,钢筋混凝土及预应力混凝土构件,应视裂缝的特征,分别采用下列方法处理:

(1)裂缝宽度值在允许的范围内,采用表面封闭修补法处理。

(2)裂缝分布密集、面积大,采用表面粘贴修补法处理。

(3)当裂缝宽大于限值时,应采取压力灌浆修补法处理。

(4)如裂缝发展严重,应查明原因,采取合理的加固措施。

依据裂缝特征,裂缝修补方法如图 6-2 所示。

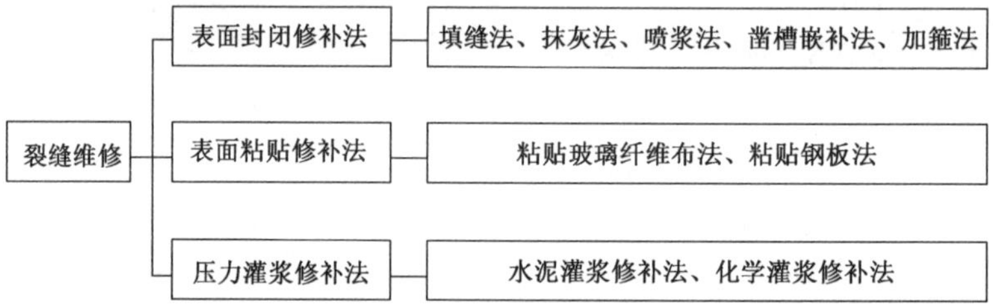

图 6-2 裂缝修补方法

1)表面封闭修补法

桥梁结构混凝土裂缝的表面封闭修补常用方法有填缝法、抹灰法、喷浆法、凿槽嵌补法等。

表面封闭修补法针对非受力裂缝和一些稳定的裂缝。填缝法和抹灰法用于裂缝细小,数量不多的情况;喷浆法适用于浅小,数量多,面积大的裂缝;凿槽嵌补法用于裂缝较宽,数量少,有振动易脱落的情况。表面封闭修补无法深入裂缝内部,对延伸性和扩展性裂缝修复效果不佳。

(1)填缝法

填缝法常用于轻微裂缝的简单修理,属预防养护。将缝隙周边清理干净,根据裂缝宽度选择相应的勾缝刀、抹子、刮刀等。填缝采用水泥净浆、环氧腻子等材料。

(2)抹灰法

抹灰法的操作步骤是将水泥净浆、水泥砂浆、环氧浆液或环氧砂浆等材料涂抹在裂缝部位的砖石砌体上或混凝土表面。

水泥砂浆涂抹面法的操作步骤是：

①将裂缝附近的混凝土表面凿毛(糙面应平整),洗刷干净后,洒水使之保持湿润(但不可有水珠)。

②先用水泥净浆涂刷一层底浆(厚度为0.5～1.0mm),再将水泥砂浆(1∶2～1∶1)一次或分次抹完(厚度越厚,所需次数越多)。配制砂浆时,砂子不宜太粗,以中细砂为宜,水泥可用普通水泥。涂抹的总厚度一般为10～20mm。

③用铁抹压实、抹光。

④夏季施工时,应防止阳光直射,在涂抹3～4h后应洒水养护。冬季应注意保温,避免因受冻而强度降低。

环氧砂浆涂抹法的操作步骤是：

①裂缝上口用钢丝刷刷净缝口,清除浮渣及缝内灰土,并吹干混凝土表面。

②在裂缝处用蘸有丙酮或二甲苯的纱布擦洗一遍,确保混凝土表面无灰尘、油污等。在裂缝周围涂一层环氧浆液,之后嵌入环氧砂浆,用刮刀使其平面与原混凝土面齐平。

③养护,直至环氧树脂硬化(常温20～25℃时,需6～7天)。

(3)喷浆法

喷浆法要求先对需要喷浆的结构表层进行处理。用水冲洗结构物表面,在基层湿润的状态下喷射一层密实、高强的水泥砂浆保护层以封闭裂缝。根据裂缝的部位与性质及修补的要求与条件,该方法可分为无筋素喷法和挂网喷浆法等。

(4)凿槽嵌补法

裂缝宽度虽不超限,但宽度较大,数量少时,通常采用凿槽嵌补法,其操作步骤是：

①沿混凝土裂缝凿一条宽10～20mm,深约5mm的V形槽,槽面应尽量平整,槽形根据裂缝位置和填补材料而定(多采用V形槽)。

②将槽两边混凝土修理整平,将槽内清洗干净。

③在槽内嵌补黏结材料。当填补水泥砂浆时,应先保持槽内湿润且无积水;当填补沥青或环氧材料时,应先保持槽内干燥。

2)表面粘贴修补法

表面粘贴修补法用胶粘剂将玻璃纤维布、碳纤维布或钢板等材料粘贴在出现裂缝部位的混凝土面上。

(1)粘贴玻璃纤维布法

粘贴玻璃纤维布法所用的玻璃纤维布由无碱玻璃纤维织成,耐水性好、强度高。它又可分为无捻粗纱布、平纹布、斜纹布、缎纹布、单向布等多种,其中无捻粗纱布因强度高,气泡易排除、施工方便,最为常用。

粘贴前先将混凝土面凿毛,并冲洗干净,使表面无油污灰尘。若表面不平整,需采用砂浆抹平。粘贴时,先在粘贴面上均匀涂刷一层环氧基液,接着展开、拉直玻璃纤维布,使之紧贴混凝土表面,用滚子在玻璃纤维布面上碾压,使环氧基液浸透玻璃布并溢出。可按同样方法粘贴第二层玻璃纤维布。粘贴时,为了压边,上层玻璃纤维布应比下层的宽10~20mm。

(2)粘贴钢板法

首先按所需尺寸进行钢板下料,表面处理,使其表面露出金属光泽,修凿裂缝附近混凝土表面使其平整,用丙酮或二甲苯擦洗修补部位的混凝土表面及钢板面以去除黏结面的油脂和灰尘,在钢板和混凝土粘贴面上均匀地涂刷环氧基液黏结剂,用固定螺栓均匀地压贴钢板。待养护到所需时间后,拆除方木、角钢等材料,并在钢板表面再涂刷一层养护涂料(如防锈油漆)。

3)压力灌浆修补法

压力灌浆修补法以一定的压力对混凝土结构物上产生的裂缝处用灌注泵注入液状的环氧树脂系列黏结剂(或水泥砂浆)。压力灌浆修补法适用于裂缝宽度较大(大于0.15mm),深度也较大的裂缝修补。压力灌浆修补法施工应按以下工艺流程进行:

(1)裂缝预处理:用刮刀、扁铲沿裂缝将黏附在混凝土表面上的灰浆、尘土铲去,并沿缝开凿"V"形槽,然后用高压空气吹干净。若有油污,则用丙酮清洗。

(2)将粘压浆嘴的粘贴面用砂纸擦亮,清洗干净,并检查开关是否完好,然后在裂缝表面每隔20cm左右骑缝粘贴压浆嘴。原则上,缝窄应密,缝宽可稀,但每条裂缝至少要有一个进浆孔和一个排气孔。

(3)封闭裂缝:用环氧胶泥(或水泥砂浆)将压浆嘴及裂缝表面封闭密实,使裂缝形成一个密闭的空缝。

(4)密封检查:为保证密闭空缝的密闭性及承受灌浆压力作用,应检查封缝的密封效果。办法是:待封缝的环氧胶泥或水泥砂浆固化后,沿缝涂一层肥皂水,并从压浆嘴向缝中通入压缩空气,若无冒泡现象,表示密封效果良好,否则应予修补。

(5)配制灌浆料:灌浆材料应当黏结力强,可灌性好。根据现场施工的实际情况,进行化学灌浆材料的配置。灌浆材料均由双组分组成,在使用前需根据现场条件及使用要求由试验确定适宜的配合比。实际施工时,按照配比将甲乙组分混合在一起,用搅拌器搅拌均匀后即可使用。一般情况下,灌浆材料配制后宜在2h内用完,故配制材料以一次性用量为宜。

(6)灌浆工艺:启灌之前,先接通管道,打开所有灌浆嘴上的阀门,用气压为0.2MPa以上的压缩空气将管道及裂缝吹干净。灌浆顺序自上而下,由一端向另一端依次连续进行。灌浆压力以0.2~0.4MPa为宜,压力逐渐升高,防止骤然加压使裂缝扩大。

(7)灌注操作程序:接通管道,将配制好的胶浆注入灌浆罐,打开储气瓶阀门,调节压力,打开灌浆罐通向灌浆嘴的阀门,待相邻灌浆嘴冒浆后关闭此嘴的阀门。当出浆率小于0.1L/min时,持压5~10min后即可停止该缝的压浆,关闭压浆嘴阀门。

(8)后处理及质量检查:当浆料已经固化时,即可进行后处理工作。对裂缝表面进行清理,如有外观要求,则应尽量使裂缝修补处的颜色与原结构一致。

对灌注质量的技术保证和检查可以采取的措施:

(1)确保浆液具有良好的可灌性,可在施工前取具有裂缝的混凝土试块进行试验,检查所配浆液是否能渗透到裂缝的深处,如能则说明可灌性良好。

(2)骑跨在裂缝上钻芯取样,检查浆液灌注深度。

6.3 钢构件表层缺陷维修

钢结构桥梁具有跨度大、质量轻、承载高、施工方便等优点,被广泛应用于桥梁上部结构,如钢板梁、钢箱梁、钢桁架梁、钢拱结构等。钢结构桥梁的材料特性决定了其在使用中必定会出现损伤退化。钢结构桥梁的表面损伤退化形式有:

(1)防腐涂层失效。

(2)钢构件腐蚀。

6.3.1 防腐涂层失效

防锈系统(措施)的应用可防止钢构件锈蚀的形成,并延缓锈蚀的发展。目前,钢材防锈系统有:

(1)表面防护层,以阻止氧气和水汽接触钢材(如油漆、包裹、电镀)。

(2)根据原电池原理,提供一个牺牲阳极装置(富锌油漆、电镀)。

(3)由外部装置提供附加电流来抑制阳极反应(阴极防护)。

(4)封闭环境中,安装除湿机,吸入潮湿空气,加热蒸发。

桥梁钢构件的防护系统一般采用油漆涂装方式。油漆涂层老化的主要原因是紫外线照射,同时还与所处环境、材质、构造形式相关。例如,在箱梁、板梁的下翼缘、边梁上翼缘的下面、桁架下弦杆的节点处、上弦杆的顶面、铆钉头部和焊接接缝处等部位易产生油漆涂层老化。

当油漆涂层老化时,它会变脆,敲击时会变为碎片。油漆防护系统破坏程度的增长形式依次是粉化、龟裂、开裂、爆皮、锈斑,油漆层最终沿锈蚀部位全部开裂、剥落。

防腐涂层的恶化虽对桥梁承载能力不产生直接影响,但钢桥养护管理经验表明,及早检查,发现其恶化情况,采取适当的措施,则可提高桥梁耐久性,降低维修费用。

1)防腐涂层恶化的种类和原因

钢结构防腐涂层的恶化因素可以分为内部和外部因素:

(1)内部因素:调漆料(干性油与树脂)的化学组织结构颜料的影响。

(2)外部因素:紫外线、温度与湿度、海盐微粒、大气污染物质。

钢结构桥梁防腐涂层的各种恶化现象和原因见表6-1。

防腐涂层恶化现象及其原因 表6-1

涂层恶化	现象	主要原因
变色	涂层的颜色发生变化	油漆的种类; 紫外线、热、酸、碱和污染物影响;铅元素防锈涂料在硫化氢气体中(变黑)
褪色	有光泽颜色变淡,失去本来颜色的状态	有机颜料与紫外线的影响; 硫化氢气体的影响
白垩化	构成涂层表面的展色剂风化、失去黏结力,表面出现白粉状化合物	颜料和展色剂的种类; 紫外线、高温和风雨的影响

续上表

涂层恶化	现　　象	主要原因
膨胀	涂层下的水分或浸透的水分膨胀,当它比涂层的黏结力大时,涂层像船帆那样膨胀起来	钢构件表面含锈; 水分及黏在被涂面的溶水性物质
开裂	随涂层脆化,失去弹性,与构件变形不协调产生裂缝; 小裂纹为涂层表面的轻微裂纹; 大裂缝为达到被涂底面的裂缝	厚涂料; 涂层干燥不充分; 与涂层的硬度有关
剥离	涂层的黏结性能降低,与钢表面或从涂层的层间剥离的状态	涂料的种类和性能; 各涂层涂装的间隔时间; 温度、湿度和结露的影响; 焊接处附近残留碱性物质
水蚀	渗漏水处,其附近的涂层局部剥离或生锈的状态。(在边梁部位及伸缩缝梁端部位较多)	桥面板漏水; 混凝土的碱性; 涂料的黏结性; 基体表面不良

2)确定维修方案

依据涂层检查进行综合评定,对于需要修补的涂层,在补修之前要查明其恶化原因,并判断其是外部因素还是内部因素,以便在修补时确定底层涂层的处理程度、新旧涂层的适合性、涂料种类等,同时还应兼顾现场作业的可行性,制订有效的修补计划。

在桥梁使用阶段,涂层存在缺陷,涂层维修可分为维修涂装和重新涂装两种方案。确定维修方案时应考虑涂膜劣化状况、使用工况和环境条件等。按照桥梁定期检查,进行涂层劣化评定,评定方法依据 ISO 4628 的规定。根据漆膜劣化情况,选择合适的维修或重涂方式。

(1)维修涂装:桥梁在其运营全过程中对涂层进行的维修保养。

维修涂装要求如下:

①当面漆出现3级以上粉化,且粉化减薄的厚度大于初始厚度的50%,或出于景观需要时,彻底清洁面涂层后,涂装与原涂层相容的配套面漆(1~2)道。

②当涂膜处于2~3级开裂,或2~3级剥落,或2~3级起泡,但底涂层完好时,选择相应的中间漆、面漆,进行维修涂装。

③当涂膜发生 Ri2~Ri3 级锈蚀时,彻底清洁表面,涂装相应中间漆、面漆。

维修涂装工艺要点:

①小面积维修涂装。先清理损坏区域周围松散的涂层,延伸至未损坏区域50~80mm,并应修成坡口,表面处理至 Sa2 级或 St3 级,涂装底表面处理环氧涂料+面漆。

②中等面积维修涂装。表面处理至 Sa2½级,涂装环氧富锌底漆+环氧(云铁)漆+面漆。

(2)重新涂装:彻底除去旧涂层,重新进行表面处理后,按照完整的涂装规格进行涂装。

重新涂装要求如下:

①当涂膜发生 Ri3 级以上锈蚀时,进行彻底的表面处理后涂装相应配套涂层。

②当涂膜处于3级以上开裂,或3级以上剥落,或3级以上起泡时,如果损坏贯穿整个涂层,应进行彻底的表面处理后,涂装相应配套涂层。

整体重新涂装,表面处理至 Sa2½级。

在涂层体系保护年限内,涂层95%以上区域的锈蚀等级不大于ISO 4628规定的Ri2级,无气泡、剥落和开裂现象。

按保护年限分为两类:普通型,10~15年;长效型,15~25年。

3)涂层基底处理

(1)钢材表面处理

钢材表面处理是保证涂层质量的基础,表面处理包括除锈和控制钢材表面的粗糙度。除锈可以采用手工工具处理、机械工具处理、喷砂处理、化学剂处理(酸洗、碱洗等)。桥梁钢结构主要采用喷砂,并辅以手工和机械工具除锈。

手工除锈:常用的简便方法,即用铲刀、刮刀、钢丝刷、砂轮、砂布和手锤,靠手工敲铲、砂磨除去钢材表面旧漆膜和铁锈、油污和积灰。它操作方便,不受结构尺寸条件所限;但劳动强度大、效率低,质量难保证。

机械除锈:采用风动和电动工具——磨光机、风枪(敲铲)、风动针束除锈机。它比手工除锈的质量和效率都有提高,劳动强度也小一点。

喷砂除锈:质量可靠,除锈比较彻底。喷砂是利用空气压缩机将石英砂喷射于钢材面上除去黑皮和铁锈,也可以用钢砂、钢丸喷射(投射)于钢材面上,效果更好,且能减少砂尘弥漫。喷砂除锈质量虽好,但劳动条件较差。

表面除锈的质量标准有美国SSPC、英国BS4232、德国DIN18364、瑞典SIS等,国际上常用瑞典标准。瑞典标准将表面处理方法分为两类,见表6-2,St表示手工或电动工具处理,手工除锈之前应清除表面污垢油脂,铲除厚锈;Sa表示喷砂处理。还将处理程度分0(未处理表面)、1(轻度处理表面)、2(中度处理表面)、2.5(近完整处理表面)、3(完整处理表面)五级,并制定标准彩色样品图作为对照。

瑞典标准规定及要求 表6-2

除锈方法	等级	操作	要求
手工或电动工具	St1	用钢丝刷清理	—
	St2	用铲、刷、磨工具将疏松氧化皮、浮锈及污垢除去后,再用毛刷、压缩空气等将表面清理	处理后表面具有淡淡的金属光泽
	St3	同上处理,但更为彻底	处理后表面具有较明显的金属光泽
喷砂	Sa1	采用快速轻度喷砂,将疏松氧化皮、浮锈及油污异物除去	—
	Sa2	采用中度喷砂,除去绝大部分氧化皮、浮锈及油污异物,再用毛刷、压缩空气将表面清理	处理后表面呈金属灰色
	Sa2.5	采用较彻底喷砂,完全除去氧化皮、锈和油污异物,再用毛刷、压缩空气彻底将表面清理,仅允许有极少量点锈或纹锈存在	处理后表面呈近似灰白色的金属面
	Sa3	非常彻底地进行喷砂处理,完全除去氧化皮、锈和异物,再用毛刷、压缩空气彻底清理表面	不留任何异物,处理后表面呈均匀白色金属光泽

经表面处理之后的钢材将产生凹凸面,称为表面粗度。表面粗度与采用的表面处理方法和喷砂材料有关。表面粗度影响涂层漆膜防腐蚀的能力。表面粗度大,有助于涂层膜的附着,但将减小钢材表面凸点之间的涂层厚度,容易产生针孔,减弱了涂层的防锈能力;反之,表面粗度小,将降低涂层的附着性,喷砂材料越细,表面粗度越均匀,除锈率也越好。

(2)基底处理与涂装方式的适应性

不同的涂装方式对基底处理的要求不同,涂装方式主要与除锈等级和表面粗糙度有关:

①除锈等级。

依据《涂覆涂料前钢材表面处理　表面清洁度的目视评定　第1部分:未涂覆过的钢材表面和全面清除原有涂层后的钢材表面的锈蚀等级和处理等级》(GB 8923.1—2011)的要求,对于不同的涂装类型,钢材表面处理应满足下列要求:

a. 热喷锌、喷铝,钢材表面处理应达到Sa3级。

b. 无机富锌底漆,钢材表面处理应达到Sa2½级~Sa3级。

c. 环氧富锌底漆和环氧磷酸锌底漆,钢材表面处理应达到Sa2½级;不便于喷射除锈的部位,手工和动力工具除锈达到St3级。

②表面粗糙度。

a. 热喷锌(铝),钢材表面粗糙度为Rz60~100μm。

b. 喷涂无机富锌底漆,钢材表面粗糙度为Rz50~80μm。

c. 喷涂其他防护涂层,钢材表面粗糙度为Rz30~75μm。

(3)表面处理后涂装的时间限定

一般情况下,涂料或锌、铝涂层最好在表面处理完成后4h内施工于准备涂装的表面;当所处环境的相对湿度不大于60%时,可以适当延时,但最长不应超过12h;不管停留多长时间,只要表面出现返锈现象,就应重新除锈。

4)涂层体系

普通型和长效型涂层配套体系可分为底涂层、中间涂层和面涂层,在环境种类达到C5-M时,涂层配套体系可分为底涂层、封闭涂层、中间涂层和面涂层。

各层所要求的性能如下:

(1)底涂层,与钢表面黏结牢固,以发挥较大的防锈效果。

(2)中间涂层,辅助底层涂料的防锈效果,使底层涂料密结。

(3)面涂层,对涂层所处的外部环境具有较大的适应能力及较好的耐候性能,同时呈现出必要的色彩。

涂层配套体系要求:

(1)按照腐蚀环境、工况条件、防腐年限设计涂层配套体系。

(2)较高防腐等级的涂层配套体系也适用于较低防腐等级的涂层配套体系,并可参照较低防腐等级的涂层配套体系设计涂层厚度。例如,C1和C2腐蚀环境下的涂层配套体系可参考C3腐蚀环境的涂层配套体系进行设计。

按涂装部位分涂层配套体系如下:

(1)外表面暴露于大气环境中的桥梁钢结构外表面涂层配套体系,普通型见表6-3,长效型见表6-4。

桥梁钢结构外表面涂层配套体系(普通型) 表6-3

配套编号	腐蚀环境	涂 层	涂料品种	道 数	最低干膜厚(μm)
S01	C3	底涂层	环氧磷酸锌底漆	1	60
		中间涂层	环氧(厚浆)漆	1	80
		面涂层	丙烯酸脂肪族聚氨酯面漆	2	70
总干膜厚度					210
S02	C4	底涂层	环氧磷酸锌底漆	1	60
		中间涂层	环氧(厚浆)漆	1~2	120
		面涂层	丙烯酸脂肪族聚氨酯面漆	2	80
总干膜厚度					260
S03	C5-I C5-M	底涂层	环氧富锌底漆	1	60
		中间涂层	环氧(云铁)漆	1~2	120
		面涂层	丙烯酸脂肪族聚氨酯面漆	2	80
总干膜厚度					260

桥梁钢结构外表面涂层配套体系(长效型) 表6-4

配套编号	腐蚀环境	涂 层	涂料品种	道 数	最低干膜厚(μm)
S04	C3	底涂层	环氧富锌底漆	1	60
		中间涂层	环氧(厚浆)漆	1~2	100
		面涂层	丙烯酸脂肪族聚氨酯面漆	2	80
总干膜厚度					240
S05	C4	底涂层	环氧富锌底漆	1	60
		中间涂层	环氧(云铁)漆	1~2	140
		面涂层	丙烯酸脂肪族聚氨酯面漆	2	80
总干膜厚度					280
S06	C5-I	底涂层	环氧富锌底漆	1	80
		中间涂层	环氧(云铁)漆	1~2	120
		面涂层	聚硅氧烷面漆	1~2	100
总干膜厚度					300
S07	C5-I	底涂层	环氧富锌底漆	1	80
		中间涂层	环氧(云铁)漆	1~2	150
		面涂层(第一道)	丙烯酸脂肪族 聚氨酯面漆/氟碳树脂漆	1	40
		面涂层(第二道)	氟碳面漆	1	30
总干膜厚度					300
S08	C5-M	底涂层	无机富锌底漆	1	75
		封闭涂层	环氧封闭漆	1	25
		中间涂层	环氧(云铁)漆	1~2	120
		面涂层	聚硅氧烷面漆	1~2	100
总干膜厚度					320

(2)封闭环境内表面涂层配套体系见表6-5。

封闭环境内表面涂层配套体系　　表6-5

配套编号	工况条件	涂层	涂料品种	道数/最低干膜厚(μm)
S12	配置抽湿机	底-面合一	环氧(厚浆)漆(浅色)	(1～2)/150
	总干膜厚度			150
S13	未配置抽湿机	底漆层	环氧富锌底漆	1/50
		面漆层	环氧(厚浆)漆(浅色)	200～300
	总干膜厚度			250～350

注:抽湿机需常年工作,以保持内部系统相对湿度低于50%。

(3)非封闭环境内表面涂层配套体系见表6-6,或采用与外表面相同的涂层配套体系。

非封闭环境内表面涂层配套体系　　表6-6

配套编号	腐蚀环境	涂层	涂料品种	道数/最低干膜厚(μm)
S14	C3	底漆层	环氧磷酸锌底漆	1/60
		面漆层	环氧(厚浆)漆(浅色)	(1～2)/100
		总干膜厚度		160
S15	C4 C5-I C5-M	底漆层	环氧富锌底漆	1/60
		中间漆层	环氧(云铁)漆	(1～2)/120
		面漆层	环氧(厚浆)漆(浅色)	1/80
		总干膜厚度		260

5)涂装要求

(1)涂装环境要求

施工环境温度5～38℃,空气相对湿度不大于85%,并且钢材表面温度大于露点3℃;在有雨、雾、雪、大风和较大灰尘的条件下,禁止户外施工。施工环境温度-5～5℃,应采用低温固化产品或采用其他措施。

(2)涂料配制和使用时间

涂料应充分搅拌均匀后方可施工,推荐采用电动或气动搅拌装置。对于双组分或多组分涂料应先将各组分分别搅拌均匀,再按比例配制并搅拌均匀。

(3)涂覆工艺

①大面积喷涂应采用高压无气喷涂施工。

②细长、小面积以及复杂形状构件可采用空气喷涂或刷涂施工。

③不易喷涂到的部位应采用刷涂法进行预涂装或第一道底漆后补涂。

(4)涂覆间隔

按照设计要求和材料工艺进行底涂、中涂和面涂施工。每道涂层的间隔时间应符合材料供应商的有关技术要求。超过最大重涂间隔时间时,进行拉毛处理后涂装。

6)涂装缺陷处理

维修涂装在涂刷过程中出现的缺陷及处理方法可参考表6-7。

涂层缺陷原因及处理方法 表6-7

缺陷	现　　象	原　　因	处理与防范
流痕	垂直面之部分面积流下，结成厚膜	①一次涂刷量太多太厚； ②油漆黏度太低； ③光滑涂面上涂刷； ④稀释剂挥发太慢	①调整涂刷量； ②调整黏度； ③用砂纸磨粗； ④换挥发快的稀释剂； ⑤泻流部分磨平后重涂
橘皮	产生橘皮状凹凸皱皮	①油漆黏度太大，稀释剂溶解力不好，或挥发太快； ②温度或气温太高或曝晒； ③漆刷太厚，油漆质量差	①适当调低黏度，使用规定的稀释剂； ②避免高温或曝晒，有一个良好的施工环境； ③调整漆厚，用优良油漆； ④砂纸磨平后重新涂刷
刷纹	随漆刷运行方向留下凹凸刷纹	①使用粗短毛刷施工，刷毛过硬； ②油漆本身流展性不良（展性油分过少）； ③被涂刷物粗糙，吸漆性强	①改用优良漆刷； ②选用流展性好的油漆或配合少量树脂凡立水或调薄剂； ③用同一油调薄，先刷一层； ④用砂纸磨平重涂
气泡	涂料混入空气留在漆膜中变成小泡	①强劲搅拌油漆，不待空气进出即予涂刷； ②稀释剂挥发太快或被涂刷物温度太高； ③油漆黏度太大	①不激烈搅拌，搅拌后待气泡消除再涂刷； ②使用挥发较慢的稀释剂，控制施工温度； ③适当调稀； ④用砂纸研磨或除去漆膜重涂
针孔	涂面有针状小孔	①被涂面上有灰尘，水及油分附着； ②油漆中有油、水分存在； ③稀释剂挥发太快； ④底层漆未干透	①表面处理干净； ②防止油、水混入油漆； ③换挥发慢的稀释剂； ④待底层完全干透后，再做上层涂层； ⑤用砂纸磨后重涂刷
白化	涂层发白混浊现象	①空气湿度太大，空气中水分凝结于涂面发白混浊； ②夜间气温下降，水分凝结于涂面； ③被涂物温度较气温低	①避免下雨天或温度高时施工，用挥发性慢的稀释剂； ②油性或环氧类油漆干燥慢，应避免傍晚施工； ③被涂物温度升高后再施工； ④长时间放置还黏，除去涂膜重涂
颜色分离	涂面颜色浓淡不匀	①稀释剂用量大多； ②油漆搅拌不匀； ③涂层厚度不均匀； ④调色不均匀	①调整用量； ②充分搅拌均匀； ③不做过厚涂层，不用劣质漆刷； ④两色以上调和时要充分搅拌，做适应性试涂； ⑤用砂纸研磨后重涂刷

续上表

缺陷	现　象	原　因	处理与防范
剥离	底层漆剥离	①上层漆溶剂太强,渗入底漆; ②底层漆与上层漆配套不当; ③底层漆与上层漆涂刷间隔太短; ④在过分光滑的金属面上涂层	①不过分调稀; ②避免异种漆叠涂; ③待底层充分干燥后,再涂上层; ④用砂纸、砂轮磨粗后再涂层; ⑤除去剥离漆膜,打磨后重涂
吐色	底层漆颜色被上层漆溶化,透出面漆	①有机类红色颜料及沥青层上做浅色面漆; ②在未干底层漆膜上做上层涂层	①快速喷刷一层薄膜,使稀释剂快速挥发,然后再涂刷上层油漆; ②待底层干透再做上层; ③再加一层油漆
龟裂	涂层面产生裂纹	①涂膜太厚; ②下层油漆未干; ③温度急剧下降; ④上层与下层涂层配料配套不当	①避免过分厚涂; ②待下层干透后再涂上层; ③发生气候变化时,停止施工; ④慎重选择涂层材料,避免异种油漆叠加涂用; ⑤应除去龟裂漆膜重刷涂层
失光及光泽不均	漆膜失去光泽或部分无光泽	①粗糙基上涂刷; ②涂膜厚度不匀	①做加层涂刷油膜; ②做均匀涂层; ③做加层涂层至出现均匀光泽

7)安全、卫生和环境保护

(1)涂装作业安全、卫生应符合《涂装作业安全规程　涂漆工艺安全及其通风净化》(GB 6514—2008)、《涂装作业安全规程　安全管理通则》(GB 7691—2003)、《涂装作业安全规程　涂漆前处理工艺安全及其通风净化》(GB 7692—2012)和《建筑防腐蚀工程施工规范》(GB 50212—2014)的有关规定。

(2)涂装作业场所空气中有害物质不超过最高容许浓度。

(3)施工现场应远离火源,不允许堆放易燃、易爆和有毒物品。

(4)涂料仓库及施工现场应有消防水源、灭火器和消防工器具,并应定期检查。消防道路应畅通。

(5)密闭空间涂装作业应使用防爆灯、器具,安装防爆报警装置;作业完成后油漆在空气中的挥发物消散前,严禁电焊修补作业。

(6)施工人员应正确穿戴工作服、口罩、防护镜等劳动保护用品。

(7)所有电器设备应绝缘良好,临时电线应选用胶皮线,工作结束后应切断电源。

(8)工作平台的搭建应符合有关安全规定。高空作业人员应具备高空作业资格。

(9)涂料产品的有机挥发物含量(VOC,挥发性有机化合物)应符合国家有关法律法规要求。

(10)保持施工现场清洁,产生的垃圾等应及时收集并妥善处理。

6.3.2 钢构件锈蚀

1)概述

锈蚀是钢材和环境介质相互作用而产生的损坏过程。当钢材暴露在空气、水汽、工业烟尘以及其他化学和污染物的环境当中时,会发生化学反应或电化反应而使其性能退化。生锈和腐蚀在这种情况下含义是一致的。只有当钢材没有保护层或其外保护层磨损掉了,钢材才会腐蚀和生锈。

锈蚀是影响钢桥健康状况的最主要因素。锈蚀引起构件截面减小,承载力下降,尤其是因腐蚀产生的“锈坑”将使钢构件脆性破坏的可能性增大。锈蚀除了影响安全性之外,还严重地影响钢构件的耐久性。

锈蚀有两种类型:

(1)化学腐蚀:指钢材直接与大气或工业废气中含有氧气、碳酸气、硫酸气或非电介质液体发生表面化学反应而产生的腐蚀。

(2)电化学腐蚀:由于钢材内部有其他金属杂质,它们具有不同的电极电位,在与电介质或水、潮湿气体接触时,产生原电池作用,使钢材腐蚀。

在钢结构桥梁中,绝大多数钢材锈蚀是电化学腐蚀或化学与电化学腐蚀同时作用的结果,只要有氧气和水汽的存在就会发生腐蚀。两块钢材之间的表面状态与环境的变化,以及水汽电解作用会在两者之间建立一个电解电池反应。不同的金属相接触或相接通,也会形成电解电池,从而导致腐蚀的发生。

通常情况下,钢材所产生的铁锈形成了一层弱的表面防护膜,但并不能阻止腐蚀继续发生,钢材锈蚀发展速度与环境因素和材料特性有关。普通碳钢表面的铁锈开始是细颗粒状的,但随着锈蚀的发展,铁锈变得易剥落并且分层显露出锈坑。耐候钢含有少量的合金元素,从而使其能适应外部环境,并在钢材表面产生附着锈层而减少进一步的腐蚀,这层防护膜的形成可以防止氯化物的侵蚀。

2)钢构件锈蚀分级及治理

对于钢构件的锈蚀,重要的是评价锈蚀的面积大小、位置和程度。进一步地,应评定由于锈蚀引起结构有效截面的损失和识别锈蚀原因。对于钢结构同圬工、混凝土和其他结构材料的连接应给予特别注意。衬垫和摩擦面需要予以特别关注,其接触面不可见。耐候钢质量检查的内容包括锈蚀保护膜的附着和不透水性。

(1)锈蚀程度的分级

钢结构锈蚀程度一般可分为五级,见表6-8。

钢结构的锈蚀分级 表 6-8

锈蚀程度		症状描述
A 级	良好	构件基本没有锈蚀,涂层漆膜还有光泽;构件可有少量锈点
B 级	局部锈蚀	构件基本没有锈蚀,面漆有局部脱落,底漆完好;个别构件有少量锈点,或构件边缘、死角、缝隙、隐蔽部分有锈蚀
C 级	较严重	构件局部腐蚀,面漆脱落面积达 20% 左右,底漆也有局部锈透,其基本金属完好,应进行维护准备工作
D 级	严重	构件锈蚀面积达 40% 左右,面漆大片脱落,但基本金属没有破坏,应立即进行维护工作
E 级	特别严重	基本金属已有锈蚀,应立即测量构件断面削弱程度,计算是否需要更换或采取加固等措施

(2)锈蚀病害的治理

对于 A ~ D 级锈蚀,一般采取除锈、重新涂装的办法,包括旧漆膜处理、表面处理、涂层选择、涂层施工。如果已经出现 E 级锈蚀,即出现基本金属锈蚀,断面削弱,则仅重新涂装是不安全的,必须采取适当补强措施或更换构件。

第 7 章

桥面系及附属设施养护维修

7.1 桥面铺装养护维修

桥面铺装直接承受车辆荷载、梁体变形和环境因素的作用,其变形和应力特征与主梁及桥面板结构形式密切相关。桥面铺装主要作用:保护上部结构行车道板不受车轮的直接磨耗,扩散车轮荷载,防止上部结构遭受雨、水、冰雪的侵蚀。

部分桥梁经多年运营后桥面铺装出现坑槽、开裂、推移等病害,车辆行驶时不平顺,这不仅影响舒适的行车条件,而且增加了车辆荷载的动力作用,有的因雨水渗漏侵蚀上部承重结构,影响桥梁结构的承载能力和使用寿命。桥面铺装病害尽管短期内影响不甚明显,但随着时间的推移,这些不良影响将日益明显地反映出来,这在工程实践中有很多教训。所以桥面铺装必须具有足够的强度和整体性,并具有足够的抗裂、抗冲击、耐磨性能和防排水能力。桥面平顺是车辆行驶舒适而安全的基本要求。

近年来,我国公路桥梁建设快速发展,桥梁结构不断创新,但桥面铺装的设计与施工仍沿用传统的习惯做法,在进行桥梁结构设计时,对桥面铺装一般不做专门的计算分析。随着交通量和重型车辆的增加,桥面铺装病害问题普遍存在。铺装病害维修对正常运营干扰大,且易造成交通事故。

7.1.1 桥面铺装的分类与构造

1)沥青混凝土铺装的构造

沥青混凝土铺装层的构造从上到下主要由沥青混凝土、防水层、混凝土调平层等部分组成。沥青混凝土铺装可采用单层式即一次铺装,或双层式即两次铺装。

2)水泥混凝土铺装的构造

水泥混凝土铺装层的构造主要由配置钢筋网的混凝土、防水层、混凝土调平层等几个部分组成。其强度一般不低于桥面板混凝土强度,通常采用 C40 防水混凝土,混凝土内布置带肋钢筋网片。为了防滑和减弱光线的反射,对混凝土表面进行刻槽处理。

3)钢纤维混凝土铺装的构造

钢纤维混凝土铺装的构造主要由钢纤维混凝土、钢筋网、防水层、混凝土调平层等几个部分组成。

4)改性沥青与SMA铺装的构造

常用的改性沥青分为两类:一类是合成橡胶类,另一类是塑性体类。SMA是由沥青、矿粉、纤维稳定剂及细集料组成的沥青玛蹄脂填充于间断级配粗集料的骨架间隙中形成的一种密实沥青混合料。

7.1.2 桥面铺装的常见缺陷及产生原因

1)沥青混凝土桥面铺装

(1)铺装层内部产生较大的剪应力,引起不确定破坏面的剪切变形,或者由于铺装层与桥面板层间结合面黏结力差,抗水平剪切能力较弱,沥青铺装在气温较高时抗剪强度下降,在水平方向上产生相对位移发生剪切破坏,产生推移、拥包等病害。

(2)因温度变化并伴随桥面板或梁结构的大挠度而产生的开裂,在车辆荷载及渗入的水的作用下产生面层松散和坑槽破坏。松散是铺装表面集料的松动离散现象,而坑槽是松散材料散失后形成的凹坑。

(3)车辙是指道路纵向在车辆集中碾压通过的位置,路面产生的带状凹陷,车辙已成为沥青桥面铺装的主要病害,是导致沥青路面破坏的重要原因。根据深度不同,将车辙深度分成3个等级:车辙深度6~13mm为轻级,车辙深度13~25mm为中级,车辙深度大于23mm为重级。

(4)开裂是桥面铺装出现裂缝的现象,是桥面铺装中较为常见的损坏现象。开裂的种类和原因有多种,上述各种变形均伴有裂缝出现。

横向开裂:主要出现在简支梁桥的桥面连续处,拱桥的变形缝对应位置处。

纵向开裂:主要出现在装配式板梁结构的干接缝处。

在正常使用情况下,桥面铺装表面无显著永久的变形,出现的裂缝为疲劳开裂。其特点是首先出现较短的纵向开裂,继而在纵裂的边缘逐渐发展为网状开裂,开裂面积不断扩大。桥面铺装一旦出现裂缝,水分将沿缝侵入,加速裂缝发展,还可能引起其他的病害,如坑槽松散。

对于沥青混凝土桥面铺装层产生的各种各样的缺陷和损伤形式,表7-1中总结了各种损伤形式和产生的原因,及其对结构使用性能的影响。

沥青混凝土桥面铺装损伤的种类、原因及其对使用性能的影响 表7-1

损伤形式	现象	主要原因	对使用性能的影响
高低差	结构物伸缩缝处的高低差	结构物与填土部位的不均匀沉陷;结构物回填土部位夯实不够;结构物接头不平;沥青稳定性不够;在结构物的接头部位沥青混合物碾压不够	行车舒适性降低;产生噪声;接头部位铺装、结构物、伸缩缝破坏

续上表

损伤形式		现象	主要原因	对使用性能的影响
变形	凹凸	沿纵断面方向周期性产生波浪(搓板)表面鼓包(铺装表面的局部超填)	沥青混合料稳定性不够,桥面板不平;沥青黏结层用量过多,不匀;车辆制动和开动的地点和坡路等	行驶的稳定和安全程度下降;行车舒适性下降
	车辙	沿纵断面方向周期性产生波浪(搓板)现象	沥青混合料的稳定性不够;过大的重交通(特别是在高温、低速或静止荷载环境下)	行驶稳定性下降;由于积水降低了抗滑力;桥面排水性能下降
	泛油	在铺装表面渗出沥青	沥青混合料中沥青过多,软沥青;沥青黏结层用量过多,不匀;集料级配不良	在降雨等情况下,易于打滑;行驶安全度降低;与车辙、凹凸的发生相关联
破裂磨耗	损坏(松散)	由于行驶车轮的作用,铺装表面的细集料慢慢脱离,表面呈现锯齿式的粗糙状态	沥青混合料碾压不够;沥青用量不够;沥青混合料过热;带钉和带链车轮的作用;落到路面上的砂土与车轮的摩擦作用	行车舒适性下降;与坑槽、车辙的发生有关;增加轮胎的噪声
	磨光	铺装层被行驶的车轮细磨,形成平滑的状态	软而易被研磨的集料;交通量大	抗滑力下降(特别是在湿润状态下)
	坑槽、表面形成鳞片	铺装表面上局部坑槽,薄片从其表面上脱离	沥青混合料质量不好;沥青混合料碾压不够	由于水的浸透等原因而扩大,行驶安全度下降
裂缝	微细裂缝	初期裂缝	沥青混合料的抗疲劳性能差;沥青老化;桥面板裂缝;桥梁振动的挠度和应力的传播	向线状裂缝和网状裂缝发展;水的浸透影响到结构物
	线状裂缝	横车道方向,或在其纵断面方向几乎直线伸展的裂缝	挠度较大的桥梁;由于桥梁的振动特性产生的局部应力集中(钢桥面板的主梁附近等);桥面板的局部挠度过大,如薄桥面板、长悬臂等	水的浸透使铺装破坏扩大;对结构物的影响
	网状裂缝	裂缝形成相互连接的格子状态	桥梁的振动;桥面板的损伤;沥青混合料质量不好;沥青老化	行驶安全度下降;水的浸透,引起铺装破坏扩大,影响到结构物;当为钢桥面板时因浸透水而生锈

2)水泥混凝土桥面铺装

温度应力和荷载应力超过混凝土的抗拉强度,水泥混凝土桥面板就会产生开裂。铺装的开裂有在施工期间由于混凝土的初期收缩受到阻碍而产生的拉应力超过了混凝土的抗拉强度而引起的横向裂缝;或由于板块尺寸过大所产生的温度翘曲应力超过了混凝土的抗弯强度而引起的横向裂缝;同时,由于交通荷载和复杂的环境等因素作用,桥面板亦存在表面坑槽、起沙、平整度不良等缺陷。水泥混凝土桥面铺装病害种类及相应产生的原因见表7-2。

水泥混凝土桥面铺装损伤的种类、原因及其对使用性能的影响　　表7-2

损伤形式	现　象	主要原因	对使用性能的影响
铺装层表面不平	表面坑洼不平,雨后积水	桥面高程控制不准;局部浇筑不当;表面水泥浆过多	行车舒适性、抗滑能力
表面龟裂	龟壳状裂缝	局部水泥浆过多;养护不及时	耐久性
桥面裂缝	变形缝附近出现断续裂缝	跳车使薄弱部位开裂;连续桥面处钢筋失效;墩台不均匀沉降;车辆冲击	耐久性
表面粗糙度不一致	刻槽深度、宽度不一致	混凝土收水后没有打毛;刻槽时集料脱落;车辆磨损	轮胎噪声、抗滑性能
表面坑槽	集料剥离、脱落	集料质量不好	行车安全性能
表面起沙	铺装表面呈粉状集料外露	用细砂混凝土中水泥含量少车辆磨损	集料剥离形成坑槽

7.1.3 桥面铺装养护

桥面铺装的日常养护工作内容如下:

(1)经常清扫桥面使桥面清洁平整,保持行车的舒适性。

(2)桥面铺装应保持一定的横坡和纵坡,在雨后应及时将积水排除。

(3)冬季雨、雪后应及时清除桥面上的冻块或积雪。

(4)严禁在桥面上放置杂物或将桥面作为晒场等。

(5)保持桥面防水层具有良好的使用性能。

(6)及时处理桥面铺装存在的裂缝等表面缺陷。当桥面铺装采用水泥混凝土铺装层时,应及时处理如磨光、脱皮等表面缺陷。

7.1.4 沥青混凝土桥面铺装维修

根据桥梁铺装在使用过程中经常出现的凹凸、车辙、泛油、混合料松散剥离、磨光、裂缝裂隙及与结构连接处高低差等缺陷,为确保桥面铺装的正常使用性能,综合考虑铺装层不同的损伤种类、施工条件及通车要求等因素,选择合理的修缮措施,提高破损铺装层的服务质量,具体施工方法如图7-1所示。

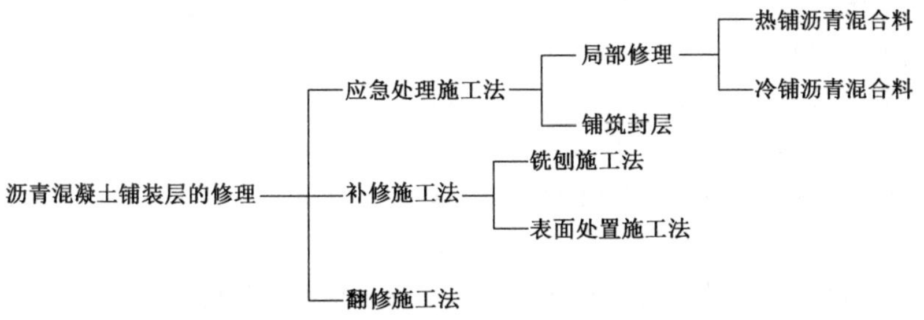

图7-1 沥青混凝土铺装层的施工方法

1)应急处理施工法

(1)局部修理局部修理是修补裂缝、坑槽等面积比较小的损伤部位,以沥青混合料,或只以沥青填补。修补的沥青混合料应与原铺装材料类型相同,一般使用热铺沥青混合料。另外,当要求紧急处理时,使用冷铺沥青混合料。以下为热铺沥青混合料施工法、冷铺沥青混合料施工法及其施工顺序和一般注意事项,见表7-3。

沥青混合料施工法　　表7-3

施工方法	热铺沥青	冷铺沥青
施工流程	①切除损伤部位周围的不良部分,对修补外形不好的进行整形(圆洞方补,浅洞深补); ②取出损伤部分中的离散物,认真清扫尘埃; ③潮湿部分,利用燃烧器等加热设备使其干燥; ④铺沥青黏结层; ⑤倒入加热的沥青混合料并进行摊铺; ⑥用压路机碾压; ⑦在表面撒布石粉或砂; ⑧表面温度达到手能触摸的程度,即可开放交通	①除掉损伤部位周围的不良部分,非常仔细地清扫灰尘、泥土等; ②潮湿部分,利用燃烧器等加热设备使其干燥; ③铺沥青黏结层; ④倒入常温的沥青混合料并进行摊铺; ⑤利用压路机碾压; ⑥在表面撒布石粉或砂
一般注意事项	①损伤范围沿四角形切断,垂直于路面切除; ②将原铺装清除时,注意不要伤及桥面板; ③沥青黏结层不仅在桥面板顶面上,而且在坑槽侧面,在各个角隅都要非常仔细地涂敷; ④沥青黏结料使用沥青乳剂; ⑤集料的最大粒径应符合要求; ⑥修饰表面,要与周围的铺装表面平顺地连接,一般新旧接茬错台应小于5mm	①混合料应用利于保存的薄膜袋或容器装好; ②修饰面要与周围的铺装表面平顺地连接,一般新旧接茬错台应小于5mm; ③碾压前以燃烧器稍微加热使其干燥; ④考虑压实下沉,进行超填; ⑤与加热混合料相比较,它的稳定性和耐久性较差

(2)铺筑封层。

铺装的裂缝可使沥青混合料由于水和空气等的侵蚀而产生沥青剥离的现象,因而失去黏结力,缩短铺装的使用年限。当为钢桥面板时,则会生锈。为了防止发生这些问题,用铺装焦油等办法将裂缝灌满。

施工顺序和方法:

①仔细清扫裂缝,除掉灰尘、泥土等。以钢丝刷或竹子等抠出之后,再以大功率吸尘

器将这些杂物吸出即可。

②坡道由高向低注入。

③将从裂缝溢出,冒到铺装面上的注入料刮去。

④用加热注入料时,在温度下降之后,开放交通。

⑤注入料的加热温度依据组成的材料而异,但为使其易于进入裂缝,加热到保持其流动程度即可。

⑥对于开裂很宽的裂缝,可能有注入一次不够的情况,必须反复充分地注入几次。

2)补修施工法

(1)铣刨施工法

铺装铣刨施工的目的大致可以分为翻修、罩面、修补桥面铺装层的凸凹不平。施工的一般方法为:以路用加热器加热到规定温度(60~180℃)后,用铣刨机旋转刀铣刨,将废料用装料器或铲车装到卡车上,再用人力或动力扫除机清扫之后,即可开放交通,或再做罩面工程,开放交通。

(2)表面处置施工法

表面处置施工法是在薄封层恢复铺装表面机能之外,为了维持和恢复铺装层抗滑机能的施工法。

①铺装层磨光。运用刻槽施工法和用合成树脂使硬质集料黏结铺装层施工法等,在弯道区间、下坡路、合流区间等线形条件较差的地点较为有效。

②车辙和松散。在铺装层变形比较小时,采用开级配沥青混凝土、间断密级配沥青混凝土等混合起来的表面处置施工法。为了确保铺装的最小厚度和取得均匀的压实等,要将凸出部分铣刨掉。

③裂缝。当裂缝宽度小于5mm,且缝边沥青混合料未脱落时,可灌入合适的沥青材料,如SBS改性沥青。

当裂缝宽度大于5mm,且缝边的沥青混合料松动脱落时,则可将一定范围内的沥青铺装层凿除,底面和侧壁涂0.3~0.5kg/m^2的黏层沥青后,采用与原沥青铺装层相同的级配和材料进行修复,并用小型机械充分压实,缝边采用热烙铁烫密。

3)翻修施工法

表面处置和薄层覆盖等主要是针对铺装层面层的处置,所以只限于原有铺装的损伤比较轻微的情况,其效果的持续性也比较短,且要反复进行补修。当结构上不适宜覆盖薄层时,则应进行翻修铺装。依据损伤的程度,可以翻修桥面板上铺装总厚度,或仅翻修面层,或翻修局部的铺装层。

在翻修之前,当然要调查了解损伤的原因,而对于补修日期、选料、配合设计、铣刨法和铺筑问题也要充分研究分析,保证翻修后短期内不致再发生破坏损伤。

从混合料的级配看,随着粗集料掺和量的增多,铺装有高温稳定度增大的倾向。但在桥面上铺装厚度较薄,从防水渗入的意义上看,单增加粗集料也是不合理的。

除以上几种针对沥青混凝土桥面铺装的维修方法外,目前还推出了沥青混凝土桥面铺装预防养护技术。在沥青混凝土桥面铺装未出现或已出现沥青老化发白、微裂缝、细集料散失、渗水等现象时,采用预防养护处理可有效保护桥面,并恢复沥青混凝土性能。工程实践表明,沥青混凝土桥面铺装预防养护是延长桥面使用寿命、降低养护费用行之有效的方法。

7.1.5 水泥混凝土桥面铺装维修

1)桥面补强层加固法

(1)桥面补强层加固法种类

在原混凝土或钢筋混凝土桥面上,重新加铺一层混凝土或钢筋混凝土补强层,这种方法叫作桥面补强层加固法。此法既能修补已出现的裂缝、剥离等缺陷,又能加大原有梁板的有效高度,增加板的抗弯能力,改善铰接梁的横向分布,从而提高梁的承载能力。补强层加固施工比较方便,与一般修筑桥面混凝土铺装层一样,但前提是补强层与旧桥面结合良好,能成为一个牢固的整体。常用的方法见表7-4。

桥面补强加固方法种类 表7-4

补强层加固方法	构造示意简图
钢筋+普通混凝土(或干硬性混凝土)	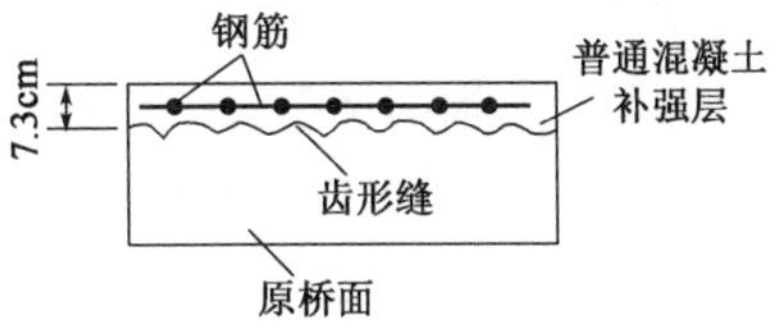
钢筋+微膨胀混凝土(或干硬性混凝土)	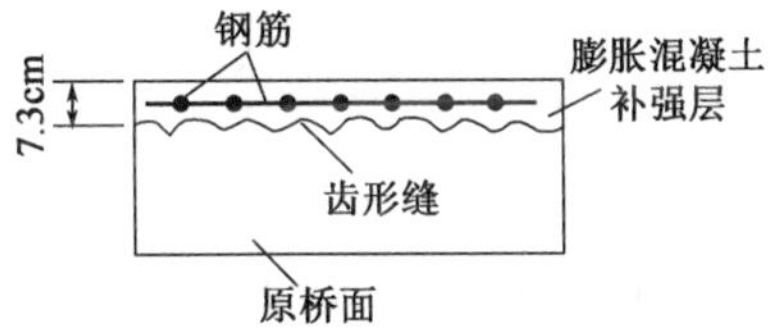
钢纤维混凝土	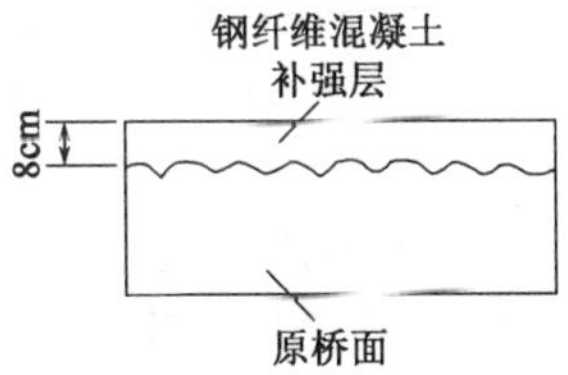

(2)桥面补强层加固法的施工

桥面补强层加固是否能达到预期的效果,关键取决于新旧混凝土能否牢固地形成一个整体。因此,为确保新旧结构共同受力的可靠性和耐久性,需要从施工工艺上采取适当的措施,一般为:

①对旧桥面进行凿毛处理:先凿去桥面铺装,然后再凿去部分梁顶混凝土,并使表面粗糙,成齿形,箍筋外露;对结合面进行适当处理,如清扫、干燥、钢筋除锈等。

②为使新旧混凝土有更好的黏结性,应凿毛至无碳化层,在凿毛后的混凝土面上可涂一层胶结剂,如铝粉水泥浆、铝粉水泥砂浆、环氧树脂等。

③加设新旧混凝土之间的联系钢筋:可在旧混凝土层上设置钢筋锚栓或化学植筋,也可把补强层钢筋网与底层钢筋焊接。

④采用干硬性混凝土或钢纤维混凝土浇筑补强层,以减少新浇混凝土的收缩,从而减少新旧混凝土之间因收缩力而产生的错动,增强补强效果。桥面补强层加固法的施工工艺流程如图7-2所示。

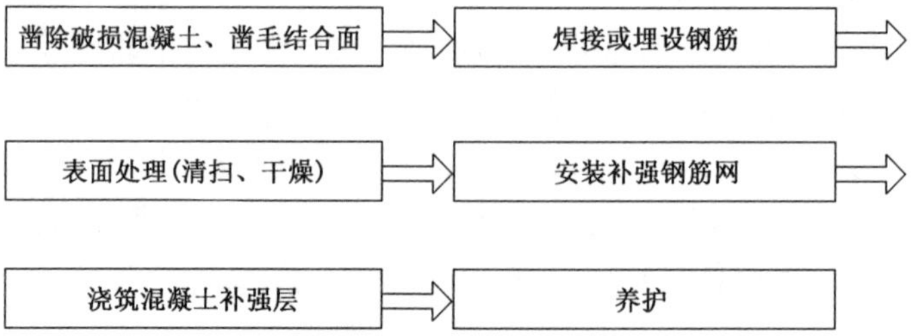

图7-2　桥面补强层加固法施工工艺流程

2)局部修补

(1)孔洞与坑槽的修复:孔洞和坑槽的出现是因为混凝土中夹带着杂物。修补时,先将孔洞凿成形状规则的直壁坑槽,然后用钢丝刷和吸尘器清理坑槽,填上混凝土,最后养护至规定通车强度时即可通车。

(2)磨光的处理:为了改善混凝土铺装的防滑性能,可采用刻槽机对磨光的部分进行刻槽处理。

7.1.6　桥面铺装改造

1)改造内容

(1)梁(板)桥

①对于预制装配式梁(板)桥,由于单板(梁)受力引起的纵向裂缝,宜将沥青混凝土桥面改造为钢筋混凝土桥面铺装,提高上部结构的横向刚度。

②凿除沥青混凝土铺装层及原整体现浇层。对于板桥,清除铰缝内的混凝土,重新浇筑铰缝;对于梁桥,修复横向联系的连接。

③设计时应考虑铺装层参与结构受力,为保证共同工作的可靠性,在梁板顶植入竖向钢筋,植筋应布置在梁板的腹板对应位置处,保证植入深度。植筋数量由计算确定,在构造上,植筋横向间距由腹板间距决定,纵向间距不宜大于50cm。

④设置桥面钢筋网,浇筑铺装混凝土。

(2)上承式拱式桥

①拱背填料沉降、腹拱变形产生的桥面铺装沉降、开裂,以及侧墙外倾、拱圈渗漏水等病害,宜将沥青混凝土桥面改造为钢筋混凝土桥面板。

②清除部分拱上填料,设置桥面板基层,基层采用水泥稳定碎石,施工困难时可采用C15片石混凝土。基层厚度宜大于20cm,根据原结构主拱圈的类型和跨径,调整基层厚度。基层应保持全桥刚度连续,同时控制桥面高程增加最小。

③现浇板的宽度宜大于拱上两侧墙最外侧的距离,提高防排水性能。

④对应拱桥的伸缩缝或变形缝处,钢筋混凝土桥面板应设置相应的变形缝。为防止混凝土收缩产生不规则开裂,应按照一定间距横向切缝。

2)改造技术要求

(1)一般要求

①水泥混凝土桥面铺装应针对桥梁所处环境和预定功能进行耐久性设计。

②水泥混凝土桥面铺装厚度、强度、平整度和裂缝是钢筋混凝土桥面铺装质量的关键指标,设计和施工应重点考虑平整度和裂缝的控制。

③在进行桥面混凝土铺装前,应该对桥面高程进行普测,保证桥面铺装层厚度和线形符合设计要求。

④桥面铺装混凝土施工应特别注意结合面处理、钢筋网的定位、混凝土的拌和、运输、浇筑等技术环节。

⑤桥面混凝土的铺装应全幅施工,不具备全幅施工时,应合理布置纵向施工缝。

⑥钢筋混凝土桥面铺装应特别重视养护工作。

(2)材料要求

①混凝土。

a. 工作性能:泵送混凝土初始坍落度为120~140mm,1h坍落度为100~120mm,浇筑时坍落度不大于100mm;初凝时间一般应大于3h;现场自拌混凝土,浇筑时坍落度控制为30~60mm。

b. 力学性能:桥面混凝土一般宜采用C40,混凝土28天试配抗压强度大于48MPa。体积变形性能,28天收缩率小于等于2.5×10^{-4}。

c. 抗渗等级要求:对于不加铺沥青混凝土面层的桥面铺装,28天抗渗等级为W12;对于加铺沥青混凝土面层的桥面铺装,28天抗渗等级为W10。

d. 纤维混凝土可提高抗裂性、韧性、延伸率、抗冲击力和抗渗能力等,适用于桥面铺装层。

②普通钢筋网。

a. 采用HRB400级热轧带肋钢筋。

b. 钢筋网的规格宜符合下列规定:

钢筋直径:12mm;

钢筋间距:100mm;

网片间净距:大于等于60mm。

③焊接钢筋网。

a. 桥面铺装钢筋焊接宜采用CRB550级冷轧带肋钢筋或HRB400级热轧带肋钢筋制作。钢筋焊接网分为定型焊接网和定制焊接网两种。定型焊接网在两个方向上的钢筋间距和直径可以不同;定制焊接网的形状、尺寸根据设计要求确定。

b. 钢筋焊接网的规格宜符合下列规定:

钢筋直径:冷轧带肋钢筋采用8~12mm,热轧带肋钢筋宜采用10~16mm。

焊接网长度不宜超过12m,宽度不宜超过3.3m;焊接网钢筋间距宜为100mm、150mm。

(3)构造要求

①桥面铺装采用沥青混凝土层时,水泥混凝土现浇整体化层的最小厚度为8cm,一般按10cm厚设置,其构造设计为:

a. 设置直径8mm焊接带肋钢筋网片,其间距为100mm×100mm,焊接钢筋网片距离混凝土顶面的净保护层为 2.5cm；普通钢筋网钢筋直径采用 12mm，间距为 100mm × 100mm；

b. 必要时，在混凝土中可掺入 0.8 ~ 1.0kg/m^3 聚丙烯腈纤维，掺入量根据实际情况或试验调整确定。

②桥面铺装采用水泥混凝土时，其厚度为：梁式桥最小厚度不小于 10cm，最大厚度不宜大于 16cm；拱式桥厚度为 20 ~ 24cm。其构造设计为：

a. 设置直径 10mm 焊接带肋钢筋网片，其间距为 100mm × 100mm，焊接钢筋网片距离混凝土顶面的净保护层为 3.5cm；普通钢筋网钢筋直径采用 12mm，间距为 100mm × 100mm；

b. 必要时，在混凝土中可掺入 0.8 ~ 1.0kg/m^3 聚丙烯腈纤维，同时应掺入 40 ~ 50kg/m^3 钢纤维，掺入量根据实际情况或试验调整确定。

c. 为了提高混凝土早期耐磨性能，粉煤灰、磨细矿渣粉等矿物掺和料不宜超过胶凝材料的 10%。

(4)混凝土表面刻槽、切缝与填缝

①表面刻槽。

a. 水泥混凝土桥面铺装，应采用刻槽机进行硬刻槽。刻槽时间一般根据试验结果和现场情况确定。刻槽作业时，混凝土强度应大于设计强度的 90%。

b. 在横桥向切缝处的两端各留 10cm 宽的范围，不刻槽，防止硬刻槽与横桥向切缝交接部位混凝土破损。

c. 刻槽深度一般为 5mm，刻槽宽度不大于 2mm，刻槽间距为 15mm。

②切缝。

a. 混凝土桥面铺装层达到设计强度，同时大于 7 天龄期后，可进行切缝，并应根据现场试验进行调整。

b. 混凝土桥面铺装切缝深度一般为 2cm，宽度为 3mm；在桥墩顶对应桥面处应设置一道切缝，两桥墩间按间距 5.0m 等距离切缝。

③填缝。切缝完成后，应及时清理缝内杂物，使缝内干净、干燥。填缝材料应选用弹性好、温度稳定性可靠的塑性材料。

7.2 栏杆或护栏、人行道养护维修

桥梁的栏杆或护栏是桥梁的安全防护设施，除了漫水桥或与路基同宽的小桥涵以外，公路桥梁上均需设置栏杆或护栏。

栏杆具有保障行人安全，美化桥梁建筑的功能，通过不同材料、不同形式、不同形状、不同颜色，实现与道路环境的协调与统一，但不能抵挡机动车辆的冲撞。

桥梁护栏在车辆碰撞时产生变形来吸收冲击能量，并迫使车辆改变方向，恢复到正常的行驶方向，防止车辆冲出桥外；具有分离和屏障功能，在横截面上纵向隔离机动车、非机动车和行人；具有预警、导向功能，护栏轮廓简洁快速警示驾驶员桥梁的边界和路线走向，防止交通事故发生。

桥梁护栏按构造特征可分为梁柱式(金属制和混凝土)护栏、钢筋混凝土墙式护栏和组合式护栏;按防撞性能可分为刚性护栏、半刚性护栏和柔性护栏。一般常用的护栏形式有混凝土护栏、波形梁护栏和缆索护栏。

7.2.1 栏杆或护栏常见缺陷

栏杆与护栏必须牢固可靠,确保其能够发挥正常的使用功能。公路桥梁栏杆与护栏主要的病害、损伤和产生的原因见表7-5。

栏杆与护栏的主要病害、损伤和产生的原因　　表7-5

种类	损伤形式	主要原因	对使用性能的影响
钢筋混凝土栏杆	①混凝土表面蜂窝、麻面,混凝土开裂、剥落; ②钢筋锈蚀; ③栏杆柱倾斜、移位、晃动	①施工质量差; ②雨水侵蚀,钢筋锈蚀、混凝土剥落; ③车辆撞击; ④栏杆柱锚固不足	①栏杆的使用寿命; ②行人的安全
钢栏杆	①涂装层起皮、脱落、擦伤、划痕、破损; ②钢栏杆锈蚀; ③栏杆变形,连接螺栓松动或丢失; ④焊缝开裂、锈蚀、脱焊	①油漆老化; ②交通车辆撞击; ③雨水侵蚀; ④不同金属接触产生电流作用; ⑤温度影响而产生胀缩; ⑥构件疲劳	①失去保护作用,加速钢材锈蚀; ②行人的安全; ③栏杆美观及耐久性
防撞护栏	①混凝土表面蜂窝、麻面,混凝土开裂、剥落; ②钢筋锈蚀; ③锚固失效; ④横向断裂	①施工质量差; ②雨水侵蚀,钢筋锈蚀、混凝土剥落; ③车辆撞击; ④锚固不牢或车辆撞击; ⑤对应伸缩缝处未设置断缝	①降低行车安全性; ②雨水渗入侵蚀桥面板; ③影响耐久性和功能

7.2.2 人行道常见缺陷

人行道等附属设施是桥梁结构不可缺少的组成部分,其好坏将直接影响桥梁结构的使用性能和耐久性。当发现附属设施有缺陷时,应当及时修补完善;如不及时修整,不但影响美观,更重要的是影响桥上行人、车辆的交通安全。

同时,当开裂、锈蚀等病害进一步加大时,会引起其他病害的发生和扩大,危及桥梁的使用安全。人行道常见缺陷表现为人行道板破损、断裂、错位等。

7.2.3 栏杆或护栏养护维修

1)栏杆与护栏养护

栏杆与护栏的养护主要包括如下内容:

(1)保证路缘石和连接的板或梁工作状态良好,必须对立柱起有效的支撑作用。

(2)检查栏杆中松动或丢失的连接件,焊缝是否破损。

(3)栏杆中涂装层破损严重的部位应及时油漆,保证栏杆使用的耐久性。

(4)保持桥梁栏杆与引道栏杆之间的顺直,不影响交通车辆的行驶。

(5)伸缩缝处的栏杆或护栏维修后,应断开并留有与梁体相等的伸缩量,以满足桥梁随温度变化的位移,不得将套筒焊死。

(6)校正或修补由于撞击使防撞墙引起的转动或损伤。

(7)对预制防撞护栏构件锚固失效的部位进行及时加固。

2)栏杆与护栏的维修

通过检查,发现栏杆或护栏出现病害、缺陷,应及时予以修复或调整、更换。主要的工作内容如下:

(1)栏杆或护栏的高度、设置范围、构造形式等主要技术指标不满足规范要求时,须及时调整或更换。

(2)混凝土栏杆或护栏出现混凝土破损、露筋、开裂,应及时修补。

(3)由于交通事故或自然灾害造成护栏缺损或变形,应及时修复或更换。

(4)由于高程调整,原护栏高度不符合规定时,应对护栏的高度予以调整。

(5)伸缩缝处的栏杆维修后应满足桥梁随温度变化的位移量,不得将套筒焊死。

(6)在不能及时将损坏部位按原样修复,而又对交通安全影响比较大时,宜采用应急材料临时修复。

(7)油漆涂装是保证金属栏杆或护栏正常工作、延长使用寿命的重要措施。护栏表面油漆损坏除应及时用速干油漆修补外,还应定期重新涂漆。重新涂漆的周期可根据当地气候特点、护栏褪色程度、油漆质量而定,一般每隔1~2年重新涂漆一次。在交通量大及容易受有害气体、盐腐蚀路段的护栏,涂漆的周期应相应缩短。钢质护栏在涂漆前应将铁锈完全打磨干净,埋入地下部分适当进行覆膜处理。

(8)对栏杆、标柱的养护工作,应经常检查有无歪斜、变形、缺少、损坏,油漆是否剥落、褪色等;应经常保持标柱表面清洁;对于倾斜或松动的,应予以固定;如已变形、损坏或缺失,应尽快修复、更换或补缺。

(9)桥梁两端的栏杆柱或防撞墙端面,涂有立面标记或警示标志的,应保持标记、标志鲜明。

7.2.4 人行道养护与更换

人行道的日常养护工作内容如下:

(1)经常清扫人行道,保持人行道清洁平整。

(2)人行道应设置一定的横坡和纵坡,保持排水系统顺畅。

(3)冬季应及时清除人行道上的冻块或积雪。

(4)严禁在人行道上放置杂物或将人行道作为晒场等。
(5)及时处理人行道存在的破损等表面缺陷。
当人行道板断裂破损,严重影响行人通行时,应及时进行更换。

7.3 桥梁伸缩缝养护维修

7.3.1 伸缩缝类型及构造

伸缩缝装置的主要功能是适应由于温度变化、混凝土徐变和收缩、荷载等作用而引起的梁端位移,以保证车辆行驶的舒适和安全。

良好的伸缩缝应能满足下列要求:在平行和垂直于桥梁轴线的两个方向上均能自由伸缩;车辆驶过时无突跳和噪声;能防止雨水和垃圾渗入引起堵塞;施工和养护方便。

伸缩缝是桥梁结构的薄弱位置,是承受动力冲击载荷的附件,桥面很小的不平整就会使它承受很大的冲击力,极易造成伸缩缝损坏。

目前,公路桥梁中使用的伸缩缝的种类较多,主要类型见表7-6。

公路桥梁伸缩缝类别　　表7-6

类别	类型	种类例子	说明
对接式	填塞对接型	沥青、木板填塞型	以沥青、木板、麻絮、橡胶等材料填塞缝隙的构造(在任何状态下,都处于压缩状态)
		U形镀锌铁皮型	
		矩形橡胶条型	
		组合式橡胶条型	
		管形橡胶条型	
	嵌固对接型	W型	采用不同形状的钢构件将不同形状橡胶条(带)嵌固,以橡胶条(带)的拉压变形吸收梁变位的构造
		SW型	
		M型	
		SDⅡ型	
		PG型	
		FV型	
		GNB型	
		GQF-C型	
钢制支撑式	钢制型	钢梳齿板型	采用面层钢板或梳齿钢板的构造
		钢板叠合型	
橡胶组合剪切式	板式橡胶型	BF、JB、JH、SD、SC、SB、SG、SEG型	将橡胶材料与钢件组合,以橡胶的剪切变形吸收梁的伸缩变位,桥面板缝隙支撑车轮荷载的构造
		SEJ型	
		UG型	
		BSL型	
		CD型	

续上表

类　别	类　型	种类例子	说　明
模数支撑式	模数式	TS 型	采用异型钢材或钢组焊件与橡胶密封带组合的支撑式构造
		J-75 型	
		SSF 型	
		SG 型	
		XF 斜向型	
		GQF-MZL 型	
无缝式	暗缝型	GP 型(桥面连续)	路面施工前安装的伸缩构造
		TST 弹塑体	以路面等变形响应吸收梁变位的构造

图 7-3　160 型模数式伸缩缝

桥梁伸缩缝按照其伸缩体结构的不同，主要分为四类：模数式、异型钢单缝式、梳形板式和橡胶式伸缩缝。

1)模数式伸缩缝

模数式伸缩缝是指伸缩体由中梁钢和 80mm 的单元橡胶密封带组合而成的伸缩缝，适用于伸缩量为 160 ~ 2000mm 的公路桥梁。如伸缩量为 160mm，其伸缩缝通常被称为 160 型模数式伸缩缝，如图 7-3 所示。

2)异型钢单缝式伸缩缝

异型钢单缝式伸缩缝是指伸缩体由橡胶密封带组成的伸缩缝，根据异型钢截面形式不同，可分为 F 型、C 型、E 型等不同形式。图 7-4为 F 型异型钢单缝式伸缩缝构造图。其中由单缝钢和橡胶密封带组成的单缝式伸缩缝，适用于伸缩量不大于 60mm 的中小跨径桥梁；由边梁钢和橡胶密封带组成的单缝式伸缩缝适用于伸缩量不大于 80mm 的中小跨径桥梁。如伸缩量为 80mm，其伸缩缝通常被称为 80 型异型钢单缝式伸缩缝，如图 7-5 所示。

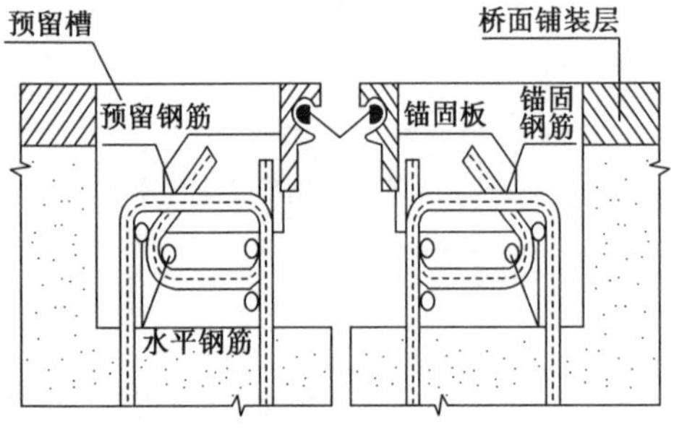

图 7-4　F 型异型钢单缝式伸缩缝结构图

图 7-5　80 型异型钢单缝式伸缩缝

3)梳形板式伸缩缝

梳形板式伸缩缝是指伸缩体由钢制梳形板组合而成的伸缩缝。梳形板式伸缩缝由梳形板、不锈钢滑板、橡胶密封带、锚固螺栓等结构组成,结构本身刚度较大,抗冲击力强,一般适用于伸缩量不大于300mm的桥梁。如伸缩量为240mm,其通常被称为240型梳形板式伸缩缝,如图7-6所示。

图7-6 梳形板式伸缩缝

4)橡胶式伸缩缝

橡胶式伸缩缝是利用橡胶材料剪切模量低的原理设计制造而成的。橡胶式伸缩缝分板式橡胶伸缩缝和组合式橡胶伸缩缝两种:

(1)伸缩体由橡胶、钢板或角钢硫化为一体的板式橡胶伸缩缝,适用于伸缩量小于60mm的中小跨径桥梁。

(2)伸缩体由橡胶板和钢托板组合而成的组合式伸缩缝,适用于伸缩量不大于120mm的桥梁。

7.3.2 伸缩缝的常见缺陷及产生原因

伸缩缝由于设置在梁端构造薄弱部位,直接承受车辆荷载的作用,因此,伸缩缝是易损坏、难修补的部位,经常发生各种不同程度的缺陷。

伸缩缝的常见缺陷根据采用形式的不同而有所区别,现分述如下:

(1)早期中小跨径桥梁采用锌铁皮伸缩缝,损坏形式有:

①软性防水材料如沥青砂或聚氯乙烯胶泥等老化、脱落。

②伸缩缝凹槽阻塞,不能自由变形。

③锌铁皮上压填的铺装层如水泥混凝土或沥青混凝土等断裂、剥离。

④伸缩缝上后铺压填部分发生沉陷,车辆行驶时出现冲击和噪声。

⑤锌铁皮破损、脱落。

(2)钢板伸缩缝(包括梳形板式伸缩缝)的常见缺陷有:

①齿板松动脱落、断齿、齿板锈蚀、翘曲、紧固件缺失、钢垫板与橡胶密封带损坏等。

②锚固混凝土破损,使钢板松动,在车辆行驶时受到冲击振动。

③伸缩缝内阻塞,使伸缩缝接头活动受阻,不能自由变形。

④梳形板式伸缩缝在梳齿与承托板的焊接处出现裂缝,严重者出现剪断现象。

(3)橡胶式伸缩缝常见缺陷有:

①型钢断裂、锈蚀。

②橡胶条老化破损、脱落。

③在橡胶嵌条连接部位漏水。

④型钢锚固混凝土开裂、破损。

⑤伸缩缝构造部位下陷或凸出。

⑥车辆行驶时不适,发生噪声。

(4)伸缩缝的共性病害有:

①伸缩缝装置前后的后铺筑混凝土过渡段凸凹不平。

②伸缩缝装置锚固破坏。

③伸缩缝防排水功能丧失,出现漏水现象。

④后铺筑料表面开裂、剥离。

⑤行驶时的冲击及异常噪声。

⑥伸缩量异常,出现挤死或缝宽过大现象。

⑦桥面板端部破损。

7.3.3 伸缩缝养护

伸缩缝日常检查工作主要包括:是否堵塞、挤死、失效;各部分的构件是否完好;锚固连接是否牢固,连接件是否松动;有无局部破损;密封橡胶带是否老化、失去弹性、异常变形或开裂;伸缩缝是否有不正常的响声或异常的伸缩量;模数式伸缩缝的机动部分是否工作正常;螺栓等锚固件是否摇动;伸缩缝各基本单元间隙是否均匀;钢构件是否锈蚀、变形;伸缩处是否平整,有无跳车现象等。

伸缩缝装置应保证平整、顺直、正常伸缩,处于良好的工作状态。及时清除堵塞的杂物,出现渗漏水、变形、连接部位开裂、跳车、行车有异常噪声时应及时维修。根据伸缩缝装置的不同种类,日常养护中应采取相应的养护措施。

1)梳形板式伸缩缝

(1)经常清除自由端缝内塞进的硬物、杂物,保持伸缩缝自由伸缩。

(2)保持伸缩缝排水畅通。

(3)保持钢板焊接部位清洁,防止锈蚀;钢板开焊、翘曲和脱落时,应及时补焊。

(4)发现与钢筋混凝土梁锚固不牢的部位,防止车辆荷载冲击作用下加速伸缩缝的破损。

(5)检查梳形板式伸缩缝在梳齿与承托连接处是否牢固。

2)橡胶式伸缩缝

(1)保持伸缩缝表面清洁、行车平顺,保持伸缩缝自由伸缩。

(2)紧固松脱的固定螺栓,防止橡胶剥离、脱落。

(3)橡胶板丢失应及时修补,大面积破损时应将同型号的全部更换。

(4)依据行车异常噪声,检查伸缩缝局部的下陷或凸出。

3)模数式伸缩缝

(1)清除伸缩缝内的垃圾和杂物,保持伸缩缝自由伸缩。

(2)经常检查型钢焊接部位是否开裂,型钢是否锈蚀。

(3)密封橡胶带老化,产生漏水,应及时更换。

4)填充式伸缩缝

(1)填充的弹塑体伸缩装置出现脱落、严重隆起时,应及时清除,并重新浇注弹塑体混合料。

(2)当槽口及附近的沥青混合料不满足平整度要求时,应重新摊铺、碾压。

(3)当弹塑体混合料与桥梁连接处出现界面开裂时,应及时进行修补。

(4)弹塑体伸缩缝装置局部沉陷过大时,应修理平整。

7.3.4 伸缩缝维修

在查明伸缩缝破损原因后,采取行之有效的修补办法,依据伸缩缝的类型和缺陷程度,决定部分修补或部分以至全部更换。

1)伸缩缝锚固修补

松动的保护角钢或平板以及松动的底板可以通过重新锚固加以修理。但若是过分松动,就必须替换。

重新锚固可以通过以下措施实现:

(1)安装附加锚具,如化学锚具,不应采用膨胀楔形锚具,因为它在车轮冲击影响下会松动。

(2)浇注钢筋或植筋,重新把底板、保护角钢或平板与混凝土中的钢筋连接牢固。

2)锈蚀处理

锈蚀可以通过喷淋除锈溶剂(加有防锈剂)处理不可触及的区域,然后使用润滑剂或油脂涂抹整个表面,或者采取适当的标准防锈措施。

3)钢板伸缩缝的焊缝修补

对于钢板伸缩缝,当钢板与角钢焊接破裂时,应清除表面后重新焊牢;当梳齿断裂或出现裂缝后,也要采取焊接方法进行修补,如图7-7所示。

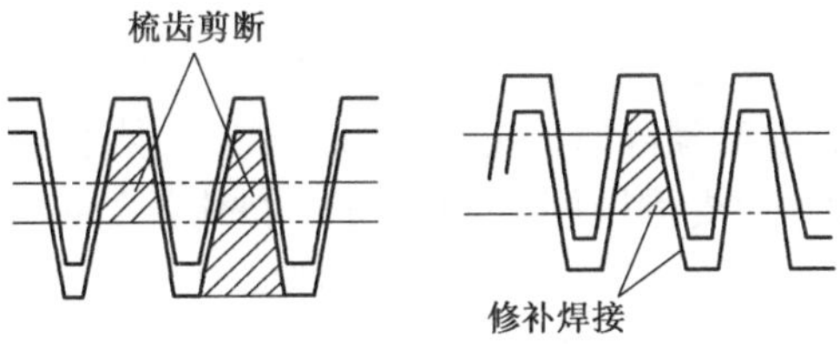

图7-7 梳形板式伸缩缝梳齿断裂时的修补

4)整个伸缩缝的替换

在伸缩缝严重损坏、广泛分离和渗漏或混凝土桥面板或桥台台背广泛开裂和碎裂的地方,建议用新的伸缩缝进行整体替换。常常需要拆除和重建桥面板端部,以便安装足够的锚固。

5)伸缩缝的型号选择

伸缩缝的更换要选型合理,以满足桥跨结构由于温度、混凝土收缩、徐变等引起的变形需要,使行车平稳,不漏水。对于中小跨径桥梁,当位移量小于80mm时,可选用浅埋式单缘型钢伸缩缝或弹塑体伸缩缝;位移小于50mm时,可选用弹塑体填充式伸缩缝;对于大位移量桥跨结构,可选用结构性能好的大位移组合伸缩缝。

6)施工注意事项

桥面伸缩缝的修补或更换工作大都不中断交通。因此,通常可采用限制车辆通行,半幅施工,半幅通行车辆;或白天使用盖板,夜间施工时禁止通行。在保证修补质量的前提下,尽量缩短施工工期。

7.4 桥面排水设施养护维修

7.4.1 排水设施的缺陷

为了迅速排除桥面积水,防止雨水积滞下渗,影响桥梁的耐久性,在桥面上除设置纵、横坡排水外,桥面还应设置一定数量的泄水管,组成桥面排水系统。

泄水管根据采用的材料不同分为金属(铸铁)泄水管、钢筋混凝土泄水管和PVC泄水管。泄水管的数量和孔径应视桥梁的长度、宽度及桥梁纵坡的大小而定。一般公路桥梁采用进水口接泄水管直接下排方式;城市高架桥、立交桥或高速公路上的桥梁应设置封闭式排水系统,将排水管直接引向地面集中排水。

桥面排水设施的缺陷导致桥面积留水,对交通安全影响较大,降雨时引起车辆滑移,成为造成交通事故的原因。高速行车引起积留水飞溅,影响行车视线。

7.4.2 排水设施养护维修内容

排水设施养护维护主要包括以下内容:

(1)保证路面纵、横坡符合设计要求,泄水孔通畅,迅速排除桥面上的积水。

(2)保持桥面铺装内设置的防水层使用性能良好,防止雨水渗入梁体引起腐蚀而影响桥梁结构的耐久性。

(3)及时修补或更换损坏的排水槽等设施,避免因桥面积留水而造成交通事故。

(4)经常疏通排水管,及时清除管内的淤泥和杂物,确保排水通畅。

(5)及时维修导水设施的支撑构件,防止由于支撑构件的损坏而影响排水。

(6)排水设施和导水设施之间连接可靠,确保排水系统整体的工作性能。

(7)排水管焊接处裂缝应及时焊接修理,锈蚀、破损严重处应及时更换。

7.5 桥梁锥坡、护坡及调治构造维修

(1)当坡面破损时,复砌或浇筑混凝土,并与原坡面平顺连接。

(2)当基础坡度变陡或基础以下土体冲刷悬空时,抛石或笼装块石护基,恢复基础稳定坡度;对基础上松动、脱落的石块,复砌加固,达到基础原有的宽度、平整度和高程。

(3)导流堤、丁坝、顺坝、格坝和透水坝等调治构造物应保持良好的技术状况,引导水流均匀、顺畅地通过桥孔,防止和减少桥位附近河床和河岸的变迁,保证桥梁、桥头引道和河岸的安全与稳定。

(4)洪水前后,应加强对桥涵及其调治构造物的巡察,处理隐患,防患于未然,并及时清除调治构造物附近的漂浮物,以免影响调治功能的正常发挥,减少其对构造物的撞击,避免其聚集而引起的碍洪。

(5)洪水期间,导流堤、梨形堤、丁坝或顺坝的边坡受到洪水冲刷和波浪冲击时,注意坡脚是否发生局部破坏,基础是否牢固,发现缺损及时处理。对导流堤、丁坝的边坡坡脚

破坏处,采用抛石和铁丝石笼防护时,抛填应适度,不宜过多,以免减小泄水面积而增大冲刷面积。抛填块片石时,块片石应有良好的级配,并设置临时木溜槽,以控制抛填位置。

(6)对河道改变而增设的护岸工程,应注意坡面有无变化,基础是否牢固,发现缺损应及时处理。河滩、河岸的路堤边坡外侧,可种植乔木或茎木防护。布置以乔、灌间种的多行带状或梅花式为宜。在河滩和河岸路堤边坡外的滩地上植造防水林带,能起到导流、防浪、减速、淤滩和固滩的作用,还可配合其他工程措施,进行综合防治,达到稳定河段、防护河岸的目的,但也要考虑与注意因其阻滞水流可能带来的负面影响。

(7)当调治构造物遭受自然灾害后,应立即对构造物做详细检查。查明状况后,采取必要的应急措施。

(8)调治构造物砌体开裂多数是基础或地基遭水流冲蚀地下沉所致,处理时应查明原因,对症下药。对于基础冲空,可分情况采取加固措施,如抛石防护、板桩防护、护坦加固、平面防护等,并重新对基础埋置深度进行核定。埋深不足时,可配合潜坝、挑坎、砌石等对冲刷范围进行防护。对于砌体裂缝,应查明原因后及时进行加固处理。

(9)若调治构造物不足以抵御洪水冲击,可采取植草皮石、干砌或浆砌片石、铁丝石笼、抛石等,亦可用梢捆、柴排、混凝土或钢筋混凝土板、土工织物等进行加固。加固时,应综合考虑水深、流速及波浪冲击等因素,加固的高度,淹没式的应加固至坝顶,非淹没式的应高于设计洪水位以上至少50cm。

7.6 桥面照明系统养护维修

桥面照明系统主要包括照明灯具、电缆分线箱、电缆槽架、电缆及控制回路等。

1)桥面照明的技术要求

(1)桥梁照明设施应做到维修方便,照明度适当,使行车安全舒适。

(2)特大型桥梁的照明要进行专门的设计。

(3)桥面照明方式主要采用灯杆照明,有时也有栏杆照明。

(4)桥面照明的技术指标通常用亮度、照度、眩光限制和诱导性四项指标。其中亮度、照度、眩光都与光通量、发光强度有关。

2)保证桥面照明完好的重要性

桥面照明系统是桥梁工程的重要组成部分之一,照明条件的好坏直接影响夜间桥面的行车速度及交通事故潜在发生率。

桥面设置照明的主要目的是使车辆在不使用前大灯的条件下,也能够看清前方桥面(或道路路面)形状、周围交通情况,并能够及时认清前方障碍及各类标志等。因此,具有良好的照明条件不仅可以提高行车速度,提高桥面的利用率,而且还可以减轻或消除驾驶员的紧张与不安全感。对于穿越城市的公路桥梁除了考虑行车安全需要的正常照明外,还需要设置供夜间观赏的立面照明。

3)桥梁照明系统的养护维修

(1)及时更换不能使用的光源(灯泡、灯管)。

(2)经常清扫灯具,保证照明的养护系数达到设计值。

(3)按期检修电路,保证照明供电线路完好。

(4)按期更换超正常使用年限、老化的电气器材。

(5)灯柱锈蚀应及时除锈,重新涂装。

(6)灯柱变形、倾斜、移位或残缺时,应及时修复或更换。

7.7 交通标志和标线养护维修

1)交通标志和标线的作用

交通标志和标线是依据交通法规及国家有关标准制定的,是交通法规的具体体现,也是管理道路交通的安全设施,其作用非常重要。桥梁是道路的组成部分,所以桥上交通标志和标线属于道路交通标志和标线的范畴。

(1)桥上交通标志和标线是桥上交通使用的说明书,是保证行车畅通、有序、安全的重要设施。

(2)交通标志是用图案、符号或文字对过往桥梁的行人和驾驶员(连同车辆)等交通参与者进行指示、导向、警告、控制和限定的一种交通管理设施,使其获得确切的交通情报,从而达到交通的安全、迅速、低公害与节约能源的目的。

(3)交通标线是由不同颜色不同种类的路面(包括桥面)标线、箭头、文字、立面标记、突起路标和道桥边线轮廓标等所构成的交通安全设施,其主要作用是管制和引导交通,因此又常称其为交通安全控制设施。

(4)交通标线可以和交通标志配合使用,也可以单独使用,它具有法律的性质,在交通管理中占有重要地位。

2)交通标志和标线养护维修内容

为确保标志和标线的正确,必须经常对其进行检查,检查所有标志是否齐全完好,所有标线是否清晰,对各种标志、标线、轮廓标等的反光情况还要在夜间进行巡查。桥上交通标志和标线的维护主要包括以下内容:

(1)桥上交通标志和标线要经常保持明显、清晰,确保行车安全。

(2)标志牌架要保持清洁,做好油漆防腐工作,保证设施完好、结构安全。

(3)当交通条件有变化时应进行相应的变更和增补。

(4)标线应结合日常养护经常清扫或冲洗,发现因剥落、污染、磨损而影响识别性能的标线在该路段中占标线一半以上时,应予以重画。

(5)局部损坏的应进行修补,同时要注意避免与原标线错位。

第 8 章 桥梁加固设计

8.1 加固设计基本要求和原则

8.1.1 基本要求

桥梁维修、加固前，应按相关规范、标准、规程对其技术状况、适应性进行检测和评定，对加固改造的必要性、可行性须充分论证。依据桥梁技术状况等级、病害成因、加固目标、施工条件等，并综合考虑社会影响及经济、技术指标，确定合理的、可实施的加固方案。加固设计应满足下列基本要求：

(1)在满足对薄弱构件加固要求的前提下，应考虑加固措施对整体结构产生的不利影响。

(2)桥梁加固设计及施工应对原结构损伤控制在最低程度，损伤不可避免时，应对损伤产生的影响进行评估，必要时采取补强措施。

(3)因特定环境因素造成的桥梁病害，加固改造时应采取有针对性的处置措施，消除影响源，避免加固后病害复发。

(4)桥梁部件部分拆除新建、部分利用时，须对利用部件进行评估。

(5)加固施工流程、工艺的设计，应考虑结构或构件出现失稳、产生过大次内力等的可能性，采取合适的监控措施，确保人员及结构安全。

(6)合理安排加固施工工序，降低对桥上、桥下的通行车辆及行人的干扰，减小对周边环境污染的影响。

(7)技术难度大或投资规模较大的桥梁加固改造项目，须对主要加固改造措施提出多个技术方案，各技术方案应满足可行性、可比性和可实施性的基本要求。

(8)经济评价采用加固费用系数和加固寿命系数两个指标进行评判，加固费用系数按式(8-1)计算：

$$n_1 = \frac{W_{jg}}{W_{xj}} \tag{8-1}$$

式中：n_1——加固费用系数；

W_{jg}——加固费用，为宏观经济(车辆绕行、拥堵等产生的费用)总损失与桥梁加固总费用之和；

W_{xj}——新建费用，为宏观经济总损失、建新桥费用与桥梁拆除费用之和。

加固寿命系数按式(8-2)计算：

$$N_2 = \frac{D_{sj} - D_{sy}}{D_{sj}} \tag{8-2}$$

式中：N_2——加固寿命系数；

D_{sj}——桥梁设计寿命；

D_{sy}——桥梁已运营年限。

以配筋混凝土结构桥梁设计寿命50年为例，加固技术经济确定原则为：计算得加固寿命系数 N_2，对应的加固费用临界系数取值见表8-1，若加固费用系数 $n_1 < N_1$，则加固是经济合理的；若 $n_1 \geq N_1$，则加固是不经济的，应考虑新建。

加固寿命系数对应加固费用临界系数取值 表8-1

运营时间(年)	加固寿命系数 N_2	加固费用临界系数 N_1
0	1.0	0.7
10	0.8	0.6
20	0.6	0.5
30	0.4	0.4
40	0.2	0.3
50	0	0.1

8.1.2 基本原则

加固改造后的桥梁应与所在线路的技术标准相适应，且满足现行公路工程技术标准有关要求。改建后桥梁平、纵线形等技术指标不得低于原桥标准。

合理加固改造方案须至少满足下列原则：

(1)加固原理明确，力学模式清晰。

(2)加固采用材料易加工、强度形成龄期短、耐久性优。

(3)可实施性强，安全风险低。

(4)改建工程应占地少、改线短，满足远期规划要求。

(5)施工工期短，环境污染小。

(6)后期养护方便、费用低。

(7)加固改造方案应避免造成重大社会影响。

(8)对于技术复杂、难度大的加固改造项目可通过专家咨询的方式，综合确定或完善桥梁加固改造方案。

8.2 桥梁加固用材料要求

8.2.1 基本要求

(1)桥梁维修加固所用材料的品种、规格及使用性能应符合国家、行业相关标准的规定,并满足设计要求。

(2)加固采用的材料应与原结构材料相容,无相互腐蚀作用。

(3)加固采用高性能材料时,须考虑桥梁结构材料的实际状况。状况较差时,不宜采用高性能材料。

(4)加固采用的有机材料除满足力学性能要求外,还应具有良好的耐候性和抗老化性能。

(5)桥梁加固所用新材料的性能须进行相关试验、检验,必要时在实桥加固中进行试验研究,技术验证后,考虑其价格因素,确定是否可以推广使用。

8.2.2 水泥混凝土技术要求

(1)桥梁结构加固用混凝土的强度等级应比原结构构件提高一级,且不得低于 C30;当采用预应力加固时,其强度等级不得低于 C40。

(2)水泥的品种、性能和质量应满足下列要求:

①应采用强度等级不低于 32.5 级的硅酸盐水泥、快硬硅酸盐水泥或普通硅酸盐水泥。

②当配置加固用聚合物砂浆时,所采用的水泥强度等级不应低于 42.5 级。

(3)集料的品种和质量应满足下列要求:

①粗集料应选用质密、坚硬、强度高、耐久性好的碎石。对于主要承重构件,加固用集料的最大粒径为:拌和混凝土应不超过 20mm,小石子混凝土不超过 10mm。不得使用含有活性二氧化硅石料制成的粗集料。

②细集料应选用中、粗砂,其细度模数宜控制为 2.6 ~3.7。

(4)混凝土拌和用水应满足下列要求:

①水中不应含有影响水泥正常凝结与硬化的有害杂质或油脂、糖类及游离酸类等。

②污水或 pH 值小于 5 的酸性水及含硫酸盐量按 SO_4^{2-} 计超过水的质量 0.27mg/cm^3 的水不得使用。

(5)混凝土所掺的粉煤灰应是 I 级灰,且烧失量不应大于 3% 。

(6)当桥梁加固选用聚合物混凝土、微膨胀混凝土、收缩补偿混凝土、纤维混凝土和水下不分散混凝土时,应在施工前进行试配,检验其力学性能。

(7)混凝土中掺用外加剂时,其质量及相关技术规定应符合《混凝土外加剂》(GB 8076—2008)与《混凝土外加剂应用技术规范》(GB 50119—2013)的要求;不得使用含有氯盐、亚硝酸盐、碳酸盐和硫氰酸盐类成分的外加剂;不应使用铝粉作为混凝土的膨胀剂。

8.2.3 钢材技术要求

(1)普通钢筋应选用热轧 HPB300、HRB400、HRB500、HRBF400 和 RRB400 钢筋,预应力混凝土构件中的箍筋应选用带肋钢筋,按构造要求配置的钢筋网可采用冷轧带肋钢筋。

(2)钢板、型钢、扁钢和钢管应采用 Q235、Q345、Q390 和 Q420 钢;对重要结构的焊接构件,应采用 Q235C 级、Q345D 级低温抗冲击能力好的钢材。

(3)在防腐要求较高的情况下,加固用的钢材可采用耐候结构钢。

(4)预应力钢材的品种、质量和性能应满足下列要求:

①预应力钢材的基本性能指标应满足《公路钢筋混凝土及预应力混凝土桥涵设计规范》(JTG 3362—2018)表 3.2.2-2 的要求,选用钢绞线、钢丝;中、小型构件或竖、横向预应力钢筋,可选用精轧螺纹钢筋。

②体外预应力索应采用防腐性能可靠的产品,宜采用成品索;采用环氧涂层预应力钢材时,应检测涂层的质量及主要性能指标。

(5)焊接材料的型号和质量应满足下列要求:

①焊条材料的品种、规格应满足设计要求;其型号应与被焊接钢材的强度相适应。

②焊缝连接的设计指标应符合《公路钢结构桥梁设计规范》(JTG D64—2015)的相关规定。

(6)高强度螺栓应符合国家、行业现行规范的相关规定。

8.2.4 锚固件技术要求

(1)桥梁加固需要植筋时,宜采用 HRB400 级热轧带肋钢筋,不得使用光圆钢筋。

(2)锚固件使用钢螺杆时,应采用全螺纹非焊接螺杆,钢材强度等级应为 Q345 或 Q235。

(3)锚固件为锚栓时,其钢材的性能指标必须符合表 8-2 中的有关规定。

加固用锚栓主要性能指标 表 8-2

性能等级		性能项目		
		抗拉强度标准值(MPa)	屈服强度标准值(MPa)	伸长率(%)
碳素钢及合金钢锚栓	4.8 级	400	320	14
	5.8 级	500	400	10
	6.8 级	600	480	8
	8.8 级	800	640	12
不锈钢锚栓	50($d \leq 39$mm)	500	210	$0.6d$
	70($d \leq 24$mm)	700	450	0.4d
	80($d \leq 24$mm)	800	600	$0.3d$

注:表中的 d 表示锚栓的公称直径。

8.2.5 纤维复合材料技术要求

(1)纤维复合材料用的纤维应为连续纤维,通常采用碳纤维、玻璃纤维及芳纶纤维,其品种和性能应满足下列要求：

①碳纤维应选用不大于12k(1k = 1000)的小丝束聚丙烯腈基(PAN基纤维)，不得使用大丝束纤维。

②碳纤维复合材料的主要力学性能应符合表8-3的规定。

桥梁加固用碳纤维复合材料主要力学性能指标　　表8-3

纤维类别		性能项目					
		抗拉强度标准值(MPa)	弹性模量(MPa)	伸长率(%)	弯曲强度(MPa)	纤维复合材料与混凝土正拉黏结强度(MPa)	层间剪切强度(MPa)
布材	Ⅰ级	≥3400	$\geq 2.4 \times 10^5$	≥1.7	≥700	≥2.5，且为混凝土内聚破坏	≥45
	Ⅱ级	≥3000	$\geq 2.1 \times 10^5$	≥1.5	≥600		≥35
板材	Ⅰ级	≥2400	$\geq 1.6 \times 10^5$	≥1.7	—		≥50
	Ⅱ级	≥2000	$\geq 1.4 \times 10^5$	≥1.5	—		≥40

注：纤维复合材料的抗拉强度标准值应根据置信水平 $C = 0.99$、保证率为95%的要求确定。

(2)加固用碳纤维复合材料与胶黏剂应进行以下适配性检验，且检验结果必须符合前述要求。

①抗拉强度标准值。

②纤维复合材料与混凝土正拉黏结强度。

③层间剪切强度。

(3)在材料性能检验和桥梁加固设计中，纤维复合材料截面面积的计算应符合以下规定：

①对纤维布材，应按纤维的净截面面积计算，即取纤维布材的计算厚度乘以宽度，纤维布材的计算厚度应按其单位面积质量除以纤维密度确定。

②对单向纤维板材，应按不扣除树脂体积的板截面面积计算，即应按实测的板厚乘以宽度计算。

(4)纤维复合材料的单位面积纤维质量和纤维体积应符合下列规定：

①单层碳纤维布材的单位面积纤维质量不应低于200g/m^2，不宜高于300g/m^2。

②单向碳纤维板材的厚度不应小于1.0mm，不宜大于2.0mm；板的宽度不宜大于150mm；碳纤维体积含量不应低于60%。

8.2.6 胶黏剂材料技术要求

(1)桥梁加固用胶黏剂，根据所加固结构的重要程度分为A级胶与B级胶。其中A级胶用于重要结构或构件的加固，B级胶用于一般结构或构件的加固。

(2)桥梁承重结构(构件)加固用浸渍、粘贴纤维复合材料的胶黏剂的安全性能指标必须符合表8-4的规定。不得使用不饱和聚酯树脂、醇酸树脂等作为浸渍、粘贴胶黏剂。

碳纤维浸渍、粘贴用胶黏剂安全性能指标　　表 8-4

性能项目		性能要求	
		A 级胶	B 级胶
胶体性能	抗拉强度(MPa)	≥40	≥30
	抗拉弹性模量(MPa)	≥2500	≥1500
	抗弯强度(MPa)	≥50	≥40
		且不得呈脆性破坏	
	抗压强度(MPa)	≥70	
	伸长率(%)	≥1.5	
黏结能力	钢-钢拉伸抗剪强度标准值(MPa)	≥14	≥10
	钢-钢不均匀扯离强度(MPa)	≥20	≥15
	与混凝土的正拉黏结强度(MPa)	≥2.5,且为混凝土内聚破坏	
不挥发物含量(固体含量)(%)		≥99	

注:1. 胶黏剂性能指标应根据置信水平 $C=0.90$、保证率为 95% 的要求确定。
2. 性能指标除标有标准值者外,其余均为平均值。
3. 用于粘贴碳纤维板的胶黏剂,当涂抹厚度小于 3mm 时,材料的流挂应小于 1mm。

(3)粘贴纤维复合材料用的底胶与修补胶应与浸渍、粘贴胶黏剂相适配,其安全性能指标必须符合表 8-5 的规定。

底胶及修补胶的安全性能指标　　表 8-5

性能项目		性能要求	
		A 级胶	B 级胶
底胶	钢-钢拉伸抗剪强度标准值(MPa)	≥14	≥10
	与混凝土的正拉黏结强度(MPa)	≥2.5 且为混凝土内聚破坏	
	不挥发物含量(固体含量)(%)	≥99	
	混合后初黏度(23℃)(MPa·s)	≤6000	
修补胶	胶体抗拉强度(MPa)	≥30	
	胶体抗弯强度(MPa)	≥40,且不得呈脆裂破坏	
	与混凝土的正拉黏结强度(MPa)	≥2.5,且为混凝土内聚破坏	

注:性能指标除标有标准值者外,其余均为平均值。

(4)粘贴钢板或型钢用的胶黏剂,其安全性能指标必须符合表 8-6 的规定。

粘贴钢板或型钢用胶黏剂的安全性能指标　　表 8-6

性能项目		性能要求	
		A 级胶	B 级胶
胶体性能	抗拉强度(MPa)	≥30	≥25
	抗拉弹性模量(MPa)	≥3500(≥3000)	
	抗弯强度(MPa)	≥45	≥35
		且不得呈脆性破坏	
	抗压强度(MPa)	≥65	

续上表

性能项目		性能要求	
		A级胶	B级胶
胶体性能	伸长率(%)	≥1.3	≥1.0
黏结能力	钢-钢拉伸抗剪强度标准值(MPa)	≥15	≥12
	钢-钢不均匀扯离强度(MPa)	≥16	≥12
	钢-钢黏结抗拉强度(MPa)	≥33	≥25
	与混凝土的正拉黏结强度(MPa)	≥2.5,且为混凝土内聚破坏	
不挥发物含量(固体含量)(%)		≥99	

注:括号内的抗拉弹性模量指标仅用于灌注黏结型胶黏剂。

(5)混凝土桥梁结构锚固用的胶黏剂,必须采用专用改性环氧胶黏剂、改性乙烯基酯胶黏剂或改性氨基甲酸酯胶黏剂,其安全性能指标必须符合表8-7的规定;其填料必须在工厂制胶时添加,严禁在施工现场掺入。不得使用以水泥和微膨胀剂为主要成分配制的锚固剂作为黏结材料。

锚固用胶黏剂的安全性能指标 表8-7

性能项目			性能要求	
			A级胶	B级胶
胶体性能	劈裂抗拉强度(MPa)		≥8.5	≥7.0
	抗压强度(MPa)		≥60	
	抗弯强度(MPa)		≥50	≥40
黏结能力	钢-钢(钢套筒法)拉伸抗剪强度标准值(MPa)		≥16	≥13
	约束拉拔条件带肋钢筋与混凝土的黏结强度(MPa)	C30,ϕ25,L=150mm	≥11	≥8.5
		C60,ϕ25,L=125mm	≥17	≥14
不挥发物含量(固体含量)(%)			≥99	

注:性能指标除标有标准值者外,其余均为平均值。

(6)混凝土桥梁加固用胶黏剂,其钢-钢黏结抗剪性能必须经过湿热老化检验合格。湿热老化检验应在50℃的温度和98%的相对湿度环境下进行;老化时间:重要构件不得小于90天,一般构件不得小于60天;经湿热老化后的试件,应在常温条件下进行钢-钢黏结拉伸抗剪试验,其强度降低的百分率(%)应符合下列要求:

①A级胶不得大于10%。

②B级胶不得大于15%。

(7)桥梁加固用胶黏剂应进行毒性检验,对完全固化的胶囊剂,其检验结果应符合实际无毒卫生等级的规定。

(8)在桥梁加固用的胶黏剂中,不得使用乙二胺作为改性环氧树脂的固化剂,不得在其中掺入挥发性有害溶剂和非反应性稀释剂。

8.2.7 裂缝修补用材料技术要求

(1)混凝土结构裂缝注射或压力灌注用修补胶的安全性能指标必须符合表8-8的规定。

裂缝修补用胶的安全性能指标　　表 8-8

性能项目		性能指标
胶体性能	抗拉强度(MPa)	≥20
	抗拉弹性模量(MPa)	≥1500
	抗压强度(MPa)	≥50
	抗弯强度(MPa)	≥30,且不得呈脆性破坏
钢-钢拉伸抗剪强度标准值(MPa)		≥10
不挥发物含量(固体含量)(%)		≥99
可灌注性		在产品说明书规定的压力下,能注入宽度为0.1mm

(2)桥梁混凝土裂缝修补用聚合物水泥注浆料的安全性能指标必须符合表 8-9 的规定。

裂缝修补用聚合物水泥注浆料的安全性能指标　　表 8-9

性能项目		性能指标
胶体性能	劈裂抗拉强度(MPa)	≥5
	抗压强度(MPa)	≥40
	抗折强度(MPa)	≥10
注浆料与混凝土的正拉黏结强度(MPa)		≥2.5,且为混凝土破坏

8.2.8　混凝土表层缺陷修复及防护用材料技术要求

(1)混凝土表层缺陷修复材料可采用普通混凝土和普通砂浆、聚合物水泥混凝土和聚合物砂浆、树脂混凝土和砂浆等材料。混凝土结构加固用聚合物砂浆的基本性能应符合表 8-10 的要求。

混凝土结构加固用聚合物砂浆基本性能技术指标　　表 8-10

检验项目	技术指标			
	Ⅰ级		Ⅱ级	
凝结时间	初凝(min)	≥45	初凝(min)	≥45
	终凝(h)	≤24	终凝(h)	≤24
抗压强度(MPa)	7d	≥35	7d	≥30
	28d	≥55	28d	≥45
抗折强度(MPa)	7d	≥8	7d	≥7
	28d	≥12	28d	≥10
正拉黏结强度(MPa)	28d	≥1.8,且为混凝土内聚破坏		
抗渗压力(MPa)	28d	≥1.5		
氯离子渗透量	不降低(相对普通砂浆)			
收缩率(%)	0.15			

(2)处于侵蚀性环境桥梁的钢筋防锈宜采用渗透型阻锈剂,其质量及性能指标应符合现行国家、行业标准的相关规定;不得采用以亚硝酸盐类为主成分的阳极型阻锈剂。

(3)受侵蚀性环境影响的混凝土桥梁,其表面防护用涂装材料可采用丙烯酸类、聚氨酯类、硅烷类或环氧类涂料,各层涂料间应具有良好的相容性。

8.3 加固方法分类

(1)按提高承载能力的目标可分为恢复设计荷载标准加固和提高设计荷载标准加固。恢复设计荷载标准加固是指技术状况为4、5类桥梁,由于承载能力下降,不能满足原设计荷载标准的情况下进行的加固;提高设计荷载标准加固是指桥梁所在线路等级标准提高,导致设计荷载变化而进行的加固,如原设计荷载标准为汽—15级,提高至公路—Ⅱ级。

(2)按解决使用功能的目的可分为构件强度加固、构件刚度加固、结构稳定性加固、抗震加固和构件耐久性加固。

(3)按对原结构体系的内力影响可分为:结构薄弱区补强和改变原结构受力体系加固。结构薄弱区补强,又称为被动加固,其基本原则是针对构件的薄弱环节进行加强,不改变结构的力学体系,如增大截面、粘贴钢板等。改变原结构受力体系加固是主动加固方式,通过调整结构的力学体系,使结构的内力(应力)重分布,如简支体系转为连续体系,使原简支状态下跨中正弯矩减小,或通过施加体外预应力调整结构的应力分布。

(4)按加固工艺方法可分为增大截面、粘贴钢板、粘贴纤维复合材料、施加体外预应力、更换(或增加)构件、增强横向整体性等。

(5)按桥梁的适应性状况可分为桥梁加宽(通行能力)技术改造、抗洪能力技术改造、抗震能力技术改造和超重车过桥加固技术改造。

承载力提高是桥梁加固的核心内容,其内容包括正截面抗弯承载力提高和斜截面抗剪承载力提高两部分。

目前,采用较多及较成熟的主要加固方法有增大截面加固法、粘贴钢板加固法、粘贴碳纤维复合材料加固法、体外预应力加固法、改变结构受力体系加固法、增设辅助构件加固法。

桥梁病害状况不同,加固目标不同,采用的加固方法不同。不管采用何种加固方案,都应满足可靠、经济、交通干扰小、耐久等要求。

8.4 加固计算基本要求

根据桥梁病害检查和检算分析结果,桥梁结构加固设计主要包括承载能力极限状态提高、正常使用极限状态的改善和增加结构稳定性。

(1)承载力提高是确保结构安全工作的基础,是桥梁加固改造的核心内容,对于受弯构件,包括正截面抗弯承载力提高和斜截面抗剪承载力提高;对于偏心受压构件,主要指正截面抗压承载力提高。

(2)正常使用加固主要包括:控制截面的拉、压应力在规范限值内,阻止表面产生裂缝;约束裂缝宽度的扩展;降低活载作用下的结构变形。

(3)稳定性加固主要包括:提高桥台的抗倾覆、抗滑移能力,提高高墩、独柱墩的稳定性,提高长细比较大的主拱圈、拱肋的横向稳定性,提高整体现浇曲线梁的抗倾覆能力。

(4)构件的承载能力极限状态应满足式(8-3):

$$\gamma_0 S \leqslant R \tag{8-3}$$

式中:γ_0——桥涵结构重要性系数,桥涵结构设计安全等级应符合《公路桥涵设计通用规范》(JTG D60—2015)的规定;

S——作用组合(其中汽车荷载应计入冲击作用)的效应设计值,按《公路桥涵设计通用规范》(JTG D60—2015)的规定,对持久设计状况应按作用基本组合计算;

R——构件承载力设计值。

桥梁加固实现途径一般有两个:提高构件承载力设计值 R,也称为直接加固法;降低作用组合的效应设计值 S,也称为间接加固法。

加固设计时,单一的加固措施应兼顾结构构件多方面的性能改善,也可多种加固方法综合使用。

(5)加固计算基本规定:

①应以结构病害、材料性能劣化等确定截面折减系数、构件恶化系数和检算系数。材料性能、结构几何变形等参数的取值应以桥梁现状的检测结果为准。

②应考虑分阶段受力,在新加材料与原结构(构件)未有效结合前,其恒载(含新加材料重量)应由原结构截面承担,有效结合后施加的荷载(恒载、活载、附加载)由新旧组合截面承担。

③充分考虑桥梁建设年代采用的设计规范与现行设计规范存在的差异,如设计荷载、计算方法、材料强度取值标准等。

④加固设计除满足加固后各指标限值要求外,还应进行加固各施工阶段构件的应力、变形及稳定性验算。

⑤加固改造措施致使结构恒载增大(超过原结构恒载5%)或受力体系改变,须对桥梁整体结构、被加固的相关结构及基础进行验算;墩身及基础阻水横断面加大超过5%时,应视具体情况进行相关的桥梁水文验算。

⑥在极限状态下,原结构受压区边缘混凝土的应变达到极限值,截面受压区应力可简化为矩形计算,混凝土取抗压强度设计值。

⑦在极限状态下,原结构受拉区钢筋仍为理想弹塑性材料,钢筋取抗拉强度设计值,以原结构混凝土或钢筋强度设计值控制。

8.5 增大截面加固法

8.5.1 技术特点

增大截面加固法通过增大原混凝土构件的截面并增加配筋,提高构件的强度和刚度,适用于钢筋混凝土和预应力混凝土受弯构件、钢筋混凝土受压构件的加固。

增大截面的加固可分为在截面受压区或受拉区增设现浇混凝土加厚层两种方法,根据增大构件截面位置不同可分为单侧、双侧、三侧或四周外包,如图 8-1 所示。

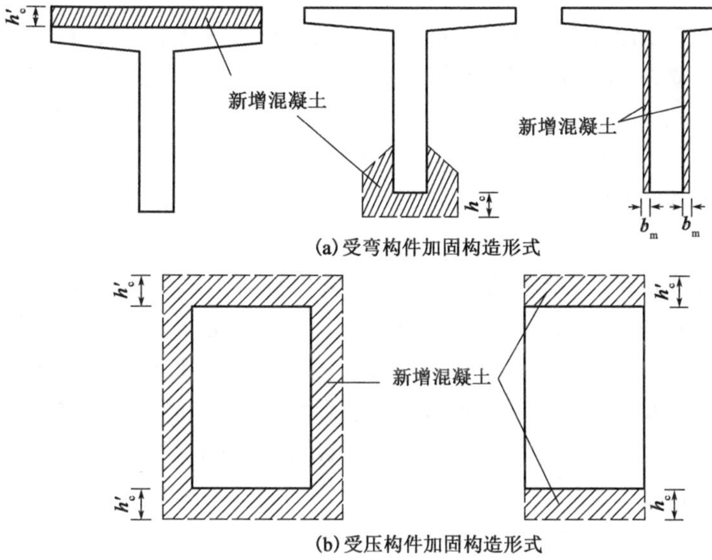

图 8-1 增大截面加固法构造

构件加固的目的和要求不同,有时是以增大截面面积为主的加固,有时是以增加配筋为主的加固。

增大截面加固须对原结构构件混凝土强度进行检测。实测结构混凝土标准强度不宜过低,因加固后的构件承载力是依原构件混凝土及钢筋达到设计值确定,原结构强度过低时,加固提高承载力的幅度有限。

结合面原混凝土表面必须凿毛清洗干净,且在必要时采用植筋,连接增配钢筋和原构件,确保新老结合面无相对错动,与计算模式相符。

增大截面加固法的技术特点:

(1)加固机理明确,计算简单方便,加固后构件承载力提高的同时构件刚度也有一定提高。

(2)对原结构构件破坏小,施工风险低,经济性较好。

(3)增大构件截面,会使上部结构恒载有所增加,对原结构的恒载效应和下部结构有一定影响。

(4)现场有湿作业,工作量大、周期较长,对结构的外观和净空有一定影响,加固期间需适当中断交通。

增大截面加固法属被动加固法,结构不仅要承受加固前本身的恒载还要承受因为截面增大后而产生的恒载。在加固后的总截面中,对于新增加的截面来说,只承受加固后的荷载作用;对于原截面,既要承受加固前的恒载的作用还要承受加固后的恒、活载的作用。

8.5.2 构造要求

(1)新浇混凝土应符合下列规定:

①新浇混凝土强度级别宜比原构件混凝土强度提高一级,且不低于C25。

②新浇混凝土层的最小厚度,对于板不宜小于100mm,对于梁和受压构件不宜小于150mm。

③当新浇混凝土层厚度小于100mm时,可采用小石子混凝土或喷射高性能抗拉复合砂浆。在结构尺寸复杂和新浇混凝土施工条件差的情况下,可采用微膨胀或自密实混凝土。

(2)钢筋。

①加固用受力钢筋直径不小于12mm,不宜大于25mm;构造钢筋直径不小于10mm;箍筋直径不宜小于8mm。

②新增钢筋应按现行《公路钢筋混凝土及预应力混凝土桥涵设计规范》(JTG 3368)的要求进行设置,还应满足:当新增纵向钢筋与原构件受力钢筋采用短筋焊接时,短筋的直径不宜小于12mm,各短筋的中距不应大于500mm;当用单侧或双侧加固时,应设置U形箍筋或封闭式箍筋并与原构件牢固连接,箍筋直径与原有箍筋直径相同。

③在受拉区增设混凝土加固的受弯构件,新增纵向钢筋需截断时,应从计算截断点外至少增加一个锚固长度。受压构件新增纵向受力钢筋应伸入原结构并满足锚固要求。

(3)结合面。

①新老混凝土结合面处,原构件的表面应凿毛处理,表面应凿成凹凸差不小于6mm的粗糙面。

②为满足结合面抗剪的要求,需要在原构件混凝土中植抗剪钢筋时,数量应根据受力及构造要求确定。

8.5.3 设计计算

增大截面法加固混凝土受弯构件分在截面受压区和截面受拉区加固两种形式。受弯构件截面受压区加固是以增加截面混凝土高度为主,按要求配置适当构造钢筋;受弯构件受拉区加固是以增加受拉钢筋为主,但须增设混凝土,达到钢筋保护层厚度的要求。

1)受拉区加固矩形截面受弯构件正截面承载力计算

(1)在受拉区加固受弯构件时的承载力计算,除应符合《公路钢筋混凝土及预应力混凝土桥涵设计规范》(JTG 3368—2018)对受弯构件正截面承载力计算的基本假定外,尚应满足下列要求:

①在受弯构件达到承载能力极限状态时,截面受压边缘混凝土应变达到极限压应变ε_{cu},截面受压区混凝土应力按等效矩形应力图形,混凝土抗压强度取原构件混凝土轴心

抗压强度设计值f_{cd1}。

②构件达到受弯承载能力极限状态时,新增钢筋的拉应变ε_{s2}按平截面假定确定。新增普通钢筋的拉应力σ_{s2}应为钢筋的弹性模量与其拉应变的乘积,但小于其强度设计值。

(2)按《公路钢筋混凝土及预应力混凝土桥涵设计规范》(JTG 3362—2018)第8.1条组合式受弯构件要求进行设计计算。计算是按二阶段受力计算,对加固前原梁和加固后组合式受弯构件分别进行正截面承载力、斜截面承载力计算,结合面抗剪计算,使用阶段计算。

(3)计算公式。根据受弯构件正截面承载力计算的基本原则,增设钢筋后的双筋矩形截面受弯构件承载力计算简图(图8-2)。

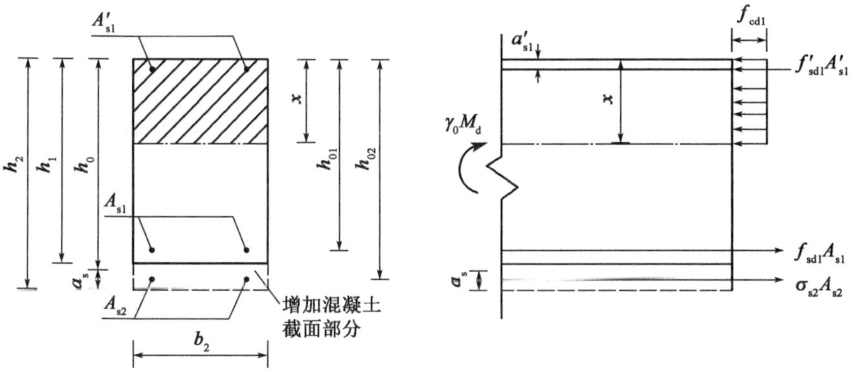

图8-2 双筋矩形截面受弯构件正截面承载力计算图式

正截面受弯承载力应满足的要求如下:

$$\gamma_0 M_d \leqslant f_{cd1} b_2 x\left(h_0-\frac{x}{2}\right)+f'_{sd1}A'_{s1}(h_0-a'_{s1}) \tag{8-4}$$

混凝土受压区高度应按下式确定:

$$f_{cd1} b_2 x = f_{sd1}A_{s1}-f'_{sd1}A'_{s1}+\sigma_{s2}A_{s2} \tag{8-5}$$

$$\sigma_{s2}=\varepsilon_{s2}E_{s2}\leqslant f_{sd2} \tag{8-6}$$

为了防止出现超筋梁情况并且保证受压钢筋A'_s达到抗压强度设计值f'_{sd},受压区高度x应满足

$$2a'_{s1}\leqslant x\leqslant \xi_b h_{01} \tag{8-7}$$

式中:γ_0——桥梁结构的重要性系数,按结构设计安全等级采用,对于公路桥梁安全等级一级、二级和三级分别取用1.1、1.0和0.9;

M_d——第二阶段作用组合弯矩设计值;

f_{cd1}——原构件混凝土轴心抗压强度设计值;

f_{sd1}、f'_{sd1}——分别为原构件纵向普通钢筋的抗拉强度设计值和抗压强度设计值;

A_{s1}、A'_{s1}——分别为原构件受拉区和受压区纵向普通钢筋的截面面积,mm^2;

A_{s2}——新增纵向普通钢筋的截面面积,mm^2;

h_{01}——原构件截面有效高度,mm,为原构件受拉区纵向普通钢筋A_{s1}合力作用点至截面受拉区边缘的距离;

h_0——加固后构件截面有效高度,mm,$h_0=h_2-a_s$,此处h_2为加固后截面的全高,a_s

为受拉区纵向普通钢筋 A_{s1} 和 A_{s2} 的合力点至截面受拉区边缘的距离；

b_2、h_2——加固后构件截面宽度和高度，mm；

x——等效矩形应力图形的混凝土受压区高度，mm；

σ_{s2}——新增纵向普通钢筋的拉应力；

E_{s2}——新增纵向普通钢筋的弹性模量；

ε_{s2}——在构件达到承载能力极限状态时，新增纵向普通钢筋的拉应变，按式(8-9)计算；

f_{sd2}——新增纵向普通钢筋的抗拉强度设计值；

ξ_b——构件增大截面加固后的相对界限受压区高度，按式(8-8)计算：

$$\xi_b = \frac{\beta}{1 + \frac{a_s f_y}{\varepsilon_{cu} E_s} + \frac{\varepsilon_{s2}}{\varepsilon_{cu}}} \tag{8-8}$$

式中：ε_{cu}——混凝土极限压应变，当混凝土强度等级为 C50 及 C50 以下时，取 $\varepsilon_{cu} = 0.0033$；

β——截面受压区矩形应力图高度与实际受压区高度的比值，当混凝土强度等级为 C50 及 C50 以下时，取 $\beta = 0.8$。

在受拉区采用增大截面加固的钢筋混凝土受弯构件达到受弯承载力极限状态时，新增纵向普通钢筋的拉应变 ε_{s2} 按式(8-9)计算(图 8-3)：

$$\varepsilon_{s2} = \frac{\varepsilon_{cu}(\beta h_{02} - x)}{x} - \frac{\varepsilon_{c1}(h_{02} - x_1)}{x_1} \tag{8-9}$$

$$\varepsilon_{c1} = \frac{M_{d1}}{E_{c1} I_{cr}} x_1$$

式中：M_{d1}——第一阶段弯矩设计值；

h_{02}——受拉区新增纵向普通钢筋 A_{s2} 合力点至截面受压区边缘距离，mm；

ε_{c1}——在 M_{d1} 作用下，原构件截面上边缘的混凝土压应变；

x_1——加固前原构件开裂截面换算截面的混凝土受压区高度，mm；

E_{c1}——原构件混凝土的弹性模量；

I_{cr}——加固前原构件开裂截面换算截面的惯性矩，按式(8-10)计算。

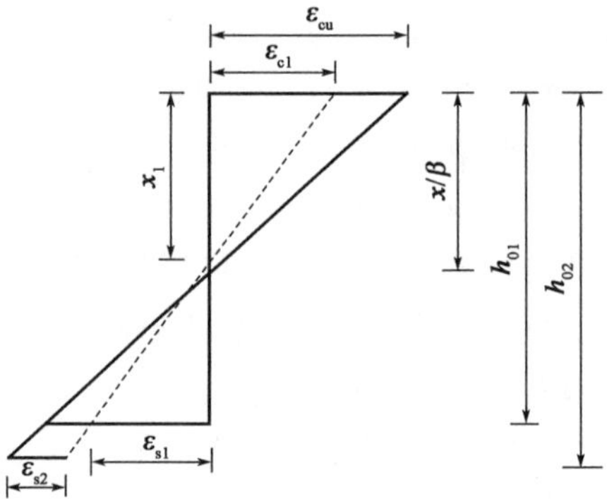

图 8-3　截面应变图

加固前原构件开裂截面换算截面的惯性矩，计算图式如图 8-4 所示。

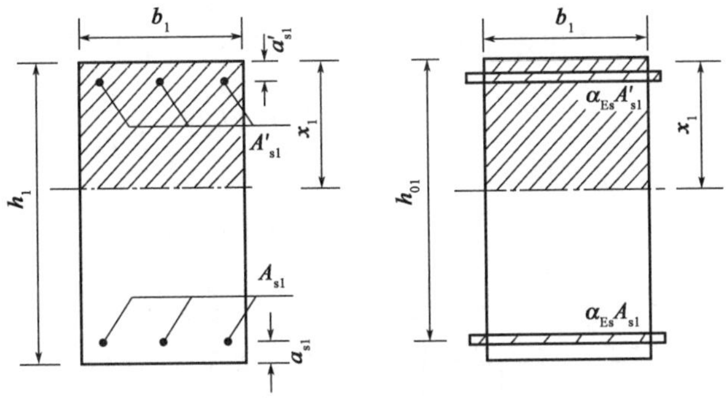

图 8-4　矩形截面换算示意图

$$I_{cr}=\frac{b_1x_1^3}{3}+\alpha_{Es}A_{s1}(h_{01}-x_1)^2+\alpha_{Es}A'_{s1}(x_1-a'_{s1})^2 \tag{8-10}$$

$$x_1=\sqrt{A_1^2+B_1}-A_1$$

$$A_1=\frac{\alpha_{Es}(A_{s1}+A'_{s1})}{b_1}$$

$$B_1=\frac{2\alpha_{Es}(A_{s1}h_{01}+A'_{s1}\alpha'_{s1})}{b_1}$$

当 $x<2a'_{s1}$ 时，正截面抗弯承载力应满足的要求如下：

$$\gamma_0M_d\leqslant f_{sd1}A_{s1}(h_0+a'_{s1})+\sigma_{s2}A_{s2}(h_{02}-a'_{s1}) \tag{8-11}$$

式中：变量意义同前。

《混凝土结构加固设计规范》(GB 50367—2013)中规定 ε_{s2} 按式(8-12)计算：

$$\varepsilon_{s2}=\left(1.6\frac{h_{02}}{h_{01}}-0.6\right)\varepsilon_{s1} \tag{8-12}$$

$$\varepsilon_{s1}=\frac{M_{d1}}{0.87h_{01}A_{s1}E_{s1}}$$

式中：ε_{s1}——在 M_{d1} 作用下，原构件纵向受拉钢筋拉应变；

其余变量意义同上。

公式是根据苏联在预应力设计指南中对受弯构件内力臂系数的取值推导而成的，之所以决定引用该值，是因为注意到原推荐性标准早在 1990 年即已引用，西南交通大学和东南大学的相关研究结果也认为该值可以近似地用于加固构件初始应变，而不会有显著的偏差。

2)受压区加固矩形截面受弯构件正截面承载力计算

受压区加固受弯构件正截面的承载力计算采用下列基本假定：

(1)构件弯曲后，其截面仍保持平面。

(2)在受弯承载能力极限状态下，截面受压区新旧混凝土应力等效为矩形应力图形，其大小为相应的混凝土轴心抗压强度设计值，截面受拉区混凝土的抗拉强度不予考虑。

(3)在承载能力极限状态计算时，受拉区钢筋应力取其抗拉强度设计值 f_{sd}，受压区钢筋应力取其抗压强度设计值f'_{sd}。

在矩形截面钢筋混凝土受弯构件的受压区进行抗弯加固时,一般采用加厚桥面板对受压区补强,其正截面受弯承载力应满足的要求见式(8-13),计算图式如图8-5所示。

$$\gamma_0 M_d \leqslant f_{cd1} b_2 (x - h'_1) \left(h_0 - h'_1 - \frac{x - h'_1}{2}\right) + f_{cd2} b_2 h'_1 \left(h_0 - \frac{h'_1}{2}\right) + f'_{sd1} A'_{s1} (h_0 - a'_{s1} - h'_1) \tag{8-13}$$

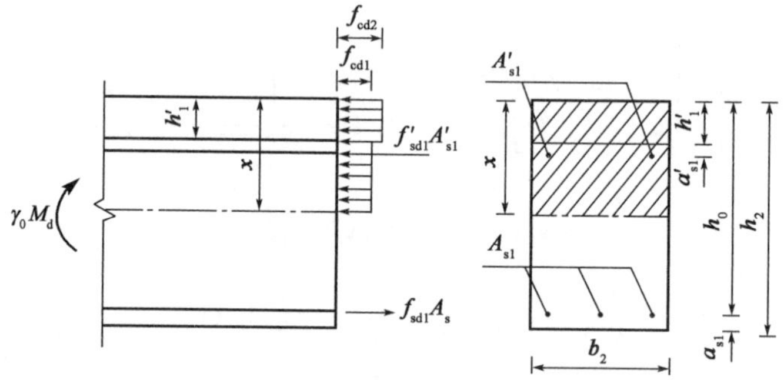

图8-5　受压区加固矩形截面受弯构件正截面承载力计算

混凝土受压区高度按下式计算:

$$f_{cd1} b_2 (x - h'_1) + f_{cd2} b_2 h'_1 = f_{sd1} A_{s1} - f'_{sd1} A'_{s1} \tag{8-14a}$$

$$2(a'_{s1} + h'_1) \leqslant x \leqslant \xi_b h_0 \tag{8-14b}$$

当$x \leqslant 2a'_{s1} + h'_1$时,正截面抗弯承载力及应满足的要求如下:

$$\gamma_0 M_d \leqslant f_{sd1} A_{s1} h_0 - a'_{s1} - h'_1 \tag{8-15}$$

式中:h'_1——后加混凝土层的厚度,mm;

f_{cd2}——后加混凝土轴心抗压强度设计值;

其余变量意义同上。

增大受压区载面面积加固受弯构件时,原截面高度与加固后截面高度比应大于0.8,可避免原构件的受拉钢筋应力很快达到屈服状态,发生少筋脆性破坏。

3)斜截面加固承载力计算

对于二次受力叠合梁的斜截面强度仍然要考虑混凝土、箍筋和斜筋这三部分的作用。其中,混凝土和箍筋的抗力取用构件中较低的混凝土强度等级进行计算分析,若为预应力混凝土构件,则不考虑预应力对抗剪的有利影响。斜筋的抗力仍取斜截面范围内的斜筋进行计算分析。

矩形截面钢筋混凝土受弯构件在截面受拉区加固后,其截面尺寸应满足以下要求:

$$\frac{\gamma_0 V_{d1}}{b_1 h_{01}} + \frac{\gamma_0 V_{d2}}{b_2 h_0} \leqslant 0.51 \times 10^{-3} \sqrt{f_{cu,k}} \tag{8-16}$$

式中:V_{d1}——加固时原构件由荷载产生的验算截面处的作用组合剪力设计值,kN,如果封闭桥上交通进行加固,则为恒载作用的剪力设计值;

V_{d2}——加固后构件验算截面处由后加恒载、车辆荷载及其他作用组合后产生的剪力设计值,kN;

b_1、b_2——分别为原构件截面宽度和加固后构件宽度,mm;

h_{01}——原构件相应于作用组合剪力设计值处的截面有效高度,mm;

h_0——加固后构件相应于作用组合剪力设计值处的截面有效高度，即自原构件截面纵向受拉钢筋和新增纵向受拉钢筋的合力点至截面受压边缘的距离，mm；

$f_{cu,k}$——原构件混凝土强度等级。

钢筋混凝土受弯构件在截面受拉区加固后，斜截面抗剪承载力应满足的要求如下：

$$\gamma_0 V_d \leqslant 0.43 \times 10^{-3}\alpha_1\alpha_3 b_2 h_0 \psi_{cs}\sqrt{(2+0.6P)\sqrt{f_{cu,k}}\rho_{sv}f_{sv}} + 0.75\times 10^{-3}f_{sd}A_{sb} + \psi_{vb}V_{d2} \tag{8-17}$$

式中：V_d——加固后构件验算截面处第二阶段作用组合剪力设计值，kN；

V_{d2}——加固后由后期恒载、车辆荷载及其他可变荷载作用组合后产生的剪力设计值，kN；

α_1——异号弯矩影响系数，在对简支梁和连续梁近边支点梁段的抗剪承载力计算时，α_1 取1.0；在对连续梁和悬臂梁近中间支点梁段的抗剪承载力计算时，α_1 取0.9；

α_3——受压翼缘的影响系数，对矩形截面而言，α_3 取1.0；而对T形或工字形截面而言，α_3 取1.1；

b_2——加固后梁斜截面顶端正截面处腹板宽度，mm；

h_0——加固后梁斜截面受压端正截面的有效高度，mm；

ψ_{cs}——与原梁斜裂缝有关的修正系数，加固前未出现斜裂缝时，取 $\psi_{cs}=1.0$；斜裂缝宽度小于0.2 mm时，取 $\psi_{cs}=0.835$；斜裂缝宽度大于0.2mm时，取 $\psi_{cs}=0.78$；

P——加固后计算截面斜裂缝范围纵向钢筋的配筋百分率，$P=100\rho$，$\rho=(A_{s1}+A_{s2})/(bh_0)$；$A_{s1}$ 和 A_{s2} 分别为原梁截面纵向钢筋面积和新增纵向钢筋面积，当 P 大于2.5时，取 $P=2.5$；

ρ_{sv}——原梁斜截面内箍筋配筋率，$\rho_{sv}=A_{s1}/(s_v b_2)$；

s_v——原梁斜截面内箍筋的间距，mm；

A_{sb}——与斜裂缝相交的普通弯起钢筋的总截面面积，mm^2；

f_{sv}——原梁箍筋抗拉强度设计值，MPa；

f_{sd}——普通弯起钢筋的抗拉强度设计值，MPa；

ψ_{vb}——修正系数，ψ_{vb} 计算公式为：

$$\psi_{vb}=\frac{0.8A_{sv2}}{A_{sv1}+0.707A_{sb}+A_{sv2}} \tag{8-18}$$

A_{sv1}——原梁斜截面内配置在同一截面的箍筋各肢总截面面积，mm^2；

A_{sv2}——与斜裂缝相交的同一截面后增箍筋各肢总截面面积，mm^2；

其余变量意义同上。

4）新老混凝土结合面抗剪承载力计算

新老混凝土之间的可靠结合是增大截面加固法的关键。在符合构造要求的前提下，在受拉区和受压区增设现浇混凝土加厚层的梁，原构件与新增混凝土现浇层之间结合面的抗剪承载力应满足的要求如下：

$$\gamma_0 V_d \leqslant 0.12f_{cd}bh_0 + 0.85f_{sv}\frac{A_{sv}}{s_v}h_0 \tag{8-19}$$

式中：V_d——加固后最不利作用组合剪力设计值,N；

f_{cd}——混凝土抗压强度设计值,MPa,当原构件与现浇混凝土不同时,取较低者；

b——新老混凝土的结合面宽度,mm；

h_0——加固后构件截面的有效高度,mm；

f_{sv}——结合面配置的箍筋或植筋抗拉强度设计值,MPa；

A_{sv}——结合面上同一竖向截面配置的箍筋各肢总截面面积或植筋总截面面积,mm^2；

s_v——箍筋或植筋的间距,mm。

在受压区增设现浇混凝土加厚层的板,当在新老混凝土的结合面上不配置抗剪钢筋时,其结合面抗剪承载力应符合下列要求

$$\frac{\gamma_0 V_d}{bh_0} \leqslant 0.45(\text{MPa}) \tag{8-20a}$$

当结合面符合构造要求,且同一竖向截面配置不少于 $0.3bs_v/f_{sd}$(以 mm^2 计)的竖向结合钢筋时,新老混凝土结合面抗剪承载力应符合下列要求：

$$\frac{\gamma_0 V_d}{bh_0} \leqslant 2(\text{MPa}) \tag{8-20b}$$

式中：变量意义同上。

5)构件的正常使用极限状态计算

(1)钢筋混凝土叠合受弯构件在荷载的短期效应组合下,纵向钢筋的应力应符合式(8-21)的要求：

$$\sigma_{ss} = \sigma_{s1} + \sigma_{s2} \leqslant 0.7f_{sk} \tag{8-21a}$$

$$\sigma_{s1} = \frac{M_g}{0.87A_s h_{01}} \tag{8-21b}$$

$$\sigma_{s2} = \frac{0.5(1 + h_1/h)M_{2s}}{0.87A_s h_0} \tag{8-21c}$$

式中：f_{sk}——普通钢筋的抗拉标准强度；

h、h_1——分别为混凝土截面加大后、加大前的梁高,mm；

h_0、h_{01}——分别为混凝土截面加大后、加大前的有效高度,mm；

M_g、M_{2s}——分别为混凝土截面加大前自重弯矩、加大后包括后期恒载和短期荷载下的弯矩；

A_s——构件受拉区钢筋面积,mm^2。

(2)裂缝宽度计算。裂缝宽度按《公路钢筋混凝土及预应力混凝土桥涵设计规范》(JTG 3362—2018)中钢筋混凝土构件的裂缝宽度公式计算,并满足限制值要求。在计算钢筋应力时,采用钢筋混凝土叠合受弯构件在荷载的短期效应组合下纵向钢筋的应力结果。

(3)变形计算。可将叠合受弯构件作为整体构件进行计算,但叠合截面的结构刚度是在原结构刚度的基础上乘以折减系数0.9。

在短期荷载效应组合下,构件的刚度按式(8-22)计算：

$$B = \frac{0.9B_0}{\left(\frac{M_{cr}}{M_s}\right)^2 + \left[1 - \left(\frac{M_{cr}}{M_s}\right)^2\right]\frac{B_0}{B_{cr}}} \tag{8-22}$$

式中：B——开裂构件等效截面的抗弯刚度；

B_{cr}——开裂截面的抗弯刚度，$B_{cr}=0.85E_cI_0$；

B_0——全截面的抗弯刚度，$B_0=0.85E_cI_{cr}$；

M_{cr}——开裂弯矩，$M_{cr}=\gamma\cdot f_{tk}\cdot w_0$，$\gamma=2S_0/w_0$；

M_s——短期荷载效应组合的计算弯矩值；

I_0——全截面换算截面的惯性矩；

I_{cr}——开裂截面换算截面的惯性矩；

E_c——混凝土的弹性模量；

f_{tk}——混凝土的抗拉强度标准值。

8.5.4 施工要点

混凝土受弯构件增大截面加固施工过程中，应注意以下问题：

(1)为了加强新旧混凝土的结合，应对原构件混凝土存在的缺陷清理至密实部位，并将构件表面凿毛，要求打成麻坑或沟槽，凹凸差不小于6mm，间距不宜大于箍筋的间距或200mm。当采用三面或四面外包方法加固桥梁构件时，应将构件的棱角敲掉，同时应除去浮渣、尘土。

(2)原结构混凝土表面需冲洗干净，浇筑混凝土前，原混凝土表面应以水泥浆等界面剂进行处理，以加强新旧混凝土的结合。同时还应对原有和新增受力钢筋进行除锈处理。

(3)有条件时，在受力钢筋施焊前采取卸荷或支顶措施，并逐根分区分段分层进行焊接，以减少原受力钢筋的热变形，一般可采用焊一段空一段的间断焊接方式(焊缝长60～80mm)，使原结构的承载力不受影响。剪断的箍筋可焊在补强钢筋上，使其形成较为牢固的钢筋骨架。

(4)外包混凝土截面尺寸一般较小，混凝土浇筑时，进料口尺寸受限，影响浇筑速度，必须采取措施，保证新混凝土浇筑和振捣的质量，以达到混凝土密实要求。

(5)加强新浇混凝土层的养护工作，养护期最好达14天以上，避免因过早行车而影响工程质量。

(6)为避免影响桥下通航、通车，可采用悬挂式脚手架的形式进行施工。

8.6 粘贴钢板加固法

8.6.1 技术特点

粘贴钢板加固法是用环氧树脂系列黏结剂将钢板粘贴在构件的受拉侧或薄弱部位，使之与原结构共同受力，以提高其抗弯、抗剪强度，约束裂缝的发展，从而提高桥梁的承载能力、刚度和耐久性的加固方法。

用粘贴钢板来加固受弯构件，主要有如下技术优点：

(1)不破坏或微破坏被加固的构件。

(2)原构件尺寸几乎不变，增加的恒载可忽略，对桥下净空无影响。

(3)可在不中断或短时中断交通的情况下进行。

(4)技术要求低,施工工期短。

在采用粘贴钢板加固法时,也必须充分考虑其缺点:

(1)提高承载能力的幅度有限。

(2)结构表面不平整、混凝土局部疏松时,粘贴质量不易保证。

(3)钢板外表面易锈蚀,胶层厚度、饱满状况不易检测。

(4)厚钢板端部处应力集中效应高,钢板和混凝土之间易剥离。

粘贴钢板加固法适用于中小跨径钢筋混凝土和预应力混凝土受弯构件正截面和斜截面补强;钢筋混凝土偏心受压、受拉构件的补强不适合用来加固配筋率小于0.2%的钢筋混凝土和圬工结构构件。

粘贴钢板加固法适用的环境温度在-20~60℃的范围内,相对湿度不大于70%及无化学腐蚀地区。

8.6.2 粘贴钢板加固后破坏形态

粘贴钢板加固后受弯构件的主要破坏形态有以下三种:

(1)粘贴钢板端部剥离破坏。破坏现象是原构件截面受拉主筋屈服,粘贴钢板发生端部剥离破坏,而粘贴钢板一般未屈服,又简称为“端部剥离破坏”。

①钢板粘贴端部锚固区受力复杂。

②构件弯曲变形的曲率影响产生相应的剥离力。

(2)粘贴钢板区段内的钢板粘贴局部剥离破坏。破坏现象是原构件截面受拉主筋屈服,粘贴钢板发生中间区段(宽度较大的混凝土裂缝处)局部剥离破坏,这时粘贴钢板拉应力接近屈服强度或可能达到屈服强度,但构件截面受压边缘混凝土未压碎,简称“局部剥离破坏”。

(3)原构件截面受拉主筋和粘贴受拉钢板屈服,受压区边缘混凝土压碎,简称“正常破坏”。

8.6.3 构造要求

1)钢板尺寸

黏结钢板厚度主要根据结合面混凝土强度、锚固区长度、混凝土表面平整状况及施工操作要求而定,钢板越厚与原结构表面的符合性越差;反之,钢板越薄,相对用胶量就越大,不经济。根据经验,黏结钢板厚度以2~8mm为宜,一般取6mm。

对钢筋混凝土受弯构件进行正截面加固时,钢板宜采用条带粘贴,钢板的宽厚比为30~50。

2)粘贴方式

采用直接涂胶粘贴的钢板厚度不应大于5mm;钢板厚度大于5mm时,应采用压力注胶粘贴。

3)钢板延伸长度

当粘贴的钢板延伸至支座边缘仍不满足延伸长度的要求时,应采取下列锚固措施:

(1)对梁式结构,应在延伸长度范围内设置U形箍,端U形箍宽度不应小于200mm;中间U形(L形)箍板的宽度不应小于粘贴钢板宽度的1/2且不应小于100mm。U形箍钢板厚度取粘贴钢板厚度的1/2。U形箍应伸至翼缘板底面。

(2)对板式结构,应在延伸长度范围内设置垂直与受力钢板方向的压条,端钢板压条和中间钢板压条的宽度不应小于粘贴钢板宽度的3/5,钢压条的厚度不应小于粘贴钢板厚度的1/2。

4)斜截面加固构造

当采用粘贴钢板进行钢筋混凝土及预应力混凝土受弯构件斜截面承载力加固时,应采用带压条U形箍、L形箍,或粘贴竖向或斜向钢箍板。

(1)钢箍板的截面宽厚比不宜小于30。

(2)钢箍板之间的间距对于竖向钢板箍,不应大于400mm,且不应大于梁高的1/2;

(3)对于斜向钢箍板,各斜向钢板箍在受弯构件沿跨径方向的水平轴线上的投影应有相互重叠部分。

(4)钢箍板的上端和下端应粘贴纵向钢压条,应设置附加锚栓。

(5)在斜截面承载力加固区段上至少布置2道(条)U形箍或箍板。

5)锚固螺栓

直接涂胶粘贴钢板宜使用锚固螺栓,锚固深度不应小于6.5倍螺栓直径。螺栓布置的间距应满足下列要求:

(1)螺栓中心最大间距为24倍钢板厚度,最小间距为3倍螺栓孔径。

(2)螺栓中心距钢板边缘最大距离为8倍钢板厚度或120mm中的较小者,最小距离为2倍螺栓孔径。

如果螺栓只用于钢板定位或粘贴加压,不受上述限制。

8.6.4 设计计算

粘贴钢板加固受弯构件的作用效应分别按下列两个阶段进行计算:

第一阶段,粘贴钢板加固施工前,作用(或荷载)应考虑加固时包括原构件自重在内的实际恒载及施工时的其他荷载。

第二阶段,粘贴钢板加固后,作用(或荷载)应考虑包括构件自重在内的恒载作用、二期恒载作用及使用阶段的可变作用。

1)计算要求

采用粘贴钢板对钢筋混凝土受弯构件进行抗弯加固设计时,除应遵守《公路钢筋混凝土及预应力混凝土桥涵设计规范》(JTG 3368—2018)的正截面承载力计算基本假定外,还应满足下列要求:

(1)构件达到受弯承载能力极限状态时,应按平截面假定确定钢板的拉应变。钢板应力等于拉应变与弹性模量的乘积,且小于钢板抗拉强度设计值。

(2)在达到承载能力极限状态前,必须采取可靠的锚固措施,避免发生钢板与混凝土之间的黏结剥离破坏。

2)计算内容

粘贴钢板加固受弯构件的主要计算包括以下内容。

(1)受弯构件的正截面强度计算

受弯构件正截面强度不足时可在受拉区粘贴钢板加固,按照正截面强度计算公式确定粘贴钢板的面积和受弯承载能力。粘贴钢板加固后,为了防止出现超筋梁现象和保证受压钢筋达到抗压强度设计值,受压区高度应满足:

$$2a'_s \leqslant x \leqslant \xi_b h_0 \tag{8-23}$$

式中:a'_s——受压区钢筋合力点至截面受压边缘的距离,mm;

x——等效矩形应力图形的混凝土受压区高度,简称混凝土受压区高度,mm;

ξ_b——相对界限受压区高度,根据原构件混凝土和受拉普通钢筋强度级别,按照《公路钢筋混凝土及预应力混凝土桥涵设计规范》(JTG 3368—2018)规定选用。

(2)钢板粘贴延伸长度计算

对受弯构件正弯矩区的正截面加固,受拉钢板的截断位置距其充分利用截面的距离应不小于按下式确定的粘贴延伸长度:

$$l_p = \frac{f_{sp}A_{sp}}{\tau_p b_p} + 300 \tag{8-24}$$

式中:l_p——受拉钢板粘贴延伸长度,mm;

b_p——对梁为受拉面粘贴钢板的总宽度,mm,对板为 1.0m 板宽范围内粘贴钢板的总宽度,mm;

f_{sp}——加固钢板的抗拉强度设计值;

A_{sp}——加固钢板的截面面积,mm^2;

τ_p——钢板与混凝土之间的黏结强度设计值,MPa。

(3)粘贴钢板斜截面加固计算

斜截面可采用竖直粘贴的各种 U 形箍、L 形箍或斜向钢板对钢筋混凝土梁进行抗剪加固,其斜截面承载力按照《公路钢筋混凝土及预应力混凝土桥涵设计规范》(JTG 3368—2018)计算,其中对原结构混凝土与箍筋项乘以与原梁斜裂缝有关的修正系数 ψ_{cs}(1.0 ~0.78);对弯起钢筋项乘以修正系数 ψ_{vb},ψ_{vb} 为考虑粘贴钢板抗剪受力状态及应力不均匀等影响的承载力修正系数,根据室内试验资料整理和分析,可取 0.8(钢筋混凝土构件)或 0.75(预应力混凝土构件)。

8.6.5 施工要点

1)表面处理

表面处理包括被加固构件混凝土表面处理和钢板贴合面处理。对于混凝土构件结合面应根据构件表面的新旧程度、坚实程度、干湿程度,分别按以下四种情况处理:

(1)混凝土构件的黏合面污损严重时,应先用硬毛刷蘸高效洗涤剂,刷除表面油垢污物后用冷水冲洗,再对黏合面进行打磨,除去 2 ~3mm 厚表层,直至完全露出新面和平整,并用无油压缩空气吹除粉粒。处理后,若表面严重凹凸不平,可用环氧树脂砂浆修补。

(2)混凝土构件的黏合面污损一般时,则可直接对黏合面进行打磨,去掉 1 ~2mm 厚表层,使之平整,用压缩空气除去粉尘,再用脱脂棉花蘸丙酮擦拭表面即可。

(3)混凝土构件的黏合面良好时,先用角磨机将黏合面磨平,再用钢丝刷将表面松散浮渣刷去,用棉花蘸丙酮擦拭表面。

(4)对于龄期在 3 个月以内,或湿度较大的混凝土构件,粘贴钢板前还须进行人工干燥处理。

表面处理完成后,钻孔植埋螺栓。依照设计图纸的要求,放出需钻孔的位置,必要时可用钢筋混凝土保护层测试仪查明混凝土钢筋布置,然后钻孔,植埋全螺纹螺杆。盲孔孔径和孔深应严格按设计要求施工。

按照设计进行钢板下料,对于钢板黏合面,应根据钢板锈蚀程度,分别按以下两种方法处理:

(1)钢板未生锈或轻微锈蚀,可用喷砂、砂布或平砂轮打磨,直至出现金属光泽。打磨粗糙度越大越好,打磨纹路尽量与钢板受力方向垂直。然后用脱脂棉花蘸丙酮擦拭干净。

(2)钢板锈蚀严重,须先用适度盐酸浸泡20min,使锈层脱落,再用石灰水冲洗,中和酸离子,最后用平砂轮打磨出纹道。打磨粗糙度越大越好,打磨纹路应与钢板受力方向垂直,再用丙酮擦拭干净。

表面处理完成后,依据现场植埋的螺杆,对待粘贴的钢板进行配套打孔。

2)配胶

目前结构加固用胶黏剂中最常用的是环氧类胶黏剂。桥梁加固用胶黏剂,根据所加固结构的重要程度分为A级胶与B级胶。其中A级胶用于重要结构或构件的加固,B级胶用于一般结构或构件的加固。环氧类胶黏剂为甲、乙两组分,使用前应进行现场质量检验,合格后方能使用。使用时将甲、乙两种组分按说明书规定混合在一起,用转速为100~300r/min的轴式搅拌器搅拌,至色泽均匀为止。容器内不得有油污,搅拌时应避免水进入容器,并按同一方向进行搅拌,以免带入空气形成气泡,降低黏结性能。

胶黏剂必须按照国家标准《公路桥梁加固设计规范》(JTG/T J22—2008)第5.6节的要求和国家标准《室内装饰装修材料 胶粘剂中有害物质限量》(GB 18583—2008)的要求通过毒性检验,持有效的无毒检验报告方可使用。对完全固化的胶黏剂,其检验结果应符合实际无毒卫生等级要求。

混凝土桥梁加固用胶黏剂,其钢-钢黏结抗剪性能必须经过湿热老化检验合格,湿热老化检验应在50℃温度和98%相对湿度的环境下进行;老化时间:重要构件不得小于90天,一般构件不得小于60天;经湿热老化后的试件应在常温条件下进行钢-钢黏结拉伸抗剪试验,其强度降低的百分率(%)不得大于10%。

3)粘贴

涂胶粘贴:胶黏剂配制好后,用抹刀同时涂抹在已处理好的混凝土表面和钢板上,厚度1~3mm,中间厚边缘薄。然后将钢板贴于预定位置。若是立面粘贴,为防止流淌,可加一层脱蜡玻璃丝布。粘好钢板后,用手槌沿粘贴面轻轻敲击钢板,如无空洞声,表示已粘贴密实;否则应剥下钢板补胶,重新粘贴。

压力注胶粘贴:将钢板固定在螺栓上,并保证钢板与混凝土表面的间隙在3mm以上,以确保灌注胶层的厚度在3mm以上。将注入嘴黏结在钢板的注入孔上,在钢板边缘插入排气管,在膨胀螺栓头上罩上盖碗,然后用钢板封边胶封闭钢板边缘,完成封边,并布置注入嘴。用泵将粘钢灌注胶从注入嘴灌注到钢板和混凝土的空隙中,灌注工作持续到所有排气管均有胶液流出。在灌注过程中,用橡皮锤敲打钢板以确认是否灌注密实。要求灌浆之前先通气试压,以0.2~0.4MPa的压力将粘钢灌注胶从注入嘴压入,当排气孔出现浆液后停止加压,以钢板封边胶堵孔,再以较低压力维持10min以上。

4)固定与加压

钢板粘贴好后立即用特制U形夹具夹紧或用木杆顶撑,压力保持为0.05~0.1MPa,以使胶液刚从钢板边缝挤出为度。若用螺栓固定,螺栓是钢板的永久附加锚固。

环氧类胶黏结剂在常温下固化,保持在20℃以上,24h即可拆除夹具或支撑,若低于15℃,应采用人工加温,一般用红外线灯加热。固化期间不得对钢板有任何扰动。

5)检验

用小锤轻轻敲击黏结钢板,从音响判断黏结效果或用超声波法探测粘贴密实度。如锚固区黏结面积少于90%,非锚固区黏结面积少于70%,则此黏结件无效,应剥下重新粘贴。

6)钢板外表面防腐处理

经检验确认钢板粘贴固化密实效果可靠后,去除所有注入嘴和排气管,并清除钢板表面污垢和锈斑,对钢板外露表面防腐涂装。

钢板的防腐与涂装应采用性能可靠、附着力强、耐候性好、防腐蚀强、成熟可靠、使用期保证在15年以上的涂装材料。可采用水性无机富锌、环氧类和聚氨酯并相容匹配的油漆品种。钢板外露部分油漆干膜总厚度为240~260μm。

8.7 粘贴碳纤维复合材料加固法

8.7.1 技术特点

粘贴纤维加固法是利用黏结剂将纤维增强复合材料粘贴在混凝土构件表面上,当结构荷载增加时,纤维布因与混凝土协调变形而共同受力,从而提高了混凝土构件的承载能力,对受弯构件起到了加固作用。

沿桥梁的主拉应力方向(或与裂缝正交方向)粘贴碳纤维布,两端分别设置锚固端,可以约束既有裂缝的扩展。

1)粘贴碳纤维加固法技术优点

(1)不增加恒载和断面尺寸,不改变原结构外观。碳纤维密度为200~300g/m^2,厚度仅0.111mm、0.167mm,浸胶后为2mm左右,基本上不增加构件截面。

(2)适用于不同结构形状,成型方便。对弯桥、斜桥、坡桥的加固适应性强,可随结构外形变化而变化。

(3)施工简便,不需要大型设备,工作面小。

(4)粘贴施工对原结构不产生损伤,不需要钻孔设置锚栓和混凝土开凿。

(5)具有优良的抗化学腐蚀能力。

2)粘贴碳纤维加固法技术缺点

(1)易发生黏结、剥离破坏。

(2)最终破坏模式为脆性破坏。

(3)不适用于低强度混凝土加固,原结构混凝土等级不得低于C15。

(4)防火性能差,不适用于长期使用温度过高的环境(60℃)。

(5)对结构刚度改善不明显。

(6)被加固构件的材料已接近承载力极限时,应慎用。

8.7.2 碳纤维材料及相关黏结材料

纤维复合材料用的纤维应为连续纤维,通常采用碳纤维、玻璃纤维及芳纶纤维。用于桥梁加固的纤维复合材料品种和性能应满足下列要求:

(1)碳纤维应选用不大于12k(1k = 1000)的小丝束聚丙烯腈基(PAN基纤维),不得使用大丝束纤维。

(2)玻璃纤维应选用S型玻璃纤维或E型玻璃纤维,不得使用A型玻璃纤维或C型玻璃纤维。

(3)芳纶纤维复合材料的力学指标参照《桥梁用芳纶纤维布》(JT/T 531—2019)执行。

在桥梁加固中,碳纤维复合材料(CFRP)应用最为广泛。碳纤维复合材料力学特点是不存在屈服点或塑性区,相对于钢材,强度高,弹性模量低。碳纤维材料具有高强、轻质、耐腐蚀和耐疲劳等优异的物理力学性能。

用于土木工程结构的碳纤维以聚丙烯腈(PAN)纤维为原料经高温碳化而成,碳纤维原丝沿纤维方向的抗拉强度可达普通碳素钢的十几倍。用于桥梁加固的碳纤维产品主要是碳纤维片材,即碳纤维布和碳纤维板。按碳纤维丝布置方向又可分为单轴向和双轴向(0°/90°、45°/-45°)碳纤维布,可用于不同受力状态的混凝土构件的补强加固,如弯曲、剪切、扭转等受力构件。碳纤维布的抗拉强度一般为3550MPa,弹性模量为2.35×10^5MPa。碳纤维布的品质不同,其厚度为0.11~0.43mm,幅宽为20~100cm,卷材长度为50~100m。

纤维材料依靠黏结材料黏结于混凝土构件表面共同受力,同时黏结材料将连续纤维状的碳纤维结合在一起,因而黏结材料与碳纤维材料同等重要。黏结材料主要包括三类材料:底层涂料、整平材料和浸渍树脂。

(1)底层涂料(底胶)

在处理好的混凝土表面上,涂一层很薄的底层胶,既可以浸入混凝土表面,强化混凝土表面强度,又使混凝土与碳纤维布之间的黏结性得以提高。

(2)整平材料(修补胶)

碳纤维布只有与所加固补强的混凝土表面紧密接触,才能产生良好的补强效果。但混凝土表面的锐利突起物、错位和转角部位等可能使碳纤维布产生损伤,并引起强度降低。混凝土表面小的模板错位及混凝土气孔很难通过基底处理一道工序彻底清理。因此,在涂敷的底层涂料指触干燥后,必须用找平胶进行找平,同时将矩形断面直角打磨后补成圆弧状。

找平胶应具有优良的力学性能,以及良好的施工性能与触变性能。在施工过程中,找平胶应易于操作,且不随时间的延长出现明显的变形,防止胶滴挂。一般的普通环氧树脂的黏结强度和强韧性都达不到找平胶的要求,不应调配使用。

(3)浸渍树脂(粘贴主胶)

浸渍树脂在黏结材料中起着至关重要的作用,它连接底胶与碳纤维布。它的黏度应控制在一定范围内,有利于浸渍树脂顺利地将碳纤维布黏附于混凝土表面,经过碾压,使浸渍树脂很容易浸透碳纤维布,形成一个复合性整体,共同抵抗外力作用。浸渍树脂不仅应具有良好的渗透性以利于浸透碳纤维布,同时还应具有一定的初黏力,防止粘贴的碳纤维布塌落而形成空洞或空隙。并且浸渍树脂本身应具有良好的触变性,易于施工且不会发生明显的滴淌现象。另外,胶黏剂与碳纤维的相容性和黏结力必须极好,才能满足碳纤维布和混凝土形成预定的复合材料。

8.7.3 设计计算

碳纤维加固混凝土构件,在提高构件抗弯承载力的同时还会影响受弯构件的破坏形态。当碳纤维布用量过多时,构件的破坏形态将由碳纤维被突然拉断或剥离引起的破坏转变为混凝土被突然压碎的破坏;与钢筋共同工作时会减弱钢筋塑性性能对构件延性的影响。因此,被加固构件破坏具有突然性,碳纤维加固的承载力极限状态不能按普通钢筋混凝土构件来定义。

粘贴碳纤维材料受弯构件的承载能力与其破坏形态有关,破坏方式不同,设计计算要求和方法不同。

(1)适筋破坏:原受弯构件受拉钢筋屈服,碳纤维拉应变 $\varepsilon_f \leqslant [\varepsilon_f]$,原受弯构件钢筋应力保持不变而应变显著地增大,混凝土裂缝宽度扩展,中性轴上移,受压区混凝土面积减小,达到极限压应变。

(2)界限破坏:当碳纤维和钢筋的配置率适当时,受拉区碳纤维达到容许应变 $\varepsilon_f = [\varepsilon_f]$,受压区混凝土刚好达到极限压应变,此时材料强度充分利用,截面延性也达最大值。

(3)超筋破坏:受弯构件破坏时,受压区混凝土被压坏,而受拉区钢筋应力尚未达到屈服强度,碳纤维拉应变 $\varepsilon_f = [\varepsilon_f]$,应力较低,破坏前无明显征兆。

(4)少筋破坏:裂缝一旦出现,受拉钢筋先达到屈服,并迅速经历整个流幅而进入强化阶段,受弯构件裂缝集中,且宽度较大,碳纤维拉应变 $\varepsilon_f > [\varepsilon_f]$ 并达到极限拉应变 ε_{fu},对裂缝的扩展控制作用不明显,此时受压区混凝土还未压坏,碳纤维片材被拉断或拉脱。

(5)粘结破坏:在原受弯构件钢筋尚未屈服前,碳纤维片材与混凝土的黏结破坏,产生剥离,退出工作。

粘贴碳纤维布加固须按适筋破坏或界限破坏形式进行设计,确保加固后的受弯构件在破坏时是塑性破坏。粘贴碳纤维材料加固设计时,错误地认为粘贴碳纤维面积越大,加固效果越好,易导致加固后的受弯构件产生超筋破坏;原构件为少筋受弯构件时,不宜采用粘贴碳纤维材料加固法。为避免粘结破坏的发生,除满足粘贴碳纤维材料施工技术要求外,还应通过合理构造或合适锚固措施予以保证。

8.7.4 构造要求

1)对于受弯构件粘贴碳纤维加固的构造要求

(1)基本要求:

①混凝土强度等级:抗弯加固和抗剪加固时,被加固混凝土构件的实测混凝土强度等级不应低于 C15。

②纤维方向:碳纤维片材的纤维方向应与加固要求的受力方向一致。

③层数：碳纤维片材宜粘贴成条带状，一般不宜超过 3 层，宜延伸到支座边缘，且端部加 U 形锚，宽度≥200mm。

④搭接长度：沿纤维受力方向搭接时，搭接长度不应小于 100mm。

⑤倒角：圆弧化半径对梁不小于 20mm，柱不小于 25mm。

⑥多层：宜将纤维逐层截断，错开距离≥200mm，并在每层截断处加压条，形式为内短外长式。

⑦集中荷载：集中荷载两侧宜设置 U 形锚，宽度≥200mm。

⑧切断：抗弯加固时，纤维复合材料两端切断位置距其充分利用截面的距离不应小于计算得出的黏结长度 l_d（图 8-6）。

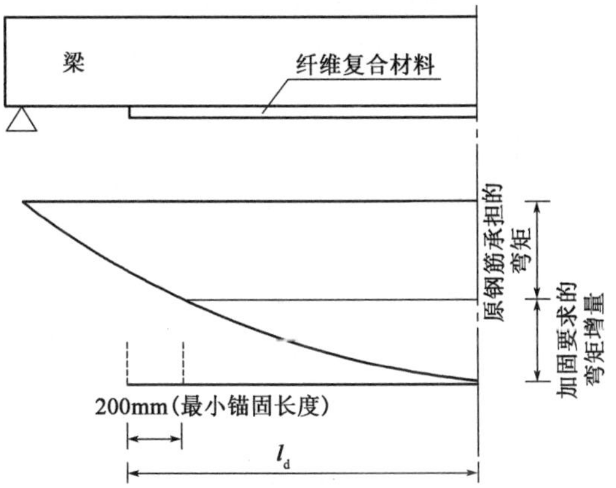

图 8-6 纤维复合材料的粘贴延伸长度

（2）当纤维复合材料延伸至支座边缘仍不满足 l_d 要求时，应采取相应的锚固措施：

①U 形箍：宜在延伸长度范围内均匀布置，宽度和厚度不宜小于加固纤维的 1/2，如图 8-7（a）所示。

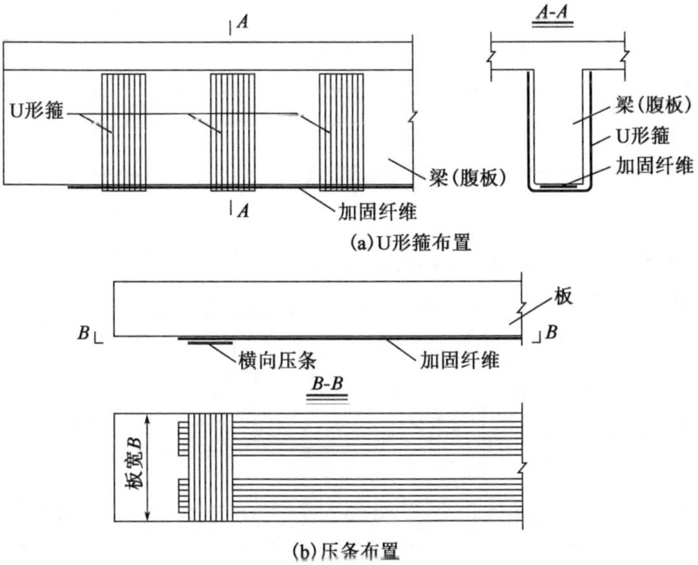

图 8-7 抗弯加固时纤维复合材料端部附加锚固措施

②压条:宜在延伸长度范围内均匀布置,宽度和厚度不宜小于加固纤维的1/2,如图8-7(b)所示。

③附加机械锚固:为保证FRP可靠地与被加固构件共同工作,必要时应采取附加机械锚固措施。

2)对于受压构件粘贴碳纤维加固的构造要求

(1)对于主要受力纤维复合材料不宜绕过内倒角,可绕过外倒角,但构件的截面棱角应在粘贴前打磨成圆弧面。柱的圆化半径不应小于25mm。

(2)纤维复合材料条带应粘贴成环形箍,且纤维纺线应与柱的纵轴线垂直。

(3)对于大偏心受压构件,当采用纤维复合材料加固时,可将纤维复合材料粘贴于构件受拉侧混凝土表面,纤维方向应与柱的纵轴线方向一致。

(4)沿柱轴向粘贴纤维复合材料加固时,应有足够的锚固长度。必要时可在纤维复合材料两端增设锚固措施。

3)墩柱延性加固设计构造要求

(1)环向围束的纤维复合材料层数不宜过少,圆形截面不应少于2层,矩形截面不应少于3层。

(2)环向围束上、下层之间应保证足够的搭接长度,不应小于50mm,纤维织物环向截断点的延伸长度不应小于200mm,且各条带搭接位置应相互错开。

8.7.5 合理应用

目前粘贴碳纤维加固方法在我国已得到广泛的应用,加固设计技术规程也已成熟。碳纤维具有强度高、质量轻弹性模量高、耐腐蚀、耐久性好及施工简便等优点。但也有其不足之处:

(1)只有当被加固构件的主筋屈服后才能发挥其高强度的优点,对梁的开裂荷载、屈服荷载以及构件在使用阶段的各种性能的改变均有限。

(2)碳纤维的弹性模量只是钢材的1.5倍左右,而其极限强度却是钢材10倍左右,与加固构件黏合后其应变相等。当受压区高度 $x=0.8\xi_b h_0$ 时,受拉边缘混凝土应变约0.0027,此时碳纤维的应力为580MPa,仅为其极限强度的16%。此种特性决定了其在直接粘贴加固时不可能充分发挥其高强特性。

(3)碳纤维截面面积小,弹性模量并不高,换算面积小,因此对被加固构件刚度贡献非常有限。

(4)普通粘贴碳纤维片材加固因局部黏结应力过大以及结构表面的不平整产生法向力,导致剥离破坏。

因此,粘贴碳纤维在受弯构件的加固中优势不突出,其合理应用在以下几个方面:

(1)纤维材料具有良好的抗拉性能,用于加固承拉构件或承压柱体的环向围束加固,其有不可替代的优势。环向围束加固承压柱体以约束柱体横向变形来提高其承压能力,并且又提高了受压柱体的延性,对结构抗震大有好处。

(2)将纤维材料张拉后再粘贴,变被动加固为主动加固,可以提前发挥碳纤维高强特性,在二次受力之前就有较大的应变,从而有效减少甚至消除碳纤维片材应变滞后的现象。预应力产生的反向弯矩可抵消部分初始荷载的影响,提高使用阶段的承载力,使构件中原有裂缝宽度减小,并限制新裂缝的出现,从而提高构件的刚度,减小原构件的挠度,改善使用阶段的性能。

8.7.6 粘贴碳纤维加固法受压构件计算

1)轴心受压构件加固计算

轴心受压构件可采用环向连续粘贴纤维复合材料的方法进行加固。采用环向连续粘贴纤维复合材料的方法加固轴心受压构件适用于下列情况:

(1)长细比 $l/D \leqslant 12$ 的圆形截面柱。

(2)长细比 $l/b \leqslant 14$、截面高宽比 $h/b \leqslant 1.5$,且截面棱角经过圆化打磨的正方形或矩形截面柱。

对于采用围束加固的轴心受压构件,其正截面承载力应符合式(8-25)的规定:

$$\gamma_0 N_d \leqslant 0.9[(f_{cd}+4\sigma_1)A_{cor}+f'_{sd}A'_s] \tag{8-25a}$$

有效约束应力 σ_1 按式(8-25b)计算:

$$\sigma_1 = 0.5\beta_c k_c \rho_f E_f \varepsilon_{fe} \tag{8-25b}$$

原构件件截面有效面积 A_{cor} 按式(8-25c)或式(8-25d)计算。

对圆形截面:

$$A_{cor} = \pi D^2/4 \tag{8-25c}$$

对矩形截面:

$$A_{cor} = bh-(4-\pi)r^2 \tag{8-25d}$$

环向围束的有效约束系数 k_c,对圆形截面柱,$k_c=0.95$;对正方形和矩形截面柱,按式(8-25e)计算:

$$k_c = 1-\frac{(b-2r)^2+(h-2r)^2}{3A_{cor}(1-\rho_s)} \tag{8-25e}$$

环向围束体积比 ρ_f 按式(8-25f)或式(8-25g)计算。

对圆形截面柱:

$$\rho_f = 4n_f t_f/D \tag{8-25f}$$

对正方形和矩形截面柱:

$$\rho_f = 2n_f t_f(b+h)/A_{cor} \tag{8-25g}$$

式中:f_{cd}——原构件混凝土抗压强度设计值,可根据现场检测强度推算值按照《公路钢筋混凝土及预应力混凝土桥涵设计规范》(JTG 3362—2018)确定;

f'_{sd}——原构件纵向普通钢筋抗压强度设计值,MPa;

A'_s——原构件纵向普通钢筋截面面积,mm^2;

D——原截面有效直径,mm;

r——截面棱角的圆化半径,mm;

β_c——混凝土强度系数,当混凝土强度等级不大于 C50 时,$\beta_c=1.0$;当混凝土强度等级为 C80 时,$\beta_c=0.8$;其间按线性内插法确定;

E_f——纤维复合材料的弹性模量,MPa;

ε_{fe}——纤维复合材料的有效拉应变设计值,取 $\varepsilon_{fe}=0.0035$;

ρ_s——柱中纵向钢筋的配筋率;

b——正方形截面边长或矩形截面宽度,mm;

h——矩形截面高度,mm;

n_f——纤维复合材料的层数;

t_f——纤维复合材料的每层厚度,mm。

2)大偏心受压构件

对矩形截面大偏心受压构件进行加固时,其正截面承载力计算如图 8-8 所示,按式(8-26)进行。

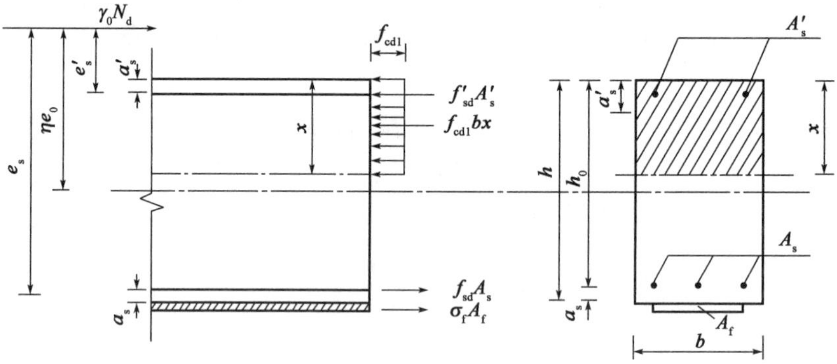

图 8-8　大偏心受压构件正截面承载力计算

$$\gamma_0 N_d \leqslant f_{cd1} bx + f'_{sd}A'_s - f_{sd}A_s - \sigma_f A_f \tag{8-26a}$$

$$\gamma_0 N_d e \leqslant f_{cd1} bx\left(h_0 - \frac{x}{2}\right) + f'_{sd}A'_s(h_0 - a'_s) + \sigma_f A_f a_s \tag{8-26b}$$

$$f_{cd1} bx\left(e_s - h_0 + \frac{x}{2}\right) = f_{sd}A_s e_s + \sigma_f A_f(e_s + a_s) - f'_{sd}A'_s e'_s \tag{8-26c}$$

$$e_s = \eta e_0 + \frac{h}{2} - a_s \tag{8-26d}$$

$$e'_s = \eta e_0 - \frac{h}{2} + a'_s \tag{8-26e}$$

式中:γ_0——桥梁结构的重要性系数,按结构设计安全等级采用,公路桥梁安全等级为一级、二级和三级时分别取用 1.1、1.0 和 0.9;

N_d——第二阶段轴向力组合设计值,kN;

f_{cd1}——原构件混凝土抗压强度设计值,MPa,可根据现场检测强度推算;

f_{sd}、f'_{sd}——分别为原构件纵向普通钢筋的抗拉强度设计值和抗压强度设计值,MPa;

A_s、A'_s——分别为原构件受拉区和受压纵向普通钢筋的截面面积,mm^2;

σ_f——纤维复合材料应力计算值,按平截面假定计算,MPa;

A_f——纤维复合材料的截面面积,mm^2;

x——混凝土受压区高度,mm;

b、h——分别为矩形截面宽度和高度,mm;

a_s、a'_s——受拉区、受压区普通钢筋合力点至受拉区边缘、受压区边缘的距离,mm;

h_0——原构件截面有效高度,$h_0 = h - a_s$,mm;

e_s——轴向力作用点至截面受拉普通钢筋 A_s 合力点的距离,mm;

e'_s——轴向力作用点至截面受压普通钢筋 A'_s 合力点的距离,mm;

e_0——轴向力对截面重心轴的偏心距,mm;

η——对长细比 $l_0/i>17.5$ 偏心受压构件考虑二阶弯矩影响的轴心压力偏心距增大系数,按式(8-27)计算。

$$\eta=\left[1+\frac{1}{1400e_0/h_0}\left(\frac{l_0}{h}\right)^2\zeta_1\zeta_2\right]\psi_\eta \tag{8-27}$$

$$\zeta_1=0.2+2.7\frac{e_0}{h_0}\leqslant 1.0$$

$$\zeta_2=1.15-0.01\frac{l_0}{h}\leqslant 1.0$$

式中:l_0——构件的计算长度,按照现行《公路钢筋混凝土及预应力混凝土桥涵设计规范》(JTG 3362—2018)选用;

ζ_1——荷载偏心率对截面曲率的影响系数;

ζ_2——构件长细比对截面曲率的影响系数;

ψ_η——偏心距增大系数的修正系数,可按截面增大形式选用:采用对称形式的增大截面,当 $e_0/h_2\geqslant 0.3$ 时,$\psi_\eta=1.1$;当 $e_0/h_2<0.3$ 时,$\psi_\eta=1.2$;采用非对称形式的增大截面,当 $e_0/h_2\geqslant 0.3$ 时,$\psi_\eta=1.2$;当 $e_0/h_2<0.3$ 时,$\psi_\eta=1.3$。

3)墩柱延性加固设计计算

(1)钢筋混凝土墩柱的延性不足,进行抗震加固时,可环向粘贴封闭式纤维复合材料,环向围束纤维复合材料按附加箍筋考虑。

(2)附加箍筋总折算体积含筋率可按式(8-28)计算:

$$\rho_v=\rho_{ve}+\rho_{vf} \tag{8-28}$$

$$\rho_{vf}=k_c\rho_f\frac{b_f f_f}{s_f f_{sv}}$$

式中:ρ_{ve}——被加固柱原有箍筋的体积含筋率,当需要重新复核时,应按箍筋范围内的核心截面进行计算;

ρ_{vf}——环向围束作为附加箍筋换算的箍筋体积含筋率的增量;

ρ_f——环向围束体积比;

k_c——环向围束的有效约束系数,圆形截面取0.90,正方形截面取0.66,矩形截面取0.42;

b_f——环向围束条带的宽度,mm;

s_f——环向围束条带的中心间距,mm;

f_f——环向围束纤维复合材料的抗拉强度设计值;

f_{sv}——原构件箍筋抗拉强度设计值。

8.8 体外预应力加固法

体外预应力结构的概念最早产生于法国,体外预应力体系是后张预应力体系的重要分支之一,是一种使用位于构件截面外的预应力束来对构件施加预应力的结构体系。

从20世纪40年代到70年代,由于体外预应力钢束的防腐问题没有很好解决,发展规模远不如体内预应力混凝土桥梁。20世纪后期,斜拉桥的复兴促进了体外预应力钢束防腐技术的发展,促进了体外预应力结构的发展。

体外预应力加固是利用预应力原理,对加固构件受拉区施加预压应力,调整原结构内的应力分布,约束或推迟裂缝的开展,体外预应力加固技术是结构加固有效的手段之一。

8.8.1 技术特点

1)体外预应力加固法的适应条件

(1)受弯构件正截面受弯承载能力需提高较大的情况。

(2)受弯构件抗弯刚度不足导致的梁挠度超过限值或刚度小导致梁的受拉区裂缝宽度超过限值的情况。

(3)受弯构件斜截面受剪承载能力不足的情况。

(4)控制大跨度连续梁或连续刚构桥的下挠发展速度。

2)体外预应力加固法的技术优点

(1)体外预应力钢束布置灵活,根据桥梁状况可以全桥加固也可以进行局部加固。

(2)承载力提高幅度大,主动性强。

(3)与原结构无黏结,使用阶段应力幅值小。

(4)预应力钢束仅在锚固处和转向处与结构相连,减小了管道摩擦和偏差引起的预应力损失。

(5)可不中断交通或短时限制进行施工。体外索可调可换,便于使用期间维护。

(6)可闭合或减小、限制结构裂缝的宽度,对刚度提高明显,可有效减小挠度变形。

(7)可充分利用高强钢材,对结构附加质量少。

3)体外预应力加固法存在的问题

(1)体外索布置在梁体外,防腐、保护相对较困难,易受外界因素影响。

(2)锚固及转向区域容易产生应力集中,局部应力大。

(3)对锚具安全可靠性、耐久性的要求较高。

(4)体外预应力钢束的变形和梁的竖向变形不协调,形成二次效应。

(5)体外预应力施加后,原结构混凝土产生弹塑性变形,导致原结构体内预应力损失。

8.8.2 体外预应力系统的组成

体外预应力系统由五个基本部分组成:体外预应力索、锚固系统、钢索转向装置、钢索减振装置及防腐体系。

1)体外预应力索

体外预应力索由预应力钢束及其外护套等组成。其中,预应力钢束常采用光面钢绞线束、镀锌钢绞线束、环氧涂层钢绞线束和无黏结钢绞线束,外护套采用高密度聚乙烯(简称HDPE)管或钢管。根据需要外护套与钢束之间可灌注防腐材料(简称灌注料),灌注料的选用与钢束是否需要更换或更换方式有关,体外预应力索也可采用热挤HDPE钢绞线或钢丝成品索。体外预应力索横截面如图8-9所示。钢束选材与其是否需要更换和多次张拉、灌注料及转向器的构造有关。

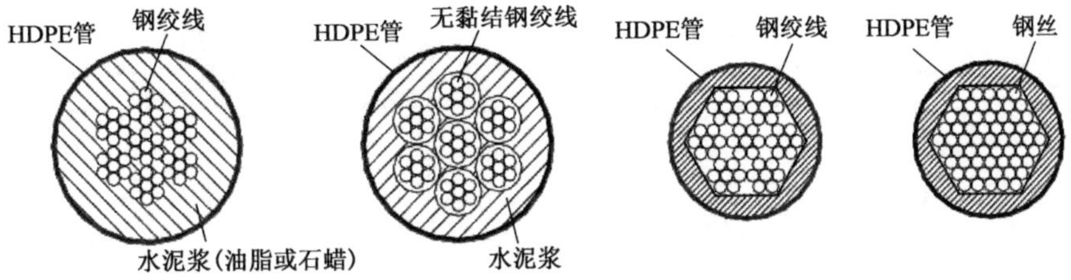

图 8-9 体外预应力索的组成示意

非成品索的外护套通常采用 HDPE 管或钢管,但钢管自身有防腐的问题,故采用较少。高密度聚乙烯管材料标准见《桥梁缆索用高密度聚乙烯护套料》(CJ/T 297—2016)。外护套性能应满足下列要求:

(1)具有足够的强度和韧性,在加工和安装过程中不被损坏,需灌注填充料的外护套应能承受不小于 1MPa 的填充料灌注工作压力。

(2)具有防水性和化学稳定性,对钢束材料无不良影响。

(3)具有耐腐蚀性,与防腐材料无不良反应。

(4)对需灌注填充料的 HDPE 护套,其最小壁厚应不小于 $D/17$(D 为外护套直径),而对于不灌注填充料的 HDPE 外护套,其最小壁厚应不小于 $D/32$,且不小于 4mm。

(5)采用钢管护套时,最小壁厚不小于 $D/50$,且不小于 2mm。

对需要多次拉张的钢束,其与结构之间必须是无黏结的。采用无黏结钢绞线的钢束能够进行多次张拉,不管灌注料如何选用。为便于检查和更换体外预应力索,相邻预应力索之间的净距应不小于 100mm。

2)锚固系统

体外预应力体系仅靠锚固端传力,因此体外预应力锚固体系的可靠性和安全性要求比体内预应力锚固体系要高,需使用专用的体外预应力索锚具和夹片。体外预应力锚具的外观尺寸较普通锚具尺寸更大,且增加了一些辅助配件。体外预应力索的锚固系统一般包括保护罩、防松装置、体外预应力索专用锚具、锚垫板、预埋管等。

休外预应力钢束锚固系统的选用与钢束可更换和不可更换有关。对钢束与结构黏结(钢束在转向装置处黏结)、不可更换的情况,可选用一般预应力锚具(图 8-10);对钢束与结构无黏结、需要更换的情况,可选用可更换的体外预应力锚具(图 8-11)。

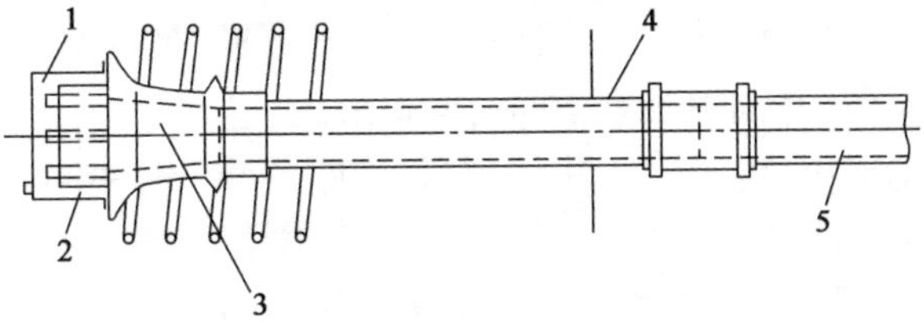

图 8-10 不可换锚具

1-保护罩;2-锚板;3-锚垫板;4-连管;5-钢束套管

若钢束一次张拉且不更换,采用一般预应力锚具,并与锚具内腔、连管等管道内灌注水泥浆的防腐措施配合使用;若钢束需多次张拉但不更换,仍可选用一般预应力锚具但配以无黏结钢绞线束,锚具内腔和连管内 PE 剥去部分钢绞线灌油脂防腐,其他部分灌注水泥浆。

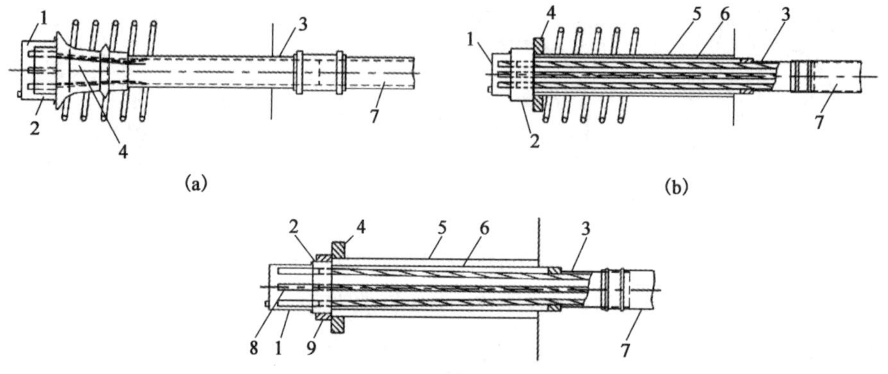

图 8-11 可换式锚具

1-保护罩;2-锚板;3-连管;4-锚垫板;5-导管;6-喇叭管;7-钢束套管;8-张拉预留段;9-螺帽

若钢束需更换但不多次张拉,可选用锚垫板喇叭腔内带隔离层的一般预应力锚具,并与锚具内腔、连管等管道内灌注水泥浆的防腐措施配合使用,但钢束更换需要整束进行;若需要单根钢绞线更换与多次张拉,可采用体外预应力专用锚具,并与锚具内腔和导管内灌注油脂或石蜡的防腐措施配合使用;若需要单根钢绞线更换与整束多次张拉,可选用锚板外设螺帽的体外预应力专用锚具,并与锚具内腔和导管内灌注油脂或石蜡的防腐措施配合使用。

对于可更换和多次张拉的锚具,要求钢束预留能够再次张拉的长度。对于采用成品钢索的情况,锚具与斜拉桥拉索的锚具类似,故其能满足更换及多次张拉的要求。

对于体外预应力索采用的锚具,还应满足:

(1)锚具的隔离衬套、保护罩应由金属或 HDPE 材料制作。锚具保护罩应完全罩住锚板和钢束的尾端,与支承面的连接应有密封措施。

(2)锚具连管材料宜有无缝钢管制成,连管壁厚宜不小于 3mm。

(3)锚具外露部分应有适当的涂覆防腐措施,保护罩应设计为密封良好且可重复拆装,便于对锚端维护。所有可换部件均应装卸方便。

(4)锚具设计时应考虑传感器等设备的安放和检测要求,必要时应使其具备对钢束索力进行检测的条件。

3)钢束转向装置

体外预应力钢索的转向装置是为适应钢束竖弯或平弯而设置的特殊构造。转向器为直接支承体外预应力钢束的器件。根据钢束是否可更换,是否需单股(单根钢绞线)更换,以及灌注料的种类等,转向器具有不同的构造形式。

根据体外预应力索的构造、钢束材料及设计要求,钢束可采用整束式转向器(图 8-12)或分散式转向器(图 8-13)。

对不需要更换的钢束,可用无缝钢管作为转向器,钢束整束转向,钢管内灌注水泥浆防腐、定位。如果钢束需要整束更换或多次张拉,则钢管内灌注油脂防腐。如果转向器采用双层无缝管构造,不管采用何种钢束和灌注料都可以进行钢束更换。

分散式转向器适用于钢绞线束,钢绞线按一定次序、间距分散在转向器的截面上。若钢束不需要更换,可采用光面钢绞线或环氧涂层钢绞线,外护套内灌注水泥浆防腐;若需要单根钢绞线多次张拉但不更换,可采用一般或环氧涂层无黏结钢绞线,外护套内灌注水泥浆防腐；若需要单根钢绞线更换及多次张拉，可采用任一种钢绞线，但外护套内的灌注料应采用油脂或石蜡。

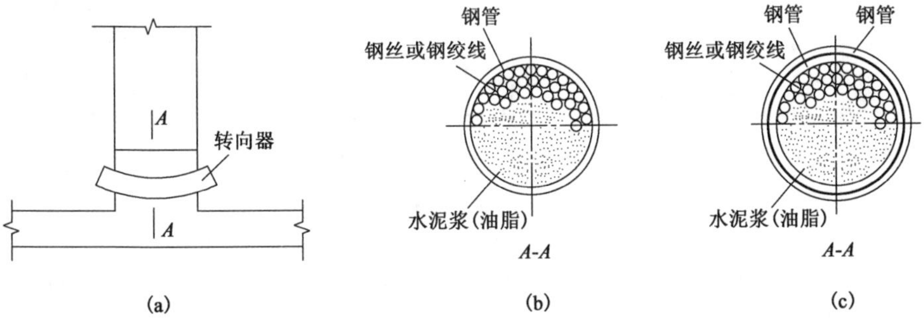

图 8-12 整束式转向器

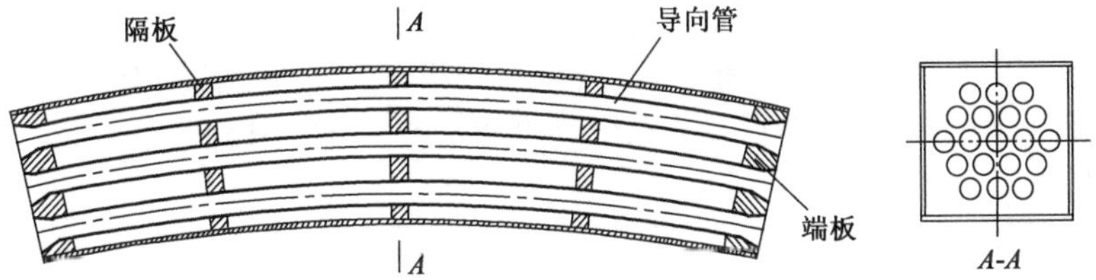

图 8-13 分散式转向器

转向装置应满足最小弯曲半径 R_{min} 要求。

(1)灌注水泥浆的集束式转向装置：

$$R_{min} \geqslant 22D \tag{8-29}$$

式中：D——外护套直径，mm。

(2)散束式转向装置：

$$R_{min} \geqslant 580d \tag{8-30}$$

式中：d——预应力钢绞线中钢丝的最大直径，mm。

(3)近锚固段的转向装置最小弯曲半径应比上述值大 1000mm。

4)钢束减振装置

由于车辆通行等各种因素会引起结构与索体产生的振动，如果索体的自振频率与整个结构的振动频率相近，会出现共振现象。体外预应力筋的振动会在转向和锚固构造处产生附加弯曲应力，并影响锚具夹片，从而降低钢绞线的疲劳强度。为使索体自由段的振动频率不同于整个结构的振动频率，必须在适当的距离安装减振装置使索体自由段的振动区间变短并给索体适当减振。

减振装置不是主要受力构件，因此在设计上也相对简单，可以采用钢制索箍将索体与混凝土梁体固定。

索体的减振装置应由定位部件和隔振材料组成(图 8-14)。索体的减振装置应满足下列要求：

(1)不灌注填充料的非成品索，应在对应位置的钢束和外护套之间设置隔振材料。减振装置的设置不应对体外预应力索造成不利影响。

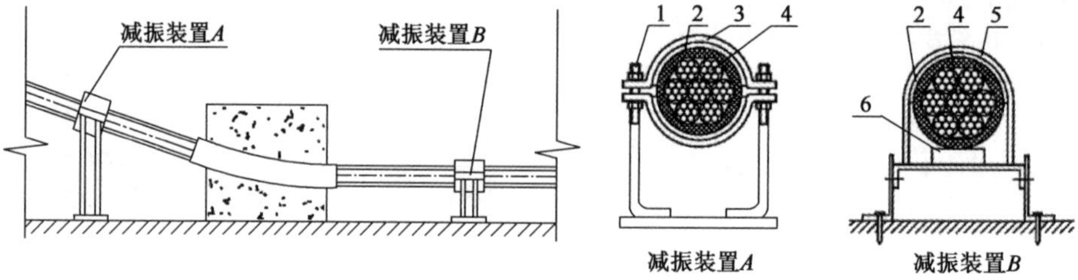

图 8-14　体外索减振装置

1-可调拉杆;2-橡胶垫层;3-哈弗扣;4-索体;5-U 形扣;6-橡胶支撑块

(2)减振装置应具有对周围环境(如温度等)相对不敏感的特性,定位部件应采用刚度较大的钢材等材料,隔振材料宜采用聚氯丁乙烯橡胶。

(3)减振装置应有适当的防腐措施,应为便于维护的可重复拆装式,所有可换部件应装卸方便。

(4)减振装置间距按钢束段和梁体的竖向自振频率(基频)之比不小于 5 计算确定,若不做振动计算则间距取值应不大于三个节段的长度,如图 8-15 所示。

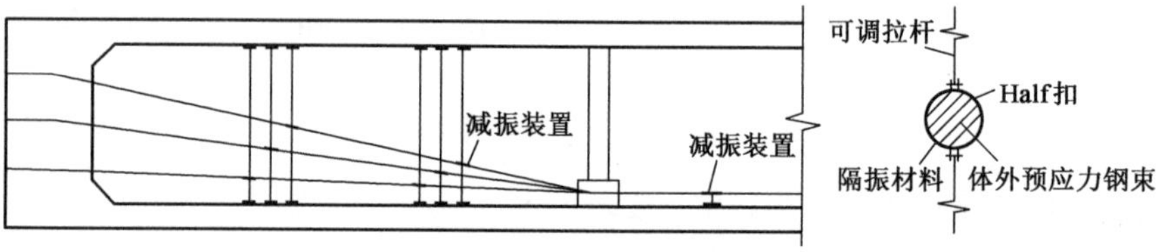

图 8-15　体外预应力钢束减振装置示意

(5)减振装置处钢束与护套间应用隔振材料填实。减振材料的定位构造也是一种减振装置。

5)防腐体系

体外预应力索组件的防护措施应在环境作用、功能及经济性等方面综合优化。在正常施工、正常维护及按规定年限进行材料更换等情况下,体外预应力索系统的使用年限不应低于结构设计使用年限。体外预应力索的养护方案以达到设计使用年限的要求。

体外预应力索的防腐保护等级和措施应根据其设计使用年限和所处的环境条件确定,见表 8-11。

体外预应力索防腐选择条件　　表 8-11

防腐等级	环 境 条 件	体外索类别	体外索防腐构造	外护套管
Ⅰ类	一般环境	可多次张拉	光面无黏结钢绞线填充型环氧涂层钢绞线	无②
		不可多次张拉	光面钢绞线 + 水泥浆	有
Ⅱ类	索体外露于结构①、海洋环境或有特殊防腐要求的结构	可多次张拉	镀锌或环氧涂覆无黏结钢绞线填充型环氧涂层钢绞线 + PE	无②
		不可多次张拉	光面钢绞线 + 水泥浆	有

注:①索体外露于结构是指索体能被阳光直射或位于浪溅区。

②当无外护套时,应有防止动物啃咬或认为破坏 PE 层的措施。

体外预应力钢束的防腐系统由钢束自身防腐措施、外护套及灌注料及锚具防护组成。钢束的自身防腐主要指钢束材料的防腐涂层或护套,外护套及灌注料是对钢束整体防腐与防护的措施。根据钢束是否可更换选用合适的防腐材料,锚具内腔和外导管内均需要灌注防腐材料。

8.8.3 体外预应力钢束的布置

1)肋板式简支梁桥

对于简支结构体系梁桥,根据加固用体外预应力钢束的形式及连接方式,体外预应力加固大致可以分为以下几种布置方式:

(1)体外预应力筋(束)布置方式必须考虑桥梁结构的内力分布状况。体外预应力筋(束)可根据原结构的构造及断面形式布置在梁体的外侧或内侧。

(2)简支梁常用的体外预应力布索形式主要有四种,如图7-27所示。

(3)体外预应力筋(束)由水平和倾斜布置的钢筋、钢绞线或钢丝束组成,两者以滑块相连接[图8-16(a)、(b)];其中的斜向部分可由带楔形滑块的槽钢组成[图8-16(d)]。当体外索采用图8-16(c)的布置形式时,在其转折点处应设置转向滑块,滑块应固定在主梁的横隔板或横隔梁底面上。

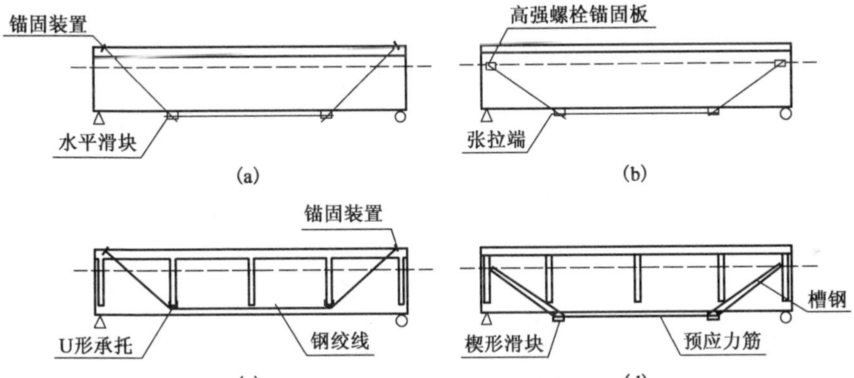

图8-16 体外预应力钢束布置常见形式

(4)体外索的张拉端或锚固端可设在梁底、梁顶或端横隔板根部,亦可将体外索的上锚固端布置在主梁端部腹板两侧。

2)箱形截面连续梁桥

对于箱形截面的连续梁或连续刚构桥,宜将体外预应力筋(束)布置在箱(室)的内侧(图8-17)。体外预应力筋(束)沿桥梁纵向长线布置,横桥向应对称(图8-18)。

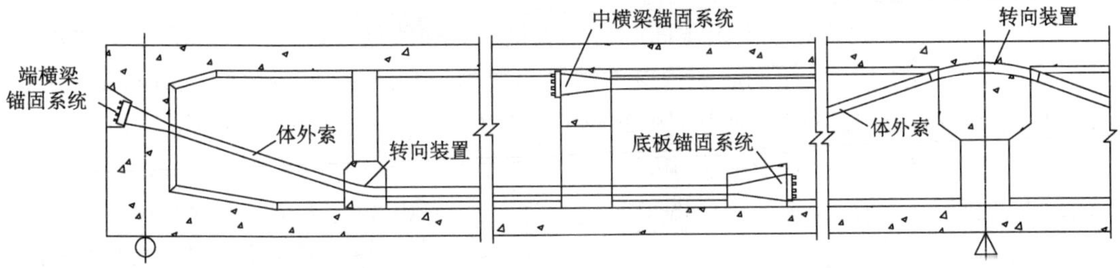

图8-17 体外预应力加固束在箱梁内的纵向布束示意

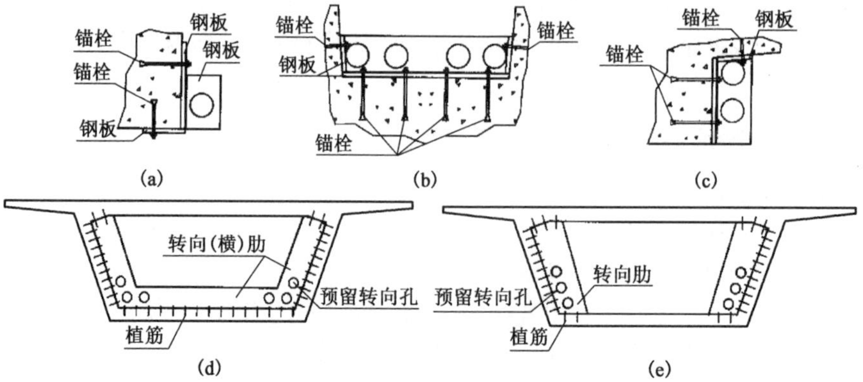

图 8-18　体外预应力加固束在箱梁内的横向布束构造

8.8.4　计算内容

对于简支梁式桥,在受拉侧增设预应力钢束,并锚固于支点区段,设置一定的连接构件使预应力钢束与梁体构成一个桁架体系,改变原结构的静力图式,成为一次超静定结构,从而抵消部分恒载拉应力,起到卸载作用,使被动加固的应力应变滞现象完全或部分消除,从而提高桥梁的承载能力。施加体外预应力约束了裂缝宽度的开展或扩展,使结构的变形得到控制。

体外预应力下撑式拉杆加固补强方法是常用的一种补强方法,它可视为改简支梁为上承式桁架梁。桁架的上弦即为原结构主梁,下弦是新增设的水平拉杆。斜腹杆是新增的斜拉杆。与梁体接触的转向块视为竖杆,单转向块为单柱式,双转向块为双柱式。斜杆的上端锚固位置有两种:一种锚于梁端的顶部,另一种锚于靠近端横梁处的梁肋顶部。斜杆的下端与转向块连接,转向块依赖钢束张拉后产生的上竖向分力和滑移时的摩擦力与上弦连接。

在斜杆顶端和梁底转向块上作用力的水平分力共同对梁体施加偏心轴向压力。上述作用力的竖向分力所形成的力偶对梁端施加负弯矩及竖向负剪力,这些预加力可以抵消恒载作用效应。

连续梁虽然是多次超静定结构体系,但是加固原理和特点同简支体系相同。

1)基本假定

体外预应力加固混凝土梁结构计算采用如下假定:

(1)加固后,原梁的混凝土正截面应变仍满足平截面假定。

(2)原梁中的体内普通钢筋和预应力钢筋与混凝土黏结良好,满足应变协调条件;忽略转向处摩擦的影响,体外预应力钢束的应力各截面相同。

(3)忽略体外索二次效应的影响。

(4)截面受压区混凝土的应力图形简化为矩形,不考虑受拉区混凝土的抗拉强度。

(5)原混凝土梁中普通钢筋和体内预应力钢筋的应力分别达到其抗拉强度设计值 f_{sd} 和 f_{pd};体外预应力钢筋在抗弯承载力极限状态下的应力达到其极限应力计算值 $\sigma_{pu,e}$。

2)结构整体计算

体外预应力加固混凝土梁整体设计计算应包括如下内容:

(1)持久状况承载能力极限状态计算。根据梁的设计安全等级,采用作用组合(其中汽车荷载应计入冲击作用)的效应设计值,计算体外预应力混凝土梁正截面的抗弯承载力、斜截面的抗剪承载力和锚固区局部承压计算。

(2)持久状况正常使用极限状态计算。公路桥涵的持久状况设计应按正常使用极限状态的要求,采用作用频遇组合、作用准永久组合或作用频遇组合并考虑作用长期效应的影响,对构件的抗裂、裂缝宽度和挠度进行验算,并使各项计算值不超过规范规定的各相应限值。在上述各种组合中,汽车荷载不计入冲击作用。

(3)预应力混凝土受弯构件在进行持久状况设计时,应计算其使用阶段正截面的混凝土法向压应力、受拉区钢筋拉应力和斜截面的混凝土主压应力,体内和体外预应力钢束的应力。计算取其标准值,汽车荷载应考虑作为冲击系数。

(4)桥梁构件在进行短暂状况设计时,应计算其在制作、运输及安装等施工阶段,由自重、施工荷载等引起的正截面和斜截面的应力。施工荷载除有特别规定外均采用标准值,当有组合时不考虑荷载组合系数。

3)结构加固计算模型

由于体外预应力钢束与混凝土梁组成了一个内部超静定结构体系,一般应采用平面杆系结构有限单元分析软件进行计算,必要时采用空间结构有限元分析软件计算。

采用平面杆系结构有限单元分析软件计算时,体外预应力混凝土梁计算模型如图8-19所示。体外预应力钢束单元在转向器处固结,计算图线至固结点之间采用刚臂表示转向构造。

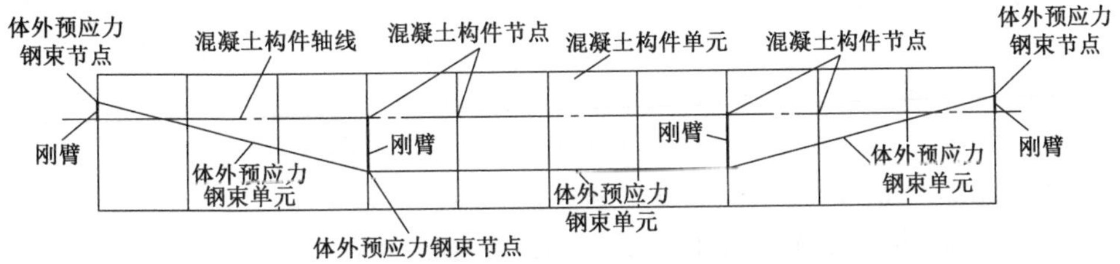

图8-19 体外预应力混凝土梁计算模型示意

4)结构计算

(1)结构的各种作用(或荷载)效应均按线弹性理论计算。

(2)在进行结构整体弹性受力计算时,体外预应力混凝土梁翼板(T梁翼板或箱梁顶、底板及悬臂板)的有效宽度按实际尺寸选用。在进行截面抗弯承载力计算时,体外预应力混凝土梁翼板的有效宽度按规范规定取用。

(3)体外预应力结构的混凝土徐变效应按线性徐变理论计算,超静定结构的徐变效应计算应考虑施工过程的影响。

(4)各种作用(或荷载)效应计算时,不管钢束和转向器之间是否黏结,均按不滑动考虑。

(5)其他结构计算规定同《公路钢筋混凝土及预应力混凝土桥涵设计规范》(JTG

3362—2018)。

5)转向装置计算

(1)混凝土块式转向装置承载力计算时可忽略混凝土抗力的影响,转向力的竖向分力和水平分力均由箍筋承担。

(2)转向装置的承载能力计算可分为抗拉承载力计算和抗剪承载力计算两部分。

(3)转向装置在正常使用极限状态和承载能力极限状态下的应力状况需经计算确定。

(4)必须对转向位置的原结构进行局部承压分析。

8.8.5 设计计算

1)体外预应力配束估算

(1)体外预应力钢束面积估算

根据跨中截面正截面抗裂性的要求,按式(8-31)确定预应力钢束的数量:

$$N_{pe} \geqslant \frac{M_s/W}{0.85(1/A + e_p/W)} \tag{8-31}$$

式中:N_{pe}——使用阶段预应力钢筋永存应力的合力,kN;

M_s——按作用(或荷载)短期效应组合计算的弯矩值;

A——构件混凝土全截面面积,mm^2;

W——构件全截面对抗裂验算边缘弹性抵抗矩,mm^3;

e_p——预应力钢筋的合力作用点至截面重心轴的距离,mm。

(2)体外预应力损失计算

在进行预应力混凝土桥梁设计时,需要考虑由于施工因素、材料性能、环境等的影响,钢束中预应力会逐渐减小,对构件设计时采用的预应力应是扣除预应力损失后的有效预应力。因此,一方面需要确定预应力筋张拉时的初始应力,另一方面要正确估算预应力损失值。体外预应力混凝土结构预应力损失一般包括下列内容:

(1)体外预应力钢束与孔道壁之间摩擦引起的应力损失 σ_{l1}。

(2)锚具变形、钢筋回缩和接缝压密引起的应力损失 σ_{l2}。

(3)混凝土弹性压缩引起的预应力损失 σ_{l3}。

(4)体外预应力钢束应力松弛引起的预应力损失 σ_{l4}。

(5)混凝土收缩徐变引起的预应力损失 σ_{l5}。

2)持久状况承载能力极限状态计算

(1)一般规定

①体外预应力混凝土梁应根据《公路钢筋混凝土及预应力混凝土桥涵设计规范》(JTG 3362—2018)有关破坏可能产生后果的严重程度选定设计安全等级,按承载能力极限状态要求对体外预应力混凝土梁进行承载力计算。在进行承载能力极限状态计算时,作用(或荷载)(汽车荷载应计入冲击系数)效应采用其组合设计值,结构材料强度取其设计值。

②体外预应力混凝土梁正截面抗弯承载力计算,以正截面弯曲破坏时的受力状态为基础。在平面假定及体内配筋与梁体混凝土应变协调的条件下,截面受压区混凝土极限

压应变取 0.0033，压应力达到抗压强度设计值，体内受力钢筋达到其强度设计值，体外预应力钢束达到其极限应力设计值，考虑体外预应力钢束竖向无约束段与梁体挠度不一致引起的二次效应。

③体外预应力混凝土梁抗剪承载力的计算，以斜截面或接缝截面剪切破坏时的受力状态为基础，采用斜截面或接缝截面破坏时的脱离体建立极限平衡方程，与裂缝相交的箍筋、弯起预应力钢束达到强度设计值，体外预应力钢束达到其极限应力设计值。

④体外预应力钢束的转向块、转向肋（横梁），以及锚固块和锚固横梁的承载力计算，以相应构造破坏时的受力状态为基础，采用拉杆-压杆简化分析模型或其他简化模型建立极限平衡方程。

(2) 正截面抗弯承载能力计算

体外索加固梁的正截面抗弯承载力计算图式如图 8-20 所示。

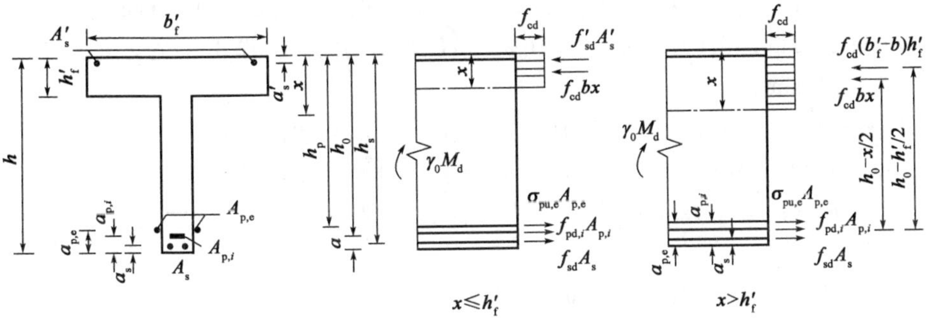

图 8-20 矩形、T 形截面梁正截面抗弯承载力计算图式

加固结构抗弯承载力计算时应根据截面形状和中性轴的位置分两种情况考虑。

对于矩形截面或中性轴位于翼板内的 T 形或 I 形截面（$x \leqslant h'_f$）：

$$f_{cd}b'_f x + f'_{sd}A'_s = \sigma_{pu,e}A_{p,e} + f_{pd,i}A_{p,i} + f_{sd}A_s \tag{8-32a}$$

$$\gamma_0 M_d \leqslant f_{cd}b'_f x\left(h_0 - \frac{x}{2}\right) \tag{8-32b}$$

对于中性轴位于腹板内的 T 形或 I 形截面（$x > h'_f$）：

$$f_{cd}bx + f_{cd}(b'_f - b)h'_f + f'_{sd}A'_s = \sigma_{pu,e}A_{p,e} + f_{pd,i}A_{p,i} + f_{sd}A_s \tag{8-33a}$$

$$\gamma_0 M_d \leqslant f_{cd}bx\left(h_0 - \frac{x}{2}\right) + f_{cd}(b'_f - b)h'_f\left(h_0 - \frac{h'_f}{2}\right) + f'_{sd}A'_s(h_0 - a'_s) \tag{8-33b}$$

为确保加固后的混凝土梁仍为塑性破坏，上述公式中的截面受压区高度 x 应满足下列条件：

$$x \leqslant \xi_b h_s \text{ 或 } x \leqslant \xi_b h_p \tag{8-34}$$

$$x \geqslant 2a'_s \tag{8-35}$$

式中：γ_0——桥梁结构重要性系数；

M_d——计算截面弯矩的组合设计值，kN·m；

$A_{p,e}$——体外预应力水平钢筋（束）的截面面积，mm^2；

$\sigma_{pu,e}$——当构件达到极限抗弯承载能力时，体外预应力筋（束）的应力，MPa；

$A_{p,i}$——原梁体内预应力筋的截面面积，mm^2；

$f_{pd,i}$——原梁体内预应力筋的抗拉强度设计值,MPa;
A_s——原梁体内纵向受拉普通钢筋的截面面积,mm^2;
A'_s——原梁体内纵向受压普通钢筋的截面面积,mm^2;
f_{sd}——原梁体内纵向受拉普通钢筋的抗拉强度设计值,MPa;
f'_{sd}——原梁体内纵向受压钢筋的拉压强度设计值,MPa;
f_{cd}——混凝土的抗压强度设计值,MPa;
b'_f——受压翼板的有效宽度,mm,按《公路钢筋混凝土及预应力混凝土桥涵设计规范》(JTG 3362—2018)相关规定取用;
b——矩形截面宽度或T形截面的腹板宽度,mm;
h'_f——受压翼板的厚度,mm;
h_s、h_p——分别为原梁中普通钢筋和预应力钢筋的合力作用点至梁顶面的距离,mm;
h_0——体(内)外预应力筋和原梁普通钢筋的合力点到梁顶面的距离,mm,$h_0=h-a$;
a——受拉区体内(外)预应力筋(束)和普通钢筋的合力作用点至受拉区边缘的距离,mm;
a'_s——受压区普通钢筋的合力作用点至受压区边缘的距离,mm;
ξ_b——原钢筋混凝土梁或原预应力混凝土梁的相对界限受压区高度,mm,按《公路钢筋混凝土及预应力混凝土桥涵设计规范》(JTG 3362—2018)相关规定取用。

(3)体外索的水平筋(束)极限应力计算

正截面抗弯承载力计算中,体外索的水平筋(束)极限应力$\sigma_{pu,e}$按下式计算:

$$\sigma_{pu,e}=\sigma_{pe,e}+0.03E_{p,e}\frac{h_{p,e}-c}{\gamma_p l_e}\leqslant f_{pd,e} \tag{8-36}$$

式中:l_e——计算跨体外索的有效长度,m,$l_e=2l_i/(N_s+2)$;
N_s——构件失效时形成的塑性铰数目,对于简支梁$N_s=0$,对于连续梁$N_s=n-1$,n为连续梁的跨数;
l_i——两端锚具间体外索的总长度,m,对于简支梁加固体系$l_e=l_i$;
γ_p——体外预应力钢材的安全系数,取$\gamma_p=2.2$;
$h_{p,e}$——体外预应力筋(束)合力点到截面顶面的距离,mm;
$E_{p,e}$——体外预应力筋(束)的弹性模量,MPa;
c——截面中性轴到混凝土受压区顶面的距离,mm;
$f_{pd,e}$——体外预应力筋(束)的抗拉强度设计值,MPa;
$\sigma_{pe,e}$——体外预应力筋(束)的永存预应力,MPa。

(4)斜截面抗剪承载能力计算

体外索加固的矩形、T形和I形截面的受弯构件,其截面尺寸应符合下列要求:

$$\gamma_0 V_d-\frac{1}{\gamma_{fs}}\sigma_{pub,e}A_{pb,e}\sin\theta_e\leqslant 0.51\times10^{-3}\sqrt{f_{cu,k}}bh_0 \tag{8-37}$$

式中:γ_0——结构重要性系数;
V_d——斜截面受压端剪力的组合设计值;

γ_{fs}——体外预应力斜筋(束)的材料安全系数,对于钢绞线和钢丝 $\gamma_{fs}=1.47$,对于精轧螺纹钢 $\gamma_{fs}=1.2$;

$\sigma_{pub,e}$——体外预应力斜筋(束)的极限应力,MPa;

$A_{pb,e}$——体外预应力斜筋(束)的截面面积,mm^2;

b——相应于剪力组合设计值处的矩形截面宽度 mm,或 T 形和 I 形截面腹板宽度,mm;

h_0——对应于剪力组合设计值处的截面有效高度,即纵向受拉钢筋合力点至受压边缘的距离,mm;

θ_e——体外预应力筋(束)在竖直平面内的弯起角度(竖弯角),(°),$\theta_e \leqslant 45°$。

体外索加固梁的斜截面的抗剪承载力可按钢筋混凝土或预应力混凝土梁计算,计算图式如图 8-21 所示,但必须考虑穿过验算斜截面的体外预应力斜筋的竖向分力的影响。

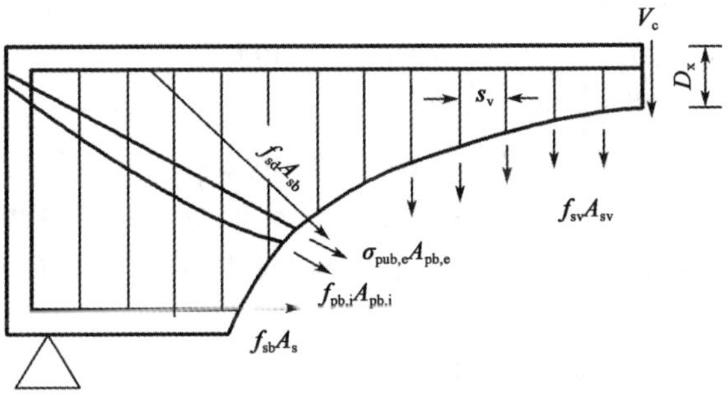

图 8-21 斜截面抗剪承载力计算图式

$$\gamma_0 V_d \leqslant \alpha_1\alpha_2\alpha_3 \times 0.45 \times 10^{-3} b h_0 \sqrt{(2+0.6P)\ \sqrt{f_{cu,k}}\rho_{sv} f_{sd,v}} + 0.75 \times 10^{-3} f_{sd,b} \sum A_{sb}\sin\theta_s + 0.75 \times 10^{-3} f_{pb,i} \sum A_{pb,i}\sin\theta_i + 0.8 \times 10^{-3}\sigma_{pub,e}\sum A_{pb,e}\sin\theta_e \tag{8-38}$$

式中:α_1——异号弯矩影响系数,计算简支梁和连续梁近边支点段的抗剪承载力时,$\alpha_1=1.0$;计算连续梁和悬臂梁近中间支点段的抗剪承载力时,$\alpha_1=0.9$;

α_2——预应力提高系数,原梁为钢筋混凝土受弯构件时 $\alpha_2=1.0$,为预应力混凝土受弯构件时 $\alpha_2=1.25$,但原梁中由钢筋合力引起的截面弯矩与外弯矩的方向相同时,或加固梁为预应力混凝土 B 类受弯构件时,取 $\alpha_2=1.0$;

α_3——受压翼缘的影响系数,对于 T 形截面梁,取 $\alpha_3=1.1$;对于矩形截面梁,取 $\alpha_3=1.0$;

$f_{cu,k}$——边长为 150mm 的混凝土立方体抗压强度标准值,MPa,即混凝土的强度等级;

P——原梁斜截面内纵向配筋率,$P=100\rho$,$\rho=(A_s+A_{p,i})/(bh_0)$;

b、h_0——分别为原梁计算斜截面顶端正截面的腹板宽度和有效高度,mm;

ρ_{sv}——斜截面内箍筋配筋率,$\rho_{sv}=A_{sv}/(s_v b)$;

s_v——斜截面范围内的箍筋间距,mm;

$f_{sd,v}$、$f_{sd,b}$——分别为原梁箍筋和弯起普通钢筋的抗拉强度设计值,MPa;

A_{sv}——斜裂缝范围内同一截面内箍筋各肢的总截面面积,mm^2;

$f_{pb,i}$——体内预应力筋的抗拉强度设计值,MPa;

$A_{pb,i}$——斜裂缝范围内体内弯起预应力筋的截面面积,mm^2;

A_{sb}——原钢筋混凝土梁中,一排普通弯起钢筋(或斜筋)的截面面积,mm^2;

$A_{pb,e}$——体外预应力弯起筋(束)的截面面积,mm^2;

θ_i——体外预应力筋(束)在斜截面受压端正截面处于梁轴线的夹角,(°);

θ_e——体外预应力筋(束)在竖直平面内的弯起角度(竖弯角),(°),$\theta_e \leq 45°$;

θ_s——体内普通弯起钢筋的弯起角度,(°)。

体外索的斜筋极限应力 $\sigma_{pub,e}$ 与转向块处的摩阻情况有关,可由水平筋(束)的极限应力 $\sigma_{pu,e}$ 求得:

$$\sigma_{pub,e} = \lambda\sigma_{pu,e} \tag{8-39}$$

式中:λ——体外索斜筋(束)拉力与水平筋(束)拉力的比例系数,按如下方法确定:

采用有水平向移动的滑块或有转向块时:

$$\lambda = \frac{1}{\cos\theta_e + f_0\sin\theta_e} \tag{8-40}$$

采用楔形滑块时:

$$\lambda = \cos\theta_e - f_0\sin\theta_e \tag{8-41}$$

式中:f_0——摩擦系数,在缺少可靠试验数据的情况下,钢材间的摩擦取 $f_0 = 0.16$,采用四氟乙烯滑板时取 $f_0 = 0.06$,混凝土与钢材间的摩擦取 $f_0 = 0.25$。

3)转向装置计算

(1)转向装置的设计计算应遵循以下原则:

①混凝土块式转向装置承载力计算可忽略混凝土抗力的影响,转向力的竖向分力和水平分力均由箍筋承担。

②转向块的承载能力计算可分为抗拉承载力计算和抗剪承载力计算两部分。

③混凝土转向装置在正常使用极限状态和承载能力极限状态下的应力状况需经计算确定。

④必须对转向块或转向肋位置的原结构进行局部分析。

(2)转向装置的作用取值。计算转向装置的作用组合值时,不考虑可变作用应力增量的影响,取永存预加力 $N_{pe,e}$,荷载分项系数取1.3,承受空间体外预应力作用的转向装置,在极限状态下其作用的水平力和竖向力设计值计算图式如图8-22所示,N_{hd} 和 N_{vd} 按式(8-42)确定。

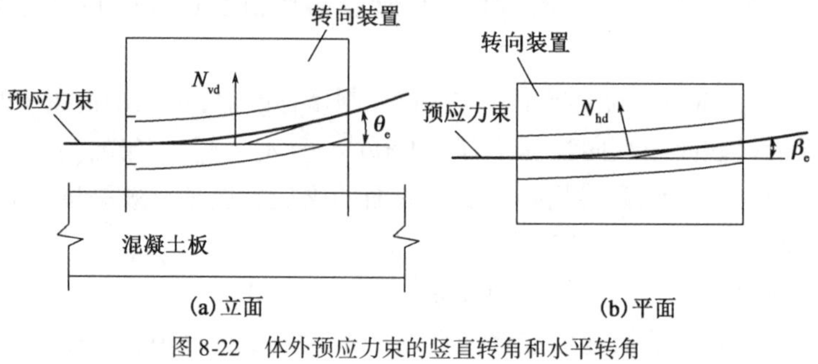

图8-22 体外预应力束的竖直转角和水平转角

$$N_{hd} = 1.3N_{p,e}\sqrt{1 - 2\cos\theta_e\cos\beta_e + \cos^2\theta_e} \tag{8-42a}$$

$$N_{vd} = 1.3N_{p,e}\sin\theta_e \tag{8-42b}$$

式中：N_{hd}——转向装置的水平作用设计值，即体外预应力束张拉时对转向装置的合力在水平面的分力设计值；

N_{vd}——转向装置的竖向作用设计值，即体外预应力束张拉时对转向装置的合力在竖直方向的分力设计值；

$N_{p,e}$——体外预应力束的永存预加力，其值为 $N_{p,e}=\sigma_{pe,e}A_{p,e}$；

θ_e——体外预应力筋(束)在竖直平面内的弯起角度(竖弯角)，(°)；

β_e——体外预应力筋(束)在水平面内的弯转角度(平弯角)，(°)；

$\sigma_{pe,e}$——体外预应力筋(束)的永存预应力，MPa；

$A_{p,e}$——体外预应力水平筋(束)的截面面积，mm^2。

(3)混凝土转向块承载力计算。混凝土转向块承载力计算应计算其与混凝土板连接界面，即图 8-23 中 A-A 截面的抗剪承载力和抗拉承载力。

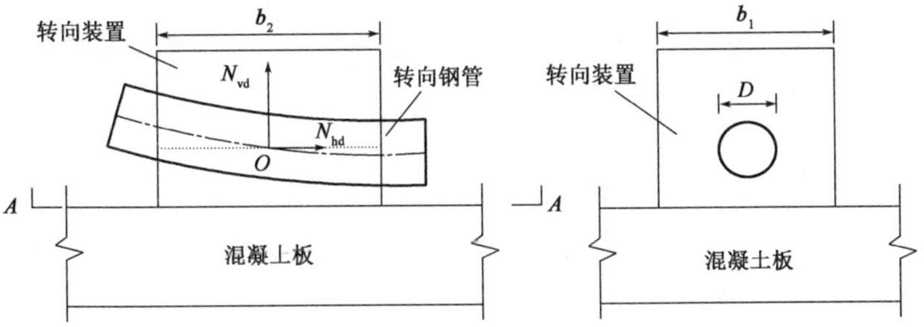

图 8-23 混凝土转向装置计算示意图

①转向块抗剪承载力计算。转向块的抗剪承载力可按式(8-43)计算：

$$\gamma_0 N_{hd} \leqslant \varphi_v f_{sd} \sum A_s \tag{8-43}$$

式中：γ_0——结构重要性系数，计算时取 $\gamma_0=1.1$；

φ_v——由剪拉组合作用引起的环向箍筋抗剪承载力降低系数，按式(8-44)计算：

$$\varphi_v = \frac{1}{\sqrt{3+(N_{vd}/N_{hd})^2}} \tag{8-44}$$

f_{sd}——箍筋的抗拉强度设计值，按照《公路钢筋混凝土及预应力混凝土桥涵设计规范》(JTG 3362—2018)中的值取 0.8 倍；

$\sum A_s$——A-A 截面上箍筋截面面积之和，mm^2。

②转向块抗拉承载力计算。计算转向块抗拉承载力时，根据《公路钢筋混凝土及预应力混凝土桥涵设计规范》(JTG 3362—2018)的相关规定，按式(8-45)计算，计算图式如图 8-24 所示。

$$\gamma_0 N_{vd} e_s \leqslant \varphi_p f_{sd} A'_s (b_0 - a'_s) \tag{8-45a}$$

$$\gamma_0 N_{vd} e'_s \leqslant \varphi_p f_{sd} A_s (b'_0 - a_s) \tag{8-45b}$$

其中：

$$b_0 = b_2 - a_s, b'_0 = b_2 - a'_s$$

$$e_s = \frac{b_2}{2} - e_0 - a_s, e'_s = e_0 + \frac{b_2}{2} - a'_s$$

$$M_{\mathrm{d}} = N_{\mathrm{hd}}d_1 + N_{\mathrm{vd}}d_2, e_0 = \frac{M_{\mathrm{d}}}{N_{\mathrm{vd}}}$$

式中：φ_{p}——由剪拉组合作用引起的环向箍筋抗拉承载力的降低系数，建议取

$$\varphi_{\mathrm{p}} = \frac{1}{\sqrt{1 + 3(N_{\mathrm{hd}}/N_{\mathrm{vd}})^2}}$$

a_{s}——受拉较大侧环向箍筋、锚固钢筋或植入钢筋合力作用点到该侧混凝土边缘距离，mm；

a'_{s}——受拉较小侧环向箍筋、锚固钢筋或植入钢筋合力作用点到该侧混凝土边缘距离，mm；

A_{s}——受拉较大侧环向箍筋、锚固钢筋或植入钢筋的截面面积，mm^2；

A'_{s}——受拉较小侧环向箍筋、锚固钢筋或植入钢筋的截面面积，mm^2；

d_1——钢管转向器形心距混凝土板表面的竖直距离，mm；

d_2——钢管转向器形心距箍筋截面重心的水平距离，mm，当转向块内箍筋沿纵桥向对称布置时，应取 $d_2=0$；

b_2——分别为转向块纵桥向的平面尺寸，mm；

e_{s}、e'_{s}——分别为偏心竖向力 N_{vd} 作用点距受拉较大边和受拉较小边钢筋重心的距离，mm。

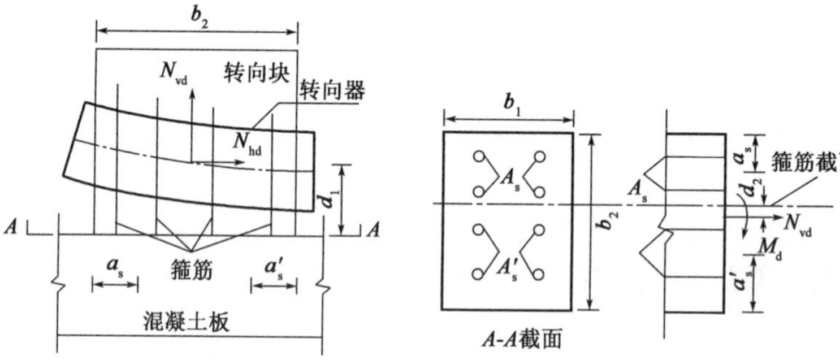

图8-24　混凝土转向块抗拉承载力计算图式

(4)对于钢制转向块必须计算其与混凝土接触界面连接的抗剪承载力和抗拉承载力，计算方法与混凝土转向块的计算方法相同。钢制转向块需满足钢结构的受力要求。

(5)混凝土转向肋承载力计算。混凝土横向转向肋的抗拉和抗剪承载力计算方法可偏安全地参见混凝土转向块的计算方法。

(6)在混凝土转向肋中转向器的凹向区域内的混凝土承受局部压力，应进行局压承载力验算，按式(8-46)计算：

$$\gamma_0 N_{\mathrm{vd}} \leqslant \beta f_{\mathrm{cd}} A_l \tag{8-46}$$

$$A_l = Db_2$$

式中：f_{cd}——转向装置混凝土抗压强度设计值，MPa；

β——局部承压强度提高系数，对于混凝土肋式转向装置取 $\beta=1.732$；

A_l——转向器下混凝土局部受压面积，mm^2；

D——转向钢管的外径，mm；

b_2——转向钢管在混凝土转向装置中的长度,mm。

(7)转向装置须进行锚下局部承压区的截面尺寸和局部抗压承载力验算,计算方法见《公路钢筋混凝土及预应力混凝土桥涵设计规范》(JTG 3362—2018)相关规定。

(8)当锚固在原桥结构的横(隔)梁时,应对原结构配筋进行抗弯、抗剪强度验算。

4)持久状况正常使用极限状态计算

(1)体外预应力混凝土梁按持久状况设计时,应将各种作用(或荷载)按标准值组合,计算使用阶段正截面混凝土的法向压应力、受拉区预应力钢束的拉应力和斜截面混凝土的主压应力,不得超过规定的限值。根据持久状况正常使用极限状态计算要求,将各种作用(或荷载)按短期效应组合、长期效应组合或短期效应组合并考虑长期效应的影响,对构件的抗裂、裂缝宽度和挠度进行验算,不得超过规定的限值。计算时汽车荷载计入冲击系数。

体外预应力混凝土梁,当计算由作用(或荷载)引起的应力或进行弹性阶段其他计算时,截面几何特征可采用毛截面。

体外预应力钢束对混凝土梁体施力作用对应的荷载分项系数为1.0,当为超静定结构时应计入由预应力引起的次效应。

(2)体外预应力钢绞线束、钢丝束的锚下张拉控制应力可按下式估算初值,再根据持久状况钢束应力大小进行适当调整:

$$\sigma_{con} = (0.65 \sim 0.70) f_{pk,e} \tag{8-47}$$

式中:σ_{con}——体外预应力钢束的锚下张拉控制应力,MPa;

$f_{pk,e}$——体外预应力钢束的抗拉强度标准值,MPa。

圈口存在摩擦损失时,体外预应力钢束锚外的张拉控制应力 $\sigma_{con,0}$ 可按下式估算:

$$\sigma_{con,0} = (1.02 \sim 1.03)\sigma_{con} \tag{8-48}$$

(3)抗裂验算与裂缝宽度验算。

①正截面抗裂验算。

a. 整体式全预应力体外预应力混凝土梁,在作用(或荷载)短期效应组合下正截面混凝土的抗裂要求为:

$$\sigma_{st} - 0.9\sigma_{pc} \leqslant 0 \tag{8-49}$$

式中:σ_{st}——由作用(或荷载)短期效应组合引起的截面边缘拉应力,MPa;

σ_{pc}——永存预应力在截面边缘产生的压应力,MPa。

b. 现浇节段式和胶接缝节段式全预应力体外预应力混凝土梁,在作用(或荷载)短期效应组合下接缝位置正截面混凝土的抗裂要求为:

$$\sigma_{st} - 0.85\sigma_{pc} \leqslant 0 \tag{8-50}$$

②斜截面抗裂验算。

a. 预制整体式全预应力体外预应力混凝土梁,在作用(或荷载)短期效应组合下斜截面混凝土的抗裂要求为:

$$\sigma_{tp} \leqslant 0.60 f_{tk} \tag{8-51}$$

b. 现浇整体式、现浇节段式及胶接缝节段式全预应力体外预应力混凝土梁,在作用(或荷载)短期效应组合下斜截面混凝土的抗裂要求为:

$$\sigma_{tp} \leqslant 0.40 f_{tk} \tag{8-52}$$

式中:σ_{tp}——由作用(或荷载)长期效应组合引起的截面边缘拉应力,MPa;

f_{tk}——混凝土抗拉强度标准值。

整体式A类和B类、现浇节段式A类及胶接缝(体内配置预应力钢束)节段式A类的体外预应力混凝土梁,在作用(或荷载)短期效应组合下斜截面混凝土的抗裂要求为:

$$\sigma_{tp} \leqslant 0.50f_{tk} \tag{8-53}$$

(4)挠度验算。

①体外预应力混凝土梁在正常使用极限状态下的挠度可根据给定的截面刚度用结构力学方法计算。

②体外预应力混凝土梁的长期挠度可采用有限元分析软件计算。

③体外预应力混凝土梁挠度计算和验算的其他规定同《公路钢筋混凝土及预应力混凝土桥涵设计规范》(JTG 3362—2018)第6.5节。

5)持久状况和短暂状况构件的应力计算

(1)持久状况构件的应力计算

使用阶段体外预应力混凝土梁正截面混凝土压应力和预应力钢束的拉应力应符合如下规定:

①混凝土最大压应力。整体式、现浇节段式及胶接缝节段式体外预应力混凝土梁的正截面混凝土最大压应力限值:

$$\sigma_{cc} \leqslant 0.50f_{ck} \tag{8-54}$$

②预应力钢束最大拉应力 。

a. 体外预应力钢束最大拉应力限值:

$$\sigma_{p,e} \leqslant 0.65f_{pk,e} \tag{8-55}$$

b. 当加固梁为体内外混合预应力配筋时,体内预应力钢束最大拉应力限值:

$$\sigma_{p,i} \leqslant 0.65f_{pk,i} \tag{8-56}$$

式中:f_{ck}——混凝土的抗压强度标准值;

$f_{pk,e}$——体外预应力钢束的抗拉强度标准值;

$f_{pk,i}$——体内预应力钢束的抗拉强度标准值。

使用阶段体外预应力混凝土梁的混凝土主压应力应符合如下规定:

整体式、现浇节段式和胶接缝节段式体外预应力混凝土梁,以及干接缝节段式体外预应力混凝土梁的非接缝位置,混凝土最大主压应力应满足:

$$\sigma_{cp} \leqslant 0.60f_{ck} \tag{8-57}$$

(2)短暂状况构件的应力计算

体外预应力混凝土梁按短暂状况承载能力极限状态计算的其他一般规定同《公路钢筋混凝土及预应力混凝土桥涵设计规范》(JTG 3362—2018)第7.2节。

短暂状况体外预应力混凝土梁正截面混凝土应力应符合如下规定:

①混凝土最大压应力。整体式、现浇节段式及胶接缝节段式体外预应力混凝土梁,正截面混凝土最大压应力应满足:

$$\sigma^{t}_{cc} \leqslant 0.70f'_{ck} \tag{8-58}$$

式中:f'_{ck}——施工阶段混凝土的轴心抗压强度标准值。

②混凝土最大拉应力。整体式和节段式体外预应力混凝土梁,受拉区体内纵向连续

钢筋的配筋率不少于0.2%时,正截面混凝土最大拉应力应满足:

$$\sigma_{ct}^{t} \leqslant 0.70 f'_{tk} \tag{8-59}$$

式中:f'_{tk}——施工阶段的混凝土轴心抗拉强度标准值。

受拉区体内纵向连续钢筋的配筋率大于0.4%时,正截面混凝土最大拉应力应满足:

$$\sigma_{ct}^{t} \leqslant 1.15 f'_{tk} \tag{8-60}$$

受拉区体内纵向连续钢筋的配筋率在0.2%和0.4%之间时,正截面混凝土最大拉应力限值按线性插值取用。受拉区体内纵向连续钢筋的配筋率少于0.2%时,截面混凝土不得出现拉应力。

8.8.6 施工流程

体外预应力体系加固施工基本流程为:

施工机具准备→新增锚固块及转向块位置放样→测定原梁原钢束及钢筋位置→钻孔及孔内处理→植入锚筋、锚固螺栓→浇筑新增锚固块混凝土→安装转向装置→穿体外预应力钢束→张拉体外预应力钢束→封锚。

(1)测定原梁钢筋、钢束位置:根据加固施工设计图纸所标明的新增齿板、转向块及减振的纵向位置,先用钢筋保护层仪测定腹板原钢筋及预应力束在该处的位置(同时对照原设计竣工图的标注),用红漆标明。

(2)凿毛处理:转向装置范围内腹板混凝土凿毛,将凿毛的混凝土表面清除干净,露出新鲜混凝土表面。

(3)转向块及减振的放样:根据实际探明的原钢筋、预应力束在新增齿板、转向块及减振的位置,按加固施工图纸所给出的转向装置的位置及尺寸进行平面放样(如有冲突,可适当调整),具体位置用油漆标明。

(4)钻孔及孔内处理:根据加固设计施工图种植钢筋及螺栓的布置,在新增齿板、转向块及减振的位置用电锤钻钻植筋盲孔及螺栓钻穿孔。植筋盲孔应满足植筋深度的要求,用压缩空气清除孔内浮尘。注意孔内浮尘的清理必须由孔底向孔口清理(排气管插入孔底,再后拔1~2cm)。孔径必须满足设计要求,一般比钢筋直径大4~6mm。

(5)种植钢筋及螺栓:用种植锚固件胶黏剂植锚筋,将搅拌好的胶黏剂装入注射器,从盲孔底部开始,将胶黏剂注入孔中。除去锚筋上的锈斑,将齿板锚固钢筋缓缓插入盲孔底,腹板的螺栓先穿孔定位,把胶黏剂从一侧的空隙压入,直到另一侧有胶黏剂流出。植筋要保证注胶密实,特别是顶板向上植筋,多余的胶应及时清除。钢筋表面应清洗干净不能有油污,清洗前应采用物理方法清除表面锈迹。

(6)焊接锚固块构造钢筋:等胶黏剂固化后(固化时间和施工环境的温度有关,一般需20~60min),焊接或绑扎其余钢筋,形成钢筋骨架。焊接过程中应采取降温措施,避免对胶体造成损伤。

(7)浇筑新增锚固块:钢筋骨架形成后,按照齿板的形状立模,注意预埋锚具、锚下钢筋网片、带有水平转向的钢管,必须保证锚具、钢管的位置准确,钢束与锚具保持铅垂,然后浇筑混凝土,形成构造块件。注意加强振捣使混凝土密实,避免孔洞及蜂窝麻面的发生。

(8)转向块及减振装置固定:转向块、减振装置应预先焊制成型(焊缝强度不低于母材强度),转向块预先焊接成两块,用粘贴钢板胶黏剂粘贴转向块及减振装置的固定钢板,用左右侧高强螺栓同时固定好钢板构件。转向块在梁体上拼装固定后用高强螺栓连接两块构件形成一个整体。

(9)穿束新增预应力钢束:穿束前需在原有横隔板上凿出可通过钢束的孔洞以利于顺利穿束,穿束时注意不要损坏钢绞线外的PE护套。

(10)张拉预应力束:预应力束的张拉应严格按《公路桥梁加固施工技术规范》(JTG/T J23—2008)中的有关技术要求进行,张拉机具应到有资质的单位进行标定,张拉严格以吨位和引伸量双控,张拉过程中应对新增锚固端、转向块区域进行观测,以防止意外发生并检验加固效果。如有异常情况发生,应立即停止张拉。

(11)体外预应力束防护:体外预应力加固体系中的主要钢构件如水平筋、斜筋、钢束、转向块、垫板、锚固座等均应进行防腐处理。防腐工作应尽可能在施工准备阶段完成,条件不具备时也要在预应力张拉后尽早完成。

8.9 改变结构体系加固法

不同的结构体系受力特点不同,内力分布不同。例如,简支梁的跨中弯矩比同跨径的连续梁要大得多,将简支体系转变为连续体系后,可降低原结构的跨中弯矩。改变结构体系加固法是采用一定技术措施改变原结构受力体系,调整控制截面的内力,达到提高桥梁承载能力的一种加固方法。

8.9.1 结构体系改变方法

对梁式桥梁而言,改变结构体系加固的方法主要有以下几种:

(1)组合梁法:在梁下增设钢桁架等加劲梁或叠合梁。

(2)增设辅助墩:在简支梁下增设支架或桥墩。

(3)简支转连续:将简支梁在伸缩缝处连接,改变为连续梁结构。

(4)拱-梁组合体系:在梁上增设拱圈,通过吊杆与梁下新增横梁,对主梁形成多点弹性支撑,结构转变为刚梁柔拱体系。

(5)斜拉加固法:在桥墩处设置索塔,将连续梁或连续刚构改变为矮塔斜拉桥。

(6)带挂梁T形刚构改变为连续刚构。

(7)其他增设结构(杆件)使原结构受力体系发生改变的方法。

改变结构体系的方法较多,有些改变结构体系加固法需在桥下操作,并设置永久设施,从而影响桥下净空,故制订加固方案时均须考虑对通航及排洪能力的影响。

改变结构体系后,结构内力通常有较大变化,在降低控制截面内力时,必定会引起其他截面内力的增加,因此采用改变结构体系加固法时,需进行深入、细致的方案论证。

采用改变结构体系加固时,应对新旧整体结构的各受力阶段进行验算,并可以与增大截面法、粘贴钢板法和粘贴纤维法等结合使用。

8.9.2 简支转连续法

在图8-25所示的简支变连续体系中，恒载及体系转换前的荷载（如桥面混凝土铺装等）由简支梁体系承担。体系转换后的二期恒载（如新做人行道、栏杆等恒载）及活载由连续梁体系承担。

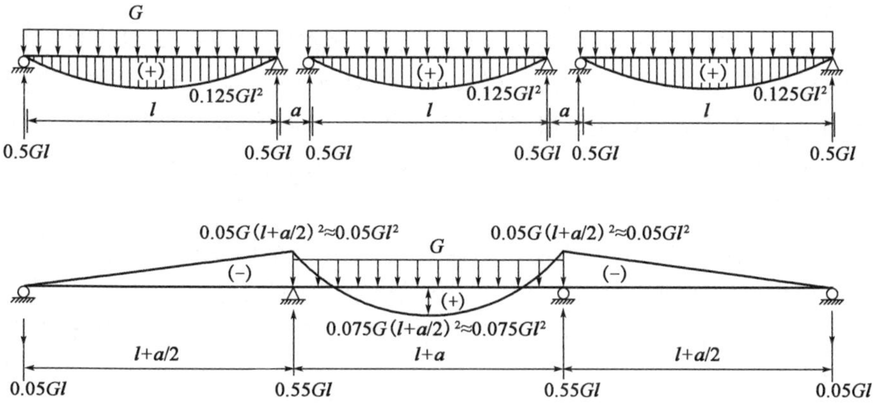

图8-25 简支变连续内力变化简图

1）适用条件

（1）两跨及两跨以上简支梁，梁端结构连续后，受力体系由原来的简支转换为连续，跨中正弯矩显著减小，同时减少了伸缩缝数量，提高了行车舒适性。

（2）适用于多跨简支梁（板）因配筋不足、截面尺寸偏小、正截面抗弯承载能力明显不足及下挠过大的情况。

附加影响：

（1）须充分考虑原桥的地基条件，防止基础不均匀沉降等对上部结构连续体系产生不利影响。

（2）连接段收缩开裂等因素会影响连续梁的工作状态。

2）设计计算

简支梁转连续梁体系在设计计算时应从以下几方面入手，并对关键步骤进行复核：

（1）根据桥梁支座以及伸缩缝计算适宜的连续跨数，或先定出连续跨数，最后验算伸缩缝以及支座是否满足要求。

（2）计算简支梁一期恒载和未拆除的二期恒载内力（若栏杆、人行道加固时全部拆除，在体系连续后新建则无须考虑）。

（3）计算二期恒载在结构体系转变后的内力。

（4）计算可变作用在连续梁体系上的内力。

（5）按规范进行作用组合，复核原结构正截面强度，计算墩顶区段梁顶增设的负弯矩纵向受力钢筋数量，并进行强度验算。

3）采用简支梁转连续梁加固法应注意的问题

（1）由多跨简支改为连续，必将使部分伸缩缝转变为结构连续，而剩余伸缩缝装置将因伸缩量不足而需要更换，伸缩量需重新计算。伸缩缝与支座的影响，建议连续跨数不超过4跨,最好为2~3跨一联,具体要依据伸缩缝与支座计算。

(2)必须充分考虑原桥的地基条件,防止基础不均匀沉降等对上部结构连续体系产生不利影响。

(3)转变为连续体系,需增设负弯矩钢筋,要凿除梁端区域桥面铺装。如果凿除面积已大于原桥面面积的1/2,或桥面铺装本身已破损,则建议全部凿除,重新铺装会使加固效果增强。

(4)简支转连续梁桥后,桥墩支座为双排支座连续梁桥,双排支座的简支转连续梁桥,施工方便,连续处开裂后修补容易,梁端湿接缝处剪力较小。同时双排支座能有效地改善主梁内力,使主梁的负弯矩峰值降低,但结构受力不明确,在二期恒载及活载作用下,支座易产生脱空现象。因此,在体系转变时,可将原支座进行更换,变成单支座。

4)构造要求

(1)当墩顶设置普通钢筋形成连续结构时,纵向受力钢筋直径不应小于12mm;布设长度应超出连续梁墩顶的负弯矩包络图范围,且小于梁高的2倍。

(2)墩顶新增普通钢筋应与原梁钢筋连接牢固。当连接困难时,可采用植筋技术或锚栓技术与原梁形成整体。

(3)当墩顶设置预应力钢束形成连续构造时,宜采用小吨位预应力扁锚分散错位锚固,纵向错位间距不宜小于1.5m,布设长度应超出连续梁墩顶负弯矩包络图范围,且不小于梁高的4倍。

(4)墩顶连续构造处顶面应设置一定数量的防裂钢筋,新老混凝土结合面应设置一定数量的抗剪钢筋。墩顶两端横隔板间宜现浇形成整体横梁,混凝土强度应高于原梁一个等级,并采取措施做好桥面防水。

(5)墩顶宜采用新设单支座。当确实需要保留双排支座形式时,应对墩柱承载力进行计算。

(6)连续钢筋或预应力钢束具体构造按《公路钢筋混凝土及预应力混凝土桥涵设计规范》(JTG 3362—2018)的有关规定执行。

8.9.3 增设辅助墩法

增设辅助墩后改变了结构体系,由单跨简支梁转变为三跨连续梁。由于新支点处负弯矩对跨中正弯矩的卸载作用,跨中的弯矩会显著减小,从而能较大幅度地提高承载能力,并能降低主梁的挠曲变形。根据支撑的构造形式,通常有一字支撑和八字支撑两种形式。

1)适用条件

(1)适用于桥下净空有利用空间的简支梁、板、桁架等结构的加固。

(2)增设支点后,改变了结构体系,减小了计算跨径及跨中的弯矩,降低和限制了梁板的挠曲变形。

(3)大件运输超重车过桥时的临时加固措施。

附加影响:

(1)新增桥墩占用了桥下净空,影响了行洪断面。

(2)若桥下净空过高,加设新墩建造费用较大。

2)一字支撑加固计算要点

(1)新支承按支承结构的竖向刚度大小分为刚性支撑和弹性支撑,以新支承处主梁上缘不出现拉应力或拉应力小于混凝土的抗拉强度为控制条件。

(2)为充分发挥新增构件的作用,宜采用预顶措施,仅以改善原梁非弹性变形及使新墩与梁紧密结合即可,预加力宁小勿大。

(3)辅助墩设置在 $0.25L$ 和 $0.75L$ 处,可通过调整辅助墩的位置,使跨中截面作用效应降低,满足强度要求。

(4)原结构自重产生的内力仍由原梁结构自行承受。

(5)新加设墩上的预加顶升力只是改善原梁非弹性变形,并使墩与梁紧密结合,可不考虑其对主梁恒载的卸载作用,即新墩不承受恒载作用。

(6)活载由新墩与原梁组成的连续梁体系承受,活载内力由连续梁体系承受。支点处活载负弯矩,与恒载正弯矩组合为正弯矩。

(7)新支点处抗弯、抗剪强度,若不满足要求,可采用如粘贴钢板等其他加固方法补强加固。

增设一字支撑辅助墩法示意图如图 8-26 所示。

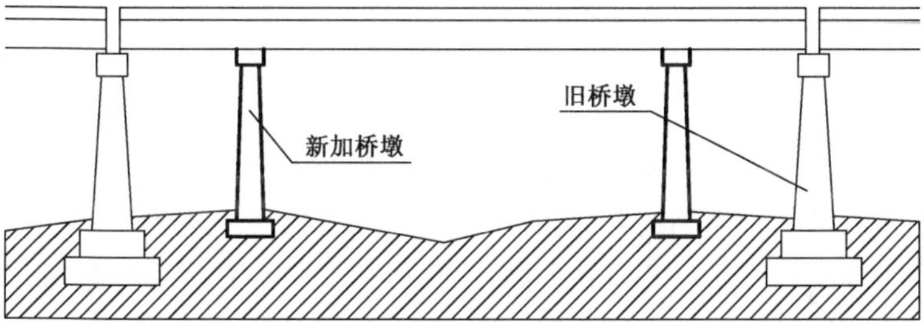

图 8-26　增设辅助墩法示意图

3)八字支撑

增设一字支撑辅助墩法基础施工困难时,为充分利用原桥基础,可采用加八字支撑的方法。八字支撑架加固法是在原桥主梁下加设斜撑,斜撑用型钢或钢筋混凝土预制件制作,其下端支撑在原桥桥墩上或承台顶面上,其上端支撑于梁底,为限制支撑点的水平位移,两支撑点间还应加设托梁。各片主梁下斜撑及托梁均设置横系梁,以加强整体性。通过斜撑的设置使一跨简支梁变为三跨弹性支撑的连续梁,利用结构体系的改变使结构的内力降低,达到提高原桥承载力的目的。八字支撑加固法示意如图 8-27 所示。

增设辅助墩既适用于简支梁,也适用于连续梁桥,加固设计要点有:

(1)在桥孔梁底设置斜撑的支撑点,支撑点的位置选择要适当、合理。

(2)当原结构为简支梁时,对支撑点的位置由该部位梁体截面所容许承担的弯矩和剪力决定,要求在荷载作用组合下,新增支点上缘处不出现超过原有配筋所容许的负弯矩,单跨梁则按三跨弹性支撑连续梁验算。

(3)当原结构为连续梁时,支点位置通过试算确定,其原则是控制主梁在该点出现的负弯矩与该点未加斜撑前由恒载产生的正弯矩相近,并使所有截面在运营期间的应力均不超过容许值。增加斜撑后,恒载按原有结构受力体系计算,活载按由原结构受力体系与

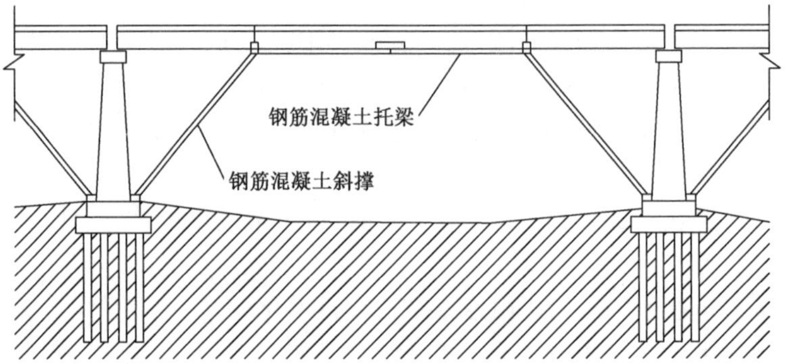

图 8-27　八字支撑加固法示意图

斜撑组成的框架计算。

(4)如果通过设计计算,发现仅仅依靠调整支撑点的位置已不能满足对该桥加固改造所要求的承载力,则在设置八字撑架的同时,还应采取对梁体增设主筋或加厚桥面板等措施加强梁的薄弱截面,进行综合治理。

(5)新增支撑处应设置聚四氟乙烯板滑动支座,以保证支座无水平剪力,支撑的上下支点均应按活动铰支撑来设计细部构造。

8.9.4　斜拉加固法

斜拉加固法是在原桥墩两侧修筑索塔,索塔上布置刚性或柔性拉索,拉吊布置在主梁下的钢梁或加强后的主梁横隔板上,为原桥上部结构提供一个或多个弹性支撑,使原结构变为多跨弹性支撑连续梁。与增设辅助墩相比,斜拉加固法对桥下净空影响较小。

斜拉加固法对原结构外观改变较大,为给索塔提供空间,需要凿除部分边梁梁端翼板及其上部的附属构造,拉索穿过翼板的地方要凿孔。对于等跨连续梁桥或简支梁桥,梁底部支点要对称设置,而塔是对称布索,在靠近桥台边跨的一支点要由辅助墩来组成,如图 8-28所示,对于不等跨的大跨径连续梁或连续刚构桥布置如图 8-29 所示。

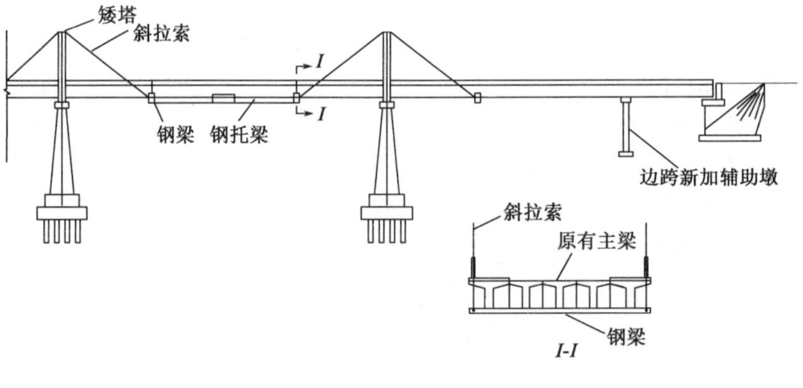

图 8-28　等跨斜拉加固法示意

1)适用条件

(1)适用于预应力混凝土简支梁、连续梁和连续刚构上部结构挠度过大、承载力不足

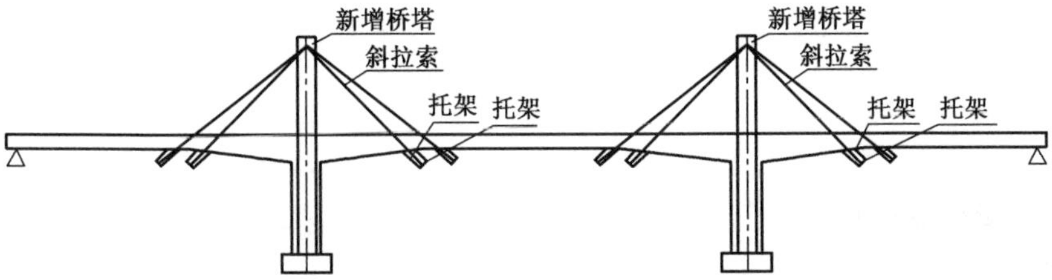

图 8-29 不等跨斜拉加固法示意

的情况，特别适用于跨径较大的简支跨多、墩低的梁式桥。

(2)适用于简支或连续的钢板梁和钢桁架桥的挠度过大、承载力不足时的加固。

附加影响：

(1)斜拉索的吊点处，主梁上缘可能会出现拉应力。

(2)对原结构外观改变较大。

(3)矮塔施工具有一定难度。

2)设计方法

(1)对于采用矮塔斜拉加固体系，其合理的成桥状态为通过施加斜拉索的初拉力，使主梁的内力达到最优，并可有效抑制主梁下挠。加固体系的合理成桥状态应满足下列要求：

①截面上下缘正应力不出现拉应力，吊点截面具有足够的压应力储备，主拉应力不超限，满足规范限值要求。

②增加吊点约束，下挠变形得到有效控制。

③相邻斜拉索之间索力均匀。

④斜拉索在桥塔处可骑跨式布置，使拉索在无不平衡水平力，索塔承受轴向压力为主。

⑤边跨支点处不出现负反力。

(2)由于是矮塔短索，可假设矮塔与索组合刚度足够大，可简化为连续梁体系计算。

(3)吊点处形成剪力突变，抗剪强度须满足要求，必要时可采用如粘贴钢板等其他加固方法补强加固。

(4)梁底的新增横梁应进行强度、刚度验算。

第 9 章

桥梁加固技术

9.1 配筋混凝土梁式桥上部结构加固技术

9.1.1 配筋混凝土梁式桥上部结构类型

配筋混凝土(钢筋混凝土、部分预应力及全预应力混凝土)梁式桥按上部结构形式可分为板梁桥、肋梁桥、箱梁桥。结构体系有简支体系和连续体系。

板梁桥主要包括整体现浇式空心板、实心板,预制装配式空心板;

肋梁桥主要包括预制装配式、Π 形梁、T 形梁、I 形组合梁和组合小箱梁;

箱梁桥主要包括整体现浇式箱梁、节段悬臂浇筑变截面连续箱梁或连续刚构(连续刚构属刚架体系,其主梁内力状态、构造形式与连续梁类似)。

(1)板梁桥基本为简支结构。整体现浇板大多为矩形截面,钢筋混凝土结构;预制装配式板采用空心截面。跨径 8 ~ 13m 时,以钢筋混凝土结构为主;跨径为 16 ~ 20m 时,以部分预应力混凝土先张法为主,有一定数量跨径为 16m 的空心板,采用钢筋混凝土结构。现阶段逐渐以大铰缝的后张预应力空心板替代钢筋混凝土和先张法预应力空心板。

(2)肋梁桥中钢筋混凝土 T 形梁、I 形组合梁以简支结构为主,组合小箱梁以简支转连续结构为主。T 形梁、I 形组合梁跨径小于等于 20m 时,采用钢筋混凝土结构为主;跨径大于 20m 时,以后张法预应力混凝土为主。组合小箱梁,均为后张法预应力混凝土结构,跨径以 30m 为主,部分桥梁跨径达到 40m。

(3)整体现浇式箱梁多采用连续梁结构,跨径小于等于 20m 时,以钢筋混凝土结构为主;跨径大于 20m、小于 40m 时,以后张预应力混凝土结构为主,通常采用等梁高单箱多室截面;节段悬臂浇筑变截面连续箱梁或连续刚构桥,跨径大于 60m,均采用全预应力混凝土结构,主梁通常为变梁高单箱单室截面。

9.1.2 板梁加固

1)主要病害特征

(1)纵、横向开裂

①钢筋混凝土板正截面抗弯能力不足,在底板产生横向开裂,裂缝宽度超限。

②钢筋混凝土整体现浇板,通常跨宽比小于2,为双向板,横向弯矩产生纵桥向开裂。

③空心板底板纵桥向开裂,裂缝长度长,呈断续或连续状,开裂位置通常在底板厚度最薄处,为非受力裂缝。

(2)铰缝缺陷与失效

①铰缝渗漏水,局部脱落。

②铰缝构造不合理或施工不当使铰缝失效,形成单板受力,桥面铺装在铰缝处产生纵向开裂。

(3)支座脱空

通常一块预制板设置4个支座,受安装精度的影响,其中一个支座会局部或全部脱空,易导致支座掉落,造成梁体扭转,铰缝承受剪力增加。

2)板梁桥典型加固方法

梁桥加固主要通过加强薄弱构件、增强结构整体性的方法达到提高桥梁整体承载能力的目的。板梁桥加固的常用方法有粘贴钢板加固、体外预应力加固、增强横向联系加固、桥面增大截面(补强层)加固等。在实际使用中根据具体情况可综合使用。

(1)粘贴钢板加固法

粘贴钢板法适用于抗弯承载能力不足加固,该方法可在一定范围内提高构件抗弯承载能力。

①当板梁正截面强度不足时,可在受拉区表面纵向粘贴钢板;当整体现浇双向板横向抗弯不足时,可在横向粘贴钢板。

②钢板的面积、粘贴范围由计算确定。

③钢板的粘贴、锚固应满足构造要求。

④已产生纵向开裂的整体板,裂缝宽度处于稳定状态,无桥面反射裂缝时,可仅对裂缝进行注胶封闭处理

(2)增强横向联系加固法

板梁横向联系薄弱,当在铰缝位置有渗漏水、桥面铺装沿铰缝位置出现纵向开裂、各相邻板横向间出现明显错台时,应加固补强构件间的横向联系。增强横向联系通常有重做铰缝、增加桥面现浇层厚度等方法。

①重做铰缝。清除铰缝内混凝土,尽量保留原铰缝钢筋,铰缝钢筋不足或破坏,采用植筋弥补,重新浇筑混凝土。

②增加桥面现浇层厚度。凿除原桥面现浇层,植入抗剪钢筋,设桥面钢筋网,并与原板预留钢筋和植筋焊接,结合面处理后,浇筑混凝土。通过在板顶增加钢筋混凝土现浇层厚度,使其与原有结构形成整体,从而增加板梁有效高度和受压截面,增强桥梁横向联系和提高桥面整体刚度,提高桥梁承载能力。

③增加桥面现浇层厚度和重做铰缝可同时进行。

桥面补强层加固设计要求:

①采用桥面补强层加固时,补强层属二次受力结构,补强层在加固后并不立即受力,在活载作用下,结合面剪力传递至新现浇层才开始受力。原结构与补强层按组合结构计算。

②桥面补强层的厚度通过计算确定,结构抗力的增量须大于恒载效应的增量。

③加厚补强层后,桥面高程将受到影响,连接路面或桥面纵坡应予以调整。为减少补强层增加的恒载,往往必须先将原有的桥面铺装层凿除。

3)体外预应力加固法

体外预应力加固法适用于结构承载能力不足引起的梁体开裂、梁体下挠等病害的处理,尤其适用于预应力板的加固。在梁底板施加纵向预应力,调整控制截面应力分布,以抵消部分自重及活载产生的正应力,提高板的承载能力。

空心板梁桥通常采用板底增设直线纵向预应力。预应力常用材料有钢丝束、钢绞线或碳纤维。体外预应力筋的面积、锚固、构造等应按照相关规范进行计算和设置。

9.1.3 肋梁加固

1)装配式肋梁桥主要病害特征

(1)梁端附近腹板斜裂缝

在梁端产生的腹板斜向裂缝一般距梁底一定距离开始,沿着与水平方向成25°~50°的夹角,离跨中越远倾斜角越大,反之较小,第一道裂缝多出现在距支座0.5~1.0m处。裂缝向受压区发展,裂缝区也逐渐向跨中方向扩大。腹板斜向裂缝主要是抗剪强度不足引起的受力裂缝,施工质量不良会加速裂缝的产生和发展。当出现腹板两侧贯通裂缝或宽度大于限值规定时应引起重视。

(2)跨中区段腹板竖向裂缝

肋梁桥跨中区段出现腹板竖向裂缝,自受拉侧向受压区发展,至受压区(翼缘与梁肋相接处)停止。裂缝多处于薄腹部分,在梁的半高线附近裂缝宽度较大;较为严重的裂缝由梁底板横向受力裂缝上延至腹板。当裂缝间距大、宽度大时应引起重视。

(3)跨中底板横向裂缝

该裂缝一般是发生在跨中附近正弯矩区,由于底板抗拉强度不足引起的横向受力裂缝。对于普通钢筋混凝土T梁,规范容许带裂缝工作,规定了裂缝宽度限值;对于预应力混凝土T梁,按全预应力构件或A类设计的,不容许出现此受力裂缝。对于B类构件,容许出现裂缝,但规定了宽度限值。对于预应力构件出现底板横向受力裂缝,无论缝宽大小,都需立即进行加固处置。

底板横向裂缝进一步发展将向腹板延伸,形成U形或L形裂缝。

(4)底板纵向裂缝

T形梁、I形梁、小箱梁梁底板纵向裂缝属于非结构性裂缝,其产生的主要原因在于:马蹄部位钢筋密布,混凝土浇筑质量难以保证,再加上波纹管定位钢筋不准或脱离,导致波纹管位置保护层偏薄,受较大的预应力、温度力和收缩等复杂应力因素的影响。

(5)横隔梁开裂及连接钢板脱焊、断裂

装配式肋梁桥肋梁间通过端横隔板和中横隔板相互联系,活载直接作用的肋梁通过横隔板传力给非直接作用的肋梁,不同肋梁受力状况有差异。在活载长期作用下横隔板的连接钢板容易发生断裂、脱焊,及相应部位混凝土破损。造成横隔板破坏的主要因素有设计(横隔板尺寸偏小、数量不足)、超载、施工(安装错位、焊接质量)等。

(6)行车道板局部破坏、接缝纵向开裂等病害。

2)肋梁桥典型加固方法

肋梁桥加固的常用方法有粘贴钢板加固、增大截面(配筋)加固、体外预应力加固、改变结构体系加固、增强横向联系加固、桥面增大截面(补强层)加固等。在实际使用中根据具体情况可综合使用。

(1)粘贴钢板加固法

粘贴钢板法适用于抗弯承载能力不足、抗剪承载能力不足加固,该方法可在一定范围内提高构件抗弯、抗剪承载能力。

①当肋梁正截面强度不足,提高承载能力不多时,可在受拉区表面纵向粘贴钢板。

②当肋梁斜截面强度不足时,可在支点区段竖向或斜向粘贴钢板。

③钢板的面积、粘贴区域由计算确定。

④钢板的粘贴、锚固应满足构造要求。

(2)增大截面(配筋)加固法

增大构件截面加固法适用于主梁刚度不足、抗弯或抗剪承载力不足的情况,一般有增设马蹄、增大腹板截面、增加桥面现浇层厚度等方法。

①增设马蹄法是将肋梁的下缘加宽加高,增大梁的断面,在新增断面中增设主筋,适用于主梁正截面抗弯强度不足、刚度不足的桥梁加固,如图9-1所示。

②增大腹板截面,依据抗剪强度计算确定增大截面部位及范围,增大肋梁桥腹板厚度,提高抗剪强度,如图9-2所示。

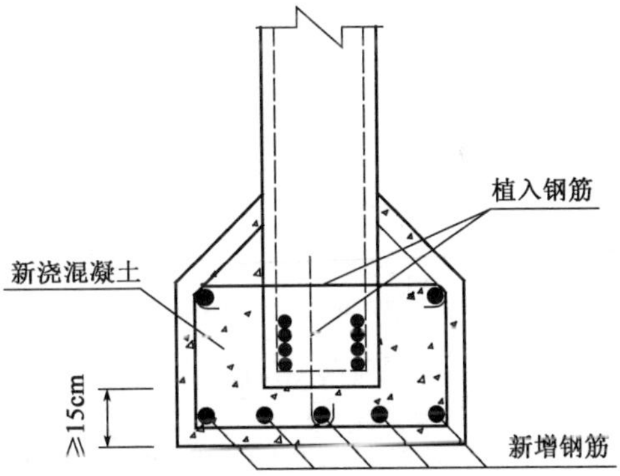

图9-1 增设马蹄增大截面加固示意图

③增加桥面现浇层厚度,其加固原理同板梁桥加固。增加梁有效高度和受压截面,增加桥梁横向联系和桥面整体刚度。

(3)体外预应力加固法

①当肋梁桥刚度、承载力不足,出现底板开裂、梁体下挠等病害时,可采用增设体外纵向预应力钢束的体外预应力加固。通常纵向预应力束对称布置在每片肋梁的腹板两侧,两端分别锚固于梁端新增锚固装置上,依据内力包络图,在合适的位置通过转向块实现钢束转向。体外预应力钢束布置示意如图9-3所示。

②体外预应力加固法的设计计算按8.7节进行。

(4)改变结构体系加固法

①变简支梁为连续梁的加固原理为:通过将相邻两个梁的梁端固结,或在桥跨中间增

设支点等措施,使简支梁变成一组连续梁体系。按照连续梁的力学特征,支点处的负弯矩使跨中的正弯矩减小,以及邻跨荷载的相互作用使桥梁的受力状况得到改善,实现在不增加梁截面面积的情况下提高承载能力。

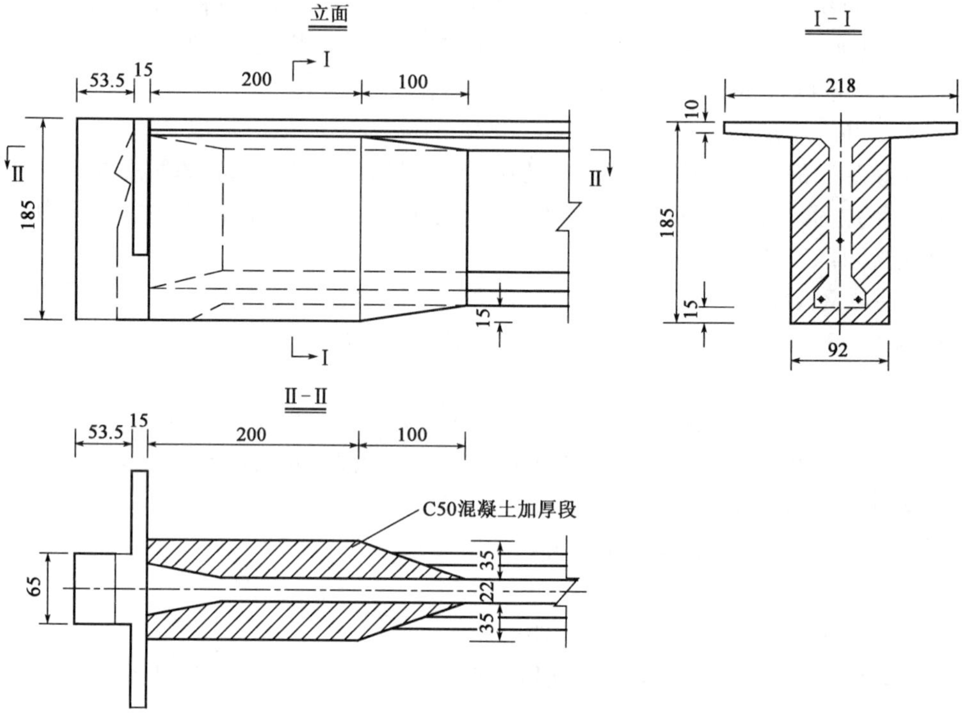

图 9-2　增大支点腹板截面加固示意图(尺寸单位:cm)

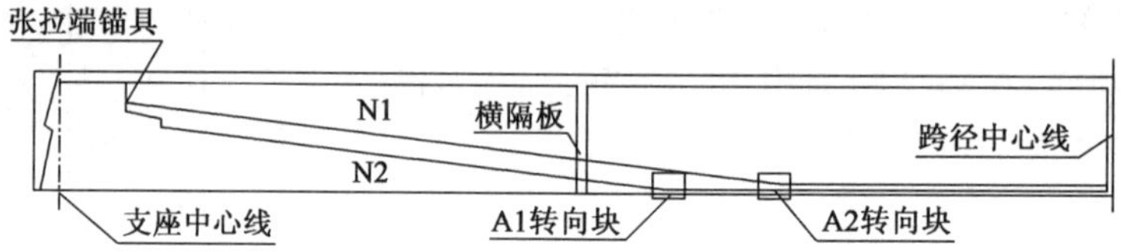

图 9-3　体外预应力钢束布置示意图

②增加辅助墩法。此方法适用于桥下净空有利用空间的肋梁桥加固。在近桥墩两侧设置墩柱,墩柱顶安装橡胶支座,提供新的支承,使简支梁变为连续梁。这种方法对于在重荷载作用下出现病害的桥梁,可以减少跨中弯矩和支承处剪力,改善受力状况。

(5)增强桥梁整体性加固法

此方法适用于主梁性能良好、横向联系薄弱、整体性差的情况,这种情况可采取加强横向联系、桥面铺装的措施,增强桥梁的整体性和承载力,以达到提高承载能力的目的。

(6)加强横向联系加固法

增设横向联系或对原横向联系加强,可以提高横向刚度,以改善荷载横向分布特性,避免单梁受力。

①适应条件和注意问题。当原桥为无内横梁或少内横梁的 T 形截面、工字形截面和箱形截面的梁式桥,原横隔板连接薄弱、连接破坏,形成单梁受力时,可采用加强横向联系

加固法。

增设的横系梁(横隔板)刚度与主梁或拱肋刚度比过大,对主梁的扭转约束作用加强,导致主梁扭转破坏。增设的横系梁(横隔板)需在主梁梁肋上钻孔植筋。钻孔会损伤原钢筋或预应力钢束;对原横向联系采用混凝土外包加强时,增加了恒载。

②设计方法。依据横向联系的现状和加强方案,选择合适的荷载横向分配计算方法,对比分析分配系数的变化。

对原横向联系薄弱缺陷的加强,采用的主要方法有:

a. 外包混凝土增大截面法,分为部分外包和全截面外包。

b. 外包钢板加强法,分为干式外包钢加固法和湿式外包钢加固法。

c. 增设横向拉杆(施加适当的预紧力)加强法。

原横向联系混凝土破损严重时,采用混凝土外包加强。仅连接钢板断裂、开焊时,若混凝土表面平整,采用干式外包钢加固法;横隔板接缝处错台、混凝土表面凹凸不平,宜采用湿式外包钢加固法。

增设横系梁加强采用的方法有:

a. 梁肋腹板植筋,设置上下缘受力钢筋和箍筋,现浇混凝土。

b. 梁肋腹板植锚栓,安装钢构件,钢构件视主梁的高度可设计为单工字形截面、箱形截面或桁架结构。

c. 在同一跨内,增设横系梁的道数与原结构跨径、结构形式有关,一般设于 $L/2$、$L/4$、$L/8$、$3L/8$ 等特征截面,在跨内均匀布置。

d. 新增横系梁,一般采用现浇钢筋混凝土结构,但在不中断交通的情况下,混凝土与原结构连接处易产生开裂。钢构件自重小,但对加工精度要求较高,原结构尺寸偏差使加工、安装难度增加。

9.1.4 箱梁桥加固

1)基本要求

(1)箱梁桥加固目的:提高结构关键截面的抗弯、抗剪承载能力;弥补原预应力不足或损失过大,增加受拉区域的压应力储备;控制腹板裂缝的产生和发展,约束跨中下挠发展速度;改善上部结构性能,提高行车舒适性。

(2)箱梁桥加固常采用的方法:粘贴钢板加固、体外预应力加固、增大主梁截面、增加辅助构件加固。针对加固部位、病害特征可组合使用。

(3)加固时须首先对存在的缺陷进行修复,如预应力管道补压浆、裂缝封闭等。

(4)当箱梁高度不具备箱内作业条件时,加固措施宜在箱外实施,否则尽可能在箱内实施。

(5)箱梁桥加固前需重点对开裂状况、主梁纵桥向线形、预应力孔道压浆和锚固状况等进行检测,依据病害成因分析,结合结构计算分析结果,选用合适的加固方法。加固应根据病害、裂缝、变形的发展状态,确定合理的加固目标,避免多次加固。

(6)大跨径箱梁桥一般采用悬臂浇筑法,计算时应考虑施工过程应力和内力的叠加,并考虑开裂结构的性能衰减、预应力实际损失、混凝土收缩徐变、混凝土超方或二期恒载变异的影响。

(7)有效预应力的评估应依据原桥预应力张拉记录、孔道压浆密实度检测、锚固区外观检查等情况进行预估,再通过结构模拟分析试算,对比理论计算结果与实际开裂状况、下挠实测值的吻合度,最终确定有效预应力。以确定的有效预应力,进行加固方案计算和加固效果分析。

(8)新增构件提高结构抗力的同时也增加了结构恒载,宜采用组合截面进行分阶段受力验算。第一阶段构件按原构件截面承受自重及新增荷载,第二阶段为组合截面承受自重及可变作用。

2)大跨径箱梁桥主要病害特征

(1)箱梁跨中下挠过大

大跨连续刚构(连续梁)跨中下挠过大是此类结构较为普遍的病害,通常主跨下挠最大。下挠过大常常伴随裂缝的产生、发展,结构开裂刚度下降,下挠进一步发展,形成恶性循环。

大跨连续刚构(连续梁)跨中下挠通常与以下因素有关:

①为减少恒载内力,降低截面尺寸,箱梁的截面越薄,越有较大的徐变系数。混凝土的应力高,而徐变变形又与应力成正比,截面尺寸降低时对徐变影响考虑不足。

②设计时仅按受拉区混凝土不出现拉应力控制预应力筋数量,未充分考虑负弯矩预应力对控制徐变下挠的有利作用。

③早期混凝土弹性模量的增长明显滞后于强度的增长,仅按混凝土强度控制张拉时间,预应力张拉时混凝土模量低,导致预应力损失过大。

④施工质量控制不严,导致有效预应力降低及恒载增大。

(2)跨中底板、支点顶板横向裂缝

正截面强度不足,拉应力超限,箱梁在正、负弯矩区横向开裂为结构裂缝,裂缝沿横向通长,严重时延伸至腹板,产生竖向裂缝。

(3)顶、底板纵向裂缝

箱梁顶、底板纵向裂缝主要表现为沿纵筋或纵向预应力管道在顶、底板的跨中区域纵向开裂。

顶板纵向裂缝产生的原因:

①车辆轴重荷载产生的横向弯矩过大,使顶板下缘产生纵向裂缝。

②顶板偏薄,主梁截面箱宽与翼板宽比例不当。根据箱梁在荷载作用下的受力分析,横向顶板跨中产生正弯矩,翼板产生负弯矩。

③未设置横向预应力,或横向预应力筋设置不足。

④顶板布置了较多的纵向预应力筋及普通钢筋,实际位置不精确,造成应力分布不均匀,当局部应力过大时引起顶板局部纵向开裂。

底板纵向裂缝产生原因:

①大跨度预应力混凝土箱梁多采用变截面形式,底板曲线布置预应力钢束使得箱梁底板受到一个径向力的作用,使底板受弯。

②预应力筋集中于底板近腹板处,预应力筋张拉时会产生较大的压应力,左右张拉不同步时,产生压力差。

③施工中,后浇筑梁段横向收缩受已浇筑梁段的约束,底板产生八字形开裂。

(4)腹板斜裂缝

腹板斜裂缝是大跨径箱梁桥最常见的裂缝,发生在剪应力大而截面抗剪能力不足的 $L/8 \sim 3L/8$ 区域,与梁水平面呈 $25° \sim 50°$角,裂缝往往以对称分布形式出现。随着时间的推移,裂缝数会增加,裂缝区向跨中方向发展。箱内要比箱外腹板斜裂缝严重。

斜裂缝出现的原因:

①为方便施工和减小腹板厚度,20 世纪 90 年代开始,在箱梁桥的设计中,普遍取消了下弯索,采用竖向预应力抵抗主拉应力。由于竖向预应力筋长度较短,预应力损失大,有效预应力不易得到保证。

②日照温差,相对厚度较薄的翼缘板随外界气温变化幅度较大,使腹板受弯,内侧产生拉应力,使主拉应力增大。

③由于采用箱形截面,扭转、翘曲、畸变也会使腹板中的剪应力加大,从而增大主拉应力。

(5)跨中梁底崩裂

箱梁底板混凝土崩裂、掉块。梁底崩裂原因分析:

①变截面箱梁底板线形采用抛物线,跨中位置处的预应力束的等效径向力越大,底板受力越不利。

②跨中区域加密防崩钢筋的设计不足。

③施工过程中张拉混凝土强度未达到设计值、钢束定位误差、合龙段存在高差,以及底板波纹管支架的混凝土振捣不密实等。

(6)锚下开裂

齿板、锚固块易出现锚下裂缝。齿板锚固面与梁体交接部位开始出现横向受拉裂纹,继而发展成裂缝甚至裂口,最后沿齿板两侧发展成剪切裂缝。病害原因分析:

①在齿板部位,齿板造成截面局部突变,在锚下压应力及预应力钢束弯曲径向拉应力的共同影响下,局部应力大于混凝土的抗拉强度。

②锚固端混凝土强度不足,锚固间距不符合构造要求等均可能因为过大的压力产生纵向裂缝。

③预应力束布置和齿板构造欠合理,导致锚下和齿板附近局部裂缝。

3)箱梁桥典型加固方法

(1)体外预应力束加固法

①对于大跨薄壁箱梁正截面承载能力不足造成的主梁跨中挠度过大,跨中底板横向开裂、腹板斜向开裂严重等病害,首先考虑体外预应力加固。体外预应力加固法对其病害的发展控制作用明显,可提高结构刚度和抗裂性能,改善箱梁截面应力分布。

②体外预应力加固整体计算应包括结构持久状况承载能力极限状态计算、持久状况正常使用极限状态计算、持久状况和短暂状况的应力计算。体外预应力加固局部计算主要包括转向构造和锚固区的承载力和抗裂性计算。

③体外预应力加固按下列三类情况设计:全预应力混凝土加固、A 类体外预应力混凝土加固、B 类体外预应力加固。内力分析时,应采用全截面换算截面几何特性。应力分析时,全预应力构件、A 类构件应采用全截面换算截面几何特性,B 类构件应采用开裂截面的换算截面几何特性。

④体外预应力束布置形式需根据结构病害特征和加固目标确定。一般来说,承载能力满足要求,可采用局部短束预应力改善构件的应力状态。承载能力不足,下挠量较大,可采用全跨通长布置的预应力束提高结构承载能力,并改善构件应力状态。

⑤体外预应力束一般布置在箱的内侧,横桥向对称布置。纵向布置应综合考虑内力沿梁长方向变化的纵向受力要求和转向力集中分布的影响。线形尽量与原结构预应力束布置一致,应通过计算确定。多束预应力束宜分批转向,与内力包络相适应。体外束在中墩处尽可能靠近顶板,但穿索孔道需避开中墩横梁的体内横向束。体外束锚固遵循分散、避免集中、靠近腹板等原则。

⑥预应力转向装置通常采用混凝土、钢构件或两种材料组合。体外预应力钢束可用较大的张拉吨位,横肋式转向结构由于连接箱梁顶板、底板和腹板成一体,所以能够承受较大的转向力,是目前体外预应力混凝土桥梁中最常用的转向结构。

钢制转向块增加恒载小,但加工要求高,与原结构匹配性差,承载能力取决于原结构的锚固连接情况。

⑦横肋式转向结构的纵桥向厚度至少要大于体外预应力钢束转向器弯道长度,并最好在两端各留有一个直线段。

横肋式转向结构在外观上有多种多样的表现形式,图 9-4 所示为较常采用的肋式转向结构形式。图 9-4(a)所示的转向结构在转向管道区有一个高度为 h 的等宽段,在高度 h 以上,转向结构以角度 α 向腹板靠拢;图 9-4(b)所示转向结构从底板开始以一个固定斜率逐渐向腹板靠近;而图 9-4(c)转向结构厚度为变厚度的,下宽上窄。

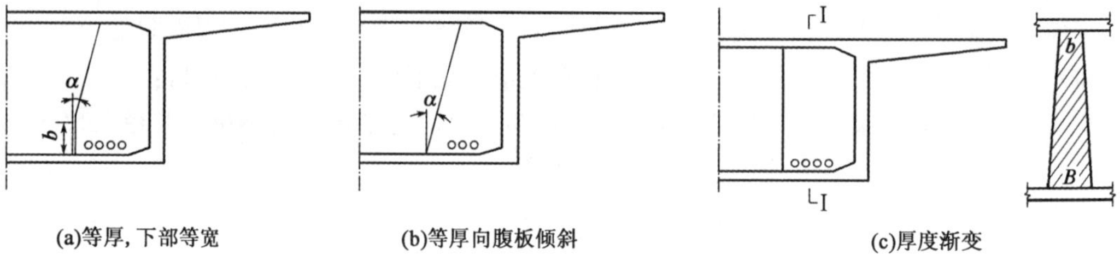

图 9-4　常用的肋式转向结构形式

当在一个截面上需要转向的钢束比较多时,可以将钢束在竖向做双层布置,如图 9-5 所示。

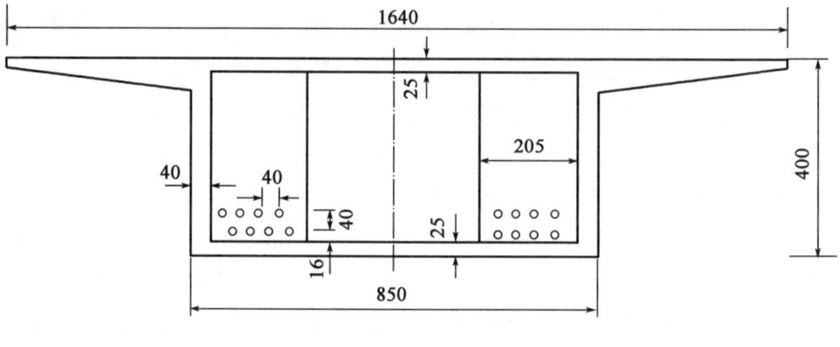

图 9-5　转向管道双层布置(尺寸单位:cm)

⑧预应力端锚固区一般设置于梁端底板或者端横隔梁处。当锚于端横隔梁时，应具备容纳一个锚具组件长度的条件。锚固系统宜采用后期可更换、可补张的锚具。锚固体可采用混凝土齿板、混凝土横隔板或钢箱齿板。增设齿板（或锚块）和转向板，需要用剪力槽配合植筋与原结构混凝土相连，保证新旧结合面抗剪满足要求。新增混凝土空间狭小或振捣困难时，宜采用自密实混凝土浇筑。

⑨为防止桥面行车引起体外钢束过大振动，应沿纵向设置减振定位装置，间隔应不大于10m。减振装置由钢板、螺杆和减振橡胶等构件组成，依据设置位置、钢束的形式进行设计。

⑩体外预应力加固过程中应进行实时监测，确保施工过程安全，并掌握加固前后应力、挠度变化值，以评估加固效果。监测内容包括：

a. 变形监测：确保控制截面在加固施工过程中的实际状态与预期（理论）状态之间的误差在允许的范围内。

b. 应力监测：确保控制截面应力状态在设计的容许范围内。

（2）增大腹板截面加固法

①对于结构刚度不足，腹板厚度较薄的箱梁，可通过增大截面法增加腹板厚度，提高箱梁的抗剪承载能力和刚度，改善腹板抗裂性能，抑制下挠。

②采用增大截面加固法，可用模筑混凝土、自密实混凝土或喷射混凝土浇筑而成。模筑混凝土采用普通混凝土时厚度应不小于15cm，采用自密实混凝土时厚度应不小于10cm，喷射混凝土厚度应不小于60mm。结合面按5.1节要求进行处理。

③箱梁增大截面加固法通常采用加厚腹板或新增腹板的方法。加厚腹板时新浇混凝土可布置在箱梁原腹板外侧或内侧，依据箱梁截面尺寸和施工条件决定。新增腹板布置在箱室横向跨中处，腹板的上下端与顶底板植筋连接，并设置合适的预应力钢束。加厚腹板的纵向设置位置和长度依据计算和腹板病害状况确定，腹板厚度也可采用变厚度设置。

④设计时应采取必要措施保证新旧结构的整体性。新旧混凝土收缩不同导致结构内力重分布，从而引起新旧混凝土结合面拉应力较大，应注意采取相应的措施尽量减少混凝土收缩的不利影响。

⑤腹板加厚后，原结构承受加固前后的恒载或其他作用，而新增部分只需承受加固后的作用。在计算加固后截面受拉或受拉边的应力或应变时，应当分阶段计算，考虑应力在新、旧截面上的应力分配与叠加。

（3）粘贴钢板加固法

①箱梁腹板开裂不严重时，通过粘贴钢板加固法约束斜裂缝的发展；也可用于箱梁顶底板产生纵向裂缝的加固。粘贴钢板对箱梁抗剪承载力和刚度的提升有限，通常是体外预应力的辅助补强措施。

②腹板斜高度较大时，可采用45°斜向粘贴钢板，钢板轴线与裂缝呈基本垂直关系，各斜向钢板沿跨径方向的水平轴线上的投影应有相互重叠部分；腹板斜高度较小时，可竖直粘贴钢板。上端和下端应粘贴纵向钢压条，并设置附加锚栓。

③对于顶板纵向裂缝，可横桥向粘贴钢板，提高顶板横桥向抗弯刚度，控制裂缝发展，提高结构耐久性。

④原主梁混凝土密实度差、表面平整度差和混凝土碳化严重时，不宜采用粘贴钢板加

固法。

(4)劲性骨架加固法

①本加固方法适用于预应力混凝土箱梁桥产生跨中下挠,腹板、底板开裂严重使下挠不收敛的情况。

②设置劲性骨架的目的是增大梁体刚度,控制进一步下挠的趋势。单纯的劲性骨架加固并不能改变已发生的变形状况。

③劲性骨架加固法通常采用箱梁内新增波形腹板、桁架腹板等,提高箱梁抗剪和抗弯刚度,与增大截面加固法相比,增加自重比例低。

④采取合理的减载措施,可适当调整桥面线形。

⑤在箱内作业时,受进入箱内作业孔尺寸的限制,劲性骨架需在箱内拼装,增加了施工周期,拼装质量不易控制。

(5)改变结构体系加固法

①箱内加固作业空间受限,可考虑通过改变结构体系来改善原有结构的受力状态和控制变形,将原连续梁(或刚构体系)改造为矮塔斜拉体系达到改善结构内力和提高刚度的目的。

②需增加桥塔及相应的基础、斜拉索及梁底托梁。

(6)预应力管道补压浆

①预应力管道补压浆的目的:防止预应力钢束筋锈蚀,保证预应力混凝土结构或构件的安全寿命;使预应力钢束与混凝土结合良好,符合设计时换算截面的要求;降低预应力钢束无黏结段应力幅,防止发生疲劳破坏。

②通气良好的管道可采用电动活塞压浆泵补压浆,通气不好、通气量较弱的管道可采用低压人工压浆泵补压浆。

③在压浆之前,首先采用真空泵抽吸预应力孔道中的空气,然后在孔道的另一端再用压浆机将水泥浆压入预应力孔道。由于孔道内只有极少的空气,很难形成气泡;同时,孔道与压浆机之间的正负压力差大大提高了孔道压浆的饱满度。

9.2 拱式桥上部结构加固技术

拱式桥以其跨越能力大、承载能力高、工程造价低、养护维修费用低等技术优势成为建筑历史悠久、建设数量多的桥型。

我国公路拱式桥的发展可粗略地分为四个阶段:

第一阶段是20世纪50年代到60年代,以中小跨径石拱桥为主,虽然当时也研究过片石混凝土拱桥、小石子混凝土拱桥、砖拱桥等圬工拱桥,但未能推广。最大跨度是1961年建成的跨度90m的河南龙门大桥。

第二阶段是20世纪60年代中期至70年代,主导桥型是低配筋双曲拱桥,当时也研究了中小跨径混凝土预制块拱、二铰拱、轻台坦拱、扁壳拱、钢架拱等少筋拱桥。最大跨度是1969年建成的河南嵩县前河大桥(跨度150m,双曲拱桥,支架法施工)。

第三阶段是20世纪70年代末到80年代,主导桥型是中、大跨预制钢筋混凝土箱

(肋)型拱桥。采用无支架吊装架设法,建成的最大跨度拱桥是四川宜宾马鸣溪大桥(1979年建成,跨度150m);采用转体法建成的最大跨度拱桥是四川涪陵乌江大桥(1990年建成,跨度200m)。这个时期,国外钢筋混凝土拱桥的最大跨度已达390m(南斯拉夫KRK铁托大桥,1980年建成)。我国拱桥虽然历史悠久,建设数量多,但是跨度和技术水平比较落后,主要原因是施工设备落后,制约了拱桥跨度的发展和技术进步。

第四个阶段以1990年建成的四川宜宾南门金沙江大桥为标志。该桥系中承式钢骨钢筋混凝土拱桥,跨度240m,居当时中承式拱桥世界第一。金沙江大桥采用劲性钢骨架成拱、悬挂模板、现浇拱肋混凝土,减轻了吊装架设重量,保证了成拱安全度;浇注过程中,采用水箱加载调整应力和变形,节省了钢材用量;应用现代电算技术和电测手段进行施工仿真计算和施工监控,使拱桥施工技术走向了科学化。所取得的设计施工经验和科研成果极大地推动了我国超大跨拱桥技术的进步。

1990年以后,我国相继建成了70余座跨度100m以上的拱桥。1996年建成的广西邕宁邕江大桥跨度达312m,把中承式钢骨钢筋混凝土拱桥的跨度世界纪录提高了72m。该桥采用千斤顶斜拉扣挂悬拼架设法悬拼劲性钢骨拱桁架,浇注拱肋混凝土,调整施工应力和变形。1997年建成的四川万县(现为万川区)长江大桥也是钢骨钢筋混凝土拱桥,该桥跨度420m,把上承式拱桥的跨度世界纪录由南斯拉夫KRK大桥的390m提高了30m。在此期间,1995年贵州省建成了跨度330m的江界河大桥,居预应力桁架拱桥世界第一。1995年广东省建成了跨度200m的南海三山西大桥,居钢管混凝土拱桥世界第一。2000年开工的上海卢浦大桥将钢拱桥的跨径推向550m。这些跨度纪录和取得的设计施工经验及科研成果说明,20世纪90年代以后中国拱桥建筑已全面跃居世界领先行列。

9.2.1 拱式桥加固基本要求

常见拱桥主拱圈为无铰拱,属超静定结构体系。主拱圈变形、不平衡水平推力、温度变化、基础不均匀沉降等均会使主拱圈产生较大的次内力。

1)设计计算

拱式桥检算分析时,须基于桥梁材质状况检测、主拱圈几何线形的测量结果。直接测量拱轴线形难度大,通常以实测主拱圈的下缘线反推计算拱轴线。

加固设计时,当拱上建筑为超静定结构时,可适当考虑与主拱圈的联合作用,连拱桥根据桥墩的刚度情况,确定是否需考虑连拱效应。设计计算应考虑各施工阶段主拱圈的承载力、刚度和稳定性。

拱桥上部结构加固方案恒载增加较大时,须对基础的承载能力、稳定性进行验算。

拱桥墩台基础不均匀沉降、水平变位或转角变位引起的拱桥上部结构病害,须先加固墩台基础,消除变位产生的因素,再进行上部结构加固。

2)卸载与加载

大跨径拱桥加固宜进行施工阶段风险评估,拱桥加固中涉及拱上建筑拆除时应编制专项施工组织方案与安全事故预防预案。

拱上建筑拆除或加载应遵循对称、均衡、同步的原则,设计应明确逐级拆除的顺序和拆除量及加载顺序和加载量,避免不平衡推力造成拱圈变形或破坏,墩台失稳。

3)施工监控

大跨径拱桥加固施工时应提出施工监控要求。拱圈变形监测点根据拱桥的结构形式、变形发生的概率,一般不应少于5个控制截面,必要时加密。应力测点为参考测点,设置在拱圈内力响应最大截面上。对于连拱桥,还应对相邻孔拱圈、桥墩变位进行监测。

9.2.2 圬工拱桥加固

1)主要病害特征

圬工拱桥常见的病害为拱圈开裂、拱圈变形、砂浆脱落、砌石掉块、砌石表面风化、拱上侧墙外鼓、开裂及渗漏水等。

(1)拱圈开裂

拱圈开裂主要包括横向开裂及纵向开裂。

①横向开裂的原因:

a.中小跨径圬工拱桥通常采用满堂支架施工,施工过程中支架沉降变形,产生拱顶下缘横向开裂。

b.使用过程中拱脚产生水平位移,产生拱顶下缘横向开裂。

c.拱轴线变形或不合理,荷载作用下,弯矩过大,截面的上缘或下缘产生拉应力,产生横向开裂。

②纵向开裂的原因:

a.墩台不均匀沉降,墩台身开裂,延伸至主拱圈的纵向开裂。

b.现浇混凝土拱圈横向收缩,产生纵向开裂。

c.拱上侧墙外鼓,拱圈砌筑质量较差时,侧墙带动拱圈向外位移,在侧墙底部对应位置处产生纵向开裂。

(2)主拱圈变形

主拱圈变形有施工阶段不可恢复的偏差、变形和运营阶段变形。

①施工阶段。

a.施工放样误差,造成主拱圈拱轴线形产生永久性变形。

b.主拱圈支架刚度不足或对支架预压不充分,导致拱圈永久变形等。

②运营阶段。

a.砌缝砂浆脱落、砌石掉块,拱圈压缩量增加,产生拱圈变形。

b.荷载作用下,主拱圈产生弹性压缩使拱轴缩短,或拱圈强度不足,开裂及裂缝宽度的扩展,使刚度下降,产生不可恢复的永久性变形。

c.墩台基础不均匀沉降、水平位移产生次内力,基础水平滑移导致拱顶下沉或上拱等,使拱圈变形。

d.连拱结构由于桥台水平位移,引起边孔主拱圈矢高减小,而中孔由于推力处于平衡状态,矢高变化很小。

(3)拱上侧墙外鼓、开裂或脱离主拱圈

①拱上侧墙高度较大时,填料产生的土侧压力作用使侧墙外鼓。

②大吨位超限车辆荷载增大了拱上填料对侧墙的横向推力。

③填料遇水膨胀或冻胀，使侧墙外鼓。

侧墙外鼓变形较大时，产生开裂，拱圈与侧墙之间黏结强度不足时产生位移，与拱圈脱离；黏结强度较好时，拱圈产生局部纵向开裂。

(4)拱圈渗水

桥面防排水系统破坏或设置不合理，沉降缝、变形缝防水破坏。

(5)砂浆脱落、砌石掉块、表面风化

与施工砌筑质量不良，砂浆强度低，砌缝砂浆不饱满，砌体材料自身特性有关。

2)圬工拱桥加固方法

(1)常用方法

①增大截面加固法：包括拱腹套拱、拱背背拱。

②调整拱上建筑恒载法：包括填料更换、改拱式腹孔为梁板腹孔。

③增强整体性法：改变桥面结构。

④对具有历史文物价值的圬工拱桥，按国家有关文物保护的要求实施维修加固，修旧如旧。

(2)增大拱圈截面加固法

①拱腹套拱

a. 适应条件：主拱圈承载能力不足，拱圈产生横向开裂，拱轴线变形等中小跨径的板拱桥加固；在桥下施工，对运营影响时间短，跨径大于40m，矢跨比小于1/8或桥下行洪断面严重不足时，不宜采用拱腹套拱加固法。

b. 加固原理：在原拱圈下新增拱圈，新旧拱圈形成组合截面，原拱圈在活载作用下产生变形，新拱圈与原拱圈的协调工作，按刚度比承担活载作用。新增截面增大了拱圈截面面积，拱圈刚度增加，改变原拱圈的应力分布。

c. 计算方法：新增截面承载力计算应考虑分阶段受力特点。结构恒载产生的内力由原截面承担，且只计竖向作用力的影响。活载内力及温度变化、拱脚变位次内力由加固后的组合截面承担。加固后应分别验算原结构及新结构控制截面的应力。加固后主拱圈的承载能力极限状态取决于新增截面的竖向抗弯刚度和新旧结构的连接状况。

新增截面后拱圈结构的最大和最小控制弯矩均增大，而且随着拱圈加固厚度的增大，控制弯矩值均呈增大的趋势，须控制新增截面的最大厚度。

d. 构造要求：新增截面可采用板式截面或肋式截面。板式截面主要用于跨径较小、矢跨比较大的陡拱、拱圈表面风化严重的情况。肋式截面主要用于跨径较大、矢跨比较小的坦拱。

为方便施工板式套拱截面的高度不宜小于20cm，板与原拱圈同宽。当原拱圈伴有纵向开裂时，板的设计宽度大于原拱圈宽度，并在原拱圈侧设置挡块，约束横向变形。

肋式截面的高度不宜小于30cm，单肋宽度与原拱圈宽度、肋数有关，通常设置3道或5道拱肋，肋宽60～120cm。各拱肋间设置横向联系，横向联系不少于3道。

新增截面在拱脚处的起拱面与原起拱面相同，在拱脚处设置外悬牛腿形成拱座，当墩台身也采用混凝土外包时，以外包截面形成拱座。

新旧拱圈结合面按要求进行凿毛处理，原拱圈须植入钢筋，以定位和固定新拱圈钢筋。植筋按构造设置，计算时不计其抗剪作用。

②拱背背拱。

a. 适应条件:原主拱圈承载能力不足,拱上建筑需拆除改建,或空腹式拱拱顶正弯矩较大时需进行内力调整;在拱背上施工,不用搭设支架,新老混凝土结合较好。

b. 拱上建筑全部拆除时,在拱背上新浇混凝土拱圈,原拱圈基本完好时,可按新老拱圈形成的组合截面共同参与工作考虑,当原拱圈开裂、缺损严重时,原拱圈仅当拱架考虑,加固时不考虑其参与工作。

受新拱圈厚度的影响,拱顶填料厚度受限,在满足最小厚度要求时,尽量控制桥面高程的变化;新拱圈的拱轴线形、矢跨比受原拱圈限制,优化的范围不大,拱圈高度依据原拱圈参与工作情况,计算确定。新建上部结构的恒载须适当调整,以使主拱圈的控制截面弯矩最小。

c. 对于空腹式拱,在空腹段的拱背现浇钢筋混凝土增大拱脚区段截面,使拱圈具有变截面无铰拱的特性。与等截面无铰拱相比,变截面无铰拱拱脚的负弯矩随拱脚刚度的增加而增大,对拱顶的正弯矩有"卸载"作用,拱脚刚度越大,拱顶的正弯矩越小。条件允许时,空腹段也可采用钢筋混凝土环向套箍封闭的增大截面法加固主拱圈。

现浇混凝土从拱脚向跨中方向进行,由厚变薄,最大厚度按计算确定,最小厚度应满足构造要求,不小于15cm;现浇层钢筋布置于上侧,纵向钢筋为受力钢筋,与拱座处的植筋焊接连接,横向钢筋为分布钢筋,布置于纵向钢筋下侧;新旧结合面须凿毛处理,并在拱背按构造要求植入钢筋。混凝土浇筑由两拱脚向跨中对称、平衡、同步浇筑。

(3)调整拱上建筑恒载法

在圬工拱桥中,拱上建筑自重较大,恒载占比较大,通过改变拱上建筑结构形式和传力模式,调整拱圈的恒载内力分布,达到加固增强的目的。

中小跨径的石拱桥以实腹式石拱桥为主,拱上建筑由侧墙和填料组成,自重大。当拱圈承载能力和基础承载能力不足时,可采用较为轻型的拱上建筑代替原拱上建筑,减轻原桥恒载,主要方法有:

①改实腹式拱为梁板式空腹拱,先卸载,也可结合拱上背拱的加固方案,后加载;

②采用钢筋混凝土侧墙,降低侧墙地面,或采用轻质材料换填拱上填料。

对于空腹式拱桥,主要方法有:

①原拱式拱上建筑的石拱桥,为了减轻上部结构自重,改为梁式腹孔。

②原圬工腹孔墙式墩改为钢筋混凝土柱式墩。

③实腹段采用轻质材料换填拱上填料。

(4)增强整体性法

原圬工拱桥的桥面铺装通常为沥青混凝土,改造为钢筋混凝土桥面铺装技术的优势为:

①桥面刚度提高,降低车辆荷载产生的侧压力,改善车辆荷载在拱圈上的分配。

②提高桥梁横向整体性和耐久性。

③改善桥面防排水性能。

(5)针对侧墙开裂、外倾变形等病害的加固方法

轻度开裂与外倾,且处于稳定状态时,可采用灌浆勾缝处理;当侧墙高度较高,产生外倾、开裂病害,且处于发展状态时,采用对拉锚杆进行加固。

①在侧墙处水平横向钻孔,布置预应力钢束(筋)锚杆,侧墙外增设混凝土框格梁,锚具布置于框格梁交点处。

②填料在运营阶段已基本固结稳定,土侧压力按静止土压力计算。土侧压力分为填料引起的土侧压力和汽车荷载引起的土侧压力两部分,其中汽车荷载引起的土侧压力是按汽车轮重换算为自均布土层来计算。

③填料的土压力由预应力锚杆平衡。每层预应力锚杆的张拉控制力为单根锚杆与相邻锚杆所构成矩形区域内土压力的一半。锚杆采用等间距布置时,每层锚杆的张拉控制力不同,为使张拉控制力基本相同,在竖向可采用下密上疏的布置方式。

④为便于施工,预应力锚杆通常采用高强精轧螺纹粗钢筋,及对应锚具。为满足局部承压的要求,需设置锚垫、锚下螺旋筋。锚头采用内置式,便于防护。预应力筋张拉完毕应进行孔道灌浆,避免预应力筋腐蚀。

⑤钢筋混凝土框架为预应力锚杆的支承结构,框架梁采用矩形截面。计算时将锚杆等效为支座,每一排框架梁简化为支撑于锚杆上的连续梁。

⑥为了施工方便,各截面采用统一的配筋形式,箍筋采用闭合与不闭合两种形式交替布置,不闭合箍筋作为植筋植入墙体,以使框架与侧墙形成整体。

侧墙严重外鼓、开裂,稳定性不足时,应考虑拆除改建。

9.2.3 钢筋混凝土拱桥加固

1)钢筋混凝土拱桥的主要类型

(1)钢筋混凝土板拱

与圬工板拱相比,钢筋混凝土板拱拱圈厚度较小,可有效防止混凝土的开裂,大多采用有支架施工。钢筋混凝土板拱应按计算需要与构造要求配置受力钢筋、分布钢筋和箍筋。主筋沿拱圈纵向拱形布置,最小配筋率为0.2% ~0.4%,且上、下缘对称通长布置,以适应沿拱圈各截面的弯矩变化。分布钢筋设在纵向主筋的内侧,箍筋沿径向布置,靠拱背处间距不大于150mm。

在横截面面积相同的条件下,矩形截面比其他形式截面的抵抗矩小,在弯矩作用下材料强度得不到充分利用。为了获得较大的截面抵抗矩,必须增大截面高度,这就相应地增加了材料用量和结构自重,也增加了下部结构的负担。

(2)钢筋混凝土肋拱

肋拱桥是由两条或两条以上分离式拱肋组成承重结构的拱桥,拱肋之间通过横向联系梁连接成整体而共同受力。拱肋横截面面积较小,自重轻,便于采用无支架施工。

肋拱桥结构自重较小,恒载内力也比较小,相应的活载内力比重就会增大,拱肋主要用来克服活荷载而不是拱桥自重。这个优势是板拱所不具备的,所以在大中型拱桥的方案设计中获得了广泛应用。

(3)双曲拱桥

双曲拱桥的构造特性突出表现在其主拱圈的施工过程中。施工时,将主拱圈划分成拱肋、拱波、现浇拱板和横向联系四种构件(化整为零),以适应无支架吊装施工且无大型起吊机具时的情况。安装时把分段预制的钢筋混凝土拱肋合龙,与横向联系构件组成拱形框架,在拱肋之间安装预制拱波,再在拱波上现浇拱板,形成主拱圈(集零为整)。

为节省材料和减轻吊装重量,预制的拱肋和拱波截面尺寸小,配筋率低,拱肋与拱波间的连接弱。由拱肋、拱波和现浇拱板形成的组合截面不易共同工作,因此,主拱圈的强度较低。

主拱圈横截面由一个或多个支撑于拱肋的小拱组成,其截面抵抗矩较相同面积的板拱圈大得多。因此,双曲拱桥刚度大,变形小。

(4)箱形拱桥

箱形拱桥主拱圈截面挖空率高,可达全截面的50% ~70%,可减少混凝土用量,减轻结构自重。截面积相同时,箱形截面抗弯惯性矩大,且抗扭惯性矩更大,截面受力性能好。箱形截面的中性轴大致居中,抵抗正负弯矩的能力相同,能较好地适应主拱圈各截面正负弯矩变化的需要。

箱形板拱的构造与施工方法有密切联系。箱形拱桥施工方法可采用预制无支架缆索吊装、有支架现浇、岸边预制转体和悬臂施工。无支架施工时,拱箱采用分段预制。为减轻吊装重量或方便操作,设计时可设计为开口箱或闭口箱。拱箱节段的横向往往不是一次整体预制成型的,而是采用逐步装配整体化、分阶段的施工方法,最后拼装成一个整体。在大跨径拱桥施工时,也采用劲性骨架施工法。

(5)刚架拱桥

刚架拱桥是我国交通部公路科学研究所的科研成果,于 1977 年至 1978 年在江苏省无锡县(现为无锡市)首先建成,它属于钢筋混凝土拱式结构,是在双曲拱、桁架拱、肋拱和斜腿刚构等结构形式的基础上发展起来的一种新桥型,属于有推力的高次超静定结构。刚架拱桥由于具有构件少,构件截面简单,自重轻,施工简便,结构形式简洁美观,材料用量经济合理并适用于多种施工方法等优点,在我国得到了广泛应用。据不完全统计,全国已建刚架拱桥累计达 3 万余延米。对于当时的交通量及荷载等级,这类桥型还是合理的、适用的。

刚架拱桥整体性、刚度和承载能力等力学性能都比它的组合单元(斜腿刚架和拱)要优越,而且结构形式简洁美观,上部构造重量轻,材料用量指标较低,经济效益明显。刚架拱桥主要适用于 25 ~60m 跨径。

2)病害特征

(1)钢筋混凝土板拱

与圬工板拱病害特征类似。

(2)肋拱桥

肋拱桥大多采用分节段预制,无支架安装,拱肋在预制、安装和运营各阶段均有可能产生病害,主要表现为:

①拱肋开裂。

a. 拱肋在预制阶段,受混凝土收缩、温度变化的影响,拱肋产生开裂。对于钢筋混凝土拱肋,当混凝土浇筑完成后,表面水分蒸发,水分蒸发总是由表及里逐步发展;截面内外温度不同,内外收缩量不同步,当拱肋混凝土表面收缩变形受到混凝土内部约束时,在混凝土中产生拉应力,当此拉应力达到混凝土的抗拉极限强度时,就会引起混凝土开裂。

b. 拱肋吊装阶段,拱肋的力学体系与就位后存在差别。拱肋在吊装时,通常采用两点吊,拱肋预制段为双悬臂简支梁,是受弯构件,承担自重和起吊冲击作用,抗力不能满足拱肋所承担的自重内力,则产生裂缝。

c. 运营阶段,拱肋强度不足或出现"单肋效应",拱肋产生受力裂缝,在拱肋拱脚截面的上缘和跨中截面下缘出现横向裂缝。箱拱肋的拱箱底板也可能出现纵向裂缝,其产生的原因是拱肋刚度较小,箱拱肋的底板厚度不足。

②拱轴线线形变位。

a. 采用无支架施工,拱肋分段拼装时各段位置存在施工误差,导致成桥后线形与设计的合理拱轴产生偏差。

b. 预拱度设置不当。拱上建筑和桥面系二期恒载作用使拱轴线偏离设计拱轴线。在运营阶段,混凝土的收缩、徐变产生塑性变形,从而使得拱轴线产生不可恢复的变形。

③横系梁病害。

肋拱桥的横系梁截面一般都较小,刚度也较弱。在重载、偏载作用下,拱肋产生不同步的弹性压缩变形,横系梁就容易出现混凝土开裂。裂缝分布在横系梁与拱肋接头处,有横、竖或斜向裂缝,伴随渗水、钢筋锈蚀,引发混凝土剥落,导致刚度进一步减小,"单肋效应"越发明显。

肋间横系梁接头开裂在早期的一些钢筋混凝土肋拱桥中较为常见,往往伴随着结构整体横向刚度较弱,横向稳定性降低,结构振动明显。早期设计的钢筋混凝土肋拱桥,以平面杆系模型来简化实际桥梁的空间结构,造成设计中对肋间横向联系作用机理的忽视;横系梁尺寸和连接方式设计不合理,导致设计中横系梁的受力模式与实际工程不吻合。

④主拱圈纵向节段连接接头病害

对于主拱圈纵向多段预制吊装的肋拱桥,受施工精度控制的影响,在拱肋连接接头处可能会出现对接偏差、混凝土破损或孔洞,连接钢筋、钢板锈蚀等病害。

(3)双曲拱桥

①拱顶下沉、拱轴线变形。根据结构力学原理,拱脚发生水平位移时,拱轴各截面的下沉量为该截面的推力影响线坐标值。由于拱顶推力影响线坐标最大,因此,拱顶下沉最突出。

双曲拱桥产生桥台水平位移的主要原因是:桥台抗水平推力不足和稳定性差,如软土地基的不均匀沉陷和桥台拱座的水平位移。

少数双曲拱桥拱顶下沉是由原设计通行能力不足引起的,如1967年前后修建的双曲拱桥,按照汽—15(不加重车)载重标准设计,拱肋之间横向用套管连接,在拱肋和拱波之间也不设抗剪构造,因而较低的设计载重和较差的整体性使初期修建的双曲拱桥,多年通车后损坏率都较高。

拱顶下沉的其他原因还有未设预拱度或预拱度留得不够,混凝土质量差,徐变系数大等。通常矢跨比小,下沉量大,且拱顶下沉较显著时,常伴随产生拱圈开裂。

②主拱圈的开裂。

a. 拱肋与拱波结合面的环缝。该种裂缝是指拱肋与拱波交界处沿桥跨方向的裂缝。在拱脚截面附近区段,拱肋与拱波结合面以受剪为主,在拱顶截面附近区段则以受拉为主。组合截面结合部由于措施缺乏或过于薄弱,易出现这类裂缝。例如,拱肋与拱板间未设锚固钢筋,或锚固筋过细,间距过大。这样,拱肋与拱波仅为砂浆连接,拱肋与拱板间存在的施工缝,尤其在桥台出现水平位移时,肋、波结合面的剪力(在拱脚截面附近区段)或拉力(在拱顶截面附近区段)将增大,这类裂缝更易于产生。

b. 波顶纵缝。此种裂缝多发生在主拱圈的拱波顶部,裂缝沿跨径方向延伸较长,且宽度一般较大。主拱圈的横向刚度不够,横向产生连拱作用,这是产生这类裂缝的主要原因。桥越宽,拱波的矢跨比越小,横向联系越弱,这类裂缝越容易产生。

c. 拱肋径向开裂。这种开裂一般分布在 $3L/8 \sim 5L/8$ 的区段内,也有少数分布范围较大,延伸至 $L/4 \sim 3L/4$(L 为双曲拱桥跨径)范围内。在拱肋侧面,裂缝由拱肋下边缘向上延伸,裂缝宽度一般为 0.1mm,严重的可达 0.5mm 以上,裂缝延伸长度为 0.2 ~ 0.3m。

为降低拱肋的吊装重量,在拱肋截面尺寸设计偏小,强度不足或连拱作用考虑不够的情况下,正弯矩作用导致拱肋下缘混凝土开裂。施工阶段,由于吊装不当而出现裂缝。

(4)箱形拱桥

①主拱圈开裂。由于拱肋截面尺寸较大,预制拱肋两拱箱间纵向接缝深且宽度较小,易造成混凝土浇筑不密实,导致拱肋间横向联系及预制拱肋间连接不可靠,减弱了桥梁的整体刚度,在荷载尤其是在重载、偏载作用下各拱肋变形不均匀,致使拱箱的拱脚、拱顶等控制截面应力达到或超过混凝土的极限抗拉强度,产生受力裂缝。

受力裂缝分为纵向裂缝和横向裂缝,其中横向裂缝多分布于拱脚顶部和跨中拱肋底部,纵向裂缝一般出现在多箱拱肋的各拱箱之间。其产生的原因主要有拱肋刚度较小,多箱拱肋的各拱箱间纵向接缝混凝土不密实、空洞,拱肋间横向联系较弱,导致拱肋在偏载作用下"单肋效应"明显,引起不均匀变形,产生受力裂缝。

混凝土表面纵、横、斜向均会产生收缩裂缝。其产生的主要原因为:预制拱肋和现浇混凝土的龄期不同致使混凝土的收缩变形不协调。当收缩变形受到混凝土内部约束时就会引起次拉力;当次拉力达到混凝土的极限抗拉强度时,混凝土开裂。

②拱轴线变位。采用预制拼装法施工的肋拱桥,拱肋在分段拼装过程中存在较大的施工误差,导致实际线形与最初设计的合理拱轴之间存在偏差;在运营使用阶段,混凝土自身的徐变、收缩和外部环境(如温度差)及外加力的影响产生不可恢复的塑性变形,从而使拱轴线变位。

③主拱圈拱肋错台。主拱圈拱肋错台指各主拱肋的底板下缘不在同一平面内,表现为肋间存在高低差。较大的拱肋错台一般是施工安装时形成的缺陷,可能是拱肋预制偏差,也可能是安装偏差。较小的拱肋错台并伴有纵向开裂,主要是各拱肋变形不协调所致。

④拱箱局部破损、露筋、积水。主拱圈由于受外荷载作用导致局部混凝土破损、空洞、钢筋外露且已锈蚀,有时伴有渗水现象。当拱箱排水孔偏小或堵塞时,就会造成拱箱内积水。

⑤拱座的病害。拱脚与拱座嵌固不足,拱座开裂、混凝土破损、局部被压碎、钢筋外露且锈蚀,渗水等。拱座缺陷主要与各拱肋之间的变形不均匀或拱座基础承载力不足有关。

(5)刚架拱桥

①拱片典型病害。拱片开裂是刚架拱桥最常见的病害,拱片开裂的分布位置如图 9-6 所示。

a. 弦杆部位的裂缝。刚架拱桥的外弦杆为受弯构件,内弦杆及实腹段为压弯(偏心受压)构件,一般拱片产生的裂缝首先出现在外弦杆上,其次是内弦杆和实腹段的底部受拉区。主要原因是刚架拱桥弦杆截面尺寸偏小,弦杆强度不足导致其承载能力和抗裂能力不高。

b. 拱片裂缝。拱顶处的裂缝属于受弯裂缝,裂缝一般上端窄下端宽,是受拉所致。原因大多是恒载和活载长期反复作用而断面配筋不足造成混凝土内拉应力值较大,超出其极限抗拉强度,导致开裂。另外刚架拱桥因横向刚度不足而使各拱片间荷载横向分配不均,导致单片拱片的受力过大也是一个重要因素。大小节点处裂缝大部分顺主拱腿或斜撑方向,与水平方向成30°~60°角,是受弯引起的主拉应力过大所引起的。大小节点处存在负弯矩区,因配筋不足导致负弯矩区出现横向受拉裂缝。拱片裂缝将会影响拱片的刚度和耐久性能,降低桥梁承载能力。

c. 主拱腿、斜撑拱脚处裂缝。主拱腿和斜撑为小偏心受压构件,在恒载及车辆作用下,一般不产生拉应力。但在实际使用过程中,部分刚架拱桥主拱斜撑底部附近有较多由上而下的环形裂缝,有的开裂至截面高度一半左右。据分析,极可能因墩、台出现不均匀沉降使拱脚处竖向剪切应力过大,导致个别拱脚出现裂缝,对承载能力影响不大。

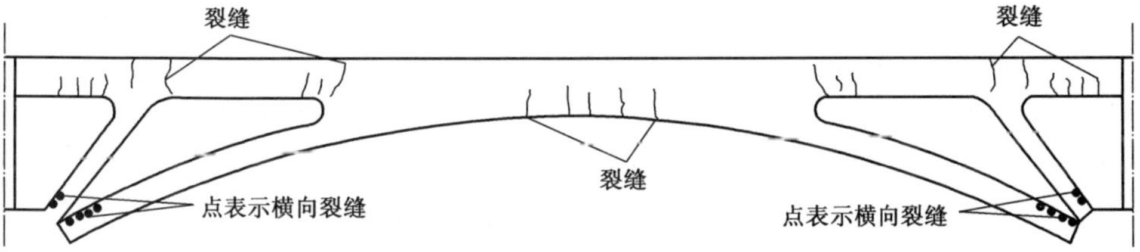

图9-6 刚架拱片常见裂缝位置示意图

②微弯板开裂。刚架拱桥的桥面板常用少筋肋腋板或微弯板两种,虽然钢筋和混凝土用量较少,重量轻,但是施工较为复杂。边界条件的改变是微弯板产生裂缝的主要原因之一。对微弯板进行空间有限元分析可知:由于微弯板边界条件的改变,板中心点应力有明显差异,对侧向位移和转角较为敏感,而竖向位移对板应力的影响较小,两端简支条件下的应力较两端固定条件下的应力大。设计时,考虑到微弯板与拱片的构造性连接,以及板上部现浇混凝土层的作用,使得其边界条件处于简支与固定之间,但由于桥梁在恒载的长期作用和活载交替反复的局部作用下,横系梁和拱片出现了不同程度的裂缝,从而削弱了桥梁的整体纵横向刚度,就会使得微弯板两端可做水平方向或竖向移动,甚至发生小的转动。这样,边界条件就趋向于简支或发生附加位移,进而引起板中较大的应力,产生裂缝是必然的。

微弯板是刚架拱传力的第一步,车轮荷载通过铺装层直接传递到板面上,形成集中力。若超载、重载车辆过多,再加上微弯板配筋较少,混凝土强度较低,将导致微弯板大量损坏,出现纵向开裂以致断板、塌陷,降低桥梁承载能力。

③横系梁(横隔板)竖向开裂。在刚架拱桥的设计中,采用弹性地基梁法等平面设计理论计算横向分布系数时,横系梁(横隔板)刚度的影响不大,而用平面设计理论设计刚架拱桥时,横系梁(横隔板)截面也不可能作为控制截面,所以横系梁(横隔板)的设计值一般都由设计人员根据自己的经验来定。这就导致刚架拱桥的横向刚度不足,横系梁(横隔板)成为刚架拱桥最薄弱的构件,再加上活载的长期作用导致刚架拱桥的横向整体刚度进一步降低,在恒载及活载长期反复作用下,横系梁(横隔板)内拉应力超出允许值

而产生竖向裂缝,甚至断裂。另外,微弯板的侧向水平推动作用也会使横系梁(横隔板)受拉而开裂或导致与拱片的接头断开。故按平面设计理论设计的刚架拱桥在其他各构件强度满足使用要求的情况下,横系梁(横隔板)首先发生破坏。

刚架拱桥的横向联系包括横拉杆、横系梁、横隔板。整体性受损的刚架拱桥通常实腹段及弦杆段的横隔板中部大多有上下贯通的竖向裂缝,挖空的横隔板比实心横隔板严重,特别是实腹段横隔板裂缝较多较宽,严重时几乎断裂成只有钢筋相连,拱腿及斜撑上的横向联系基本完好。

刚架拱桥横系梁典型病害形态,如图9-7所示。

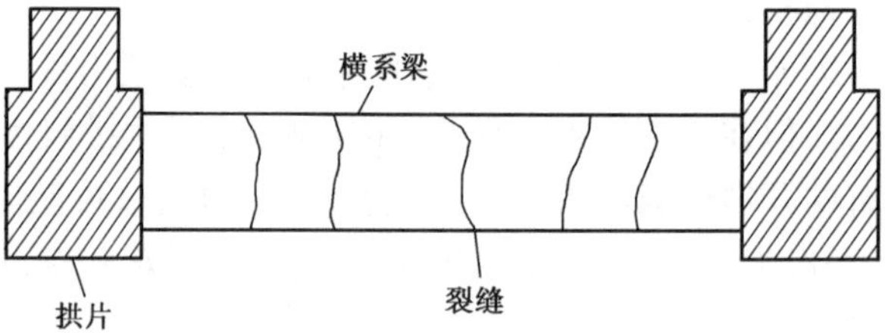

图9-7　刚架拱桥横系梁典型病害

④桥面现浇层及铺装层开裂、破碎。桥面现浇层对采用预制拼装施工的桥面板来说尤为重要,与其他类型桥梁相比,刚架拱桥的混凝土现浇层是组合断面的一部分,参与结构受力,更重要的是拱片大、小节点负弯矩区的受拉钢筋都布置于现浇铺装层中。如果该位置所承受的拉应力过大,将会导致桥面横向贯通开裂;若桥梁整体性较差,还会引起桥面的拱片位置处纵向贯通开裂。这两类裂缝均属结构受力性裂缝,必须尽快进行加固。其他坑槽、网裂之类均属铺装层本身局部病害。此类病害除必须对拱片加固外,桥面铺装也将凿除重新浇筑,并进一步加强负弯矩区及整个桥面钢筋网的配筋。一般情况下,对拱片加固的同时,桥面铺装层也进行更换加固。

3)钢筋混凝土拱桥加固方法

(1)拱上建筑改造

钢筋混凝土拱桥适应跨径大,拱上建筑通常为空腹式,拱上建筑存在缺陷或调整恒载集度时,改造方法有:

①实腹段填料换填。

②改拱式腹孔为梁式腹孔或刚架腹孔结构。

③改墙式腹孔墩为柱式腹孔墩。

④刚架拱桥的少筋微弯板加固更换。

(2)增强整体性

钢筋混凝土拱桥,主拱圈采用多肋式结构,为避免出现单肋受力,增强整体性的方法有:

①柔性桥面系改造为刚性桥面系。

②加大原横系梁或横隔板截面。

③增设横系梁或横隔板。

(3)主拱圈加固

钢筋混凝土主拱圈加固以增大截面法为主,加固原理清晰,可实施性强,加固成果案例较多。

①钢筋混凝土的板拱。钢筋混凝土的板拱加固方法同圬工拱桥的加固方法,采用拱腹套拱或拱背背拱增大拱圈截面加固。

②双曲拱桥加固的常用方法:

a. 拱肋加大截面、主拱肋与拱波加大截面、拱脚区段拱背加大截面、主拱圈增设底板。

b. 增强整体性加固法。

c. 拱上建筑改造。

③肋拱桥加固的常用方法:

a. 拱肋外包混凝土加大截面、拱肋箱形截面转换法、局部粘贴钢板。

b. 增强整体性法。

④箱拱桥加固的常用方法:

a. 拱圈拱脚区段拱背加大截面、增加箱室数量。

b. 拱上建筑改造法(改拱式腹孔为梁板式、填料换填)。

c. 增强整体性法(拱圈横向封闭钢箍、横向粘贴钢板、横向预应力)。

⑤刚架拱桥加固的常用方法:

a. 主拱腿增大截面法。

b. 弦杆粘贴钢板或体外预应力加固,节点粘贴钢板加固。

c. 增设拱片加固法。

d. 增强横向联系加固法。

e. 微弯板更换为整体式桥面板。

(4)设计计算

①拱上填料对主拱圈计算的影响。

a. 拱上填料传递车辆荷载至主拱圈,主拱圈与填料间只传递竖向受压荷载,不考虑填料与主拱圈共同工作作用,模拟方法是在主拱圈梁单元节点与填料板单元节点间采用竖向只受压连杆连接。

b. 拱上填料可减缓车轮动载对于拱圈的冲击影响,填料厚度大于或等于 50cm 时不计冲击力。

②结构计算的有限元模型。

a. 钢筋混凝土拱桥,在不考虑与拱上建筑的联合作用时,可仅对主拱圈建立有限元模型,进行计算分析,拱上建筑的自重仅作为恒载计。

b. 考虑拱上建筑的联合作用时,实腹段以及腹拱上方的填料不承受弯矩,这部分可以简化为两端与桥面及主拱圈铰接的杆单元。拱上建筑中立墙具有较大的刚度,简化为和主拱圈刚性连接的梁单元。

c. 计算通常采用的模型为单梁有限元模型方法。单梁有限元模型需把几种材料组成的截面换算成同一种材料的截面,同时使截面的力学特征保持不变,即抗弯刚度、抗拉(压)刚度相等。

d. 也可采用整体梁格模型和分离梁格有限元模型方法。梁格法是将主拱圈结构用一个等效梁格来模拟,将分散在板或梁的每一区段内的抗弯刚度和抗扭刚度集中于邻近的等效梁格内,实际结构的纵向刚度集中于纵向梁格构件内,横向刚度则集中于横向梁格构件内。整体梁格模型是把主拱圈各构件看作一个整体的梁板式构件，采用梁格法建模。分离梁格模型是把组成主拱圈（如拱肋、拱板和横隔板）的各构件分开考虑，拱肋和横隔板用空间梁单元，拱板用梁格法建模，拱肋和拱板之间用刚臂单元连接。

e. 原结构存在明显损伤，应采用考虑损伤的有限元模型方法。主拱圈截面横向全截面开裂，可将原拱桥计算模型处理为铰接和半铰接半固结；开裂未贯通处的弹性模量降低或截面高度减少，主拱圈横向联系开裂时，各片拱肋的横向联系按铰接考虑。

f. 当桥梁有动载试验或静载试验结果时，结合试验结果对钢筋混凝土拱桥的有限元模型进行修正，调整材料弹性模量、截面刚度参数的取值和边界约束刚度，将理论模型计算结果与实测结果比较，对模型进行修正，使计算模型接近实际情况。

③加固后的拱圈应力分析。新增截面属于二次受力结构，原拱圈应变优先于新增拱圈应变，新拱圈应变值始终小于原拱圈应变值；在恒载作用下，原拱圈应力、应变分布趋势满足平截面假定；在恒载和活载作用下，原拱圈与新增加固层有效地黏结在一起，共同受力，协调变形，其组合截面应力、应变分布趋势满足平截面假定。

(5)加固施工

①增大截面加固施工阶段，新增混凝土按一期恒载考虑，为避免出现不平衡推力，须制定合理的加固施工工序，使新增混凝土产生的附加影响最小。

②混凝土的浇筑尽可能在满堂支架上完成，混凝土的湿重由支架承受。对于大跨径拱桥，支架须预压处理，消除非弹性变形的影响，混凝土边浇筑边卸载，消除弹性变形的影响。

③不具备搭设满堂支架条件时，可采用吊架逐阶段施工。采用吊架法施工时，混凝土每阶段的浇筑位置、数量须计算确定，应满足原拱圈控制截面变形最小、应力不超限的条件。

9.2.4 钢管混凝土拱桥加固

钢管混凝土拱肋，施工逐节段形成，体系转换多，分期形成受力截面，初应力高；拱肋为曲线形，混凝土易形成脱空；拱肋逐段焊接拼装，接头焊接质量、拱轴线形控制难；吊索易锈蚀，发生锈蚀疲劳破坏。

1)钢管混凝土拱肋的主要病害

(1)钢管锈蚀

钢管拱肋的防护涂装老化、开裂、剥落后，钢结构产生锈蚀病害。钢管混凝土结构锈蚀部位主要集中在钢管焊接接缝、拱肋及肋间横撑连接处，锈蚀最先发生在涂装薄弱处和易形成积水处。

(2)拱轴线偏离

钢管混凝土拱肋在施工阶段、成桥阶段和运营阶段均可能发生拱轴线偏离设计拱轴线的情况。拱轴线偏离有竖向(拱肋面内)偏离和横向(拱肋面外)偏离。

施工阶段可能产生的偏离有三种，即局部突变、正对称偏离和反对称偏离；成桥阶段和运营阶段拱轴线上各点会产生均匀下沉现象，这种变形沿拱圈纵向接近二次抛物线分布。

拱轴线面内偏离会对拱圈的内力和稳定性产生影响，在拱顶截面向上或向下偏离时，拱圈恒载水平推力随之增大或减小。

拱轴线面外偏离超出规范限值时，拱肋轴力、弯矩、挠度等的变化最大不应超过5%，可以认为拱轴线横向偏离对拱肋正常使用状态基本没有影响。

(3)拼接缝错台与局部变形

钢管在工厂分段制作，在施工现场拼接，在下料、制作过程中存在误差，导致节段拼装产生错台与局部变形；钢管节段焊接时产生焊接变形。

(4)管内混凝土的主要缺陷

①混凝土径向脱空，混凝土与管壁黏结不良。

②管内混凝土孔洞、离析、疏松。

在对已建钢管混凝土拱桥的检测中，钢管混凝土拱桥的混凝土脱空现象较为普遍。

(5)钢管混凝土系杆拱桥系杆病害

系杆分为刚性系杆和柔性系杆，钢管混凝土拱桥一般采用柔性系杆体系。此类系杆在实际应用中多采用配夹片群锚的平行钢绞线索，即平行钢绞线束外裹PE护套的预应力系杆体系。预应力系杆拉索一般置于系杆箱中，也有直接置于体外的。

钢管混凝土拱桥系杆体系的主要病害有：

①系杆钢绞线预应力损失。

②系杆箱内防腐失效，或防水排水系统失效，致使系杆锚头锈蚀，钢绞线锈蚀、断丝。

③施工时系杆钢绞线排列不整齐，相互扭绞，张拉时拉力不均匀，个别钢绞线断丝。

(6)中下承式拱桥吊杆防护损坏、吊杆锈蚀断裂

①吊杆防护层老化、开裂，锚头防护罩内积水、黄油变质等。

②吊杆防护损坏，潮湿空气进入，吊杆锈蚀，锈坑处应力集中。吊杆的破坏很大程度上是由交变荷载引起的疲劳损伤和锈蚀的共同作用产生的结果。

(7)行车道耐久性差

早期多数中下承式钢管混凝土拱桥横梁间采用小T形梁为行车道系，小T形梁跨径小，截面尺寸小，保护层不足，桥面横缝较多，车辆和地震作用下的变形和振动较大，易渗漏水。

2)钢管混凝土拱肋加固

钢管混凝土拱肋存在缺陷时，可采用二次灌浆法、横穿螺栓法、外加套环法、外包混凝土法、增设套拱法加固，以改善原有状态。

(1)脱空、混凝土孔洞

二次灌浆法是目前钢管混凝土拱桥管内混凝土脱空的主要手段，灌浆步骤为：

①确定脱空位置和范围。

②在混凝土脱空区对钢管钻孔开口，根据脱空范围布置开口数量，但至少两个，在低侧开口压入高强度水泥浆或聚合物砂浆填充空隙，直至高侧开口出浆。对于小的空隙，注入环氧胶。

③焊接钢板封闭开口。哑铃形截面钢管连接钢板内混凝土脱空可采用二次灌浆法，也可采用横穿螺栓张拉法。

(2)拱肋错台、局部变形

拱肋错台、局部变形或承载能力不足时，可采用外加套箍法、外包混凝土加固法。

①外加套箍法是用两个半径稍大的半圆钢管套在原钢管外,焊接纵缝后,在管内缝隙处灌注自密实补偿收缩混凝土。外加套箍法通常用于拱肋局部加固,适应于单圆管拱肋。

②外包混凝土加固法在原拱肋上焊接抗剪钢筋,之后立模板浇筑混凝土,可用于拱肋的局部或全部加固,适应于拱肋横截面较复杂的情况。

(3)吊杆维修与更换

①吊杆维修。

a. 改善吊杆的防水性能,维持锚头的防腐能力。

b. 成品索吊杆防护产生少量、局部缺陷,对吊杆防护破损应及时进行修复,可采用热熔法修复破损 PE,或使用 PVF 缠带进行缠裹等。

②吊杆更换。

当满足下列条件时,吊杆应进行更换:

a. 吊杆结构设计不合理时,如采用水泥浆防护、夹片锚具等,吊杆须全部更换。

b. 当吊杆防护破坏,吊杆、锚具产生锈蚀,并达到使用寿命时,吊杆应全部更换。

c. 部分吊杆防护破坏,修复困难,吊杆、锚具锈蚀风险增加,尚未达到使用寿命时,可仅更换缺陷吊杆。

d. 短吊杆存在不可修复的缺陷时,应立即更换。

吊杆的更换须满足下列要求:

a. 吊杆更换前后,应保持桥梁结构的线形和内力变化最小,桥面线形基本一致。

b. 吊杆更换施工过程中必须严格保证桥梁的结构安全,杜绝对原构件造成不必要的或过度的损伤。

c. 吊杆应采用平行钢丝成品索或钢绞线成品索,钢丝或钢绞线应采用环氧喷涂、环氧填充或镀锌的防腐处理。吊索应设置耐候性防护外套。

d. 最短吊杆的自由长度不能满足纵向位移要求时,应采用限制短吊索横梁纵向位移、横梁与桥面梁(板)间设置滑板支座、增加索体锚固端自由转动幅度等措施。

(4)钢管拱肋及钢构件的表面缺陷处理见 6.3 节。

(5)配筋混凝土行车道板、吊杆横梁等受弯构件的加固,可采用增大截面加固法、粘贴钢板或纤维材料加固法、体外预应力加固法、改变结构体系加固法中的一种或几种组合。

9.3 斜拉桥上部结构加固技术

9.3.1 斜拉桥技术特点

斜拉桥是由塔、索、梁三种不同受力构件组合而成的空间高次超静定结构体系,具有跨越能力大、建筑高度小的技术优势。

主梁在斜拉索支承下,类似多跨弹性支承连续梁。主梁为压弯构件,以受弯为主。桥塔自重与斜拉索张力的竖向分力表现为轴力,两侧索力纵向不平衡的水平力产生弯矩。桥塔为压弯构件,以受压为主,塔顶位移与弯矩有关。斜拉索为受拉构件,竖向分力对主梁形成多个弹性支撑，水平分力对主梁形成阶梯状压力，相当于斜拉索在主梁中提供了预压应力。斜拉索拉力包含施工阶段的主动张拉力和使用阶段荷载作用产生的被动拉力。细长的斜拉索自身的结构阻尼非常小，容易振动。

塔、索、梁在斜拉桥结构中协同工作，相互影响，任一斜拉索索力的变化都会使主梁内力、桥塔内力产生变化。内力变化引起结构位移变化，位移变化使索力产生重新分布，使桥面线形产生变化。

斜拉桥是高次超静定结构，计算分析一般利用通用程序或者专用的有限元分析程序完成。结构整体分析以杆系计算模型为主，即主梁、桥塔用单梁或格子梁来模拟，用刚臂连接梁的中心轴与斜拉索锚固位置。斜拉索一般以内用杆单元或者柔性索单元模拟。

斜拉桥属于柔性结构体系，地震、风等动力荷载作用对结构安全性有很大影响，设计除了静力计算外，还需要考虑动力响应。

静力计算分整体和局部分析两个层次，其中整体分析以整座桥梁为对象，计算在加固施工和使用过程中的最大变形和最不利内力，为结构设计、安全验算提供依据，而局部分析则以结构的某一个部分（如拉索锚固区）为对象，应用相对比较精细的模型分析构件的局部应力分布，为优化细节构造设计、确保结构荷载传递能力提供依据。

振动会影响拉索的使用性能，在风的激励下，斜拉索的振动会在斜拉索锚固部位产生超过设计值的弯曲疲劳应力，使斜拉索较快地达到疲劳极限；斜拉索的振动会加速斜拉索的应力腐蚀。

检测过程中应特别注意斜拉索防护体系的使用状况，加固设计时应充分重视对斜拉索防护体系的修复及改造，确保斜拉索有良好的运营环境，保证斜拉索的使用耐久性。

加固设计应关注斜拉索的抗振性能，制定减振措施，避免斜拉索发生早期疲劳破坏。斜拉桥的钢构件较多，如锚头、斜拉索等关键构件，加固时应注重对钢构件进行防腐涂装的修复和维护，制定的涂装体系应按照桥梁腐蚀环境、构件工作条件、维护条件等进行设计。

斜拉桥加固施工应进行相应的施工监控，监控内容可包括主梁线形测量、桥塔偏移测量、斜拉索索力测量等。

9.3.2 主梁加固

斜拉桥主梁一般采用配筋混凝土肋梁、箱梁和钢桁梁、钢箱梁、钢-混凝土组合梁的结构形式，主梁常见病害的加固可参见相关章节。

9.3.3 桥塔加固

1）主要病害特征

斜拉桥桥塔主要有混凝土桥塔和钢桥塔，材料不同，病害特征不同。

（1）混凝土桥塔

①锚固区受力裂缝。斜拉桥通过斜拉索将主梁的恒载及其上作用的活载等传递给桥塔。斜拉索的锚固区是局部承压区，锚固力作用会在锚固区产生拉应力，造成竖向劈裂裂缝。裂缝的存在会造成锚固区钢构件耐久性降低，影响斜拉索锚固。

②桥塔倾斜。独塔斜拉桥桥塔轴线向主跨方向弯曲倾斜，双塔斜拉桥两桥塔倾向主

跨或两桥塔同向倾斜。

桥塔倾斜病害产生的原因是多方面的,主要是斜拉索水平分力不平衡所导致的。

③混凝土缺陷。混凝土桥塔会出现配筋混凝土结构的所有病害,主要以表面收缩裂缝、温度裂缝,混凝土剥落掉角、钢筋锈蚀等缺陷为主。

(2)钢桥塔

①钢桥塔变形。钢桥塔主要承受轴向荷载,在风、温度的共同作用下,产生顺桥向和横桥向的弯矩,当钢桥塔两侧斜拉索拉力不平衡时会产生顺桥向挠度变形。钢桥塔的薄壁化、高耸化导致其整体和局部刚度下降。当钢桥塔的挠度变形达到一定程度时,钢桥塔就有可能在重力荷载及挠度变形的共同作用下产生屈曲变形,导致其失稳破坏。

②疲劳损伤。钢桥塔的疲劳损伤主要是由焊接缺陷导致的焊缝开裂引起,并由振动、车辆超载等的作用产生的疲劳应力加剧劣化的。

③钢构件缺陷。钢桥塔会产生钢构件常见病害,如涂装层破坏、锈蚀等缺陷。

2)桥塔维修与加固方法

(1)桥塔锚固区的竖向裂缝

检测锚固区裂缝深度、长度、形态、钢筋或环向预应力筋状态等,通过检测判断是否为局部承压不足引起的结构裂缝,并应按实际结构构造进行局部模型分析,掌握锚固区应力分布,查明开裂原因。

加固时可采用被动加固和主动加固两种方式。被动加固即在桥塔锚固区外壁粘贴垂直于竖向裂缝的钢板,通过钢板分担混凝土开裂后的拉应力,并对现有裂缝进行封闭;主动加固及在桥塔锚固区外围施加环向预应力,通过主动施加预应力为塔壁混凝土提供压应力,使部分裂缝闭合,限制裂缝继续发展。

(2)桥塔轴线偏移

①对于墩台沉降引起的桥塔轴线偏移,应当考虑进行基础加固,避免偏移继续发展。

②对于施工不同步、不协调引起的桥塔轴线偏移,可通过调索进行轻微调整,调索时应注意对相应位置的主梁进行分析及监测,避免对主梁产生不利影响,同时还应保证调索不致使桥面线形产生过大变化。

③对约束体系引起的桥塔轴线偏移,应对限位装置进行检查和更换,保证全桥主梁的限位和纵向摩阻一致。

9.3.4 斜拉索加固

1)主要病害特征

(1)索力偏差

斜拉桥运营后会存在索力偏差过大的病害,主要表现为实际索力与设计索力相差10%以上,或顺桥向两侧和横桥向两侧对称的斜拉索索力相差大于10%。其原因有:

①施工控制方法不当,设计计算模式与施工工况有较大差异。

②节段施工时,施工荷载与设计值相差过大,且反馈信息及指令修改不及时、不准确,成桥后的高程和索力相差过大。

③斜拉索的非线性松弛因素影响不一。

④张拉斜拉索时的千斤顶油压表未进行统一检验,测力表具误差较大。

⑤斜拉索索长误差较大,或斜拉索的非线性变形不一,导致斜拉索实际长度与设计长度相差较大。

(2)索体振动

斜拉索在运营过程中受各种因素的影响产生振动。斜拉索的振动机制主要有自然因素引起的涡流激振,尾流弛振,风雨振,自激振动(参数共振),人为因素(如人群的运动、吊装机具、车辆的运动、混凝土输送泵的运动、混凝土振捣器的运动等)引起的抖振等五大主要类型。

(3)斜拉索钢丝渗水锈蚀

斜拉索运营过程中常见的病害有斜拉索钢丝生锈、流淌锈水,锈皮起鼓脱落。钢丝锈蚀严重的会导致拉索断裂,造成安全事故。产生的原因有:

①套筒式拉索护套筒裂缝或铝套筒与水泥浆化学反应锈蚀等。

②注浆未充盈、浆液离析不凝固,造成护套存在裂隙或缝隙,致使外界水汽入侵。

③聚乙烯或橡胶护套在斜拉索架设中损坏未及时修补,致使水汽从裂口入侵。

④斜拉索钢丝耐腐蚀能力较差。

⑤由于斜拉索承受很大的拉力,高强度钢丝应力很高,在高应力、反复荷载、风振作用下,钢丝容易出现应力腐蚀。

(4)索体防护破损、老化

斜拉索护套在运营过程中会出现细纹、刮痕、刮伤、严重刮伤、翘皮、孔洞、开裂、严重开裂等病害。斜拉索护套损伤原因:

①人为因素:斜拉索施工涉及的工序较为繁杂,具体有运输、存放、卷盘、展开、托索、吊装、牵引、锚固、张拉及调整等,而斜拉索护套保护层是柔性聚合物,在运输、挂索、张拉等施工过程中,不可避免地会受到不同程度的损伤。

②使用因素:由于车辆、行人、风、雨等活载的作用,斜拉索应力变化,索梁振动,拉索伸长量也发生往复性的变化,使得防护材料出现疲劳、老化、裂缝病害。

(5)斜拉索锚头锈蚀

斜拉索锚头外锚圈或盖板内螺纹、锚头上的结构固定螺栓及孔洞锈蚀;轻度表面浮锈,严重的锚头流淌锈水,侵入内部锚定板及钢丝镦头,锚圈的严重锈蚀影响锚固螺母的拧动。锚头构件的锈蚀病害原因主要为锚头构件安装后未及时除锈、涂油或防腐涂料,盖板未及时安装或斜拉索护套破损等造成水汽入侵并下渗到锚头位置。

2)斜拉索维修与加固方法

(1)对于既有斜拉桥运营阶段发现的所有偏差过大现象,可通过调整索力来进行一定幅度的恢复。

(2)斜拉索的异常振动可通过设置减振措施来进行缓解,主要减振措施有:

①加设辅助索。辅助索的作用是使原来相互独立的单根索组成的斜拉索体系变成相互关联的在一定程度上代表各组成索平均特性的索网体系。

②安装阻尼器。在斜拉索两端索道钢管内入口处安装阻尼器,利用阻尼器增加斜拉索的模态阻尼比,形成阻尼点,吸收斜拉索的能量。

③斜拉索减振措施还有动力减振锤、索端连接杆、斜拉索异物防护套等。斜拉索减振

装置的选择应符合以下原则:减振效果好、安装便捷、美观耐用、费用低廉。

(3)索体钢丝锈蚀时,应割开索体护套,清除索体内积水并烘干后进行锈蚀处理和防腐涂装的修复;索体钢丝锈蚀严重时,应进行换索,保证结构安全。

(4)斜拉索防护的破损可按以下方法进行维修:

①对于套筒压注水泥浆防护的斜拉索,当金属套筒腐蚀,钢丝仍完好未锈蚀时,应更换金属护套并做好防腐涂装。

②对于采用热挤高密度聚乙烯做护套的工厂成品索,对护套的破损采用塑焊枪进行熔焊修补,另外可在其外进行缠包带补充防护。

③斜拉索高强钢丝锈蚀严重的,或斜拉索端部应力较集中处发现钢丝有应力腐蚀或氢致腐蚀现象,必须进行换索加固。

(5)锚头构件的锈蚀,首先应当清除斜拉索内的水汽,然后修复护套、锚固端部、锚头盖板等缺损或未密封处,最后对构件除锈及防腐涂装。

(6)斜拉索损坏严重时,应进行换索。

9.3.5 支撑体系加固

斜拉桥的支撑体系主要指竖向支座、纵向限位支座、横向限位支座、纵向阻尼器等。斜拉桥支撑体系为斜拉桥的变位提供支撑、减小横向位移、减轻变位和变位速率。

1)主要病害特征

(1)斜拉桥跨径大,纵向变位较大,主梁支座在反复变位作用下容易产生构件损坏、橡胶磨损等引起支座失效的状况;纵向、横向限位支座常因施工未安装、运营时脱落或顶死引起主梁纵横向限位失效。

(2)斜拉桥在反复的温度及活载作用下,或在地震作用下,纵向位移变化范围大,桥梁上主要采用纵向阻尼器来减轻主梁的纵向位移和改善主要构件的荷载作用(特别是地震力)。阻尼装置在不断地伸缩工作中,构件容易产生疲劳损坏,导致失效。

2)支撑体系典型加固方法

(1)对于支座系统的病害,当仅为构件涂层劣化、钢材锈蚀而支座功能尚好时,应及时进行除锈补涂装的耐久性修复。

(2)对支座功能失效的,应采用梁体顶升或横向顶推的方式,进行竖向支座或纵横向限位装置的更换和补装。

(3)斜拉桥的纵向阻尼器失效时,应按照原设计参数进行更换,如采用更新型的减振装置,应按照桥梁的动力学特性进行分析后确定所需减振装置的参数要求。

9.3.6 结构状态恢复与调整

斜拉桥的主梁线形、索力和桥塔轴线是反映斜拉桥整体状态的宏观指标,通常可以用实桥检测结果与设计状态的对比,判断斜拉桥的总体运行状况。

1)结构状态异常

斜拉桥整体结构状态异常的主要表现为:

(1)主梁线形不平顺,高程异常波浪起伏,表现有桥面横向开裂,合龙段上凸或下凹。

(2)索力与设计值偏差过大。

(3)桥塔轴线偏位。

2)结构状态调整方法

(1)斜拉桥结构整体状态的调整可以通过索力调整来实现。通过索力调整来恢复斜拉桥的结构状态对钢梁斜拉桥效果显著。

(2)对于混凝土斜拉桥可调整的范围不大,此时应当对比设计、施工资料,计算分析斜拉桥结构状态异常的原因,制定相应的综合措施。

(3)调整前应对原设计施工资料进行调查,对梁、索、塔的受力进行验算,并现场实测,通过准确模拟弄清结构当前的受力状况。

(4)调索应在索力调整幅度范围内兼顾主梁线形、塔位、主梁混凝土应力等结构参数的改善。

(5)调索计算方法主要有影响矩阵法、逼近法、数学规划法等,实际应用中理论调索方案应进一步根据结构反应进行反复调整。

(6)调索是一个反复迭代、反复筛选、兼顾因素较多的过程,相对烦琐。借助平面杆系有限元分析程序,经反复试算可以对调索方案进行筛选和优化,其方法实践证明是可行的。调索计算在存在多个解的前提下应在调索目标、调索原则的指导下进行,并选取一个调索幅度相对较小的调索方案,尽量避免使运营多年的老桥结构受力状态发生突变,以保证调索过程中结构的安全。

(7)对索力误差超过10%的斜拉索,可从超过设计拉力值最大或最小的拉索开始调整,调整顺序及调整值应通过计算及桥面线形确定。

(8)斜拉索调索应尽可能使调索后的附加内力最小。

(9)调索时要及时观测内力、高程和索力的变化,根据现场情况修正当前调整值,减少不必要的调索次数。

(10)每完成一根索力调整后,均应核算此时结构状态下后续调索的控制参数。

除了索力调整外,还可根据具体桥梁状况,选择更换桥面系结构或轻质桥面铺装的措施,降低斜拉桥恒载,恢复桥梁结构状况。

9.4 悬索桥上部结构加固技术

9.4.1 悬索桥技术特点

悬索桥主要由主要受力构件如主缆、桥塔、锚碇和其他构件如加劲梁、吊索、索鞍等构件组成,内力传递直接。

悬索桥的主缆承受拉力,可充分发挥主缆钢丝的高强度特性,采用抗拉强度高的钢丝绳或平行丝束,主缆架设通常采用空中纺丝法制缆(AS法)预制束股制缆(PPWS法)。

索塔的高度主要由桥面高程和主缆的垂跨比确定,同等跨度的悬索桥比斜拉桥的桥塔高度低,桥塔材料采用钢材和钢筋混凝土,构造形式有桁架式、刚架式和混合式。桥塔结构有刚性、柔性和摆柱式。刚性桥塔不变形,主鞍座下设辊轴,可沿纵向移动;柔性桥塔主鞍座固定在塔顶,桥塔可挠曲,受力常为弯、压甚至扭转共同作用,以受压为主,靠桥塔柔性满足位移要求;摆柱式桥塔塔底设铰,小跨度桥较少采用。

锚碇锚固主缆,将主缆的拉力传递至地基。锚碇构造形式有重力式锚碇和隧道式锚碇。重力式锚碇由混凝土锚固体的重量平衡上拔力,以摩擦力来抵抗水平力;隧道式锚碇在坚实岩层中成孔,锚体嵌入基岩,承受水平反力和上拔力。

加劲梁是承受和传递竖向活载的主要构件,大跨度悬索桥的加劲梁均为钢桁架梁和流线型扁平箱梁,也有采用预应力混凝土箱梁、预应力混凝土板梁和结合梁的。加劲梁截面面积并不需要随跨度而增加。

吊索通过索夹将作用在加劲梁上的恒载、活载传递给主缆。吊索通常采用钢丝绳和平行钢丝束。索夹与主缆的连接方式有鞍槽骑挂式或耳板销接式。吊索大多采用竖直设置,也有采用人字形斜拉布置的。

悬索桥是柔性结构,整体刚度小,在荷载作用下容易产生较大的挠曲变形和振动,结构非线性、风效应等因素影响明显。

悬索桥应特别注意主缆防护体系的技术状况,加固设计时应充分重视对主缆防护体系的修复及改造,确保主缆使用环境良好,保证主缆的耐久性。悬索桥主缆更换或加强技术难度大,承载能力不足时通过减载或降低设计荷载等级改善。

悬索桥加固施工应进行相应构件的施工监控,监控内容可包括主梁线形测量、索塔偏移测量、主缆线形测量、吊杆力测量、加劲梁应力变位测量等。

9.4.2 主缆养护与维修

1)主要病害特征

主缆施工时遗留的主要缺陷包括:

(1)在平行钢丝梳理及锚杯合金浇筑过程中,同束钢丝长度存在差异。

(2)施工过程中主缆放缆、牵缆时导轮刮擦。

(3)在调整高程或调整索力时,与索鞍相互摩擦、刮擦,导致钢丝表面镀锌层脱落。

(4)主缆紧缆挤压时吊索病害由于各向压力行程、大小不一致,致使局部钢丝挤压受损。

(5)索夹处应力集中,紧固力过大,致使局部钢丝挤压受损,出现较深压痕,严重时导致钢丝截面变形。

使用时的主要缺陷包括:

(1)主缆防护破损。主缆防腐涂装及防护系统劣化。破损的病害原因有:

①主缆受力变形与防护变形不一致,导致防护开裂。

②涂装受环境因素的影响,过早老化、劣化。

③外力擦碰所致。

(2)主缆钢丝锈蚀断丝。主缆索股钢丝锈蚀、断丝是悬索桥主缆常见病害。锈蚀是钢丝破坏的一种最初表现,断丝则是钢丝破坏失效的一种直观形式。其病害产生的原因主要有:

①主缆涂装及防护系统破损,导致钢丝受到环境侵蚀产生锈蚀,在环境腐蚀和应力腐蚀、疲劳作用下发生断丝。

②钢丝制造过程中或施工过程中留有缺陷,在荷载作用下,应力集中,早期断丝。

③钢丝在伸长或缩短过程中与索夹、束索夹或散索夹摩擦,截面损失,导致断丝。

2)主缆养护与维修方法

(1)主缆防护破损的维修

①对于主缆防护破损的维修要根据防护破损程度、范围和对主缆产生的影响制订维修方案。

②防护破损程度轻、范围小,对主缆未造成明显影响时,按照原设计,进行局部修复。

③对于损坏较深的,并且经检查发现主缆索股钢丝锈蚀较为显著的,应考虑防护的整体更换,并考虑防护体系设计的更新。

④对于密封腻子的更换,传统的红铅材料密封膏效果较差,更换时可采用新型的弹性富锌密封膏或油脂基密封膏。

⑤主缆传统防护采用圆形缠丝缠包法。主缆在负载下的伸缩有可能对在缠丝外的涂料造成破坏,水就会通过缠丝间隙进入主缆,尤其是采用非柔性涂料系统时更加严重。在对主缆圆形缠丝进行更换时,应采用 S 形缠丝缠包。

⑥处于较重腐蚀环境下的主缆,如沿海地区、气候湿润区域、温度日较差较大区域等,可安装主缆除湿系统进行主缆内部腐蚀环境控制,通过除湿系统不断向主缆内部吹入干燥空气,使主缆内部保持一个相对安全的环境。

⑦为了即时掌握主缆内部情况,可在主缆适当位置设置观察窗。主缆最低点是腐蚀最不利位置,对运营过程中的悬索桥主缆应安装可视化主缆表面观察窗。并定期进行主缆表面状态检查。

(2)主缆索股断丝

①主缆索股断丝发生在跨度中间,断丝较少并且较分散时,可以暂不处理。

②锚室内断丝可采用接丝器拼接断丝。拼接器可以是一个套筒挤压接头,也可以是一个内径带正反螺纹的连接器。挤压接头需用专用液压挤压设备将两断头连一起。

9.4.3 吊索养护与维修

1)主要病害特征

(1)吊索索夹滑移

索夹滑移会改变吊索状态,由铅垂变成斜吊索,使加劲梁的受力状态改变、吊索的索力改变;索夹滑移还会破坏主缆的防护层,或使缠丝破坏(断裂或鼓包),从而导致主缆损伤。

主缆索夹滑移产生的原因主要有:

①紧固螺杆的预拉力松弛,使索夹与主缆之间的夹紧程度减弱。

②在长期使用后主缆的挤紧程度提高,空隙率减小,使得索夹与主缆的夹紧程度减弱。

③主缆镀锌层的蠕动使主缆截面变化。

④索夹受力变形。

⑤索夹和主缆的温差。

(2)吊索索力变化

悬索桥吊索索力变化的原因有:

①吊索调节螺杆的螺母松动,导致吊索变松,索力减小。

②主缆空隙率变小,导致索夹间隙变小,索夹滑动,索力变化。

③腐蚀和疲劳导致吊索断丝,吊索应力变化。

④个别吊索索力变化,致使邻近吊索内力重分配。

(3)吊索断丝

吊索断丝的原因有以下几方面:

①吊索应力幅较大,疲劳导致。

②吊索强度高,含碳量高,塑性、韧性差,极易腐蚀。

③吊索索力变大。

(4)锚头锈蚀

吊索锚头锈蚀主要是由于吊索防护破损后,外界水汽侵入下流,积存于锚头位置使锚头钢结构发生腐蚀;锚头护套在吊索振动作用下会出现密封松动,雨水也会于密封破损处侵入。

2)吊索养护与维修方法

(1)主缆索夹滑移。

①定期用高强度螺栓的施拧工具补足高强度拉杆的预拉力,使索夹与主缆的夹紧程度保持恒定,并使高强度拉杆的拉力达到并保持设计值。

②索夹滑移明显,应对索夹进行复位,复位需对吊索进行卸载,其工艺同吊索更换。

(2)吊索索力。

①吊索索力应进行定期测量,若发现吊索索力与成桥索力数据(或前次数据)相差较大,则应仔细探明原因,然后制定相应措施。

②对于吊索索力调整,应持谨慎态度。因使用不同的测量方法检测吊索索力,可能有一定差别,再加上环境温度的差异,所以不同时间用不同方法测试结果差别在10%以内当属正常。即使个别吊索索力差值较大,未对主缆及加劲梁线形造成影响,仍可不调整吊索索力。

③对吊索断丝较多,或吊索锚固构件疲劳断裂等病害,应及时进行吊索及构件的更换,更换前应对换吊索的施工过程进行受力分析,必要时应考虑设置临时吊索;施工过程中应当对相邻梁段、吊索进行应力监控,对主梁进行线形测量,且吊索更换卸载和张拉时应分级进行并同步监控,以便换索过程风险可控。

(3)吊索锚头锈蚀。应对保护罩进行拆除,排出锚头内积水后对锚头除锈,之后进行防腐涂装或补充油脂,安装保护罩时应设置好密封。

(4)吊索设计寿命短,更换技术难度、费用相对较低,吊索缺损严重时,一般应进行更换。

9.4.4 锚碇养护与维修

悬索桥锚碇结构承受荷载大,加固风险较高,技术难度大,可通过降低主缆索力提高锚碇的安全储备。

对锚碇结构的养护主要为耐久性修复。锚碇结构的耐久性问题包含两个方面:一是锚碇结构本身,及锚碇体混凝土的裂缝、渗水、腐蚀、破损等问题;二个是锚碇内部环境如湿度对散索鞍、索股、锚杆等的侵蚀。

1)主要病害特征

根据对多座悬索桥的调查,悬索桥锚碇结构的典型病害为锚碇渗水。

锚碇渗水病害的主要原因有:

(1)锚碇体未采用抗渗混凝土,或未进行有效的防水、防渗保护层和涂装。

(2)锚碇体周边地下水位高,未进行阻水设计。

2)锚碇耐久性防护

悬索桥锚碇渗水的处置要根据具体锚碇的具体构造、材料特征、地质条件、水文状况、围岩渗透情况等,制订综合的处置方案。主要的处置对策为“防排堵截”。

(1)渗水处置“防”,即通过设置防水层或涂抹渗透型水泥基结晶防水涂料提高混凝土结构自身的抗渗性能。

(2)渗水处置“排”,指的是通过设置排水、降水管路主动对锚碇周围水源或锚室内渗水进行排除。

(3)渗水处置“堵”,采用防渗帷幕等措施将锚碇体周围水源与锚碇相互隔绝。

(4)渗水处置“截”,通过设置或恢复地表排水沟等设施来减少地表水下渗到锚碇区域。

9.4.5 结构状态恢复与调整

悬索桥的主梁线形、主缆线形、桥塔偏位反映悬索桥的整体状态,通过对这些参数的检测与设计状态的对比分析,可以掌握其运行状况。悬索桥维修加固时,应注意将这些指标与原设计进行对比分析,并考虑温差影响,准确把握桥梁的受力状态。

1)结构状态异常病害

悬索桥结构状态异常的主要表现有:

(1)长期运营后,主缆垂度变大。

(2)吊索索力变化引起主梁线形改变。

(3)恒载变异(桥面重量增加、附属设施增加)等导致主缆、主梁线形变化。

(4)主鞍座偏移,桥塔偏心受压,产生弯曲变形。

2)结构状态调整

悬索桥主缆、主梁线形变化是受多方面因素影响的。环境温度变化影响下,悬索桥主缆线形变化是可恢复的,主梁线形亦有相应改变。重点应关注不可恢复的线形变化。

确定结构状态变化属不可恢复的,可通过如下措施进行状态调整:

(1)主缆线形的调整:可调节吊索锚固螺杆的工作长度,改变主梁的高程。调整有时会改变吊索索力,增大主梁局部应力,要特别注意施工监控及过程控制。

(2)桥塔弯曲变形调整:在计算分析后,可通过顶推主索鞍座降低偏心距。

(3)悬索桥挠曲变形较大或振动幅度较大时,结构状态可能与设计状态偏差较大有关,应进行专项检测评估、相应的计算分析,找出问题根源,确保维修加固措施可靠有效。

9.5 钢桥及钢-混凝土组合结构梁桥上部结构加固技术

9.5.1 钢结构主要病害特征

钢结构主要病害有三大类:第一类是构件连接处的病害,主要有螺栓(铆钉)松动、损坏和丢失,连接焊缝的开裂等;第二类是构件的病害,如构件锈蚀、异常变形、开裂等;第三类是构件存在缺陷或设计不当,引起横向刚度变弱、承载能力下降、刚度不足或稳定性不足等。

1)连接部位病害

钢构件采用铆钉、螺栓和焊接连接。

(1)铆钉通常受热铆固,冷却之后会产生约束力,在运营期间,由于铆合不良、运营时的塑性变形以及环境等因素,可能会出现连接松动、锈蚀、裂纹等缺陷,在松动状况下铆钉是不参加工作的。

(2)螺栓通常紧固到指定扭矩,扭矩法假定了特殊的安装条件,如清洁、油光的螺纹。连接螺栓的松动、损坏和丢失主要是由于受活载作用发生振动而松动、丢失或疲劳破坏。该病害会引起构件连接减弱,甚至造成构件内力重分配,使个别构件受力过大破坏。

(3)焊缝开裂主要是由于焊接缺陷及疲劳荷载作用,使焊缝应力集中造成疲劳开裂。开裂会造成构件脱开不能有效传力。焊缝开裂会随着运营继续扩展直至造成构件破坏。

2)钢构件病害与缺陷

(1)构件锈蚀:当钢板梁构件涂层老化、损坏时,会在高温高湿环境下发生化学腐蚀和电化学腐蚀,造成钢材锈蚀,严重锈蚀会造成构件截面削弱。

(2)构件异常变形:构件宽厚比设置不当或者外荷载过大会使得构件发生屈曲,出现波浪变形。钢结构焊接处理不当或受到撞击也会产生构件变形,变形构件的承载能力下降或失稳破坏。

(3)构件开裂:构件开裂主要是由于连接缺陷、局部刚度不协调、外荷载过大造成应力集中,在循环荷载下发生低于材料强度的疲劳破坏。正交异性钢桥面板疲劳开裂是钢箱梁桥主要病害。钢桁梁节点板受到各个连接板件的力,在活荷载作用下也容易产生疲劳导致开裂。节点板出现开裂变形时,导致节点承载能力下降,引起结构局部破坏或者整体破坏。

3)承载能力

当横向联系构件设置不当或横向联系与梁肋连接松动、开裂时,因横向刚度不足,荷载的横向分配规律与设计不符,导致桥梁结构出现异常振动或部分构件承载能力不足。

当实际通行荷载大于设计荷载,或病害存在和发展时,会造成结构整体承载能力不足,结构变形过大、构件屈曲、稳定性下降等,威胁结构安全。

9.5.2 连接部位缺陷的维修

1)连接松动的检查

连接缺陷重点检查铆钉或螺栓是否剪断、松动和烂头。检查重点部位主要有:

(1)连接板束较厚处,即长铆钉或螺杆处。

(2)已经维修或更换过铆钉与螺栓的连接处。

(3)纵横梁及横梁与主桁连接处。

(4)承受拉、压交变应力的连接处。

(5)易于积水、积灰、积污的隐蔽角落。

2)维修步骤

检查出连接松动缺陷时,应及时更换,步骤如下:

(1)设置保障操作安全的工作台和栅栏。

(2)拆除铆钉或螺栓,操作过程中应避免伤及钢构件。

(3)用相同规格的螺栓或铆钉更换,当更换铆钉数量较多时,也可以采用高强度螺栓代替铆钉,但铆合面应经现场喷砂处理后安装,保证摩擦系数为0.35~0.45。

(4)更换铆钉时必须具备专用铆钉烧炉、铆枪、风顶把、接钉筒、夹钉钳及过孔锥枢等,并需要熟练铆钉技工操作。铆合时,应使钉杆切实填满钉孔,每只铆钉一般应在20s的时间内完成铆合,越快越好。

(5)螺栓或铆钉重换后,应检查是否符合要求,同时还要检查相邻的不更换螺栓或铆钉有否受影响而松动,如发现松动,也应拆除更换。

(6)对修复范围加以与全桥相同的涂装防护。

3)注意事项

(1)螺栓或铆钉需要更换或新增加固其连接时,应首先考虑采用适宜直径的高强度螺栓连接。当在负荷下进行结构加固,需要拆除结构原有受力螺栓、铆钉或增加、扩大钉孔时,除应设计计算结构原有和加固连接件的承载能力外,还必须校核板件净截面的强度。

(2)当用摩擦型高强度螺栓部分更换结构连接的铆钉,从而组成高强度螺栓和铆钉的混合连接时,应考虑原有铆钉连接的受力状况。为保证连接受力的匀称,宜将缺损铆钉和与其相对应布置的非缺损铆钉一并更换。

(3)不可同时铲去大于连接处铆钉总数的10%的铆钉数目,如连接处铆钉少于10个,则只能逐个进行更换。

(4)拆除铆钉时,应避免相邻铆钉受振动或损伤到钢材,禁止使用剁子铲除钉头,绝对禁止使用大锤猛击杆件。

(5)旧钉冲出后,要清理钉孔,如钉孔有错位或斜孔偏心超过2mm,则应采用有圆锥形钻头的手提钻来扩孔。

4)焊缝开裂的维修

焊缝开裂时应首先进行无损探伤或钻孔探伤的方式进行检查,如裂缝未扩展至构件,可采用碳弧气刨刨除开裂裂缝,刨除范围应包含表观裂缝端部以外5~6倍板厚的距离,之后采用气体保护焊进行补焊,保证补焊焊缝的强度和韧性。

9.5.3 异常变形

1)异常变形的类型

钢材虽有强度高、韧塑性好,尤其是冷弯性能好的特点,但板厚与构件尺寸比小,组合形成的桥梁结构是薄壁结构,它受外力作用时容易产生各式各样的变形。如果再加上原材料以及加工、制作、安装、使用过程中的缺陷和不合理的制作工艺等因素,钢结构的变形问题就更加突出了。

钢构件的变形可分为整体变形和局部变形两类:

(1)整体变形是指整个构件的外形和尺寸发生变化,出现弯曲、畸变和扭曲等。

(2)局部变形是指结构构件在局部区域内出现变形如构件凹凸变形、端面的角变位、板边褶皱波浪形变形等。

整体变形与局部变形在实桥结构中有可能单独出现,但更多的是组合出现。无论何种变形都会影响结构的美观,降低构件的刚度和稳定性,尤其是附加应力的产生会降低构件的承载力。

2)钢结构变形成因分析

(1)钢材的初始变形

钢结构所用的钢材常由钢厂以热轧钢板和热轧型钢供应。热轧钢板厚度为5~120mm;热轧型钢包括角钢、槽钢、工字钢、H型钢、钢管、C型钢、Z型钢,其中冷弯薄壁型钢厚度在2~6mm。钢材由于轧制及人为因素等,时常存在初始变形,尤其是冷弯薄壁型钢。

(2)加工制作过程中的变形

加工制作过程中的变形包括冷加工产生的变形、制作与组装带来的变形、焊接变形三种。

①冷加工:剪切钢板产生变形,一般为弯扭变形;刨削以后产生的弯曲变形。一般窄板和薄板变形大一点。

②制作与组装:加工工艺不合理、组装场地不平整、组装方法不正确、支撑不当等引起的变形,有弯曲、扭曲和畸变。

③焊接:焊接过程中的局部加热和不均匀冷却使焊件在产生残余应力的同时还将伴随发生焊接残余变形,通常有纵向和横向收缩变形、弯曲变形、角变形、波浪变形和扭曲变形等。焊接变形产生的主要原因是焊接工艺不合理、电焊参数选择不当和焊接遍数不当等。

(3)安装过程中产生的变形

安装工序不合理、吊点位置不当、临时支撑不足、堆放场地不平,尤其是强行安装,均会使结构构件变形明显。

(4)使用期间产生的变形

钢构件在使用过程中产生的异常变形一般由弯曲、压曲、扭曲、拉伸或这些变形随机组合。永久弯曲变形可能发生在荷载作用的方向并且经常与弯曲杆件有关,但车辆的撞击力会使任何杆件发生永久弯曲变形。钢桥使用不当和维护管理不善引起永久变形的主要方面有:

①超载:桥梁超载不一定使结构产生永久变形,但支座位移受到约束或伸缩缝堵塞,而使温度内力增加,过桥车辆加重或桥面坑洼不平造成冲击力加大等,都会使构件受力超出正常范围。

②车船撞击:薄壁钢结构截面易于遭受车船的撞击引起永久变形,严重时还会降低结

构承载能力。这些可能由超高车辆在桥下通过时对下翼缘或下弦杆的撞击造成,或在桥面上车辆对主梁和桁架的撞击造成。涨潮时易发生船撞事故,造成下平联变形甚至断裂。

③屈曲:指结构或构件丧失了整体稳定性或局部稳定性,可能失稳前变形很小,呈现出脆性破坏的特征,这种破坏的突然性使得失稳破坏更具有危险性。

④锈蚀:严重锈蚀将引起构件截面削弱,致使受力偏心,发生永久弯曲变形。板间锈胀造成板件永久鼓包变形。

3)异常变形的处理办法

(1)变形处置原则

①钢结构杆件变形偏差值超出限值时应进行矫正处理。

②碳素结构钢在环境温度低于-16℃,低合金结构钢在环境温度低于-12℃时,不得进行冷矫正。

③碳素结构钢和低合金结构钢在加热矫正时,加热温度应根据钢材性能选定,但不得超过900℃。低合金钢在加热矫正后应缓慢冷却。

④当构件变形不大时,可采用冷加工矫正和热加工矫正;当变形较大又很难校正时,应采用加固或更换构件的方法修复。

⑤桥梁结构中的受力构件不得采用热矫正法。

(2)异常变形的处理方法

异常变形的处理方法有冷矫正法、热矫正法和加固或更换。

①冷矫正法。冷矫正法是用人力或机械力矫正变形,适合尺寸较小或变形较小的构件,包括手工矫正和机械矫正。

手工矫正:采用大锤和平台为工具,适合尺寸较小的构件的局部变形矫正,也可作为机械矫正和热矫正的辅助矫正方法。手工矫正是用锤击使金属延伸,达到矫正变形的目的。

机械矫正:采用简单弓架、千斤顶和其他机械方式来矫正变形。杆件如角钢、槽钢以及工字钢梁翼缘的局部弯曲可用撬棍矫正。如角钢弯曲较严重,可用弓形螺旋顶或油压千斤顶来矫正,如图9-8所示。杆件如有不同方向的弯曲,应先矫正一个方向,然后再矫正另一个方向。如杆件同时有扭转和弯曲,应先矫正弯曲,再矫正扭转。

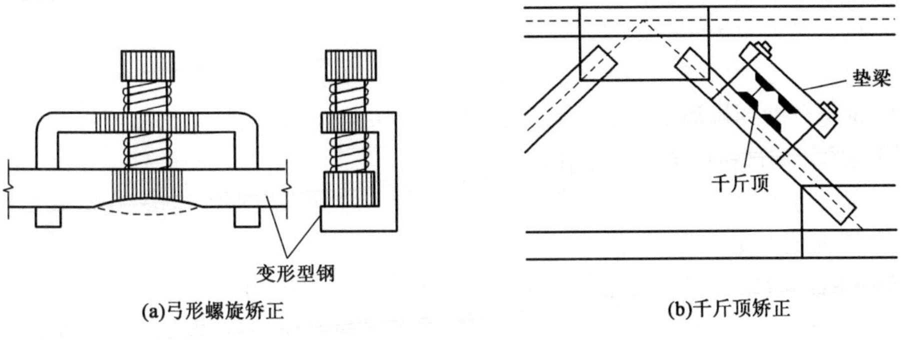

图9-8 机械矫正图式

除此之外,机械矫正方法还有辊矫法、辊压法、拉伸法和压床矫正法,应根据变形构件的部位和病害程度,选用适当的方法进行恢复。

冷矫正方法必须是杆件和板件无裂纹、缺口等损伤,机械施力应逐渐增加,等变形消失后,应使压力保持一段时间。

②热矫正法。热矫正法采用乙炔气和氧气混合燃烧火焰为热源,对变形结构构件加热使其产生新的变形,来抵消原有的变形。正确使用火焰和温度是其关键。加热方式有点状加热、线状加热(直线、曲线、环线、平行线和网线)和三角形加热之分。

热矫正法要谨慎采用,承受应力的构件加热时会发生应力重分配,影响结构体系的力学性能,因此受力构件禁止使用热矫正法。

③加固或更换。屈曲、撞击造成损伤、开裂或退化以及结构计算证明不足的构件应加固或更换。桁架构件更换过程如下:在适当节间两边临时支撑,在杆子的两端除去连接,再除去杆件,装上新杆件以及换上新的连接件,最终除去临时支撑。在某些情形下,在多梁式桥中更换主梁也是可能的。

承载能力不足的构件可以通过增贴钢板或型钢予以加强。这个方法对细长受压杆件特别有效,因为它的稳定性是受到长细比影响而不是受截面面积影响的。通过增加截面的回转半径,就可以承受较大压力。附加钢板或型钢可以栓接或焊接到原构件上。

9.5.4 开裂

研究表明,在低应力工作状态下的钢桥事故多数与结构中存在的缺陷或裂纹有关,往往发生在低温季节。钢桥中的裂纹主要是由于疲劳产生的,在一定的条件下会导致脆性断裂。脆性断裂一般是在没有明显征兆和无塑性变形的情况下贯穿全构件的开裂破坏。脆性断裂可能会发生在易受疲劳构件的细部出现初始疲劳裂纹之处。

1)开裂病害特征

疲劳引起的裂纹经常出现在拉应力较集中的部位、焊接的搭件上或焊缝端点上。裂纹可能会由于超载、车辆的撞击或由于腐蚀使截面抗力减小从而产生或加剧。另外制造细节的低质量造成的应力集中和使用较差断裂韧性的材料也是其中的原因。

焊接要比螺栓连接和铆接更易于开裂。将焊缝表面打磨光亮平整有助于提高其抗疲劳特性。一旦在焊接接头处出现裂纹,它会沿连续路径发展到整个构件,从而可能导致脆断。

螺栓连接和铆接同样会发生疲劳裂纹,但是某一构件上的裂纹不会传到其他构件上去。

公路钢结构桥梁调查表明,以下疲劳损伤最为常见:

(1)正交异性钢桥面板:纵肋与横梁连接处易发生疲劳开裂,尤其在连续梁中墩处更危险,因为此处局部拉应力与主梁拉应力相叠加。

(2)横梁与主梁腹板连接处:横梁与主梁腹板一般都采用刚性连接,在活载作用下连接角处产生交变弯矩,引起疲劳裂纹。

(3)风致涡激振动引起的疲劳损伤:斜拉桥斜拉索、拱桥吊杆、桁架桥风架等长细构件自身固有频率较低,在风的作用下可能产生横向涡激振动,会在根部产生疲劳损伤。

(4)扭曲引起的疲劳裂纹:现场调查发现,由于横梁弯曲导致主梁腹板扭曲,腹板与上翼缘连接处产生很高的循环应力。下平联连接板在竖向加劲肋处的空隙部位容易造成腹板扭曲,并产生很高的循环应力。主梁腹板的竖向加劲肋随主梁一起扭转,由于加劲部分刚度较大,因而引起加劲肋端部发生折角而开裂。

(5)主梁腹板受压区的呼吸疲劳:主梁腹板受压区由于制造误差会有一定的初始偏心,在压力作用下会发生鼓胀,从而引起周围焊缝开裂。

(6)主梁受拉翼缘贴板端头开裂:与那些平行于应力方向的裂纹相比,垂直于应力方向的裂纹是非常严重的。但无论是哪种情况,都要充分重视钢材中的裂纹,因为有些平行于应力方向的裂纹也会由于某种原因而转化为垂直裂纹。任何裂纹都要仔细观察,并记录其在构件和结构上所处的位置、裂纹的长度、宽度和方向。

2)开裂原因分析

(1)疲劳破坏

就断裂力学的观点而言,钢结构的疲劳破坏是从裂纹起始、扩展到最终断裂的过程。疲劳裂纹的扩展近似沿最大主应力的垂直方向,其扩展速率呈指数增长,早期增长较慢,占疲劳寿命的大部分。

疲劳破坏与静力强度破坏是截然不同的两个概念。它与塑性破坏、脆性破坏相比,具有以下特点:

①疲劳破坏是钢构件在反复交变应力作用下的破坏形式,而塑性破坏和脆性破坏是钢结构在静载作用下的破坏形式。

②疲劳破坏经历了裂缝起始和扩展的漫长过程,最终破坏有两种可能,即韧断和脆断,而脆性破坏往往是在无任何先兆的情况下瞬间突然发生的。

③就疲劳破坏断口形貌而言,一般具有明显的疲劳区和瞬断区。疲劳区记载了裂缝扩展和闭合的交替过程,颜色发暗,表面有较清晰的疲劳纹理,呈沙滩状或波纹状。瞬断区真实地反映了当构件截面因裂缝扩展削弱至临界尺寸时脆性断裂的特点,瞬断区晶粒粗亮。

疲劳是一个十分复杂的过程,从微观到宏观,疲劳破坏受到众多因素的影响,尤其是对构件静力强度影响很小的因素,对疲劳影响却非常显著,如构件表面缺陷、应力集中等。

(2)疲劳破坏影响因素

影响钢结构疲劳破坏的主要因素是应力幅、循环次数和构造细节,而与钢材的静力强度无明显关系,尤其是焊接连接的钢结构。

①应力幅 $\Delta\sigma$。应力幅 $\Delta\sigma$ 为每次应力循环中最大应力 σ_{max} 与最小应力 σ_{min} 之差,即:

$$\Delta\sigma = \sigma_{max} - \sigma_{min} \tag{9-1}$$

应力幅可分为常幅和变幅,常幅指所有应力循环内的应力幅保持常量,不随时间变化;变幅指所有应力循环内的应力幅随时间随机变化。另外,除应力幅 $\Delta\sigma$ 外,应力比 $\rho = \sigma_{min}/\sigma_{max}$ 也是标志疲劳应力水平的特征参量。对于焊接接头,影响疲劳强度的主要因素是应力幅 $\Delta\sigma$ 而不是 σ_{max}。

②循环次数 N。应力循环次数是指在连续反复荷载作用下应力由波峰到波谷的循环次数。在不同应力幅作用下,各类构件和连接产生疲劳破坏的应力循环次数不同,应力幅越大,循环次数越少。当应力幅小于一定数值时,即使应力无限次循环,也不会产生疲劳破坏,即低于通称的疲劳极限。

③构造细节。应力集中对钢结构的疲劳性能影响显著,如焊缝的根部或焊趾,构件的

截面突变、倒角,冲孔或钻孔、刻槽截面削弱处,张紧索的根部等应力集中部位。

焊接常常造成气孔、夹渣、咬肉、未焊透等缺陷,并在钢构件中形成较高的焊接残余应力,使得焊接处具有较低的疲劳强度。

3)疲劳开裂的修补

(1)钻孔止裂法

钻孔止裂法是延缓钢结构构件疲劳裂纹扩展的常用技术,是应急方法。钻孔止裂法通过在疲劳裂纹尖端处钻孔,消除裂纹尖端严重的应力集中,阻止疲劳裂纹的扩展。止裂孔孔径一般取板厚,止裂孔中心距裂缝尖端的距离取0.5~1倍的板厚,并且止裂孔的圆心位置应该位于裂缝扩展路径前方。钻孔止裂后,疲劳裂纹只有在孔边应力集中处再次萌生后才能继续扩展。因此,钻孔止裂法的止裂效果取决于疲劳裂纹在止裂孔边的再生寿命。

作为疲劳裂纹止裂的应急手段,钻孔止裂法一般在现场实施,在现场疲劳裂纹的尖端往往难以精确定位。如果止裂孔钻孔位置稍稍偏后,未能去除裂纹尖端,此时,疲劳裂纹类似于由缺口萌生的短裂纹,会以更快的速度扩展,因此,采用钻孔止裂法时一般在板件裂纹尖端之外钻孔。

钻孔止裂法实施简单,试验研究表明,部分情况下止裂孔无法能有效地改变裂缝的重新萌生与扩展。为了改善钻孔止裂法的止裂效果,可以对止裂孔进行进一步处理以延缓裂纹在孔边的再次萌生。冷扩孔和置入直径稍大的栓钉是两种最常用的方法。

尽管钻孔止裂法的效果较差,但是发现裂缝之后的应急处置简单、可行的措施。

(2)裂纹焊合法

对于贯穿钢板的疲劳裂缝,可采用裂缝焊合的方法进行处理。一般采用碳弧气刨、风铲等将裂纹边缘打磨出坡口,打磨长度由裂缝端部向外延伸50mm,然后焊合。

裂纹焊合法虽然可以修复疲劳裂纹,消除裂纹尖端的应力集中,但焊接过程将恶化焊缝金属及热影响区内钢材的断裂韧性,焊缝中的气孔、夹杂、裂纹等焊接缺陷将可能造成新疲劳裂纹的萌生和扩展。裂纹焊合法的修复效果在很大程度上取决于焊缝质量的好坏,因此采用裂纹焊合法修复疲劳裂纹时,必须采用合理的焊接工艺,确保焊缝质量。

(3)钢板补强法

在结构构造容许的条件下,通过焊接或螺栓连接补强钢板,覆盖在开裂板材开裂区域之上,借助补强钢板减小原有疲劳裂纹尖端的应力幅,从而达到止裂的目的。

补强钢板与原钢板焊接连接如图9-9所示,螺栓连接如图9-10所示。补强钢板可单侧布置或者双侧布置,应尽可能在开裂钢板的两侧对称设置。单侧设置补强钢板,由于偏心而产生的平面外弯矩,将恶化补强部位的应力集中情况,影响疲劳裂纹止裂的效果。

设置补强钢板后,新的疲劳裂纹可能在连接焊缝焊趾或螺栓孔孔壁等应力集中部位萌生。因此,为达到更好的止裂效果,应保证焊接质量,减少焊接缺陷,保证螺栓孔钻孔质量,进行冷扩孔以提高孔边疲劳裂纹萌生寿命。

(4)SPS补强法

SPS(Sandwich Plate System)补强法,即夹芯板加固结构体系。这种结构体系是在两层钢板之间填充高弹性模量的聚氨酯材料,从而形成一种类似于“三明治”的夹心层结构。SPS补强法主要用于钢箱梁桥面板疲劳裂缝修复,其多层结构能吸收一部分车辆的振动和冲击作用,扩散车辆荷载产生的应力,减小疲劳细节部位的应力幅值,从而有效地延缓或阻止疲劳裂缝的扩展。

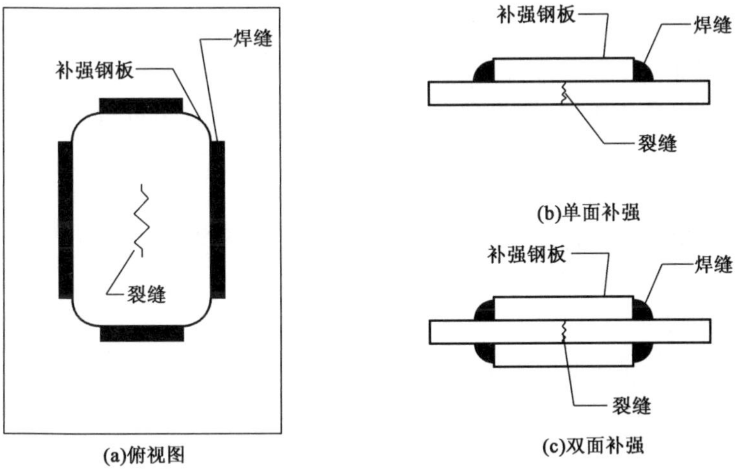

图 9-9 焊接钢板补强法

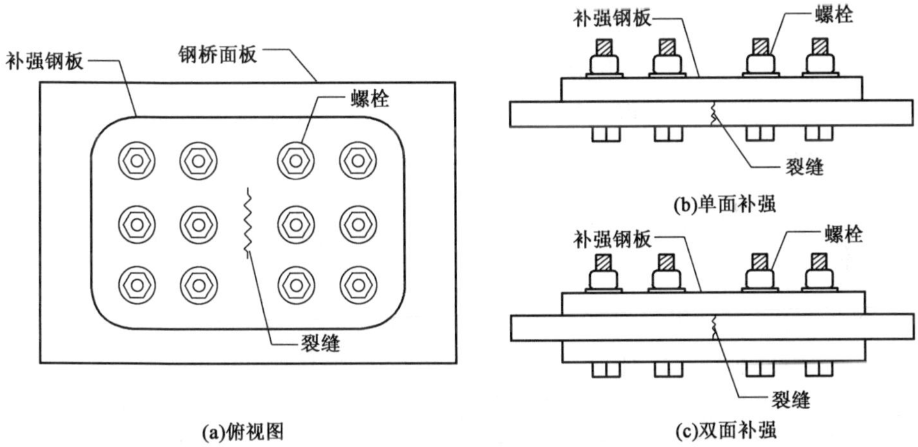

图 9-10 螺栓连接钢板补强法

SPS 补强法组合材料的最终失效形式是黏结层的剪切破坏。随着温度的升高,夹层材料的强度将会减小,与钢板之间的黏结性能也将发生改变,因此在高温条件下,其性能降低。

(5)碳纤维板补强法

碳纤维板补强法用于钢结构疲劳裂纹的止裂和修复与钢板补强法机理相似,只是用碳纤维板代替补强钢板,粘贴于开裂板件之上。由于碳纤维材料具有很好的抗疲劳性能,可以避免疲劳裂纹扩展进入碳纤维板。碳纤维板刚度大,有效地减小了疲劳裂纹尖端的循环应力幅值;碳纤维板用胶粘贴于开裂板件之上,可以避免由于焊接或钻孔带来的应力集中及新疲劳裂纹的萌生。同时,碳纤维板补强法还具有安装方便、自重轻、密封性好及适用于曲面板件等优点。由于碳纤维板抗拉强度高,采用碳纤维板补强法时,可以通过对碳纤维板进行预张拉在板件开裂区域引入预压力,进一步改善碳纤维板补强法对疲劳裂纹的止裂和修复效果。碳纤维板补强法虽然已成功地应用于航空工业中较薄板件疲劳裂纹的止裂和修复,但其对钢结构中较厚板件的适用性还有待进一步研究。

9.5.5 承载能力提高

1)横向联系加强

对于多梁(肋)式钢板梁,增强横向联系改善荷载的横向分配性能,减小梁肋构件的计算长度,提高构件稳定,可通过以下方式:

(1)加强平联,将三角形平联改为交叉式平联。

(2)在上下翼缘之间各加水平横向钢板,即改变为箱形梁。

(3)加大端部横联及中间横联截面。

(4)补设横向联系。

2)主要承重构件承载能力不足

(1)采用增大构件截面进行加固,增设构件可选择面内增加承载力或面外增强稳定性。根据结构计算,在构件相应位置焊接补强构件,补强构件可以为板件或型钢。

(2)采用增设加劲杆或体外预应力钢束,调整原构件的应力分布,进行加固。

(3)通过改变结构体系的方法进行加固,如通过增设足够刚度的混凝土桥面板形成钢-混凝土组合梁、改梁式结构为矮塔斜拉桥等。

(4)钢桁梁节点板开裂、变形时,处理方法有:

①当节点板强度不足时,可在原节点板的外侧增加钢板来增加截面面积。

②当节点板由于疲劳开裂时,除了增大节点板截面外,宜对节点板的连接杆件进行形状和尺寸优化,采取措施减小节点板应力集中。

③节点板损坏严重时,可对节点板进行更换,更换时应做好卸载措施和辅助受力措施。

(5)钢桁梁主桁强度不足,可以采用多种措施进行加固,主要有:

①桁架构件加固:通过增加原有构件截面面积的方式进行结构补强,如对钢桁梁的上、下顶面焊接钢板来增加其截面面积;对上、下弦杆和斜腹杆,在上、下顶面采用高强螺栓连接钢板来增加截面面积。

②主桁预应力加固:对拉应力较大的杆件施加预压应力,形成预应力钢结构。

③组合钢桁梁:在钢桁架顶面做成连续的混凝土桥面板,并且通过剪力键或其他构造措施使桥面板和钢桁梁共同受力,使之形成组合桁梁桥,改变原结构的受力状况。

④增加纵梁:可以在横梁和托梁之间增加连续的纵梁,通过焊接与横梁和托梁连接,使整个桁架顶面形成纵横向的梁格系,在纵梁上安装预制混凝土板,形成桥面系。

⑤增加斜拉索:可在中间墩的桥墩处设置桥塔,通过斜拉索与桁架节点连接,形成斜拉桥,通过改变结构受力达到降低部分桁架杆件内力的目的。

9.5.6 钢-混凝土组合梁桥加固

钢-混凝土组合梁是指钢梁和混凝土板通过抗剪连接件组合成共同受力的受弯构件。抗剪连接件是钢梁与混凝土板共同工作的基础,沿钢梁与混凝土板的结合面设置。两种材料组合在一起,充分发挥两种材料的优势,形成强度高、刚度大、延性好的结构形式。按照钢梁形式的不同,可以将钢-混凝土组合梁桥分成钢板梁-混凝土组合梁桥、钢箱梁-混凝土组合梁桥和钢桁架-混凝土组合梁桥。

1)力学性能

当组合简支梁受弯时,混凝土板与钢板梁的上翼缘接触面之间会产生水平剪力,层间无约束时,产生相对滑移。因此在钢板梁的上翼缘之间必须设置抗剪连接件,混凝土板与钢板梁通过抗剪连接件连接成整体而共同工作,如图 9-11 所示。

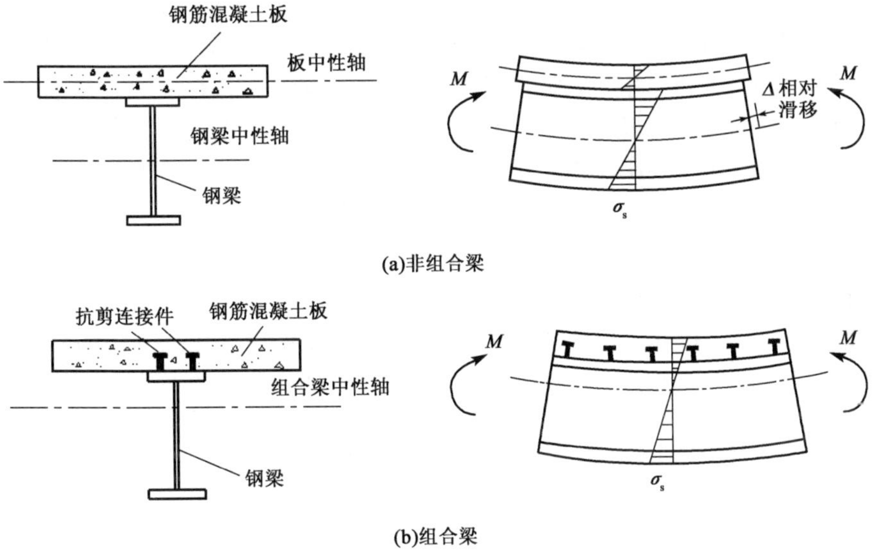

图 9-11 组合梁的共同工作

当组合梁上浇筑的混凝土尚未形成强度前是没有组合作用的,不仅不能提高梁的承载力,反而其自重会使钢板梁的下翼缘的拉应力增大。但在混凝土达到设计强度之后,钢梁与混凝土板形成一个钢-混凝土组合截面,二期恒载(如桥面铺装、栏杆扶手、人行道等)及活载等作用均由组合截面来承受,而不是由钢板梁单独承受,从而大大提高了梁的承载力。

钢梁一般采用工字形、开口或闭口箱形截面形式,混凝土板可现浇或预制,抗剪连接件采用焊钉连接件、开孔板连接件和型钢连接件等形式,如图 9-12 所示。

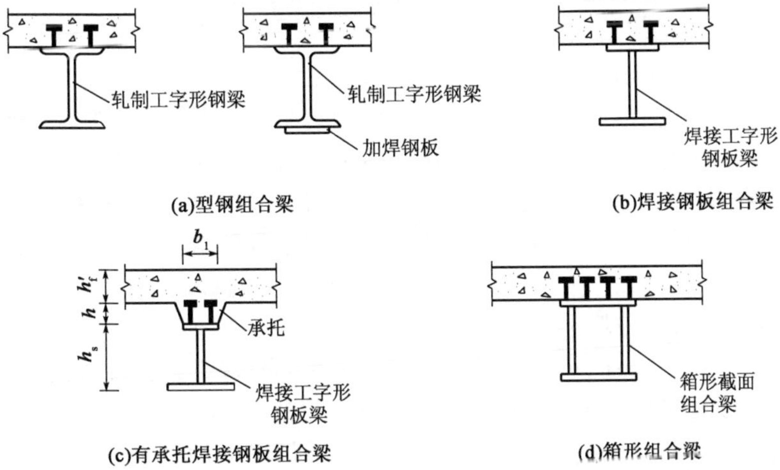

图 9-12 组合梁的截面形式

与钢板梁相比,钢-混凝土组合梁具有以下优点:

(1)受力合理。充分发挥了钢材适用于受拉和混凝土适用于受压的材料特性。

(2)抗弯承载力高。由于钢筋混凝土板与钢板梁共同工作,提高了梁的承载能力,减小了钢板梁上翼缘的截面,节省了钢材,降低了造价。实践表明,组合梁比钢板梁节省钢材可达20% ~40%。

(3)梁的刚度大。由于钢筋混凝土板有效地参与工作,组合梁的计算截面比钢板梁大,增加了梁的刚度,从而减小了主梁的挠度。研究表明,梁挠度可减少20%左右。

(4)整体稳定性和局部稳定性好。组合梁的受压翼缘为较宽和较厚的钢筋混凝土板,增强了梁的侧向刚度,能有效地防止梁的弯扭失稳倾向。钢梁部分只受到较低的压应力,大部分甚至全部截面受拉,一般不会发生局部失稳。

(5)施工方便。可以利用钢梁作为现浇混凝土楼板的模板支撑,以方便施工且节约费用。

(6)组合梁桥在活载作用下比全钢梁桥的噪声小。

2)常见病害及成因分析

钢-混凝土组合梁桥在服役期间,桥面板混凝土的收缩徐变受到钢梁的约束,从而在组合梁局部产生应力重分布,影响结构变形。同时也使得某些截面位置的钢梁和混凝土桥面板的应力产生较大变化。在组合结构交界面处,这种效应将使得连接件承受的水平剪力增大,严重时会产生较大滑移,影响组合梁钢与混凝土共同工作的性能,一般会导致结构变形增大,影响结构的使用性能。钢-混凝土组合梁桥的常见病害有以下几种。

(1)钢梁的锈蚀问题

钢梁长期暴露在各种恶劣环境中,如空气、水汽、工业烟尘以及其他化学和污染物,这些污染物容易参与到桥梁本身的化学反应中,这些反应包括电化学和普通的氧化还原反应等。在这些恶劣条件下,尤其是当涂层退化以及桥面板防水失效时,对桥梁的锈蚀最为严重,严重锈蚀会导致截面面积损失,从而发生物理力的变化,即锈坑处产生应力集中。这些问题如若发生在设计控制截面(部位),桥梁的疲劳性能及承载能力会严重降低,影响桥梁的使用寿命。保证钢梁耐久性的重要手段便是油漆涂层防护,保证表面涂装状态完好,能够延长钢梁的使用寿命。

(2)疲劳问题

与钢结构桥梁相类似,钢-混凝土组合梁桥的钢梁在荷载作用下亦容易产生疲劳裂纹,可能导致构件脆性断裂。材料缺陷和应力集中通常是引起构件疲劳开裂的主要内因之所在,重复活载作用下产生的应力循环是外在因素。在桥梁的正常使用过程中,超载、车辆撞击和截面锈蚀等因素均构成了桥梁的疲劳问题,导致隐患的发生和发展。当前,公路桥梁的车辆荷载具有轴重大、行驶速度快、通行流量大的特点,这些问题最终均容易导致钢结构桥梁出现疲劳破坏事故。

连接件是把混凝土桥面板和钢梁连接为一个整体且保证组合梁协同工作的关键部件,也是组合梁抗疲劳的一个重要因素。栓钉是应用较为广泛的一种连接件形式,试验研究表明,在保证焊接质量的前提下,组合梁的疲劳破坏大多是由栓钉的剪切疲劳破坏造成的。

(3)钢-混凝土组合梁混凝土翼板纵向开裂

剪力键在钢-混凝土组合梁中起着重要作用,主要用来承担钢梁与混凝土翼板之间的纵向水平剪力,并抵抗两者之间的掀起作用。钢-混凝土组合梁中,混凝土翼板沿一个狭窄的接触面承受钢梁通过剪力连接件传来的剪力,混凝土翼板的结合面附近产生较大的剪应力,尤其是单排栓钉连接的T形截面组合梁常发生混凝土翼板的纵向开裂。混凝土翼板的纵向开裂将导致混凝土翼板的纵剪强度成为梁破坏的控制条件,如果没有足够的横向钢筋来约束裂缝的发展,组合梁的剪力连接程度就会降低,从而使组合梁达不到设计承载力而提前破坏。

(4)钢-混组合连续梁负弯矩区混凝土桥面板横向开裂

混凝土翼板受压,钢梁受拉是钢-混凝土组合梁的最有利受力状态,但是在连续梁中支点负弯矩区不可避免地会出现混凝土翼板受拉而钢梁受压的不利状态,易在中支点负弯矩区出现混凝土开裂的情形。负弯矩区处混凝土裂缝较大将会导致混凝土板中钢筋锈蚀,影响结构的耐久性。

(5)混凝土板的耐久性

混凝土桥面板主要承担截面上的压应力,其次又作为桥面板直接承受车轮荷载,并将力传递到钢梁;同时又对钢梁和抗剪连接件起到一定的保护作用。混凝土收缩、徐变引起的早期裂缝,温度变化混凝土板与钢梁变形不协调产生的温度裂缝,桥面防水失效及融冰盐的化学腐蚀作用使混凝土桥面板局部或大面积开裂、损伤严重。因此,混凝土桥面板是钢-混凝土组合梁桥中出现耐久性问题最多的构件。

(6)剪力键剪断

对于经常超载的桥梁,其负荷加大,纵向剪力过大或者反复作用导致剪力键疲劳,将会导致剪力键弯曲或剪断。在实际操作中,应避免该类问题的发生。出现这种情况时,不难发现:梁端的钢梁与混凝土桥面板间发生明显的相对错位。这时,桥梁剪力键已经起不到应有的作用,组合梁桥逐渐演变为迭合梁桥。

(7)其他问题。桥龄较长的钢-混凝土组合梁桥设计荷载标准低,车辆超载及环境因素的影响易使连接螺栓或铆钉松动或断裂;钢梁受压区的腹板或底板因超载或升温作用而产生局部变形,即局部失稳现象。

3)维修与加固方法

钢-混凝土组合梁检测、维修、加固时,混凝土桥面板的病害及其养护方法可参考钢筋混凝土梁、板的维修方法;钢梁的缺陷及处理方法可按照钢结构的维修方法;钢-混凝土组合梁桥特有的缺陷及病害,如剪力键的锈蚀、疲劳及剪断等,可在分析缺陷及病害成因的基础上,采取相应的维修加固措施。

常用的桥梁维修加固技术方案有以下几种。

(1)体外预应力加固方法

当钢-混凝土组合梁承载能力不足时,可以采用体外预应力加固法。该法具有加固、卸荷、改变结构内力三重效果,可将预应力施加在负弯矩或正弯矩区域,是一种行之有效的加固方法。工程实践表明,体外预应力加固技术能够较大幅度地提高原结构承载能力。加固后结构所能达到的荷载等级与原桥设计标准及安全储备有关,一般情况下可将原桥承载力提高30%~40%。采用本方法加固时宜同时配合其他加固方法进行综合加固,以达到较好的加固效果。

(2)粘贴纤维材料加固法

碳纤维复合材料(简称 CFRP)质量轻,强度高,而且具有较好的耐腐蚀性和抗疲劳性能,是进行桥梁维修和加固的理想材料。但是国内对 CFRP 的研究应用集中在加固混凝土结构和钢结构上,关于采用 CFRP 加固钢-混凝土组合梁的研究较少。国外桥梁工作者进行过一些关于采用 CFRP 加固钢-混凝土组合梁的试验,也有部分工程实例。

(3)增大截面加固法

采用增大截面加固法加固桥梁钢结构构件时,应考虑构件的受力情况及存在的缺陷,在方便施工、连接可靠的前提下选取有效的加固形式。在选择加大截面加固方法时,在构造方面还应考虑下列因素:

①应保证加固构件有合理的传力途径,加固件与原有构件应能够共同工作。无论是轴心受力构件还是偏心受力构件(拉弯或压弯受力构件),加固件均宜与原有构件的支座(或节点)有可靠的连接。

②加固件的布置应适应原有构件的几何形状或已发生的变形情况,以利于施工。但也应尽量不采用引起截面中性轴偏移的形式;难以避免时,应在加固计算中考虑中性轴偏移的影响。

③尽量减少加固施工的工作量。不论原有结构是栓接结构还是焊接结构,只要钢材具有良好的可焊性,应尽可能采用焊接形式补强。

④当采用焊接形式补强时,应尽可能减少焊接工作量及注意合理的焊接顺序,以降低焊接变形和焊接应力,并竭力避免仰焊。在负荷状态下焊接时,应采用较小的焊接尺寸,并应首先加固对原有构件影响较小、构件薄弱和能立即起到加固作用的部位。

加大截面的构造中,不应过多削弱原有构件和承载能力。采用螺栓或高强螺栓连接时,在保证加固件和原有构件共同工作的前提下,应选用较小直径的螺栓或高强螺栓,并尽量采用高强螺栓;采用焊接连接时,应尽量避免采用与原有构件应力方向垂直的焊缝。如做不到这些,则应采取专门的技术措施和施焊工艺,以确保结构施工的安全。

(4)缺陷维修

①钢梁裂纹或锈蚀等缺陷的修补。当钢梁出现裂纹进行修补时,必须充分调查裂缝发生部位的钢材质量、焊接状态、应力状态、锈蚀状况和疲劳状态等,依据调查的结果采取对策。桥梁结构由于先天和后天的原因或多或少都存有缺陷,这些缺陷称为损伤。根据损伤的不同,再考虑强度因素,既有钢桥裂纹原因可分为六类,分别为原生裂纹、强度破坏引起的裂纹、铆钉连接损伤引起的裂纹、锈蚀损伤引起的裂纹、疲劳损伤引起的裂纹和机械损伤引起的裂纹。

当钢梁发生锈蚀时,必须及时除锈,并按钢结构的防腐要求进行防腐处理。

②混凝土桥面板更换。由于受到车辆荷载的反复作用及混凝土缺损、钢筋锈蚀,钢-混凝土组合梁的桥面板使用寿命一般应低于其钢梁的使用寿命。当混凝土桥面板局部破损或断裂时,需要局部或整体更换混凝土桥面板。在凿除混凝土桥面板后应同时检查剪力连接件的使用情况,必要时可更换或增加剪力连接件数量后,再重新浇筑桥面板。

③更换剪力键。梁端的混凝土桥面板与钢梁明显错位,表明剪力键已因疲劳或纵向剪力过大而失效。在此情况下,必须凿除混凝土桥面板,更换剪力键并重新浇筑混凝土桥

面板。否则钢-混凝土组合梁将蜕化为钢-混凝土叠合梁,其挠度将明显增大,承载能力将大幅降低。

④钢板局部失稳的处理。对于局部失稳的钢板可采取局部更换钢板、局部粘贴或加焊钢板及箱内局部增加横向或纵向加劲肋的措施,以增加其局部稳定性。

9.6 桥梁下部结构及地基加固技术

9.6.1 盖梁加固

1)盖梁主要病害

(1)墩柱顶负弯矩过大或柱间跨中正弯矩过大,正截面抗弯强度不足,在柱顶或跨中截面产生竖向裂缝。

(2)盖梁在墩柱顶处,斜截面抗剪强度不足,产生斜向裂缝。

(3)基础不均匀沉降、变形,次内力增加,盖梁产生受力裂缝。

(4)对应伸缩缝处的盖梁由于伸缩缝的破损造成桥面雨水侵蚀盖梁,使原裂缝处的钢筋锈蚀膨胀。

2)盖梁加固条件

(1)盖梁抗弯、抗剪承载能力不满足上部结构的反力效应,产生超限竖向或斜向开裂,须进行加固。

(2)基础不均匀沉降、变形等导致盖梁产生结构性裂缝,须先对基础缺陷进行加固处置,再对盖梁进行加固。

(3)上部结构(尤其是伸缩缝处)渗水侵蚀使盖梁钢筋锈胀、混凝土剥落等,从而使盖梁承载能力下降,须进行维修或加固。

(4)上部结构恒载变异或上部结构荷载等级提高后,须对盖梁的控制截面的正截面强度、斜截面强度和抗裂性进行检算,不满足要求时,须进行加固。

(5)盖梁加固前,应先对盖梁混凝土开裂、破损、钢筋锈蚀等缺陷进行修复。

3)盖梁加固方法

(1)盖梁常用的加固方法有增大截面和配筋法加固、粘贴钢板加固、外包钢加固、体外预应力加固和改变结构体系加固等。

(2)盖梁承受的恒载占比高,抗弯刚度大,加固时卸载困难,采用被动加固方式,提高承载能力有限,应采用主动加固技术。

(3)增大墩身横向尺寸,减小盖梁跨径或悬臂长度。

(4)受伸缩缝渗漏水的影响,采用粘贴钢板加固、外包钢加固法,对钢材防护要求高。

4)盖梁的计算模型

(1)对于一般柱式墩盖梁,构造简单,以弯矩、剪力效应为主,可简化为平面杆单元,对于异形盖梁宜按空间体单元计算。

(2)采用平面杆单元简化模式简单实用,盖梁的刚度与柱的刚度之比大于10时,可忽略桩柱对盖梁的弹性约束作用,把盖梁简化成简支(双悬臂简支)或连续梁的形式。计算时应对柱顶截面弯矩进行适当的削峰处理。

(3)建立盖梁与墩柱整体图式法是计算最为准确的平面简化计算方法,计算模型与实际结构相符,在盖梁加固前、后承载能力评估时推荐首先采用。

(4)盖梁截面尺寸、混凝土强度以实测为准,材料折减系数、结构检算系数应按现场检测情况取值。

9.6.2 墩台身加固

1)桥墩结构类型

桥墩传递桥梁上部结构的反力至基础,桥墩按构造形式分重力式和轻型两大类。

(1)重力式桥墩

重力式桥墩的主要特点是:靠自身重量来平衡外力而保持其稳定,也称为实体式墩。重力式桥墩墩身截面尺寸较大,可以采用天然石材或片石混凝土砌筑。它适用于地基良好的大、中型桥梁或流冰、漂浮物较多的河流。

重力式桥墩的主要缺点是圬工体积较大,因而其自重和阻水面积也较大。

墩身平面形状常做成矩形加圆端或尖端,降低阻水影响,基础通常采用天然地基上刚性扩大基础。

(2)轻型桥墩

轻型桥墩刚度小,受力后允许在一定的范围内发生弹性变形。轻型桥墩为钢筋混凝土结构,按墩身构造分为以下几种:

①空心墩:外观构造与重力式桥墩相似,内部为中空的薄壁墩,适用于较高桥墩。

②框架式墩:以桁架、刚架为主体的轻型桥墩,对地基要求低,墩高适应范围大。在城市、公路桥上常采用X形、Y形、V形等刚架式桥墩,这类桥墩具有减小上部结构计算跨度的优点;但结构受力复杂,节点处应力集中,易开裂。

③薄壁桥墩:当墩梁固结时,为适应上部结构的自由变形,可考虑采用薄壁桥墩。因薄壁墩顺桥方向的尺寸小,受纵向水平力时易产生挠曲变形,故又称柔性桥墩。在多跨超静定结构中,墩的挠曲变形释放上部结构伸长或缩短产生的次内力。

④柱式桥墩:由单根或分离的多根立柱组成。立柱横截面为圆形、矩形或多边形。柱式桥墩具有传力路径短、受力明确、自重小、便于施工等特点,在公路桥梁中广泛应用。

2)桥台结构类型

桥台除传递桥梁上部结构的反力至基础外,还具有抵挡台后填土压力、稳定桥头路基、衔接桥梁与道路的作用。桥台按构造形式主要分主要有重力式桥台、埋置式桥台、轻型桥台、组合式桥台等。

(1)重力式桥台:公路桥梁常用的重力式桥台为U形桥台,由前墙、台帽、侧墙与基础组成。台后土压力主要靠自重来平衡,采用砌石、片石混凝土或混凝土等圬工材料建造,并用就地浇筑的方法施工。

重力式桥台适用于填土高度在8m以下的桥梁,既可以用于拱式桥,也可用于梁式桥。其缺点是桥台体积和自重较大,增加了对地基的要求。此外,桥台的两个侧墙之间填土容易积水,结冰后冻胀,使侧墙产生裂缝。所以宜用渗水性较好的土夯填,并设置台后排水措施。

(2)埋置式桥台:公路桥梁最常用的桥台类型。埋置式桥台是将台身埋置在锥坡、护坡内,可平衡部分台后土压力,桥台的体积也相应地减少。根据台身的结构形式,埋置式桥台可分为后倾式、肋板形埋置式、柱式和框架式等。

(3)轻型桥台:体积轻巧、自重较小,降低对地基强度的要求。其采用钢筋混凝土结构,利用结构物的整体刚度和材料强度承受外力,适用于台后填土高度低、中心跨径的桥梁。常用的轻型桥台主要有设有支撑梁的轻型桥台、悬臂式、扶壁式、撑墙式等。

(4)组合式桥台:为使桥台轻型化,桥台本身主要承受桥跨结构传来的竖向力和水平力,而台后的土压力由其他结构来承受,形成组合式的桥台。主要类型有锚碇板式、过梁式、框架式组合桥台和桥台与挡土墙组合等。

3)桥墩常见病害及加固方法

(1)圬工重力式墩墩身常见病害

①墩身竖向裂缝,与基础横向不均匀沉降有关,若裂缝由下而上,表明基础中部的沉降大于两侧;若裂缝由上而下,表明基础两侧的沉降大于中部。

②墩身单侧水平裂缝,对设双排支座的梁式桥,特定的作用工况下(如超重车过桥),产生两排支座的反力差过大,产生偏心弯矩;对于拱式桥,相邻两跨的拱脚产生不平衡水平力;桥墩两侧出现不平衡土压力,如单侧填方增加或单侧开挖等。

③墩身表面网裂,与片石混凝土收缩、温度变化有关。

④墩身表面风化、砌缝砂浆脱落,与砌筑材料特性有关,砌石风化后表面强度较低,砌缝中砂浆的黏结力降低,产生脱落。

⑤墩身表面剥落、露骨、起酥,主要出现在墩身干湿交替处,与水流的冲刷、冻融有关。

(2)圬工重力式墩墩身加固方法

①墩身竖向开裂,如果是基础横向不均匀沉降引起的,不能证明沉降已稳定,应先加固地基。地基处理后,可采用下列方法,约束裂缝宽度的发展:

a. 沿墩身高度方向,按一定间距,设置若干道封闭钢筋混凝土圈梁。

b. 沿墩身高度方向,按一定间距,设置若干道封闭型钢箍。

c. 局部或全部外包钢筋混凝土加大墩身截面。

②对墩身水平裂缝处理前,须先消除墩身不平衡水平推力或土压力。处理后,可采用下列方法,对开裂截面进行补强:

a. 开裂侧粘贴竖向钢板。

b. 局部或全部外包钢筋混凝土加大墩身截面。

③对大面积网裂、表面风化、混凝土表面缺陷等病害,按6.1节的要求进行修复。

(3)钢筋混凝土桥墩墩身常见病害

①墩身水平裂缝:墩身承受较大弯矩所致,属严重病害。产生的原因有:相邻两孔上部结构反力差较大,受拉侧产生横桥向开裂;独柱固结墩在荷载偏心或上部结构受扭时,受拉侧产生纵桥向开裂;墩身两侧(顺桥向、横桥向)土压力不平衡。

②墩身倾斜:属严重病害。墩身倾斜产生的原因有:施工时放样,控制偏差;基础发生了水平位移或转角位移,如基础单侧挤压,相邻两跨上部结构的反力不平衡,车、船撞击;墩身两侧(顺桥向、横桥向)土压力不平衡;上部结构纵向或横向产生不可恢复的变位。

③墩身竖向裂缝:易出现在矩形截面薄壁墩长边的中心处,裂缝起始于与承台相接处,向上延伸。其产生的主要原因为:薄壁墩混凝土收缩受到承台混凝土的约束,因龄期差产生收缩裂缝。

④墩身表面出现钢筋混凝土构件的常见病害,如网裂、剥落、磨损等表面缺陷。

(4)钢筋混凝土桥墩墩身加固方法

①纵向弯矩过大,墩柱出现横桥向水平裂缝,首先调整上部结构的反力差,尽量降低墩身弯矩。可采用的加固方法有:

a. 外包钢筋混凝土加大墩身截面。

b. 外包钢板,当墩身截面规则、混凝土表面完好时可采用干包法,否则采用湿包法。

c. 在受拉侧粘贴竖向钢板。

d. 缠裹纤维复合材料箍。

②横向弯矩过大,墩柱出现纵桥向水平裂缝,多发生在独柱墩的弯桥中,可通过调整支座横桥向位置、支座类型,降低墩身弯矩。可采用的加固方法有:

a. 外包钢筋混凝土加大墩身横桥向截面。

b. 改独柱墩为两柱或多柱墩。

③墩身倾斜在一定范围内时,可采用增大墩柱截面修正,增大截面后,恒载增加,应评估基础的承载能力。基础变位、上部结构变位、上部结构不平衡推力等严重病害引起墩身倾斜,首先须消除产生墩身倾斜的因素,再考虑增加新的墩柱、增加斜撑和墩身替换等加固方式。

④墩身竖向裂缝,在运营期一般不存在继续发展的条件,根据裂缝的宽度,对裂缝处理后,可缠裹纤维复合材料箍或设置型钢箍进行加固。

⑤墩身的钢筋混凝土表面缺陷,按6.2节的要求进行处理。

4)桥台常见病害及加固方法

(1)耳墙、背墙主要病害

①背墙水平开裂:背墙高度较大或竖向钢筋配置不足时,在台后土压力作用下,产生弯曲开裂。当台后土压力不均时,裂缝表现为与水平向有一定夹角。

②背墙竖向开裂:出现在柱顶对应的位置处,柱顶截面负弯矩最大,背墙高度大且配筋少,当盖梁的刚度较小时,背墙产生竖向开裂。

③耳墙与背墙相交处竖向开裂:耳墙是固结与背墙的悬臂板,当台后侧向土压力较大或耳墙强度不足时,在耳墙根部产生弯曲开裂。

④背墙与梁端抵死,产生的主要原因为:背墙在土压力作用下产生变形,台身在土压力作用下整体向跨内变形。

(2)耳墙、背墙病害处置

①背墙水平开裂时加固实施困难,裂缝宽度较小时,采用注胶封闭,防止钢筋锈蚀。开裂严重并伴有变形,应拆除重建。

②背墙竖向开裂后,一般处于稳定状态,可采用注胶封闭。

③耳墙与背墙相交处竖向开裂严重时,加固困难,应拆除重建。

④背墙与梁端抵死,因桥台整体变形,须对桥台变形进行处理;背墙变形,应拆除重建背墙。

(3)重力式U形桥台主要病害

①侧墙、前墙开裂:U形桥台采用圬工结构,自重较大,基础的不均匀沉降,易导致侧墙或前墙开裂。

②侧墙外鼓、外倾:U形桥台内填料与活载对侧墙产生侧压力,侧墙内积水,结冰后冻胀,导致侧墙外鼓或外倾,外倾较大时也会使侧墙或前墙开裂。

(4)重力式U形桥台加固方法

①基础的不均匀沉降形成的桥台病害,须对基础进行加固。对于沉降趋于稳定的桥台,可采用更换台内填料、外包钢筋混凝土圈梁、增设辅助支挡结构、框架梁加对拉锚杆等方法加固。

②钢筋混凝土圈梁加固法,适用于侧墙外倾,虽有开裂,但裂缝延伸长度不足台高的一半。

a. 梁式桥圈梁顶与台帽平齐,空腹式拱桥圈梁顶与第一腹拱圈拱脚平齐。

b. 台后(侧墙尾端)路基开槽,使圈梁闭合。

c. 圈梁的厚度为30~50cm,高度为50~100cm,主筋直径不小于20mm。

d. 在设置圈梁位置处植入钢筋,绑扎钢筋,浇筑混凝土。

e. 路基开槽回填,修复路面。

圈梁施工时,路基须开槽,影响车辆通行。

③增设辅助支挡结构,在侧墙外设置支挡,限值侧墙外倾发展,适用于路基开槽困难,侧墙高度8m以内,侧墙处具有设置支挡结构的条件。

a. 支挡结构采用钢筋混凝土,一般采用肋板结构。

b. 依据侧墙的长度确定肋板的道数,肋板间距为3~5m,多道肋板时,肋板间设置系梁进行连接。

④侧墙高度较高,外倾、开裂严重时,采用框架梁加对拉锚杆约束外倾发展。处置方式同9.2.2圬工拱桥中的侧墙加固。

⑤更换台内填料须中断交通,压实困难。必须更换时,填料采用透水性较好的砂砾,并做好排水设施。

对于侧墙的严重外鼓、开裂,砌筑质量、材料较差时,应考虑拆除新建。

(5)钢筋混凝土轻型桥台加固方法

轻型桥台通常采用钢筋混凝土结构,构造类型多,台后土压力过大是桥台病害产生的主要原因。因此,降低台后土压力或提高抵抗土压力的能力是桥台加固的主要途径。加固方法主要有减轻桥台台背荷载加固法、加柱(桩)加固法、增大台身截面加固法、台后增加挡土墙加固法等。

①减轻台背荷载加固:适用于台背土压力大,桥台有向桥孔方向位移时的加固。挖除台背填料后,改换轻质材料回填,减轻桥台台背的土压力,以使桥台稳定。

②增加柱(桩)加固:适用于竖向承载力不足或原桩(柱)抗弯刚度严重不足时的加固。一般在台前增加桩基础,依据台前的高度,确定柱长,新浇筑盖梁,顶升上部结构,将荷载传递至新盖梁。新盖梁可单独工作,也可与原盖梁连接,共同工作。

③增大台身截面加固法:适用于桥台背土压力过大,台身强度、刚度不足的加固。可挖去台背填土,增大台身截面,提高强度和刚度。

④支撑过梁加固:该法主要应用于单跨的小跨径桥梁。可在两桥台基础之间建造支承过梁,以防桥台向跨中位移,如采用钢筋混凝土支承梁或浆砌片石撑板加固,支撑不高于河床。

⑤台后增加挡土墙加固法:适用于桥台背土压力过大的桩柱式桥台的加固。台后增加挡土墙后,依靠挡土墙承受土压力。

9.6.3 墩台基础加固

1)公路桥梁基础类型

(1)基础分类

①浅基础:刚性扩大基础、柔性扩大基础。

②深基础:桩基础、沉井基础。

③深水基础。

公路桥梁采用最多的基础类型为刚性扩大基础和桩基础。

(2)刚性扩大基础

公路桥梁由于地基强度一般较墩台或墙柱圬工的强度低,因而需要将其基础平面尺寸扩大以满足地基强度的要求。这种刚性基础又称为刚性扩大基础,它是桥涵及其他构造物常用的基础形式,其平面形状常为矩形。每边扩大的尺寸最小为0.2~0.5m,视土质、基础厚度、埋置深度和施工方法而定。刚性基础,每边扩大的最大尺寸应受到材料刚性角的限制,当基础较厚时,可在纵横向都做成台阶形,以减少基础自重,节省材料。

(3)桩基础

①按承载性能分。桩在竖向荷载作用下,桩顶荷载由桩侧阻力和桩端阻力共同承受,而桩侧阻力、桩端阻力的大小及分担荷载比例主要由桩侧和桩端地基土的物理力学性质、桩尺寸和施工工艺所决定。桩按其承载性能分为摩擦桩和端承桩两大类:

a.摩擦桩:桩顶荷载主要由桩侧阻力承受,并考虑桩端阻力。

b.端承桩:桩顶荷载主要由桩端阻力承受,并考虑粧侧阻力。

②按成桩方法分。根据成桩方法和成桩过程的挤土效应,桩分为非挤土桩、部分挤土桩和挤土桩三类。

a.非挤土桩:分为干作业法钻(挖)孔灌注桩、泥浆护壁法钻孔灌注桩、套管护壁法钻孔灌注桩。

b.部分挤土桩:分为冲孔灌注桩、挤孔灌注桩、预钻孔沉桩、敞口预应力混凝土管桩等。

c.挤土桩:分为沉桩(锤击、静压、振动沉入)、预制桩及闭口预应力混凝土管粧等。

③灌注桩基础。灌注桩是在桩位处成孔,然后放入钢筋骨架,再浇筑混凝土而成的桩。钻孔灌注桩按成孔方法不同,有钻孔灌注桩、挖孔灌注桩、冲孔灌注桩、套管成孔灌注桩和爆扩成孔灌注桩等。公路桥梁最常用的桩基础为钻孔灌注桩。

2)基础常见病害

由于每类基础所处的地质条件不尽相同,基础结构形式及修筑基础地形(包括地基地质条件)存在差异,因此,所产生的缺陷也不完全相同。可是从总的方面来分析,具有一定的规律性。公路桥梁基础常见病害见表9-1。

公路桥梁基础常见病害　　表 9-1

基础类型			常见病害
浅基础	天然地基的浅基础		①埋置深度浅,易受冲刷而淘空; ②埋置深度不足,受冻害影响; ③地基不稳定,易发生滑移或倾斜
浅基础	岩石基础		①基础置于风化岩层上,风化部分未处理好,经水流冲刷而淘空或悬空; ②受地震的剪切作用,易产生裂缝
浅基础	人工地基基础		因处于软弱地基上,在竖向荷载作用下压实沉陷、基础下沉
桩基础	打入桩	木桩	地下水位下降时,桩身腐蚀
桩基础	打入桩	钢筋混凝土预制桩	①打桩时桩身损坏; ②受水冲刷、浸蚀产生空洞、剥落等; ③受船只或其他漂浮物的撞击而损伤
桩基础	钻(挖)孔桩		①施工时桩底清孔不彻底,引起桩基下沉; ②桩头受水冲刷、浸蚀而产生空洞、剥落、钢筋外露腐蚀等; ③灌注混凝土过程中发生塌孔而未做处理,桩身部分脱空; ④受外力撞击而损伤

3)基础严重缺陷

(1)桥梁基础的沉降和不均匀沉降

地基的压密下沉而引起基础沉降,在一定范围内的沉降是难以避免的,属正常现象,而超过一定的范围则将对桥梁产生有害影响。在软土地基上的桥梁基础,由于受到土基压实下沉和地下水位升降等影响,往往还会产生不均匀的沉降。因此,在桥梁施工过程中或运营期内,应定期和及时地做好基础沉降变位的观测分析工作,以便了解基础的沉降情况及发展趋势,分析均匀沉降和不均匀沉降对桥梁结构的影响,并对有害的基础沉降采取有效的防治措施。

(2)桥梁基础的滑移和倾斜

桥梁基础受到洪水的冲刷而发生滑移。冲刷深度由河流的河床比降与河床堆积物成分等因素所决定。一般很难预先估计冲刷有多深,事先必须经过充分的调查,以探求其冲刷真正的深度。

桥梁所在河床潜挖,减少了桥台台前临河面地基土层的侧向压力,从而使基础产生侧向滑移。

桥台基础建造于软土地基,当台背填土超过一定高度且基础构造处理不当时,作用于台背的水平力增大,将导致地基失稳,产生塑性流动,使桥台产生前移。当基础上下受力不均时,台身也随之产生不均匀的滑移,导致基础出现倾斜。

产生滑移或倾斜的桥台基础多为建造在软土地基上的重力式桥台、倒T形桥台。沉井基础也有产生前移的,这是由于沉井基础施工时扰动了地基且承受台背土压力的宽度大,不像桩基础那样,有使流动土压力从桩间挤过去的效果,所以作用于沉井基础的流动压力比桩基础要大。

基础产生的滑移或倾斜严重时会导致桥梁结构破坏,其破坏形式有:

①支座和墩台支承面破坏,以及梁从支承面上滑落下来。

②伸缩缝装置被破坏或使接缝宽度减小,伸缩功能受损。

③当滑移量过大时,梁端与背墙紧贴,严重时导致背墙破坏或梁局部压屈。

(3)桥梁基础结构物的开裂

桥梁受力不均,往往会产生局部应力,并导致桥梁出现横向或竖向裂缝;在外荷载作用下,还会使基础结构物因出现异常应力而局部损坏。

4)基础加固方法

(1)增大基础加固法

①适用条件。对原桥梁扩大基础,增大基底面积的加固方法,称为增大基础加固法,如图9-13所示。该法适用于基础承载力不足或基础埋置太浅,而墩台材料是圬工砌体或混凝土刚性扩大基础的情况。当构造物基础具有较大的不均匀沉降,并且地基土质承载能力比较高时,可采用扩大基础法进行加固。但应满足地基土的容许承载力在300kPa以上和原基础周边基坑可开挖的条件。

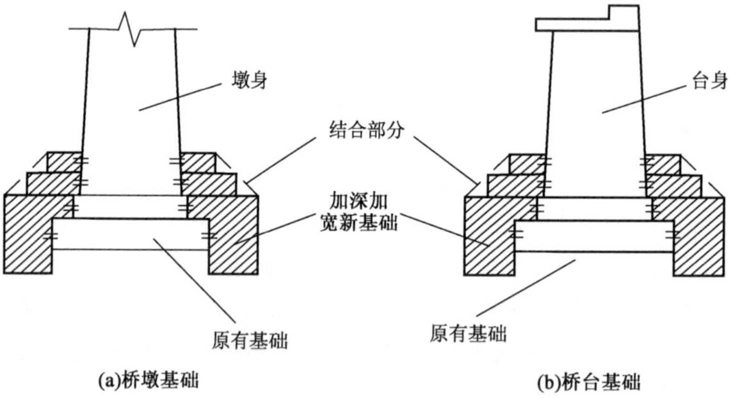

图9-13　墩台基础扩大基础加固法

②设计要点。增加基础底面积应由地基强度验算确定。在计算时,根据《公路桥涵地基与基础设计规范》(JTG 3363—2019)的规定,经过多年压实未受破坏的旧地基,其地基承载力按原有承载力的1.5倍进行计算。在扩大基础面积后,应能使墩台基底的单位压力减小到地基所能承受的允许应力范围之内。当地基强度满足要求而缺陷主要为不均匀沉降变形过大时,采用扩大基础底面积的方法加固,由地基变形计算来加以确定。

③构造措施。扩大墩台基础加固注意新老材料结合牢固,以防止发生裂缝,并且能使加固后的扩大基础与原结构共同受力。其具体措施如下:

a.将原基础混凝土结合面凿毛,然后再注入新加部分的混凝土。

b.若原墩台身为圬工砌体,则可将原墩身与新加部分的结合面表层的部分砌石凿除,使新旧砌体结合面积增大,提高共同工作性能。

c.有条件可制作一个强劲的钢筋混凝土箍把新旧两部分统一箍紧。在其新旧结合处附近局部加设加强钢筋,以保证该处不会产生裂缝。

对于拱桥,可在桥台两侧加设钢筋混凝土实体耳墙,并将耳墙与原桥台用钢销连接起来,从而达到增大桥台基础面积,提高桥台承载力的目的。加固后耳墙与原桥台连接在一起,因此,既增加了竖向承压面积,又由于耳墙的自重而增加了抗水平推力的摩阻力,如图 9-14 所示。

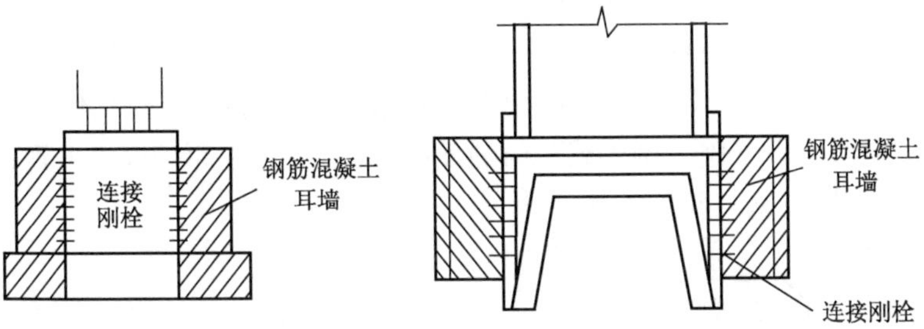

图 9-14　拱桥桥台加设耳墙加固

④施工工序。墩台扩大基础加固的施工顺序如下:

a. 在加宽的范围内打板桩围堰,水位较低时可采用草袋围堰。

b. 挖除围堰内的土体,至原基础底,或低于原基底(注意墩台的安全)。

c. 堰内有水时,把堰内的水抽干。

d. 按照设计要求,在原墩台侧面凿孔并植入锚固钢筋。

e. 立模,浇筑混凝土并养护至设计强度。

⑤安全风险。

a. 原基础周边开挖会降低原基础的承载能力和稳定性,拱式桥的施工风险大于梁式桥。

b. 在雨季施工作业,基坑积水会降低基础的承载能力和稳定性。

(2)增加桩基础加固法

当基础承载力不足时,可增加基桩(钻孔桩或打入桩)并扩大原承台,使墩台的荷载部分传递至新桩基,以此提高基础承载力,如图 9-15 所示。这种加固方法的优点是提高承载能力作用明显。其缺点是新桩基施工对原结构有一定影响。

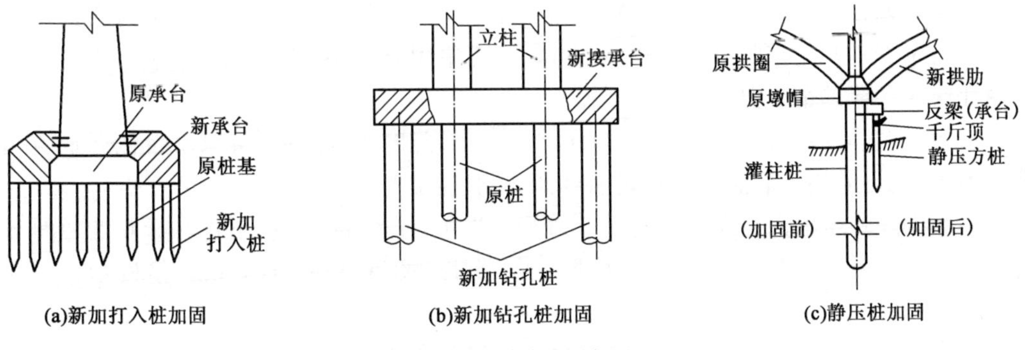

图 9-15　增加桩基础加固

①适用条件。

a. 原桥梁基础为桩基础,桥梁设计荷载等级提高或上部结构因加固改造恒载增加等。

b. 原基础为摩擦桩,由于河床下切,接近局部冲刷深度。

c. 河床下切趋势明显,且河床冲刷防护困难。

d. 原桥基础为扩大基础,采用增大基础面积加固法困难。

e. 桥下净空满足桩基施工作业条件,承台扩大不影响通航净空。

②新桩的构造要求。

a. 钻孔桩设计直径不宜小于 80cm,也不宜小于原桩径的 2/3。

b. 新加桩一般设于原桩纵桥向前后,视增加桩基的数量,新桩可与原桩布置在同一轴线上,如图 9-16 所示,也可错位布置,用承台将原有桩基与新桩连接,使其共同受力。

c. 新加桩纵桥向设置施工困难或压缩通航断面时,可设于原桩横桥向两侧,如图 9-17 所示,承台连接原桥桩基与新加桩基。

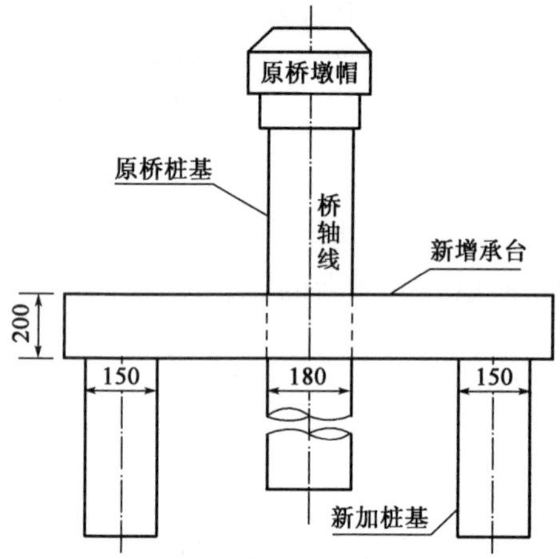

图 9-16　纵桥向加桩(尺寸单位:cm)

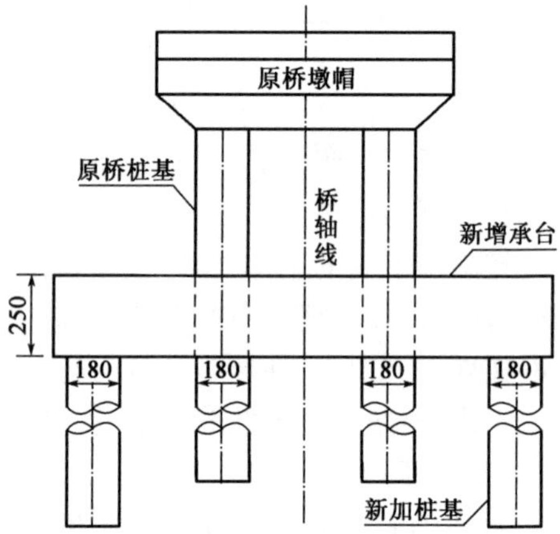

图 9-17　横桥向加桩(尺寸单位:cm)

d. 新加桩为钻孔灌注摩擦桩时,新、原桩中距不得小于桩径的 2.5 倍;新加桩为钻孔灌注端承桩时,新、原桩中距不得小于桩径的 2 倍;桩径不一致时,按桩径较大的控制中距。

e. 原基础为扩大基础时,桩基沿基础襟边设置。

③新增承台。

a. 原桩基顶仅设置系梁时,需新增承台,原系梁可包裹在新承台内。承台厚度应不小于 1.5m,依据桩基的布置,尽量减小承台体积,可采用菱形、H 形等多边形构造,但应满足桩基距承台边缘的最小要求。

b. 原桩基顶为承台时,可在新建承台与既有承台接触范围内,将原承台侧凿成锯齿状剪力键,也可采用植筋法连接新老承台,使新旧混凝土连接可靠。

c. 边桩外侧与承台边缘的距离对于直径(或边长)≤1m 的桩,不得小于 0.5 倍桩径并(或边长)不小于 25cm;对于直径(或边长)>1m 的桩,不得小于 0.3 倍桩径并不小于 50cm。

④设计计算。增补桩基加固法的计算一般包括下列主要内容:

a. 原桥基础承载能力检算。

b. 新桩单桩容许承载力的确定。

采用增补桩基加固法,上部荷载(桥跨自重及汽车活载)和扩大的承台(或盖梁)自重将有相当一部分由补桩传递到持力层及其以下的土层中,从而使原本承载力不足(如由于桥梁改造拓宽引起基础所受的荷载增加)的基础能够满足要求,那么正确地确定单桩的容许承载力就显得非常重要。同时,正确的单桩容许承载力是合理地确定补桩数量和补桩长度的重要依据。单桩容许承载力的确定已经有比较成熟的计算公式,可以直接采用。

对于摩擦桩单桩轴向容许承载力的确定可采用下式计算:

$$R_a = \frac{1}{2}ulq_{ik} + A_p q_r \tag{9-2}$$

$$q_r = m_0\lambda[f_{a0} + k_2\gamma_2(h-3)] \tag{9-3}$$

$$q_{ik} = \frac{1}{l}\sum_{i=1}^{n} q_i l_i \tag{9-4}$$

式中:R_a——单桩轴向受压承载力特征值,kN;

u——桩身周长,m;

A_p——桩端截面面积,m^2;

l、l_i——桩基局部冲刷以下桩基长度及穿过的各土层厚度,m;

q_{ik}——与 l_i 对应的各土层与桩侧的摩阻力标准值,kPa;

q_r——桩端处土的承载力容许值,kPa;

f_{a0}——桩端处土的承载力基本容许值,kPa;

h——桩端的埋置深度,m;

k_2——容许承载力随深度的修正系数;

γ_2——桩端以上各土层的加权平均重度,kN/m^3;

m_0——清底系数;

λ——修正系数。

各参数取值按《公路桥涵地基与基础设计规范》(JTG 3363—2019)第6.3.3条的相关要求。

c.群桩的承载力。把单桩承载力折算成群桩的承载力,用Converse-Labarre公式做近似计算,取群桩的效率系数为:

$$\eta = \frac{\text{群桩的极限承载力}}{n \times \text{单桩的极限承载力}} \tag{9-5}$$

效率系数 η 按下式计算:

$$\eta = 1 - \frac{\arctan(d/s)}{90^\circ} \times \frac{(n-1)m + (m-1)n}{mn} \tag{9-6}$$

式中:η——群桩的效率系数;

d——桩的直径,m;

s——桩的中心距,m;

m——群桩中桩列的数目;

n——个桩列的桩数。

d.群桩沉降量的计算。

在同一基础下,设有两种以上的桩型(图9-18)时,由于单桩承担的荷载与该桩的材料性能、桩身的规格尺寸及桩的入土情况等因素有关,而这些因素

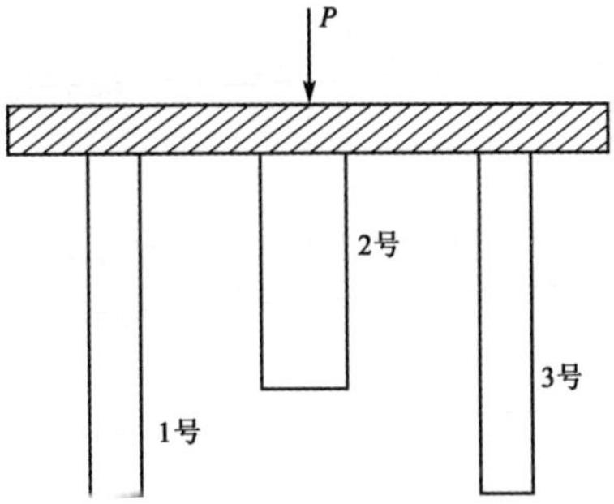

图9-18 不同桩型的桩基

又综合反映在单桩设计承载力上,按单桩设计承载力来分配沉降计算荷载是较合理的。

设1号,2号,3号,…,n号桩的单桩设计承载力分别为$R_1,R_2,R_3,\cdots,R_n$,作用于桩基承台上的荷载为P,则1号,2号,3号,…,n号桩分担的沉降计算荷载分别为:

$$Q_i = \frac{PR_i}{\sum\limits_{n=1}^{n} R_i} \qquad (n = 1,2,3,\cdots,n) \tag{9-7}$$

按简单叠加法原理即可计算群桩在各自计算荷载作用下引起的作用于土层上的竖向附加应力σ_z。σ_z可按下式计算:

$$\sigma_z = \sum_{i=1}^{k}\left[\alpha_i I_{\mathrm{p},i} + (1-\alpha_i) I_{\mathrm{s},i}\right]\frac{Q_i}{L_i} \tag{9-8}$$

式中:Q_i、L_i——第i根桩的沉降计算荷载和桩长;

α_i、$(1-\alpha_i)$——第i根桩的端阻力和侧摩阻力占沉降计算荷载比,α_i可近似按单桩的端阻比取值;

$I_{\mathrm{p},i}$、$I_{\mathrm{s},i}$——第i根桩的桩端阻力和桩侧摩阻力对计算点的应力影响系数,它与桩侧摩阻力沿桩身分布形式有关。

对于桩端的集中力情况:

$$I_{\mathrm{p},i} = \frac{1}{8\pi(1-\mu)}\left[\begin{array}{l} -\dfrac{(1-2\mu)(m-1)}{A^3} + \dfrac{(1-2\mu)(m-1)}{B^3} - \\ \dfrac{3(m-1)^3}{A^5} - \dfrac{30m(m+1)^3}{B^7} - \\ \dfrac{3(3-4\mu)m(m+1)^2 - 3(m+1)(5m-1)}{B^5} \end{array}\right] \tag{9-9}$$

桩侧摩阻力沿桩身呈矩形分布情况:

$$I_{\mathrm{s},i} = \frac{1}{8\pi(1-\mu)}\left[\begin{array}{l} \dfrac{-2(2-\mu)}{A} + \dfrac{2(2-\mu)+2(1-2\mu)\left(\dfrac{m^2}{n^2}+\dfrac{m}{n^2}\right)}{B} - \dfrac{(1-2\mu)2\left(\dfrac{m}{n}\right)^2}{F} + \\ \dfrac{n^2}{A^3} - \dfrac{4m^2-4(1+\mu)\left(\dfrac{m}{n}\right)^2 m^2}{F^3} + \\ \dfrac{4m(1+\mu)(m+1)\left(\dfrac{m}{n}+\dfrac{1}{n}\right)^2-(4m^2+n^2)}{B^3} - \\ \dfrac{6m^2\dfrac{(m^4-n^4)}{n^2}}{F^5} + \dfrac{6m\left[mn^2-\dfrac{(m+1)^5}{n^2}\right]}{B^5} \end{array}\right] \tag{9-10}$$

桩侧摩阻力沿桩身呈正三角形分布情况:

$$I_{s,i}=\frac{1}{4\pi(1-\mu)}\left[\begin{array}{l}-\frac{2(2-\mu)}{A}+\frac{2(2-\mu)(4m+1)-\frac{2(1-2\mu)(1+m)m^2}{n^2}}{B}+\\\frac{\frac{2(1-2\mu)m^3}{n^2}-8(2-\mu)m}{F}-\frac{30m(m+1)^3}{B^7}+\frac{mn^2+(m-1)^3}{A^3}+\\\frac{4\mu n^2m+4m^3-15n^2m-2(5+2\mu)\left(\frac{m}{n^2}\right)(m+1)^3+(m+1)^3}{B^3}+\\\frac{2(7-2\mu)mn^2-6m^3+2(5+2\mu)\left(\frac{m}{n}\right)^2m^3}{F^3}+\\\frac{6mn^2(n^2-m^2)+12\left(\frac{m}{n}\right)^2(m+1)^5}{B^5}+\frac{12\left(\frac{m}{n}\right)^2m^5+6mn^2(n^2-m^2)}{F^5}-\\2(2-\mu)\ln\left(\frac{A+m-1}{F+m}\frac{B+m+1}{F+m}\right)-\frac{3(m-1)^3}{A^5}\end{array}\right] \tag{9-11}$$

其中，$A^2=n^2+(m-1)^2$、$B^2=n^2+(m+1)^2$、$F^2=m+n^2$、$n=r/L$、$m=z/L$。

式中：μ——地基土的泊松比；

r——计算点离桩身轴线的水平距离，m；

z——计算点离承台底面的竖向距离，m。

对于短桩，设定桩侧摩阻力沿桩身呈矩形分布是较合理的；而对于长桩，桩侧摩阻力呈矩形分布和呈三角形分布的计算结果较接近。

由不同桩型组成的群桩基础沉降仍按单向压缩分层总和法来计算，则基础平面某点的压缩变形量 s 见式(9-12)：

$$s=\sum_{t=1}^{T}\frac{1}{E_{s,t}}\sum_{l=1}^{n}\sigma_{z,t,l}\Delta H_{t,l} \tag{9-12}$$

式中：T——沉降计算的土层压缩总数，沉降计算范围包括自桩顶平面向下整个地层中的附加应力不小于土层自重应力 10% 的区段内；

$E_{s,t}$——第 t 层土在自重应力至自重应力加附加应力作用时的压缩模量；

n——第 t 层土的单向压缩计算分层总数；

$\Delta H_{t,l}$——第 t 层土的第 l 个分层的层厚，mm；

$\sigma_{z,t,l}$——第 t 层土的第 l 个分层处土层的竖向附加应力，MPa。

墩台基础的沉降应满足下式要求：

$$S\leqslant 2.0\sqrt{L} \tag{9-13}$$

$$\Delta S\leqslant 1.0\sqrt{L} \tag{9-14}$$

式中：S——墩台基础的均匀总沉降量(不包括施工中的沉降)，mm；

ΔS——相邻墩台基础的均匀总沉降差值(不包括施工中的沉降)，mm；

L——相邻墩台间最小跨径长度，m，跨径小于 25m 时仍以 25m 计。

⑤安全风险。

a. 增加的桩基会引起河床过水断面面积的减少,增加流速,加剧河床的局部冲刷,应对局部冲刷深度进行评估分析。

b. 新增桩基钻孔过程中,塌孔、振动等对地基土产生扰动,会使原桩摩阻力下降,对承载能力产生影响。

c. 施工时工作面受限,施工机械可能会对原结构产生碰撞、刮擦等。

9.6.4 墩台地基加固

1)地基加固类型

当基础下的天然地基松软,承载能力低,或上层地基土虽好,但深层土质承载能力低引起基础沉降过大时,可对地基进行加固,以改善提高地基的承载能力。人工地基加固方法很多,最常用的有两种。

(1)砂桩加固(物理方法)

当软弱地基层较厚时,可用砂桩法改善地基的承载能力。施工时,将钢管或木桩打入基础周围的软弱土层中,然后将桩或管拔出,在形成的洞内灌入干燥的粗砂、砾砂,然后捣实,形成砂桩,达到提高地基土密实度的目的。在含水饱和的砂土或黏砂土中,由于易坍孔,灌砂困难,可采用砂浆袋套管法与振冲法来加固地基。

(2)注浆加固(化学方法)

注浆加固法根据注浆压力的不同,可分为静压注浆和高压喷射注浆两大类。

2)静压注浆加固法

(1)加固原理

在墩台基础之下,利用液压、气压或电化学原理,通过注浆管把浆液均匀地注入地层,浆液以填充、渗透和挤密等方式使土颗粒或岩石裂隙中的水分和空气排出,一定时间后,浆液将原来松散的土粒或裂隙胶结成一个整体,提高了地基土的承载能力。

注浆加固地基的作用按加固情况的不同主要有:

①填充圬工砌体内的空隙,使其形成整体,从而提高砌体强度。

②填充土壤或岩石的空洞和裂缝,从而堵塞土壤或岩石的渗流孔道,提高其承压能力,减少渗流冲刷的可能性。若空洞大,应使用水泥砂浆;若为裂缝,应使用水泥浆。

③填充砂子和砾石的孔隙,提高其承压能力。

④挤密较软弱的土层,形成复合地基,使地基承载能力得到提高。

(2)适用条件

①水泥灌浆法。

a. 适用于砂土和碎石土中的渗透灌浆。

b. 适用于黏性土、填土和黄土中的压密灌浆与劈裂灌浆。

②硅化法。

a. 对地基土的渗透系数为 0.1 ~ 80m/d 的粗颗粒土,可采用双液硅化法(水玻璃、氯化钙)。

b. 对地基土的渗透系数为 0.1 ~ 2m/d 的湿陷性黄土,可采用单液硅化法(水玻璃)。

c. 对自重湿陷性黄土,宜采用无压力单液硅化法。

③碱液法。此法适用于处理既有构筑物的非自重湿陷性黄土地基。

(3)材料要求

注浆加固时各种浆液材料的选择应遵循以下原则：

①浆液应是真溶液,浆液黏度低,流动性好,能进入细小裂缝。

②浆液凝胶时间在大范围内可调节,易准确控制,浆液凝胶可在瞬间完成。

③浆液的稳定性好,在常温常压下,长期存放不改变性质,不发生任何化学反应。

④浆液对注浆设备、管路、混凝土结构物、橡胶制品无腐蚀,并容易清洗。

⑤浆液固化时无收缩现象,固化后与岩石、混凝土等有一定黏结性。

⑥浆液结石体有一定抗压和抗拉强度,不龟裂,抗渗性能和防冲刷性能好。

⑦结石体耐老化性能好,能长期耐酸、碱、盐、生物细菌等腐蚀且不受温、湿度影响。

墩台基础地基加固所采用的方法和注浆材料一般因地质情况不同而异。静压注浆和高压喷射时不同浆液材料的地质适用范围见表9-2。

注浆法适用土质范围 表9-2

类别		注浆材料	卵石碎石	粗粒组						细粒组	
				砾石			砂粒			粉粒	黏粒
				粗	中	细	粗	中	细		
静压注浆	无机类	单液水泥浆	√	√	√	√	√				
		黏土水泥浆	√	√	√	√	√				
		水玻璃水泥浆	√	√	√	√	√				
		水玻璃水泥浆-氯化钙	√	√	√	√	√	√			
		水玻璃类	√	√	√	√	√	√	√		
	有机类	铬木素类	√	√	√	√	√	√	√	√	
		丙烯酰胺类	√	√	√	√	√	√	√	√	
		脲醛树脂类	√	√	√	√	√	√	√		
		糖醛树脂类	√	√	√	√	√	√	√	√	
		聚氨酯类	√	√	√	√	√	√	√	√	
高压旋喷		纯水泥浆		√	√	√	√	√	√	√	√
喷射定喷		纯水泥浆			√	√	√	√	√	√	√

(4)设计要点

注浆法适用于处理碱性土、粉性土、黏性土和一般填土层。注浆法旨在防渗堵漏、提高地基土的强度和变形模量,控制地层沉降。设计前应查明加固土层的分布范围及含水率、颗粒级配等土体物理力学性质指标。对重要工程,注浆设计前须进行室内浆液配比试验,并进行现场注浆试验。设计要点主要有：

①设计应包括的内容有注浆有效范围、注浆材料的选择、初凝时间、注浆量和压力、注浆孔布置和注浆顺序等。

②选定浆液及配比设计,必须考虑注浆的目的、地基土的孔隙大小、地下水的状态等,

在满足所需目的的范围内选定最佳配比。

③注浆法处理软土的浆液材料可选用以水泥为主剂或选用水泥和水玻璃的双液型混合液。聚氨酯具有遇水膨胀的特性,化学浆液因对环境有污染,选用时应慎重考虑。在有地下动水流的情况下,不应采用单液水泥浆。

④用作防渗的注浆至少应放置三排注浆孔,注浆液应选用水玻璃或水玻璃与水泥的混合液。注浆孔间距可按1.0~1.5m范围设计。用作提高土体强度的注浆液可选用以水泥为主剂的悬浊液,注浆孔间距可按1.0~2.0m的范围设计。

⑤初凝时间必须根据地基土质条件确定。在砂土地基注浆中,一般使用的浆液初凝时间为5~20min。在黏性土中劈裂注浆时,一般初凝时间为1~2h。

⑥注浆量取决于地基土性质和浆液的渗透性等因素。在进行大规模注浆施工时,宜在施工现场进行试验性注浆以决定注浆量。一般黏性土地基中的浆液注入率为15%~2%。

⑦在砂性土中注浆,若以防渗为主要目的,应考虑第二次注浆。时间宜在第一次注入的浆液初凝后进行。注浆材料应采用水玻璃等低黏度的化学注浆材料。

⑧注浆压力的选用根据土层的性质及埋深确定。砂性土的经验数值是0.2~0.5MPa,黏性土的经验数值是0.2~0.3MPa。压密注浆的注浆压力主要取决于浆液材料的稠度。如采用水泥的砂浆液,坍落度可在25~75mm,注浆压力可选在1~7MPa范围内。坍落度较小时,注浆压力可取上限值。如采用水泥-水玻璃双液快凝浆液,则注浆压力应小于1MPa。

⑨注浆孔的布置应能使被动固土体在平面的深度范围连成一个整体。

⑩注浆顺序必须适合地基土质条件、现场环境及注浆目的。一般不宜采用自注浆地带某一端单向推进压注方式,应按跳孔间隔注浆方式进行,以防止串浆,提高注浆孔内浆液的强度。对有地下水流的特殊情况,应考虑浆液在动水流下的迁移效应,应自水头高的一端开始注浆。应采用先外围,后内部的注浆顺序。注浆范围外有边界约束条件时,也可采用自内侧开始往外侧注浆方法。

(5)施工要点

注浆加固的施工程序工序为放样→钻孔→下注浆管→制浆→灌浆→结束。施工要点如下:

①加固施工前必须确定具体的实施方案,工作内容包括灌浆孔的布置,灌浆加固深度,采用何种浆液(包括浆液配比)等。

②放样:根据施工组织设计的平面布置图放样,确定具体孔位。

③钻孔:孔位准确放样后,钻机就位,经检测复核后方可开钻。钻进过程中遇到异常情况,必须查明原因,及时采取处理措施,并做详细记录。钻孔结束后,由技术员对孔位、孔号、孔深等进行质量检查,验收合格后方可钻进下一个孔。

④下注浆管:下管前,要检查钻孔深度是否达到要求,待下管深度达到设计要求,经技术人员认可后方可下注浆管。下管过程中若遇特殊情况,如孔内阻塞、塌孔等,应立即停止下管,将注浆管提出地面,重新清孔,处理完毕后再重新下管。

⑤制浆:按设计相对密度拌制浆液。制浆过程中随时测量浆液相对密度,及时调整水泥用量。一个孔的灌浆结束后,统计该孔材料用量,并核实是否符合技术要求。

⑥灌浆:在每孔灌浆段总长上,每隔一定距离设一注浆段。可采取多次灌注方法,每次灌注量及浆液相对密度应严格控制。

⑦灌浆结束标准:可采用每个灌浆段灌浆总量及孔口压力两个标准来控制。

3)旋喷注浆加固法

(1)加固原理

先利用钻机把带有喷嘴的注浆管钻入土层的预定位置,旋转并以一定的速度提升,同时将浆液或水以高压流的形式从喷嘴里射出,冲击破坏土体,高压流切割并搅碎土层,使其成颗粒状分散,一部分被浆液和水带出钻孔,另一部分则与土和浆液搅拌成混合体,随后凝聚固结,组成具有一定强度和抗渗能力的固结体,从而对地基进行加固。

旋喷注浆加固法的技术特点主要表现为:

①固结体和原土层共同受力。

②固结体的变形模量较土层大很多倍。

③固结体和土体的受力在时间上不同步,一般是土体已达到或接近其极限强度以后,固结体才进入工作状态。

(2)适用条件

①适用于处理淤泥、淤泥质黏土、黏性土、粉土、黄土、砂土、人工填土和碎石土等地基,但对于土中砾石直径过大、砾石含量过多及有大量纤维质的腐殖土,则应根据现场试验结果确定其适用程度。

②主要用于增加地基强度、挡土围堰及地下工程建设、增大土的摩擦力及固着力、减小振动防止砂土液化、降低土的含水率、防止洪水冲刷和防渗帷幕七类工程。

(3)工艺类型

旋喷注浆加固法工艺类型有单管旋喷注浆法、二重管旋喷注浆法和三重管旋喷注浆法,详见表9-3。

旋喷注浆法的工艺类型　　表9-3

工艺类型	示意简图	说明
单管旋喷注浆法	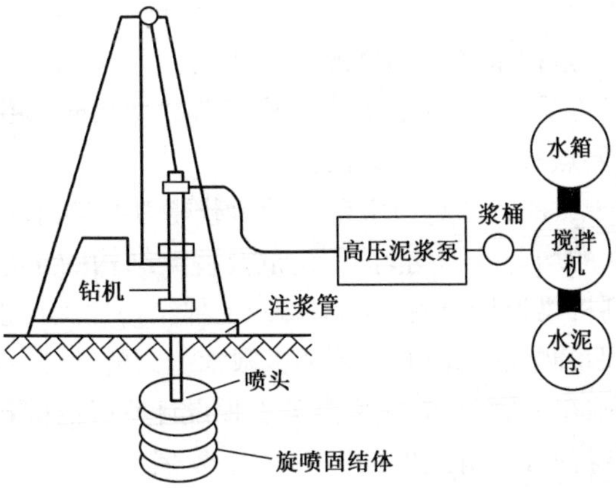	注浆管钻进至一定深度后,由高压泥浆泵等高压发生装置,以一定的压力,将浆液从喷嘴中喷射出去冲击破坏土体,同时使浆液与土搅拌混合,在土中形成圆柱状的固结体

续上表

工艺类型	示意简图	说明
二重管旋喷注浆法	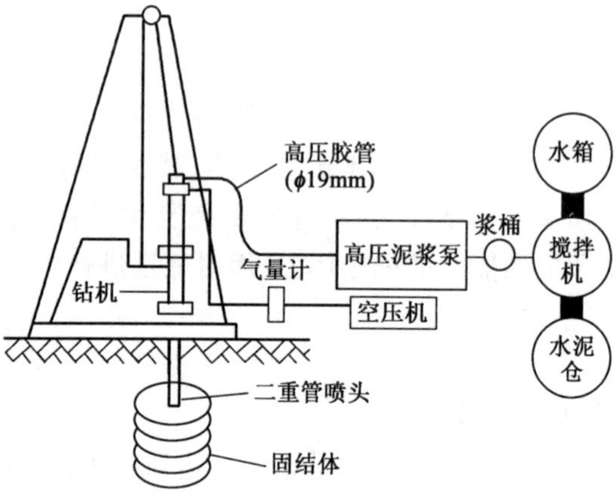	使用双通道的二重注浆管,当注浆管钻进至预定深度后,通过双重喷嘴,同时喷射出高压浆液和空气两种介质的喷射流冲击破坏土体
三重管旋喷注浆法	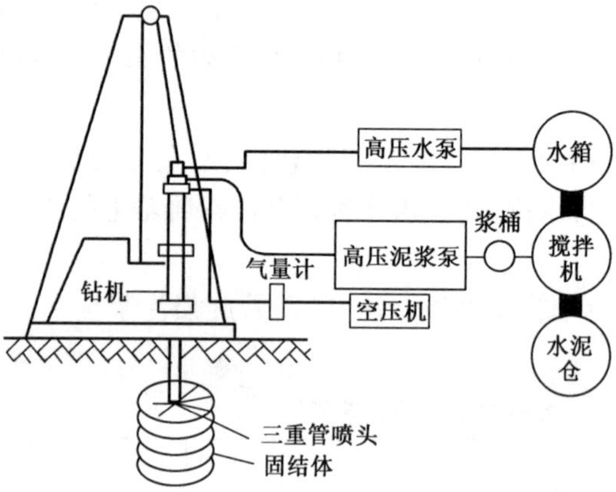	分别使用输送水、气、浆三种介质的三重注浆管,由此可在土中凝固为直径较大的圆柱状固结体

(4)设计要点

旋喷注浆加固桥梁墩台基础是在未卸载的情况下施工的。因此,被加固的桥梁基础没有荷载增量时,旋喷固结体是不受力的,只是桥梁结构有荷载增量时,旋喷固结体才参与受力。旋喷注浆加固的设计要点有以下三个方面:

①加固前原有墩台基础的承载能力估算。墩台基础承载能力不足,有两种情况:一是施工或使用阶段,基础发生较大的均匀或不均匀下沉,危及桥梁结构的正常使用;二是目前基础使用状态良好,但考虑到桥梁设计荷载标准提高或上部结构加固自重增加,地基承载力不能满足预期的需要。这两种情况对原有地基的极限承载力的估算方法有所不同。

a. 对已发生病害的墩台基础在加固前,除收集有关工程设计所必需的各项资料外,还应对工程的病害历史和现状进行调查分析。根据病害发生、发展的程度,推算出现有地基的承载能力。

b. 对于目前没有病害,仅为提高荷载等级而需要加固的地基,估算地基承载能力有两种方法：一是依据地质钻探或土工试验所给出的土体极限强度 σ_0 进行计算。二是依据规范提出的“经过多次压实、未受破坏的旧地基”允许承载力可予提高（提高系数为1.25～1.5）的方法确定。

②对危及正常使用的墩台地基加固的设计计算：

a. 依据地质钻探资料确定旋喷固结体的性质。若基岩较浅，设计为支承桩；基岩较深，则设计为摩擦桩。

b. 现场选取各层土样，按加固需要和现场可能达到的水泥、水、土三者之比进行配比试验，确定固结体的强度。

c. 计算地基加固所必需的固结体的总面积。

d. 加固总面积确定以后，可用试桩或经验公式法确定旋喷固结体的有效直径。

e. 确定桩数，进行孔位布置。

③对未提高荷载等级的墩台地基加固的设计计算：

a. 加固后结构新增加的荷载由全部固结体所承受；

b. 确定加强所需桩柱的总面积，根据固结体的有效直径，确定桩数；

c. 进行桩位布置。

(5) 施工要点

①施工流程。旋喷注浆施工流程可概括为钻机就位、钻孔、插管、旋喷作业、冲浇五道工序，如图9-19所示。

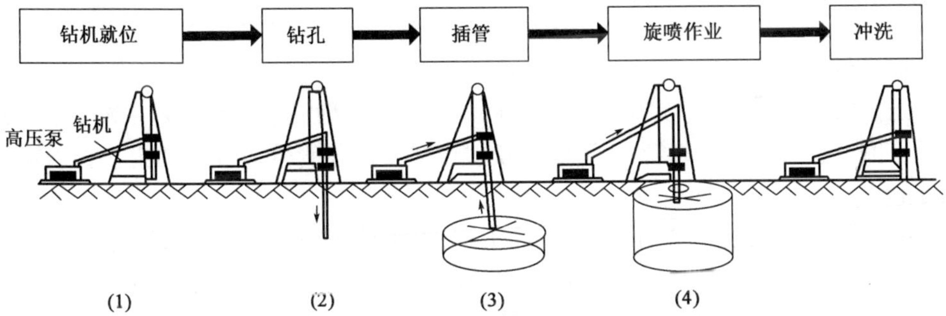

图9-19 旋喷注浆加固法的施工程序示意

②方法选择。高压喷射注浆设备根据工程具体情况和机具条件，加固时可选用：

a. 单管法：单独喷射水泥浆液，桩径可达0.3～0.8m。

b. 双管法：同轴喷射水泥浆液的压缩空气，桩径可达1m。

c. 三重管法：同轴喷射高压水和压缩空气，并注入水泥浆，桩径可达1～1.5m。

上述三种旋喷施工的主要机具及参数见表9-4。

三种旋喷法主要机具和施工参数 表9-4

项目	单管法	双管法	三重管法
喷嘴孔径(mm)	2～3	2～3	2～3
喷嘴个数(个)	2	1～2	1～2
旋转速度(r/min)	20	10	5～15
提升速度(mm/min)	200～250	100	50～150

续上表

项目		单管法	双管法	三重管法
高压泵	压力(kg/cm^2)	200~400	200~400	200~400
	流量(L/min)	60~120	60~120	60~120
空压机	压力(kg/cm^2)	—	7	7
	流量(L/min)	—	1~3	1~3
泥浆泵	压力(kg/cm^2)	—	—	30~50
	流量(L/min)	—	—	100~150

③施工要求。

a.施工前根据现场环境和地下埋设物的位置等情况,复核旋喷注浆的设计孔位。

b.旋喷注浆法的单管法及双管法的高压水泥浆液流和三重管法高压水射流的压力宜大于20MPa,三重管法使用的低压水泥浆液流压力宜大于1MPa,气流压力宜取0.7MPa,提升速度可取0.1~0.25m/min。

c.旋喷注浆法的主要材料一般采用普通硅酸盐水泥。根据需要可加入适量的速凝、悬浮或防冻等外加剂为掺合料。所用外加剂和掺合料的数量,应通过试验确定。水泥浆液的水灰比应按工程要求确定,可取1.0~1.5,常取1.0;水泥使用前需要做质量鉴定。搅拌水泥浆所用的水应符合有关规定。

d.钻机与高压注浆泵的距离不宜过远。钻孔的位置与设计位置的偏差不得大于50mm。实际孔位、孔深和每个钻孔内的地下障碍物、洞穴、漏水如与工程地质报告不符等情况均应详细记录。

e.当注浆管贯入土中,喷嘴达到设计高程时,即可喷射注浆。在喷射注浆参数达到规定值后,随即旋喷、提升注浆管、由下而上喷射注浆。注浆管分段提升的搭接长度不得小于100mm。

f.对需要扩大加固范围或提高强度的工程,可采用复喷措施。在旋喷注浆过程中如实记录旋喷注浆的各项参数和异常现象。出现压力骤然下降、上升或大量冒浆等异常情况时,应量查明产生的原因并及时采取措施。

g.高压喷射注浆完毕时,应迅速拔出注浆管。为防止浆液凝固收缩影响桩顶高程,必要时可在原孔位采用冒浆回灌或第二次注浆等措施。

h.当处理既有构筑物地基时,应采取速凝浆液或大间距隔孔旋喷和冒浆回灌等措施,以防旋喷过程中地基产生附加变形和地基与基础间出现脱空现象,影响被加固工程及邻近建筑。同时,应对构筑物进行沉降观测。

9.6.5 防洪能力评定与河床防护

1)防洪能力评定

根据桥梁所在河流的地理位置、孔径大小、桥孔位置、桥下净空、基础埋深、墩台基础冲刷、河流与河床的稳定等情况,将公路桥梁防洪能力划分为强、可、弱、差四个等级。现场检查与测量后,按公路桥梁原有的技术等级进行检算评定,评定标准见表9-5。

桥梁防洪能力评定标准　　表9-5

等　级	评定标准
强	1. 桥下实际过水面积满足设计要求，桥下净空符合规定； 2. 桥孔位置合适，调治构造物设置合理、齐全； 3. 河床稳定； 4. 墩、台基础埋深足够，基底埋深安全值满足要求；浅基础已做防护，防护周边的冲刷深度小于设计冲刷深度； 5. 墩台无明显冲蚀、剥落
可	1. 桥下实际过水面积基本满足设计要求，河道压缩小于10%，上部结构底面高程与梁底最低计算高程相同； 2. 桥孔位置略有偏置，设置了调治构造物，调治构造物有局部缺损； 3. 河床基本稳定； 4. 墩、台基础埋深基本满足要求，浅基础防护基本完好； 5. 墩、台有冲蚀、剥落，面积小于10%，深度小于20mm
弱	1. 桥下实际过水面积不满足设计要求，但不小于设计的80%，或河道压缩小于20%；上部结构底面高程基本与梁底最低计算高程相同； 2. 桥孔位置有偏置，调治构造物不齐全或有较大损坏； 3. 河床有冲刷； 4. 墩、台基础埋深安全值较低，浅基础防护损坏明显； 5. 墩、台有冲蚀、剥落、露筋，面积超过10%，钢筋锈蚀
差	1. 桥下实际过水面积小于设计的80%，或河道压缩超过20%；上部结构底面高程低于梁底最低计算高程； 2. 桥孔位置偏置；应设而未设调治构造物，或调治构造物严重损坏； 3. 河床不稳定，冲刷严重； 4. 墩、台基础埋深不够，浅基础无防护或防护被冲空面积超过20%； 5. 墩、台冲蚀、剥落严重，桩顶外露或有缩颈、露筋及钢筋锈蚀严重；砌体松动、脱落或变形

注：梁底最低计算高程是按现行《公路工程水文勘测设计规范》(JTG C30)计算出的桥面最低高程扣除桥梁上部结构建筑高度(包括桥面铺装厚度)后的高程。

桥梁防洪能力评定为弱、差时，因过水面积不满足设计要求，桥梁需加长、加高或改建，属桥梁技术改造范畴；当因河床冲刷下切严重时，应对河床进行冲刷防护处理。

2)河床冲刷防护

在桥梁处，因漫滩水流受桥头引堤挤压和桥墩的阻碍作用，河槽中单宽流量增加，局部水面比降和流速增大，导致河床产生一般冲刷；同时，在桥墩附近形成的复杂水流结构，导致桥墩周围的河床出现局部冲刷。河床冲刷下切，使基础埋置深度或长度降低，达到局部冲刷深度时，影响基础的承载能力和稳定性。

(1)河床冲刷防护原则

河床冲刷防护是指通过削弱水流的冲刷能力，提高基础周围河床的抗冲刷能力，或者采取加深基础满足安全深度等措施，来减小洪水时发生水毁的可能性。冲刷防护应遵循的原则如下：

①冲刷防护在允许的条件下应以根治为原则，可采用永久或半永久的防护工程，以达到防治一处、消灭一处隐患的目的。

②在方案的选择上,应以“因地制宜、就地取材、经济合理”为原则,既要考虑当年投资,又要考虑防护工程的耐久性及长期效益。

③防护设计应以尽可能减少对河道的挤压为原则,防护体的顶面高程应尽可能地降低。

④应按等强度防护原则考虑全桥(包括桥头锥形护坡)的抗冲刷强度。

⑤冲刷防护原则上应与河道整治相结合。

导致河床冲刷下切有人为因素和自然因素。人为因素主要有压缩河道断面和挖沙取石,在挖沙取石作业终止前,采取任何形式的抗冲刷防护均无明显效果。

(2)河床冲刷防护主要措施

对于自然因素产生的河床冲刷下切主要措施有:

①对比降较大的河床,在桥位上游设置消能设施,降低水流流速。

②在桥位下游设置淤沙坝,稳定河床,同时降低水流流速。

③桥墩周边局部冲刷,宜采用柔性防护,通过抛填石、石笼、混凝土预制块等,形成防护。柔性防护的顶面高程应高于一般冲刷线。

④河床整体下切,宜采用刚性防护,通过设置浆砌片石或干砌片石混凝土护面河床铺砌。铺砌防护的顶面高程应与一般冲刷线齐平。

⑤在河道上设置调治构造物,改变水流方向,避免凹岸侵蚀或水流的集中冲刷。

对于大江、河上的大桥,实施河床的抗冲刷防护难度大,以增加桩基提高基础承载能力的方法,抵抗河床冲刷问题。

墩台基础周围河床冲刷严重,危及基础安全的,除修补被冲空的基础外,必须采取有效的防护措施,确保基础承载能力满足要求。各种不同的基础防护工程的方法见表9-6。

河床冲刷危及基础的防护措施　　表9-6

项目	示 意 图	适 用 条 件	做　　法
石笼防护	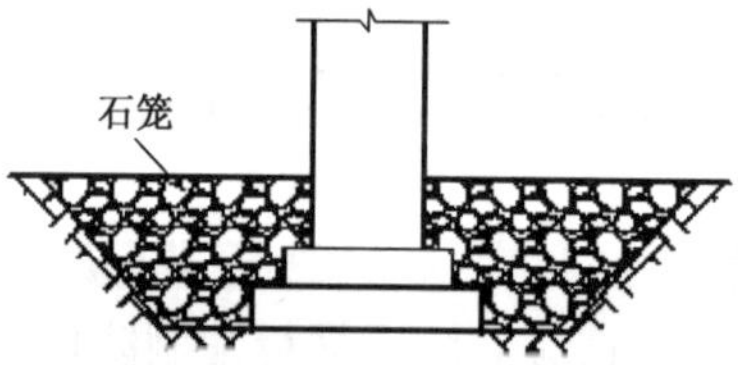	河床较稳定,冲刷范围较小	以竹子、铜丝或钢筋排成石笼护基,石笼间要相互连锁,使其整体下卧
板桩防护	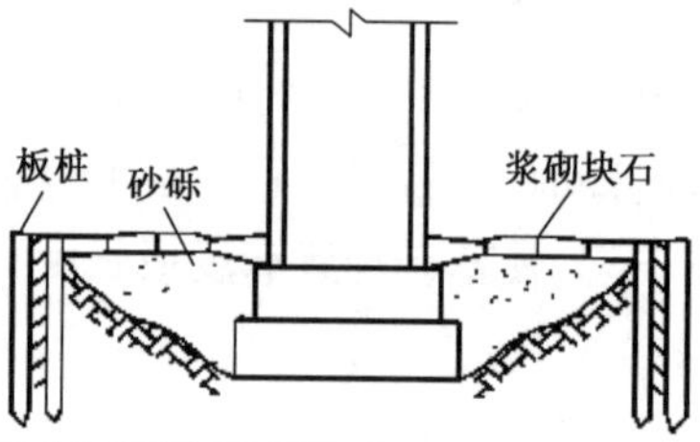	河床较稳定,冲刷范围较小,并且为土质及细砾河床	在基础周围打板桩做围堰,堰内填砂砾石,并注意板桩顶面高程不得高于河床
浆砌块片石防护	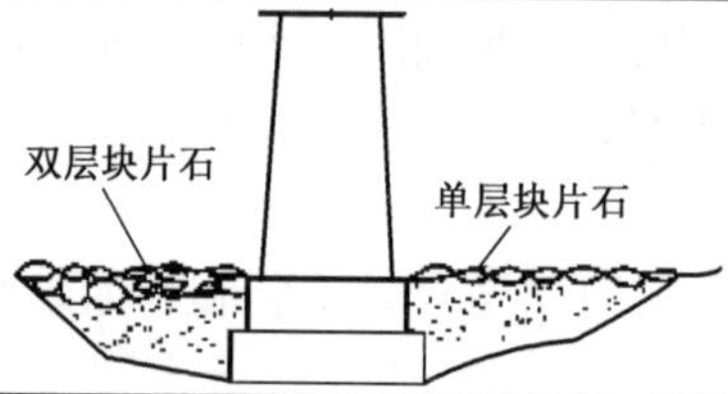	河床不稳定,基础埋置较浅,冲刷范围较大	采用平面铺砌的方法,需在河床整个宽度内进行施工

续上表

项目	示 意 图	适 用 条 件	做 法
铺混凝土预制块防护	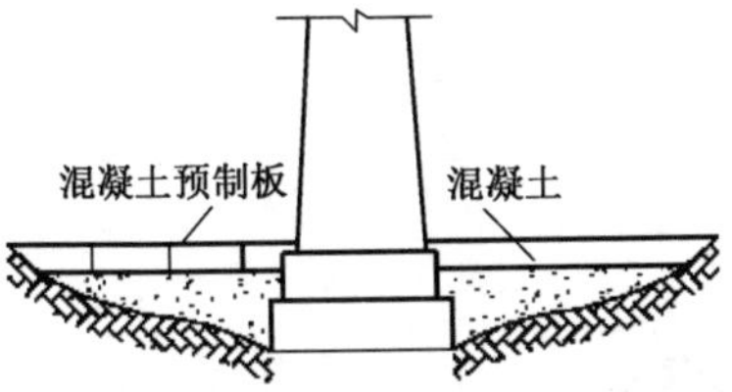	河床不稳定,基础埋置较浅,冲刷范围较大	采用平面铺砌的方法,需在河床整个宽度内进行施工,不能部分施工
三级跳坎式或海曼式防护	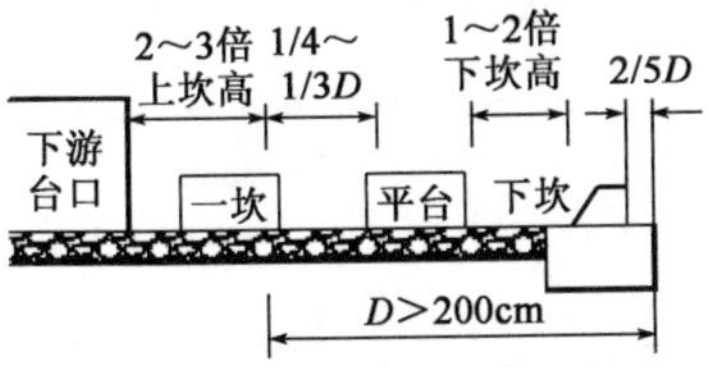	河床不稳定,基础埋置较浅,下游冲刷严重	用浆砌块片石或混凝土预制块砌成

(3)山区桥梁冲刷防护

为防止山区或山前区小桥涵上下游附近河床被冲刷,保持桥涵墩台基础有足够的埋置深度,应根据当地具体情况进行防护。

①增设消能设施

山坡陡,冲刷较严重的小桥涵可在其上游设置缓流井或带有阶梯的跃水槽等消能设施,以减弱下游的河床冲刷。对于流速较大的中小桥,当下游河床采用延长块石铺砌加固仍不能满足抗冲要求时,可采用在下游台口以外加设挑坎的办法来加强防冲能力。

②下游筑拦沙坝

桥位在水库下游或桥下游有采砂场时,河床将逐年下降,这对桥梁基础特别是浅基础非常不利。当河床宽度不大时,为了稳定河床,可在桥梁下游适当位置构筑拦沙坝,用以拦截泥沙。拦沙坝坝顶高程可根据各桥具体情况确定,但须注意防止坝下掏空,采用铺砌块石护底,以免危及坝身安全。

③块(片)石护底

有时可用浆砌,亦可用干砌,是桥梁整孔防护中常用的方法之一。冲刷较小的河床可用干砌做整孔防护。对冲刷比较严重的山区及山前区漂石、卵石及砂质河床,一般可在枯水期间以浆砌块石护底。

第 10 章 桥梁构件更换技术

10.1 悬索桥吊索更换技术

10.1.1 吊索更换必要性评定

悬索桥是由主缆、加劲梁、主塔、鞍座、锚碇、吊索等构件构成的柔性悬吊体系。吊索是将加劲梁自重、外荷载传递到主缆的传力构件，是联系加劲梁和主缆的纽带，主要承受轴向拉力。吊索内恒载轴力的大小既决定了主缆在成桥状态的真实线形，也决定了加劲梁的恒载弯矩，是研究悬索桥成桥状态的关键。

吊索结构由索体、防护体系以及锚固体系构成。梁体荷载通过索体传递给主缆，索体主要承受拉力，锚固系统是其“根”，防护体系是索体在服役环境下正常工作的保证。索体、防护体系以及锚固体系中的任何一个组件的可靠性降低，都会影响整个吊索的使用功能。吊索常见病害主要有防护体系病害、锚固体系病害、索体病害以及其他偶然病害（如遭受火灾）等。

吊索更换的时机理论上需以其病害状态对其承载能力的影响程度为依据，对吊索进行系统的服役可靠性以及安全风险分析，从经济因素、社会影响等方面综合考虑而最后确定。

10.1.2 吊索更换原则

吊索更换应遵循以下原则：

（1）吊索更换方案应满足现行规范的要求。

（2）吊索更换必须保证施工阶段和之后运营阶段的桥梁结构安全。

（3）吊索更换应保持或改善桥梁结构的整体受力状况和线形，尽量减小对结构产生的不利影响，不能因更换吊索使桥梁构件发生损伤或出现受力不合理的现象等。

(4)新更换的吊索和锚具性能应符合新的标准,耐久性更好,便于检查维修和再次更换。

(5)吊索更换应尽量减小对外界环境的影响,包括对交通、环境及美观等的影响。

10.1.3 吊索更换方法

目前常用的吊索更换方法主要有临时支架法、临时兜吊法和临时吊索法。其共同原理就是采用临时替代系统,将待换吊索的索力转移到临时替代系统上,然后拆除旧吊索,安装新吊索,最后将临时替代系统上的索力转移到新吊索上。

(1)临时支架法:在待换吊索下方横梁处设置钢支架,通过临时支架支撑横梁,在索力卸载后拆除旧吊索。该方法操作简单,对桥梁结构不产生过大影响,可以保证吊索更换过程中桥梁始终处于安全状态,适合单根吊索的更换。

(2)临时兜吊法:将横梁用钢丝绳兜吊在桥梁主缆上,然后对吊索钢丝进行分批割断,同时张紧临时兜吊系统,吊索索力转移至兜吊系统的钢丝绳。该方法操作简单,但是在割断钢丝的过程中,会引起桥面高程的变化,因此施工控制难度较大。

(3)临时吊索法:待换吊索旁安装临时吊装系统,通过分批张拉临时吊索,再分批割断旧吊索钢丝,最后安装新吊索。该方法不仅适用于单根吊索的更换,还可以进行全桥吊索的更换。

10.1.4 吊索更换方案设计

1)吊索更换方案内容

吊索更换方案应包括以下主要内容:

(1)确定换索类型,以及需更换吊索的位置和数量。

(2)新吊索系统的结构类型。

(3)吊索更换的顺序。

(4)换索过程中所需的临时设施。

(5)换索过程中悬索桥需要维修加固的结构和构件。

(6)换索过程中卸除旧索、安装新索的方案。

(7)换索过程中的交通管制情况。

2)吊索更换应注意的问题

(1)施工过程结构安全

由于需要更换的吊索常常会产生较为严重的锈蚀,吊索的锈蚀又存在不确定性,如何确保吊索更换施工中结构的安全是施工的重点。

(2)操作空间

由于锚头底面距离桥面高度小,锚杆与吊索间空间狭小,吊索间距不一,加上相邻吊索间夹角不同,设计可靠、通用、轻便的钢结构反力构件以方便吊索更换施工是该工程的关键之一。

(3)施工时间控制

桥面交通管制时间有限,在施工过程中优化施工工序,准确控制每个施工流程的时间,在允许时间内完成吊索更换,这也是施工的重点。

(4)数据采集

由于桥梁制造技术随着时代的发展,新制吊索直径、弹性模量等技术指标常常与旧桥现有的吊索有一定区别,在相同索力下,新、老吊索的变形可能不一致。为确保在索力不变的条件下,更换完吊索后桥面高程保持不变,新制吊索长度和原吊索长度可能存在一定的差异。通过试验索准确采集现场相关数据,也是换索工程的重点。

3)施工工艺流程

图 10-1 所示的吊索其换索施工工艺流程一般为搭设脚手架—安装临时索夹、辅助索等工装—张拉拉伸器—拆除吊索—安装新吊索—拆除所有辅助设置,详见图 10-2,下面具体讲述。

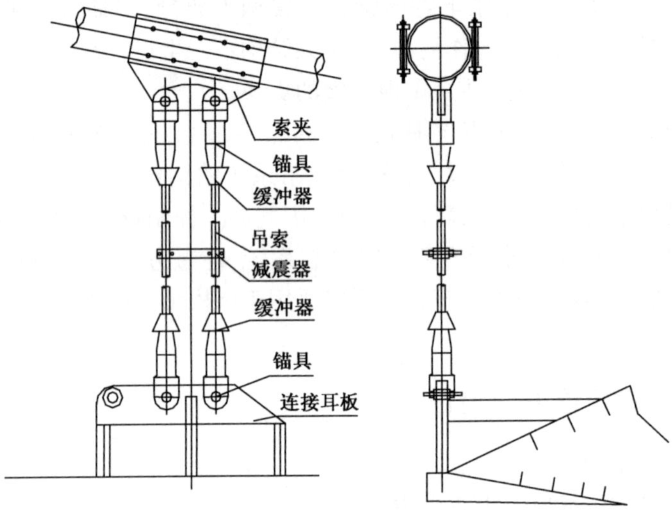

图 10-1　吊索示意图

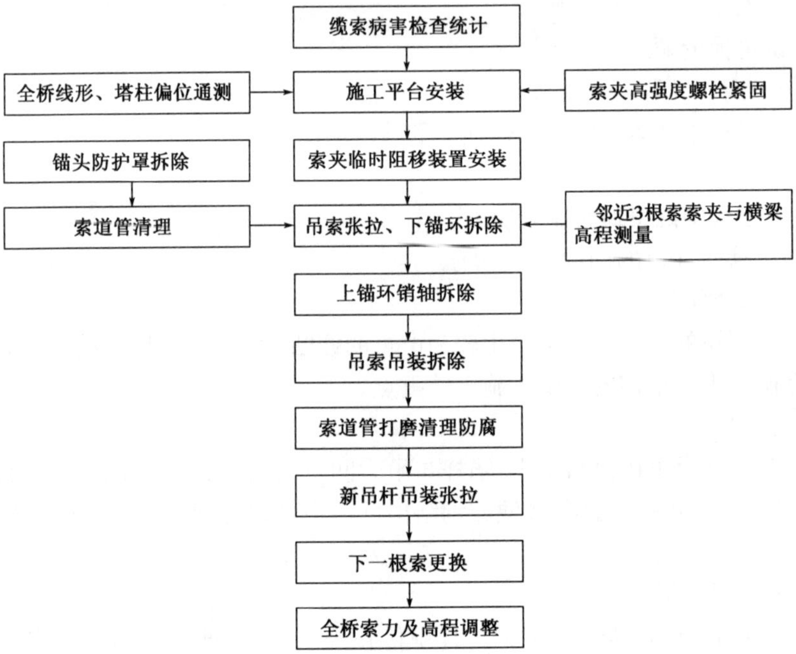

图 10-2　吊索更换施工工艺流程

(1)准备工作

①封闭换索侧(应急车道)交通,并设立警示标志。

②搭设脚手架至主缆高度位置,便于索夹等安装操作。

③利用汽车起重机安装临时索夹,索夹内垫橡胶板,以防止索夹损伤主缆防护层。

④架设辅助索,辅助索中心点位于临时索夹索槽最上方。辅助索用紧固件临时固定,以防止辅助索滑脱。

⑤在耳板的吊装孔上安装主拉杆,并将垫板套入拉杆,再将细拉杆穿过垫板孔位,安装螺栓拉拔器固定;安装时尽量保持垫块水平。

(2)换索

换索示意图如图10-3所示。

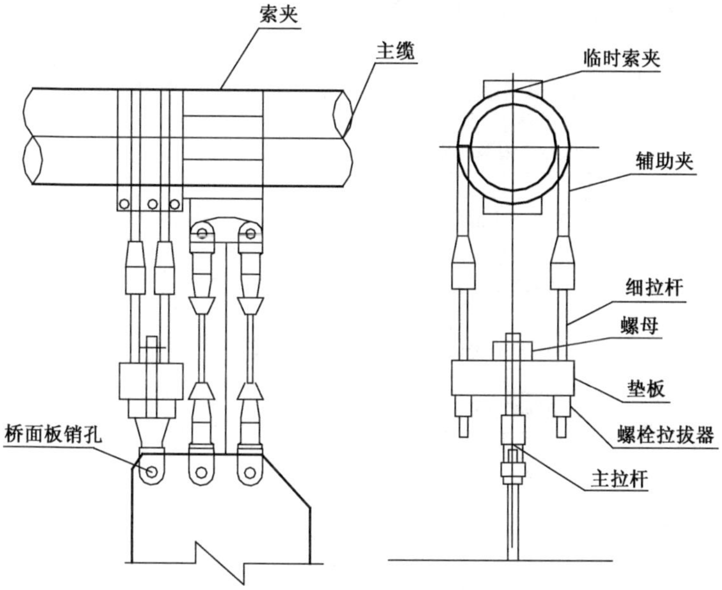

图10-3 吊索索换索示意图

①测量原旧索上下耳板孔距离,并根据此距离调整新索长度。

②启动螺栓拉拔器进行预拉伸,测量垫板四角高度差。卸压后,根据上述高差调整螺栓拉拔器中的螺母,并用水平尺沿纵横两方向检查,保证螺栓拉拔器拉伸时垫板尽量保持水平。

③启动螺栓拉拔器开始张拉,注意尽量使垫板保持水平。四个拉拔器拉拔后,将主拉杆上的螺母拧紧。重复进行,并不断敲击下耳板中的销轴,直至敲出下端销轴,拧紧主拉杆螺母。在销轴敲击过程中喷润滑剂,以帮助销轴顺利卸出。

④提升旧索,将旧索上耳板中的销轴敲出,取下旧索,处理耳板连接处,并立即将新索换上;安装新索方法与卸旧索方法相反。

⑤旧吊索拆下后与新吊索进行比对测长,确保新索长度准确。

⑥新吊索换完后,松开螺栓拉拔器上的螺母,卸压,并松开主拉杆上的螺母。重复上述操作,直至新索完全张紧。

⑦螺栓拉拔器对主拉杆进行卸载的过程中,需实时对比两根新换吊索的松紧程度,以

确保最终吊索受力均匀。

⑧测量新吊索上下耳板孔距离,并和原耳板孔之间距离进行比较,如两者距离相同,则证明新旧吊索受力相同;若两者距离差异较大,需进行调整,直至满足要求。

⑨新索更换完成后,拆除辅助索、垫板、主拉杆、细拉杆等辅助构件。

10.1.5 吊索更换施工监控

施工监控的目的是保证结构的几何线形和内力符合预计要求,确保施工过程安全。

施工中重点监测的项目是索力和主梁线形,主要包括前后各两根索的索力和吊点位移。将各阶段实测结果与仿真计算的理论值比较,如差值超出3%,则应停止施工以确保结构安全。

施工监控作业可按图10-4所示的流程进行。

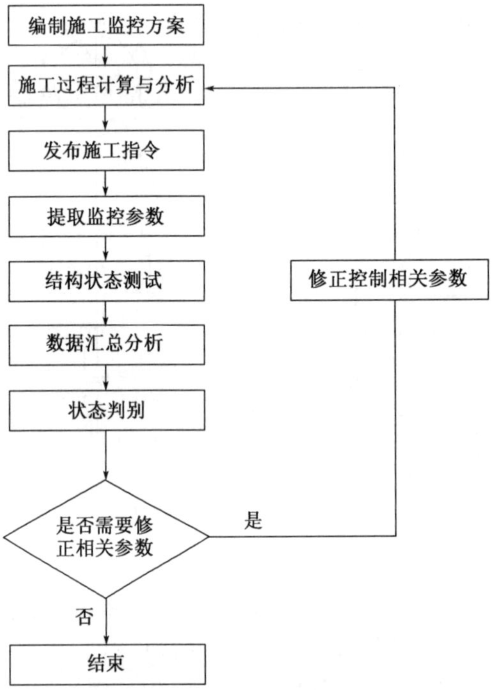

图10-4 施工监控作业流程

10.2 系杆拱桥吊杆更换技术

10.2.1 吊杆更换必要性评定

我国对拱桥吊杆是否要更换,何时更换没有一定的标准,近些年完成的拱桥吊杆更换也仅是基于吊杆的统计寿命和试验检测的结果,为消除安全隐患而进行的。

桥梁在建成运营以后,材料自身特性的变化、长期以来的荷载作用及外界环境的影响,会造成吊杆或锚固系统锈蚀和损伤,严重时,需更换吊杆和锚固系统。在吊杆更换之前,必须经专业检测机构对全桥的技术状况进行检测,尤其是吊杆、锚具的损伤及吊杆内力等。必要时,还需做动、静载试验。如存在吊杆或锚头锈蚀,吊杆内力、桥面线形异常等现象,经计算分析存在可能使吊杆失效的隐患,可进行吊杆更换。

10.2.2 吊杆更换原则

吊杆更换应遵循以下原则:

(1)吊杆更换方案应满足现行规范的要求。

(2)吊杆更换必须保证施工阶段和之后运营阶段的桥梁结构安全,拱桥吊杆和工具吊杆的安全系数应不小于3,其他临时构件的安全储备也应与工具吊杆的安全储备匹配。

(3)吊杆更换应保持或改善桥梁结构的整体受力状况和线形,尽量减小对结构产生的不利影响,不能因更换吊杆使桥梁构件发生损伤或出现受力不合理的现象等。

(4)新更换的吊杆和锚具性能应符合新的标准,耐久性更好,便于检查维修和再次更换。

(5)吊杆更换应尽量减小对外界环境的影响,包括对交通、环境及美观等的影响。

10.2.3 吊杆更换方法

吊杆更换的方法主要有以下四种:无替代法、临时支架法、临时吊杆法和临时兜吊法。

(1)无替代法是直接切断旧吊杆,旧吊杆索力由其他吊杆和桥面系承担,然后卸除旧吊杆,安装张拉新吊杆,最后安装减震器及防护装置。

(2)临时支架法是在被更换吊杆的横梁(系梁或主梁)下架设钢支架,在切断旧吊杆后,由临时钢支架给横梁提供支撑,防止横梁(系梁或主梁)过大变形;然后卸除旧吊杆,安装张拉新吊杆。

(3)临时吊杆法是在吊杆附近的桥面系和拱肋上预设临时挂扣锚固装置。在吊杆更换时在锚固装置之间安装临时吊杆,在卸除旧吊杆的同时张拉临时吊杆,将荷载转移到临时吊杆上;然后卸除旧吊杆、安装新吊杆,张拉新吊杆同时卸载临时吊杆;最后卸除临时吊杆。

(4)临时兜吊法是在横梁下设置下托梁,用工具吊杆把下托梁和拱肋或桥面系上的钢导梁连接,将桥面系横梁(系梁)托起;然后旧吊杆卸载的同时分级张拉工具吊杆,旧吊杆完全切断后,索力由拱肋或钢导梁承担;最后安装张拉新吊杆,卸除工具吊杆,完成吊杆更换。根据工具吊杆的上端锚固位置不同,临时兜吊法又可分为钢导梁兜吊法和拱肋兜吊法。

四种更换方法都有应用:无替代法主要应用于斜拉桥拉索更换,对有学者提出的拱桥破损安全吊杆系统中吊杆的更换也适用;临时支架法对地形和桥位地质条件有要求,对于跨江河拱桥的吊杆更换不适合临时支架法;临时吊杆法施工简单,方便可靠,但需要建设时桥面和拱肋上预留工具吊杆的挂扣锚固位置;临时兜吊法对桥梁结构、地形等的限制较小,在拱桥吊杆更换中应用相对较广。

10.2.4 吊杆更换方案设计

1)吊杆更换方案内容

吊杆更换方案应包括以下主要内容:

(1)确定吊杆更换类型,以及需更换吊杆的位置和数量。

(2)新吊杆系统的结构类型。

(3)吊杆更换的顺序。

(4)吊杆更换过程中所需的临时设施。

(5)吊杆更换过程中斜拉桥需要维修加固的结构和构件。

(6)吊杆更换过程中卸除旧吊杆、安装新吊杆的方案。

(7)吊杆更换过程中的交通管制情况。

2)吊杆更换应注意的问题

(1)施工过程结构安全

由于需要更换的吊杆常常会产生较为严重的锈蚀,吊杆的锈蚀又存在不确定性,如何确保吊杆更换施工过程中结构的安全是施工的重点。

(2)操作空间

由于锚头底面距离桥面高度小、锚杆与吊杆间空间狭小、吊杆间距不一,加上相邻吊杆间夹角不同,制造可靠、通用、轻便的钢结构反力构件方便吊杆更换施工是该工程的关键之一。

(3)施工时间控制

桥面交通管制时间有限,在施工过程中优化施工工序,准确控制每个施工流程的时间,在允许的时间内完成吊杆更换也是施工的重点。

(4)数据采集

由于桥梁制造技术随着时代的发展,新制钢丝绳吊杆直径、弹性模量等技术指标常常与旧桥现有钢丝绳吊杆有一定区别,在相同索力下,新、老钢丝绳的变形可能不一致。为确保在索力不变的条件下,更换完吊杆后桥面高程保持不变,新制吊杆长度和原吊杆长度可能存在一定的差异,通过试验索更换,采集相关数据,也是换索工程的重点。

(5)吊杆更换过程结构的受力特点

吊杆更换就是卸除旧吊杆、安装新吊杆的过程,更换过程存在两次体系转换:第一次体系转换,卸除旧吊杆后,安装新吊杆前,旧吊杆索力由临时结构和主梁承担;第二次体系转换,张拉完成新吊杆,卸除临时结构,索力由新吊杆承担。

3)施工工艺流程

(1)现场施工准备:准备设备和仪器,测量桥面和结构线形,测量吊杆上下锚垫之间的空间坐标,清理桥面。

(2)新吊杆长度确定:根据吊杆上下锚垫板空间坐标,计算吊杆的长度,并与设计文件中的长度进行核对。

(3)架设吊杆更换操作平台:在吊杆上端以及下端搭设操作平台。

(4)安装、张拉临时吊杆:通过贝雷梁和精轧螺纹将待换吊杆的张力分担到相邻吊杆位置的横梁上。

(5)卸除原吊杆、清理预埋管:逐步切断原吊杆的钢丝,吊杆索体全部取出后,清理孔道内的杂物和油脂等,并刷防锈油漆。

(6)新吊杆安装、吊杆张拉:按施工工艺要求安装新吊杆,并按相关要求(设计以及监控要求)张拉吊杆张力。

(7)吊杆索力调整:吊杆全部更换以后,对索力和桥面高程进行一次检测,根据检测结果对吊杆张力进行一次全面的调整。

(8)吊杆附件安装及防护:吊杆更换后,安装附属设施以及防护措施。

吊杆更换的施工工艺流程如图 10-5 所示。

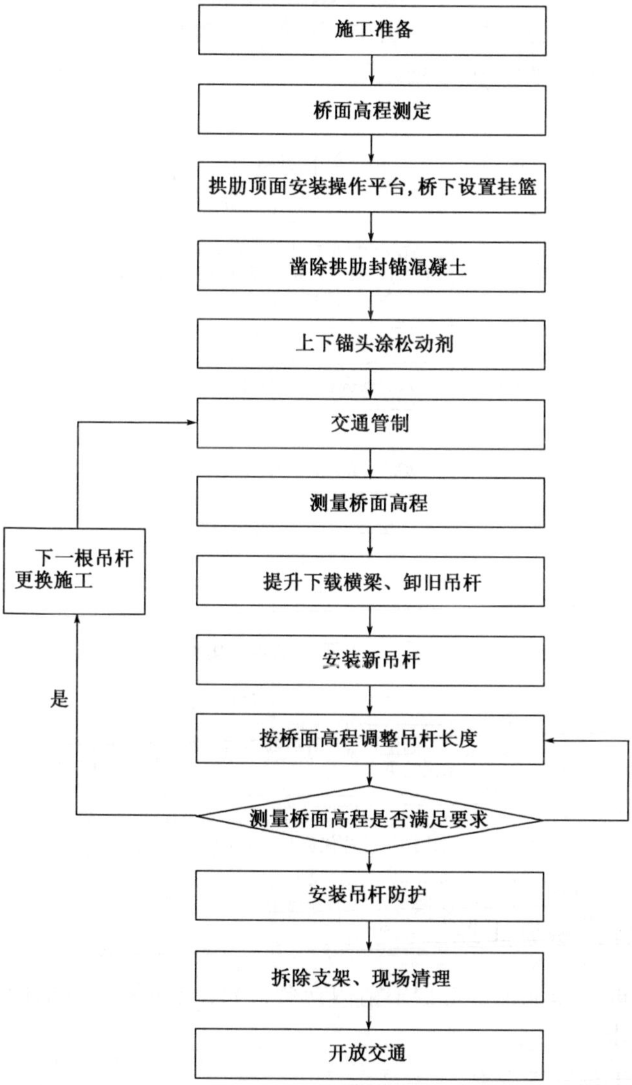

图 10-5　吊杆更换施工工艺流程

10.2.5　吊杆更换计算

梁拱组合体系由于吊杆的张拉力的变化将引起整个结构的内力重分布,只有合理地确定吊杆的张拉力大小才能达到较为理想的成桥内力状态和线形。

通常采用的计算方法为差值迭代法,即已知设计给出的合理成桥吊杆索力为$\{N\}$,以刚性支承连续梁法计算得到的一组吊杆处支点反力作为吊杆张拉力迭代初始值$\{T_0\}$,按照一次成桥模型进行计算,计算得到的成桥吊杆索力为$\{F_0\}$,比较$\{N\}$与$\{F_0\}$,二者之间存在一差值,为$\{\Delta F_0\} = \{N\} - \{F_0\}$。为了消除差值$\{\Delta F_0\}$,在新一轮计算中,使吊杆张拉力为$\{T_1\} = \{T_0\} + \{\Delta F_0\}$。开始第一次迭代计算,计算得到的成桥吊杆索力为$\{F_1\}$,比较$\{N\}$与$\{F_1\}$,二者之间存在一差值,为$\{\Delta F_1\} = \{N\} - \{F_1\}$。此时$\{\Delta F_1\}$将小于$\{\Delta F_0\}$。按此方法循环迭代计算,直到满足精度要求。依据相关规范,吊杆成桥索力与设计成桥索力偏差控制在5%以内。故精度取值如下:

$p(n) = \{\Delta F_n\} \times 100/\{N\} < [p] = 0.05$,其中,$n$为迭代次数。

差值迭代法计算流程如图10-6所示。

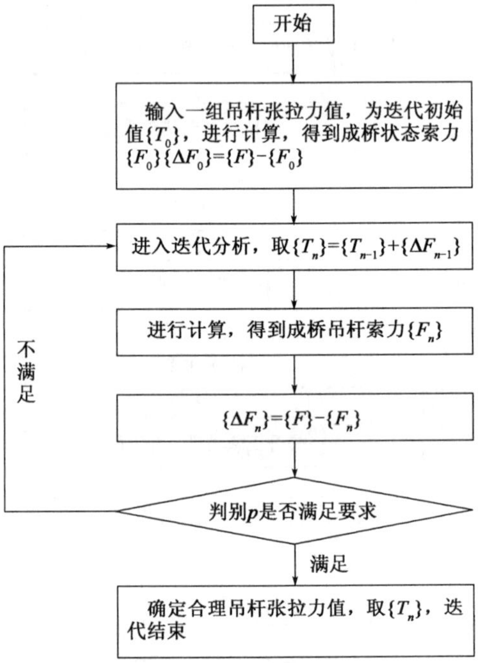

图10-6 迭代流程示意图

10.2.6 吊杆更换施工监控

施工监控的目的是保证施工过程中结构安全,吊杆更换完成后结构的几何线形和内力符合预先设计要求。

施工监控工作的内容主要有:

(1)相关计算参数的确定。

(2)仿真计算。

(3)根据仿真计算结果,确定控制点和控制参数,在现场安装测试仪器。

(4)确定测试工况和测试项目,根据实测数据预测下阶段施工参数。

10.3 斜拉桥斜拉索更换技术

斜拉索是斜拉桥的关键受力部件,斜拉桥的损伤大部分集中在斜拉索系统上。根据规范,斜拉索设计使用年限为20年,而斜拉桥设计基准期为100年,这也意味着在斜拉桥建成通车服役期间内至少需要经历4次斜拉索更换,再加上设计和施工期间造成的先天性缺陷以及运营期间斜拉索在外荷载和恶劣环境下造成的后天性病害,大大缩短了斜拉索更换周期(据统计,国内外斜拉索平均寿命仅为15年左右)。

10.3.1 换索前的检测和状态评定

1)斜拉索检测

更换斜拉索前,应对斜拉索系统进行检测,必要时应对桥梁整体进行检测、检算,据此进行桥梁换索必要性评定。

斜拉索系统技术状况检测应包括以下内容:

(1)索力检测:对拉索受力状况进行检测,可采用振动法或利用锚下预先安装的测力传感器直接检测。

斜拉桥可通过调整斜拉索索力使斜拉桥的线形和内力达到理想状态。如果实际索力偏离设计索力,会使索塔和主梁产生附加弯矩。斜拉索索力检测可在一定程度上发现斜拉桥的锚固系统、防护系统工作状态、斜拉索锈蚀情况等,为评价斜拉桥的整体状况提供依据。

(2)拉索主体检测:对斜拉索锈蚀、断丝、斜拉索线形和磨损状况等进行检测,可采用目测、声学检测、磁通量等方法。

(3)斜拉索护套检测:对漆膜、护套裂缝、护套锈蚀、防护层破损状况等进行检测,可采用望远镜、斜拉索检修车等进行外观检查。

(4)斜拉索锚固系统检测:对锚具开裂、变形、积水及锈蚀状况等进行检测,可采用目测、超声波探测等方法。

(5)斜拉索减振装置检测:对斜拉索减振装置运营状况进行检测,可采用加速度传感器等装置。

2)斜拉索系统技术状况评定

(1)索力评定应遵守以下原则:

①锚下预先安装测力传感器时可直接测量;当锚下未预先安装测力传感器时,拉索索力测量可采用振动法,应采用不少于前五阶特征频率对应计算索力的平均值。索力偏差率K_t按下式计算:

$$K_t = \frac{T - T_d}{T_d} \times 100\% \tag{10-1}$$

式中:K_t——索力偏差率,%;

T——实测索力值,kN;

T_d——成桥索力值,kN,当无成桥索力值时,可采用设计索力值。

②索力偏差率超过 +10% 时应分析原因,检查安全系数是否满足相关规范要求,并在结构检算中加以考虑。

(2)斜拉索以及斜拉索护套、锚具、减振装置的技术状况评定应按现行《公路桥梁技术状况评定标准》(JTG/T H21—2011)的规定执行。

3)换索必要性评定

换索必要性评定应根据检测报告结论,并结合检算结果和现行相关规范进行。

(1)技术状况不太严重的拉索,进行局部维修后,经评估可继续使用而不影响桥梁整体安全性与耐久性时,可仅对斜拉索防护系统进行修复,不必换索,同时应做好监测工作,增加检测频率。

(2)对出现明显锈蚀、断丝,索力超出安全限值,锚具、护套破坏严重且无法修复的斜拉索,经评估继续运营将影响桥梁整体安全与耐久性时,应及时更换。换索必要性评定采用综合评定与单项控制指标相结合的方法。换索的单项控制指标规定有:

①《公路桥梁技术状况评定标准》(JTG/T H21—2011)规定:当斜拉桥斜拉索钢丝出现严重锈蚀、断丝,主梁出现严重变形时,整座桥被评为5类桥,应立即考虑换索。

②《公路桥涵养护规范》(JTG H11—2004)规定:对因钢索、锚具损坏而超出安全限值的斜拉索应及时进行更换。

10.3.2 斜拉桥换索设计方案

1)换索原则

(1)充分利用原有索结构、配件。

(2)斜拉索系统应选择成熟配套的技术、工艺,优先选用耐久性好的可调、可测和便于维修的拉索。

(3)合理安排换索顺序,优先更换损坏严重的斜拉索。

(4)结合索力调整和线形控制来改善桥梁工作状态。

(5)应采用对社会影响较小的交通管制方案,尽可能缩短工期。

(6)施工时应根据现场空间条件选择合适的设备。

2)换索设计方案

换索设计方案应包括以下内容:

(1)确定换索类型,以及需更换拉索的位置和数量。

(2)新拉索系统的结构类型。

(3)拉索更换的顺序。

(4)换索过程中所需的临时设施。

(5)换索过程中斜拉桥需要维修加固的结构和构件。

(6)换索过程中卸除旧索、安装新索方案。

(7)换索过程中交通管制情况。

新斜拉索系统优先考虑选择应力幅高、使用年限长的拉索和可靠的减振装置。不同减振装置适用于不同的条件和要求,应视具体情况进行合理选择,以满足设计与使用要求。

现有斜拉索病害调研结果表明:斜拉索在自由长度和锚固区域均可能存在损伤,这些损伤对在役斜拉索的实际承载能力影响较大。为避免旧索拆除时造成相邻斜拉索的断裂,可先采用临时索预先承担待拆旧索所承担的荷载,然后再拆除旧索。

交通管制是换索期间需考虑的一个重要环节。为保证施工人员和机具的安全,以及换索施工顺利,应选择对社会影响较小的交通管制方案。

3)新斜拉索设计

新的斜拉索应采用能代表目前斜拉索水平的成熟产品,满足相应的标准规范;同时,新的斜拉索设计应和原有斜拉索锚固等构造协调;最后,新的斜拉索按照与原斜拉索强度等代替换的原则设计。对要更换的斜拉索,要确定新斜拉索长度。考虑思路是在原设计索长基础上,根据旧斜拉索张拉端锚头外露量、锚垫板富余量、新旧斜拉索的弹性模量差以及新旧锚头结构变化四个因素进行修正,最终确定的新斜拉索总长度为:

$$L = l + l_1 + l_2 + l_3 + l_4 \tag{10-2}$$

式中:l——旧斜拉索总长度,mm;

l_1——张拉端锚头外露量修正,mm;

l_2——锚垫板修正,mm;

l_3——弹性模量影响修正,mm;

l_4——锚头结构修正,mm。

换索过程中新斜拉索的张拉力应按照拟定的合理成桥状态,依据原设计索力、竣工及运营期间的实测索力、换索前实测索力确定。

4)换索计算

根据结构实际的截面几何特征、结构材料特性、边界条件等,建立仿真模型,计算下列各施工阶段斜拉索索力、主梁应力及挠度:

(1)换索前状态。

(2)凿除桥面铺装及附属设施(如若需要)。

(3)卸载、拆除某号原斜拉索。

(4)更换某号新斜拉索并张拉,直至换索完毕。

(5)新桥面铺装及附属设施安装完毕。

计算时应注意下列问题:

(1)每更换一组(根)索,都应计算相邻斜拉索的索力增量及承载力,分析索力增量变化规律。

(2)当桥塔刚度较大时,可不计算桥塔内力及位移值。

(3)当采用反对称工况换索时,应计算主梁因扭转产生的附加应力。

10.3.3 斜拉桥换索施工

1)换索前的准备

换索前的准备应包括以下主要内容:

(1)测试索力。

(2)设置高程点,测量全桥高程。

(3)布置应力测点,调试相关仪器设备。

(4)清理锚管、锚头、锚杯等构造。

(5)搭建换索施工平台、塔下安全防护棚。

(6)对有病害的桥梁主要构件,必要时应进行维修和加固。

另外,新索出厂前,应对其各项指标进行抽样检测,合格后方可使用。换索准备工作,如安装支架、千斤顶与清理索孔管道等宜在白天进行。拉索张拉工作,为避免日照对结构的影响和避开交通量高峰时间,宜在晚上进行。施工前应根据设计要求和现场条件编制各分项工程作业方案。施工方案主要包括确定拉索张拉端位置、拉索牵引方法、卸索及挂索方法及设备、新索保护措施及交通组织安排等。换索施工大部分工作属于高空作业,应采取有效措施,做好安全防护工作。施工过程中应落实施工监控,保障施工质量。

2)换索施工流程

换索施工可按图10-7所示流程进行。全桥换索结束后,应对全桥斜拉索的索力和主梁高程进行测定,检验换索效果,可通过调索改善主梁和桥塔结构的受力状态。

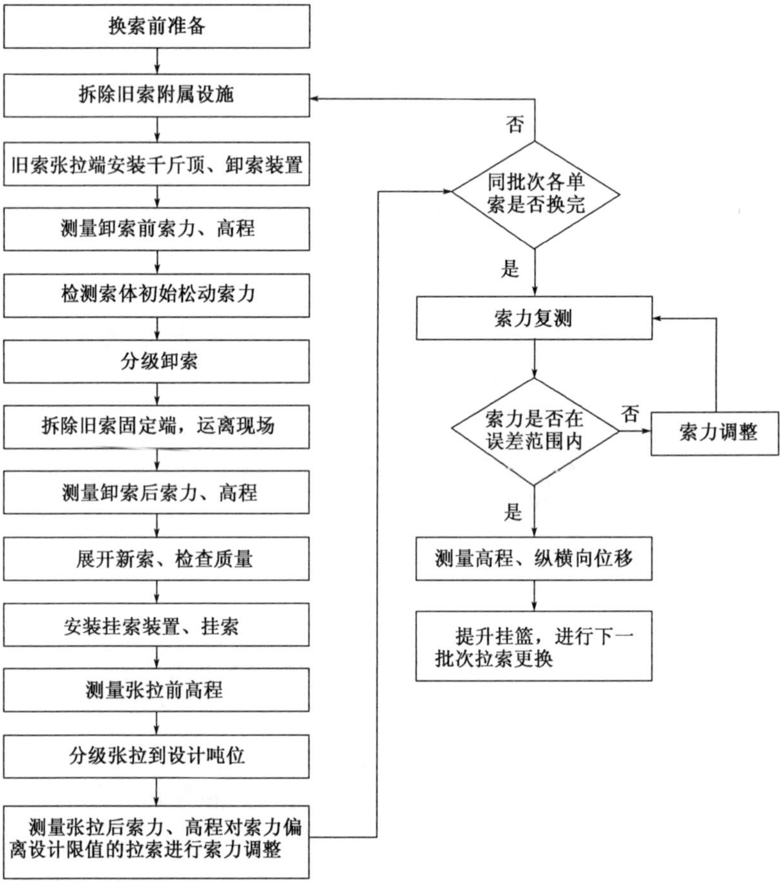

图10-7 换索施工流程

3)平行钢丝斜拉索换索

(1)卸除旧索应符合下列要求:

①对斜拉索上、下锚杯进行除锈作业,逐个配套连接器,并进行试安装;对锚垫板检查补强;对拉索锚固端外露尺寸进行测量,计算、复核斜拉索下料长度;拆除斜拉索减振装置。

②斜拉索放张应以实测索力为依据。当螺母稍有松动时记为启动索力。每根斜拉索需进行两次预松张,当接近启动索力时,方可进行正式卸索。

③应按双塔反对称、单塔双向对称同步进行分级放张。

④旧索放张前后,监测前后相邻 4 ~5 根(组)索的索力与桥面两侧高程变化,保证桥塔纵、横桥向受力平衡。

⑤利用千斤顶行程逐步放索,待旧索完全放松时,在索端安放夹具,用卷扬机将索放下。

⑥在旧索固定端锚管出口处切割索体或拆除锚头的螺母。用卷扬机将旧索锚头从钢套筒中拉出,卷盘带出施工区。

(2)安装新索应符合下列要求:

①新索安装的准备工作及挂索工艺除与新建桥挂索工艺要求相同外,还需根据换索结构设计规定的要求,增加张拉设备数量。

②新索整体张拉应以索力和桥面高程为控制值分级进行,每级行程 10 ~30mm,反复进行,当达到张拉吨位时持荷 10min。

③每组新索应按双塔反对称、单塔双向对称同步进行张拉。

④每组新索张拉后,必须进行桥面高程测量,并密切关注主梁控制截面的高程变化,为换索的全过程提供依据。

⑤整体张拉后应进行新索及邻近旧索的应力测定,实测应力的偏差应在设计控制应力范围内,必要时对索力进行调整。

⑥若新索发生不影响使用的损伤,应及时修复和记录在案,施工结束后应对损伤部位进行跟踪维护。

4)钢绞线斜拉索换索

(1)卸除旧索还应符合下列附加要求:

①索间无黏结时,放张过程为安装时拉索张拉的逆过程;索间有黏结时,应整体放张。

②根据锚头的不同类型,采取不同的放张措施和设备。对墩头锚与夹片锚的组合锚具,应先整体放张,再单束放张;对纯夹片锚的拉索,可直接单束放张。

(2)安装新索还应符合下列附加要求:

①钢绞线斜拉索应单束安装、单束张拉,最后再整体张拉。

②单束钢绞线的张拉应按分级、等值的原则进行。

③应保证张拉过程中每束钢绞线应力均匀,对先张拉的钢绞线可适当补张拉。

④单束钢绞线张拉过程中,为避免桥塔受到不平衡荷载作用,同一塔两侧各索的钢绞线股数差应符合设计规定。

⑤整体张拉应按设计要求分批、分级进行,以控制单根拉索内所有钢绞线的伸长量相同为原则。

⑥整体张拉完成后,应对每个锚固单元进行顶压,并安装防松装置。

⑦张拉完成后,应切除多余钢绞线,且预留以后换索所需的必要长度。

10.3.4 斜拉桥换索施工监控

施工监控的目的是确保换索施工过程的安全,换索完成后结构的几何线形和内力符合设计要求。

施工监控应以监测、调整索力与主梁线形为主要目标,同时对主梁、桥塔控制截面应力和桥塔偏位进行监控。

换索过程中主梁线形或斜拉索索力的控制目标应视主梁刚度来选择。对塔、梁、墩刚性连接的斜拉桥,主梁刚度一般较大,换索时斜拉索索力的变化对主梁变形影响较小,应以索力控制为主,兼顾线形控制;对飘浮体系的斜拉桥,换索时索力的变化对主梁线形的影响较明显,应以线形控制为主,兼顾索力控制。

应利用计算分析软件跟踪、模拟斜拉桥换索的实际施工过程,根据计算结果及时修正相关参数,通过调整索力使实测的结果和理论分析趋于一致。

10.4 桥梁支座更换技术

支座是桥梁上、下部结构的连接点,其作用是将上部结构的荷载平顺、安全地传递到桥梁墩台上,同时保证上部结构在荷载、温度变化和混凝土收缩徐变等因素作用下自由变形,使结构的实际受力情况符合设计意图,并保护梁端、墩台帽梁不受损伤。早期建设的梁式桥中普遍存在支座年久失养问题,还有一些跨径较小的简支桥梁原本就没有设置支座,在目前大吨位、大交通量荷载作用下,桥梁出现一系列问题,需要更换或增设支座。

10.4.1 常见支座更换方法

桥梁支座一旦出现病害,一般很难通过简单的方法进行加固修复,通常需采取特殊措施将梁体顶升,进而对支座进行更换。目前,常用的梁体顶升方法及各自的优、缺点见表10-1。

常见梁体顶升方法及各自优缺点一览表　　表10-1

方法	图示	工作原理	优点	缺点
枕木满布式支架法	图10-8	以地面为基础,满布或部分式支架设置,千斤顶置于支架上	简单、便捷,尤其适用于小跨度桥梁	工期长,原材消耗大,成本高,不适合高墩桥
桥面钢导梁法	图10-9	在顶升梁上安装钢梁,以相邻跨梁体为支撑基础,安装顶升设备顶梁	全程在桥上进行,对桥下场所无要求,适用范围广	跨径受限,需用较大吨位千斤顶,对桥面局部压力较大,须严格验算
端部整体顶升法	图10-10	以墩台两侧地面为支撑基础,用贝雷梁、栖钢等构件连接并架设千斤顶,在梁两端同步整体顶升	不影响梁下通车,不中断桥下交通	对地基基础要求较高,工序时间长,工期较长
鞍形支架法	图10-11	直接在盖梁上搭设支架,安置千斤顶以顶升梁体	施工方便,不受桥下水深和净空的限制	顶升过程可能损伤盖梁,支架可能变形过大,须严格验算

续上表

方法	图示	工作原理	优点	缺点
钢扁担梁法	图10-12	支撑位置在桥面上,支撑面为与顶升梁相邻跨的梁体。在顶升梁上打孔,绑扎钢带,安置钢扁担梁,以相邻跨梁体为支撑基础,配合顶升设备,抬升梁体	对桥下场所无要求,适用于多种桥梁类型,整个起梁过程都在桥上进行,不影响桥下通航、通车	钢扁担梁结构设计较为复杂,需进行专门计算;要求用较大吨位的千斤顶,对桥面局部压力较大,有可能损伤梁体
扁型千斤顶法	图10-13	直接将扁型千斤顶安置在主梁与盖梁间,直接进行顶升施工	成本低工序简单,施工快,中断交通时间短,对桥下无要求。适用于各种桥梁类型	千斤顶行程较短,通常需要多次顶升才能到位
钢蝴蝶梁法	图10-14	支撑位置在盖梁上,通过液压千斤顶顶升蝴蝶梁的翅梁来提升梁体	充分利用盖梁这个平台,施工方便,无大型机具设备;对环境的适应能力很强,不受河床地质、桥下水深和桥梁高度的限制	要求盖梁较为宽大能安放液压千斤顶且千斤顶数量较多
钢套箍法	图10-15	通过圆箍与桥墩混凝土之间的摩擦力提供竖向支撑,放置液压千斤顶顶升梁体	充分利用桥梁本身的结构,可以通过增长钢套箍的长度提高其承载能力,对环境的适应能力很强,不受河床地质、桥下水深和桥梁高度的限制	要求盖梁较为宽大能安放液压千斤顶且千斤顶数量较多
气囊顶升法	—	用集群气囊替换液压千斤顶,上述所有支座更换方法只要用气囊取代千斤顶都可以称之为气囊顶升法	起重量不受限制,通过气动提升系统的扩展组合,能满足百吨级甚至千吨级桥梁构件的顶升;同步控制、安全受控;可操作性好,气动提升系统体积大、重量轻;顶升过程平稳,无附加冲击载荷;对顶升的基础要求低,特别适合临时预制构件的工程;有利于保护桥梁构件,采用分布荷载,避免了液压起重的集中载荷	—

10.4.2 支座更换施工流程

支座更换施工流程为:

(1)场地平整、加固(支架基础承载力应满足设计要求)。

(2)搭设支架(支架强度、刚度、稳定性应通过验算,满足要求)。

(3)安放千斤顶(千斤顶使用前应进行校核,确保能正常使用)。

(4)梁体顶升(采用同步顶升工艺,顶升前需进行试顶,确保无误后正式顶梁。顶升按照每顶5mm便施加一次垫块,直至顶升高度高出支座本体高度5mm左右的顺序依次缓慢、匀速进行)。

(5)设置临时支撑(应采用可靠构件,如钢板)。

(6)取出病害支座。

(7)支座垫石,梁底楔形块凿毛、找平,安装新支座并固定。

(8)灌浆(灌浆料采用无收缩高强灌浆料,技术性能满足相关标准要求)。

(9)待灌浆料达到设计强度后,进行落梁,并对支座周边进行修饰。

(10)拆除支架,恢复场地。

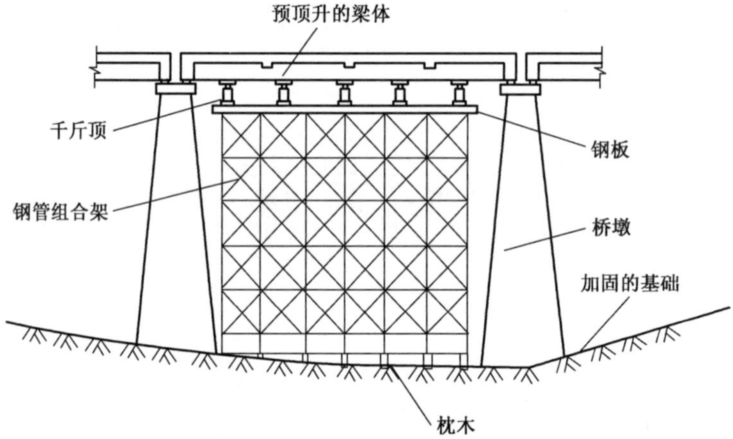

图10-8 枕木满布式支架法

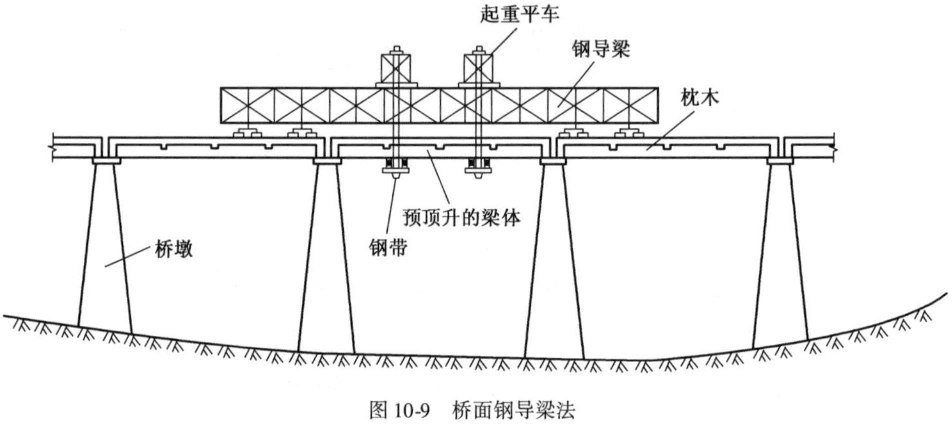

图10-9 桥面钢导梁法

顶升工况安全注意事项:

(1)顶升过程需施行交通管制,因此在控制截面顶升效应可与活载效应比较来评估桥梁的安全性。只要顶升效应不大于活载效应,理论上就可以认为顶升不会对桥梁结构产生不利影响。

(2)需要复位的旧支座必须拿出清理干净,并涂满硅脂后才能进行复位。经更换、复位后的支座,正交方向中线偏位不得大于2mm。

(3)顶升前应解除伸缩缝栏杆、支座等相关固结部分。

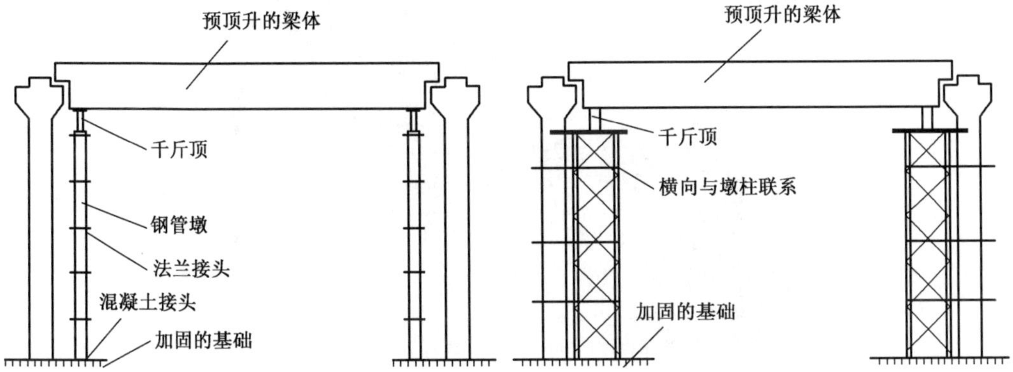

图 10-10 端部整体顶升法

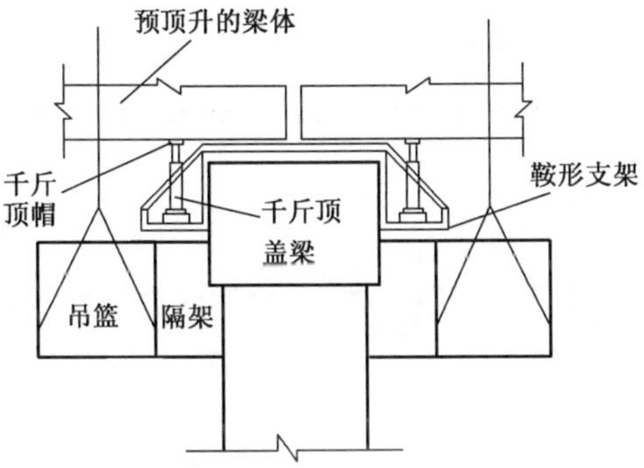

图 10-11 鞍形支架法

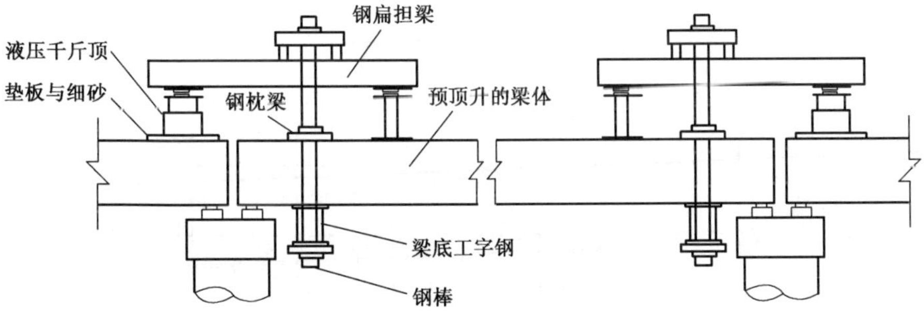

图 10-12 钢扁担梁法

(4)施工前应对墩台顶基面进行清理,凿除基面凸起部分,在预支顶千斤顶部分如存在钢筋头,应予以割除处理,至低于混凝土表面高度。

(5)千斤顶的放置应注意位置的平整。千斤顶放置位置应避免出现大的坡差。如出现,应以环氧砂浆找平后再安装千斤顶。千斤顶应在紧邻原有橡胶支座的位置两侧各放置一台,作为顶升用千斤顶。

(6)顶升前应单一和统一调试各自动化控制系统的正常运行性能,以保证顶升过程正常进行。

(7)在梁体本身顶起 5mm 后,及时放置临时支撑。

图 10-13　扁型千斤顶法

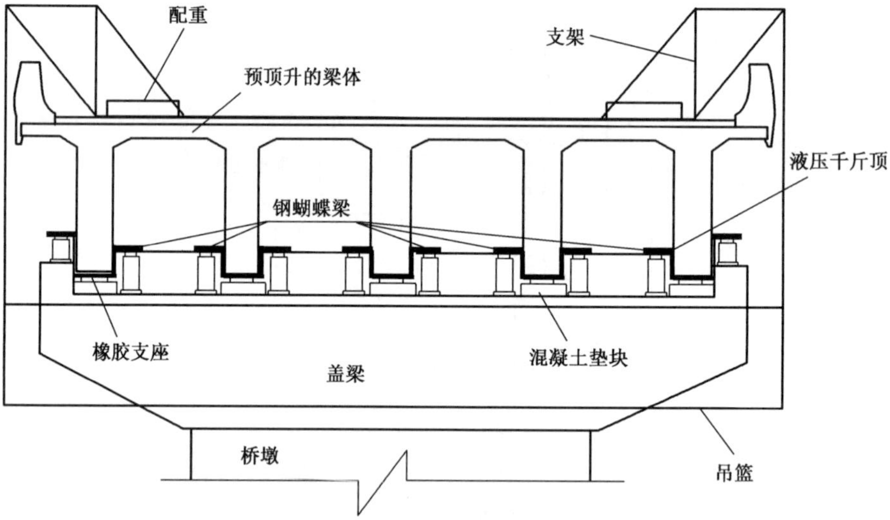

图 10-14　钢蝴蝶梁法

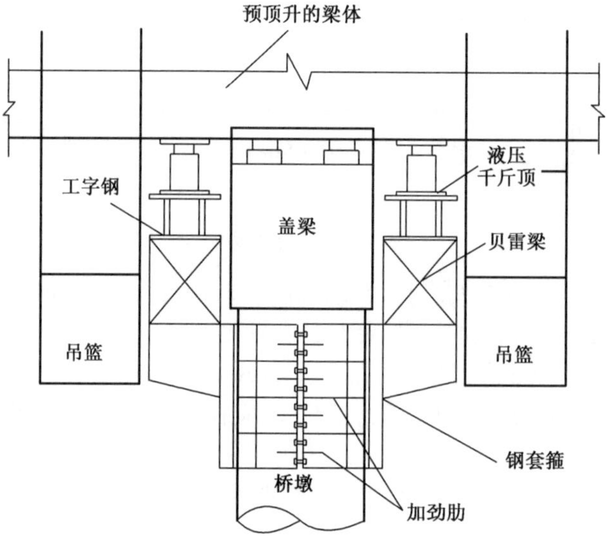

图 10-15　钢套箍法

(8)因主梁整体同步抬高,施工过程中应采用防侧倾支架,并加强梁板横向位移的施工监控。

(9)落梁前应确认所有临时支撑已拆除,新支座已安装好。

10.4.3 支座更换过程中的施工控制及监测

1)施工监控内容

在桥梁支座更换施工过程中,应该对梁体顶升过程中顶升位移量和顶升力进行重点监控。

(1)顶升位移监控

顶升位移监控包括:一是布设位移测点,应该将支座横桥向两侧作为布置点,分别在两侧位置上布设百分表,其作用为监控顶升位移;二是监控频率控制,在梁体顶升或卸载时,每增加一级加载或卸载,都需要使用百分表对其位移值进行测读,然后将测读结果作为依据,对新支座在活载作用下的受力情况进行检查。

(2)顶升力监控

梁底在顶升时,工作人员可以将设置在高压油泵附近的压力表显示的加载顶升力作为依据,对下一级加载的可能性进行计算。

2)划分加载级别

结合过去的施工经验,在顶升过程中,应对梁底及墩柱的安全进行保证,在加载前,应按照5级加载标准进行加载,确保顶升力有效克服恒载。5级加载的标准为$0.25T \to 0.5T \to 0.7T \to 0.9T \to T$。其中$T$是各级支座在恒载作用下的反力;顶升力克服恒载后,应该将3mm作为顶升加载的标准。

上述加载级别只适用于各支座反力相同的条件,如果支座之间的反力分配存在差别,那么应结合实际情况,对加载级别进行相应的调整。

3)顶升工况安全评估

顶升过程需施行交通管制,因此可以通过比较控制截面的顶升效应与活载效应的大小来评估桥梁的安全性。只要顶升效应不大于活载效应,理论上就可以认为顶升不会对桥梁结构产生不利影响。

$$Q_{\text{顶升}} \leqslant Q_{\text{活荷载}} \tag{10-3}$$

4)一种实用的应力控制标准

$$\sigma_s \leqslant \beta_k \sigma_k \tag{10-4}$$

$$\sigma_k = \begin{cases} \beta_h \sigma_h & \text{湿接缝上缘} \\ [\sigma] - \beta_c \sigma_c & \text{湿接缝下缘} \end{cases} \tag{10-5}$$

式中:σ_s——实测应力值,MPa,可用应变片直接测量;

σ_k——控制应力,MPa;

β_k——控制安全系数,根据现场勘察桥梁结构状态确定,通常取1;

σ_h——湿接缝监测截面上缘活载效应应力值,有限元计算得到;

β_h——活载计算准确系数,通常取1;

β_c——成桥计算准确系数,通常取1;

$[\sigma]$——混凝土容许拉应力,根据材料性质决定;

σ_c——成桥阶段湿接缝监测截面下缘应力值。

第 11 章
桥梁应急抢修与加固

11.1 火灾后桥梁评定与加固技术

随着我国社会经济以及交通事业的飞速发展,公路上的交通量逐年增加,燃料及危险品运输也日渐频繁,由此带来的交通、火灾事故也在不断增多。此外,一些地方废弃物、垃圾、干柴等易燃物随意堆放在桥梁涵洞底下,导致桥梁的火灾事故也越来越多,给我国桥梁设施的管理与养护造成了非常大的压力。

11.1.1 火灾后桥梁损伤特点

1)火灾后混凝土损伤特点

(1)混凝土抗压强度

火灾后的混凝土主要有自然冷却和浇水冷却两种常见的冷却方式,而不同的冷却方式也会导致混凝土抗压强度存在一定区别,如图 11-1 所示。分析图 11-1 可知,无论是在哪种冷却方式下,混凝土抗压强度均随温度的升高而下降。相较自然冷却方式,相同温度火灾时混凝土抗压强度明显较高;而与浇水冷却相比,相同温度自然冷却方式的混凝土抗压强度较高。产生这种现象的主要原因是,梁体表层的高温混凝土遭遇冷水导致温度迅速降低,而此时内部的混凝土温度还是很高,表层混凝土遇冷收缩,进而产生大量裂缝,导致混凝土抗压强度降低。而过大的裂缝也会对梁截面进行削弱,降低结构承载力。此外,当梁截面上出现裂缝时,还会加速混凝土的碳化以及钢筋锈蚀,从而影响桥梁结构的耐久性。

(2)混凝土弹性模量

经研究表明,混凝土的弹性模量对温度相当敏感。当温度小于 200℃时,弹性模量变化较小;当温度大于 200℃小于 700℃时,弹性模量有线性降低的趋势。而弹性模量在高温下降的机理,主要是因为混凝土内部各组成材料间热工性能不相容,导致内应力和变形差,出现微裂纹;再加上水分的蒸发流失,混凝土内部的空隙增大,组织疏松、变形过大而使得弹性模量及刚度下降。混凝土弹性模量降低将导致桥梁结构或桥梁构件的抗变形能力逐渐丧失,紧随其后带来的便是火灾后较大的残余变形。

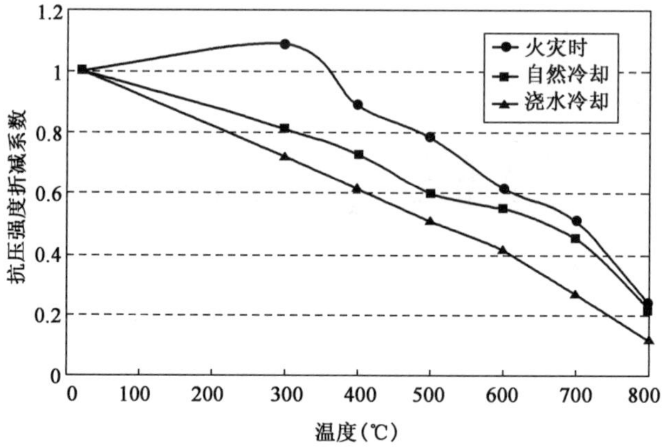

图 11-1 不同冷却方式下混凝土抗压强度与火灾温度的关系

(3)混凝土泊松比

火灾后,当混凝土温度超过 300℃就会发生裂缝不稳定发展现象,泊松比是反应混凝土结构内部裂缝发展过程的一个参数,因此火灾会导致混凝土泊松比减小。

2)火灾后普通钢筋损伤特点

(1)普通钢筋的抗拉强度

总体来说,随着温度的升高,普通钢筋(包括光圆钢筋和带肋钢筋)的抗拉强度呈现出下降趋势。然而,对于普通光圆钢筋,在温度 0~400℃变化过程中,其抗拉强度下降并不明显;温度从 400℃变化至 900℃时,其抗拉强度基本呈直线下降。对于普通带肋钢筋而言,在温度从 0~300℃变化过程中,其抗拉强度呈增加趋势,温度从 300℃变化至 400℃过程中,其抗拉强度基本不变;当温度超过 400℃时,其抗拉强度也是基本呈直线下降。

研究发现,在高温作用下,普通光圆钢筋的抗拉强度比普通带肋钢筋大,但火灾后普通钢筋抗拉强度折损的要比火灾时小。也就是说,火灾后普通钢筋的抗拉强度将会在火灾时抗拉强度的基础上恢复一部分。这种现象可以用热轧钢筋屈服强度及极限抗拉强度的变化规律来解释,即虽然热轧钢筋的屈服强度与其极限抗拉强度有相同的下降趋势,但是屈服强度的剩余强度还是稍微大一些。

(2)普通钢筋的弹性模量

与抗拉强度一样,弹性模量是普通钢筋重要的力学性能之一。通过对普通钢筋进行试验研究,火灾后普通钢筋的弹性模量也会随着温度的升高呈现下降趋势,但是一般来说弹性模量受温度的影响较小。

3)火灾后预应力钢筋损伤特点

现阶段,预应力钢筋主要包括预应力钢绞线和高强钢丝。目前学者针对火灾时预应力钢筋的力学性能进行了大量研究,通过试验研究火灾时预应力钢筋的高温力学性能,认为高温下预应力钢筋的抗拉强度比普通钢筋低得多,而温度较低时(300℃以下)其抗拉强度下降不明显,但是当温度超过400℃时,其抗拉强度直线下降,当温度达到800℃时,预应力钢筋的抗拉强度基本完全损失。火灾后,预应力钢筋的条件屈服强度与它所受的最高温度以及初始应力状态有关。预应力钢筋因其特殊受力状态(高应力状态),若遭遇高温时,会造成很大的预应力损失,这可能导致桥梁结构压应力较小的区域出现拉应力,进而有可能使得桥梁出现裂缝,严重情况下直接导致桥梁倒塌。

至于预应力钢筋的弹性模量,高温作用对其影响不大,在工程实际中仍可以按照常温值采用。

4)火灾后桥梁各部件损伤特点

只有把握好火灾后桥梁各部件的损伤特点,才能更好地准确评估桥梁损伤。

(1)火灾对主梁的损伤

根据火灾发生的位置不同(桥面上或者桥梁结构下),其对主梁的损伤也不一样。

当火灾发生在桥面上,最先烧毁桥面铺装层,进而使高温作用在主梁上使得主梁发生损伤,如图11-2所示。若火灾发生于预应力混凝土连续刚构桥或连续梁桥桥面,则会导致受压区纵向预应力发生损失,锚固竖向预应力钢筋的锚头也会发生损伤。在一般情况下,由于护栏的存在,桥面的火灾不会导致桥梁结构主梁下部发生损伤,而且由于桥面铺装层的存在,主梁损伤会有些许的延缓。

当火灾发生于桥梁结构之下,则随着火灾时温度的升高,受拉区混凝土的抗拉、压强度以及普通钢筋和预应力钢筋的抗拉强度均会减小,且他们的弹性模量以及混凝土和钢筋之间的黏结性都会降低。随之而来的便是桥梁下挠、开裂等问题,严重的会出现混凝土大面积脱落、预应力钢筋应力完全损失、钢筋熔断甚至垮塌,如图11-3所示。

图11-2 火灾发生在桥面上

图11-3 火灾发生在桥面下

(2)火灾对桥梁支座的损伤

盆式橡胶支座和板式橡胶支座是目前混凝土桥梁中常用的两种支座类型。发生火灾时,大火直接灼烧橡胶支座,或是直接灼烧橡胶外层的钢板,使其受高温作用而变形,进而降低支座承载力。而火灾后支座的损伤主要表现为支座橡胶烧熔、支座剪切变形过大以及烧毁支座垫石或垫石下混凝土剥落。

由于连续梁桥支座处负弯矩较大,若火灾烧毁其支座而发生沉降,便会在负弯矩区产生较大的次内力,有可能导致负弯矩区发生开裂。而对于简支梁桥(T梁桥或空心板梁桥),支座过火损伤后会使各片梁产生不同的下沉,进而影响多片梁的横向分布系数,严重时有可能会出现单梁、板受力的现象,从而影响桥梁结构的正常使用性能。

(3)火灾对桥梁墩柱的损伤

当桥梁墩柱被周围易燃堆积物灼烧,则有可能发生混凝土压碎破坏。这主要是因为混凝土桥梁墩柱为轴心受压构件或者偏心受压构件,当遭遇火灾时,混凝土抗压强度下降,很容易被压碎。火灾时桥梁墩柱还可能发生混凝土大面积脱落以及钢筋外露破坏。

(4)火灾对桥面铺装及护栏的损伤

若火灾发生在桥面,首先,破坏的就是桥面铺装。目前,桥梁的桥面铺装一般都是采用沥青混凝土铺装层,若火源(一般情况为两车相撞爆炸或易燃易爆车辆翻车所致)直接在桥面铺装上燃烧,便会造成桥面大面积损伤。桥梁的护栏一般分为钢护栏和混凝土护栏。对于钢护栏而言,桥梁发生火灾时,在高温作用下,极易发生变形而影响其对车辆的保护作用(图11-4);对于混凝土护栏而言,若桥面发生火灾,在高温作用下,混凝土会出现大面积剥落、普通钢筋外露,同时,混凝土护栏也会出现横向、纵向的裂缝,且主梁与护栏底座的连接容易发生松动。

图11-4　钢护栏高温变形

(5)火灾对伸缩缝的损伤

当桥梁发生火灾时,伸缩缝可能出现的损伤有:伸缩缝的橡胶条被烧毁、钢板被烧而变形,严重者伸缩缝会完全烧毁,桥梁端部混凝土也会发生破损。

11.1.2　火灾后桥梁结构的检测内容及要点

1)火灾原因分析及现场调查

初步调查桥梁各构件的受损情况,判断桥梁是否可能发生断裂、坍塌以及局部失稳。检查时,必须采取必要的防毒、防烟措施,确保检测人员的人身安全。此阶段需要查明:

(1)火源、起火原因、燃烧物性质、火灾持续时间、主燃区域位置和范围、火灾蔓延途径、通风情况、灭火方式和灭火过程等。

(2)现场其他物品的烧损情况,如铁件、铝件、铜线、陶瓷、玻璃等。

(3)搜集桥梁的使用情况、竣工图、养护记录,既有维修加固状况等。

2)火灾时火场特征温度检测

(1)外观检测方法

外观检测法是最原始而又直接的方法,它具有直观、方便、快捷的优点。这种方法主要是依据现场经验,它可以通过混凝土表面的颜色变化、龟裂、裂缝的大小、钢筋外露情况、混凝土的爆裂以及混凝土的剥落松散程度来判定受火温度以及损伤程度。

通过对火灾现场梁桥各个构件的表观检查,可以初步判断火灾场的温度以及构件的损伤程度,表11-1列示火灾后不同温度下混凝土构件的外观特征。

火灾高温后不同温度下混凝土构件的外观特征 表 11-1

火灾温度(℃)	<300	300~450	450~800	800~1000	>1000
构件表面颜色	表面有黑烟	粉红	铁锈红到浅黄	浅黄到土黄	土黄到灰白
爆裂、剥落	无	局部粉刷层	表面少许龟裂	大面积	混凝土松散,大面积剥落
裂缝开裂程度	无	无	少许	较多裂缝	贯通裂缝
露筋现象	无	无	无	少量	大量
锤子敲击反应	声音响亮、构件表面没有留下明显痕迹	较响亮、在构件表面留下明显痕迹,周围敲落很多碎片	声音较闷,混凝土粉碎并留下印痕	声音发闷,混凝土粉碎、塌落	声音发哑,混凝土严重塌落

表观检测法的适用性:对于火灾后混凝土的结构或者构件都可以按照上述特征进行损伤诊断,但是它在检测中只能用于初步判断火灾后混凝土结构或者构件损伤程度及火灾温度。

(2)微观物相分析方法

微观物相分析法就是运用电子显微镜或 X 射线对高温灼烧的构件进行微观上的分析与研究,从而根据微观的物理特征温度来推定相应的火灾温度以及混凝土结构或者构件的灼烧温度。混凝土结构构件截面内部的历经最高温度,根据火灾后混凝土材料电子显微镜分析结果的特征温度,按表 11-2 推定。

电子显微镜分析 表 11-2

特征温度(℃)	物 相 特 征
<280	混凝土各集料物相基本完整,水泥浆体较密实,连续性好
280~500	钙矾石分解完毕,少量水化物开始脱水,水泥浆体内部有微裂纹
500~650	石英晶体完整,水泥浆体中水化产物氢氧化钙脱水,浆体开始出现酥松,但仍较紧密,连续性好,氢氧化钙晶型缺损、有裂纹
650~700	水泥浆体已脱水,收缩成为酥松体,氢氧化钙脱水、分解,并有少量氧化钙(CaO)生成,吸收空气中水分产生膨胀
700~760	水泥浆体脱水,收缩成团块板块状,并有氧化钙(CaO)生成吸收空气中水分,内部结构破坏
760~800	浆体脱水放出氧化钙(CaO)成为团聚体,浆体酥松,孔隙大
800~850	水泥浆体成为不连续团状,孔隙很大,氧化钙(CaO)增加
850~880	水泥浆体成为不连续的团状,孔隙很大,但石英晶体较完整
880~910	方解石出现不规则小晶体,开始分解
910~940	方解石分解成为长方形柱状体,浆体脱水,收缩后孔隙很大
>980	方解石分解成为柱状体,浆体脱水,收缩后孔隙更大

(3)火灾温度与混凝土烧疏层厚度关系法

在火灾高温的作用下会对混凝土结构或者构件造成不同程度的损伤,随着火灾持续时间的增加,温度的逐渐升高会对混凝土的表面层造成不同程度的损伤,所以,烧疏层厚度实际上是指高温作用于梁桥结构或者构件的表面,结构被烧疏后用锤子敲击掉下来的那一部分。因此,可以根据混凝土构件烧疏层的厚度来判断火灾温度的大小,见表11-3。

火灾温度与混凝土的烧疏层厚度之间的关系 表11-3

火灾温度(℃)	<500	500~700	700~800	800~850	850~900	>900
火灾后混凝土的烧疏层厚度(mm)	1~2	2~3	3~4	4~5	5~6	>6

火灾温度与混凝土烧疏层厚度关系法的适用性:当构件受到高温作用后随着时间的持续增加,那么温度也是逐渐升高的,当温度达到1000℃以上时,可以根据温度与烧疏层的关系来判断烧疏厚度是大于6mm的,但是确切的烧疏厚度我们还需要其他的方法进行确定,所以,这种方法仅仅是定性地判断火灾温度。

3)火灾后混凝土实际强度检测方法

借鉴建筑结构火灾后损伤检测评估研究结果,并结合混凝土桥梁结构自身特点给出几种适用于混凝土实际强度检测的方法。

(1)表观观测方法

表观检测法是最直接的方法,它具有方便、快捷以及简单的优点。这种方法主要是依据现场经验,但是准确性不够,它可以通过混凝土表面的颜色变化、龟裂、裂缝的大小、钢筋外露情况、混凝土的爆裂以及混凝土的剥落松散程度来初步判定火灾后混凝土强度。

采用锤子敲击、铁钎凿击火灾现场桥梁各个混凝土构件,可以初步判断火灾场的混凝土抗压强度。火灾后不同凿击情况下混凝土构件的抗压强度,见表11-4。

火灾后不同凿击情况下混凝土构件的抗压强度 表11-4

混凝土抗压强度(MPa)	检测方法	
	锤	凿
<7	局部混凝土声音发闷,留下印痕,印痕边缘没有塌落	比较容易打入混凝土内,深度达到10~15mm
7~10	混凝土声音稍闷,混凝土粉碎和塌落留痕迹	陷入混凝土内5mm左右
10~20	在混凝土上表面留下明显印痕,在混凝土周围打掉薄薄的碎片	从混凝土表面凿薄薄的碎片
>20	混凝土声音响亮,在混凝土表面留下不明显的印痕	留下印痕不深,无损坏,在印痕旁留下不明显的条纹

表观检测法的适用性:对于火灾后混凝土的结构或者构件均可按照上述特征进行损伤诊断,但是它在检测中只能用来初步判断火灾后混凝土结构或者构件的混凝土抗压强度等级以及损伤程度。

(2)回弹修正法

回弹法是目前最为有效的现场测试混凝土抗压强度的方法,其主要通过测试回弹值以及混凝土碳化深度来评定混凝土强度等级。但是火灾后的混凝土强度并不能直接采用回弹法测试,需要在现有回弹法的基础上进行损伤强度的修正。具体修正方法如下:

假定δ为火灾后混凝土(回弹法测)损伤强度修正因子,则:

$$\delta = \frac{f'_{ct}}{f_{(N,L)}} \tag{11-1}$$

式中:f'_{ct}——火灾后混凝土桥梁损伤位置的混凝土抗压强度平均值,MPa;

$f_{(N,L)}$——回弹法所测混凝土抗压强度值,MPa。

回弹修正法的适用性:由于回弹法具有高效、快捷的优点,回弹修正法被工程技术人员广泛用于混凝土强度检测中,但是火场的温度可能会达到很高,这样会造成构件表面的损伤程度过大,造成混凝土大面积剥落,所以这种方法不适用于混凝土表面出现大面积剥落的结构。

(3)钻芯取样法

钻芯法是一种半破损的检测方法,钻芯取样法是指从混凝土结构或者构件中钻取芯样(火灾发生后,芯样应取未被烧损的混凝土),然后按照规定加工成标准芯样(高径比为1∶1的混凝土圆柱体试件),通过施加荷载来测定混凝土的抗拉强度及抗压强度,作为评定混凝土结构或者构件的主要性能指标。其抗压强度计算公式为:

$$f_{cu,cor} = \frac{F}{A} \tag{11-2}$$

式中:$f_{cu,cor}$——被测试试件的混凝土抗压强度值,MPa;

F——试验得到的最大压力,N;

A——被测试试件的抗压截面面积,mm^2。

但在一般情况下,混凝土的损伤层厚度要小于100mm,所以《火灾后工程结构鉴定标准》(T/CECS 252—2019)中给出了非标准芯样的混凝土抗压强度修正系数:

$$K = -0.0265 + 1.1113\frac{h}{d} \tag{11-3}$$

式中:K——强度修正系数;

h——芯样试件的高度;

d——芯样试件的平均直径。

这时的混凝土抗压强度计算公式为:

$$f^{c}_{cu} = K \cdot \frac{4F}{\pi \cdot d^2} \tag{11-4}$$

式中:f^{c}_{cu}——芯样试件的混凝土抗压强度值;

F——试样测得的最大压力;

d——芯样试件的平均直径。

钻芯取样法的适用性:钻芯取样法能够较为精确地检测混凝土的强度,但是芯样检测的抗压强度与芯样钻取时混凝土的龄期强度、种类、进钻的速度以及时间、芯样试件加工的质量等因素有关,所以钻芯取样法检测混凝土强度实际上是受损深度方向上的平均强度。钻芯取样法与其他方法结合使用,对火灾后混凝土构件的损伤检测来讲效果是比较好的。

4)火灾后普通钢筋强度检测方法

火灾后普通钢筋实际强度的检测可以通过火灾现场结构或者构件取样,然后到专门的试验检测机构对试样进行材料性能测试。取样的部位一般为构件或者结构的混凝土剥落、露筋处,或者构件破损较为严重的部位。

5)火灾后预应力钢筋有效预应力检测方法

火灾后预应力混凝土桥梁现存预应力状态是火灾后评估工作关心的重要问题。将火灾后受损构件现存应力的测试值作为评定指标来评估预应力混凝土桥梁灾后损伤状态是一种十分有效且必要的方法。测试受损构件现存应力时可采用横张增量法。

(1)静力平衡原理

如图11-5所示,目标钢束受到横向作用力 T 的作用,当系统保持平衡时,横向作用为 T 为:

$$T = 2F\sin\theta$$

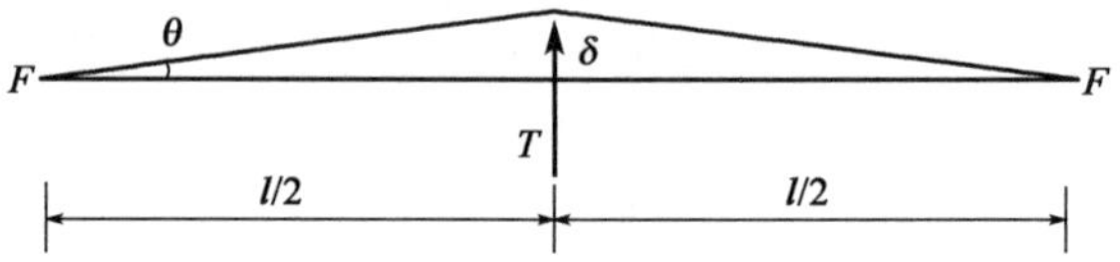

图11-5　平衡原理图

因为在实际横向张拉过程中横向变位 δ 甚小,则 θ 角可以表示为:

$$\sin\theta = \tan\theta = \frac{2\delta}{L}$$

所以 F 可表示为:

$$F = \frac{TL}{4\delta}$$

式中:F——预应力钢筋(钢绞线)有效张拉力;

T——横向作用力;

L——目标钢束的有效工作长度;

δ——横向位移;

θ——钢绞线横向位移后与初始位置的夹角。

(2)增量分析

在测试理论公式的建立过程中,通过在同级张力水平下,将同一测点获取的多级横向位移及横向张力数据,采用线性条件下二级间增量处理,由级差法分析消除测试误差的影响。对于同一根钢绞线抓拔试验,已知发生横向位移 δ_i 时,对应的横向作用力为 T_i,则二级之差为 ΔT 可表示为:

$$\Delta T = T_{i+1} - T_i = \frac{4F}{L}(\delta_{i+1} - \delta_i) = \frac{4F}{L}\Delta\delta$$

$$T_i = \frac{4F}{L}\delta_i$$

从而得到有效张拉力实用计算式为

$$F = \frac{L\Delta T}{4\Delta\delta}$$

经过反复试验、多级差值实测得出 $\Delta\delta = \delta_{i+1} - \delta_i$ 及其相应的 ΔT 后，可求得钢束平均有效张拉力 F'，由下式计算出各测点处钢束应力值：

$$\sigma_{pc} = \frac{F'}{A} = \frac{1}{n}\sum_{i=1}^{n}\frac{F_i}{A} \tag{11-5}$$

式中：σ_{pc}——测点处钢束有效预应力，MPa；

F_i——测点处钢束有效张拉力，kN；

F'——钢束平均有效张拉力计算值，kN；

A——单根测试钢束公称面积；

n——独立重复试验的次数。

11.1.3 火灾后的桥梁评定计算

桥梁结构在火灾过程中会受到不同方面与不同程度的损伤，对火灾后的桥梁结构进行科学、全面的评定是进行桥梁加固的重要前提。但是目前国内还没有针对火灾后桥梁检测评定的标准规范，因此本章节以现行《公路桥梁技术状况评定标准》（JTG/T H21—2011）和《公路桥梁承载能力监测评定规程》（JTG/T J21—2011）为基础，结合桥梁火灾的特点、损伤特征及现有桥梁检测手段，示意一种适用于公路桥梁火灾损伤检测评定的方法，以供读者参考。

1）火灾后桥梁技术状况评定内容

火灾后桥梁结构的技术状况评定主要包括对桥梁的上部结构、下部结构和桥面系的各个构件与部件进行材料性能损伤及外观损伤等方面的综合评定。

其中，材料性能损伤主要包括火灾后混凝土强度损伤、火灾后普通钢筋强度损伤和火灾后预应力钢筋有效预应力损伤。

外观损伤包括构件火灾后混凝土剥落露筋情况、混凝土构件过火面积、混凝土构件烧损深度、混凝土桥梁跨中挠度、混凝土桥梁结构变位、混凝土桥梁构件裂缝以及预应力构件损伤等多种损伤情况。

2）火灾后桥梁技术状况评定程序

对火灾后桥梁损伤进行评定的程序如下：

（1）应通过桥梁结构或构件的设计和竣工技术资料，收集发生火灾桥梁的相关信息，对发生火灾的桥梁有全面的了解和认识。

（2）应对火灾现场进行全面的调查、勘察与检测，包括：对火灾目击群众进行调研，了解火灾过程；通过现场火灾残留物以及梁桥表观损伤特点，推定火灾现场温度；对火灾后桥梁上部结构、下部结构以及桥面系的各构件或部件，进行外观损伤、材料损伤等的技术检测，然后，综合外观损伤与材料损伤的检测结果完成对火灾后桥梁结构上部结构、下部结构、桥面系以及整体结构的技术状况的评定。评定程序如图 11-6 所示。

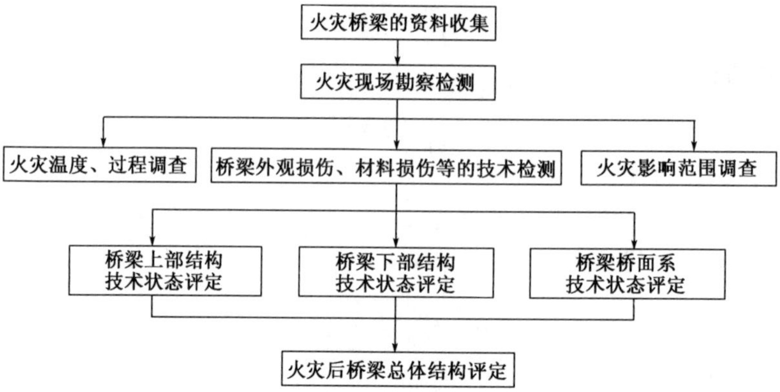

图 11-6　火灾后评定程序图

3)火灾后桥梁技术状况评定等级

(1)火灾后桥梁总体技术状况等级分类

火灾后桥梁总体技术状况评定等级分为 1 类、2 类、3 类、4 类、5 类,见表 11-5。

火灾后桥梁总体技术状况评定等级　　表 11-5

技术状况评定等级	技术状况描述
1 类	桥梁未受火灾影响,完全符合国家现行各项标准要求
2 类	桥梁损伤轻微,基本符合国家现行各项标准下限水平要求,尚不影响安全,尚可正常使用,宜采取适当措施
3 类	桥梁状况不符合国家现行各项标准要求,在目标使用年限内影响安全和正常使用,应采取措施
4 类	桥梁状况损伤严重,严重影响安全,必须及时或立即维修与加固
5 类	桥梁受损非常严重,存在随时坍塌的危险,必须立即进行加固或拆除

(2)火灾后桥梁部件技术状况等级分类

火灾后桥梁部件技术状况评定等级分为 1 类、2 类、3 类、4 类、5 类,见表 11-6。

火灾后桥梁部件技术状况评定等级　　表 11-6

技术状况评定等级	技术状况描述
1 类	未受火灾影响,功能完好
2 类	基本满足国家规范要求,需对烧损层进行简单处理
3 类	不满足国家规范要求,应采取加固措施处理
4 类	严重不满足国际现行规范要求,必须立即采取安全措施后进行加固处理
5 类	结构受损严重,必须进行拆除、更换处理

(3)火灾后 5 类桥梁技术状况单项控制指标

在桥梁技术状况评定中,有下列情况之一时,整座桥应评为 5 类桥:

①过火部分单项控制指标:

a. 火灾后混凝土强度两个系数:K_{bt},K_{bm}≤0.60。

b. 火灾后钢筋(普通钢筋和预应力钢筋)强度损失率大于30%。

c. 火灾后主梁混凝土剥落、露筋面积达到主梁总面积的80%。

d. 火灾后桥梁结构过火面积大于桥梁结构总表面积的80%。

e. 火灾后主梁混凝土烧损深度大于主梁高度的1/2。

②未过火部分单项控制指标参考《公路桥梁技术状况评定标准》(JTG/T H21—2011)第4.3.1条标准。

4)火灾后桥梁技术状况评定计算

火灾后混凝土桥梁技术状况计算评定包括对梁桥构件、部件、上部结构、下部结构、桥面系和整体结构的计算评定。火灾后公路梁桥技术状况评定应采用分层综合评定与5类桥梁单项控制指标相结合的方法,先对桥梁各构件进行评定,然后对桥梁各部件进行评定,再对桥面系、上部结构和下部结构分别进行评定,最后进行桥梁总体技术状况的评定,如图11-7所示。

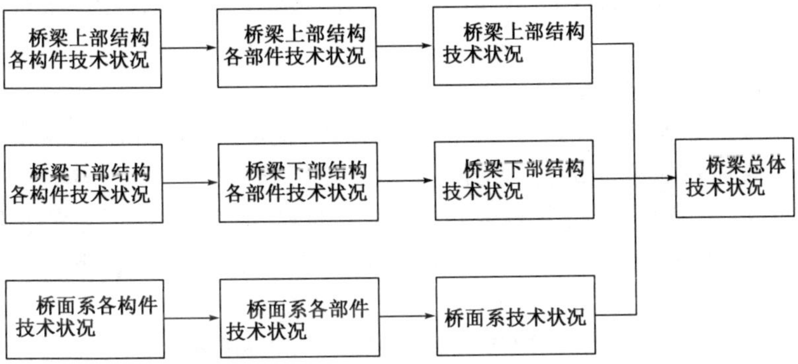

图11-7 桥梁技术状况评定计算过程

具体的桥梁部件分类及权重值、评定计算方法可参考《公路桥梁技术状况评定标准》(JTG/T H21—2011)。

11.1.4 火灾后的桥梁加固

桥梁结构遭遇火灾后,首先要对其进行剩余承载力的评估以及桥梁结构损伤评估,然后根据二者评估结果,再决定是否需要对桥梁构件进行加固或者拆除更换。

1)火灾后桥梁加固维修基本原则

火灾后混凝土桥梁的损伤与普通混凝土桥梁损伤有较大区别,具有其特殊性,所以在对其进行相应的加固维修时需要注意以下几个基本原则:

(1)加固维修设计尽可能科学、合理,做到有利于环保,同时需满足技术需要以及结构使用安全的要求。

(2)加固不加重,尽可能减少对原桥梁主要承重构件的损伤。

(3)火灾后的桥梁加固后,不仅应满足正常使用极限状态和承载能力极限状态的力学指标要求,还需存在一定的安全富余度。

(4)加固设计的施工尽可能方便、快捷,同时做到对交通影响最小。

(5)火灾后的桥梁加固后,具有足够的强度及耐久性,且做到维修养护方便。

2)火灾后主梁加固方法

(1)主梁表面缺陷修补法

①表面开裂处置。

当混凝土桥梁遭遇火灾时,一般采用浇水的方式进行灭火。由于火灾时高温作用混凝土表面温度极高,当突然遭遇冷水,表面温度急剧下降,此时混凝土结构会形成极大的负温差,表面极易开裂。火灾后裂缝的处理极其重要,应根据裂缝的宽度分别选择表面封闭法(裂缝宽度小于0.15mm)以及灌浆法(裂缝宽度大于0.15mm)进行修补。

②表层混凝土疏松剥落及钢筋外露的处置。

经过高温作用的混凝土,极易被灼烧疏松甚至剥落,出现露筋的现象,所以应对混凝土疏松区进行彻底凿除,直至未被烧损的混凝土出现。此时有两种情况:一是凿除烧损的混凝土后钢筋外露;二是疏松混凝土层较浅,凿除后未漏出钢筋。针对第一种情况,连同剥落后露筋的情况,首先对外露的钢筋进行除锈,对于灼烧断筋的情况还应采用搭接的方式进行局部加强,最后再结合第二种情况一并采用环氧砂浆或聚合物砂浆对受损部位进行修补。

(2)主梁承载能力增强法

混凝土桥梁遭遇火灾后,对结构的承载能力影响较大,故恢复和提高混凝土桥梁结构的承载能力是其加固维修的重点。要提高混凝土桥梁结构的承载力,较为常用的方法有增大主梁截面法、主梁外层粘贴钢板或碳纤维复合材料、改变结构受力状态法以及体外预应力法。目前,关于这几种方法的概念以及操作方法已经较为成熟。下文针对不同类型桥梁的不同响应给出相应的加固措施,见表11-7~表11-9。

火灾后预制空心板桥的加固方法适用范围 表11-7

火灾后桥梁的响应	可选加固方式
主梁抗弯承载能力不足,下挠过大	拆除并更换主梁、主梁外层粘贴钢板法
主梁损伤评估后仍可使用	主梁外层粘贴钢板法
主梁损伤评估后无须过大提高承载能力	主梁外层粘贴碳纤维复合材料法
某个空心板破坏较为严重	拆除并更换相应的空心板
横向联结严重破坏	增强横向联结系、施加横向预应力体系

火灾后装配式简支梁桥的加固方法适用范围 表11-8

火灾后桥梁的响应	可选加固方式
主梁抗弯承载能力不足,下挠过大	施加体外预应力体系、主梁外层粘贴钢板法
损伤评估后无须过大提高承载能力	主梁外层粘贴钢板或高强碳纤维板
横向联结严重破坏	增设端横梁、中横梁或在横梁处施加预应力
斜截面抗剪承载能力不足	增大主梁截面法、主梁外层粘贴斜钢板法

火灾后连续箱梁桥的加固方法适用范围 表11-9

火灾后桥梁的响应	可选加固方式
主梁抗弯承载能力不足,刚度损失过多导致下挠过大	施加体外预应力体系、改变结构受力状态法
主梁损伤评估后无须过大提高承载能力	主梁外层粘贴钢板法或高强碳纤维板法

续上表

火灾后桥梁的响应	可选加固方式
混凝土剥落,截面面积减小较多	增大主梁截面法
斜截面抗剪承载能力不足	增大主梁截面法、主梁外层粘贴钢板或碳纤维复合材料
箱梁顶底板开裂	主梁外层粘贴钢板法或碳纤维复合材料
齿板破坏导致锚固区开裂	增大主梁截面法、主梁外层粘贴钢板法
支点负弯矩区承载能力不足	顶板加体外预应力体系、主梁外层粘贴钢板法

3)火灾后墩台加固处置

当火灾发生于桥跨结构底时,桥梁下部结构会受到火灾高温作用而发生损伤。对于下部结构,不同构件(如盖梁、墩柱、桥台等)应采用不同的加固方式,见表11-10。

火灾后混凝土梁桥下部结构的加固方法 表11-10

火灾后桥梁的响应	可选加固方式
盖梁	施加体外预应力体系、增大截面法、粘贴钢板
墩柱	增大桥墩截面法、钢套管内注混凝土、环向或者竖向粘贴钢板
桥台	外包钢筋混凝土套箍法、更换台身后填土、增设辅助挡土墙

4)火灾后支座加固处置

当火灾发生在桥跨结构底下,桥梁支座也会受到高温作用而发生损伤,且一般情况支座受损最为严重。这时,一般直接更换受损支座即可。

11.2 上部结构复位

斜、弯桥梁,在车辆荷载长期作用下,因其自身的结构受力特点,大量中、小跨径桥梁会出现不同程度的梁体偏移现象;或因车、船撞击及地震等因素的影响,上部结构产生纵、横向变位。此类病害安全隐患大,轻则致使桥梁构件损伤,重则影响桥梁安全,甚至出现垮塌事故。

桥梁上部结构复位主要包括梁体的纵向顶推复位以及多点横向顶推旋转。

11.2.1 梁体纵向顶推复位

1)梁体复位判定原则

对于已发生主梁滑移的桥梁,需先进行全桥的质量检测,检测内容包括伸缩缝伸缩量、支座剪切变形量、支座滑移量及墩柱偏位位移等,再根据检查结果判定梁体是否需要纵向顶推复位。一般原则如下:

(1)当公路桥梁出现一联或多联主梁滑移使得非连续墩一端的伸缩缝止水带拉裂、伸缩量超限,而另一端伸缩缝抵死丧失功能或桥台台背抵死而影响桥梁的正常使用,且通过桥梁外观即可看出主梁具有明显滑移现象时,须进行梁体纵向顶推复位。

(2)当梁端滑板支座滑移量超过规定限值,同一连续墩顶处所有板式橡胶支座剪切

角 α 正切值 $\tan\alpha > 0.7$,且支座伴随串动、明显脱空、外鼓、裂缝、钢板局部外露,支座部件桥梁技术状况评定在 3 类以上,桥梁两端的伸缩缝伸缩量相差较大但并未丧失功能时,须进行梁体纵向顶推复位。

在桥梁的日常巡检及定期检查中,若出现以上趋势,须着重关注该桥梁,加强对支座以及伸缩缝的监测。若病害发展严重,须进行专家讨论,以确定是否需要进行梁体顶推复位。

2)梁体复位施工工艺

梁体纵向顶推复位的具体施工工艺可划分为 5 个施工阶段,其流程如图 11-8 所示。

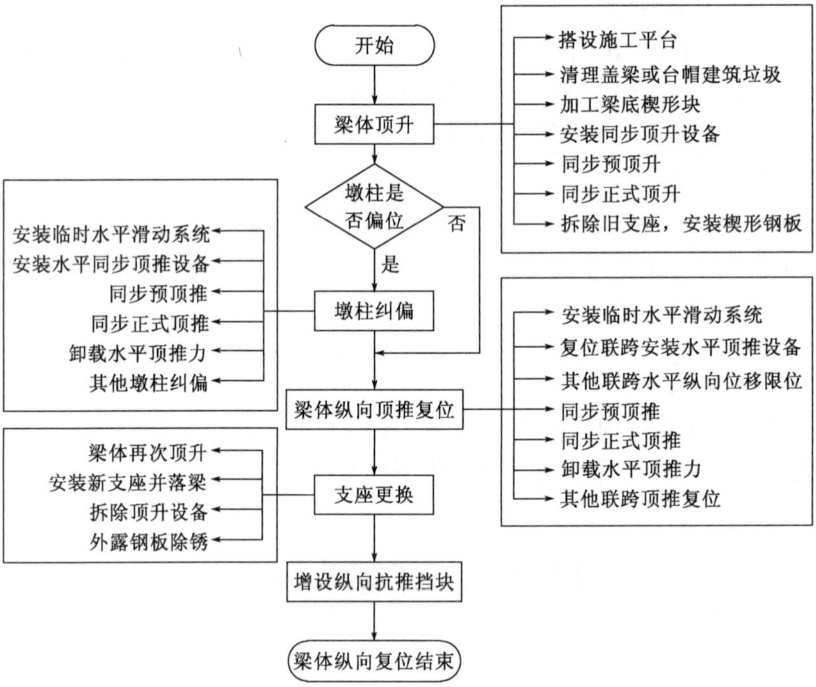

图 11-8　梁体纵向顶推复位施工流程图

(1)梁体顶升

①在盖梁或者台帽上搭设安全稳固的施工平台,该平台可作为墩柱纠偏、支座更换以及梁体纵向顶推复位等施工平台。一般可采用桥梁检测车、盖梁挂架等作为施工平台,但需保证其自身的强度、刚度及稳定性。

②清理盖梁或台帽建筑垃圾,以防止施工受到影响和梁体纵向顶推复位时梁端被卡死。

③采用数显式坡度仪测试梁底预埋钢板及支座垫石坡度值,加工与测试坡度值一致的楔形钢板,加工好的楔形钢板须保证为一个整体而不能采用多块钢板进行焊接成型。对加工好的楔形块进行逐一编号;对支座垫石的平整度采用环氧砂浆调整至水平状态。

④选用操作性和可控性较好的同步顶升系统,并通过顶升荷载确定所用千斤顶的规格和布置数量,一般在需要复位的梁底布置两个千斤顶作为同步顶升的顶升设备。同步顶升系统的油泵和千斤顶需进行计量标定,合格后方可使用。

⑤进行千斤顶同步预顶升,以位移和顶升压力作为双控指标,顶升前需要做预顶升,

结构无异常后进行顶升压力卸载。

⑥进行正式顶升，通过逐级施加顶升压力保证梁体顶升位移逐级顶升，直至被复位梁体脱离支座，并保证脱离距离能正常更换支座及焊接加工好的楔形块。

⑦拆除旧支座，在梁底预埋钢板上焊接加工好的楔形钢板，形成整体，使梁底楔形块与支座垫石表面相互平行。

(2)墩柱纠偏

对桥梁的墩柱垂直度、盖梁偏位进行监测，判断墩柱是否纵向偏位，若墩柱纵向偏位，则进行步骤①～⑤；若无墩柱纵向偏位，则只进行步骤①，并开始梁体纵向顶推复位施工阶段。

①用钢板、不锈钢板、四氟滑板、硅脂油等材料在梁底楔形块与支座垫石之间形成临时水平滑动系统，并将其作为临时支座进行落梁。临时滑动系统的摩擦系数应不大于0.03以减小水平推力，保证顶推时桥梁结构的安全。

②计算分析后选择规格合适的水平顶推千斤顶，在需纠偏墩柱盖梁顶的每片端横梁与梁腹板连接位置附近处设置支撑点，并在支撑点对应的盖梁上安装反力架，反力架可采用型钢等具有较高强度的钢材进行加工，并利用锚栓将反力架牢固安装于盖梁上，其中反力架锚栓的抗剪能力、锚栓锚固区混凝土的抗拔能力和抗剪能力须满足设计要求；在支撑点与反力架之间布置水平顶推千斤顶作为水平同步顶推设备，并通过反力架将顶推压力传递全桥墩，从而实现桥墩纠偏，但须保证横隔板在千斤顶推力作用下具有较大的抗剪、抗弯能力。

③进行水平顶推千斤顶同步预顶推，以顶推位移和顶推压力作为双控指标。采用全站仪对墩柱垂直度进行控制指标的复核，其中墩柱顶粘贴反光贴。在盖梁上安装一根垂直与主梁的钢筋，并在主梁上安装一钢尺，两者相互垂直，用于测量盖梁位移。预顶推持荷5min以上，结构无异常后进行顶推压力卸载。

④进行正式顶推，通过逐级施加顶推压力保证墩柱位移逐级顶推5mm，在保证结构安全下，使墩柱纠偏到位，但须消除残余偏位位移量。

⑤卸载水平顶推压力，对其他墩柱重复步骤①～④进行纠偏。所有墩柱纠偏完成后进行梁体纵向顶推复位。

(3)梁体纵向顶推复位

①为便于顶推时梁体的纵向滑动，采用墩柱纠偏的临时水平滑动系统。

②通过理论分析，选择规格合适的水平千斤顶，如果出现多联梁体纵向滑移病害的桥梁，先对高端的梁体滑移联跨进行复位，再对低端的梁体滑移联跨进行复位。其他情况直接在复位联跨的每片梁梁端(较低端)上下布置两个水平千斤顶作为水平同步顶推设备，并在盖梁上安装反力架以固定水平千斤顶位置，通过借用端梁之间的相互顶推作用力实现复位联跨的顶推复位。

③在对复位联跨纵向顶推复位时，须对复位联跨两端的非连续墩、其他联跨梁体和相应所有桥墩进行纵向水平位移限位，水平位移限位可通过在暂不复位联跨的梁端间设置与梁端间距等厚、压缩性小的塞垫实现，如木板、钢板等。

④进行复位联跨梁端(较低端)的所有水平千斤顶同步预顶推，以顶推位移和顶推压力作为双控指标，采用全站仪进行墩柱垂直度进行检测，采用钢尺对伸缩缝伸缩量进行测量，通过监控数据对控制指标进行复核。预顶推持荷5min以上，结构无异常后进行顶推

压力卸载。

⑤进行正式顶推,通过逐级施加顶推压力保证梁体纵向顶推位移逐级顶推 2mm,在保证结构安全下,复位梁体顶推至设计位置,但须消除残余滑移量;

⑥卸载水平顶推压力,重复步骤①~⑤对其他较低端的需复位联跨梁体进行顶推复位,直至完成所有联跨复位。

(4)支座更换

①对已完全复位的梁体再次顶升,顶升高度需满足新支座的安装高度;拆除临时水平滑动系统,并再次检查楔形块与支座垫石是否处于水平状态。

②在保证梁底楔形块与支座垫石全部处于水平状态时,安装新支座并落梁,使支座顶面不锈钢板与梁底楔形块水平接触。

③拆除顶升设备;对外露钢板进行防锈处理。

④增设纵向抗推挡块

为遵循"旧病不复发"原则,在复位桥梁的墩顶端横梁上增设配筋纵向抗推挡块,并将钢筋植入盖梁内,保证纵向抗推挡块的抗剪能力和抗拔能力;在与端横隔板相对的挡块侧面粘贴橡胶缓冲块,以减缓纵向抗推挡块受较大的碰撞荷载。纵向抗推挡块应允许梁体在小范围内自由移动,该自由移动范围的大小一般以不影响支座的正常变形为宜,纵向挡块的设计还需考虑端横梁和墩柱结构的受力,保证端横梁及盖梁结构安全。

3)施工时注意事项

(1)顶推千斤顶作用位置支撑牢固可靠

通过相邻联跨梁体和桥台共同限位形成整体,构成反力架,利用相邻梁端作为顶推支点,顶推支座处应满足局部承压验算。

(2)水平同步顶推系统具备足够的顶推能力

计算复位联跨上部结构的总荷载,然后按临时水平滑动面的摩擦系数计算摩擦力 F_1,并计算复位联跨在桥梁纵坡作用下的水平分力 F_2,则水平同步顶推系统需承受荷载为 $F = F_1 + F_2$。

(3)复位联跨在墩顶能纵向自由滑动

为使复位联跨能够顺利复位,需用钢板、不锈钢板、四氟滑板、硅脂油在各个支座垫石和梁底楔形钢板之间形成一个摩擦系数足够小的水平滑动面,便于复位联跨的纵向自由滑移。水平滑动面的摩擦系数应尽可能小,通过减小摩擦力来减小顶推千斤顶推力及梁端局部承压力,保证顶推时桥梁结构的安全。

(4)复位联跨两端的非连续墩和其他相邻联跨梁体及桥墩必须固定

为确保在复位联跨梁体纵向复位顶推过程中,不引起其他联跨梁体和桥墩发生纵向位移,不仅需对除复位联跨外的其他联跨梁体、桥墩和桥台一起限位,还需对复位联跨两端的非连续墩一起限位。

11.2.2 多点横向顶推旋转法

多点横向顶推旋转法是以某一点为旋转中心,在桥梁的一侧施加顶推力,使桥梁整体绕旋转中心旋转,从而使得发生偏位的梁体复位。施工时,一般以未发生偏移的某一个支座为旋转中心。其施工流程如图 11-9 所示。

1)施工准备

(1)对施工现场进行封闭,对所使用的千斤顶、油泵、液压表做好配套标定工作。

(2)解除伸缩缝、翼缘板、桥面附属结构对梁体的约束,将支座处的杂物清理干净,去除支座附近的多余约束,并建立顶升及复位支撑反力点系统。

(3)顶升前应对全体操作人员进行技术交底及安全交底,决定指挥权并对安全预案进行交底,以避免施工过程发生意外。

(4)准备工作完成后,正式顶升前先进行试顶,全部千斤顶按起升重量同步、逐级加压,并检查千斤顶、油泵、支垫情况是否出现异常。

2)安装其他装置

(1)安设限位装置:为使梁体在控制下水平旋转,伸缩缝内安装楔形木块,安装示意图如图11-10所示;限位挡块与主梁的距离为纠偏的距离,以保证纠偏就位后,主梁刚好与限位挡块接触。

(2)在需要顶升的墩台处安装水平顶推反力支架如图11-11所示。

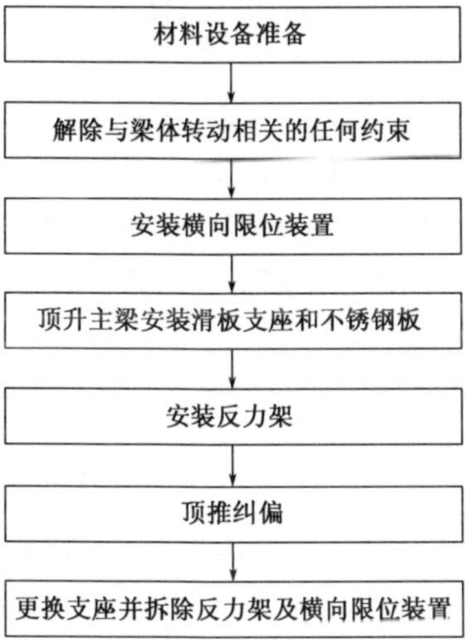

图11-9　横向复位施工流程图

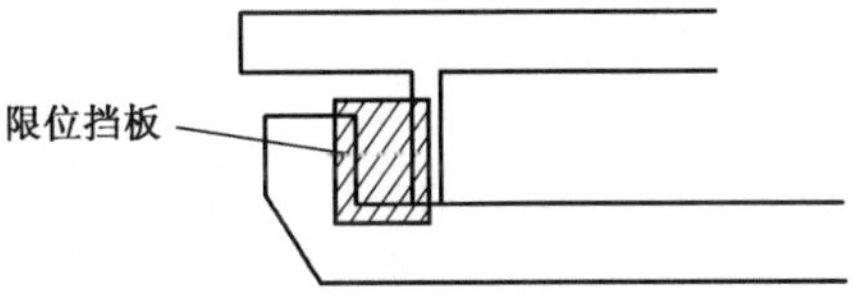

图11-10　安装示意图

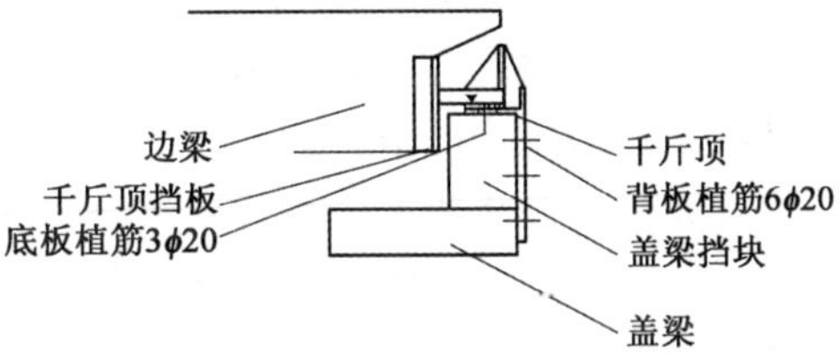

图11-11　反力支架示意图

3)顶推复位纠偏

在梁体侧面布置顶推千斤顶,并控制油压,使梁在支座上稍微接触,从而使梁在支座上的压力减轻。以千斤顶的缸体行程作为顶推控制因素,严格控制每台油泵打油的速度,确保每台千斤顶出顶速度、行程同步。整个顶推过程中必须对梁体与桥面的变形及应力等参数进行监测,发现异常立即停止顶推。

11.3　下部结构碰撞防护

11.3.1　山区滚石及防护

中、西部地区的气候类型多样、高山多、地质地貌复杂。很多情况下,山区高等级公路的路线走廊带大多以沿河线、山腰线为主,并且需要大量的跨越沟谷河流等障碍,相应的桥梁建设也大多建在这些地方,而这些地方往往是不良地质比较发育的地带。随着交通干线等向山地的延伸,山区滚石危害桥梁的问题就越来越突出。比如说:宝成铁路大滩—军师庙之间仅 1.6km 范围内,1961—1981 年的这 20 年间就发生了 46 次滚石灾害,砸坏铁轨、车辆、桥梁等造成多次事故。滚石作为一种地质灾害,虽然相比较与其他的自然灾害,如崩塌、滑坡等发生的概率和规模较小,但突发性极强、预测困难。山区桥梁一旦遭到撞击损坏,会严重影响桥梁的正常工作性能。因此,落石防护是西部山区桥梁设计中需要重点考虑的环节。

1)滚石防治的原则

山区滚石的规模较小,但是爆发的随机性和突发性强,从而导致了观测和预测发现相对的困难。这使得滚石灾害治理常常发生治而不绝的现象。另外,想要一劳永逸地治理滚石灾害也不现实,所以滚石的防治是一个系统性工程,需要综合考虑各种影响因素(如滚石分布区的工程地质条件、滚石的特点、工程设施的特点等),在各因素特点深入分析及防治方案对比研究的基础上,确立滚石防治对策措施。滚石防治应遵循以下基本原则:

(1)预防和回避原则

对大规模且长期发生滚石的危岩区域,特别是在高陡边坡、地震烈度高的区域内,应以避让为主。在工程规划和设计阶段,对于可能发生落石灾害的地段,应预先进行滚石灾害性评估。若有重大灾害后果,应考虑桥位的更改与滚石防治方案的比选。避让的距离可根据滚石的分布高度、滚落的范围、危害区域以及避让前后的经济性进行确定,一般应尽量争取将桥梁以及其他构筑物建设在滚石滚落堆积范围之外。若避让有困难,应采取必要的工程防治措施,使灾害发生的可能降到最低,确保人民生命财产及工程设施的安全。

(2)因地制宜的工程可行性原则

根据滚石运动特征结合防治技术的适用性、经济性和有效性的主旨进行滚石灾害防治。这是因为灾害区地形地势状况复杂,在选择滚石防治措施时要因地制宜,充分考虑现场环境是否能达到进行施工的技术要求。

(3)综合防治的原则

危岩体失稳破坏,并不是一定要阻止滚石的发生,而是要预防或降低其对桥梁结构、通行车辆或人员带来的危害。主动防护是指采取工程或者非工程措施,提高危岩体的稳定性,避免滚石的形成;被动防护是阻挡、拦截失稳后的危岩体产生的滚石直接作用于受灾体。滚石灾害防治是一个复杂的系统的工程,在防治过程中仅仅使用单一的方法往往效果不佳,因此通常需要多种防治方法结合,以达到降低和消除灾害。

(4)注重维护原则

落石区桥梁更应加强养护,包括现有落石灾害危险性后评估、调查落石灾害演化特征、预测发展趋势以及落石区的动态监测和已建成落石拦挡结构的维护。

2)山区桥梁墩柱防撞措施

桥墩防撞措施的作用是防止滚石、船舶等撞击物对桥梁的冲击荷载超过桥墩的设计承受能力,保护桥梁结构安全。工程上采用的防撞设施有多种形式,可以阻止撞击力传递到桥墩上,或者通过缓冲消能构造延长撞击时间,减小撞击力,从而最终保护桥梁安全。下文介绍几种适宜于山区桥梁的防撞设施。

(1)混凝土防撞结构

混凝土结构的防撞设施有两种:第一种是直接安装在承台上的预应力混凝土箱式结构,当发生碰撞时,通过混凝土的破坏变形来吸收能量,混凝土尺寸和箱的厚度以及箱式内部构造是影响它的吸收能量的能力的主要因素;第二种为混凝土套箱结构,该装置将混凝土套箱安装在桥墩外围,许多的橡胶件被填充在桥墩和套箱之间,当受到撞击时,冲击能量主要被橡胶件的弹性变形来吸收,从受力来看,该装置属于直接构造弹性变形型。

(2)胶囊沙袋防护系统

尼龙绳加固的氯丁橡胶制成不透水的胶囊,中粗砂和胶囊顶部的盖板是胶囊沙袋防护系统的主要部分。先将胶囊固定在桥墩的周围,然后将中粗砂抽干水分后填充到胶囊中,盖上盖板,就组成了胶囊防护系统。抽出胶囊沙袋中粗砂里所含的水分,以保持胶囊内外侧净水压力和内部的土压力基本相等,粗砂处于主动土压力作用状态防护系统的顶部盖板是为了防止雨水等进入胶囊,并增加胶囊的主动土压力,使内外侧压力平衡。

(3)钢套箱-细砂组合防撞装置

钢套箱-细砂组合防撞结构是由薄壳筑砂围堰方式发展而来,它是由钢套箱和细砂组成的,利用桥墩作为支承结构,通过向钢套箱内填充细砂形成缓冲结构,如图 11-12 所示。这种防撞装置的优点在于能够有效地减小滚石、碎屑流等地质灾害对桥梁桥墩的撞击作用,在滚石灾害频发地区桥梁桥墩严重受滚石撞击威胁的情况下,可有效提高桥墩的安全性。它的构造简单,安装更换方便,经济实用且适用性强,可作为现有桥墩加固或新建桥墩防撞装置。

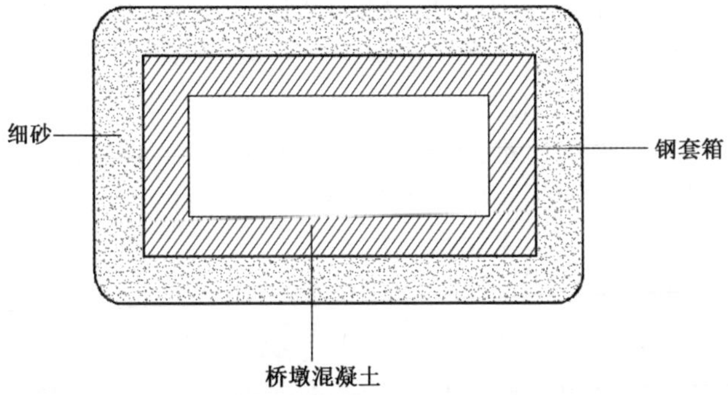

图 11-12　矩形截面桥墩钢套箱-细砂组合防撞结构图

(4)新型防撞装置设计

通过对上面对防撞设施的分析,综合考虑桥梁的安全与使用要求,可以发现如下两种关于防撞装置的新的设计思路:第一种是储能-释能装置,其防护原理是将装置设计成具有对撞击能量先期储存、后期释放的设计,该种装置的性能以延长撞击时间、减小撞击力,并能利用储存的能量释放恢复原状;第二种为吸能装置,主要是利用装置材料的本身特性大量吸收撞击能量,大大减少桥墩与船的损伤。

从防撞结构的作用机理出发,如果防撞结构的缓冲层耗能作用强大,就可以很好地消耗掉来自滚石、船舶等撞击物体的能量,从而减小撞击力,降低撞击物体对桥梁的撞击损害。国内外的很多学者通过研究发现几种耗能作用较过去用土质材料的耗能更好的耗能

材料,下文只做简单介绍:

①TPEE(热塑性聚酯弹性体)。TPEE是一种性能介于橡胶和塑料之间的合成橡胶。TPEE具有橡胶的弹性和工程塑料的强度两方面的优点。与橡胶相比,它具有更好的加工性能和更长的使用寿命;与工程材料相比,他不仅具有强度高的特点,而柔韧性和动态力学性能更好,并且它还拥有很好的回弹力、出众的韧性及强度、宽泛的适用温度范围、较好的加工性能;另外,TPEE在很多不同条件下,如在水雾、臭氧、室外大气等条件下,化学稳定性优良,耐候性和耐老化性优良。

②泡沫金属铝。这是一种性能卓越的吸能材料。经研究发现,泡沫铝是一种以铝金属为骨架,具有较大孔径及较高孔隙率(60%~90%)的新型结构功能材料,兼有金属和气泡的特性,且具有重量轻,比重小的特点,其密度一般为0.2~1.0g/cm^3,由于其独特的结构和优良的物理、化学性能使得单位体积吸收的能量可达到6~9J/cm^3。目前基于泡沫金属铝的这种良好性能,有学者研究开发防撞设施装置,其结构形式采用圆环柱形,内部为纵横交错的带有圆孔的泡沫金属铝板以形成箱格。在实际运用中为了使装置与桥墩良好接触,两者之间也采用泡沫塑料作为缓冲垫层。泡沫金属铝吸能装置的优点在于装置能吸收更大的撞击能量,且设置区域可更小,适合山区桥梁坡脚空间小的特点;由于泡沫金属铝在变形过程中,撞击力的量值不是很大并能基本保持不变,所以对桥梁有很好的保护作用。此外,由于其不易被腐蚀,装置未损坏前无须专门保养。泡沫金属铝吸能装置应用的缺点是泡沫金属铝破坏时属于脆性材料,装置一旦受到剧烈撞击,则局部损坏必将极为严重,所以事后必须重新安装。

③废旧汽车轮胎。汽车废旧轮胎有很高的弹性和韧性,对于缓解落石的撞击力、吸收落石的冲击动能有很大的作用。所以,可以将废旧轮胎经过切割、绑扎、连接组成一种新型的防撞结构运用于山区的桥墩滚石撞击防护中。该结构体系利用废旧轮胎的柔性吸收一部分滚石的能量,并减轻落石的冲击力,从而减轻了滚石对桥墩的损害。同时,这种方法也可为废旧轮胎的处理排忧解难,给这种"黑色垃圾"的废物再利用提供了出路,而且汽车废旧轮胎本身成本比较低,若能将其充分利用,将有巨大的潜在经济效益和社会效益。

(5)提高墩柱抗撞能力

除了上面介绍的通过在桥墩外围安装防撞设施以减小滚石撞击桥墩时的撞击力来确保山区桥梁的安全外,也可以从设计方面入手,主动提高墩柱的强度等,以提高墩柱的抗撞击能力来保证桥梁的安全。

①增大截面惯性矩。

a.合理布置断面尺寸。经过计算发现,相同面积条件下,圆形截面I值是椭圆截面的16.6%,是正方形截面的31.8%,是矩形截面的15.9%。由此可见,矩形墩柱比圆形墩柱具有更高的抗弯能力;在实际工程中对抗弯强度要求高时,可以采用矩形墩柱。

b.增大断面尺寸。增大断面尺寸也能快速提高I值。对于圆形截面和矩形截面,当面积增大10%时I值可以提高21%。但此方法会增加材料数量,在实际工程中常常采取变截面的方法处理,大弯矩区域采用大截面,小弯矩区域采用小截面。

c.加设套箍、套管。在墩柱外侧包裹钢筋混凝土、钢套管或复合材料套箍,可以起到两方面的作用:一方面增大截面面积,提高截面的I值;另一方面由于套管强度较高,相当于提高了墩柱的强度，此方法施工方便，造价也不高，在实际工程种较多采用。

②改善整体受力模式。

a. 增设横系梁。设置横系梁后，墩柱的横向刚度得到提高，塑性铰迅速由顶部和底部向中间移动，同时弯矩峰值减小。该法是横向加强最为常见的方式，多用于新建桥梁，横系梁与墩柱同步浇注，施工简单，后期效果好。

b. 体外预应力技术。通过设置适当的体外预应力钢筋可以增强整体稳定性。由于预应力钢筋参与受力，外部荷载在墩柱内部重新分配，使整体参与受力，从而增强了墩柱的整体稳定性，相当于提高了墩柱的强度。

11.3.2 船桥碰撞及桥墩防护

随着内河航运量与船舶吨位的增大以及江河上桥梁的大量兴建，船桥相撞的概率也越来越大，造成的后果也越来越严重。因此，在进行江河中的桥梁设计时，必须做好桥墩防撞设计。

1）防撞理念及要求

（1）防撞理念

①桥隧比选——宜桥则桥，宜隧则隧。“一桥飞跨南北，天堑变通途。”随着现代化水平及科学技术的飞速发展，为了跨越天堑，可选方案有多种，可修桥梁，可挖隧道。桥梁与隧道孰优孰劣应视具体条件而定，中华人民共和国成立以来进行过几十次桥隧比选。例如，2018 年通车的港珠澳大桥就是采用桥隧结合方案，主航道采用隧道方案，而辅航道则架设桥梁，这就是因地制宜，综合考量是否占用航道阻碍通航、施工难易度、经济性等多种因素得出的最优方案。

②一跨过江——主槽无墩。江河主槽一般较深，容易受到河流水冲刷而发生变化，但吃水较深的船舶一般都于主槽通航。在主槽修建桥墩会侵占主航道，阻碍船舶通航，船舶撞击桥墩的概率也会随之提高。因此，在船舶通航较为频繁的江河之上，设计者一般会采用一跨过江的方式建设桥梁，主槽之中不建桥墩，从根本上解决船舶撞击桥墩的问题。但这种方式选择的桥型和跨径会使得其建设费用增加，需要进行方案比选确定。

③应保尽保。桥梁若可能被撞就应当尽可能设置防撞设施，确保桥上通行、桥下通航正常。桥梁是一个整体，某一墩损坏会引起整座桥的运营使用，因此可能被撞的桥墩，无论主墩还是辅助墩或引桥桥墩，理论上都应该或尽可能设置防撞设施。比如，杭州湾跨海大桥不仅在航道的桥墩设置有防撞设施，而且在水中引桥一定距离设置有浮链拦船装置，如图 11-13 所示；象山港大桥在主墩与引桥桥墩均设置防撞设施，如图 11-14 所示。设计人员应根据船舶偏航范围将偏航船舶可能撞击的所有桥墩均予以保护。

④交通管制。小船灵活性高，需要通航尺度较小、吃水较浅，可以在辅通航孔，通过交通管制措施限制大船通航，只允许小船通过，进而有针对性地设置防撞设施，降低成本。比如，广东珠江上白鹅潭到二沙头江水较浅，因而此间共计 8 座桥梁均只限小船通航，并针对小船设置防撞装置。

⑤其他理念和装置。有些桥梁本身的桥墩基础等较为庞大，承载能力足够，能够承受船舶撞击而不坏；有些桥梁在桥墩前方设置防撞墩以保护桥墩等。

图 11-13 杭州湾跨海大桥浮链拦船装置

图 11-14 象山港大桥引桥防撞

综上所述,方案比选阶段,宜隧则隧,宜桥则桥;桥梁设计尽量一跨过江,实现主槽无墩,尽可能不过多占用航道;防撞装置的选择也应尽可能同时保护桥和船,主墩、侧墩及引桥桥墩应保尽保;交通管制措施也可进行提前预防,降低损失。

(2)防护装置设计要求

防护装置设计需要考虑桥墩的自身抗撞能力、桥墩的位置、桥墩的外形、水流的速度、水位变化情况、通航船舶的类型、碰撞速度等因素进行。一般而言,桥墩的防护装置应满足下列要求:

①防护装置能被桥梁、船舶、运输和港航管理三方面接受。

②防护装置应少占位置,不碍航。

③防护装置应适应水位的变化要求:枯水洪水、涨潮退潮均能适应。

④防护装置的吸能能力要大,使船和桥墩都不被破坏。

⑤防护装置应能反复使用,小撞不需维修,大撞稍加修理即可继续使用。

⑥防护装置应安装运输方便,不应要求过多的施工条件。

⑦不应因设置防护装置而增加新的问题,如回流沉积、妨碍捕捞养殖等。

2)防撞装置分类及特点

(1)直接构造型防撞装置

直接构造防撞设施可阻挡船舶的直接作用,但仍需桥墩承受一定的船撞力,主要有护舷方式、绳索方式、缓冲体和重力方式。下文简要介绍各设施的工作原理及特点。

①护舷防撞装置。护舷防撞装置就耗能方式而言属于弹性变形型的吸能防护系统,通常是以橡胶作为缓冲防撞的原材料。其工作原理:当船撞击护舷时,装置承压弹性变形,吸收能量,从而减小撞击力。但由于护舷防撞装置吸能较少,其作用主要有两种:第一种,吸收部分能量,降低船舶总动能向船舶和桥梁内能的转化;第二种,辅助其他防撞装置,联合防撞。目前主要有五种护舷装置使用较多,即压缩式、充气式、剪切式、转动式及水压式,其中压缩式在我国应用较为广泛。

广东凫洲大桥设计时,积极设计防撞,最终选择鼓式橡胶护舷防撞装置作为该桥的防撞设施,如图 11-15、图 11-16 所示。

②绳索方式。绳索方式通常是在桥墩各面安装绷直的高强钢索,钢索两端固定于桥墩边角的固定支撑上,高度一般位于通航水位。其工作原理:船舶撞击桥墩之前先撞向钢索,

钢索通过自身变形吸收能量,拦阻船舶迫使其速度降低,从而降低撞击力,如图 11-17 所示。

日本广泛采用绳索方式设计的防撞设施进行防撞,如著名的柜石岛 · 岩黑岛公铁两用斜拉桥,桥墩四角安装槽型缓冲装置,四边安装钢绳索,如图 11-18 所示。

图 11-15　护舷装置用橡胶

图 11-16　凫洲大桥橡胶护舷防撞装置

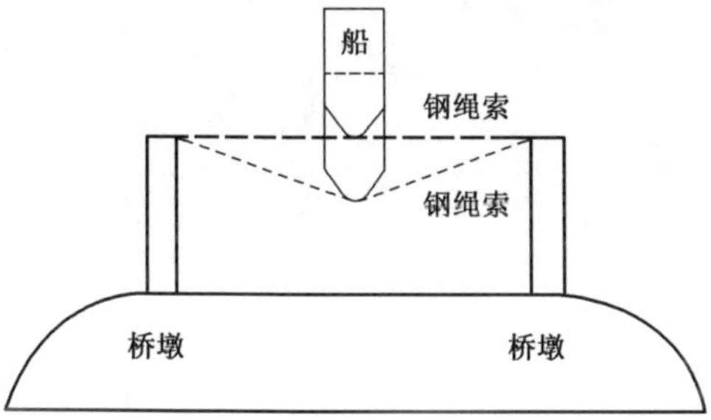

图 11-17　绳索方式防撞构造原理(俯视图)

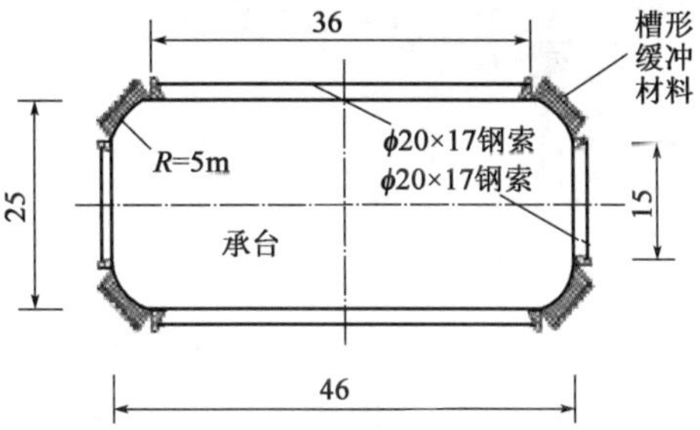

图 11-18　岩黑岛桥防撞构造(俯视图)(尺寸单位:m)

③缓冲体防护防撞装置。这类装置根据吸能原理属于压坏变形型,有木结构形式、混凝土结构形式及钢结构形式等,最早的钢结构防护装置是防撞钢套箱,但柔性防撞及复合材料防撞设施使用也越来越广泛。

木结构防护装置工作原理:船舶撞击木结构使其产生塑性变形,降低船舶自身速度,实现了船舶动能转化为木结构和船舶的内能。木结构防护装置的特点:木材刚度小、摩擦系数低,船撞桥过程中不会产生火花,引发火损;撞后损坏,不能恢复,维修较复杂;木材在潮湿环境中易腐烂,耐久性差。木结构防护装置因其材料易腐烂、撞后难恢复等缺点已经较少使用。

混凝土结构防护装置工作原理:装置遭受撞击后发生破坏性的变形,转化动能,降低撞击力。一般有预应力混凝土箱型和混凝土套箱两种结构形式。预应力混凝土箱形装置是根据混凝土被撞后产生不可逆的变形来转化动能为内能,降低撞击力;混凝土套箱装置通常是作为辅助装置与其他装置(如护舷、木结构等)配合使用,不起主要防撞作用,其内部填充的橡胶材料或泡沫材料起主要耗能作用。

鉴于混凝土结构体积庞大、吸能能力较弱等缺点,结合钢材吸收能量的能力远远强于混凝土的特点,采用钢结构代替混凝土以作改进。使用最早且最广泛的当属防撞钢套箱,但近年来新型防撞装置的发展迅速,柔性消能防撞装置及复合材料防撞设施等新型装置相继出现,而且防撞效果更好。

防撞钢套箱利用钢结构承受撞击时的塑性变形来降低撞击力,并且钢箱室内填充的泡沫塑料等高吸能材料可进一步提升吸能的能力,降低装置的整体刚性,提高吸能防护效果,如图11-19所示。防撞钢套箱属于预制结构,在工厂进行标准化施工,然后运输至施工场地,水中采用船舶浮运,在承台的外侧进行组拼、安装。2018年通车运营的港珠澳大桥青州航道桥辅助墩就是采用钢套箱进行防撞,墩身承台防撞套箱总长约110m(内围壁),平面长45.14m、宽29.04m,高8m,顺桥向两侧套箱宽度2.2m,横桥向两侧宽度2.5m,中间设置变宽段。为了施工及安装方便,桥墩承台防撞钢套箱分为14个节段,单个节段长度7~10m,节段间采用不锈钢螺栓连接,分段质量为25~35t,吊装总质量为750t,如图11-20所示。

图11-19 钢套箱防撞装置

图11-20 港珠澳大桥青州航道桥辅助墩

柔性消能防撞装置主要由外钢围、防撞圈(由钢丝绳和橡胶制成,防撞效果是普通橡胶轮胎的若干倍)和内钢围组成,众多防撞圈通过串联或并联方式连接在一起,可以实现多个钢丝绳圈共同耗能,提高防撞能力。内、外钢围的设计是为了让钢丝圈受力更加均衡,受撞击后能快速恢复形状。柔性防撞装置可以固定,也可设计成浮式,随水位变化而上下浮动。其工作原理:当船舶偏航撞向桥墩时,先与防撞设施接触,各构件共同作用,使船撞桥产生的冲击波经过防撞圈传递到桥墩,防撞圈可以发挥阻隔强冲击波、吸收撞击能、降低撞击力、延长撞击持续时间等多种效果。

撞击过程中装置外钢围可以发生相当大的位移,延长撞击持续时间,使船有足够的空间和时间转动方向;同时利用水流的升力将船推开,使其带走大部分的动能,降低过程中的能量转化。因此,柔性消能防撞装置既能保护桥墩,又能大幅度降低船舶损伤,其装置模型如图11-21所示。

图11-21 柔性消能防撞装置

基于钢套箱和柔性防撞装置,研究发展出复合材料防撞装置,其模型如图11-22所示。当船舶正撞桥墩时,防撞设施自身变形挤压桥墩,而设施与桥墩之间通过高分子消能元件接触,吸收能量;当船舶斜撞桥墩时,设施发生位移,产生偏移角度,调拨船头,改变运动方向,使船舶带走相当一部分动能。设施的复合材料外壳被撞会发生较大的弹性变形,吸收大量的碰撞能量;设施内填充有高耗能的弹性黏结材料，其缓冲能力较强，而且轻质颗粒材料相互摩擦，消耗大部分能量，防撞吸能效果好。马鞍山长江大桥采用复合材料的防撞作为防护装置，如图 11-23 所示。

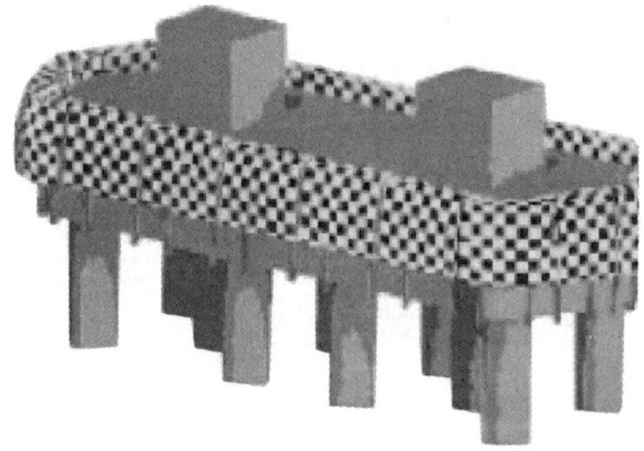
图 11-22　复合材料防撞装置

图 11-23　马鞍山长江大桥防撞装置

(2)间接构造型防撞装置

间接构造型防撞装置的原理是，阻止船舶撞击力直接作用到桥墩，主要有防撞墩、集群桩式、薄壳筑砂围堰式以及人工岛式等方式。

①防撞墩、集群桩式。防撞墩是在船舶撞击方向上距桥墩一定距离设置一个墩柱，用于阻挡船舶直接撞向桥墩，从而防护桥墩。集群桩是用多根桩通过某种方式组合在一起，协作抵抗船舶撞向桥墩。这两种方式都是通过船舶撞击装置，使其发生弯曲塑性变形，消耗船舶的动能。

②薄壳筑砂围堰式。薄壳筑砂围堰式防撞装置在美国使用较为广泛，装置本身体积庞大，因而能承受大吨位船舶的撞击。该装置外壳是圆柱，然后通过钢板桩将其连接在一起，构成钢围堰外壳，外壳内部填充细砂或其他材料。工作原理是：当船舶撞击装置，装置外侧钢板产生变形损坏，内部的细砂向外涌出，挤压和摩擦船舶，消耗能量。为了使耗能防撞效果更佳，内部填料应具有轻质、摩阻系数高、抗剪能力强及良好的自由坍落度等特点。

③人工岛式。人工岛式防护与防撞墩类似，主要是在桥墩附近建造一个人工岛，阻挡船舶进一步接触桥墩。其工作原理是：船舶碰触到装置，会在人工岛上搁浅，因而使船舶减速至零。图 11-24、图 11-25 为一种典型人工岛。

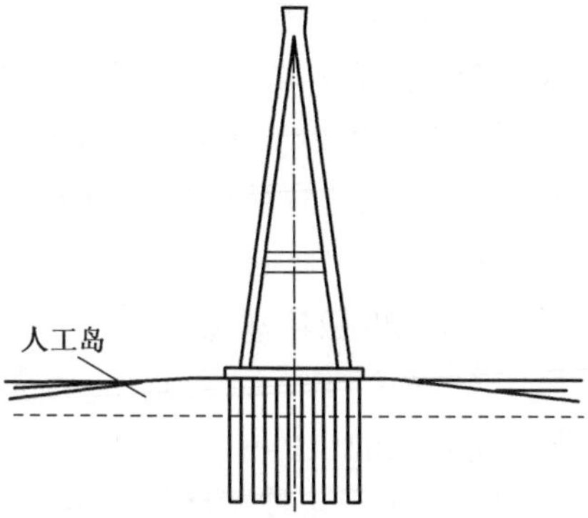

图 11-24　人工岛(正视图)

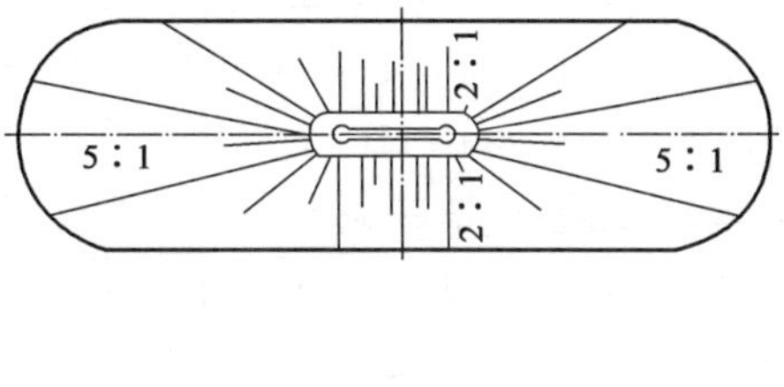

图 11-25　人工岛(俯视图)

11.4 桥梁震害与抗震加固

强烈地震时,公路桥梁往往遭到严重的破坏,不但直接影响交通,而且经常引起次生灾害(由于地震而引起的水、火等灾害),从而加剧地震危害的严重性,修建在人口稠密地区和重要交通干线上的桥梁更是如此。为了减轻地震造成的损失,要求地震区的桥梁在抗震、防震方面贯彻预防为主的方针。对新建的桥梁要从设计上采取措施,并应进行抗震强度和稳定性的验算,以适应抗震的要求。同时对现有桥梁,特别是高地震烈度区的既有桥梁进行桥梁抗震性能评价,并做好抗震加固工作。

11.4.1 桥梁震害

1)常见的桥梁震害

遇强烈地震时,公路桥梁往往遭到严重的破坏。常见震害见表11-11。

地震区桥梁的常见震害现象 表11-11

板、梁桥	板或梁的纵/横向移位、撞击,造成梁端损坏、落梁
桁架桥	桁架扭曲、位移
拱桥	拱上建筑局部挤坏,腹拱与立柱连接处开裂或脱落,拱圈变形、开裂,拱脚移位、开裂等
支座	支座倾倒、脱落,锚固螺栓拔出或剪断,销钉损坏,滚轴脱离
基础	基础下沉、滑移、倾斜、断裂;桥台胸墙开裂、剪断,墩(台)身及桩柱开裂;地基土液化,承载力降低

2)桥梁震害的机理

由于地震传播到地基,使桥基受到因地震而引起的水平振动和竖直振动,这种振动还将导致桥梁本身也产生水平振动和竖直振动,从而产生了水平惯性荷载和竖直惯性荷载(或称地震荷载),使桥梁各部受力和变形。在惯性荷载中以水平惯性荷载对桥梁的影响较大,而且顺桥向的水平惯性荷载在结构中产生的地震应力远比横桥向的水平惯性荷载产生的地震应力大。竖直惯性荷载只对某些不对称的或双悬、单悬臂结构的桥梁产生较大的地震应力,因此在《公路桥梁抗震设计规范》(JTG/T 2231-01—2020)中规定对框架桥、大跨径悬臂梁桥、T形刚构桥等桥型才计入竖向地震荷载的影响。

在砂性土和软黏土地区,地震将使土的剪力大幅度降低,从而降低土的承载能力,使墩台下沉和倾斜,特别是砂性土地区地下水极易从桩周围夹带细砂从底层冒出地面,导致墩台大幅度下沉。构造地裂缝使墩台产生水平、竖直、倾斜变形。这些变形均属大幅度变形(墩台变形有时可达110cm),其将导致桥梁产生严重破坏。

由于砂土液化、地基失效和岸坡滑移,也将导致桥梁大幅度破坏甚至倒塌。

岸坡在地震力作用下出现滑移,滑移土体对桥墩、桥台都产生了动土压力(台背在地震中产生的土压力),这种移动动土压力不仅在台背地面以上的土体中存在,而且在台背地面以下的土体中也存在,不是突变临空面的桥墩土体也会出现这种移动动土压力,并将沿着岸坡滑移方向移动。对出现岸坡滑移的桥梁,其震害能力较重,而且震害主要是由这种移动动土压力所造成。因此,对出现岸坡滑移的桥梁,移动动土压力是造成桥梁震害的主要原因。

地震对工程结构的破坏情况,随结构类型的不同、抗震措施的多少而有差别,即便是在等烈度区内的同类结构,其破坏程度也不尽相同。对桥梁而言,若强烈地震时桥梁被震毁而中断交通,则将影响抗震救灾工作的进行。同时,桥梁落梁往往还会打断墩身,出现全桥被震毁的严重震害。

3)桥梁震害基本规律

发生地震时,依据地震释放出来的能量大小来划分地震震级,释放的能量越多,震级就越大,震级是一个定值。地震烈度是指地震对具体地点的实际影响,同一次地震,不同地点的烈度也不同,烈度不仅取决于地震的震级,同时也受到震源深度、震中距离、地震波的传播介质及表土性质等条件的影响。

地震烈度根据地震时人的感觉、建筑物毁坏及自然现象的表现等宏观现象判定。地震烈度以宏观现象为依据的分度方法,不便于在工程抗震设计中应用。为此通过大量的地震观测,总结出地震烈度与地震加速度的关系,方便了地震烈度在工程抗震设防上的应用。

大量调查资料表明,无论是梁式桥或拱桥,震害都有它的规律性,这些规律阐明了震害与烈度高低和桥位处地质的关系,以及顺桥向和横桥向震害的区别。

(1)高烈度震害比低烈度震害严重

惯性荷载、岸坡滑移产生的移动动土压力、地基失效产生的墩台变位、土的动土压力都是随烈度的增加而增加的。因此,烈度高则震害严重,烈度低则震害较轻。一般地说,在稳定地基上烈度为8度时,才使桥梁产生震害,但岸坡滑移和地基失效的桥梁,烈度为7度(有时6度)时就使桥梁产生震害。

(2)岸坡滑移和地基失效的桥梁比稳定地基上的桥梁震害严重

岸坡滑移对墩台将产生很大的水平压力,使桥梁产生严重破坏;地基失效产生大幅度的变位,导致桥梁产生严重震害。有岸坡滑移的桥梁,当烈度为7时就会倒塌,而在稳定的地基上的桥梁,则往往要在烈度为9度或9度以上时才倒塌。

(3)顺桥向震害比横桥向震害严重

在大量调杳的桥梁震害实例中,所有梁桥和拱桥的倒塌或严重破坏都出现在顺桥的方向,而横桥方向仅出现中等程度的破坏,极个别桥梁发生边梁落梁现象,主要原因如下:

①墩台在顺桥向的刚度远比横桥向为小,即墩台顺桥向的抗弯能力远比横桥向小。

②墩台在顺桥向搭接长度远比墩台横桥向富余宽度小,从而易在顺桥向造成落梁。

③各梁各墩在顺桥向为串联结构,而横桥向为并联结构,从而使地震荷载和相对位移在顺桥向出现较大的传递和不均匀分配。

4)梁式桥的震害

(1)刚性地基上梁式桥的震害

凡是在地震中基础不出现位移、倾斜,岸坡不出现滑移的地基,称为刚性地基。这种地基在地震过程中可近似地视为绝对刚性,即任意两点之间在地震过程中将不出现大幅度的相对位移。将地震分为刚性地基和失稳地基是因为在这两种地基中桥梁的动力图式和基本受力有着本质的不同,而且形成明显的两种类型的震害,在刚性地基上桥梁只受到桥梁结构本身自重产生的惯性荷载和台背动土压力两种作用力的影响。

①顺桥向的震害。

a. 活动支座的失稳、倾倒、脱落。活动支座是梁式桥抗震中一个最薄弱的环节。调查表明,当烈度大于或等于7度时,摆柱式支座和滚动支座普遍出现失稳、倾倒、脱落现象,几乎无一例外。因活动支座本身就是一个机动结构,加上桥梁在地震作用下将产生较大的水平地震荷载和大幅度的水平相对位移,对柔性墩墩身还将产生较大的转角。因此,活动支座失稳的并不仅仅是强度不足,顺桥向位移过大和墩身顺桥向与横桥向的角度过大也会引起失稳。事实上,活动支座的破坏及桥梁的危险震害——落梁等都是由于位移和变形过大而产生的。因此,对结构在地震中的位移和变形必须予以特别重视。

b. 固定支座的破坏。固定支座在地震中出现的震害有两种情况:一是顺桥向的纯剪切破坏,二是横桥向的弯扭破坏。实际震害表明:当烈度大于或等于8度时,固定支座才出现破坏,顺桥向的破坏性质为纯剪切所致。对一端固定、一端活动的梁式结构,当$\Delta>\delta$时(Δ为相对位移;δ为梁端伸缩缝宽),各墩顶的剪力大小与梁的自重、烈度成正比。当$\Delta<\delta$时,与高墩相邻的低墩或桥台的固定支座将首先破坏或破坏严重,因为它除了受到来自它本身的水平地震荷载外,还将受到邻孔梁的冲击力。对墩顶铰接的梁式结构,抗推刚度大的墩顶受到的剪力也大,因而它将首先破坏(当支座系按等强度设计时)。

c. 梁墩的相对位移将引起固定支座销钉剪断,摆柱式支座倾斜甚至倾倒,桥台胸墙及梁端撞裂,每孔缩短或延长成不规律的交替变化等震害。上述情况一般在烈度大于或等于8度时才会出现。

当墩身首先破坏时,对一端固定、一端活动的梁桥,除台上的固定支座将被剪断出现相对位移外,其墩上的固定支座完好而不出现相对位移,仅在活动支座端出现相对位移,因此其相对位移曲线在全桥为锯齿状。对两端均为平板滑动支座,油毡支座的桥梁,除两台上的支座出现相对位移外,其余墩顶上的支座将不出现相对位移。

当墩身强度较大,在地震中不被破坏时,则不论是活动支座或固定支座均不能被剪断而出现相对位移,其位移曲线在全桥呈同方向,只有在桥梁总长大于半个地震波长的情况下才有部分支座呈反方向。在刚性地基上,梁墩相对位移值不应大于地面在地震中出现的最大位移值。因而它远比在非刚性地基上的梁墩相对位移为小,根据已有调查资料,其值在5cm之间,它和烈度的大致关系见表11-12。

相对位移与烈度的大致关系 表11-12

烈度(度)	Ⅷ(8)	Ⅸ(9)	Ⅹ(10)
相对位移(cm)	5~20	10~40	20~80

d. 胸墙及梁端破坏。当烈度等于或大于9度时,墩身开裂或固定支座被剪断后,则梁将撞击胸墙或梁端出现互相撞击。对于高度较大的胸墙,如果梁端的冲击力作用在胸墙的较高部位时,则胸墙将出现弯剪破坏;当作用力的作用点较低、且胸墙刚度较大时,将出现剪断破坏。

梁端与梁端或梁端与胸墙撞击时的着力点,有时在梁高的下部,有时在梁高的中部,但也有可能撞击梁高的上部而将桥面系撞碎。

胸墙在正常使用情况下,由于多为竖向荷载,受力不大,因此一般按构造决定尺寸。当截面尺寸和程度都较小,不足以承受地震时产生的水平荷载。同时,由于胸墙并非主要承重结构,故常被忽视。但在地震中胸墙却成了要害部位,因受力很大使许多胸墙被剪断,特别在岸坡滑移时,几乎所有桥梁的胸墙均被剪断;在高烈度区刚性地基上的桥梁几乎有一半桥梁的胸墙被剪断。

胸墙对防止梁端的过大位移和短桥的落梁起关键作用。在刚性地基上,当全桥上部结构伸缩缝的总长度小于梁墩的搭接长度时,如能保证胸墙在地震中的刚度和强度,则落梁是不可能发生的。为此,在地震区的桥梁,对胸墙应予以高度重视。

e. 墩身破坏。由于墩身断折会造成落梁震害,墩身应有足够的强度以抵抗地震力的破坏。调查表明,当烈度等于或大于 9 度时会出现墩身裂缝和断折。墩身在顺桥向的破坏主要是由弯应力引起的,因此系属弯曲破坏性质。

墩身破坏大都发生在墩身抗震能力薄弱之处,如地面附近、承台顶部、截面突变处、盖梁与桩柱连接处、对混凝土桥墩则在混凝土的工作缝处。

对全桥而言,由于跨径突变、墩高突变、结构形式突变、抗推刚度突变,使墩台受到的地震水平推力最大而首先开裂或产生较严重的破坏。为此,当设计新桥时应尽可能地减小这种突变,使每一单墩单梁的自振频率尽可能接近,以协调全桥各墩的振动,从而减小地震力在各墩的不均匀分布。

f. 落梁。一般情况下,在刚性地基上,当烈度在 9 度或大于 9 度时会出落梁震害。落梁是桥梁震害中的危险震害,它使得交通中断且难于在短时期内修复通车。落梁主要是由于梁墩相对位移过大而造成的,落梁时可能打断桥墩,使下部结构破损甚至引起全桥倒塌;墩台在地震作用下也可能首先被破坏、折断而引起落梁。此外,在地震作用下台背主动土压力和梁与胸墙的撞击力,可能使强度不够的台身遭到破坏,从而造成落梁。

②横桥向的震害。桥梁在地震中横桥向震害远较顺桥向的震害轻。在横桥向的震害中,除出现支座横移、扭转,梁墩相对横移以及墩身弯曲、扭转裂缝,边梁倾覆失稳等震害外,尚未有过上部结构整孔横向落梁和墩身横桥向折断等危险震害。横桥向震害是桥梁在地震中出现横桥向的振动,从而产生横向水平地震荷载引起的,在此不做详述。

(2)非刚性地基上梁式桥的震害

非刚性地基是指地震中地表以下土层出现液化和岸坡出现滑动的地基,或者墩台出现位移、沉降的地基。这类地基上的桥梁除受到结构本身产生的地震荷载和台背的动土压力外,还受到岸坡土体产生的移动动土压力和基础变位的影响。因此,在相同烈度情况下,非刚性地基上桥梁震害要比在刚性地基上的震害为重,一般在烈度为 7 度或 6 度时也会出现严重震害或落梁。在非刚性地基上桥梁震害,可分为两类,即由于岸坡滑移造成的震害和由于地基液化而产生的震害。

5)拱式桥的震害

(1)刚性地基上拱桥的震害

①单孔拱桥的震害。《公路桥梁抗震设计规范》(JTG/T 2231-01—2020)中规定:凡设计烈度低于 9 度,基础位于基岩或一般稳定土上的跨径不大于 30m 的单孔板拱桥,可不进行抗震强度和稳定性验算。这是因为在刚性地基上单孔板拱桥,当其承载能力满足设计要求时,具有较高的抗震能力且一般要在烈度为 9 度和大于 9 度时才开始出现震害。

调查表明:烈度为 9 度以下的单孔拱桥震后均属完好;烈度为 9 度时仅在拱脚出现轻

微损坏且主拱完好;烈度为10度主拱的震害有拱脚开裂、端腹孔与立柱产生裂缝及胸墙产生剪切破坏等。

由于在刚性地基上的拱桥只承受惯性荷载和台背的动土压力,在地面运动作用下,拱在拱平面内的基本振型为反对称的两个波的振动形式,因而拱脚和拱1/4处产生的弯矩最大,所以拱脚与拱1/4处是抗震薄弱的环节之一;特别是拱脚处于形状突出部位,既可能出现弯曲开裂,又可能形成剪切位移。但总的来讲,在刚性地基上单孔拱桥的塌桥震害尚属罕见,并且由于板拱横桥向刚度远大于顺桥向刚度。因此,即使烈度高达10度时主拱在横桥向也尚未出现重大震害。

②连孔拱桥的震害。连拱的抗震能力比单孔为低,出现震害的起点烈度也较低。这是因为连杆在地面运动作用下产生的地震内力等于单拱的地震内力加墩顶变位产生的内力。墩顶在地面水平运动作用下产生的变位大小与墩的抗推刚度和连拱跨数有关;墩越柔,跨数越多,墩顶变位越大,则其地震内力也越大。

当墩的刚度足以承受恒载的单向推力时,其抗震能力与震害性质将与单拱相同。当墩的刚度不足以承受恒载的单向推力时,墩越柔,跨数越多,墩顶变位越大,则其地震内力也越大。当墩的刚度足以承受恒载的单向推力时,其抗震能力与震害性质将与单拱相同。当墩的刚度不足以承受恒载的单向推力时,墩越柔,跨数越多,则抗震能力越差,将会出现墩身开裂。折断、落拱等震害。从表11-13可见震害随着孔数、墩高的增加而加重。

连孔拱桥孔数、墩高与震害的关系 表11-13

桥名代号	烈度(度)	跨径(m)	矢跨比	孔数	墩台形式	最大墩高(m)	震害与震害程度
1	9	17	1/7	3	2×ϕ90双柱式	3	轻微破坏
2	9	22	1/7	6		4	中等程度破坏
3	9	22	1/7	8		6	第4孔跨径缩短80cm,矢高加大147cm,严重破坏
4	9	22	1/7	10		9	全部落拱,严重破坏,全桥损坏

连孔拱桥的震害与梁桥震害相同,主要出现于顺桥向,且横桥向的震害则比梁桥为轻,原因是连孔拱桥横桥向刚度远大于顺桥向刚度,同时上下部分的连接也比梁桥牢固,因此,在横桥向除出现弯曲、剪切、拉伸裂缝等震害外,并未出现上部结构横桥向位移。

(2)非刚性地基上拱桥的震害

非刚性地基上拱桥的震害主要由岸坡滑移和地基沉降引起。岸坡滑移会使桥台产生大幅度的倾斜并向河心位移,使拱桥产生严重震害。地基沉降包括由于液化引起的承载能力的下降和其他原因产生的沉降,如基础承载能力不足等。

11.4.2 桥梁抗震性能评价

处于抗震设防烈度为Ⅶ度及Ⅶ度以上地区未经过抗震设计的既有桥梁或因使用环境发生变化影响抗震性能的桥梁,应进行桥梁抗震性能评价。

桥梁的抗震性能评价工作应包括以下内容：

(1)收集桥梁的基础资料、运营管理资料、检查资料、养护维修资料、特殊情况资料等。

(2)现场核查前期收集资料是否符合桥梁实际情况，重点关注相关结构构件的技术状况，必要时进行现场检测，补充实测数据。

(3)根据抗震设防类别、抗震设防烈度和桥梁相关结构、构件技术状况及构造措施，对桥梁构造细节和抗震措施进行评价。

(4)结合工程地质、水文地质资料，对桥位场地进行评价。

(5)根据抗震设防类别、抗震设防烈度、抗震设防水准和设防目标进行抗震分析和抗震验算，对结构、构件承载力和变形能力进行评价。

(6)对桥梁结构整体抗震性能作出评价并提出处治意见。

(7)编制桥梁抗震性能评价报告。

根据抗震性能评价结果，对未设置抗震设施的桥梁结构，应增设抗震设施；需进行抗震加固的桥梁，加固措施应符合国家和行业现行有关标准的规定。

11.4.3 桥梁抗震加固

1)桥梁抗震构造要求

为了适应桥梁对抗震的要求，针对震害实例和所出现的各种薄弱环节，加强桥梁构造以提高桥梁抗震能力，显然是具有重要意义的。桥梁抗震的构造要求如下：

(1)对简支梁、连续梁、系杆拱等梁式体系，必须设置阻止梁墩横桥向相对位移的构造，以阻止梁墩间在地震力作用下产生相对横桥向位移。对悬臂梁和T形刚构除采取上述措施，还应采取阻止上部结构与上部结构之间横桥向相对位移的构造措施。

(2)对活动支座，均就采取限制其位移、防止其歪斜的措施。

(3)对简支梁应采取如下措施防止地震中出现落梁。

①位于烈度为8度和8度以上地震区的刚性地基上的简支梁，可采用挡块、螺栓连接、钢夹板连接等防止落梁的措施，或者在保证胸墙和台顶抗剪强度的前提下，使梁墩的搭接长度$\beta \geq 1.5(n+1)\delta$（$n$为全桥孔数，$\delta$为梁端间的伸缩缝值）。

②位于烈度为7度和7度以上地震区的非刚性地基上的简支梁，当岸坡在地震中会出现滑动时，应采取深基础，并将其设置于稳定土层以下一定深度，同时加大墩台强度的前提下采取梁墩措施；或全桥设置底撑，或在全桥范围内铺砌河床。当地基为可液化土层时，应采取深基础，并应将基础设置于可液化层以下一定深度。

(4)对于桩式墩和柱式墩，桩(柱)与盖梁、承台联系处的配筋不应少于桩或柱身的最大配筋，以加固地震中易于出现震害的薄弱部位之一。

(5)对于砖石混凝土墩台，应考虑提高墩台帽与墩台本身以及墩台本身基础连接处、截面突变处和施工缝处的抗剪强度。

(6)桥台胸墙应加强，在胸墙与梁的端部之间，宜填充缓冲材料，如沥青、油毛毡等。

(7)砖石、混凝土墩台和拱圈的最低砂浆标量应按现行设计规范要求提高一级使用。

(8)不论为梁式桥还是拱桥都应尽量避免在不稳定的河岸修建，只能在不稳定河岸上修建大、中桥时，应合理布置桥孔，避免将墩台布设于在地震时可能滑动的岸坡突变处。

(9)大跨径拱桥的主拱圈宜采用抗扭刚度较大、整体性较好的断面形式,如箱形拱、板拱等。当主拱采用组合式断面时,应加强组合截面间的连接强度,对双曲拱桥应加强肋板间的连接。

(10)大跨径拱桥不宜采用二铰拱和三铰拱。当小跨径拱桥采用二铰板拱时,应采取防止落拱构造措施,如在加长拱座斜面设置防落牛脚等。

(11)砖石、混凝土空腹拱的拱上建筑、除靠近墩台的腹拱采用三铰或二铰外,其余腹拱宜采用连续结构。

(12)拱桥宜尽量减轻拱上建筑的重量。

(13)当刚性地基烈度为9度时或非刚性地基烈度为7度时,单孔及连孔拱桥与端腹孔均应采取防止落拱构造,包括加长拱座斜面、设置防落牛脚及将主拱钢筋伸入墩台帽内。

(14)除上述有关抗震构造要求外,应特别强调施工质量的保证措施。

2)桥梁抗震加固原则

(1)地震基本烈度为7度或7度以上地区的桥梁,应按现行《公路桥梁抗震设计规范》(JTG/T 2231-01—2020)的要求进行验算,采取相应的挡、联、固等抗震加固措施。基本烈度小于7度地区的桥梁,除特殊规定外,可采取简易设防。

(2)加固后的桥梁必须满足桥梁正常营运和正常情况下使用的要求。

(3)桥梁抗震加固的重点为桥梁的顺桥方向。

(4)加固处理时桥梁引道要尽量与邻近公路连通,确保震后的交通不致中断。对重点桥梁应做好震后抢修准备,争取震后尽快恢复交通。

(5)《公路养护技术规范》(JTG H10—2009)对桥梁抗震加固作了如下规定:在烈度为8度及8度以上的地震区的公路桥均应局部加强其抗震薄弱的部位,以提高桥梁抗震能力或减小惯性力。对现有桥梁或被震坏的桥梁,要根据其不同结构形式,针对薄弱环节,进行加固处理。局部加固的重点是上、下部结构抗震薄弱部位。上部结构的薄弱部位:梁式桥是跨中、横梁、支座;拱桥的重点部位是拱顶、拱圈1/4跨径处、拱脚及腹拱与立柱连接处;其他形式桥梁,除跨中和支座部位外,还包括设计部门提出的抗震薄弱部位。下部结构的薄弱部位:墩帽与墩身连接处、盖梁与立柱(排桩)连接处、承台与基桩连接处;墩、台身或基桩断面突变处;基础局部冲刷严重的部位;水中墩(桩)干湿交替风化严重的部位;钢筋混凝土桥墩混凝土工作缝处。

(6)桥梁抗震加固应根据桥梁的重要性、烈度的高低、修复的难易程度、地基土的情况分别对待,对于重要的、修复困难的、烈度高的、跨径大的桥梁应重点对待,全面加固。对于一般桥梁可作一般性加固。对小桥仅对活动支座做必要处理。

(7)桥梁抗震加固应充分考虑到桥梁正常营运和使用情况下的要求,使加固后的桥梁满足要求(如桥梁因温度伸缩必须满足的变形要求等)。

(8)进行桥梁抗震加固时,应结合震害实例的破坏情况加以分析,针对薄弱环部位,采取切合实际而有效的抗震加固措施。

3)桥梁抗震加固方法的选择

引起公路桥梁地震破坏有十几种因素,针对不同震害,有的加固对策可以立即实施,有的在改建桥梁时方能用上,具体见表11-14。所有可供选择的对策见表11-15~表11-19。

影响公路桥梁地震易损性16种因素的抗震加固措施　　表11-14

序号	项　目	抗震加固可行性	对策原则
1	设计因素	×	—
2	上部结构形式	×	—
3	上部结构外形	×	—
4	上部结构材料	×	—
5	桥轴线坡度	×	—
6	防止落梁设备	√	设备安装
7	基础形式	√	基础加固
8	桥墩高度	×	—
9	场地条件	×	—
10	地基上液化的影响	√	地基加固或周围土加固
11	持力层的不均匀性	×	—
12	杂质的影响	√	防止杂质或基础加固
13	基础材料	√	基础加固
14	地基形式	√	地基加固
15	地面运动的强度	×	—
16	在中部主筋截断处的影响	√	基础加固

注:“√”表示可行的抗震加固措施“×”表示不可行的抗震加固措施。

公路桥梁防止纵向落梁抗震加固方法　　表11-15

对　策	简　图	说　明
加宽盖梁或墩帽	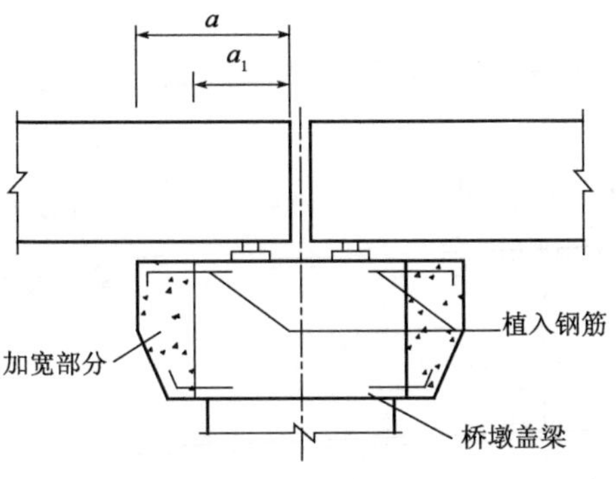	简支梁桥和连续梁桥上部结构梁端至墩、台帽或盖梁边缘应有一定的距离 a_1。其最小值 a（cm）按下式计算，且不应小于60cm。 $a=50+0.1L+0.8H+0.5L_k$ 式中：L——一联上部结构总长度，m； H——支承一联上部结构桥墩的平均高度，m，桥台的高度取值为0； L_k——一联上部结构的最大单孔跨径，m。 当 $a_1<a$ 时，可采用加宽盖梁或台帽，满足抗震要求

续上表

<table>
<tr><th>对　策</th><th>简　图</th><th>说　明</th></tr>
<tr><td>桥台增设纵向限位挡块、加强背墙</td><td>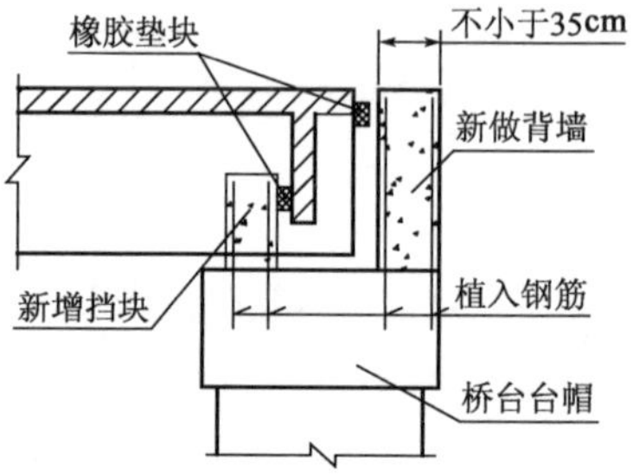
</td><td>将原桥台背墙拆除,在台帽上植入钢筋,重做背墙并加强,在梁端和背墙间填充缓冲材料(如橡胶垫),以缓和冲击作用和限制梁体位移,不应限制梁体在正常使用时的自由伸缩。并在端横隔板外台帽上植入钢筋,增设混凝土纵向挡块,约束主梁不产生较大纵向位移</td></tr>
<tr><td>桥墩增设纵向限位挡块</td><td>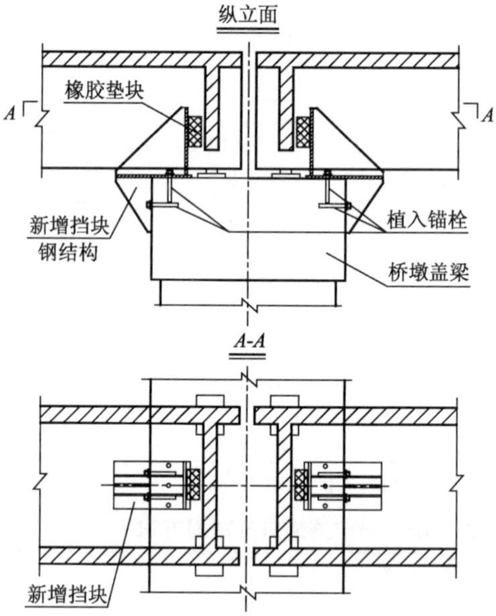
</td><td>挡块在地震时承受的作用力,按《公路桥梁抗震设计规范》(JTG/T 2231-01—2020)进行计算决定。挡块锚栓的截面面积可按下式计算:
$$A=\frac{2Kw}{f_{cu,t}}$$
式中:A——锚栓截面面积,mm^2;
K——水平地震系数,按烈度可按下取值:
7度时,$K=0.1$
8度时,$K=0.2$
9度时,$K=0.4$
w——梁或板的一孔自重,kN;
$f_{cu,t}$——锚栓容许剪应力,MPa。
锚栓的植入深度按照《公路桥梁加固设计规范》(JTG/T J22—2008)计算确定</td></tr>
<tr><td>板梁与墩台间增设锚杆限位装置</td><td>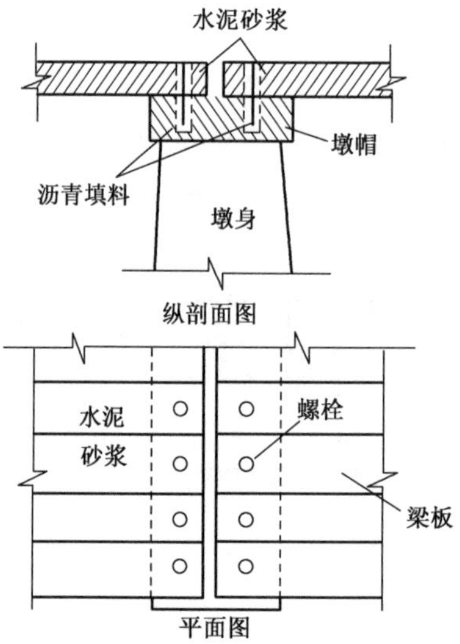
</td><td>钻孔植入锚栓,将板梁与墩(台)帽连接,限值梁或板产生过大位移</td></tr>
</table>

续上表

对　　策	简　　图	说　　明
其他限位装置	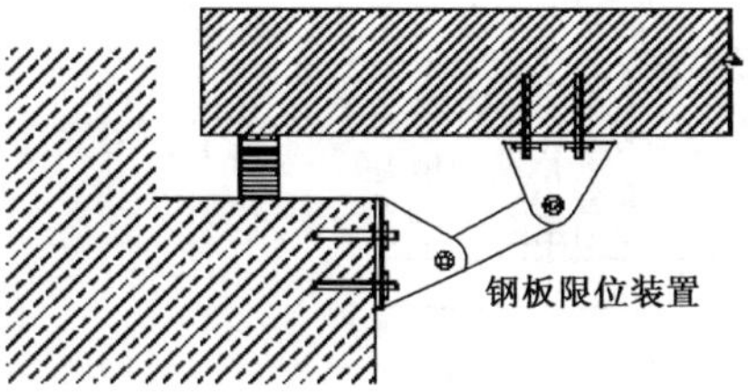 a)钢板连接式 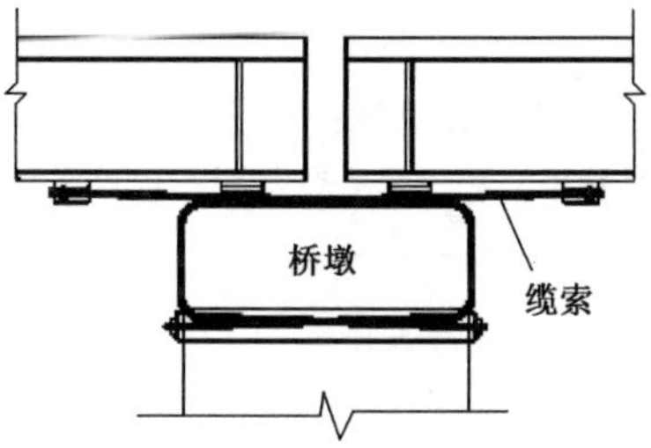 b)缆索连接式	桥面不连续的简支梁(板)桥,宜采用挡块、螺栓连接、钢板连接和缆索连接等防止纵向落梁的措施

公路桥梁防止横向落梁抗震加固方法　　表 11-16

对　　策	简　　图	说　　明
边主梁外侧设挡块	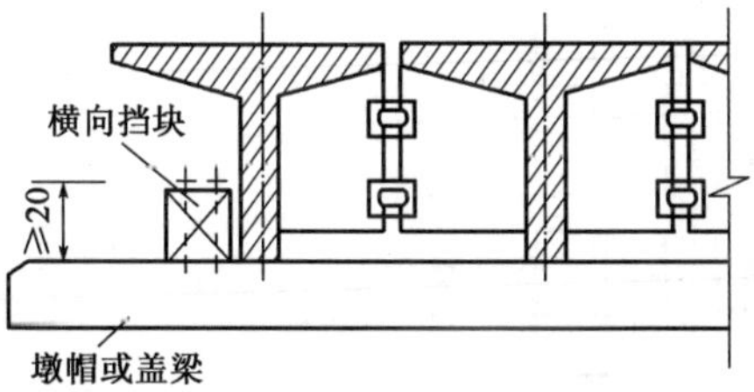 (尺寸单位：cm)	当边主梁外侧盖梁上有条件钻孔时,可设钢筋混凝土横向抗震挡块(纵向挡块对防止横向落梁也有一定作用)
主边梁外侧设置挡杆	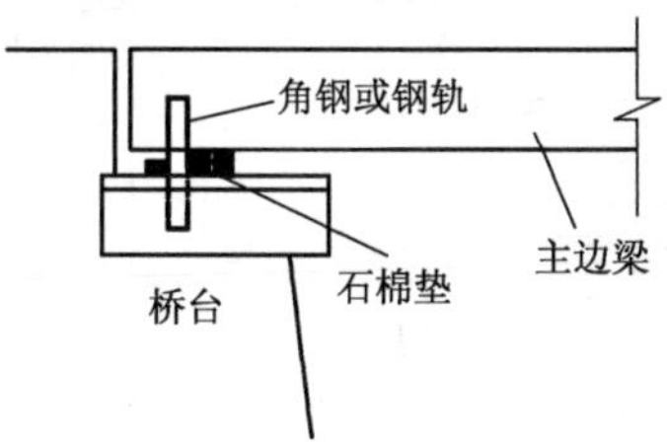	在主边梁外侧桥台盖梁或台帽上埋设短角钢或钢轨、槽钢作为挡杆

续上表

对　　策	简　　图	说　　明
主边梁外侧设置钢支架	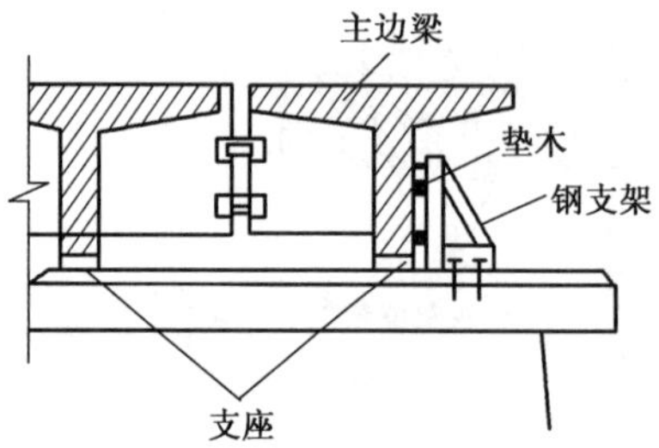	在主边梁外侧墩(台)帽上埋设钢锚栓,固定三角形钢支架作为防止边梁震落的抗震措施
主梁两侧埋设角钢钢轨	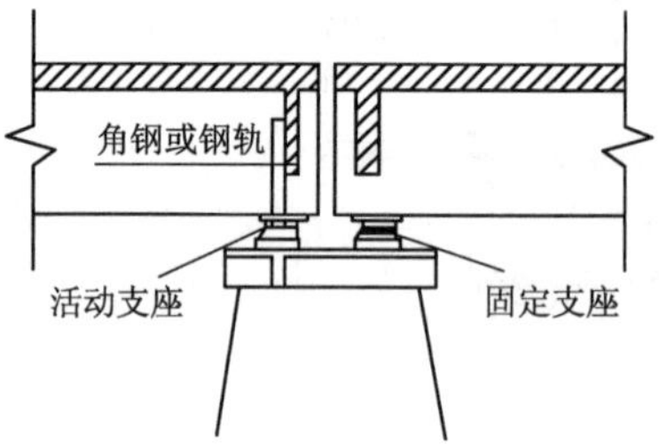	用角钢或短钢轨代替钢筋混凝土挡块,防止相对位移过大和防止横向地震力作用下发生横向落梁

公路桥梁各种支座破坏的加固方法　　表 11-17

对　　策	简　　图	说　　明
盖梁较宽时的支座挡块	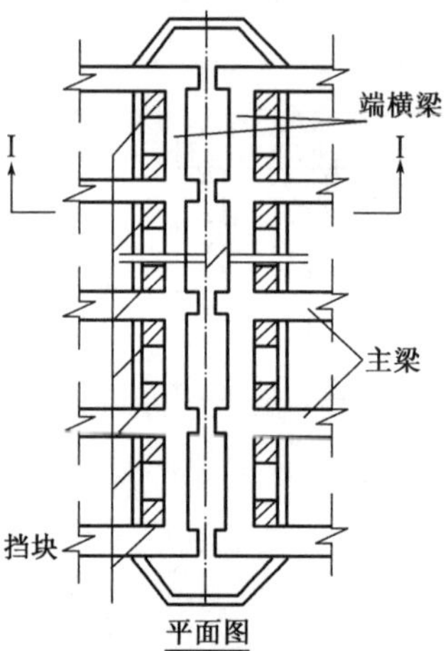平面图 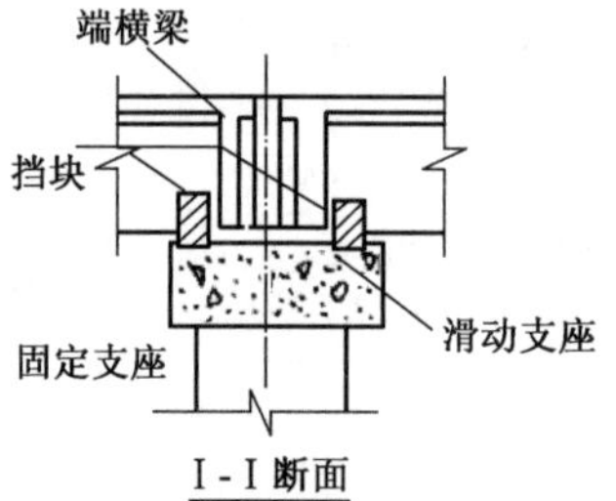I-I 断面	对于采用平板式滑动支座、切线式滑动支座或油毛毡支座上的薄腹T形梁,在墩台较宽的情况下,可采用钢筋混凝土挡块进行加固。 钢筋混凝土挡块的尺寸,一般可为长40cm、宽30cm、高30cm,但其高度必须保证比T形梁和横梁底面高出20cm以上。挡块中的锚固钢筋埋入盖梁墩帽中30～50cm

续上表

对　　策	简　　图	说　　明
U字形承托的支座加固	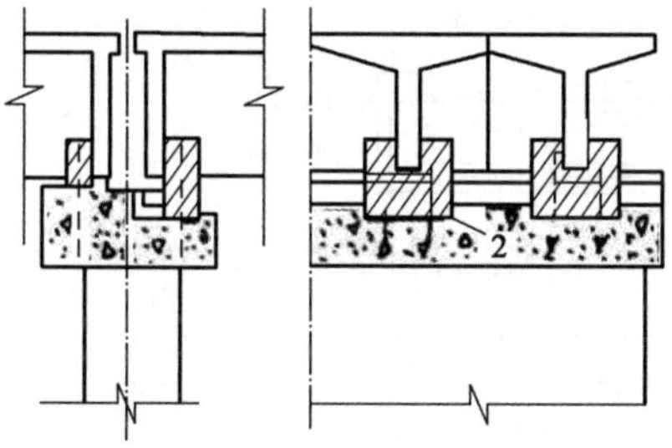	对于摆动、滚动式支座，其墩(台)帽或盖梁一般较宽，除采用一般钢筋混凝土挡块外，也可将梁两侧的挡块同下部构造连接起来，使之成为U字形承托
一字形承托的支座加固	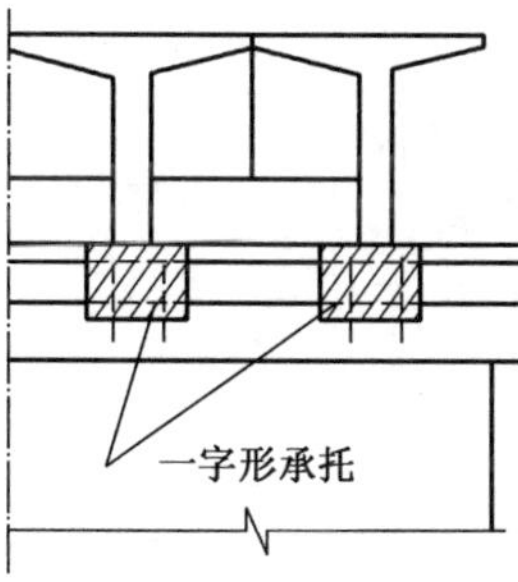	对于摆动、滚动式支座，其墩(台)帽或盖梁一般较宽，除采用一般钢筋混凝土挡块外，还可将梁两侧的挡块同下部构造连接起来，使之成为一字形承托

公路桥梁拱桥的抗震加固方法　　表11-18

对　　策	简　　图	说　　明
拱桥上部加固——钢筋网混凝土法	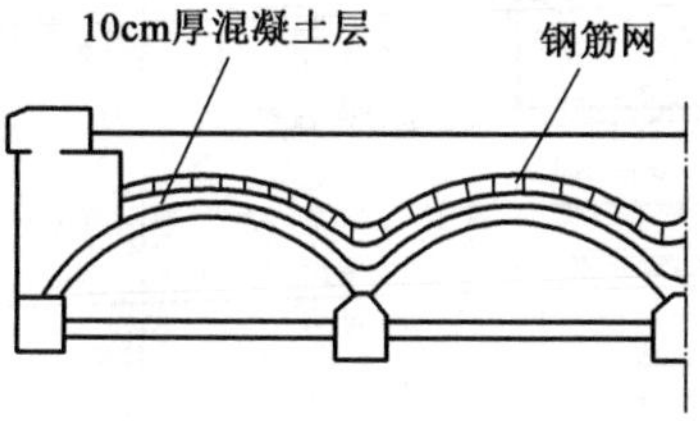	拱板上增设钢筋网一层，并铺筑混凝土封填厚10cm，钢筋网顺桥长至少2m(跨径为20～30m时)或更长(跨径为30m以上时)，以加强整体性和抗扭刚度

续上表

对　　策	简　　图	说　　明
拱桥上部加固——加劲钢筋及剪刀撑加固	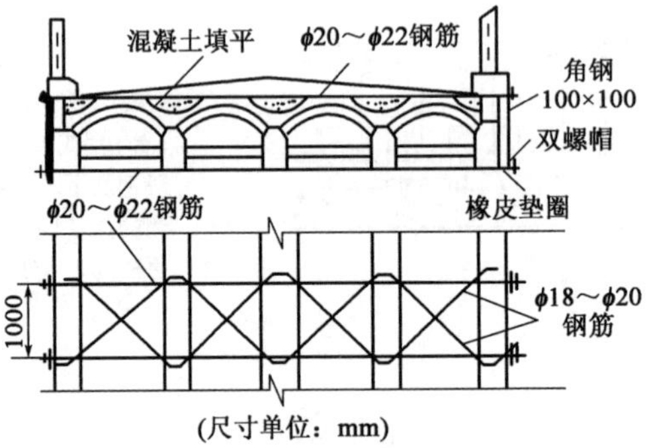 (尺寸单位：mm) 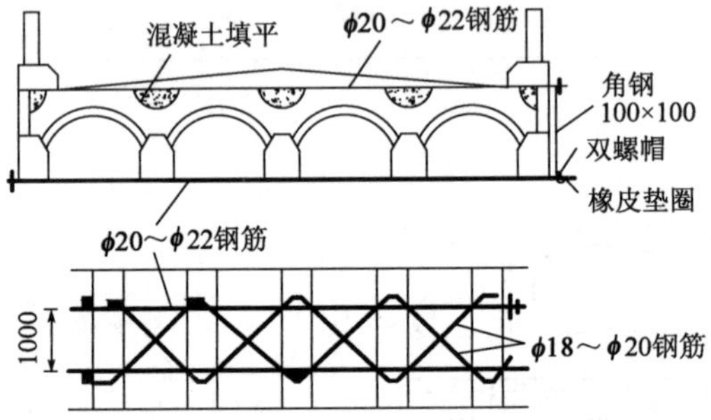 (尺寸单位：mm)	设2道相距1m的加劲钢筋，两筋间用剪刀撑连接(所有钢材均需作防锈处理)，每根钢筋下波谷间用混凝土浇筑沿桥长方向宽10cm的填平层进行加固
拱脚加固	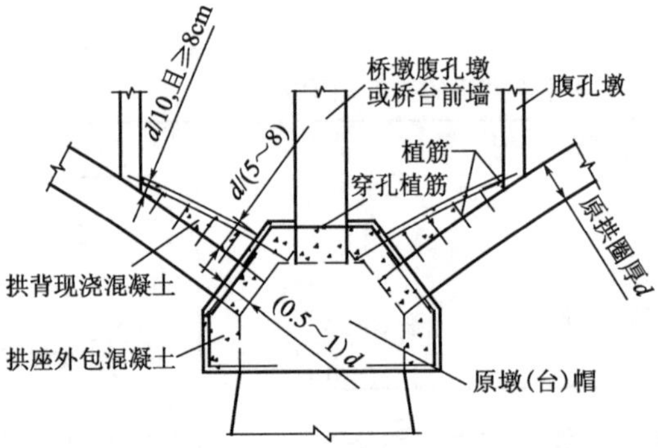	对于空腹上承式拱桥，采用增大截面外包拱座，依据桥梁跨径在腹孔的第一孔或第一、二孔拱背现浇混凝土，并按构造要求布置钢筋和植入钢筋。混凝土强度等级不应低于C30
拱上建筑加固	立柱高度>5m，未设中横系梁者应加设横向联系；腹拱构造如为梁式结构，加固对策与梁式桥相同	

墩台与基础的抗震加固方法 表 11-19

对　策	简　图	说　明
外加围裙法加固	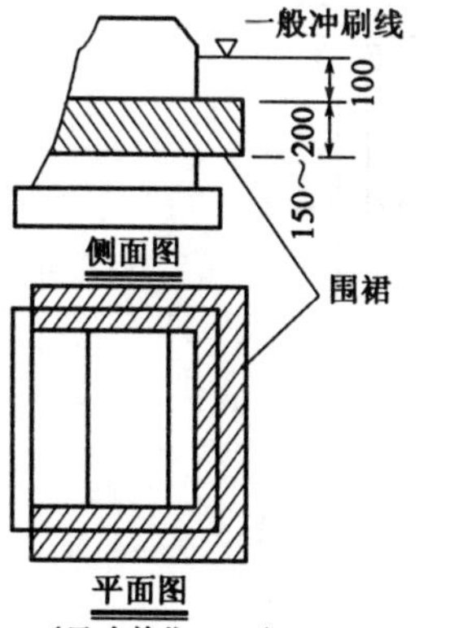 (尺寸单位：cm)	对于扩大基础,可采用外加围裙的方法进行抗震加固。围裙顶面埋置深度宜在一般冲刷线下 1m,砌筑深度1.5～2m
加打木桩,浇筑混凝土增大基础底面积	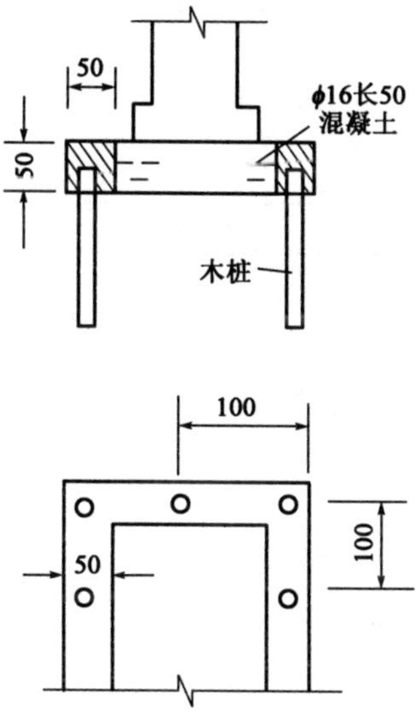 (尺寸单位：cm)	在扩大基础的周围打入桩,凿去原基础外围光面,并凿孔埋置锚筋,然后再浇筑混凝土增大基础底面积
加筑围裙式条形基础法	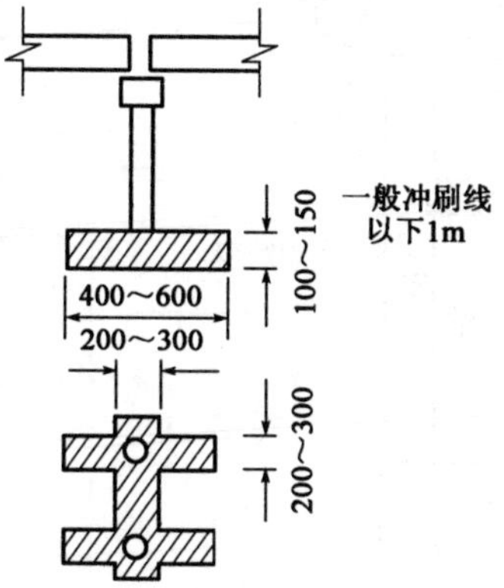 (尺寸单位：cm)	对于钻孔灌注桩,可在一般冲刷线以下 1m,用浆砌片石加设围裙式条形基础

续上表

<table>
<tr><th>对　策</th><th>简　图</th><th>说　明</th></tr>
<tr><td>桥台前台帽处加设斜撑</td><td>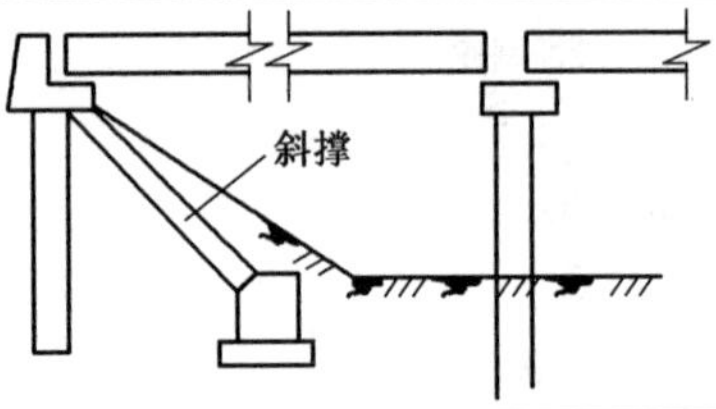
</td><td>桥台前端加设抗震斜撑,抗震墩基础设于一般冲刷线以下,斜撑尺寸可参照下一栏表中所示</td></tr>
<tr><td>墩柱两侧加设斜撑</td><td>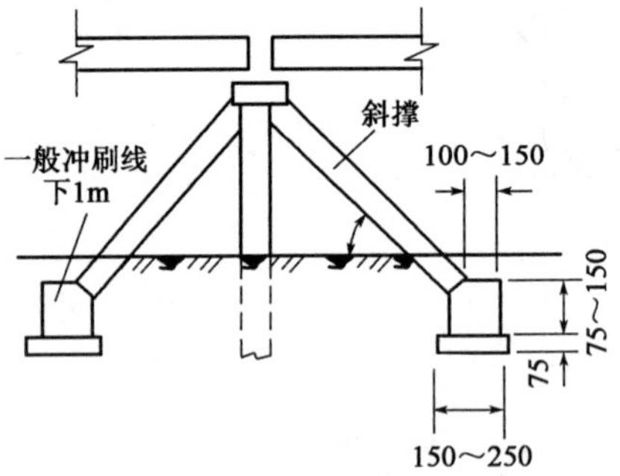

(尺寸单位：cm)</td><td>多孔长桥可设抗震墩,在原桥墩两边加设钢筋混凝土斜撑,可参照下表：
<table>
<tr><th>斜撑长(m)</th><th>斜撑断面(cm^2)</th><th>混凝土强度等级</th></tr>
<tr><td><5</td><td>20×20</td><td>20</td></tr>
<tr><td>5~8</td><td>25×25</td><td>20</td></tr>
<tr><td>8~12</td><td>30×30</td><td>25</td></tr>
<tr><td>12~16</td><td>35×35</td><td>25</td></tr>
<tr><td>16~25</td><td>40×40</td><td>30</td></tr>
</table></td></tr>
<tr><td>柱间增设横系梁</td><td>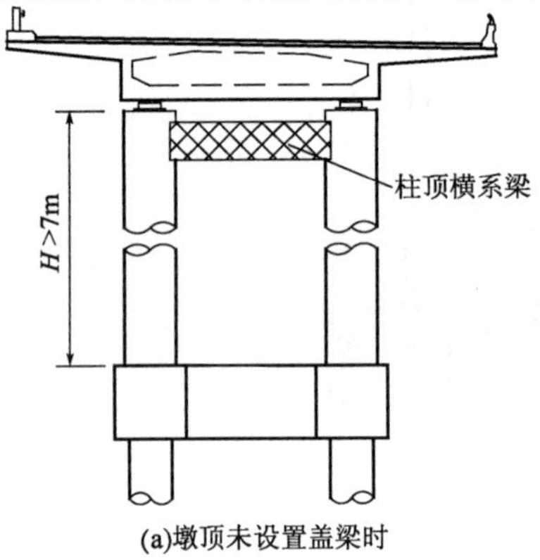

(a)墩顶未设置盖梁时
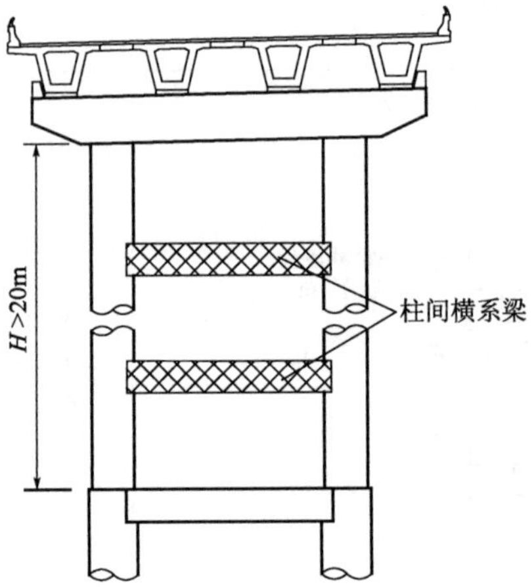

(b)墩柱高度大于20m时</td><td>增设柱间系梁,可以有效降低桥梁在横桥向地震作用下的墩身弯矩,对结构抗弯是有利的。但设置柱间系梁会增大墩底剪力,对桥墩抗剪不利。
柱式排架墩未设置盖梁时,高度 H 大于7m的排架桩墩应设置墩顶系梁。
墩高 H 为10~20m时,宜至少增设一道柱间系梁;墩高为20~30m时,宜设置两道柱间系梁;墩高在30m以上时,宜适当增加柱间系梁的设置数量。
增设柱间系梁应结合静力分析和抗震分析结果,通过调整设置数量、位置以及刚度,利用柱间系梁的有利影响,并将其不利影响控制在可接受的范围内</td></tr>
</table>

续上表

对　　策	简　　图	说　　明
扩大桥墩断面加固	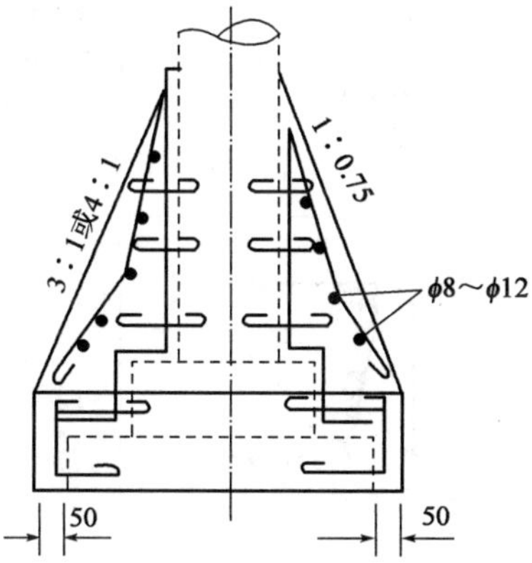 (尺寸单位：mm)	如桥墩截面偏小，强度不足以抵御地震对桥墩的损坏，则可采用加大桥墩断面的方法来加强。此时，须将原混凝土墩身及基础凿毛并使钢筋插入原桥墩的长度不小于30d（d为钢筋直径），外层加设钢筋网（网眼为2cm×2cm）并浇筑混凝土
桥台用挡墙加固	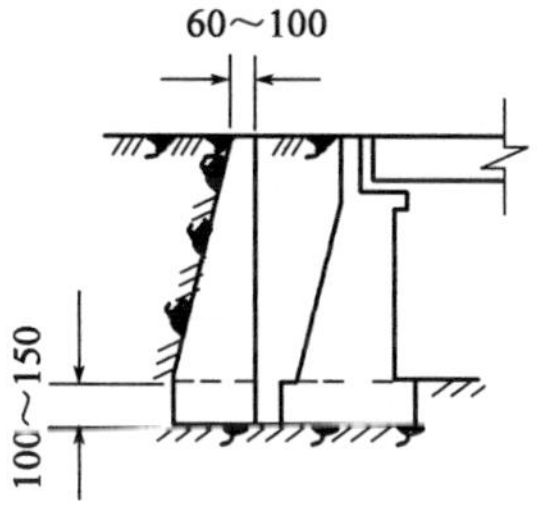 (尺寸单位：cm)	当桥台不足以抵御台背土压力时，可在台后加建挡土墙，用于减轻台后主动土压力的影响
桥台前增设扶壁加固	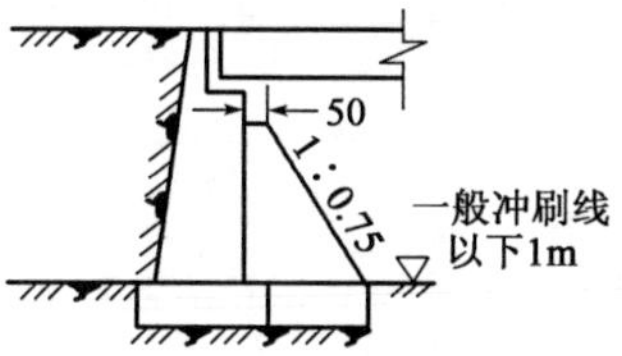 (尺寸单位：cm)	为加强桥台抵御地震作用力的能力，于台前增设扶壁以稳定桥台，其基础一般宜在冲刷线以下1m

续上表

对　策	简　图	说　明
台后增设桥孔	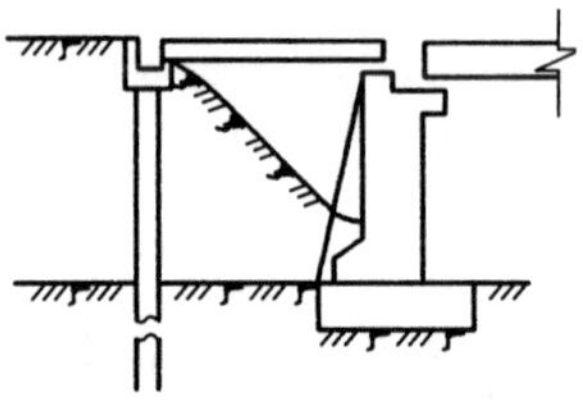	地震中往往台后陷落,使桥头接坡困难,或为防止主动动土压力过大而影响桥台稳定,均可在桥台后增设桥孔
改建为U形桥台	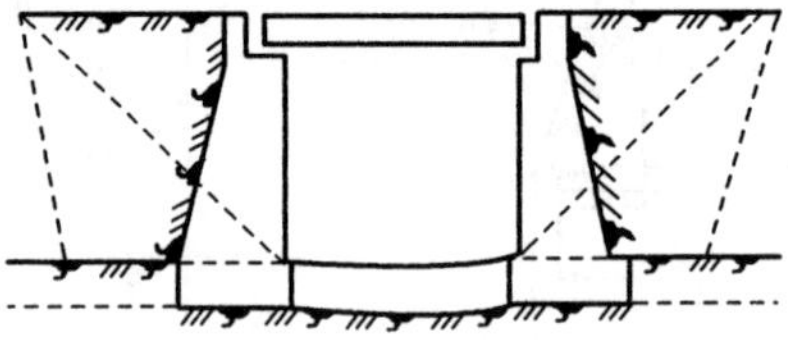	当桥台背后、两侧出现坍塌时,可改建为U形桥台,从而加固台身以稳定土坡

第 12 章 桥梁健康监测

12.1 概　　述

桥梁健康监测（Bridge Health Monitoring，BHM）是一个新的研究领域，通过实时地、连续地、在线地对桥梁结构状况进行监控与评估，在桥梁运营状况异常时发出预警信号，为桥梁的维护维修和管理决策提供依据与指导。该领域涉及现代传感、网络通信、信号处理与分析、数据管理方法、计算机视觉、数据挖掘、预测技术、结构分析理论和决策理论等多个学科，它的实施需要较多的技术及经济投入。目前，桥梁健康监测主要应用于大型桥梁、数量众多且具有类似特性参数的中小跨桥梁、在建重要桥梁以及采用大量新技术、新材料、新方法的桥梁。

桥梁健康监测最早可追溯到 20 世纪 60 年代。英国交通与道路研究试验室（Transport and Road Research Laboratory）在 Medway 桥、Hammersmish Flyover 桥、Wye 桥、Coldra 高架桥、Mancunian Way 桥等混凝土桥梁上安装了简单的监测系统，以监测桥梁变形和应变与混凝土温度的关系。以 Medway 桥为例，该桥施工阶段便安装了埋入式应变计和温度计，用于监测混凝土的徐变和收缩随时间的变化过程。施工完成后又在伸缩缝处安装了相对位移计，以监测伸缩缝处的相对位移与混凝土温度的关系。这些可称为最早期的桥梁监测系统。

自此之后，世界各国在桥梁健康监测方面做了大量研究。从 20 世纪 90 年代开始，桥梁健康监测系统在世界各地的桥梁中逐步得到了实地应用。如美国、加拿大、丹麦、挪威、韩国、日本等国均在本国一些重要桥梁上建立了监测系统。其中比较具有代表性意义的是美国 Sunshine Skyway 桥（斜拉桥）监测系统、美国的金门大桥（悬索桥）的无线传感器网络结构健康监测（无线传感器网络）（WSN）系统、加拿大 Confederation 桥（梁桥）的冰监测系统和丹麦大带东桥（悬索桥）监测系统。这些系统主要用于采用大量新技术、新材料和新方法的桥梁。

我国最早的桥梁结构监测系统是在徐浦大桥和杨浦大桥上建立的结构监测系统。近年来采用了监控方案的桥梁也越来越多。比较具有代表性意义的桥梁有香港昂船洲大桥、江苏苏通大桥、江苏南京长江三桥、青岛海湾大桥、东海大桥、浙江杭州湾跨海大桥、湛江海湾大桥、招宝山大桥等。

按照发展顺序,可以将桥梁健康监测系统大致划分为以下几代:

第一代为早期单项监测系统,传感器种类有限,采集设备不安装,间歇性监测。

第二代为集成监测系统,传感器种类大大丰富,采集系统完善,可连续采集,有数据库管理软件对数据进行管理。

第三代为集成监测诊断系统,在第二代的基础上,强调对数据的处理,并利用数据进行结构健康状态的在线评估、在线预警,并为离线评估提供便利。

第四代为智能化桥梁健康监测及诊断系统。其主要的特征包括:采用具有特征抽取计算能力和身份辨识的智能型传感器和主动型传感器构成信息源,采用有线和无线混合型组网技术;系统实现模块化和智能化;中央处理中心免于负担低层例行性的数据处理计算负荷,只需专注于逻辑型计算、力学层次的分析计算,实现智能化的在线健康状态评估及安全预警功能。

现在的桥梁健康监测系统大多属于第三代产品,由传感器系统、数据采集与传输系统、数据处理与控制系统、结构健康评估系统组成。传感器系统负责获取检测信息并转换成与之有确定对应关系的有用电量输出,经数据采集与传输系统采集、调理并传输至数据处理与控制系统进行处理和储存,并用于结构健康评估系统的损伤识别和状态评估之中。若采集信号出现异常并超出阈值,结构健康评估系统会根据超阈值程度进行分级预警。

第四代健康监测系统尚处概念中,距离实现还需要大量的前期研究。可以预见的是,桥梁结构健康监测与安全评价系统将在桥梁管理中发挥越来越大的作用,一个桥梁数字化时代正在来临。

12.2 健康监测系统的设计

12.2.1 监测系统的设计目的和功能

监测系统的设计应首先考虑建立该系统的目的和功能。对于特定的桥梁,建立健康监测系统的目的可以是设计的验证,或是桥梁监控与评估,甚至是以研究发展为目的。一旦系统的目的和功能确定,系统的监测项目也就能确定。

桥梁健康监测主要目的(图12-1)有以下三个:

(1)设计验证:根据监测所获得的实际结构的动力响应和静力特性验证设计的计算理论与结果。

(2)监测与评估:结合结构状态评估和损伤识别理论对健康监测所获取的实际结构的动静力响应做出技术判断,并考虑工程经济等方面因素,做出合理养护决策。

(3)研究发展:通过健康监测所获得的实际结构的动静力响应为研究桥梁工程中的未知问题提供契机,如力学理论、环境荷载的建模、控制与评估技术等。

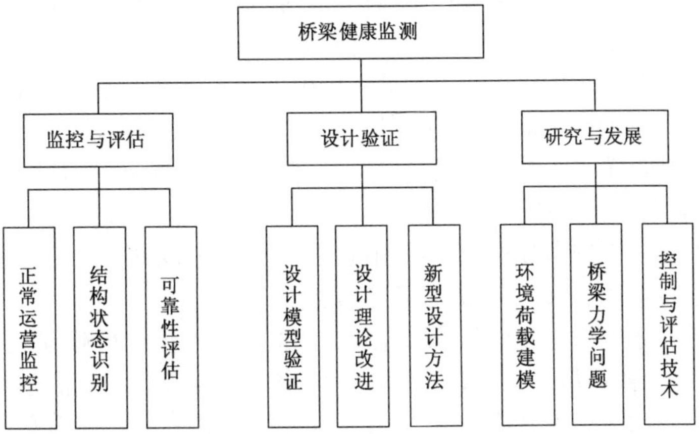

图 12-1　桥梁健康监测的目的

桥梁健康检测系统最主要的功能是，通过各种传感器实时采集运营状态下的各种数据和信号，根据采集的数据和信号推断出桥梁的工作状态和健康状况，识别出结构的损伤部位、原因和程度，并在此基础上进行桥梁的安全可靠性评估，为桥梁的养护、维修和管理决策提供依据和指导。

12.2.2　监测系统的建设原则

桥梁健康监测系统的设计与建设应遵循以下原则：

(1)实用性原则：保证系统在桥梁服役环境下安全实用，各测点的布设有明确目的，方便后期操作与管理。

(2)可靠性原则：保证系统在桥梁服役环境下可靠运行，保证能实现系统的功能和指标。

(3)耐久性原则：应优先选用满足要求的抗干扰强的传感器和传输方式。

(4)可维护原则：传感器应易于维护和更换并应采取合适方式进行数据接力。

(5)完整性原则：系统的监测内容完整，具有严密的逻辑性，各模块之间既独立又互相联系。

(6)可扩展原则：系统应具适当的扩展性，方便在后期根据需求增加监测内容。

(7)经济性原则：监测系统中各监测项目的规模以及所采用的传感器和通信设备等的确定都需要考虑整个项目投资额的限度，必须对设计方案做成本-效益分析，再根据目的、功能要求和成本-效益分析将监测项目和测点数设计到所需范围之内。

12.2.3　监测系统的子系统设计

桥梁健康监测系统是一个十分庞大复杂的硬件和软件系统，主要由传感器系统、数据采集与传输系统、数据处理与控制系统、结构健康评估系统 4 个子系统构成。

传感器系统是健康监测系统最前端和最基础的子系统，由电信号、光信号、数字信号等各类传感器组成，具有感知桥梁结构的作用源和作用响应，并以电、光、声、热等物理量形式输出的功能。设计传感器子系统时应明确各个传感器的位置、型号、性能指标，要给出传感器的布置总图、分类布置图、安装位置图和构造图。

数据采集和传输系统负责采集传感器信号、对传感器信号进行初步的预处理并将预处理后信号传输给数据处理和控制系统。它由数据采集系统和数据传输系统组成,通过系统的采集板卡或采集仪配以信号调理器将传感器端传过来的不同类型信号进行转换,转换成计算机可识别的数字信号,通过有线或无线网络传输到监控中心的数据处理和控制系统。设计时应明确采集与通信设备的位置、型号、性能指标,明确各类传感器的采集频率,使得传感器与采集通道一一对应。

数据处理与控制系统由数据预处理、中心数据库、数据管理软件及硬件组成,应能实现桥梁监测信息的归档、查询、存储、管理等功能。

结构健康评估系统的主要任务是综合分析评估代表性环境荷载、动态交通荷载以及结构的响应、损伤等监测信息,定期获得行车和结构的双重安全状态信息。该系统应具备实时数据在线显示功能和预警功能、荷载与环境预警和评估功能、结构安全预警和评估功能。设计时应明确系统预警和评估使用的方法,给出预警指标,并给出安全预警与状态评估的模块构成图。

12.3 传感器系统

12.3.1 传感器技术

传感器是一个完整的测量装置或系统。其基本功能是检测信号和信号转换,能把被测非电量转换为与之有确定对应关系的有用电量输出,以满足信息的传输处理、记录、显示和控制等要求。因此,传感器总是处于测试系统的最前端,用于获取检测信息。其性能的优势将直接影响整个测试系统,对测量精确度起着决定性作用。

传感器一般由敏感元件、变换元件和其他辅助元件组成。但是随着传感器集成技术的发展,传感器的信号调理与转换电路也会安装在传感器的壳体内或者与敏感元件集成在同一芯片之上。因此,信号调理电路以及所需辅助电源都应作为传感器组成的一部分,如图 12-2 所示。

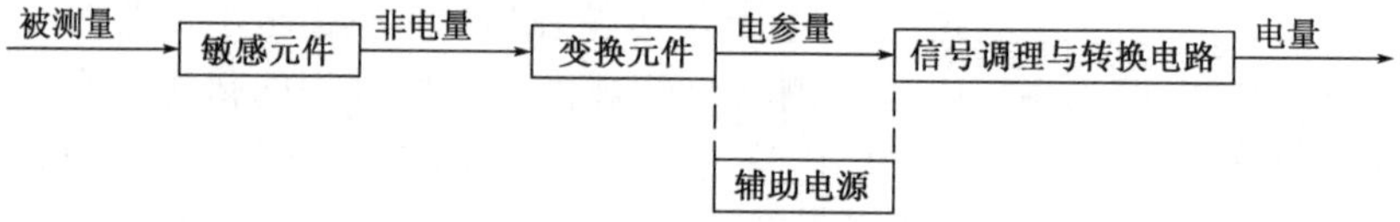

图 12-2 传感器组成框图

敏感元件是感受被测量,并输出与被测量成确定关系的其他量的元件。例如,膜片和波纹管,可以把被测压力变成位移量。若敏感元件能直接输出电量(如热电偶),就兼为传感元件了。还有一些新型传感器,如压阻式和谐振式压力传感器、差动变压器式位移传感器等,其敏感元件和传感器就完全是融为一体的。

变换元件又称传感元件,是传感器的重要组成元件。它可以直接感受被测量(一般为非电量)且输出与被测量成确定关系的电量,如热电偶和热敏电阻。传感元件也可以不直接感受被测量,而只感受与被测量成确定关系的其他非电量。例如,差动变压器式压力传感器,并不直接感受压力,而只感受与被测压力成确定关系的衔铁位移量,然后输出电量。一般情况下使用的都是这种传感元件。

信号调理与转换电路能把传感元件输出的电信号转换为便于显示、记录和控制的有用信号。信号调理与转换电路根据传感元件类型的不同有很多种类,常用的电路有电桥、放大器、振荡器和阻抗变换器等。

传感器根据使用要求的不同,可以做得很简单,也可以做得很复杂;可以是带反馈的闭环系统,也可以是不带反馈的开环系统。因此,传感器的组成将依不同情况而有所差异。

12.3.2 监测项目及传感器

桥梁健康监测项目种类繁多,可按输入/输出、静力/动力、整体/局部、学科门类/划分,如图12-3所示。

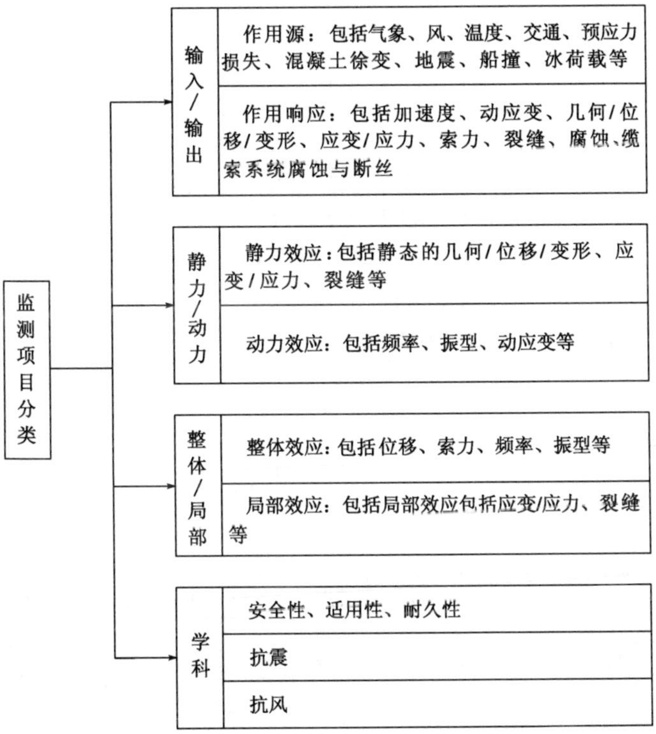

图12-3 监测项目分类

(1)按输入与输出划分:作用源与作用响应。作用源为输入,包括气象、风、温度、交通、预应力损失、混凝土徐变、地震、船撞、冰荷载等;作用响应为输出,包括加速度、动应变、几何/位移/变形、应变/应力、索力、裂缝、腐蚀、缆索系统腐蚀与断丝。

(2)按效应静动力划分:静力效应和动力效应。静力效应包括静态的几何/位移/变形、应变/应力、裂缝等;动力效应包括频率、振型、动应变等。

(3)按效应的尺度划分:整体效应与局部效应。整体效应包括位移、索力、频率、振型等,局部效应包括应变/应力、裂缝等。

(4)按学科方向划分:安全性、适用性、耐久性,抗震,抗风。

监测项目及对应的传感器类型见表12-1。

监测项目及传感器类型 表12-1

输入/输出	监测种类	监测项目	传感器类型
作用源(输入)	气象	日照强度	日照强度计
		降雨量	雨量计
		湿度	湿度计
		气温	温度计
		气压	气压计
		环境	环境腐蚀
	风	风速	超声风速仪
			螺旋桨风速仪
		风压	风压计
	温度	温度	电阻式温度计
			热电偶
			热电阻
	交通	轴重、轴距、车速	车速车轴仪
		车型、车速、流量	视频交通监测器
		交通状况、违章	数字摄像仪
	预应力损失		磁感应测力仪
	混凝土徐变		磁感应测力仪
	地震、船撞	加速度	伺服式加速度计
		速度	伺服式速度计
	冰荷载	压力	压力板
		结构响应	位移、倾角
			加速度
作用响应(输出)	动态特性	加速度	加速度计
		动应变	焊接式应变计
	几何/位移/变形		百分表、千分表或位移计
			拉绳位移传感器
			磁致伸缩位移传感器
			全站仪
			激光挠度测量仪
			光电成像法
			连通管静力水准仪
			倾角仪
			动挠度惯性测量
			GPS

续上表

输入/输出	监测种类	监测项目	传感器类型
作用响应（输出）	应变/应力		电阻式应变计
			振弦式应变计
			光纤传感器
	索力		加速度计
			压力传感器
			磁传感器
	裂缝		裂缝计
			机敏网仿生裂缝监测系统
	混凝土、钢结构腐蚀		ERE20 腐蚀计
			阳极梯腐蚀测量单元
			ECI-1 腐蚀计单元
	缆索系统腐蚀、疲劳、断丝		声学传感器
			压电式加速度或速度传感器
			超声波探伤传感器
			布拉格光纤光栅传感器
			带有温度补偿的光纤布雷格光纤应变仪
			液压式和电阻式传感器

12.3.3 监测项目优化

(1)在设计桥梁健康监测系统时,首先需要确定的问题是系统需要获取哪些信息,其监测项目应尽可能反映结构目前的工作状态,如车辆荷载分布状况、温度场变化、桥梁工作状态下挠度及应力变化、桥梁振动特性、墩台沉降、伸缩缝变形、风荷载分布状况、钢构件锈蚀状况,混凝土裂缝及铺装层状况等。

(2)应当结合监测费用,从实用的角度出发,由大量可选监测项目中选取适当项目实施,达到最大费用-效益比。

(3)对于某些短期测试项目,可以通过专门的检测设备获取需要的数据,需要长期进行监测的项目才有必要列入永久性的监测系统。

12.3.4 传感器布置原则

传感器的布置应遵循下列原则:

(1)测得的数据应对实际结构的静、动力参数或环境条件变化较为敏感。

(2)测得的数据应能充分并准确地反应结构的动力特性。

(3)测得的参数应能够与理论分析结果建立起对应关系。

(4)应能通过合理添加传感器对敏感区域进行数据重点采集。

(5)宜在结构反应最不利处或已损伤处布置。

(6)可合理利用结构的对称性原则,达到减少传感器的目的。

(7)传感器的布置宜便于安装和更换。

(8)宜减少信号的传输距离。

12.3.5 传感器布置优化准则

传感器的优化布置首先要确定优化布置准则,即优化的目标函数。根据测试的目的,传感器布置优化准则可分为基于模态可观测性和基于损伤可识别性两类。

1)基于模态可观测性的传感器

基于模态可观测性的传感器布置优化准则发展较为迅速,已有许多学者基于不同模态参数提出了各种优化准则。常用的优化准则主要有模型缩聚准则、模态保证准则、模态应变能准则、识别误差最小准则、可控性/可观性准则等。

(1)模型缩聚准则

模型缩聚法的基本方法是将结构的总自由度划分为主自由度和副自由度。缩减后的模型将保留主要的自由度,而舍去那些次要的自由度。将传感器配置在这些主要的自由度上所测得的响应,能更好地反映系统的低频模态。

(2)模态保证准则

由结构动力学原理可知,结构各固有振型在节点上的值形成了一组正交向量。但是由于测量自由度远小于结构模型的自由度,并且受到测试精度和测量噪声的影响,所测得的模态向量已不能保证向量的正交性。在极端情况下甚至会由于向量间的空间交角过小而丢失重要的模态。因此在选择测点时有必要使量测模态保持较大的空间交角,从而尽可能把原来模型的特性保留下来。

(3)模态应变能准则

结构某些自由度处的模态动能或单元应变能越大,这些自由度在该模态振动中所起的作用越大,而这些自由度也就越能反应结构的动力特性和损伤信息。

(4)识别误差最小准则

该方法是首先给定一个测点的合适候选集合,该集合包括通过实验能够识别的目标振型之内的所有重要的自由度方法的分量;然后计算有效独立向量,按照目标模态矩阵独立性排序,删除对其秩贡献最小的自由度,从而优化 Fisher 信息阵而使感兴趣的模态向量尽可能保持线性无关,进而从实测的数据中获取最多的振型反应信息。该方法不仅使目标模态矩阵线性独立,而且提出了每一次迭代时舍弃测点的允许数目。

(5)插值拟合准则

有时传感器优化配置的目的是利用有限测点的效应(对动力而言为响应)来获得未测量点的响应。这时可采用插值拟合的方法获得目标点(未测量点)的响应,为了得到最佳效果,可采用插值拟合的误差最小原则来配置传感器。

(6)可控性/可观性准则

可控性和可观性是控制系统理论中的重要概念,控制系统的设计必须保证系统是可控和可观的。在控制系统理论中,要先建立其状态方程,再利用状态方程的系数矩阵来判别其可控性/可观性。

2)基于损伤可识别行的传感器

基于损伤可识别行的传感器优化布置要求有限个测点所测的数据能够尽可能地识别

出结构的损伤情况,即传感器必须放置在那些对结构损伤最为敏感的位置,得到的结构反应的性能矩阵必须包含尽可能多的结构损伤信息。其本质是根据结构损伤对频率、模态曲率、位移模态、应变模态、柔度矩阵、模态应变能等损伤参量的影响范围不同,寻求各损伤参量与结构损伤的灵敏度关系,在此基础之上进行的传感器优化布置。目前基于损伤可识别性的传感器优化模型仅包含了振型的损伤灵敏度信息,并且假定对于所有的自由度均可以得到最优的目标振型,然而对于大多数的结构而言,这一假定并不能够成立。

12.3.6 传感器布置优化方法

传感器常配置在结构系统与有限元分析所对应的表面节点上,是一个组合优化问题,即整数规划问题。基于不同优化准则出现了多种布置方法,如EI法、序列法(逐步累积法、逐步消减法)、WOBI法、ESPS法等。应用比较广泛的方法是EI法和序列法(逐步累积法、逐步消减法)。这些方法虽容易实施,但也容易产生局部最优解。除此之外,其他方法有奇异值分解法、MAC法、随机类算法、模态动能(MKE)法、神经网络法、蚁群算法、模拟退火算法、Guyan缩减法等。

近年来,以遗传算法(GA)和模拟退火算法为代表的随机类优化算法发展较为迅速。虽然随机类优化算法不是传感器优化布置的方法,并且存在着如收敛速度慢、迭代次数多等缺点,但是这些方法具有较好的并行性和搜索全局性的优点,可以取得比较好的配置效果。

12.4 数据采集与传输系统

12.4.1 数据采集系统

大部分传感器输出的信号为模拟信号如电压信号和电流信号,这些信号不能直接由计算机获取,需要通过数据采集系统采集、解调并传输传感器信号到相连的计算机。数据采集系统一般由以下部分组成:数据采集单元、数据采集网络和基于此硬件平台的数据采集软件。

目前常用的主要有便携式数据采集系统、集中式数据采集系统、分布式数据采集系统三种数据采集系统(图12-4)。

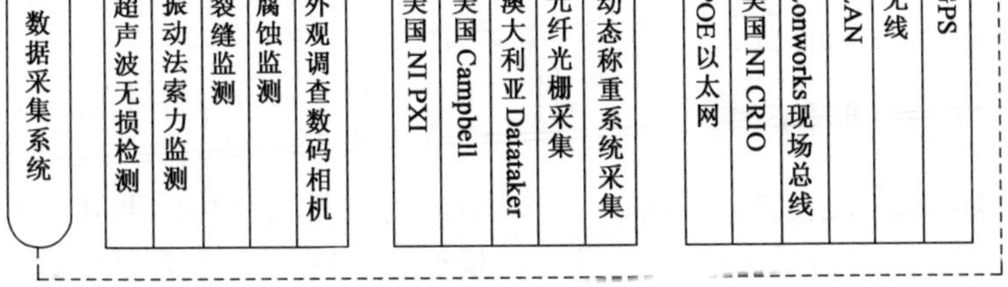

图12-4 数据采集系统分类

1)便携式数据采集系统

便携式数据采集系统一般用于短期的、快速的便携式测量。它们易于使用,基本上依赖于外接电池供电。一些便携式数据采集单元有自己的内存设备,容许存储一定的测量数据以用于随后的进一步分析和存档。由于这类设备是便携式的,它们可以直接和传感器相连,避免了由于传感器导线引起的信号损失和噪声。尽管便携式数据采集单元使用方便、易于操作,而且这类采集单元可以根据一定的传感器类型而优化定制,但是它们不适用于做主要的数据采集系统。目前,便携式数据采集单元主要用于大型健康监测系统的补充测量和传感器安装时的标定,比如超声无损检测设备和定时巡检的腐蚀监测采集设备。

2)集中式数据采集系统

基于计算机的集中式数据采集单元是常用的数据采集架构之一。基于计算机的数据采集单元充分利用计算机硬件的优点,能够实时地、连续地采集信号。目前数据采集单元主要有内置数据采集单元和外置数据采集单元两种形式。

(1)内置数据采集单元是在计算机的扩展插槽中插入数据采集卡。内置数据采集卡通常有很高的采样频率,但是计算机的电流噪声会影响信号精度。由于数据采集卡都比较小,所以需要额外的接线盒以便于和传感器的连接。此外,数据采集卡的通道数目、传感器的类型也会受到限制。大多数的手提式电脑都不具备扩展插槽,因此内置式数据采集卡不能为笔记本电脑所用。

(2)外置式数据采集单元由数据采集、信号调理单元和外层保护箱组成。外置式数据采集单元比内置式数据采集卡具有更好的可用性和工作性能。外置式数据采集单元跟计算机的通信有多种方式可供选择,包括并口、串口、GPIB 口、USB 口等。由于外置式数据采集单元能够通过传输网络跟远距离的计算机进行通信,它适用于桥梁结构的长期健康监测系统。此外,利用分布式的数据采集单元能够减少传感器到数据采集单元的导线距离和降低噪声影响。

典型的集中式数据采集系统有美国 NI PXI 数据采集系统、美国 Campbell 数据采集系统、澳大利亚 Datataker 数据采集系统、中国基康数据采集系统等。

3)分布式数据采集系统

与基于计算机的数据采集系统不同,单独的数据采集单元能够在无主机的情况下连续地采集信号。这类设备主要指数据记录器,适合用于远程的健康监测系统应用。大多数单独的数据采集系统耗电量少,可以用电池进行供电,采集到的数据临时存储于内存中。这类系统跟计算机通信可以有很多种方式,包括 Modem、无线设备、RS-232 和网络连接。

典型的集中式数据采集系统有 POE 以太网数据采集系统、美国 NI CompactRIO 数据采集系统、无线数据采集系统、GPS 数据采集系统等。

12.4.2 信号调理系统

信号调理环节是数据采集系统的一个中间环节,它是连接传感器和数据采集设备的桥梁。从传感器输出的信号形式多样,既有电量形式,又有非电量形式。这些信号的幅值范围很广,信号的频率范围也很广。采集设备一般只能采集电压信号,其输出范围也只有通用的几种,如0～5V、0～10V、-5～+5V和-10～+10V等。因此,从传感器输出的信号大多要经过调理才能进入数据采集设备。

信号调理功能的功能包括放大、滤波、隔离、激励、线性化、调制和解调等。

1)放大

信号幅值调理,以便适宜于采样。总是希望信号幅值的峰-峰值足够大,以便充分利用模数转换器的精确度。例如,12位的模数转换器,其参考电压为-5V～+5V。由于$2^{12}=4096$,其末位的数字当量电压为2.5mV。若信号电平较低,转换后二进制的高位都为0,仅在低位有值,其转换后的信噪比很差。若信号的电平绝对值超过5V,则转换中又将发生溢出,这是不允许的。所以,进入模数转换器的信号电平需要适当地调整。

2)滤波

对被测信号进行必要的滤波处理,滤除信号中的高频噪声,以提高信噪比。在实际工作中,通常还需要对被测信号进行抗混叠滤波预处理,以滤除信号中的高频成分,避免采集过程中发生频率混叠现象。

3)隔离

隔离是指使用变压器耦合、光电耦合或电容耦合等方法在被测对象和数据采集系统之间传递信号,避免两者之间存在直接的电气连接。

使用隔离的原因有以下三个:

(1)从安全的角度考虑,某些被测信号在传输的过程中可能混入大的冲击电压,这样的冲击电压可能会对数据采集系统造成损害。

(2)隔离可使从数据采集设备采集到的数据不受地电位和输入模式的影响,如果数据采集系统的地与信号地之间有电位差,而又不进行隔离处理,那么就有可能形成接地回路,引起测量误差。

(3)如果被测信号中混入了不应有的直流分量,滤除这些直流分量也需使用隔离。

4)激励

信号调理也能为某些传感器提供所需的激励信号,如应变传感器、热敏电阻等需要外界电源或电流激励信号。很多信号调理模块都提供电流源或(和)电压源以便给传感器提供激励。

5)线性化

许多传感器对被测量的响应是非线性的,因此需要对其输出信号进行线性化处理,以补偿传感器带来的非线性误差。

6)调制和解调

如被测信号经过解调处理,则应先行解调。由于工程领域应用的传感器种类繁多,输出的信号特征各异,上面介绍的信号调理功能未必能够满足所有的调理需求,因此还要根据具体传感器的特性和要求来设计特殊的信号调理功能。

工作站信号调理与转换的数据流程如图12-5所示。

12.4.3 数据传输系统

数据传输系统负责传输各个数据采集单元的数据至数据处理和控制系统。大型的桥梁健康监测系统一般包括多个数据采集单元,将各个数据采集单元的大量数据实时可靠地传送到数据处理和控制中心是最重要的一步。数据传输系统根据传输方式不同可分为有线数据传输系统和无线数据传输系统,前者依托于双绞线或光纤,后者则通过 WLAN、GPRS、ZigBee 实现数据传输,如图 12-6 所示。

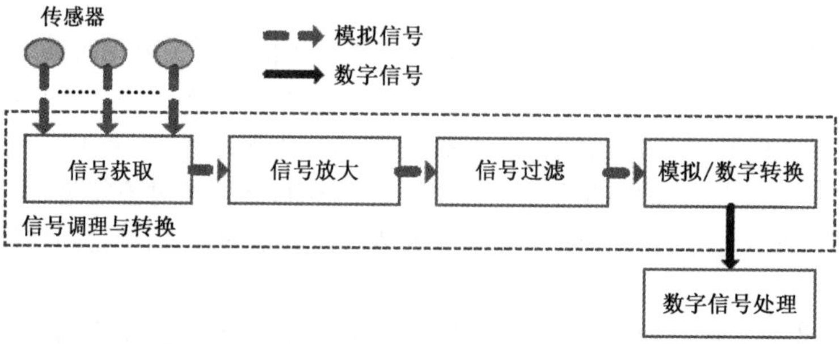

图 12-5　信号调理流程图

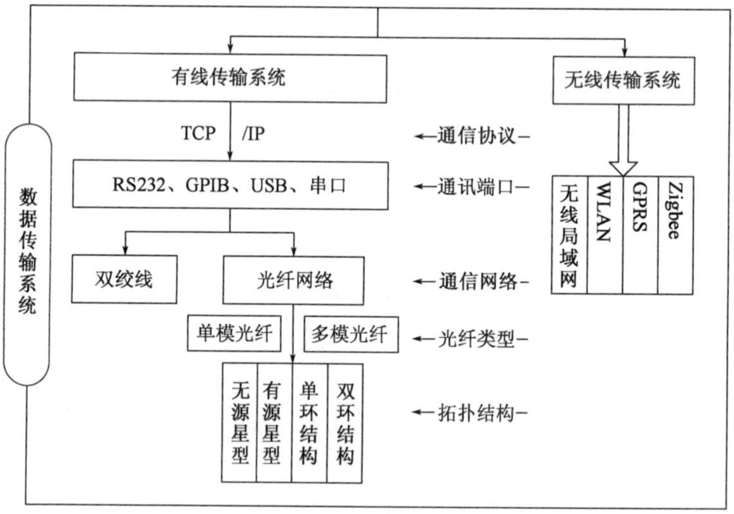

图 12-6　数据传输系统分类

1)双绞线数据传输系统

双绞线是一种综合布线工程中最常用的传输介质,它是由两根具有绝缘保护层的铜导线组成的。把两根绝缘的铜导线按一定密度互相绞在一起,每一根导线在传输中辐射出来的电波会被另一根线上发出的电波抵消,有效降低信号干扰的程度。

双绞线一般由两根 22～26 号绝缘铜导线相互缠绕而成,“双绞线”的名字也是由此而来。实际使用时,双绞线是由多对双绞线一起包在一个绝缘电缆套管里的。如果把一对或多对双绞线放在一个绝缘套管中便成了双绞线电缆与其他传输介质相比,双绞线在传输距离,信道宽度和数据传输速度等方面均受到一定限制,但价格较为低廉。

2)光纤数据传输系统

目前,TCP/IP 是最常用的通信协议,它可以和各类通信端口(RS232、GPIB、USB、串口等)进行通信。通过 IP 地址可以识别所需要的数据采集单元,再通过虚拟通信端口就可以和数据采集单元建立一一对应的通信。

在数据通信时,必须先将数据采集单元的各类通信口的数据通过网络转化器转化为

TCP/IP 网络数据。这些网络转化器不需要借助于计算机而直接和数据采集单元相连。双绞线具有价格低廉和较强的抗干扰能力等特点。但是在一些电磁干扰较强的场合,却不能保证通信的可靠性,而且传输距离也受到传输速率的影响,传输速率越高,可传输的距离越短。因此,最近的桥梁监测系统都采用了光纤网络作为传输设备。当前,主要有两种类型的光纤:

(1)单模光纤:直接为 8μm,肉眼无法看见。

(2)多模光纤:直径约为 62.5μm。

3)WLAN 网络

无线局域网 WLAN(Wireless Local Area Network)采用射频技术构成局域网络,是一种便利的数据传输系统。由于无线局域网设备一般工作于免授权频段,在频段的使用上无须高昂的许可费用,加之 WLAN 技术的日趋成熟,WLAN 在性能上已经和传统的有线网络相差无几,因此 WLAN 的应用已经从单纯的有线网络的延伸逐渐发展成为热点地区重要的高速数据网络接入方式之一,应用范围广阔。与有线传输方式相比,无线局域网具有高移动性、传输效率高、安全性能强、扩展能力强、建网组网便利和受自然环境、地形及灾害影响小等优点,其发展潜力巨大。

4)GPRS 网络

GPRS 是 GSMPhase2.1 规范实现的内容之一,能提供比现有 GSM 网 9.6kB/s 更高的数据率。GPRS 网络具有良好的信号覆盖;随着中国移动 GPRS 网络建设的日臻成熟,地区的覆盖率超过 90%,GPRS 信号达到了无盲区覆盖。

与有线拨号或专线方式、光纤传输模式、短消息和超短波无线数传电台等传输方式相比,采用 GPRS 进行分散实时的数据传输具有覆盖范围广、数据带宽宽、适应性强、高速及传输费用低廉等明显优势。结合雨量数据传输突发性、间断性、频繁性和实时性的特点,系统选用先进成熟的 GPRSDTU(Data Terminal Unit)作为远程数据传输模块,借助稳定可靠的中国移动 GPRS 网络,在保证数据及时、准确传输的前提下,可将系统运行费用降到最低。

5)ZigBee 网络

ZigBee 是一个由可多到 65000 个无线数传模块组成的一个无线数传网络平台,十分类似现有的移动通信的 CDMA 网或 GSM 网。每一个 ZigBee 网络数传模块类似移动网络的一个基站,在整个网络范围内,它们之间可以进行相互通信;每个网络节点间的距离可以从标准的 75m,到扩展后的几百米甚至几公里;另外,整个 ZigBee 网络还可以与现有的其他的各种网络连接。例如,你可以通过互联网在北京监控云南某地的一个 ZigBee 控制网络。

不同的是 ZigBee 网络主要是为自动化控制数据传输而建立,而移动通信网主要是为语音通信而建立;每个移动基站价值一般都在百万元人民币以上,而每个 ZigBee"基站"却不到 1000 元人民币;每个 ZigBee 网络节点不仅本身可以与监控对象,(如传感器)连接直接进行数据采集和监控,还可以自动中转别的网络节点传过来的数据资料;除此之外,每一个 ZigBee 网络节点(FFD)还可在自己信号覆盖的范围内和多个不承担网络信息中转任务的孤立的子节点(RFD)无线连接。每个 ZigBee 网络节点(FFD 和 RFD)可以可支持多到 31 个的传感器和受控设备,每一个传感器和受控设备终可以有 8 种不同的接口方式。可以采集和传输数字量和模拟量。

12.5 数据处理与控制系统

12.5.1 数据预处理及二次处理

数据预处理就是在对数据进行信息提取前,先对原始数据进行必要的清洗、集成、转换、离散和约简等一系列的处理工作,使之达到数据处理提取结构状态信息要求的最低标准。通过预处理工作,可以剔除修正错误数据,去除重复数据,补充残缺数据,挑选所需数据进行集成,转换为所要求的格式,消除多余数据属性,从而达到数据类型相同化、数据格式一致化、数据信息精练化和数据存储集中化,提高数据处理提取结构信息的效率和准确性。

数据二次处理是针对监测原始数据进行衍生数据的处理。主要进行基本的统计信息运算,如设定时段内的最大值、最小值、均值、方差、标准差等。计算结果作为初级预警的依据,其主要计算方法及流程如图 12-7 所示。

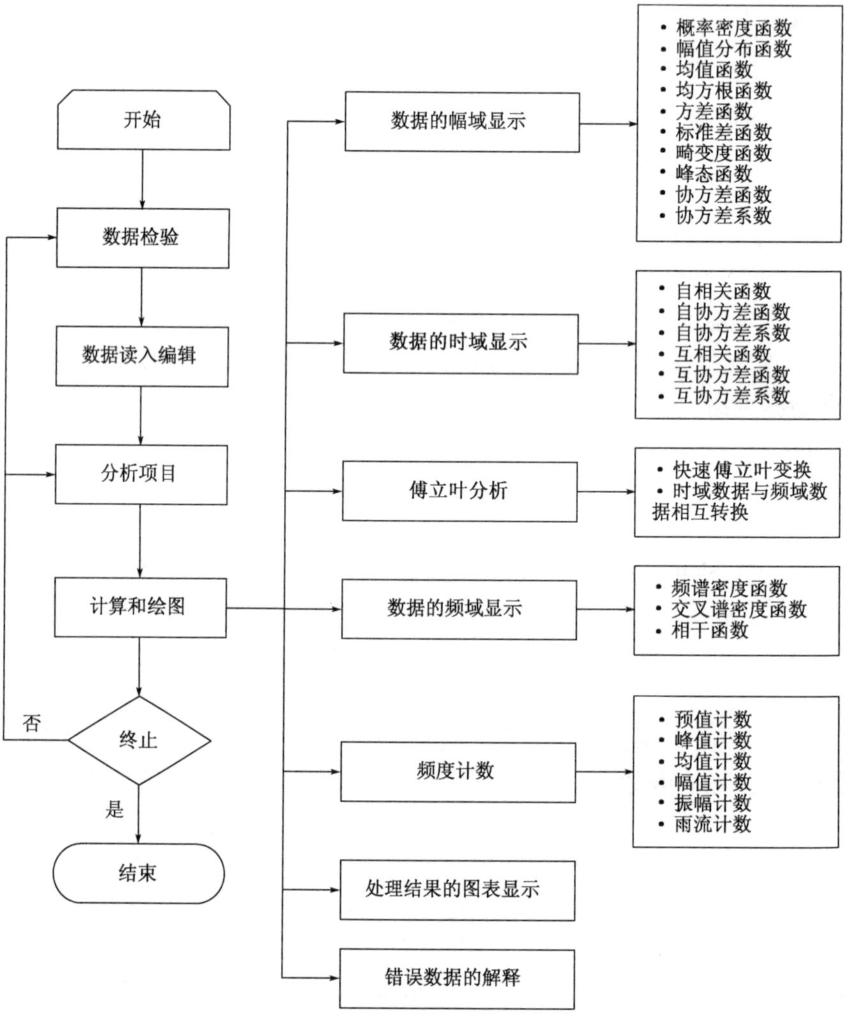

图 12-7 数据二次处理计算方法及流程框图

12.5.2 智能信息处理

智能信息处理是近几年发展起来的新型信息处理技术，它是将不完全、不可靠、不精确、不一致和不确定的知识和信息逐步改变为完全、可靠、精确、一致和确定的知识和信息的过程和方法。它的出现和发展为以上难题提供了一条途径和技术保障。智能信息处理涉及信息科学的多个领域，包括现代信号处理、神经网络、模糊理论、进化计算、信息融合、粗糙集、支持向量机等。

1）现代信号处理

结构健康监测与诊断的核心问题之一是寻找对损伤状态敏感的特征参数或者损伤指标。而这些损伤指标，如基于频率、振型、曲率、模态柔度、应变能等，都需要结构的模态特征参数如（频率、振型与阻尼等），它们是运用信号处理技术对结构的响应进行系统识别而得到的。现代常用信号处理技术有傅立叶变换、短时傅立叶变换、Wigner-Ville 分布、小波/包分析、希-黄变换（HHT）、盲源分离等。其中，后三者是近一二十年发展起来的信号处理工具。

2）神经网络

人工神经网络（ANN）是对人脑或自然神经系统若干基本特征的抽象与模拟，由大量神经元广泛互连而成，具有并行处理信息、自组织、自学习、联想记忆和强鲁棒性的特点。应用神经网络进行结构的损伤识别，需要根据结构在不同状态的反应，通过特征提取，选择对结构损伤敏感的参数作为网络的输入量，结构的损伤状态作为输出量，建立损伤分类训练样本集；将样本集送入神经网络进行训练，建立输入参数与损伤状态之间的映射关系；训练后的网络具有模式分类功能，将待测结构进行测试的动力参数输入网络，即可得出损伤状态信息。

目前，用于结构损伤识别的神经网络模型多为前向神经网络，其中 BP 网络应用最为广泛。此外，还有对偶传播神经网络、多层感知器模型、自回归神经网络、径向基神经网络、概率神经网络、小波神经网络、模糊神经网络等。

3）模糊理论

模糊理论是模糊数学与工程应用理论及问题的结，利用模糊理论评估桥梁健康状况，一般包括以下几个步骤：

（1）确定综合评价指标体系，即所谓的因素论域 $U=\{u_1,u_2,\cdots,u_n\}$（设有 n 个指标）。

（2）确定评语等级论域 $V=\{v_1,v_2,\cdots,v_m\}$（设有 m 个评语等级）。

（3）确定指标权重 $W=\{w_1,w_2,\cdots,w_n\}$，建立模糊关系矩阵 $\boldsymbol{R}$：

$$\boldsymbol{R}=\begin{bmatrix} r_{11} & r_{12} & \cdots & r_{1m} \\ r_{21} & r_{22} & \cdots & r_{2m} \\ \vdots & \vdots & \vdots & \vdots \\ r_{n1} & r_{n2} & \cdots & r_{nm} \end{bmatrix} \tag{12-1}$$

（4）进行模糊综合评估，计算模糊合成值，即：

$$B=\{b_1,b_2,\cdots,b_m\}W\cdot R\{w_1,w_2,\cdots w_n\} \tag{12-2}$$

4）进化计算

进化计算是一类基于生物界的自然选择和自然遗传机制的计算方法，如遗传算法

(Genetic Algorithms,GA)、进化策略(Evolution Strategies,ES)和进化规划(Evolutionary Programming,EP)等。这些方法都是基于生物进化的基本思想来设计、控制和优化人工系统。

5)信息融合

信息融合,又称多传感器数据融合,即充分利用不同时间与空间的多传感器信息资源,采用计算机技术对按时序获得的多传感器观测信息并在一定准则下加以自动分析、综合、支配和使用,获得被测对象的一致性解释或描述,以完成所需的决策和估计任务,使系统获得比它的各组成部分更优越的性能。

在结构健康监测系统中,当结构中出现某一位置或某一类型的损伤时,往往只有部分传感器(Ⅰ类传感器)很敏感,通过Ⅰ类传感器能够以极高的概率识别出结构损伤;而另一些传感器(Ⅱ类传感器)对该损伤只是中等敏感,Ⅲ类传感器的反应与该损伤具有正相关性,能够在一定程度上识别结构损伤;还有一些传感器(Ⅲ类传感器)对该损伤的反应则具有不确定性,即通过Ⅲ类传感器识别结构损伤的概率很低,有时会给出错误的识别信息。如果把这三类传感器信息都作为特征向量的元素,同等的输入到分类器中,必然影响损伤识别的效果,可能还会由于Ⅲ类传感器的干扰,使分类器做出错误的判断。然而,仅仅使用Ⅰ类传感器的信息也存在着两个问题:一是损伤识别结果的可靠性降低,如果具有传感器故障或局部噪声干扰时,根本无法得出准确的损伤识别结果,且无法校对;二是大大降低了信息的利用率,失去Ⅱ类和Ⅲ类传感器中的有用信息。采取信息融合的技术,既可充分利用各传感器的信息,又可避免以同等信息熵来使用各传感器信息所带来的不良影响。

6)粗糙集

粗糙集理论是 Pawlak 教授于 1982 年提出的一种能够定量分析处理不精确、不一致、不完整信息与知识的数学工具。基于粗糙集理评价桥梁施工安全时,首先需要构建合理的基础综合安全评价指标体系;其次,运用粗糙集理论与方法对知识表达系统进行定量化处理,如果有需要可进行数值的离散处理,删除对评价结果无关的影响因素,优化得到新的综合评价指标表,并确定各指标的权重;最后,在原有的基础数据进行处理,得到最终的评价结论。

7)支持向量机

支持向量机是一种通用学习机器,是统计学习理论的一种实现方法,包括支持向量分类机和支持向量回归机。它通过非线性映射把样本向量映射到高维特征空间,在特征空间中,维数足够大,使得原空间数据的像具有线性关系,再在特征空间中构造线性最优决策函数。支持向量机训练算法主要有二次规划算法、分解算法和增量算法三类。另外,针对特定的问题,在这三类算法的基础上又衍生出了很多改进算法,这些改进算法在特定问题的解决中表现出了很好的效果。

12.5.3 数据管理系统

数据管理系统一般具备以下功能:

(1)保证监测数据的安全、结构化、共享性,支持便携应用软件。

(2)实现数据归档、报告生成、快速显示和高效存储。

(3)对所有监测项目、监测点设备的监测数据及图像在限定时间段进行回放追溯。

(4)提供季报、年报以及极端事件之后的报告。

(5)通过系统数据库对监测设备所监测到的环境作用、结构相应数据,以及监测系统自身的属性信息进行分层分类储存。

系统数据库为模块化架构,并分层管理,一般包括桥梁结构信息子数据库、结构有限元模型子数据库、传感器及采集传输设备信息子数据库、结构自身特性子数据库、结构外部荷载子数据库、结构效应子数据库、结构安全评估分析结果子数据库、设计以及相关的施工监控子数据库、荷载试验子数据库等,见表12-2。

桥梁监测系统数据库构成 表12-2

序号	子数据库名称	主要存储内容
1	桥梁结构信息子数据库	桥梁结构的设计、科研、专题研究资料,包括桥梁结构的各构件设计图纸以及各专题研究成果资料。数据库中的表格、文件宜按照设计图纸目录及科研报告构件分类进行
2	结构有限元模型子数据库	桥梁结构各阶段有限元模型
3	传感器及采集传输设备信息子数据库	传感器、采集设备、传输设备管理等所有基本信息,包括设备位置、性能指标、安装信息等
4	结构自身特性了数据库	桥梁结构的静力与动力性能参数,包括结构的影响线、振型、频率、阻尼比等。参数应分为原始有限元模型计算值、初始有限元模型计算值、损伤有限元模型计算值、运营期间数据模态识别结果以及成桥试验期间模态识别结果
5	结构外部荷载和环境子数据库	包括车辆荷载、风荷载、地震荷载、温度荷载、湿度、雨量传感器时程数据
6	结构响应子数据库	桥梁结构代表性,关键构件的应变、加速度、位移等传感器时程数据
7	荷载试验子数据库	历次荷载试验相关信息,包括静、动力加载工况信息(如工况编号、工况描述等),荷载试验过程中监测系统所采集到的外部荷载和结构响应数据、实验与分析结果以及成桥试验报告
8	结构安全评估分析子数据库	实时在线安全评估结果、离线历史数据安全评估结果、专家评估结果等,宜与桥梁养护管理系统数据库进行接口对接、数据共享

12.6 结构健康评估系统

结构健康评估系统的主要任务是获得桥梁在役期的代表性环境荷载、动态交通荷载以及结构的响应、损伤等信息,在对监测信息进行综合分析评估的基础上定期获得行车和结构的双重安全状态信息,为结构的安全、高效、经济运营管养决策的制订提供技术支持。这些任务的核心是损伤识别。结构损伤识别是指通过对现役结构进行监测、分析与评估,从而确定结构是否发生了损伤,在此基础上进一步判断结构损伤发生的位置和损伤程度,同时也可以判断现役结构的当前状况、使用功能和已有损伤的变化趋势等。将结构当前性能指标与完好状态下的各种性能指标进行对比,如果出现某些异常,则认为结构发生了损伤。反映结构异常现象的性能指标主要包括结构的静态特性、动态特征、表观形态及几何尺寸大小等各种特征参数。

12.6.1 模态识别方法

模态分析是通过振动监测数据,获取自振频率、振型、阻尼比、模态刚度、模态质量等结构动力参数为结构模型修正及损伤识别提供基础数据。大跨桥梁、大型建筑等土木工程结构,通常难以对其实施人工激励,可以采用随机振动识别理论,通过测量“环境激励”下的输出响应来识别结构的模态参数。环境激励下的工程结构模态参数识别方法可以分为时域识别方法、领域识别方法和时频域识别方法三大类。

1)时域识别方法

时域法是将振动信号直接进行识别,最基本、最常用的有 Ibrahim 时域法、最小二乘复指数法(LSCE 法)、多参考点复指数法(PRCE 法)、特征系统实现法(ERA 法)、ARMA 时序分析法、随机子空间识别法(SSI)等。时域参数法的主要优点是可以只使用实测响应信号,无须傅立叶变换,因此可以利用时域方法对连续工作的结构进行“在线”参数识别,这种在运营状态下识别的参数真正反映了结构的实际动态特性。由于时域法参数识别技术只需要响应的时域信号,从而减少了激励设备,大大节省了测试时间与费用。但它不使用平均技术,分析信号中包含噪声干扰,所识别的模态中除系统模态外,还包含噪声模态。如何区分和剔除噪声模态,一直是时域法中的重要课题。

2)频域识别方法

频域识别方法可分为单模态识别法、多模态识别法、分区模态识别法和频域总体识别法。对小阻尼且各阶模态耦合较小的系统,用单模态识别法可达到满意的识别精度;对模态耦合较大的系统,应用多模态识别法。频域识别方法的最大优点是利用频域平均技术,最大限度地抑制了噪声影响,使模态定阶问题容易解决,但也存在若干不足。

3)时频域识别方法

实际工程中的很多环境激励是非平稳的随机过程,处理这种非平稳的时变信号需要能同时在时、频两域进行局部分析的方法和技术。联合时频域识别方法既有频域法的优点又有时域法的优点,既利用了直观的频率分布信息,又利用了包含丰富结构信息的时程响应数据。联合时频域识别方法将结构响应在时、频两域展开,有利于识别非线性响应结构的特征,是一种很有前途的动力学系统辨识方法。

12.6.2 损伤识别方法

损伤识别方法有很多种,根据识别范围、数据来源、识别过程的不同一般可分为局部损伤识别和全局损伤识别、静力损伤识别和动力损伤识别、有反演的损伤识别和正演的模式识别。

1)局部损伤识别和全局损伤识别

按识别范围划分,结构损伤可分为局部损伤和全局损伤,如图 12-8 所示。局部损伤识别检测内容主要是结构材料强度和内部缺陷方面。对钢结构,可由拉伸试验测试结构的强度;对混凝土或砌体结构,可用回弹法、冲击法和钻芯法等推测结构强度;对钢筋混凝土结构,可用超声波法识别混凝土表面空洞、裂缝,用电化学法检测钢筋锈蚀等。全局损伤识别法是通过对系统各部分之间的关系进行分析,探讨整体结构的实际动力特性。具体方法是通过对比分析结构动力测试数据与有限元模型的理论数据，观察并找出其中的变化规律，获得结构动力参数的具体信息和结动力参数变化信息，进而实现对结构的损伤识别。主要采用的方法有动力学模态法、时频域法和小波分析法等。目前，全局损伤识别法的应用最为广泛。

2）静力损伤识别和动力损伤识别

损伤识别的输入数据是结构的各类实测响应，结构响应可分为静力响应和动力响应两大类，其中动力响应又可分为模态类和信号类，如图12-9所示。

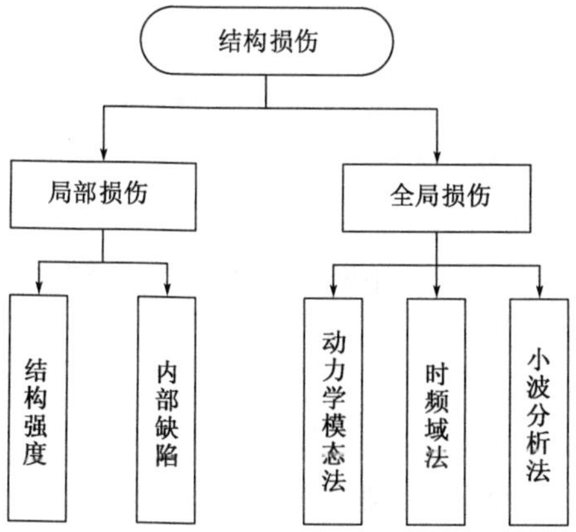

图12-8　按识别范围分类

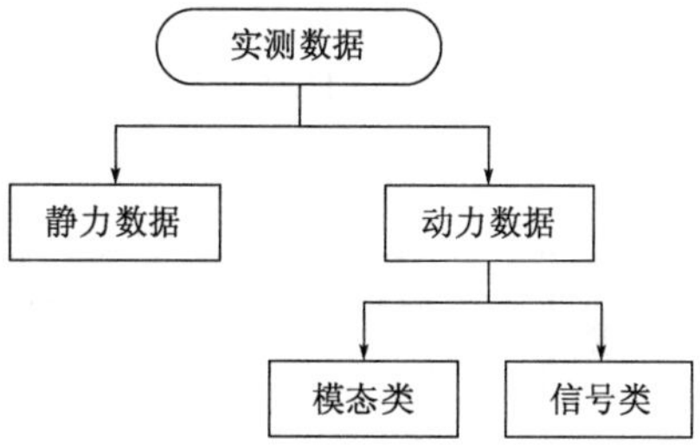

图12-9　按数据来源分类

静力损伤识别是通过测试并获取结构在静力荷载作用下的结构相关的参数（如结构位移、应变等），并将这些参数与计算的参数对比分析来完成对结构的损伤识别。如果实际获取的结果与计算的结果能够大致吻合，则判定结构目前处于良好的状态，运营状态正常；反之，则认为结构出现了损伤。静态测试数据一般为结构位移和应变，只要试验的测试条件较好，位移和应变的测试精度较高且稳定性好，静力损伤识别方法会得到满意的识别结果。对运营中的桥梁，由于不能妨碍正常交通，且测试条件无法满足要求，所以静力损伤识别方法不能在线进行，但桥梁结构特有的施工监控、成桥荷载试验为建立健康监测基准模型提供了绝佳的静力损伤识别机会。

动力损伤识别是基于结构动力数据的损伤识别方法，主要有基于振动模态的损伤识别方法和基于信号处理的损伤识别方法两种。

基于模态的损伤识别方法是通过测试结构振动模态的改变来分析结构的损伤，如基于固有频率的损伤识别方法、基于振型的损伤识别方法、基于曲率模态和应变模态的损伤识别方法、基于柔度变化的损伤识别方法、基于能量变化的损伤识别方法等。这些方法的优点是能反映出结构损伤的空间信息，但多数研究是针对低阶振动模态的损伤识别。在实际应用中，基于模态的损伤识别方法很难发现结构早期局部损伤，难易确定模态观测的改变是由于结构损伤造成还是由于运行状态或环境因素的改变造成的。

基于信号处理的损伤识别方法包括时域识别方法、频域识别方法及时频域识别方法，主要由傅立叶变换、短时傅立叶变换、Wigner-Ville分布、小波/包分析、希黄变换（HHT）、盲源分离等。其中，利用小波分析的方法最具有代表性。直接利用小波分析结构损伤的方法分为基于时域响应方法和基于空间域响应方法两种。前者利用时域分解图的奇异点、小波系数变化和小波分解后能量变化等发现损伤发生的时刻;后者用空间位置的空间坐标轴代替时域响应信号的时间轴,以空间域响应作为输入进行小波分析,确定损伤发生的位置。此外,还可以将小波分析和曲率模态、神经网络、分形理论、信息融合等技术结合,进行损伤的定位和损伤程度判断。

3)有反演的损伤识别和正演的模式识别

有反演的损伤识别是一种系统识别的反问题,采用优化算法进行求解。目前有反演的损伤识别方法主要以模型修正理论为基础,基本方法分4个步骤,如图12-10所示。

步骤1:确定优化变量,并初始化。

步骤2:有限元计算。

步骤3:计算理论值与实测值之间的误差,并代入误差容许准则进行判断。若误差在容许范围内,则直接得到识别结果,否则,转至下一步。

步骤4:最有算法确定新的优化变量,转至第②步。

反演方法的优化方法与有限元法耦合在一起,相互间不断的调用,增加了识别问题的复杂性。优化算法容易使结果陷入局部极小值,当存在测试噪声时,由于优化变量对噪声敏感,会出现相互矛盾的优化方程,造成求解困难。

正演的模式识别方法是在预设的模式库中寻找与实测损伤指标最接近的模式,从而确定结构的损伤情况。在进行模式识别前,首先应构建合理的损伤指标,再将这些指标组合起来,形成样本模式库;然后利用模式识别方法进行损伤识别。采用模式识别进行结构损伤识别研究,一般可分为以下4个步骤,如图12-11所示。

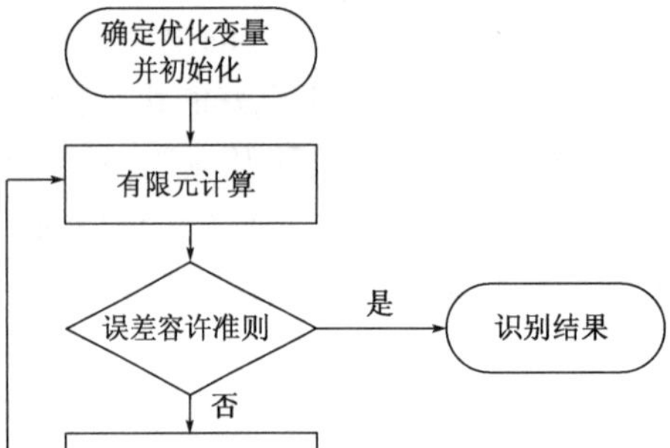

图12-10　有反演的损伤识别过程

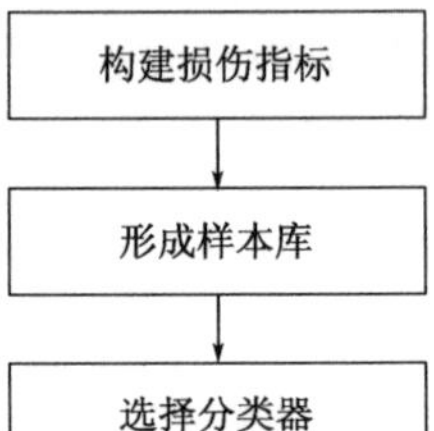

图12-11　基于模式识别结构损的过程

步骤1:构建损伤指标或称为损伤模式。

步骤2:通过特征提取和样本选择,形成样本特征库。

步骤3:选择分类器,对样本进行训练。

步骤4:进行模式识别。

(1)构建损伤指标

模式识别采用的损伤指标包括各种形式,对于静力数据,采用实测到的位移、裂缝和应变作为损伤指标,主要的动力损伤指标可分为4大类如图12-12所示。

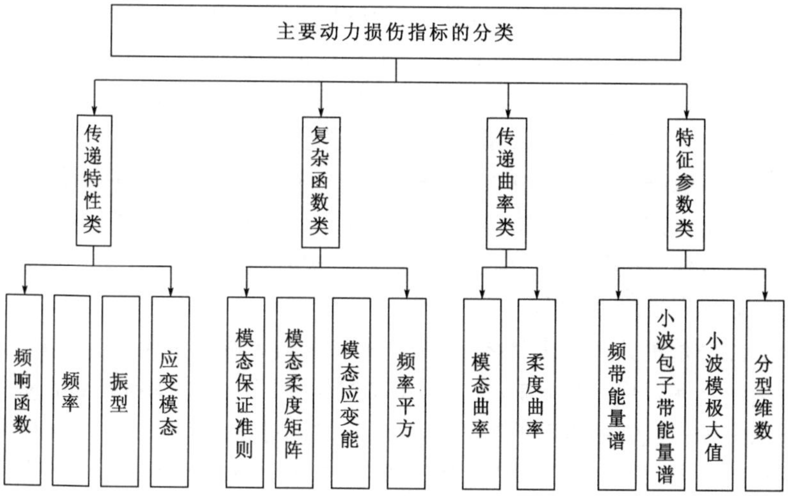

图 12-12 模式识别的主要动力损伤指标

(2)形成样本库

采用模式识别方法进行桥梁结构损伤识别,需要构建庞大的样本库,如若考虑各种损伤的耦合效应,则建立的样本库可能达到计算机不可接受的程度。因此,在形成样本库之前先通过结构易损性分析,来缩减样本库。形成样本库分易损性分析、特征选择与提取、样本选择 3 个步骤,如图 12-13 所示。

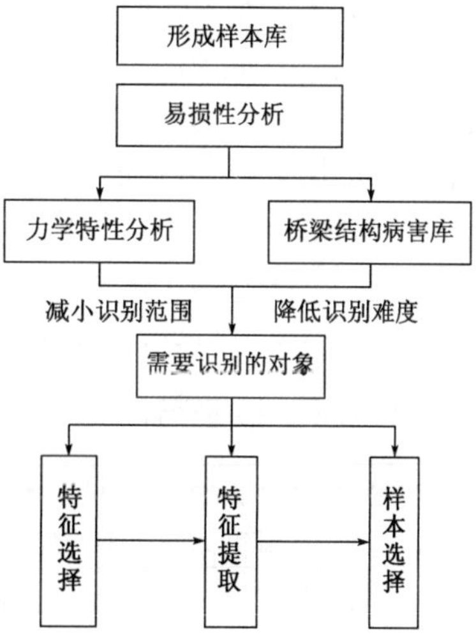

图 12-13 形成样本库的步骤与方法

(3)选择分类器

人工神经网络识别、统计模式识别(支持向量机)。

相对于反演的损伤识别算法,模式识别可以避免病态的优化求解,容易找到全局最优解,且有限元计算与模式识别两个计算过程分开,互不干涉,降低了识别难度。但同时模式识别过程较多,形成样本库的工作量较大,计算结果可能不稳定。

(4)识别新模式

相对于反演的损伤识别算法,模式识别可以避免病态的优化求解,容易找到全局最优解,且有限元计算与模式识别两个计算过程分开,互不干涉,降低了识别难度。但同时模式识别过程较多,形成样本库的工作量较大。

12.6.3 状态评估

桥梁结构的可靠性主要包括安全性、适用性、耐久性。安全性评估是指判断结构是否达到承载能力极限状态,即承载能力评估。适用性评估是指判断结构的运营状态是否正常,即正常使用状态评估。耐久性评估是指对结构的损伤和材料强度进行评估,对桥梁运营后期的状态先做出预判,帮助安全性和耐久性评估。目前进行桥梁状态评估时所采用的理论主要包括可靠度理论、层次分析法、神经网络、模糊理论以及专家系统等。对于大跨度钢桥的评估还可采用基于损伤力学和疲劳断裂等。

可靠度理论一次二阶矩方法是目前常用的可靠度分析方法。该方法是以结构功能函数服从正态分布为基础的,而在实际工程中,结构功能函数往往是非线性函数,大多数基本随机变量不服从正态分布。在这种情况下,结构功能函数一般也不服从正态分布,此时该方法就不能直接计算结构的可靠指标。因为结构功能函数或经映射变换后的结构功能函数的非线性程度较高,只考虑功能函数一次项的一次二阶矩方法的计算精度往往不能满足工程应用要求。因此,在一次二阶矩法的基础上,又提出了广义随机空间内可靠度分析的二次二阶矩方法,它考虑了结构功能函数的二次非线性项,其数学基础是数值逼近中的拉普拉斯(Laplace)渐近原理。

层次分析法是系统分析的工具之一,是一种定性与定量分析相结合的方法。首先,根据层次分析法的基本思想,将结构安全性指标按由粗到细、由整体到局部的原则分解为不同层次的详细指标;其次,用求解判断矩阵特征向量的办法,求得每一层次的各元素对上一层次某元素的优先权重;最后,利用加权和的方法递阶归并各详细指标的贡献而最终求得结构安全性指标。

人工神经网络具有较强的模式识别能力,适合于工程中的损伤检测。神经网络在构造功能函数方面具有较大的优势。更加有效的方法可能是将遗传算法和人工神经网络两者结合起来的改进响应面法,即先利用遗传算法寻找设计点,然后利用 BP 网络在设计点附近重新构造功能函数,最后采用抽样法来计算各失效状态的失效概率。

模糊综合评估方法的提出,为描述错综复杂的事物提供了数学工具,使对复杂事物进行模糊综合评估成为可能。随后,基于模糊集合论的模糊综合评估方法得到迅速的发展,由于模糊评估方法的特点使其恰好可以应用于桥梁耐久性评估中。当系统的状态不明确时,可以采用模糊集来描述。通过模糊聚类分析将模糊集分为不同水平的子集,由此判别病害最可能存在的子集。另外,模型假设检验法、贝叶斯决策函数法、特征量统计检验法和逻辑代数法等可用于桥梁结构的病害识别和评估,有学者还提出了结构模糊随机可靠度的统一模型,可以同时考虑变量的随机性和模糊性,扩大了结构可靠度分析的范围。

12.6.4 报警与阈值确定

监测系统要实现有效的报警,必须要进行报警指标设定、报警阈值设定和报警目标定位。在线结构预警体系的预警指标应选定那些对结构异常变化较为敏感的指标,并且该类指标可以直接由自动监测数据快速计算获取。预警指标主要包括环境激励、自生特性、结构响应,可根据桥型和具体环境进行指标细分并设定。

预警阈值设置得是否合理,直接关系到结构预警系统是否能够及时发现结构异常并发出报警信号,不合理的阈值设置可能会造成对异常的错报或漏报。根据《大跨桥梁结构健康监测系统预警阈值设计标准》(T/CECS 529—2018)的规定,桥梁结构健康监测系统的预警级别分为Ⅰ、Ⅱ、Ⅲ、Ⅳ四个级别,分别表示特别严重、严重、较重、一般,对应颜色标识为红色 RGB(250,0,0)、橙色 RGB(255,125,0)、黄色 RGB(255,255,0)和蓝色 RGB(0,0,255)。当结构处于安全状态时,健康监测系统不发出报警信号;当结构处于异常状态时,系统会根据预警级别发出对应预警,提醒桥梁管养单位应对环境、荷载、结构整体或局部响应加强关注,并及时采取适当检查、应急管理措施以确保桥梁结构安全运营。桥梁结构健康监测系统的预警阈值可以根据桥梁荷载作用、桥梁构件状态和桥梁整体状况确定。

根据不同的划分依据，桥梁结构健康监测系统的预警阈值可分别按表12-3～表12-5确定。

桥梁荷载作用阈值 表12-3

桥梁荷载作用	预警级别	预警阈值
风速	Ⅰ	0.84倍设计值和32.6m/s中较小值，但不小于25.0m/s
	Ⅱ	25.0m/s
	Ⅲ	20.8m/s
	Ⅳ	17.2m/s
地震动水平向加速度	Ⅰ	E2设计地震动加速度峰值
	Ⅱ	E1设计地震动加速度峰值的1.35倍
	Ⅲ	E2设计地震动加速度峰值
	Ⅳ	$0.4m/s^2$
桥面温度	Ⅰ	-5
	Ⅱ	-3
	Ⅲ	—
	Ⅳ	0
钢箱梁、主缆、锚锭散索室内相对湿度	Ⅰ	70
	Ⅱ	60
	Ⅲ	50
	Ⅳ	40
混凝土箱梁内部相对湿度	Ⅰ	50
	Ⅱ	40
	Ⅲ	—
	Ⅳ	25
车辆荷载	Ⅰ	车辆总重/轴重>2倍设计车辆荷载
	Ⅱ	车辆总重/轴重与设计车辆荷载之比为1.5～2.0
	Ⅲ	车辆总重/轴重与设计车辆荷载之比为1.0～1.5
	Ⅳ	车辆总重/轴重超出《汽车、挂车及汽车列车外廓尺寸、轴荷及质量限值》(GB 1589—2016)中规定的值
车船碰撞	Ⅰ	$0<P_F\leqslant0.1$
	Ⅱ	$0.1<P_F\leqslant0.5$
	Ⅲ	$0.5<P_F\leqslant0.7$
	Ⅳ	$0.7<P_F\leqslant1.0$
火灾作用	Ⅰ	桥梁下部结构主支撑附近发生火灾
	Ⅱ	桥面主支撑(索)附近发生火灾
	Ⅲ	桥面远离主支撑(索)的其他位置发生火灾
	Ⅳ	桥梁下部结构远离主支撑的其他位置发生火灾
爆炸荷载	Ⅰ	桥面或下部结构发生恐怖爆炸或意外爆炸

注：P_F为车船撞击预警指标，可按异常峰值法或承载能力评定方法确定。

桥梁构件预警阈值 表 12-4

桥梁构件状态	预警级别	预警阈值
桥塔倾斜	Ⅰ	$\frac{QX_{顺}-QX_{顺}^{0}}{a_{QX}^{2}}+\frac{QX_{横}-QX_{横}^{0}}{b_{QX}^{2}}\geqslant 1$
	Ⅱ	$\rho\geqslant 0.3$
		$\eta\leqslant 0.75$
	Ⅲ	$\rho\geqslant 0.2$
		$\eta\leqslant 0.9$
	Ⅳ	倾斜值超出正常监测数据95%的置信区间
缆索绝对索力	Ⅰ	$T/T_{max}-1\geqslant 0.4$
	Ⅱ	$T/T_{max}-1\geqslant 0.3$
	Ⅲ	$T/T_{max}-1\geqslant 0.2$
	Ⅳ	$T/T_{max}-1\geqslant 0.1$
缆索索力变化异常	Ⅰ	$\lvert T_{h}/T_{h}^{*}-1\rvert\geqslant 0.4$
	Ⅱ	$\lvert T_{h}/T_{h}^{*}-1\rvert\geqslant 0.3$
	Ⅲ	$\lvert T_{h}/T_{h}^{*}-1\rvert\geqslant 0.2$
	Ⅳ	$\lvert T_{h}/T_{h}^{*}-1\rvert\geqslant 0.1$
缆索振动加速度过大	Ⅰ	$\lvert R_{Acc}/u_{R}\rvert/\sigma_{R}\geqslant 4.5$
	Ⅱ	$\lvert R_{Acc}/u_{R}\rvert/\sigma_{R}\geqslant 4.0$
	Ⅲ	$\lvert R_{Acc}/u_{R}\rvert/\sigma_{R}\geqslant 3.5$
	Ⅳ	$\lvert R_{Acc}/u_{R}\rvert/\sigma_{R}\geqslant 3.0$
缆索扣除风致振动后加速度变化过大	Ⅰ	$\lvert R_{Acc}^{*}/u_{R}^{*}\rvert/\sigma_{R}^{*}\geqslant 4.5$
	Ⅱ	$\lvert R_{Acc}^{*}/u_{R}^{*}\rvert/\sigma_{R}^{*}\geqslant 4.0$
	Ⅲ	$\lvert R_{Acc}^{*}/u_{R}^{*}\rvert/\sigma_{R}^{*}\geqslant 3.5$
	Ⅳ	$\lvert R_{Acc}^{*}/u_{R}^{*}\rvert/\sigma_{R}^{*}\geqslant 3.0$
主梁自振频率	Ⅰ	25%
	Ⅱ	15%
	Ⅲ	10%
	Ⅳ	5%
混凝土主梁斜裂缝	Ⅰ	主梁控制界面出现主拉应力斜裂缝
混凝土主梁横向及竖向受力裂缝	Ⅰ	全预应力及A类构件开裂;B类构件裂缝宽度>0.15mm
	Ⅱ	0.1mm < B类构件裂缝宽度 <0.15mm
	Ⅲ	0.05mm < B类构件裂缝宽度 <0.1mm
	Ⅳ	B类构件裂缝宽度<0.05mm
混凝土主梁沿预应力钢筋纵向裂缝	Ⅰ	纵向裂缝宽度>0.2mm
	Ⅱ	纵向裂缝宽度>0.2mm
	Ⅲ	0.1mm<纵向裂缝宽度<0.2mm
	Ⅳ	出现纵向裂缝但宽度<0.1mm

续上表

桥梁构件状态	预警级别	预警阈值
钢主梁承载能力利用率	Ⅰ	主要构件承载能力利用率>30%
		非主要构件承载能力利用率>35%
	Ⅱ	主要构件承载能力利用率>25%
		非主要构件承载能力利用率>30%
	Ⅲ	主要构件承载能力利用率>20%
		非主要构件承载能力利用率>25%
	Ⅳ	主要构件承载能力利用率>15%
		非主要构件承载能力利用率>20%
钢桥累积疲劳损伤量	Ⅰ	>95%
	Ⅱ	>85%
	Ⅲ	>75%
	Ⅳ	>65%
钢-混凝土组合主梁整体件能	Ⅰ	竖/横弯中性轴高度相对偏移±3%
	Ⅱ	竖/横弯中性轴高度相对偏移±(2,3)%
	Ⅲ	竖/横弯中性轴高度相对偏移±(1,2)%
	Ⅳ	竖/横弯中性轴高度相对偏移±1%
钢-混凝土组合主梁顶、底板纵向滑移	Ⅰ	>0.6mm
	Ⅱ	>0.4mm,≤0.6mm
	Ⅲ	>0.1mm,≤0.4mm
	Ⅳ	≤0.1mm
伸缩装置伸缩量	Ⅰ	≥伸缩装置允许伸缩量,≥伸缩装置允许累积位移行程
	Ⅱ	≥按照桥梁结构荷载设计值计算得出的伸缩缝最大伸缩量,≥0.65倍伸缩装置允许累积位移行程
	Ⅲ	≥0.95倍按照桥梁结构荷载设计值计算得出的伸缩缝最大伸缩量
	Ⅳ	伸缩缝Ⅳ级预警上/下限阈值之间
支座反力	Ⅰ	支座反力/支座反力设计最大值-1≥0.4
	Ⅱ	支座反力/支座反力设计最大值-1≥0.3
	Ⅲ	支座反力/支座反力设计最大值-1≥0.2
	Ⅳ	支座反力/支座反力设计最大值-1≥0.1
隔震支座变形	Ⅰ	支座变形/设计最大变形≥1.0
	Ⅱ	支座变形/设计最大变形≥0.9
	Ⅲ	支座变形/设计最大变形≥0.8
	Ⅳ	支座变形/设计最大变形≥0.7
桥墩位移	Ⅰ	$\lvert Pd_{RMS} - u_{Pd} \rvert / \sigma_{Pd} \geq 4.5$
	Ⅱ	$\lvert Pd_{RMS} - u_{Pd} \rvert / \sigma_{Pd} \geq 4.0$
	Ⅲ	$\lvert Pd_{RMS} - u_{Pd} \rvert / \sigma_{Pd} \geq 3.5$
	Ⅳ	$\lvert Pd_{RMS} - u_{Pd} \rvert / \sigma_{Pd} \geq 3.0$

续上表

桥梁构件状态	预警级别	预 警 阈 值
重力式锚碇三维位移	Ⅰ	水平向位移达0.0001倍主跨跨径,竖向位移达0.0002倍主跨跨径
	Ⅱ	水平向位移达0.00005倍主跨跨径,竖向位移达0.0001倍主跨跨径
	Ⅲ	水平向位移和竖向位移均达正常监测数据极大值
	Ⅳ	水平向位移和竖向位移均超出正常监测数据95%的置信区间
岩锚锚杆体受力	Ⅰ	0.9倍锚杆极限承载力
	Ⅱ	0.7倍锚杆极限承载力
	Ⅲ	正常监测数据极大值
	Ⅳ	正常监测数据95%的置信区间
散索室三向振动加速度	Ⅰ	$0.015m/s^2$
	Ⅱ	$0.009m/s^2$
	Ⅲ	正常监测数据极大值
	Ⅳ	正常监测数据95%的置信区间
墩台基础加速度	Ⅰ	E2地震作用对应的水平地震加速度峰值
	Ⅱ	1.35倍E1地震作用对应的水平地震加速度峰值
	Ⅲ	E1地震作用对应的水平地震加速度峰值
	Ⅳ	$0.4m/s^2$
墩台不均匀沉降	Ⅰ	相邻墩台间最大允许不均匀沉降
	Ⅱ	0.85倍相邻墩台间最大允许不均匀沉降
	Ⅲ	0.70倍相邻墩台间最大允许不均匀沉降
	Ⅳ	0.55倍相邻墩台间最大允许不均匀沉降

注:1. $QX_{顺}$和$QX_{横}$分别为桥塔顺桥向和横桥向实测倾斜值。

2. $QX^0_{顺}$和$QX^0_{横}$分别为桥塔顺桥向和横桥向倾斜实测年平均值。

3. ρ为差异度。

4. η为曲线相似度。

5. T_{max}为设计索力最大值。

6. T_h和T_h^*分别为标准温度下的恒载索力和设计恒载索力。

7. R_{ACC}、u_R和σ_R分别为每分钟加速度均方根、统计周期内每分钟加速度均方根的均值和统计周期内加速度均方根的标准差。

8. R^*_{ACC}、u^*_R和σ^*_R分别为扣除风致振动后的R_{ACC}、u_R和σ_R。

9. Pd_{RMS}、u_{Pd}和σ_{Pd}分别为1年周期内桥墩每小时位移有效值及其均值和方差。

桥梁整体预警阈值 表12-5

桥梁整体状况	预警级别	预 警 阈 值
层次分析法	Ⅰ	专家评分0~70
	Ⅱ	专家评分70~80
	Ⅲ	专家评分80~90
	Ⅳ	专家评分90~100
专家打分法	Ⅰ	$W\geq90$
	Ⅱ	$80<W\leq90$

续上表

桥梁整体状况	预警级别	预警阈值
专家打分法	Ⅲ	$70 < W \leqslant 80$
	Ⅳ	$W \leqslant 70$
影响线法	Ⅰ	$\max(\xi,\eta) \geqslant 1.0$
	Ⅱ	$0.95 \leqslant \max(\xi,\eta) < 1.0$
	Ⅲ	$0.9 \leqslant \max(\xi,\eta) < 0.95$
	Ⅳ	$0.85 \leqslant \max(\xi,\eta) < 0.9$
相关性法	Ⅰ	置信区间95%
	Ⅱ	置信区间85%
	Ⅲ	置信区间75%
	Ⅳ	置信区间65%
强度储备比法	Ⅰ	≤0.6
	Ⅱ	>0.6,≤0.75
	Ⅲ	>0.75,≤0.9
	Ⅳ	>0.9,<1.0

注:ξ 和 η 分别为结构检验系数和影响线峰值检验系数。

附录A

桥梁基本状况卡片

桥梁基本状况卡片　　表A

A 桥梁所处行政区划代码：								
B 行政识别数据								
1	路线编号		2	路线名称		3	路线等级	
4	桥梁编号		5	桥梁名称		6	桥位桩号	
7	功能类型	(公路、公铁两用)	8	被跨越道路(通道)名称		9	被跨越道路(通道)桩号	
10	设计荷载		11	桥梁坡度		12	桥梁平曲线半径	
13	建成时间		14	设计单位		15	施工单位	
16	监理单位		17	业主单位		18	管养单位	
C 桥梁技术指标								
19	桥梁全长(m)		20	桥面总宽(m)		21	车道宽度(m)	
22	人行道宽度(m)		23	护栏或防撞墙高度(m)		24	中央分隔带宽度(m)	
25	桥面标准净空(m)		26	桥面实际净空(m)		27	桥下通航等级及标准净空(m)	
28	桥下实际净空(m)		29	引道总宽(m)		30	引道线形或曲线半径(m)	
31	设计洪水频率及其水位		32	历史洪水位		33	设计地震动峰值加速度系数	
34	桥面高程(m)	(根据测点设置列数)						
D 桥梁结构信息								
35	桥梁分孔(m)		[根据孔数(号)设置列数]					

续上表

36	结构体系		（根据种类设置列数）
上部结构形式与材料	37	主梁	
	38	主拱圈	
	39	桥（索）塔	
	40	拱上建筑	
	41	主缆	
	42	斜拉索（含索力）	（根据索数设置列数）
	43	吊杆（含索力）	（根据吊杆数设置列数）
	44	系杆（含索力）	（根据系杆数设置列数）
桥面系形式与材料	45	桥面铺装	
	46	伸缩缝	（根据孔数设置列数）
	47	人行道、路缘	
	48	栏杆、护栏	（根据部位不同设置列数）
	49	照明、标志	
下部结构形式与材料	50	桥台	（根据桥台数设置列数）
	51	桥墩	（根据桥墩数设置列数）
	52	锥坡、护坡	
	53	翼墙、耳墙	
基础形式与材料	54	基础	
	55	锚碇	（根据锚碇数设置列数）
支座形式、材料与附属设施	56	支座	
	57	桥梁防撞设施	
	58	航标及排水系统	
	…	…	
	59	调治构造物	

E 桥梁档案资料

60	设计图纸	（全、不全或无）	61	设计文件	（全、不全或无）	62	竣工图纸	（全、不全或无）
63	施工文件（含施工缺陷处理）	（全、不全或无）	64	验收文件	（全、不全或无）	65	行政审批文件	（全、不全或无）
66	定期检查资料	（全、不全或无）	67	特殊检查资料	（全、不全或无）	68	历次加固、维修资料	（全、不全或无）

续上表

E 桥梁档案资料

69	其他档案	(如计算书、专题研究报告、地质水文勘测报告等相关文件)	70	档案形式	(纸质、电子文件)	71	建档时间	(年 月)

F 桥梁检测评定历史(根据需要设置行数)

72	73	74	75	76
评定时间	检测类别	桥梁技术状况评定结果/特殊检查结论	处治对策	下次检测时间

G 养护处治记录(根据需要设置行数)

77	78	79	80	81	82	83	84	85	86	87
时间(段)	处治类别(维修、加固、改造)	处治原因	处治范围	工程费用(万元)	经费来源	处治质量评定	建设单位	设计单位	施工单位	监理单位

H 需要说明的事项(含桥梁管养单位的变更情况)

88	

I 其他

89	桥梁总体照片	(照片)	90	桥梁正面照片	(照片)

附录B

桥梁初始检查记录表

桥梁初始检查记录表　　表B

1 路线编号		2 路线名称		3 桥位桩号	
4 桥梁编号		5 桥梁名称		6 被跨越道路(通道)名称	
7 被跨越道路(通道)桩号		8 桥梁全长(m)		9 最大跨径(m)	
10 上、下部结构形式					
11 桥梁分联及跨径组合					
12 桥梁施工方法					
13 新建桥梁在施工过程中的返工、维修或加固情况					
14 加固改造后的桥梁，加固改造情况					
15 档案资料不齐全的桥梁，维修加固情况					
16 设计单位名称		17 施工单位名称			
18 管养单位名称		19 交工时间	(年月日)		
20 初始检查	(年月日)	21 初始检查时的气候及环境温度			
22 桥面高程					
23 拱轴线					
24 主缆线形					

续上表

25 墩、台身、锚碇的高程	
26 墩、台身、索塔倾斜度	
27 索塔水平变位、高程	
28 拱桥桥台、悬索桥锚碇水平位移	
29 悬索桥索夹螺栓紧固力	
30 水中基础	
31 斜拉索或吊杆索力	
32 主要承重构件尺寸	
33 材质强度	
34 保护层厚度	
35 钢管混凝土管内混凝土密实度	
36 静载试验结果	
37 动载试验结果	

附录 C

桥梁定期检查记录表

桥梁定期检查记录表(梁式桥)　　　　表 C-1

1 路线编号		2 路线名称		3 桥位桩号	
4 桥梁编号		5 桥梁名称		6 被跨越道路名称	
7 桥梁全长(m)		8 主跨结构		9 最大跨径(m)	
10 管养单位		11 建成时间		12 上次修复养护时间	
13 上次检查时间		14 本次检查时间		15 本次检查时气候及环境温度	

序号	16 部位	17 部件名称	18 评分	19 缺损					20 养护建议(维修范围、方式、时间)	21 是否需特殊检查
				类型	位置	范围	照片	最不利构件		
1	桥面系	桥面铺装								
2		伸缩装置								
3		排水系统								
4		人行道								
5		栏杆、护栏								
6		照明、标志								
7		桥路连接处								
8	上部结构	主要承重构件								
9		一般构件								
10	下部结构	桥墩及基础								
11		桥台及基础								
12		翼墙、耳墙								
13		锥坡、护坡								

续上表

14	支座									
15	附属设施	防撞设施								
16		防雷设施								
17		防抛网、声屏障								
18		检修设施								
19		监测系统、永久观测点								
20	调治构造物									
21	其他									
22 桥梁技术状况评定等级				23 全桥清洁状况			24 预防及修复养护状况			
25 记录人				26 负责人			27 下次检查时间			

桥梁定期检查记录表(板拱桥、肋拱桥、箱形拱桥、双曲拱桥)　　表 C-2

1 路线编号		2 路线名称		3 桥位桩号	
4 桥梁编号		5 桥梁名称		6 被跨越道路名称	
7 桥梁全长(m)		8 主跨结构		9 最大跨径(m)	
10 管养单位		11 建成时间		12 上次修复养护时间	
13 上次检查时间		14 本次检查时间		15 本次检查时气候及环境温度	

序号	16 部位	17 部件名称	18 评分	19 缺损					20 养护建议(维修范围、方式、时间)	21 是否需特殊检查
				类型	位置	范围	照片	最不利构件		
1	桥面系	桥面铺装								
2		伸缩装置								
3		排水系统								
4		人行道								
5		栏杆、护栏								
6		照明、标志								
7		桥路连接处								
8	上部结构	主拱圈								
9		拱上结构								
10		桥面板								
11	下部结构	桥墩及基础								
12		桥台及基础								
13		翼墙、耳墙								
14		锥坡、护坡								
15	附属设施	防撞设施								
16		防雷设施								
17		防抛网、声屏障								
18		检修设施								
19		监测系统、永久观测点								
20	调治构造物									
21	其他									

22 桥梁技术状况评定等级		23 全桥清洁状况		24 预防及修复养护状况	
25 记录人		26 负责人		27 下次检查时间	

桥梁定期检查记录表(刚架拱桥、桁架拱桥)　　表 C-3

1 路线编号		2 路线名称		3 桥位桩号	
4 桥梁编号		5 桥梁名称		6 被跨越道路名称	
7 桥梁全长(m)		8 主跨结构		9 最大跨径(m)	
10 管养单位		11 建成时间		12 上次修复养护时间	
13 上次检查时间		14 本次检查时间		15 本次检查时气候及环境温度	

序号	16 部位	17 部件名称	18 评分	19 缺损					20 养护建议(维修范围、方式、时间)	21 是否需特殊检查
				类型	位置	范围	照片	最不利构件		
1	桥面系	桥面铺装								
2		伸缩装置								
3		排水系统								
4		人行道								
5		栏杆、护栏								
6		照明、标志								
7		桥路连接处								
8	上部结构	拱片								
9		横向联结系								
10		桥面板								
11	下部结构	桥墩及基础								
12		桥台及基础								
13		翼墙、耳墙								
14		锥坡、护坡								
15	附属设施	防撞设施								
16		防雷设施								
17		防抛网、声屏障								
18		检修设施								
19		监测系统、永久观测点								
20	调治构造物									
21	其他									

22 桥梁技术状况评定等级		23 全桥清洁状况		24 预防及修复养护状况	
25 记录人		26 负责人		27 下次检查时间	

桥梁定期检查记录表(钢-混凝土组合拱桥)　　表 C-4

1 路线编号		2 路线名称		3 桥位桩号	
4 桥梁编号		5 桥梁名称		6 被跨越道路名称	
7 桥梁全长(m)		8 主跨结构		9 最大跨径(m)	
10 管养单位		11 建成时间		12 上次修复养护时间	
13 上次检查时间		14 本次检查时间		15 本次检查时气候及环境温度	

序号	16 部位	17 部件名称	18 评分	19 缺损					20 养护建议(维修范围、方式、时间)	21 是否需特殊检查
				类型	位置	范围	照片	最不利构件		
1	桥面系	桥面铺装								
2		伸缩装置								
3		排水系统								
4		人行道								
5		栏杆、护栏								
6		照明、标志								
7		桥路连接处								
8	上部结构	拱肋								
9		横向联结系								
10		吊杆								
11		立柱								
12		系杆								
13		桥面板								
14		支座								
15	下部结构	桥墩及基础								
16		桥台及基础								
17		翼墙、耳墙								
18		锥坡、护坡								
19	附属设施	防撞设施								
20		防雷设施								
21		防抛网、声屏障								
22		检修设施								
23		监测系统、永久观测点								
24	调治构造物									
25	其他									

26 桥梁技术状况评定等级		27 全桥清洁状况		28 预防及修复养护状况	
29 记录人		30 负责人		31 下次检查时间	

桥梁定期检查记录表(斜拉桥)

表 C-5

1 路线编号		2 路线名称		3 桥位桩号	
4 桥梁编号		5 桥梁名称		6 被跨越道路名称	
7 桥梁全长(m)		8 主跨结构		9 最大跨径(m)	
10 管养单位		11 建成时间		12 上次修复养护时间	
13 上次检查时间		14 本次检查时间		15 本次检查时气候及环境温度	

序号	16 部位	17 部件名称	18 评分	19 缺损					20 养护建议(维修范围、方式、时间)	21 是否需特殊检查
				类型	位置	范围	照片	最不利构件		
1	桥面系	桥面铺装								
2		伸缩装置								
3		排水系统								
4		人行道								
5		栏杆、护栏								
6		照明、标志								
7		桥路连接处								
8	上部结构	主梁								
9		斜拉索系统(斜拉索、锚具、拉索护套、减振装置等)								
10		索塔								
11		支座								
12	下部结构	桥墩及基础								
13		桥台及基础								
14		翼墙、耳墙								
15		锥坡、护坡								
16	附属设施	防撞设施								
17		防雷设施								
18		防抛网、声屏障								
19		检修设施								
20		监测系统、永久观测点								
21	调治构造物									
22	其他									

23 桥梁技术状况评定等级		24 全桥清洁状况		25 预防及修复养护状况	
26 记录人		27 负责人		28 下次检查时间	

桥梁定期检查记录表(悬索桥) 表 C-6

<table>
<tr><td>1 路线编号</td><td></td><td>2 路线名称</td><td></td><td>3 桥位桩号</td><td></td></tr>
<tr><td>4 桥梁编号</td><td></td><td>5 桥梁名称</td><td></td><td>6 被跨越道路名称</td><td></td></tr>
<tr><td>7 桥梁全长(m)</td><td></td><td>8 主跨结构</td><td></td><td>9 最大跨径(m)</td><td></td></tr>
<tr><td>10 管养单位</td><td></td><td>11 建成时间</td><td></td><td>12 上次修复养护时间</td><td></td></tr>
<tr><td>13 上次检查时间</td><td></td><td>14 本次检查时间</td><td></td><td>15 本次检查时气候及环境温度</td><td></td></tr>
</table>

<table>
<tr><td rowspan="2">序号</td><td rowspan="2">16 部位</td><td rowspan="2">17 部件名称</td><td rowspan="2">18 评分</td><td colspan="5">19 缺损</td><td rowspan="2">20 养护建议(维修范围、方式、时间)</td><td rowspan="2">21 是否需特殊检查</td></tr>
<tr><td>类型</td><td>位置</td><td>范围</td><td>照片</td><td>最不利构件</td></tr>
<tr><td>1</td><td rowspan="7">桥面系</td><td>桥面铺装</td><td></td><td></td><td></td><td></td><td></td><td></td><td></td><td></td></tr>
<tr><td>2</td><td>伸缩装置</td><td></td><td></td><td></td><td></td><td></td><td></td><td></td><td></td></tr>
<tr><td>3</td><td>排水系统</td><td></td><td></td><td></td><td></td><td></td><td></td><td></td><td></td></tr>
<tr><td>4</td><td>人行道</td><td></td><td></td><td></td><td></td><td></td><td></td><td></td><td></td></tr>
<tr><td>5</td><td>栏杆、护栏</td><td></td><td></td><td></td><td></td><td></td><td></td><td></td><td></td></tr>
<tr><td>6</td><td>照明、标志</td><td></td><td></td><td></td><td></td><td></td><td></td><td></td><td></td></tr>
<tr><td>7</td><td>桥路连接处</td><td></td><td></td><td></td><td></td><td></td><td></td><td></td><td></td></tr>
<tr><td>8</td><td rowspan="7">上部结构</td><td>加劲梁</td><td></td><td></td><td></td><td></td><td></td><td></td><td></td><td></td></tr>
<tr><td>9</td><td>索塔</td><td></td><td></td><td></td><td></td><td></td><td></td><td></td><td></td></tr>
<tr><td>10</td><td>主缆</td><td></td><td></td><td></td><td></td><td></td><td></td><td></td><td></td></tr>
<tr><td>11</td><td>索鞍</td><td></td><td></td><td></td><td></td><td></td><td></td><td></td><td></td></tr>
<tr><td>12</td><td>索夹</td><td></td><td></td><td></td><td></td><td></td><td></td><td></td><td></td></tr>
<tr><td>13</td><td>吊杆系统(吊杆、锚具、护套)</td><td></td><td></td><td></td><td></td><td></td><td></td><td></td><td></td></tr>
<tr><td>14</td><td>支座</td><td></td><td></td><td></td><td></td><td></td><td></td><td></td><td></td></tr>
<tr><td>15</td><td rowspan="7">下部结构</td><td>锚碇</td><td></td><td></td><td></td><td></td><td></td><td></td><td></td><td></td></tr>
<tr><td>16</td><td>墩身及基础</td><td></td><td></td><td></td><td></td><td></td><td></td><td></td><td></td></tr>
<tr><td>17</td><td>散索鞍</td><td></td><td></td><td></td><td></td><td></td><td></td><td></td><td></td></tr>
<tr><td>18</td><td>锚杆</td><td></td><td></td><td></td><td></td><td></td><td></td><td></td><td></td></tr>
<tr><td>19</td><td>桥台及基础</td><td></td><td></td><td></td><td></td><td></td><td></td><td></td><td></td></tr>
<tr><td>20</td><td>翼墙、耳墙</td><td></td><td></td><td></td><td></td><td></td><td></td><td></td><td></td></tr>
<tr><td>21</td><td>锥坡、护坡</td><td></td><td></td><td></td><td></td><td></td><td></td><td></td><td></td></tr>
<tr><td>22</td><td rowspan="5">附属设施</td><td>防撞设施</td><td></td><td></td><td></td><td></td><td></td><td></td><td></td><td></td></tr>
<tr><td>23</td><td>防雷设施</td><td></td><td></td><td></td><td></td><td></td><td></td><td></td><td></td></tr>
<tr><td>24</td><td>防抛网、声屏障</td><td></td><td></td><td></td><td></td><td></td><td></td><td></td><td></td></tr>
<tr><td>25</td><td>检修设施</td><td></td><td></td><td></td><td></td><td></td><td></td><td></td><td></td></tr>
<tr><td>26</td><td>监测系统、永久观测点</td><td></td><td></td><td></td><td></td><td></td><td></td><td></td><td></td></tr>
</table>

续上表

27	调治构造物								
28	其他								
29 桥梁技术状况评定等级			30 全桥清洁状况				31 预防及修复养护状况		
32 记录人			33 负责人				34 下次检查时间		

参 考 文 献

[1] 中交第一公路勘察设计研究院有限公司.公路桥涵养护规范:JTG 5120—2021[S].北京:人民交通出版社股份有限公司,2021.

[2] 中交第一公路勘察设计研究院有限公司.公路桥梁加固设计规范:JTG/T J22—2008[S].北京:人民交通出版社,2008.

[3] 中交第一公路勘察设计研究院有限公司.公路桥梁加固施工技术规范:JTG/T J23—2008[S].北京:人民交通出版社,2008.

[4] 四川省住房和城乡建设厅.混凝土结构加固设计规范:GB 50367—2013[S].北京:中国建筑工业出版社,2013.

[5] 交通运输部公路科学研究院.公路桥梁技术状况评定标准:JTG/T H21-2011[S].北京:人民交通出版社,2011.

[6] 交通运输部公路科学研究院.公路桥梁承载能力检测评定规程:JTG/T J21—2011[S].北京:人民交通出版社,2011.

[7] 长安大学.公路桥梁荷载试验规程:JTG/T J21-01—2015[S].北京:人民交通出版社股份有限公司,2015.

[8] 中交公路规划设计院有限公司.公路桥涵设计通用规范:JTG D60—2015[S].北京:人民交通出版社股份有限公司,2015.

[9] 中交公路规划设计院有限公司.公路钢筋混凝土及预应力混凝土桥涵设计规范:JTG 3362—2018[S].北京:人民交通出版社股份有限公司,2018.

[10] 中交公路规划设计院有限公司.公路桥涵地基与基础设计规范:JTG 3363—2019[S].北京:人民交通出版社股份有限公司,2019.

[11] 中交公路规划设计院有限公司.公路钢结构桥梁设计规范:JTG D64-2015[S].北京:人民交通出版社股份有限公司,2015.

[12] 北京航材百慕新材料技术工程有限公司,海虹老人牌(中国)有限公司.公路桥梁钢结构防腐涂装技术条件:JT/T 722-2008[S].北京:人民交通出版社,2008.

[13] 陕西省建筑科学研究院,浙江海天建设集团有限公司.回弹法检测混凝土抗压强度技术规程:JG/T23-2011[S].北京:中国建筑工业出版社,2011.

[14] 中国建筑科学研究院有限公司,贵州中建建筑科研设计院有限公司.超声回弹综合法检测混凝土抗压强度技术规程:T/CECS 02—2020 [S].北京:中国计划出版社,2020.

[15] 中冶建筑研究总院有限公司,上海市建筑科学研究院(集团)有限公司.火灾后工程结构鉴定标准:T/CECS 252—2019[S].北京:中国建筑工业出版社,2019.

[16] 中华人民共和国交通运输部."十三五"公路养护管理发展纲要. https://xxgk.mot.gov.cn/2020/jigou/glj/202006/t20200623_3312550.html,2016.

[17] 交通运输部公路科学研究院.公路桥梁加固改造技术指南[M].北京:人民交通出版社股份有限公司,2020.

[18] 黄平明,陈万春.桥梁养护与加固[M].北京:人民交通出版社,2008.

[19] 袁文平,陈惟珍,钱寅泉.上海城市桥梁养护技术手册[M].上海:上海市市政工程

管理处,2006.
[20] 申强.公路桥梁养护检查与评定办法:全国桥梁、隧道养护与管理技术研讨会论文集[C],2013:40-113.
[21] 北京市政路桥管理养护集团有限公司,振华集团(昆山)建设工程有限公司.城市桥梁养护技术标准:CJJ 99-2017[S].北京:中国建筑工业出版社,2017.
[22] 张树仁,王宗林.桥梁病害诊断与改造加固设计[M].北京:人民交通出版社,2006.
[23] 单成林.旧桥加固设计原理及计算实例[M].北京:人民交通出版社,2007.
[24] 蒙云,卢波.桥梁加固与改造[M] .北京:人民交通出版社,2014.
[25] 张劲泉.公路旧桥检测评定与加固技术研究及应用[R].北京:交通部公路科学研究院,2005.
[26] 黄平明,邹兰林,王蒂.支撑加固法的优化设置方法研究[J].公路交通科技(应用技术版),2007(12).
[27] 许汉铮,黄平明,等.双曲拱桥病害分析与加固方法研究[J].公路,2004(4).
[28] 周军生,楼庄鸿.大跨径预应力混凝土连续刚构桥的现状和发展趋势[J].中国公路学报,2000,13(1):31-37.
[29] 李宏江,李万恒,程寿山,等.体外预应力在某连续刚构桥加固中的应用及其效果分析[J].铁道标准设计,2004(12).
[30] 陈万春,马建秦.大跨度连续刚构桥加固监测与控制[J].公路,2004,(10):152-157.
[31] 张连振,李惠.桥梁健康监测系统概念设计[J].辽宁工程技术大学学报(自然科学版),2008,27(06):869-871.
[32] 张启伟.大型桥梁健康监测概念与监测系统设计[J].同济大学学报(自然科学版),2001,29(1):65-69.
[33] 李宏男,李东升.土木工程结构安全性评估、健康监测及诊断述评[J].地震工程与工程振动,2002(03):82-90.
[34] FARRAR C R, DOEBLING S W, NIX D A. Vibration-based structural damage identification [J]. Philosophical Transactions of the Royal Society A: Mathematical, Physical and Engineering Sciences, 2001,359(1778):131-149.
[35] TAHA M M R, NOURELDIN A, LUCERO J L, et al. Wavelet Transform for Structural Health Monitoring: A Compendium of Uses and Features[J]. Structural Health Monitoring: An International Journal, 2016,5(3):267-295.
[36] 谢金星.进化计算简要综述[J].控制与决策,1997(01):1-7.
[37] 贺敏,梁鹏,李琳国,等.基于两阶段改进的FCM法的模态参数自动识别[J].东南大学学报(自然科学版),2019,49(05):940-948.
[38] 李国强,李杰.工程结构动力检测理论与应用[M].北京:科学出版社,2002.
[39] WENZEL H. Ambient Vibration Monitoring [M]//Boller C, Chang F, Fujino Y. Encyclopedia of Structural Health Monitoring. Chichester, United Kingdom: John Wiley & Sons, Ltd, 2009:1949-1965.
[40] 吴向男,徐岳,梁鹏,等.桥梁结构损伤识别研究现状与展望[J].长安大学学报

(自然科学版), 2013,33(06): 49-58.

[41] KAM T Y, LEE T Y. Detection of cracks in structures using modal test data[J]. Engineering Fracture Mechanics, 1992,42(2): 381-387.

[42] Kim H M, Bartkowicz T J. Damage detection and health monitoring of large space structures [J]. Sound and Vibration,1993,27(6).

[43] SALAWU O S, WILLIAMS C. Bridge assessment using forced-vibration testing[J]. Journal of structural engineering, 1995,121(2): 161-173.

[44] CHANCE J, TOMLINSON G, WORDEN K. A simplified approach to the numerical and experimental modeling of the dynamics of a cracked beam: Proceedings of the 12th International Modal Analysis Conference[C], Honolulu, 1994.

[45] PANDEY A K, BISWAS M, SAMMAN M M. Damage detection from changes in curvature mode shapes[J]. Journal of sound and vibration, 1991,145(2): 321-332.

[46] DUAN Z, YAN G, OU J. Structural damage detection using the angle-between-string-and-horizon flexibility[J]. Structural Engineering and Mechanics, 2005.

[47] PANDEY A K, BISWAS M. Damage detection in structures using changes in flexibility [J]. Journal of sound and vibration, 1994,169(1): 3-17.

[48] STUBBS N, KIM J T, FARRAR C R. Field verification of a nondestructive damage localization and severity estimation algorithm[C]//Proceedings-SPIE the international society for optical engineering. SPIE International Society for Optical, 1995:210-210.

[49] 单德山, 李乔, 付春雨, 等. 智能桥梁健康监测与损伤评估[M]. 北京:人民交通出版社,2010.